# Im Namen der Freiheit!

VERFASSUNG
UND VERFASSUNGSWIRKLICHKEIT
IN DEUTSCHLAND
1849 | 1919 | 1949 | 1989

1919

1949

1989

# Im Namen der Freiheit!

VERFASSUNG UND VERFASSUNGSWIRKLICHKEIT IN DEUTSCHLAND

Im Auftrag des Deutschen Historischen Museums

Herausgegeben von Dorlis Blume, Ursula Breymayer und Bernd Ulrich

Sandstein Verlag · Dresden

# IMPRESSUM

**Im Namen der Freiheit!**
Verfassung und Verfassungswirklichkeit
in Deutschland
1849 – 1919 – 1949 – 1989

Ausstellungshalle von I. M. Pei
18. September 2008 bis 11. Januar 2009
Deutsches Historisches Museum Berlin

## Ausstellung

Projektleitung
Dorlis Blume

Kuratoren
Dorlis Blume, Ursula Breymayer,
Bernd Ulrich

Beratung
Burkhard Asmuss

Wissenschaftlicher Beirat
Werner Heun, Andreas Kaernbach,
Klaus Marxen, Reinhard Rürup,
Martin Sabrow, Bernd Sösemann

Mitarbeit Ausstellungsdatenbank
und Recherche
David Bordiehn

Praktikanten
Ulrike Amsel, Yves Clairmont,
Christina Schmidt

Ausstellungsgestaltung
Werner Schulte
mit Patric Sperlich

Ausstellungsgrafik
envision design, Chris Dormer,
Berlin

Ausstellungsproduktion
DHM-Werkstätten

Konservatorische Betreuung
Restaurierungswerkstätten
des DHM

Abteilungsleiterin Ausstellungen
Ulrike Kretzschmar

Leihverkehr
Edith Michelsen, Mara Weiß

Controlling
Manuela Itzigehl

Presse- und Öffentlichkeitsarbeit
Rudolf B. Trabold, Pressereferent
Sonja Trautmann und Ina Frodermann

Museumspädagogik
Brigitte Vogel und Stefan Bresky
Begleitmaterial, Hörführung,
Filmwerkstatt: Friedrun Portele,
Tobias Reckling
Tonstudio: K13 Berlin,
Michael Kaczmarek

Besucherservice
Gudrun Knöppel

Medientechnik
Wolf-Dieter Pelikan

Filmstationen
expressis verbis filmproduktion
Frank Wesel

Medienstationen
Multimedia-Abteilung
und Matthias Felsche

Internetpräsentation
Jan-Dirk Kluge

Plakat und Grafik
Michaela Klaus
Michel Sandstein GmbH

Übersetzungen
Stephen Locke

## Katalog

Museumsausgabe
Deutsches Historisches Museum, Berlin
ISBN 978-3-86102-152-0

Buchhandelsausgabe
Sandstein Verlag, Dresden
www.sandstein.de
ISBN 978-3-940319-47-0

© 2008, Deutsches Historisches Museum, Berlin und Autoren
Sandstein Verlag, Dresden

Herausgeber
Dorlis Blume, Ursula Breymayer und Bernd Ulrich

Redaktion
Bernd Ulrich

Bildredaktion
Dorlis Blume, David Bordiehn

Lektorat
Elke Kupschinsky

Einführungs- und Objekttexte
Dorlis Blume, Ursula Breymayer, Bernd Ulrich

Objekttexte mit Namenskürzeln
Regine Falkenberg (RF)
Carola Jüllig (CJ)
Leonore Koschnick (LK)
Sven Lüken (SL)
Ariane Oppitz (AO)
Christina Schmidt (CS)

Kurzbiografien und Zitate
Christina Schmidt

Fotoarbeiten
Angelika Anweiler-Sommer, Indra Desnica, Arne Psille

Koordination Herstellung
Gabriele Kronenberg

Verlagslektorat
Heike Bojunga, Dana Hildebrand
Michel Sandstein GmbH

Satz und Reprografie
Jana Felbrich, Jana Neumann
Michel Sandstein GmbH

Gestaltung
Michaela Klaus
Michel Sandstein GmbH

Herstellung
Michel Sandstein GmbH

Druck und Verarbeitung
DZA Druckerei zu Altenburg GmbH, Altenburg

Die Deutsche Nationalbibliothek verzeichnet diese Publikation in der Deutschen Nationalbibliografie; detaillierte bibliografische Daten sind im Internet über http://dnb.ddb.de abrufbar.

Dieses Werk einschließlich seiner Teile ist urheberrechtlich geschützt. Jede Verwertung außerhalb der engen Grenzen des Urheberrechtsgesetzes ist ohne Zustimmung des Verlages unzulässig und strafbar. Das gilt insbesondere für die Vervielfältigung, Übersetzungen, Mikroverfilmungen und die Einspeicherung und Verarbeitung in elektronischen Systemen.

## LEIHGEBER · DANK

**Wir danken folgenden Leihgebern und Institutionen für die freundliche Unterstützung:**

### Alsfeld
- Geschichts- und Museumsverein Alsfeld

### Berlin
- Bildarchiv Preußischer Kulturbesitz
- Bundesarchiv
- Deutscher Bundestag
- Georg-Kolbe-Museum
- movie members filmproduktion GmbH. Produzent und Supervising Director: Harald Siebler
- Philipp Springer
- Privatsammlung Peter Dussmann
- ullstein bild
- Vertretung der Europäischen Kommission in der Bundesrepublik Deutschland

### Bern
- Bernisches Historisches Museum

### Bonn
- Archiv der sozialen Demokratie der Friedrich Ebert Stiftung e. V.
- Stiftung Haus der Geschichte der Bundesrepublik Deutschland

### Bremen
- Dietrich Heller

### Dresden
- Militärhistorisches Museum der Bundeswehr
- Sächsische Landesbibliothek – Staats- und Universitätsbibliothek Dresden

### Frankfurt am Main
- Historisches Museum
- Institut für Stadtgeschichte
- MMK – Museum für Moderne Kunst

### Hamburg
- Staatsarchiv Hamburg

### Karlsruhe
- Landesarchiv Baden-Württemberg / Generallandesarchiv Karlsruhe

### Kiel
- Kieler Stadt- und Schiffahrtsmuseum

### Köln
- Bundesamt für Verfassungsschutz

### Leipzig
- Museum der bildenden Künste Leipzig

### Leutkirch im Allgäu
- Museum im Bock

### München
- Bayerisches Hauptstaatsarchiv
- Staatliche Graphische Sammlung München
- Süddeutsche Zeitung Photo

### Reutlingen
- Heimatmuseum Reutlingen

### Stuttgart
- Stiftung Bundespräsident Theodor-Heuss-Haus / Familienarchiv Heuss, Basel

### Wilhelmshaven
- Deutsches Marinemuseum Wilhelmshaven

**Außerdem danken wir:**

- Frank Aurich, Dresden
- Gregor Baron, Berlin
- Dr. Ursel Berger, Berlin
- Dr. Wolfgang Cilleßen, Frankfurt am Main
- Thomas Deutsch, Berlin
- Prof. Dr. Dieter Grimm, Berlin
- Dr. Stefanie Heckmann, Berlin
- Peter Jezler, Bern
- Linda von Kayserlingk, Dresden
- Dr. Sonja Kinzler, Kiel
- Anna Katharina Neufeld, Berlin
- Ariane Oppitz, Berlin
- Dr. Gorch Pieken, Dresden
- Angela Pley, Köln
- Dr. Dietmar Preißler, Bonn
- Katja Protte, Dresden
- Volker Reißmann, Hamburg
- Dr. Anne Schmidt, Bern/Berlin
- Dr. Martina Schröder, Reutlingen
- Harald Siebler, Berlin
- Dr. Philipp Springer, Berlin
- Volker Thiel, Bonn

und den Mitarbeitern der Sammlungen des Deutschen Historischen Museums Berlin.

# INHALT

4
Impressum

7
Leihgeber und Dank

10
Vorwort
Hans Ottomeyer

13
Zur Einführung
Dorlis Blume, Ursula Breymayer
und Bernd Ulrich

**Essays**
## Einleitung

14
Dieter Grimm
200 Jahre Verfassungen
in Deutschland

## Im Namen der Freiheit

34
Jörg-Detlef Kühne
»Wir sollen schaffen eine
Verfassung für Deutschland«
(Heinrich von Gagern) –
Die Paulskirchenverfassung

46
Arthur Schlegelmilch
Bismarck und die Verfassungen
von 1867 und 1871

54
Reinhard Rürup
Die Weimarer Reichsverfassung
und die Begründung einer
liberal-demokratischen Republik
in Deutschland 1918/19

66
Bernd Sösemann
Terror und »Volksgemeinschaft« –
Der permanente Ausnahmezustand
1933–1945

74
Werner Heun
Freiheit statt Einheit –
Das Grundgesetz

86
Martin Sabrow
Das Recht der Diktatur –
Die Verfassungen der Deutschen
Demokratischen Republik
1949 und 1968/74

100
Gunnar Peters
»Wir sind das Volk!« –
Verfassungsdiskussionen im
Einigungsprozess 1989/90

## Die Kunst der Verfassung

112
Andreas Kaernbach
Kunst und Verfassung

122
Heinrich Wefing
Demokratie im Glashaus –
Einige Anmerkungen
zu dem schwierigen Verhältnis
von Politik und Architektur

132
Simone Derix
Verfassung als Erlebnis
und Erfahrung

## Ausblick

140
Klaus Marxen
Sicherheit versus Freiheit – Oder:
Hat die Freiheit eine Zukunft?

148
Heribert Prantl
Verfassungs- und Sozialstaat –
Die Zukunft der Gerechtigkeit

156
Wolfgang Schmale
Europa der Verfassungen –
Eine Verfassung für Europa

## Katalog

166
**1** »Constitutionen« und
Verfassungen

174
**2** Nationale Einheit und Freiheit –
Die Paulskirchenverfassung

202
**3** Einheit – auch Freiheit?
Die Verfassungen von 1867 und 1871

208
**4** Im Schatten der Gewalt –
Die Weimarer Reichsverfassung

242
**5** »Aufgehobene Rechte« –
Die nationalsozialistische
Machteroberung

250
**6** Freiheit statt Einheit?
Das Grundgesetz der
Bundesrepublik Deutschland

282
**7** Volksdemokratie
in Deutschland? Die Verfassungen
der Deutschen Demokratischen
Republik

306
**8** »Wir sind das Volk« /
»Wir sind ein Volk« –
Friedliche Revolution
und Deutsche Einheit

320
**9** Zukunft der Verfassung –
Verfassung der Zukunft

## Anhang

329
Autoren

330
Abkürzungen

331
Personenregister

336
Ausgewählte Literatur

342
Grundriss der Ausstellung

343
Bildnachweis

»Nachmittags um fünf Vereidigung Eberts. Die Bühne war festlich geschmückt in den neuen Reichsfarben. Alles sehr anständig, aber schwunglos wie bei einer Konfirmation in einem gutbürgerlichen Hause. Es ist, wie wenn eine Gouvernante Ballett tanzt. Trotzdem hatte das Ganze etwas Rührendes und vor allem Tragisches«. Was Harry Graf Kessler am 21. August 1919 in seinem Tagebuch über die Vereidigung Friedrich Eberts zum ersten Reichspräsidenten notierte, sollte über den Tag hinaus Bestand haben: Der neue Staat tat sich schwer mit seiner Selbstdarstellung als die erste demokratisch verfasste Republik. Die »Gouvernante«, um im Bild zu bleiben, tanzte bis zum Ende der Republik – und eine festliche Aufführung der Freude wurde nie daraus.

▬

In kaum einem Symbol der jungen Demokratie verdichtete sich dieser Mangel derart wie in dem seiner verfassungsgemäßen Staatlichkeit: der schwarz-rot-goldenen Fahne. Sie sollte die »Fahne der Verfassung« sein, »aus der Sehnsucht geboren, mit dem Herzblut von Märtyrern des Volkes getränkt«, wie es der »Reichskunstwart« der Republik, Edwin Redslob, mit allem zeitgebundenen Pathos formulierte.

▬

Redslob spielte damit auf die Geschichte der »deutschen Farben« an, um deren Ursprünge und Symbolgehalte sich vielerlei Legenden und Vermutungen ranken – bis heute. Als sicher darf gelten, dass sie nach der Gründung der »Allgemeinen deutschen Burschenschaft« im Jahr 1818 zum ersten Mal eindeutig belegbar als Zeichen einer deutschen Nationalbewegung verbreitet waren. Auf dem »Hambacher Fest« im Mai 1832 führten bereits viele der über 20.000 Teilnehmer die schwarz-rot-goldene Fahne mit sich. Und in der Revolution von 1848 endlich war sie zum Sinnbild des Kampfes um nationale Einheit und vor allem der bürgerlichen Freiheiten geworden.

▬

Doch dieser historische Rückbezug vermochte einen beträchtlichen Teil der deutschen Bevölkerung in der Weimarer Republik nicht zu überzeugen. Zu stark und nachwirkend war seit »dem Erdbeben des Jahres 1848«, wie es schon 1861 im liberalen *Deutschen Staats-Wörterbuch* hieß, »der dauernde Sieg der konstitutionellen Monarchie als der normalen Verfassungsform für die deutschen Staaten«. Es war ein Sieg über die Revolution, der durch die Reichsgründung von 1871 für lange Jahrzehnte gefestigt wurde.

▬

Der darüber in der Weimarer Republik entfachte »Flaggenstreit« aber ergab nur Kompromisse, peinliche und dem Selbstbewusstsein der Republik kaum zuträgliche Übereinkommen. Dabei war klar: Der Konflikt griff weit über einen Streit um Farbgebungen hinaus; da die Reichsfarben Schwarz-Rot-Gold – wie auch in der Bundesrepublik – Verfassungsrang hatten, galt die Ablehnung der Fahne auch der Verfassung und dem demokratischen »System«. Die Nationalsozialisten wussten um diesen Symbolgehalt: Zu einer der ersten Verordnungen Hitlers gehörte – mit der Unterschrift des Reichspräsidenten von Hindenburg – am 12. März 1933 der »Flaggenerlass«, mit dem die Freiheitstrikolore der Republik verboten wurde.

▬

Die Geschichte der Verfassungen kann, so zeigt dieses nur skizzierte Beispiel, anders erzählt werden denn als bloße Ansammlung von Artikeln und Bestimmungen. In ihnen verbergen sich vielmehr historische Entwicklungen und Erfahrungen. Bei Lichte betrachtet sind sie nichts anderes als eine Art Archiv, in dem rechtsverbindlich aufbewahrt wird, was einst leidvoll erlebt wurde und sich nicht wiederholen soll. Sie erzählen vom unbedingten Freiheitswillen der Menschen, vom Abschütteln überkommener Unterdrückung, aber auch von Engagement, von Beteiligung und Mitsprache, vom Gedanken der natürlichen Gleichheit aller Menschen und – auch dies – von jenen, die dafür ihr Leben ließen. Es gilt, die Geschichte der Verfassungen in Deutschland als das zu begreifen, was sie neben anderem auch und – bei allen Verwerfungen – im Besonderen ist: Die Geschichte deutscher Freiheits- und Einheitsbestrebungen.

Die Ausstellung 2008 erinnert, bezogen auf 2009, an mehrere Jubiläen, die es demnächst zu begehen gilt. Die erste deutsche Verfassung, deren Urkunde wir im Hause so sorgfältig verwahren wie stolz zeigen, entstand und scheiterte im Jahr 1849. Überdies jährt sich die weiterentwickelte Verfassung der ersten deutschen Republik von 1919, welche das konstituierende Dokument der sogenannten Weimarer Republik war. Und schließlich entstanden in Fortschreibung der Freiheitsrechte und staatlich-demokratischer Ordnung im Jahre 1949 zwei weitere Verfassungen für die Bundesrepublik Deutschland und für die Deutsche Demokratische Republik, deren Parallelkonstruktion eines überdeutlich macht: dass es nicht auf den Verfassungstext ankommt, sondern auf die Verfassungswirklichkeit. Auf das, was im Namen der Freiheit geschieht, jenseits und oft im Widerspruch zu dem Kanon der Worte in den Verfassungsartikeln. Jede dieser Verfassungen, besser Verfassungsschritte, einzeln zu betrachten, wäre müßig; erst im konsekutiven Zusammenhang wird deutlich, was sie ausmachten und wo sie sich berührten. Das Deutsche Historische Museum hat deshalb die Verfassungen von 1849, 1919 und zweimal 1949 in eine Linie gestellt – nicht um irgendwie gleichzusetzen, sondern schärfer zu unterscheiden, was ähnliche Prämissen und gleiche Werte jeweils durch den Umgang damit an Folgen für das Volk und den einzelnen Bürger zeitigen.

Eben diese Geschichte wird in der Ausstellung »Im Namen der Freiheit! Verfassung und Verfassungswirklichkeit in Deutschland« erzählt. Dabei bildet die schwarz-rot-goldene Fahne nur einen Teil der Ikonographie deutscher Verfassungen. Sie wird auch in vielen weiteren Exponaten sichtbar – sei es in den Porträts von Verfassungsvätern und -müttern, sei es in einer immer transparenter werdenden Parlamentsarchitektur oder in dem nur im Film überlieferten »Ehrenmal der Republik« vom August 1929.

So unterschiedlich die Medien, so facettenreich ihre Aussagekraft für eine ikonographisch inspirierte Ausstellung. Sie kongenial umgesetzt zu haben, dafür seien die Kuratorinnen Dorlis Blume und Ursula Breymayer sowie der Kurator Bernd Ulrich bedankt. Sie wurden in ihrer Arbeit gewinnbringend unterstützt durch Burkhard Asmuss und einen Beirat, dessen Mitglieder sich dankenswerterweise auch als Essay-Autoren für den Katalog betätigten. Doppelter Dank daher den Herren Reinhard Rürup, Martin Sabrow, Klaus Marxen, Werner Heun, Bernd Sösemann und Andreas Kaernbach, die uns in allen Fragen zur Seite standen und in Diskussionen Brüche und übergeordnete Aspekte aufwiesen, welche die deutsche Verfassungsgeschichte kennzeichnen.

Hans Ottomeyer

## ZUR EINFÜHRUNG

In unserer medial geprägten Gesellschaft hat das Grundgesetz unbestreitbar eine gewisse optische Präsenz. Zum Beispiel immer dann, wenn in den Fernsehnachrichten zu einer neuen Grundsatzentscheidung des Bundesverfassungsgerichts »nach Karlsruhe« umgeschaltet wird. Aber so visuell vertraut uns auch die Frauen und Männer in den roten Roben sind – die wechselvolle Geschichte ihrer untrennbar mit dem Grundgesetz verbundenen Rechtsprechung ist vielen Menschen eher unbekannt.

Dem abzuhelfen, ist eine der Aufgaben unserer Ausstellung und des Katalogs, wenngleich sie sich darin nicht erschöpfen – und auch nicht erschöpfen dürfen. Denn Verfassungen bestehen aus mehr als aus bloßen Paragrafen oder den Instanzen, die sie interpretieren und durchsetzen. Verfassungen sind, wie es einer der bundesrepublikanischen Verfassungsväter, der sozialdemokratische Politiker, Staatsrechtler und *Homme de Lettres* Carlo Schmid, auf einer Sitzung des Parlamentarischen Rates im September 1948 formulierte, »nichts anderes als die in Rechtsform gebrachte Selbstverwirklichung der Freiheit eines Volkes. Darin liegt ihr Pathos, und dafür sind die Völker auf die Barrikaden gegangen.«

Das ist ein großes Wort. Und manchem kritischen Betrachter wird sogleich auffallen, dass zumindest unser Grundgesetz so gar nicht »auf Barrikaden« erkämpft worden ist. Sind Demokratie und Verfassung in Deutschland, wie der amerikanische Dramatiker Arthur Miller einst kritisch fragte, nicht »schlicht und einfach eine Sache historischer Bequemlichkeit, die von Fremden erfunden wurde?« Schon Hannah Arendt fiel bei ihrem *Besuch in Deutschland* im Jahre 1950 auf, dass angesichts gescheiterter Entnazifizierungskampagnen allein eine »Revolution die einzig denkbare Alternative« gewesen wäre, »der Ausbruch einer spontanen Wut des deutschen Volkes gegen all diejenigen, die als prominente Vertreter des Naziregimes bekannt waren.«

Das alles ist richtig – und auch wieder nicht. »Auf den Barrikaden« zumindest hätte »das Volk« im Jahre 1949, da das Grundgesetz verkündet wurde und in Kraft trat, sicher nicht gekämpft, sondern eher auf Trümmern. Aber Carlo Schmid hatte ganz anderes im Sinn, als er das in Verfassungen eingelagerte, revolutionäre Pathos beschwor. Gewiss – auch er war skeptisch, ob die Gründung eines »Staatsfragments« aus den drei Westzonen nicht die deutsche Teilung auf unabsehbare Zeit festschreiben würde, auch er sah wie viele andere in der dafür notwendigen Verfassung zunächst eher einen Notbehelf unter alliierter Besatzungsherrschaft denn eine Konstitution von Dauer.

Doch war er sich bei allen Zweifeln mit vielen anderen sicher, dass eine neue Verfassung auf die Auslöschung der Weimarer Republik und die nationalsozialistische Terrorherrschaft ebenso zu reagieren habe wie auf die Freiheits- und Einheitsbestrebungen des 19. Jahrhunderts und deren Niederschlag in der nie in Kraft getretenen Paulskirchenverfassung. In diese historischen Bezüge will Schmid das entstehende Grundgesetz gerückt sehen, und vor diesem Hintergrund bildet es – in der Gesamtheit seiner Artikel und Bestimmungen – im Namen der Freiheit das, was uns verbindet und zusammenhält.

Damit ist nicht gesagt, dass von einer Verfassung allein das Glück und die Wohlfahrt einer Nation bestimmt werden. Ein solches Ansinnen würde jede Verfassung überfordern, in der leitende Ideen und Ordnungsvorstellungen einer politischen Gemeinschaft niedergelegt sind. Wie ihre Umsetzung und damit der Verfassungsstaat gelingt, hängt indessen davon ab, so der Staatsrechtler und frühere Bundesverfassungsrichter Dieter Grimm, »ob die politischen Akteure gewillt sind, die Verfassung einzuhalten, und ob das Publikum gegen Verfassungsverstöße aufbegehrt.« Eine erfahrungsgesättigte Maxime, die insbesondere in ihrem zweiten Teil in der »Friedlichen Revolution« von 1989 bestätigt wurde. Sie gilt bis heute: »Wir sind das Volk!«

Dorlis Blume · Ursula Breymayer · Bernd Ulrich

DIETER GRIMM

# 200 Jahre Verfassungen in Deutschland

# 200 JAHRE VERFASSUNGEN

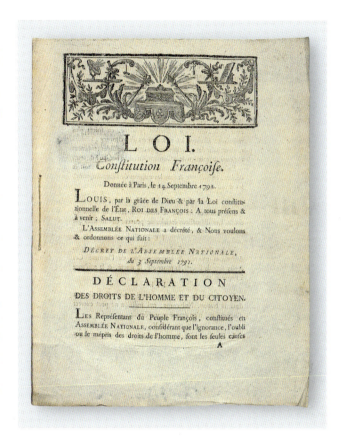

1/3
Verfassung für das konstitutionelle Königreich Frankreich vom 14. September 1791 mit der Erklärung der Menschenrechte von 1789

## I. Die Anfänge

Die moderne Verfassung ist nicht in Deutschland erfunden worden, sondern an der Peripherie der damaligen westlichen Welt, in den englischen Kolonien Nordamerikas, als diese sich 1776 vom Mutterland lossagten und zu unabhängigen Staaten erklärten. Elf Jahre später gründeten sie die Vereinigten Staaten von Amerika durch die Annahme der bis heute geltenden amerikanischen Verfassung. Wiederum zwei Jahre später erklärten sich die vom König seit 175 Jahren erstmals wieder einberufenen Generalstände Frankreichs zur Nationalversammlung und verabschiedeten die Erklärung der Menschen- und Bürgerrechte, der 1791 die erste französische Verfassung folgte.

In Deutschland war zu dieser Zeit, wie man sagen könnte, noch alles beim Alten. Es bestand aus zahlreichen Einzelherrschaften höchst unterschiedlicher Größe, überwölbt von dem bald 1000-jährigen Heiligen Römischen Reich Deutscher Nation. Weder das Reich noch die Mehrzahl der Einzelherrschaften hatten den Schritt zur Staatsbildung vollzogen, der in Frankreich schon im 17. Jahrhundert erfolgt war. Die großen Territorien, die dem französischen Vorbild folgten, vor allem Österreich und Preußen, wurden absolutistisch regiert wie das vorrevolutionäre Frankreich. In den meisten Fürstentümern hielten sich hinter absolutistischen Fassaden aber noch die altständischen Verhältnisse.

Die Revolutionen in Nordamerika und Frankreich fanden zwar viel Aufmerksamkeit und Sympathie in Deutschland. An eine Revolution im eigenen Land war aber nicht zu denken, teils weil viele deutsche Monarchen unter dem Einfluss der Aufklärung reformfreudiger gewesen waren als der französische König, teils weil es an einem selbstbewussten und wirtschaftlich starken Bürgertum fehlte, das eine Revolution zu tragen und Verfassungen gegen den Willen der Monarchen durchzusetzen vermocht hätte. Gleichwohl ließen Verfassungen auch in Deutschland nicht lange auf sich warten. Die erste entstand 1808 in Bayern. Insofern ist nicht erst 2009 ein Jubiläumsjahr, sondern schon 2008: 200 Jahre Verfassungen in Deutschland.

Überraschend ist dies deshalb, weil der Zusammenhang zwischen der Entstehung des Konstitutionalismus und der Revolution keineswegs zufällig ist. Der revolutionäre Bruch mit der angestammten Herrschaft, der englischen Kolonialmacht in Nordamerika und der absoluten Monarchie in Frankreich, war vielmehr für die Erfindung der Verfassung konstitutiv. Er schuf die Notwendigkeit, eine neue Herrschaft einzurichten, und diese Notwendigkeit mündete in die Verfassung. Denn den Revolutionären ging es nicht nur darum, einen verhassten Herrscher gegen einen anderen auszuwechseln, wie schon oft in der Geschichte geschehen, sie wollten das gesamte Herrschaftssystem auf eine neue Grundlage stellen.

Für das neue System wurden theoretische Vorstellungen maßgebend, die älter als die Verfassung waren, aber erst durch die Revolution eine Verwirklichungschance erhielten. Ohne im Gedanken an eine Verfassung konzipiert worden zu sein, liefen sie zusammengenommen doch nachgerade zwangsläufig auf eine Verfassung hinaus. Die Grundidee war, dass die Menschen von Natur aus frei und gleich seien. Daraus folgte, dass sich die Berechtigung Einzelner zur Herrschaft weder aus göttlicher Einsetzung noch aus einem vererblichen Vorrecht einer Dynastie, sondern nur aus dem Konsens aller ergeben konnte. In diesem Konsens waren zugleich die Bedingungen festzulegen, unter denen politische Herrschaft als legitim gelten konnte.

Dazu gehörte seit der zweiten Hälfte des 17. Jahrhunderts, dass Freiheit und Gleichheit der Menschen auch im Staat erhalten

Im Congreß, den 4ten July, 1776.

# Eine Erklärung
## durch die Repräsentanten der Vereinigten Staaten von America,
### im General-Congreß versammlet.

Wenn es im Lauf menschlicher Begebenheiten für ein Volk nöthig wird die Politischen Bande, wodurch es mit einem andern verknüpft gewesen, zu trennen, und unter den Mächten der Erden eine abgesonderte und gleiche Stelle einzunehmen, wozu selbiges die Gesetze der Natur und des GOttes der Natur berechtigen, so erfordern Anstand und Achtung für die Meinungen des menschlichen Geschlechts, daß sie die Ursachen anzeige, wodurch es zur Trennung getrieben wird.

Wir halten diese Wahrheiten für ausgemacht, daß alle Menschen gleich erschaffen worden, daß sie von ihrem Schöpfer mit gewissen unveräusserlichen Rechten begabt worden, worunter sind Leben, Freyheit und das Bestreben nach Glückseligkeit. Daß zur Versicherung dieser Rechte Regierungen unter den Menschen eingeführt worden sind, welche ihre gerechte Gewalt von der Einwilligung der Regierten herleiten; daß sobald einige Regierungsform diesen Endzwecken verderblich wird, es das Recht des Volks ist sie zu verändern und abzuschaffen, und eine neue Regierung einzusetzen, die auf solche Grundsätze gegründet, und deren Macht und Gewalt solchergestalt gebildet wird, als ihnen zur Erhaltung ihrer Sicherheit und Glückseligkeit am schicklichsten zu seyn dünket. Zwar gebietet Klugheit, daß von langer Zeit her eingeführte Regierungen nicht um leichter und vergänglicher Ursachen willen verändert werden sollen; und demnach hat die Erfahrung von jeher gezeigt, daß Menschen, so lang das Uebel noch zu ertragen ist, lieber leiden und dulden wollen, als sich durch Umstossung solcher Regierungsformen, zu denen sie gewöhnt sind, selbst Recht und Hülfe verschaffen. Wenn aber eine lange Reihe von Mißhandlungen und gewaltsamen Eingriffen, auf einen und eben den Gegenstand unablässig gerichtet, einen Anschlag an den Tag legt sie unter unumschränkte Herrschaft zu bringen, so ist es ihr Recht, ja ihre Pflicht, solche Regierung abzuwerfen, und sich für ihre künftige Sicherheit neue Gewähren zu verschaffen. Dis war die Weise, wie die Colonien ihre Leiden geduldig ertrugen; und so ist jetzt die Nothwendigkeit beschaffen, welche sie zwinget ihre vorige Regierungs-Systeme zu verändern. Die Geschichte des jetzigen Königs von Großbrittannien ist eine Geschichte von wiederholten Ungerechtigkeiten und gewaltsamen Eingriffen, die alle zur Errichtung einer absoluten Tyranney über diese Staaten zum geraden Endzweck haben. Dis zu beweisen, wollen wir der unpartheyischen Welt folgende Facta vorlegen:

Er hat seine Einstimmung in die heilsamsten und zum Oeffentlichen Wohl nöthigsten Gesetzen versagt.

Er hat seinen Gouverneurs verboten, Gesetze von unverzüglicher und dringender Wichtigkeit heraus zu geben, es sey dann, daß sie so lange keine Kraft haben sollen, bis seine Einstimmung erhalten würde; und wenn ihre Kraft und Gültigkeit so aufgeschoben war, hat er solche gänzlich aus der Acht gelassen.

Er hat sich geweigert andere Gesetze zu bekräftigen zur Bequemlichkeit von grossen Districten des Volks, wofern diese Leute das Recht der Repräsentation in der Gesetzgebung nicht fahren lassen wolten, ein Recht, das ihnen unschätzbar, und nur Tyrannen fürchterlich ist.

Er hat Gesetzgebende Körper an ungewöhnlichen, unbequemen und von der Niederlage ihrer öffentlichen Archiven entfernten Plätzen zusammen berufen, zu dem einzigen Zweck, um sie zu laugen zu machen, bis sie sich zu seinen Maaßregelen bequemen würden.

Er hat die Häuser der Repräsentanten zu wiederholten malen aufgehoben, dafür, daß sie mit männlicher Standhaftigkeit seinen gewaltsamen Eingriffen auf die Rechten des Volks widerstanden haben.

Er hat, nach solchen Aufhebungen, sich eine lange Zeit widersetzt, daß andere erwählet werden solten; wodurch die Gesetzgebende Gewalt, die nicht vernichtet werden kan, zum Volk überhaupt wiederum zur Ausübung zurück gekehrt ist; mittlerweile daß der Staat allen äusserlichen Gefahren und innerlichen Zerrüttungen unterworfen blieb.

Er hat die Bevölkerung dieser Staaten zu verhindern gesucht; zu dem Zweck hat er die Gesetze zur Naturalisation der Ausländer gehindert; die Beförderung ihrer Auswanderung hieher, hat er sich geweigert heraus zu geben, und hat die Bedingungen für neue Anweisungen von Ländereyen erhöhet.

Er ist der Verwaltung der Gerechtigkeit verhinderlich gewesen, indem er seine Einstimmung zu Gesetzen versagt hat, um Gerichtliche Gewalt einzusetzen.

Er hat Richter von seinem Willen allein abhängig gemacht, in Absicht auf die Besitzung ihrer Aemter, und den Belauf und die Zahlung ihrer Gehalte.

Er hat eine Menge neuer Aemter errichtet, und einen Schwarm von Beamten hieher geschickt, um unsere Leute zu plagen, und das Mark ihres Vermögens zu fressen.

Er hat unter uns in Friedenszeiten Stehende Armeen gehalten, ohne die Einstimmung unserer Gesetzgebungen.

Er hat sich bemühet die Kriegsmacht von der Bürgerlichen Macht unabhängig zu machen, ja über selbige zu erhöhen.

Er hat sich mit andern zusammen gethan uns einer Gerichtsbarkeit, die unserer Landsverfassung ganz fremd ist, und die unsere Gesetze nicht erkennen, zu unterwerfen; indem er seine Einstimmung zu ihren Acten angemaßter Gesetzgebung ertheilt hat, näml.

Um grosse Haufen von bewaffneten Truppen bey uns einzulegen:

Um solche durch ein Schein-Verhör vor Bestrafung zu schützen für einige Mordthaten, die sie an den Einwohnern dieser Staaten begehen würden:

Um unsere Handlung mit allen Theilen der Welt abzuschneiden:

Um Taxen auf uns zu legen, ohne unsere Einwilligung.

Um uns in vielen Fällen des Wohlthats eines Verhörs durch eine Jury zu berauben:

Um uns über See zu führen, für angegebene Verbrechen gerichtet zu werden:

Um das freye System Englischer Gesetze in einer benachbarten Provinz abzuschaffen, eine willkührliche Regierung darin einzusetzen, und deren Grenzen auszudehnen, um selbige zu gleicher Zeit zu einem Exempel sowol als auch zu einem geschickten Werkzeug zu machen,dieselbe absolute Regierung in diese Colonien einzuführen:

Um unsere Freyheitsbriefe uns zu entziehen, unsere kostbarsten Gesetze abzuschaffen, und die Form unserer Regierung von Grund aus zu verändern:

Um unsere eigenen Gesetzgebungen aufzuheben, und sich selbst zu erklären, als wenn sie mit voller Macht versehen wären, uns in allen Fällen Gesetze vorzuschreiben.

Er hat die Regierung allhier niedergelegt, indem er uns ausser seinen Schutz erklärt und gegen uns Krieg führet.

Er hat unsere Seen geplündert, unsere Küsten verheert, unsere Städte verbrannt, und unser Volk ums Leben gebracht.

Er ist, zu dieser Zeit, beschäftigt mit Herübersendung grosser Armeen von fremden Mieth-Soldaten, um das Werke des Todes, der Zerstörung und Tyranney zu vollstühren, die bereits mit solchen Umständen von Grausamkeit und Treulosigkeit angefangen worden, welche selbst in den barbarischsten Zeiten ihres Gleichen nicht finden, und dem Haupt einer gesitteten Nation gänzlich unanständig sind.

Er hat unsere auf der hohen See gefangene Mitbürger gezwungen die Waffen gegen ihr Land zu tragen, um die Henker ihrer Freunde und Brüder zu werden, oder von ihren Händen den Tod zu erhalten.

Er hat unter uns häusliche Empörungen und Aufstände erregt, und gestrebt über unsere Grenz-Einwohner die unbarmherzigen wilden Indianer zu bringen, deren bekannter Gebrauch den Krieg zu führen ist, ohne Unterscheid von Alter, Geschlecht und Stand, alles niederzumetzeln.

Auf jeder Stufe dieser Drangsale haben wir in den demüthigsten Ausdrücken um Hülfe und Erleichterung geflehet: Unsere wiederholten Bittschriften sind nur durch wiederholte Beleidigungen beantwortet worden. Ein Fürst, dessen Character so sehr jedes einen Tyrannen unterscheidendes Merkmal trägt, ist unfähig der Regierer eines freyen Volks zu seyn.

Auch haben wir es nicht an unserer Achtsamkeit gegen unsere Brittische Brüder ermangeln lassen: Wir haben ihnen von Zeit zu Zeit Warnung ertheilt von den Versuchen ihrer Gesetzgebung eine unverantwortliche Gerichtsbarkeit über uns auszudehnen. Wir haben ihnen die Umstände unserer Auswanderung und unserer Niederlassung allhier zu Gemüthe geführt. Wir haben an ihre angebornen Gerechtigkeit und Großmuth gewandt, und sie bey den Banden unserer gemeinschaftlichen Verwandtschaft beschworen, diese gewaltsamen Eingriffe zu mißbilligen, welche unsere Verknüpfung und unsern Verkehr mit einander unvermeidlich unterbrechen würden. Auch sie sind gegen die Stimme der Gerechtigkeit und Blutsfreundschaft taub gewesen. Wir müssen uns derohalben die Nothwendigkeit gefallen lassen, welche unsere Trennung ankündigt, und sie, wie der Rest des menschlichen Geschlechts, im Krieg für Feinde, im Frieden für Freunde, halten.

Indem wir, derohalben, die Repräsentanten der Vereinigten Staaten von America, im General-Congreß versammlet, uns wegen der Redlichkeit unserer Gesinnungen auf den allerhöchsten Richter der Welt berufen, so verkündigen wir hiemit feyerlich, und erklären, im Namen und aus der guten Leute dieser Colonien, Daß diese Vereinigten Colonien Freye und Unabhängige Staaten sind, und von Rechtswegen seyn sollen; daß sie von aller Pflicht und Treuergebenheit gegen die Brittische Krone frey- und losgesprochen sind, und daß alle Politische Verbindung zwischen ihnen und dem Staat von Großbrittannien hiemit gänzlich aufgehoben ist, und aufgehoben seyn soll; und daß als Freye und Unabhängige Staaten sie volle Macht und Gewalt haben, Krieg zu führen, Frieden zu machen, Allianzen zu schliessen, Handlung zu errichten, und alles und jedes andere zu thun, was Unabhängigen Staaten von Rechtswegen zukömmt. Und zur Behauptung und Unterstützung dieser Erklärung verpfänden wir, mit vestem Vertrauen auf den Schutz der Göttlichen Vorsehung, uns unter einander unser Leben, unser Vermögen und unser geheiligtes Ehrenwort.

Unterzeichnet auf Befehl und im Namen des Congresses,

John Hancock, Präsident.

Bescheiniget,
Carl Thomson, Secretär.

[Philadelphia: Gedruckt bey Steiner und Cist, in der Zweyten-strasse.]

# 200 JAHRE VERFASSUNGEN

1/1 (links)
**Erstdruck der Amerikanischen Unabhängigkeitserklärung vom 4. Juli 1776 in deutscher Sprache, 6.–8. Juli 1776**

bleiben müssten, politische Herrschaft also von vornherein nur als begrenzte in Betracht komme. Als frei und gleich konnte aber nur gelten, wer nicht der subjektiven Willkür der Herrschenden unterworfen war, sondern allein objektiven Grundsätzen und Normen, an deren Zustandekommen er Anteil hatte: »a government of laws and not of men«, wie es zuerst in England ausgedrückt worden war. Zur Verhütung von Machtmissbrauch schien es schließlich nötig, dass die Herrschaftsgewalt nicht in einer Hand vereinigt war, sondern auf mehrere Träger aufgeteilt wurde, die sich gegenseitig kontrollierten.

Diese Vorstellungen drängten zu einer rechtlichen Fixierung, weil eine auf Konsens gegründete Herrschaft nur als Auftragsherrschaft in Betracht kommt, das Auftragsverhältnis aber organisatorisch und prozedural ausgestaltet werden muss. Dasselbe gilt für eine Herrschaft, die inhaltlich begrenzt und funktional auf verschiedene Träger verteilt sein soll. Beides lässt sich durch Recht besonders gut gewährleisten. Um seine Funktion erfüllen zu können, musste dieses Recht freilich der Herrschaft übergeordnet sein. Legitime Herrschaft wurde durch das Recht überhaupt erst begründet und konnte nur auf seiner Grundlage und in seinem Rahmen ausgeübt werden. Durch seinen Gegenstand, seine Quelle und eben diese Vor- und Höherrangigkeit wurde es zur Verfassung.

Einmal aus der revolutionären Situation geboren, entwickelte sich die Verfassung alsbald zur großen Sehnsucht des 19. Jahrhunderts, auch in Ländern wie Deutschland, in denen der zur Verfassung drängende revolutionäre Bruch ausblieb. Indessen traf sie in diesen Ländern auf erhebliche Widerstände. Gegner der Verfassung waren die Monarchen, die ihren Sturz oder jedenfalls den Verlust ihrer auf Gottes Gnade zurückgeführten, konsensunabhängigen Stellung fürchteten. Gegner waren alle, die die Monarchie von Gottes Gnaden für die einzig legitime Herrschaftsform hielten. Und Gegner waren diejenigen Stände und Gruppen, die in der auf Ungleichheit und Unfreiheit gegründeten feudalen Gesellschaftsordnung eine privilegierte Stellung einnahmen.

Deswegen ist das 19. Jahrhundert nicht nur ein Jahrhundert der Verfassungssehnsüchte, sondern auch der Verfassungskämpfe. Für eine Verfassung waren viele bereit, ihr Leben einzusetzen. Andere mussten es im Kampf gegen sie lassen. Freiwillig wichen die Träger und Nutznießer der alten Ordnung kaum zurück. Vielmehr verbreitete sich die Verfassung außerhalb Frankreichs zuerst mit den französischen Revolutionsheeren, welche die Segnungen des Konstitutionalismus auch den von ihnen eroberten Ländern zuteil werden lassen wollten. Napoleon setzte bei seinen Eroberungen auf Verfassungen, weil er durch Erfüllung der Verfassungssehnsüchte die Bevölkerung der Frankreich einverleibten oder zwangsverbündeten Länder an sich zu binden hoffte.

Auch Deutschland verdankt daher seine ersten Verfassungen mittelbar oder unmittelbar Napoleon. Nachdem das Reich nach fast 1000-jähriger Existenz 1806 unter dem französischen Ansturm zusammengebrochen war, entstanden unter Napoleons Protektorat der Rheinbund, dem die meisten deutschen Mittel- und Kleinstaaten angehörten, sowie zwei neu gegründete napoleonische Modellstaaten mit französischen Regenten, das Königreich Westfalen und das Großherzogtum Berg. Die westfälische Verfassung ging der bayerischen sogar voraus, aber sie war in Frankreich ausgearbeitet und 1807 von Napoleons Bruder Jérôme verordnet worden. Dagegen war die bayerische Verfassung von 1808 eine deutsche Verfassung, mit der Bayern einem napoleonischen Verfassungsdiktat zuvorkommen wollte.

Mit Napoleon war es allerdings wenige Jahre später vorbei und damit auch mit seinen Modellstaaten und ihren Verfassungen auf deutschem Boden. Auch die bayerische Verfassung geriet mit dem Wegfall ihres Anlasses in Vergessenheit. Wohl aber überdauerte die Verfassungssehnsucht die Revolutionsära, und mehr als zuvor glaubte sich das deutsche Bürgertum durch seinen Kampf gegen die napoleonische Fremdherrschaft, Verfassungen und ein national geeintes Deutschland verdient zu haben. Die Einheitshoffnungen wurden durch den 1815 auf dem Wiener Kongress beschlossenen Deutschen Bund, der kein Bundesstaat, sondern ein Staatenbund war, nicht erfüllt. Dagegen bestand für Verfassungen durchaus Hoffnung, weil es in der Bundesakte hieß, dass in den Mitgliedstaaten »landständische Verfassungen« stattfinden sollten.

In der Tat setzte sogleich nach dem Wiener Kongress eine Welle von Verfassungsschöpfungen in Deutschland ein, wobei unter den größeren Staaten wiederum Bayern vorangig und 1818 eine neue Verfassung verkündete. Ohne revolutionären Umbruch konnten diese Verfassungen allerdings nur auf freiwilligen Entschluss der Monarchen zurückgehen. Was veranlasste die Monarchen zu diesem Schritt? Wohl kaum eine plötzliche Neigung zum Konstitutionalismus, jedoch ein Kalkül im dynastischen Selbsterhaltungsinteresse: der Revolutionsgefahr durch begrenzte Konzessionen frühzeitig den Stachel zu ziehen und sich die Bevölkerungen ihrer zum Teil erheblich vergrößerten Territorien gewogen zu machen.

1/7
Dietrich Monten, *König Maximilian Ios giebt seinem Volke / die Verfassungs-Urkunde 1818*, um 1830

# 200 JAHRE VERFASSUNGEN

Die deutschen Verfassungen konnten unter diesen Umständen freilich nicht den Standards setzenden amerikanischen oder französischen Verfassungen folgen. Nicht vom Volk gegen die Monarchen erkämpft, stattdessen von diesen freiwillig gewährt, beruhten sie nicht auf dem Legitimationsprinzip der Volkssouveränität. Vielmehr behielten sich die Monarchen den vollen Besitz der Staatsgewalt vor und banden sich nur bei ihrer Ausübung in einzelnen Hinsichten an die Bestimmungen der Verfassung. Während die Ursprungsverfassungen legitime politische Herrschaft überhaupt erst konstituierten, modifizierten die deutschen Verfassungen lediglich eine unabhängig von der Verfassung legitimierte Herrschaft. Sie waren keine Verfassungen im Vollsinn der neuen Errungenschaft, sondern nur Semi-Konstitutionalismus.

Sollten sie ihren Zweck erfüllen, konnten sie allerdings nicht von allen Bestandteilen absehen, die seit 1776 und 1789 zum Programm des Konstitutionalismus gehörten. Die meisten Verfassungen enthielten daher Grundrechte, die aber, weil sie nicht naturrechtlich gedacht, vielmehr von den Monarchen gewährt waren, nicht allen Menschen, sondern nur den Staatsbürgern zustanden und auch in ihren Freiheits- und Gleichheitsgarantien nicht so weit reichten wie die amerikanischen und französischen Grundrechte. Vor allem aber fehlte ihnen die Kraft, entgegenstehendes Recht zu verdrängen. Ihre Anerkennung in den neuen Verfassungen änderte also in vielen Hinsichten nichts an den alten Rechtszuständen, sodass sie lange eher wie politische Versprechungen statt durchsetzbare Rechte wirkten.

Das zweite für unverzichtbar gehaltene Element von Verfassungen waren gewählte Volksvertretungen. Sie wirkten an der Gesetzgebung, soweit diese Freiheit und Eigentum der Bürger betraf, und an der Festsetzung des Staatshaushalts mit, während sie auf die Regierungsbildung keinen Einfluss hatten. Diese behielt sich der Monarch allein vor. Die Regierung war vom Vertrauen des Parlaments unabhängig. Aber auch in ihrer eigentlichen Domäne, der Legislative, konnten die Parlamente nur begrenzte Wirkung entfalten, weil Etat und Gesetze einen übereinstimmenden Beschluss der Volksvertretung und der nicht gewählten, sondern auf Privilegien basierenden Ersten Kammer sowie des Monarchen benötigten. Sie waren eher Vetomacht als treibende Kraft.

2/2
*Kampf zwischen Bürger u. Soldaten in der Straße Frankfurter Linden in Berlin, am 18ten und 19ten März 1848,*
1848

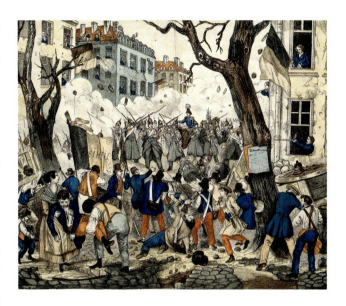

Obwohl in einigen Punkten ein fühlbarer Fortschritt gegenüber der vorkonstitutionellen Epoche, konnten diese Verfassungen die Erwartungen des Bürgertums nicht voll erfüllen. Die reaktionäre Politik des Deutschen Bundes nach 1820 entwertete sie zusätzlich, und nicht vergessen werden darf, dass eine Reihe deutscher Staaten noch gar keine Verfassung besaß, darunter die beiden Führungsmächte Preußen und Österreich. 1830 kam es daher in einigen verfassungslosen Staaten zu Aufständen, die in neue Verfassungen mündeten. Diese waren aber ebenfalls von den Fürsten, wenn auch unter revolutionärer Nachhilfe, gewährt worden und wichen daher von der Grundstruktur des deutschen Konstitutionalismus nicht ab.

## II. 1849

Die Enttäuschung über die nicht zustande gekommene nationale Einheit und über die reaktionäre, grundrechtsfeindliche Politik des Deutschen Bundes, über die unerfüllten Verfassungsversprechen und über die geringe Bedeutung der Verfassungen in denjenigen Staaten, wo sie nach dem Wiener Kongress in Kraft gesetzt worden waren, entlud sich in der Revolution von 1848. Die aus ihr hervorgegangene Nationalversammlung verstand sich von Anfang an als verfassunggebende Versammlung, die ihr Mandat vom Volk, nicht von den Monarchen erhalten hatte. Gleichzeitig wurden in zahlreichen Einzelstaaten, die noch ohne Verfassung waren, ebenfalls Nationalversammlungen gewählt, während in

**2/52** (rechts)
Adolf Schrödter, *Die Grundrechte des deutschen Volkes*, 1848/49

den älteren Verfassungsstaaten Verfassungsrevisionen begannen. In ihren Verfassungszielen ähnelte die deutsche Revolution von 1848 der französischen Revolution von 1789. Doch waren die Erfolgsbedingungen in Deutschland erheblich ungünstiger. Während es Frankreich darum gegangen war, einen schon vorhandenen Nationalstaat zu konstitutionalisieren, musste der Nationalstaat in Deutschland erst geschaffen werden. Die Revolution konnte daher nicht auf einen zentralen Staatsapparat zurückgreifen und diesen für ihre Ziele einsetzen. Sie war vielmehr auf die dezentralen Staatsapparate der Einzelstaaten angewiesen. Die Vielgleisigkeit der Revolution erschwerte einen durchschlagenden Erfolg. Sollten die Höfe der Einzelstaaten wieder die Oberhand gewinnen, war es unter Umständen um die Revolution geschehen.

Ein weiteres Erschwernis bestand darin, dass die beiden Führungsmächte Österreich und Preußen nicht nur aus deutschen Territorien bestanden, sondern auch über nichtdeutsche Völker herrschten. Im Fall von Preußen fiel dies nicht sehr ins Gewicht. Dagegen setzte sich die Habsburger Monarchie zum größten Teil aus nichtdeutschen Territorien zusammen. Ein Staat, dem diese böhmischen, ungarischen, polnischen, rumänischen, kroatischen, italienischen Völker angehört hätten, wäre nicht der ersehnte deutsche Nationalstaat gewesen. Andererseits war auch nicht zu erwarten, dass Österreich im Interesse der nationalen Einheit auf die betreffenden Gebiete verzichten würde. Ein Nationalstaat ohne Österreich hätte den nationalen Hoffnungen aber ebenso wenig entsprochen.

Ferner unterschieden sich 1789 und 1848 darin, dass unter den Bedingungen der Industriellen Revolution die Interessen des Dritten und des Vierten Standes wesentlich stärker auseinandergetreten waren. Das war in den Anfängen der Revolution von dem Vorgehen gegen die gemeinsamen Gegner, die Monarchie und den Deutschen Bund, überdeckt worden. Als die revolutionären Aktivitäten sich nach dem schnellen Anfangserfolg aber von der Straße in die Parlamente verlagerten, traten die Gegensätze in den Vordergrund. Die Linke konnte sich mit ihren Interessen in den Verfassungsberatungen nicht durchsetzen und griff im Herbst 1848 erneut zum Mittel gewaltsamer Aktionen.

Damit war die Revolution gespalten. Die Nationalversammlungen vertraten nicht mehr die gesamte Revolution. Das verschaffte den Höfen der Einzelstaaten wieder Handlungsspielräume, zumal sich die bedrohten Parlamente zur Niederwerfung der zweiten Revolutionswelle des monarchischen Militärs bedienten. Die Monarchen sahen ihre Stunde gekommen. Österreich und Preußen lösten ihre Nationalversammlungen auf oder schickten sie an entlegene Orte. Preußen nahm seiner Nationalversammlung zusätzlich das Heft aus der Hand, indem es eine Verfassung oktroyierte. Österreich folgte diesem Beispiel. Während aber die preußische Verfassung mit einigen Modifikationen in Kraft blieb, kehrte Österreich bald zum verfassungslosen Regime zurück.

Unterdessen nahmen in der Paulskirche die Verfassungsberatungen ihren Fortgang, denn eine Reichsgewalt, die ein Interesse gehabt hätte, sie zu stoppen, gab es nicht. Die Reichsgewalt sollte vielmehr erst durch die Verfassung geschaffen werden, und die provisorische Zentralgewalt war ein Geschöpf der Nationalversammlung. Im Dezember 1848 wurde der Grundrechtskatalog beschlossen und schon vor Vollendung der gesamten Verfassung in Kraft gesetzt. Die Verfassung folgte im März 1849. In Kraft trat sie nicht. König Friedrich Wilhelm IV. von Preußen lehnte die ihm angebotene Kaiserkrone ab. Der Grundrechtskatalog wurde nach dem endgültigen Sieg der Reaktion vom Bundestag 1851 wieder aufgehoben.

Auch wenn der Paulskirchen-Verfassung die rechtliche Geltung versagt blieb, hat sie in der deutschen Verfassungsentwicklung doch prägend gewirkt. Sie nahm die kleindeutsche Lösung vorweg. Die anfängliche Mehrheitsentscheidung für eine großdeutsche Lösung, bei der Österreich mit seinen deutschen Gebieten zum Reich gehört hätte, während die nichtdeutschen Teile außerhalb geblieben und nur durch die Person des Monarchen mit den deutschen Landen verbunden gewesen wären, wurde durch die Gegenrevolution zunichtegemacht. Österreich lehnte sie nunmehr kategorisch ab. Damit blieb nur die kleindeutsche Lösung übrig, die in einen unvollständigen Nationalstaat führte.

Bei den anderen großen Gegensätzen: Unitarismus oder Föderalismus, Monarchie oder Republik, demokratisches oder monarchisches Prinzip, parlamentarisches oder präsidentielles System, kam es zu einem Kompromiss zwischen den liberalen und den demokratischen Kräften in der Paulskirche. Das Reich sollte als erbliches Kaisertum entstehen, aber das Erbkaisertum beruhte auf einer Einsetzung durch das Volk. Damit war zugleich die Frage nach Unitarismus oder Föderalismus zugunsten der Kontinuität entschieden. Im Verhältnis zum Parlament war die Regierungsbildung allein Sache des Monarchen. Das Parlament konnte die Regierung auch nicht stürzen, es gab also kein parlamentarisches Regime, aber bei der Gesetzgebung durfte sich das Parlament über ein Veto des Monarchen hinwegsetzen.

Der Grundrechtskatalog mit seinen 14 Artikeln und 60 Bestimmungen war ein Gegenbild der im Vormärz erfahrenen Verfolgungen und Unterdrückungen. Von den amerikanischen und französischen Menschenrechtserklärungen unterschied er sich in der theoretischen Verwurzelung. Er war nicht von naturrechtlichem Pathos getragen, das für die Exzesse der Revolution verantwortlich gemacht wurde. In seinem Freiheitswillen und seinen einzelnen Garantien stand er aber den älteren Rechteerklärungen keineswegs nach, ging im Gegenteil vielfach darüber hinaus. Soziale Grundrechte wurden allerdings von der Mehrheit abgelehnt. Die Grundrechte der Paulskirche behielten auch nach ihrer Aufhebung Maßstabscharakter. Von hier zieht sich eine Traditionslinie bis ins Grundgesetz.

Bei der Proklamierung eines Grundrechtskatalogs ließ es die Paulskirche jedoch nicht bewenden. Sie reagierte auch auf die Bedeutungsschwäche der Grundrechte in den deutschen Verfassungen des frühen Konstitutionalismus. Das Reichsgericht, das die Verfassung vorsah, war ein voll ausgebildetes Verfassungsgericht. Hätte die Verfassung Geltung erlangt, wäre Deutschland das zweite Land nach den USA mit einer Verfassungsgerichtsbarkeit gewesen, mit dem Unterschied, dass es in den USA bis heute ungewiss ist, ob sich der Supreme Court das Recht, Gesetze für verfassungswidrig zu erklären, 1803 genommen hatte oder ob es ihm – implizit – von der Verfassung gegeben war. Die Paulskirchen-Verfassung sah diese Befugnis zum Schutz der Grundrechte ausdrücklich vor.

Das Scheitern des Verfassungsprojekts hinterließ im deutschen Verfassungsdenken nachhaltige Spuren. Im Bürgertum setzte sich die Überzeugung fest, dass die nationale Einheit nicht gegen die Fürsten, sondern nur im Verein mit ihnen erreicht werden könne. Das blieb nicht ohne Folgen für die Verfassungsvorstellungen. Die demokratischen Forderungen verloren an Rückhalt. Demokratie und Rechtsstaat, die im Vormärz stets zusammengehört hatten, trennten sich. Das Gewicht wurde fortan auf die rechtsstaatliche Sicherung einer staatsabgewandten privaten Freiheit gelegt. Der Gedanke an politische Freiheit verblasste. Bis heute genießt der Rechtsstaat mehr Vertrauen als der demokratische Prozess.

### III. 1871

Dass das Einheitsthema mit der Ablehnung von Reichsverfassung und Kaiserkrone nicht vom Tisch war, zeigte sich an den sofort einsetzenden preußischen Bemühungen um eine nationale Einigung unter seiner Führung und auf der Basis des monarchischen Prinzips. Preußen legte den Entwurf einer Unionsverfassung vor, welcher der Paulskirchen-Verfassung in vielem nachgebildet war, und berief eine verfassungsberatende Versammlung nach Erfurt ein. Der Plan scheiterte aber am Druck Österreichs und am Widerstand der süddeutschen Staaten. 1851 waren die alten staatsrechtlichen Verhältnisse wieder hergestellt, mit dem Unterschied, dass nun in allen deutschen Einzelstaaten außer Österreich und den beiden Mecklenburg Verfassungen galten.

Das Einheitsverlangen der Deutschen wurde 20 Jahre später durch Bismarck erfüllt, und zwar mittels dreier Kriege, welche die Hindernisse auf dem Weg zur nationalen Einheit beseitigten. Die Reichsverfassung von 1871, die sich an den kurzlebigen Vorläufer, die Verfassung des nach dem Krieg gegen Österreich gegründeten Norddeutschen Bundes, anlehnte, war die erste für Deutschland insgesamt geltende Verfassung und bildete 47 Jahre lang den rechtlichen Rahmen für die deutsche Politik. Im Unterschied zu der gescheiterten Paulskirchen-Verfassung ließ sie sich nicht dem Volk als Urheber und Träger der Staatsgewalt zurechnen. Sie blieb vielmehr dem vor 1848 ausgebildeten Typus des deutschen Konstitutionalismus treu und variierte ihn nur im Blick darauf, dass das Reich ein aus Staaten zusammengesetzter Staat war.

Träger der Staatsgewalt des Reiches war nicht der Kaiser, vielmehr die Gesamtheit der Monarchen der deutschen Staaten, die den neuen Oberstaat gegründet hatten. Aber der aus allgemeinem (Männer-)Wahlrecht hervorgegangene Reichstag war an seinem Entstehen nicht unbeteiligt. Der Text der Reichsverfassung wurde vertraglich von den Gründerstaaten vereinbart. Deren Landesparlamente stimmten dem Vertragsschluss zu. Danach genehmigte der Reichstag als Repräsentant des gesamten deutschen Volkes die Verfassung mit einigen Änderungen. Ihrer Entstehungsweise nach war die Reichsverfassung also ein völkerrechtlicher Vertrag, ihrer Rechtsnatur nach aber eine Verfassung, denn die Verfügungsgewalt über sie verblieb nicht bei den Einzelstaaten, sondern ging auf das Reich über.

Ein Grundrechtskatalog fehlte in der Reichsverfassung. Sie war ein reines Organisationsstatut. Ein Grund lag darin, dass das Reich kaum über eigene Behörden verfügte, die Reichsgesetze wurden von den Ländern ausgeführt. Der direkte Kontakt zwi-

**3/8**
*Deutsche Reichsverfassung*
in der Fassung vom 16. April 1871, 1906

schen Bürger und Staat fand also hauptsächlich auf der Ebene der Länder statt, deren Verfassungen Grundrechte enthielten. Es kam aber hinzu, dass – ganz anders als 1848 – das Interesse des liberalen Bürgertums an Grundrechten mittlerweile geschrumpft war. Die Gesetzgebung hatte sich schon seit 1860 kontinuierlich liberalisiert, viele Freiheitsbedürfnisse waren hier erfüllt worden. Stattdessen witterte man die Gefahr, dass der sogenannte Vierte Stand seine unerfüllten sozialen Erwartungen auf Grundrechte stützen könnte.

In der zeitgenössischen Theorie fand das seinen Niederschlag. Das Verständnis für den Sinn der Grundrechte, das 1848 nur zu lebendig gewesen war, schwand. Aus dem Umstand, dass sie durch Gesetz beschränkt werden konnten, wurde geschlossen, sie stünden nicht über, stattdessen unter dem Gesetz. Ihre verbleibende Wirkung lag dann darin, dass sie nicht ohne gesetzliche Grundlage beschränkt werden durften. Das, so hieß es, sei aber schon Inhalt des Rechtsstaatsprinzips. Grundrechte würden dafür nicht benötigt. Im Grunde seien sie nichts anderes als eine altmodische, kasuistische Formulierung des Rechtsstaatsprinzips. Sie könnten auch fehlen, ohne dass sich am Rechtsstatus der Bürger dadurch irgendetwas ändere.

Die Machtzentren des Reichs, Bürokratie und Militär, lagen ohnehin außerhalb der Grundrechte und des Einflusses des Reichstags. Dieser konnte nur mittelbar über sein Budgetrecht auf sie einwirken. Bei zunehmender Bedeutung der Gesetzgebung war aber ein Regieren ohne oder gegen den Reichstag nicht mehr möglich. Dadurch wuchs der Einfluss der politischen Parteien, und es lag weithin am Geschick des Reichskanzlers, ob er sich für seine Gesetzesvorhaben parlamentarische Mehrheiten verschaffen konnte. Gleichwohl wurde der Schritt zum parlamentarischen System, in dem eine Regierung ohne parlamentarische Unterstützung zurücktreten musste und der Regierungschef aus dem Umkreis der parlamentarischen Mehrheit bestellt wurde, nicht getan.

Überdies verhinderte das Reichstagswahlrecht zunehmend eine angemessene Widerspiegelung der politischen Kräfteverhältnisse im Parlament, weil trotz Mehrheitswahlrecht die Wahlkreiseinteilung nicht wie in der Reichsverfassung vorgesehen der Bevölkerungsentwicklung angepasst wurde. Den Nachteil hatten die Wahlkreise der Großstädte und Industriebezirke, den Vorteil die ländlichen Wahlkreise. Darunter litt insbesondere die SPD, die im Kaiserreich zur stärksten Partei an Stimmen aufstieg, dafür aber nicht mit einer entsprechenden Zahl von Mandaten belohnt wurde. Sie forderte daher eine veränderte Wahlkreiseinteilung und den Übergang zum Proportionalwahlrecht. Als es schließlich dazu kam und auch die Regierung parlamentarisiert wurde, stand das Kaiserreich bereits vor seinem Ende.

Noch kurz zuvor hatte der Verfassungstyp, der das gesamte 19. Jahrhundert in Deutschland prägte und im Verlauf von hundert Jahren vielfach variiert, aber – mit Ausnahme des fehlgeschlagenen Versuchs von 1849 – nie grundlegend verändert wurde, als besonders glückliche politische Leistung Deutschlands im Vergleich mit den demokratischen Systemen des Westens und den absoluten Systemen des Ostens gegolten. Gemessen an der Errungenschaft des Konstitutionalismus, wie er sich in den Ursprungsverfassungen verwirklicht sah, war er freilich stets ein unvollkommener Konstitutionalismus. Das Bewusstsein war dafür in der ersten Hälfte des 19. Jahrhunderts noch vorhanden, nach der Erfüllung der nationalen Hoffnungen durch Bismarck aber verblasst.

**4/23**
Peter Behrens, Entwurfszeichnung
für die Weimarer Verfassung, um 1919

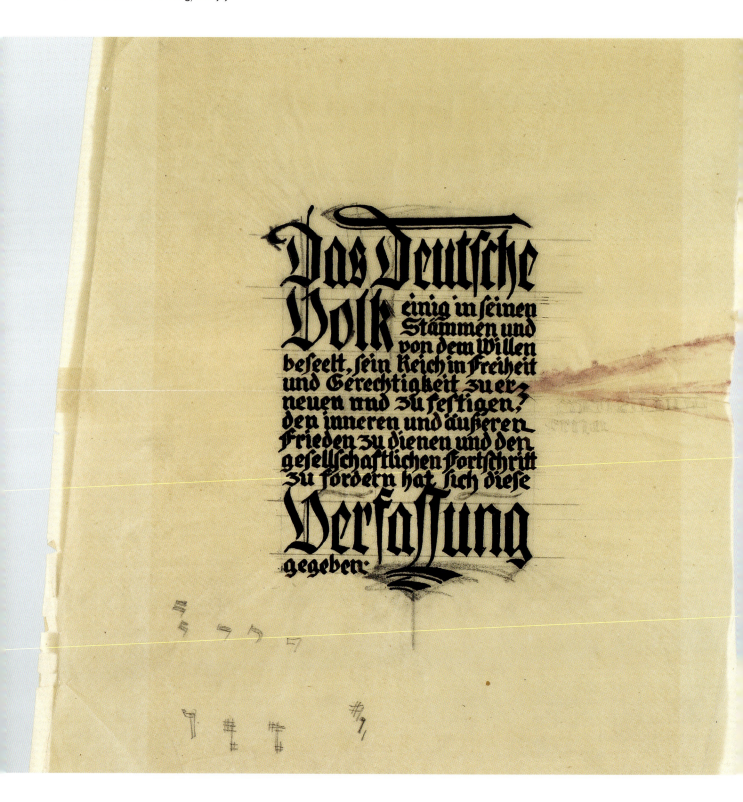

### IV. 1919

Der verlorene Erste Weltkrieg bereitete diesem Verfassungstyp sein Ende. Was an seine Stelle treten würde, war in den frühen Tagen der Revolution offen: ein parlamentarisches System westlicher Prägung oder ein Rätesystem nach russischem Muster. Die Weichen zugunsten des ersteren wurden im Dezember 1918 durch den Beschluss der Arbeiter- und Soldatenräte gestellt, Wahlen zu einer verfassunggebenden Nationalversammlung durchzuführen. In der Nationalversammlung erhielten die Oppositionsparteien des Kaiserreichs, die SPD, das Zentrum und die Deutsche Demokratische Partei, eine große Mehrheit. Der Kampf für ein Rätesystem setzte sich daraufhin in Aufständen fort, vor denen die Nationalversammlung nach Weimar auswich.

Die Weimarer Verfassung vom 11. August 1919 verwirklichte erstmals in der deutschen Verfassungsgeschichte das volle Programm des Konstitutionalismus: Demokratie, Rechtsstaatlichkeit, Gewaltenteilung und Grundrechte. An der deutschen Tradition des Föderalismus hielt sie fest, war aber wesentlich unitarischer als die Reichsverfassung von 1871. Bei aller demokratischen Grundüberzeugung war sie doch nicht rundheraus parlamentsoptimistisch. Wie schon 1848 gab es auch 1919 die Furcht vor einer »Mehrheitsdiktatur«. Ferner lastete auf der Nationalversammlung das Erlebnis der bürgerkriegsähnlichen Zustände in Berlin, das sie bewog, auf die Handlungsfähigkeit des Staates in Ausnahmezuständen besonderes Gewicht zu legen.

Dies fand seinen Niederschlag vor allem im Verhältnis von Reichstag und Reichspräsident. Beide wurden vom Volk gewählt. Zwar nahm der Reichstag den ersten Rang ein. Dem Reichspräsidenten war aber von vornherein die Rolle eines Gegengewichts zu parlamentarischen Fehlentwicklungen zugedacht. Die Regierungsbildung oblag allein ihm, nicht dem Reichstag. Ein Misstrauensvotum im Reichstag brachte die Regierung aber zu Fall. Im Gegenzug konnte der Reichspräsident den Reichstag auflösen. Außerdem durfte er gegen Gesetzesbeschlüsse des Reichstags das Volk anrufen, wie die Weimarer Verfassung überhaupt mit plebiszitären Rechten großzügig war. Im Notstandsfall setzte die Verfassung ganz auf den Präsidenten. Ihm stand eine eigenständige Normsetzungsbefugnis zu, die sogar das Recht zur Suspendierung von Grundrechten einschloss.

Der Grundrechtsteil, den die Weimarer Verfassung im Unterschied zur Verfassung des Kaiserreichs enthielt, bestand nicht nur aus den klassischen Freiheits- und Gleichheitsrechten, wie sie schon aus den Paulskirchen-Grundrechten bekannt waren. Diese waren vielmehr um eine ganze Reihe sozialer Grundrechte ergänzt, und für besonders sozialrelevante Freiheitsrechte wie das Eigentumsgrundrecht gab es Einschränkungen. Dagegen war eine Verfassungsgerichtsbarkeit wie in der Paulskirchen-Verfassung nicht vorgesehen. Der Staatsgerichtshof war nur für Kompetenzstreitigkeiten zwischen Reich und Ländern und für Wahlrechtsfragen zuständig. Die Möglichkeit, Gesetze auf ihre Verfassungsmäßigkeit zu prüfen oder Grundrechtsverstöße zu ahnden, hatte er nicht.

Das Urteil über die Weimarer Verfassung ist bis heute stark vom Ende der Republik im Jahr 1933 geprägt. Viele meinen, eine bessere Verfassung hätte es verhindern können. Eine besonders verhängnisvolle Rolle wird den Notstandsbefugnissen des Reichspräsidenten gemäß Art. 48 zugeschrieben. In den Augen der Verfassungskritiker lag es am Zusammentreffen dieser Befugnisse mit dem Recht zur Parlamentsauflösung, dass aus dem beabsichtigten Gleichgewicht zwischen den beiden demokratisch legitimierten Organen ein schädliches Übergewicht des Reichspräsidenten geworden war. Frei von dem Einigungszwang, den die parlamentarische Regierungsbildung erzeugt, und im Verlass darauf, dass der Reichspräsident einspringen würde, wenn das Parlament nicht entschied, habe sich der Reichstag allzu leicht seiner Verantwortung entziehen können.

Neben solchen Konstruktionsmängeln sind es vor allem Versäumnisse bei der Sicherung der Demokratie, die der Weimarer Verfassung vorgehalten werden. Verfassungsänderungen seien allein an eine Zweidrittelmehrheit geknüpft, aber nicht inhaltlich begrenzt worden. Eine Verpflichtung der politischen Parteien auf demokratische Grundsätze und ein Verbot antidemokratischer Kräfte seien nicht vorgesehen gewesen. Das Wahlrecht habe der Parteienzersplitterung keine Grenzen gesetzt. Gegen eine Selbstentmachtung des Parlaments durch Übertragung von Gesetzgebungsbefugnissen auf die Regierung habe die Verfassung keine Vorkehrung getroffen. Da der Staatsgerichtshof auf Föderalismusstreitigkeiten beschränkt gewesen sei, habe man die Verfassung im Übrigen schutzlos gelassen.

Diese Kritik ist nicht grundlos. Fast jeder Kritikpunkt taucht später spiegelbildlich in Gestalt von verfassungsrechtlichen Vorkehrungen im Grundgesetz von 1949 wieder auf. Trotzdem bleibt die Frage, ob die Kritik an der Weimarer Verfassung berechtigt ist und ob die Mängel für das Ende der Weimarer Republik und die »Machtergreifung« des Nationalsozialismus verantwortlich gemacht werden können. Die Berechtigungsfrage zielt darauf, ob man 1919 die Probleme hätte voraussehen können, denen die Weimarer Republik im Lauf der Zeit begegnete. Die Kausalitätsfrage zielt darauf, ob eine andere Verfassungsgestaltung die Weimarer Republik vor denjenigen Schwierigkeiten bewahrt hätte, die schließlich ihr Ende einläuteten.

Solche Fragen sind kaum schlüssig zu beantworten. Warnen muss man jedoch vor einer Überschätzung des Leistungsvermögens von Verfassungen. Verfassungen können Gestalt und Entwicklung eines Staates weder vollständig noch abschließend bestimmen. Verfassungen sind Rahmen und Richtmaß für Politik. Sie machen Politik aber nicht überflüssig. Wie die Politik den Rahmen ausfüllt und die Ziele verwirklicht, entzieht sich der verfassungsrechtlichen Bestimmung. Ihre Bewährung hängt von den Herausforderungen ab, vor die sie sich gestellt sieht. Der Schluss vom Erfolg oder Misserfolg des politischen Systems auf die Qualität seiner Verfassung ist daher nur bedingt möglich.

Ebenso wenig sind Verfassungen in der Lage, ihre Akzeptanz oder Einhaltung selbst zu gewährleisten, obwohl ihr Erfolg gerade davon abhängt. Sie können nur mehr oder weniger günstige Voraussetzungen für die Beachtung schaffen. Letztlich kommt es darauf an, ob die politischen Akteure gewillt sind, die Verfassung einzuhalten, und ob das Publikum gegen Verfassungsverstöße aufbegehrt. Schließlich liegt es außerhalb des Vermögens von Verfassungen, ihr eigenes Verständnis zu bestimmen, obwohl sich erst in der Deutung einer Norm entscheidet, welche Bedeutung sie in einem konkreten Streitfall hat. Deswegen ist die verfassungsrechtliche Konstruktion der politischen Ordnung immer nur ein Faktor unter anderen, der über Gelingen oder Misslingen des Verfassungsstaats entscheidet.

Es ist daher aufschlussreich, dass diejenigen verfassungsrechtlichen Konstruktionen, denen die Schuld am Scheitern der Weimarer Republik gegeben wird, damals in vielen Verfassungen zu finden waren, ohne dass sie zu demselben Ergebnis geführt hätten. Auch mit den behaupteten Versäumnissen stand die Weimarer Verfassung keineswegs allein. Eine Sicherung des Verfassungskerns gegen Verfassungsänderungen enthielt seinerzeit keine demokratische Verfassung. Dasselbe gilt für das Erfordernis innerparteilicher Demokratie. Verfassungsgerichte waren in der ersten Hälfte des 20. Jahrhunderts eine Rarität. Wahlrechtliche Sperrklauseln kamen erst nach dem Zweiten Weltkrieg in Gebrauch. Die geringe Geltungskraft der Grundrechte war allgemeiner Zustand in der damaligen Verfassungswelt.

Bedeutsamer scheint daher, dass die Weimarer Verfassung auf äußerst ungünstige Kontextbedingungen stieß. Die drei Parteien, welche eindeutig zu Republik und Demokratie standen und in der Nationalversammlung für die Verfassung gestimmt hatten, verloren ihre parlamentarische Mehrheit unter dem Eindruck des harten Versailler Friedensvertrags schon in der ersten Reichstagswahl 1920 und erlangten sie nie wieder. In der Bevölkerung wuchs mit der anhaltenden Wirtschaftskrise die Distanz zu der von der Verfassung errichteten Ordnung. Putsche gegen die Republik und politische Morde erschütterten den jungen Staat. Selbst Verwaltung, Justiz und Militär, aus der Monarchie übernommen, waren mehrheitlich nicht demokratisch gesonnen.

Ein weiterer Faktor waren die Hauptakteure des parlamentarischen Systems, die politischen Parteien. Reich an Zahl und stark weltanschaulich-ideologisch geprägt, zeichneten sie sich nicht durch diejenige Kompromissfähigkeit aus, nach der gerade ein Vielparteiensystem verlangt. Überdies saßen von Anfang an Parteien im Reichstag, deren Ziel die Abschaffung der Demokratie war. Die Folge waren äußerst instabile Mehrheitsverhältnisse. In den knapp 14 Jahren ihres Bestehens erlebte die Weimarer Republik 20 Regierungen, von denen die kürzeste weniger als zwei Monate, die längste nicht einmal zwei Jahre im Amt war. Die Zerrissenheit der Gesellschaft fand sich auf diese Weise in den Parteien verstärkt und diente nicht dazu, das Publikum für die Staatsform zu gewinnen.

Das vorherrschende formale Demokratieverständnis tat das Seine dazu. Demokratie wurde mit dem Mehrheitsprinzip identifiziert. Was immer die Mehrheit im vorgesehenen Verfahren beschloss, genoss rechtliche Verbindlichkeit. Die ebenfalls formal verstandene Verfassung setzte dem keine Schranken. Der Inhalt der Verfassung stand nach der herrschenden Auffassung völlig zur Disposition der verfassungsändernden Mehrheit. Unter diesen Voraussetzungen war es in der Tat möglich, die Demokratie auf demokratischem Weg abzuschaffen, und eben das geschah nach Hitlers Ernennung zum Reichskanzler.

Gestützt auf die Ausnahmebefugnisse des Reichspräsidenten wurden die Grundrechte suspendiert. Das *Ermächtigungsgesetz* übertrug die Gesetzgebungsbefugnis einschließlich der Befugnis zur Verfassungsänderung auf die Reichsregierung. Der Föderalismus wurde abgeschafft, die Parteien mit Ausnahme der NSDAP verboten. Ohne förmliche Außerkraftsetzung blieb auf diese Weise von der Weimarer Verfassung nichts übrig. Manche Juristen hatten sich der Hoffnung hingegeben, Hitler werde die Wei-

# 200 JAHRE VERFASSUNGEN

5/12
**Plakat zur Volksabstimmung über die Zusammenlegung der Ämter des Reichspräsidenten und des Reichskanzlers, 1934**

marer Verfassung durch eine autoritärere ersetzen. Hitler wollte jedoch keine andere Verfassung, sondern überhaupt keine Verfassung. Er verstand sich als die Quelle des Rechts, unterstellte sich selbst aber keinem Recht.

## V. 1949

Nach der totalen Niederlage Deutschlands im Zweiten Weltkrieg gab es keine deutsche Staatsgewalt mehr. Die alliierten Siegermächte teilten das Land in Besatzungszonen, in denen sie die öffentliche Gewalt ausübten. Politisches Leben regte sich zunächst in den wiedererrichteten Ländern, wo 1946 und 1947 die ersten Verfassungen entstanden. Als aber die Westmächte die Ministerpräsidenten der westdeutschen Länder aufforderten, eine Verfassung für einen westdeutschen Staat vorzubereiten, sträubten sich diese, weil sie eine Zementierung der Teilung befürchteten. Das Verlangen der Alliierten war jedoch kategorisch,

und so setzte der Parlamentarische Rat, der den Auftrag ausführen sollte, alles daran, das Produkt wenigstens als Provisorium erscheinen zu lassen.

Das kommt bereits darin zum Ausdruck, dass der Name »Verfassung« vermieden und das Werk stattdessen »Grundgesetz« genannt wurde. Die Präambel hob den Willen des deutschen Volkes hervor, seine nationale und staatliche Einheit zu wahren, und brachte zum Ausdruck, dass die neue Ordnung des staatlichen Lebens nur für eine Übergangszeit gedacht sei. Der Text schloss mit der Feststellung, dass das Grundgesetz seine Gültigkeit an dem Tag verliere, an dem eine Verfassung in Kraft tritt, die von dem deutschen Volk in freier Entscheidung beschlossen worden ist. Für die Zwischenzeit hielt Art. 23 Abs. 2 GG die Tür für einen Beitritt anderer Teile Deutschlands offen. Eine Volksabstimmung über das Grundgesetz gab es nicht. Auch darin äußerte sich sein provisorischer Charakter.

Das Inkrafttreten des Grundgesetzes am 23. Mai 1949 war die Geburtsstunde der Bundesrepublik Deutschland. Diesen Schritt beantwortete die sowjetische Besatzungsmacht mit dem Auftrag zur Gründung der Deutschen Demokratischen Republik, die am 7. Oktober 1949 proklamiert wurde und ebenfalls von der Inkraftsetzung einer Verfassung begleitet war. 1968 wurde sie durch eine neue ersetzt, die mit Ergänzungen von 1974 bis zur Wiedervereinigung in Kraft blieb. Ihre rechtliche Wirkung war gering. Die führende Rolle der SED ließ für Gewaltenteilung, Grundrechtsgeltung, Rechtsstaatlichkeit oder gar einen Vorrang der Verfassung keinen Raum. Eine gerichtliche Anwendung der Verfassung war nicht vorgesehen, von einer Durchsetzung gegenüber der Politik ganz zu schweigen.

Demgegenüber lag dem Parlamentarischen Rat nach der Selbstzerstörung der Weimarer Republik und nach der nationalsozialistischen Herrschaft mit ihrer vollständigen Missachtung von Rechtsstaat und Grundrechten als Leitmotiv bei der Ausarbeitung des Grundgesetzes ein »Nie wieder« zugrunde. Die neue Verfassung sollte auf der Würde des Menschen als oberstem Rechtswert beruhen, Demokratie und Rechtsstaatlichkeit unverbrüchlich befestigen und aus den Schwächen der Weimarer Verfassung Lehren ziehen. Man kann das Grundgesetz geradezu als eine Antwort auf Weimar lesen und wird es deswegen ohne die Weimarer Erfahrung, vor allem ohne das Ende der Weimarer Republik, nicht verstehen. Dass der Beachtung der Grundrechte die besondere Aufmerksamkeit der Verfassungsautoren gehörte, zeigt sich bereits symbolisch an ihrem Ort – vom Ende der

**7/14**
Wilhelm Pieck verliest das Manifest der Nationalen Front
zur Gründung der DDR, 7. Oktober 1949

Verfassung rückten sie an den Anfang – mehr noch aber daran, dass über ihnen als verbindendes Prinzip die Menschenwürde steht, unantastbar und vom Staat nicht nur zu achten, sondern auch zu schützen, eine Formulierung, die bei den folgenden Grundrechten nicht wiederkehrt. Zwar unterschied sich der Inhalt der Grundrechte nicht fundamental von den bekannten klassischen Katalogen. Aber ihre Geltungsschwäche in früheren Verfassungen, auch in der Weimarer Verfassung, unter der das minimalistische Grundrechtsverständnis des Kaiserreichs sich als herrschende Lehre erhielt, wurde beseitigt.

Art. 1 Abs. 2 verleiht den Grundrechten erstmals in der deutschen Verfassungsgeschichte etwas von dem naturrechtlichen Pathos der amerikanischen und französischen Ursprünge. Art. 1 Abs. 2 statuiert die unmittelbare Rechtsgeltung der Grundrechte, und zwar für sämtliche Staatsgewalten einschließlich der Gesetzgebung. Zugleich wurden der gesetzlichen Beschränkbarkeit der Grundrechte ihrerseits wieder Schranken gezogen. In keinem Fall darf ihr Wesensgehalt angetastet werden. Dagegen verzichtete der Parlamentarische Rat auf das Weimarer Experiment mit sozialen Grundrechten. An ihre Stelle ist als Staatszielbestimmung die Charakterisierung der Bundesrepublik als Sozialstaat getreten, die allerdings jeder näheren Konkretisierung in der Verfassung entbehrt.

Im Organisationsteil der Verfassung wurde die Konkurrenz zweier direkt vom Volk gewählter Organe beseitigt. Nur der Bundestag wird direkt gewählt, der Bundespräsident indirekt. Die Weimarer Kompetenzen des Staatsoberhaupts sind auf ein Minimum geschrumpft. Das Parlament allein ist für die Bildung und Ablösung der Regierung verantwortlich. Die Ablösung während einer Legislaturperiode kann aber nur durch »Konstruktives Misstrauensvotum« erfolgen, der alte Kanzler wird durch die Wahl eines neuen gestürzt. Der rein destruktive Gebrauch des Misstrauensvotums ist nicht mehr möglich. Formen direkter Demokratie sind nach den negativen Erfahrungen mit Plebisziten in Weimar mit Ausnahme der Länderneugliederung im Grundgesetz nicht vorgesehen.

Zahlreiche Bestimmungen sichern die Demokratie und die Verfassungsordnung überhaupt. Parteien und Vereine, welche die freiheitlich-demokratische Grundordnung beseitigen wollen, können verboten werden, Einzelne, die dieses Ziel verfolgen, ihrer politischen Grundrechte verlustig gehen – die sogenannte wehrhafte Demokratie. Die Parteien müssen auch in ihrem Innern demokratisch organisiert sein. Die Verfassungsänderung wird inhaltlich beschränkt. Die Menschenwürde und vermittelt über sie die Existenz von Grundrechten sowie die großen Leitprinzipien Demokratie, Rechtsstaat, Sozialstaat, Bundesstaat können im Weg der Verfassungsänderung nicht aufgegeben werden – die sogenannte Ewigkeitsklausel des Art. 79 Abs. 3 GG.

Was aus all diesen Neuerungen ohne eine eigene Durchsetzungsinstanz geworden wäre, lässt sich kaum abschätzen. Insofern kann man die Einrichtung des Bundesverfassungsgerichts als folgenreichste Tat des Parlamentarischen Rats bezeichnen. Das Gericht war als starkes Gericht gewollt, die Türen zu ihm wurden weit geöffnet. Durch seine Rechtsprechung – in mittlerweile rund 165.000 Entscheidungen – ist das Grundgesetz als eine Verfassung erlebbar geworden, die für das politische und soziale Leben prägend ist und nicht folgenlos vernachlässigt werden kann. Das Wichtigste, was sich vom Grundgesetz sagen lässt, ist daher, dass es erstmals in der deutschen Verfassungsgeschichte eine relevante Verfassung darstellt.

Im Verlauf von beinahe 60 Jahren seiner Existenz ist das Grundgesetz oft geändert worden. Insgesamt sind 52 Änderungsgesetze ergangen, von denen viele nicht nur einen, sondern mehrere Artikel betrafen. Darin ein Indiz für mangelnde Qualität der Ursprungsfassung oder für einen leichtfertigen Umgang der Politik mit der Verfassung zu sehen, träfe die Sache aber nicht. Zwar sind nicht alle Änderungen nötig oder beifallswürdig gewesen, manche wurden auch schon wieder rückgängig gemacht. Die meisten reagierten jedoch auf einen Wandel der Verhältnisse, der 1949 noch nicht voraussehbar gewesen war. Mangelnder Respekt vor der Verfassung spricht daher aus der Änderungshäufigkeit nicht. Eine Verfassung, die ohnehin nicht respektiert wird, bedarf keiner Änderung.

Die weitaus meisten Änderungen galten dem bundesstaatlichen System. Das zeigt, dass der Föderalismus vom sozialen Wandel besonders stark betroffen war und mehrfach auf veränderte Verhältnisse eingestellt werden musste. Unter den zahlreichen Änderungen ragen fünf grundlegende heraus: die Wiederaufrüstung 1956, die Notstandsverfassung 1968, die Finanzreform

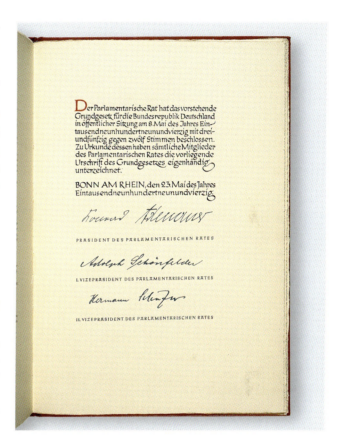

**6/15**
Faksimiledruck des Grundgesetzes mit den Unterschriften der Mitglieder des Parlamentarischen Rats, Juni 1949

1969, die Verfassungsänderungen im Umkreis der Wiedervereinigung 1990 und 1994 sowie die Föderalismusreform 2006. Das Grundgesetz, dessen 60. Geburtstag jetzt ansteht, ist also nicht mehr das Grundgesetz, das 1949 in Kraft trat. Die Änderungen legitimieren sich freilich gerade dadurch, dass sie die Verfassung auf der Höhe der Zeit halten wollen.

Nicht weniger relevant für die Wirkungskraft und Gegenwartstauglichkeit des Grundgesetzes ist derjenige Wandel, welcher durch Verfassungsinterpretation und Verfassungsrechtsprechung erfolgte. Davon haben insbesondere die Grundrechte profitiert. Das Bundesverfassungsgericht hat den Grundrechtsschutz zu einem lückenlosen ausgebaut, die Abwehrkraft der Grundrechte gegen staatliche Übergriffe durch die Anwendung des Verhältnismäßigkeitsprinzips erheblich verstärkt, die sozialen Voraussetzungen des Freiheitsgenusses in den Grundrechtsschutz einbezogen und aus ihnen die Pflicht des Staates entnommen, die grundrechtliche Freiheit nicht nur selbst zu achten, sondern auch aktiv zu schützen, wenn sie seitens Dritter oder sozialer Mächte

**8/16** (rechts)
**Manfred Butzmann,** *Grundrechte des Deutschen Volkes. Entwurf zur Diskussion,* 1990

bedroht wird. Profitiert hat aber auch der demokratische Prozess, den das Bundesverfassungsgericht gegen zahlreiche Versuche der politischen Parteien abgeschirmt hat, sich zum Beispiel mit Hilfe staatlicher Mittel Vorteile gegenüber Konkurrenten zu verschaffen, neue oder kleine Parteien zu behindern und ungeniert auf die Staatsfinanzen zuzugreifen. Dasselbe gilt auch hinsichtlich mancher Versuche der politischen Parteien, sich der Medien zu bemächtigen. Wegen ihrer unersetzlichen Funktion für den demokratischen Diskurs und die Rückkopplung zwischen Regierenden und Regierten hat das Gericht aber auch versucht, den Demokratiegefahren eines kommerzialisierten Mediensystems vorzubeugen und die publizistischen Grundbedürfnisse einer demokratischen Gesellschaft zu sichern.

Vergleicht man die Geschichte des Grundgesetzes mit derjenigen der Weimarer Verfassung, dann könnten die Unterschiede nicht größer sein. Bei einer insgesamt glücklich verlaufenen Entwicklung der Bundesrepublik nach dem tiefen Fall des Zweiten Weltkriegs gewann das Grundgesetz immer mehr Rückhalt in der Bevölkerung. Fundamentalgegner, wie sie die Weimarer Republik von Anfang an hatte, gab es in der Bundesrepublik kaum. Auch in der Protestära nach 1968 richtete sich die Kritik weniger auf die Verfassung als auf die, wie man annahm, mangelhafte Einlösung ihrer Verheißungen. Schwere Belastungsproben, vor denen die Weimarer Republik tagaus, tagein stand, blieben dem Grundgesetz erspart.

Deswegen mussten auch diejenigen Vorkehrungen, die der Parlamentarische Rat gegen die Wiederholung der Weimarer Zustände vorgesehen hatte, kaum je angewandt werden. Ebenso wenig sind die von so viel Argwohn begleiteten Notstandsregelungen des Grundgesetzes bisher zur Anwendung gekommen. Wenn man heute vom Grundgesetz gerade im Kontrast zur Weimarer Verfassung sagt, es habe sich bewährt, so muss man diesen Kontext berücksichtigen. Bewährungsproben der Weimarer Art sind ihm erspart geblieben. Niemand weiß, wie es sich unter Weimarer Bedingungen bewährt hätte und was umgekehrt aus der Weimarer Verfassung unter bundesrepublikanischen Bedingungen geworden wäre.

### VI. 1989

In der Neuner-Reihe dieser Ausstellung – 1849 · 1919 · 1949 · 1989 – ist das letztere Jahr kein Verfassungsjahr. Es ist ein Jahr von höchster historischer Bedeutung, für Deutschland wie für die Welt insgesamt, weil es zum Kollaps der sozialistischen Systeme und zum Wegfall des Ost-West-Gegensatzes führte und Deutschland unerwartet die Tür zur Wiedervereinigung aufstieß. Kurz vor Jahresende im Dezember 1989 trat in Ost-Berlin, aber schon mit westlichen Beratern, der »Runde Tisch« zusammen, der eine neue Verfassung für die DDR ausarbeiten sollte. Nach der Volkskammerwahl vom März 1990 war klar, dass die DDR nicht überleben würde. Die frei gewählte Volkskammer debattierte den Entwurf des Runden Tisches nicht einmal mehr.

Stattdessen setzte nun die Diskussion ein, ob die Wiedervereinigung der beiden deutschen Staaten durch einen Beitritt der DDR zur Bundesrepublik gemäß Art. 23 GG oder durch eine Neukonstituierung Deutschlands erfolgen sollte. Um die Chance der Wiedervereinigung nicht zu verspielen, gaben die meisten damals dem Beitritt den Vorzug. Das hätte freilich eine anschließende Neukonstituierung nicht ausgeschlossen. Mehrheitlich war sie aber nicht gewollt. Dabei spielte in der Argumentation vor allem die Güte des Grundgesetzes eine Rolle, das nicht leichtfertig aufs Spiel gesetzt werden sollte, während die Anhänger einer Neukonstituierung auf die Ankündigung im Art. 146 GG verwiesen, die gerade für diesen Fall gedacht war.

Mit einer Neukonstituierung nach dem Beitritt wäre die Chance verbunden gewesen, dass die Bevölkerung der DDR die Verfassung des wiedervereinigten Landes stärker auch als die ihre hätte empfinden können, während die Gefahr eines fundamental vom Grundgesetz abweichenden Entwurfs äußerst gering war. Hinter den beiden Positionen verbargen sich aber tiefere Differenzen über die Wiedervereinigung: Sollte sie nur eine räumliche Erweiterung der alten Bundesrepublik sein oder auch von dieser Anpassungen verlangen? Art. 146 in seiner neuen Fassung vermittelt noch eine Ahnung von dem damaligen Ringen. Einerseits bringt er zum Ausdruck, dass das Grundgesetz jetzt für das gesamte deutsche Volk gilt. Andererseits hält er aber die Möglichkeit einer Neukonstituierung weiter offen. Dass es dazu noch kommt, ist freilich höchst unwahrscheinlich.

34 Jörg-Detlef Kühne »Wir sollen schaffen eine Verfassung für Deutsch 46 Arthur Schlegelmilch Bismarck und die Verfassungen von 1867 und 1871 einer liberal-demokratischen Republik in Deutschland 1918/19 Ausnahmezustand 1933–1945 74 Werner Heun Freiheit statt Einheit – fassungen der Deutschen Demokratischen Republik 1949 und sionen im Einigungsprozess 1989/90

## IM NAMEN DER FREIHEIT

...and« (Heinrich von Gagern) – Die Paulskirchenverfassung

**54** Reinhard Rürup  Die Weimarer Reichsverfassung und die Begründung

**66** Bernd Sösemann  Terror und »Volksgemeinschaft« – Der permanente

Das Grundgesetz  **86** Martin Sabrow  Das Recht der Diktatur – Die Ver-

...968/74  **100** Gunnar Peters  »Wir sind das Volk!« – Verfassungsdiskus-

JÖRG-DETLEF KÜHNE

»Wir sollen schaffen eine
Verfassung für Deutschland«
(Heinrich von Gagern) –
Die Paulskirchenverfassung

# DIE PAULSKIRCHENVERFASSUNG

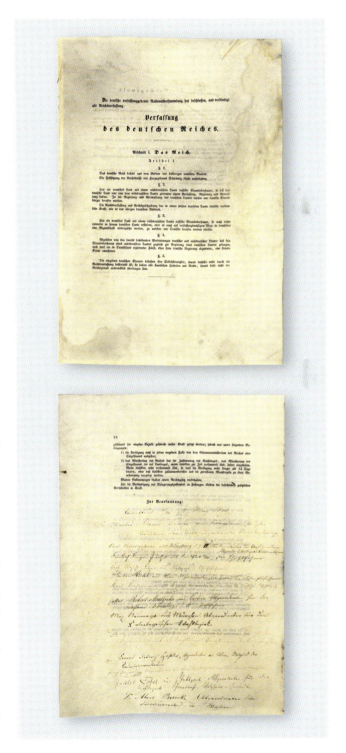

2/53
*Verfassung des deutschen Reiches*
mit den eigenhändigen Unterschriften der Abgeordneten der deutschen Nationalversammlung, 28. März 1849

## I. Verständnisgrundlagen

Zu den unverlierbaren Ergebnissen der Revolution von 1848/49 gehört die in der Frankfurter Paulskirche geleistete Verfassungsarbeit. Sie hat ihren bleibenden Niederschlag in der landläufig auch als Paulskirchen- oder Frankfurter Reichsverfassung bezeichneten *Verfassung des deutschen Reiches vom 28. März 1849* gefunden. Noch am selben Tag juristisch in Kraft gesetzt, scheiterte ihre faktische Durchsetzung indessen am Widerstand der beiden damaligen deutschen Großstaaten Österreich und Preußen. Sie hätte – wäre sie erfolgreich umgesetzt worden – den damals modernsten europäischen Staat geschaffen, wie es ein Schweizer Rechtshistoriker formuliert hat, mit Erfurt als Reichshauptstadt, Nürnberg als Sitz des höchsten deutschen Gerichts und Bremerhaven als Standort der Kriegsmarine.

Allerdings blieb die Wertschätzung der Verfassung von 1849 über mehrere Generationen hinweg von monarchisch-konservativen Gegenkräften verstellt – mit Folgen bis heute. Es gibt kaum Straßen, die nach Paulskirchenabgeordneten benannt wurden, auch nicht in ihren Wahl-, Geburts- oder Hauptwirkungsorten. Der »Platz des 18. März« vor dem Brandenburger Tor – als Erinnerung an den Ausbruch der Revolution in Berlin – ist eher die Ausnahme als die Regel. Bis 1918 blieben einschlägige Verfassungsakten zu 1848/49 praktisch verschlossen, Denkmäler verboten, und selbst die wissenschaftliche Auseinandersetzung im universitären Rahmen galt als politisch gefährlich. Der Grund dafür liegt in dem erheblichen liberal-demokratischen Reformgehalt der seinerzeitigen Verfassungsvorstellungen, die namentlich mit ihren Freiheitsansagen über die spätkonstitutionellen Rechtsstandards liberal-konservativer Prägung hinausgingen.

Erst in der Weimarer Republik, die in ihrer Symbolik von der Paulskirche die deutschen Farben Schwarz-Rot-Gold übernahm, ist ein gewisser Umschwung in der öffentlichen Meinung feststellbar. Trotz einschlägiger Unterstützung durch den ersten deutschen Reichspräsidenten Friedrich Ebert reichte die Dauer dieser Republik indessen nicht aus, um das Wirken der Paulskirche und das Wesen der durch sie geschaffenen Verfassung im öffentlichen Bewusstsein fest zu verankern. In der Zeit der nationalsozialistischen Herrschaft schließlich kam es zu einer alle positiven Tradierungen überlagernden Fülle von Zerstörungen und Geschichtsverdrehungen. Zu einer zunehmend positiveren Wahrnehmung im allgemeinen Bewusstsein sollte es erst in den folgenden Jahrzehnten kommen.

**2/18**
Schwarz-rot-goldene Wahlurne, vermutlich für die Wahlen zur deutschen Nationalversammlung und zum württembergischen Landtag, Mai 1848

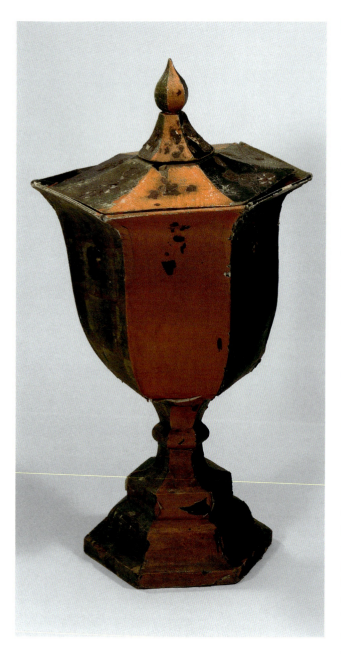

## II. Die Wahlen zur Nationalversammlung

Die Revolution von 1848 führte – nicht ganz unwichtig für die Erstellung der Verfassung – erstmals zu gesamtdeutschen Wahlen innerhalb des Deutschen Bundes. Bei einer Wahlberechtigtenquote von bis zu 16 % der Bevölkerung – das lag damals im Spitzenbereich europäischer Wahlquoten – dürfte die Wahlbeteiligung, mit Höchstwerten von 80 % im deutschen Südwesten, bundesweit nicht höher als 40 % gelegen haben. Vor allem in den Gebieten ethnischer Minderheiten, die, zumeist slawischer Provenienz, ein Sechstel der damaligen Bundesbevölkerung ausmachten, wurde die Wahl teilweise boykottiert – und zwar besonders schroff in der seinerzeit zu Österreich gehörenden böhmischen Mulde. Gleichwohl kann angesichts des so gewählten ersten gesamtdeutschen Parlaments dessen späterer Verfassung erstmals eine deutlich liberal-demokratische Legitimation bescheinigt werden.

Was das Wahlergebnis der Mitte Mai 1848 zusammengetretenen Nationalversammlung betrifft, so dominierten die rechten und linken Liberalen mit ca. 45 %. Die nächststärkste Gruppe bildeten in dieser parlamentarischen Frühzeit mit ca. 30 % noch die Fraktionslosen, während die demokratische Linke bei 17,5 % und die Rechte bei 7,5 % lag.

Die Paulskirche war verfassunggebende Versammlung und normales Parlament zugleich, das politisch führen wollte. Arbeitsentlastend wurde dabei zur Verfassungsvorberatung ein Verfassungsausschuss eingesetzt, dessen tiefgehende und das Plenum stark vorprägende Debatten bis heute ihresgleichen suchen. Wenn als dessen Köpfe die rechtsliberalen Professoren Georg Beseler, Friedrich Christoph Dahlmann, Johann Gustav Bernhard Droysen und Georg Waitz zu nennen sind, so nicht zuletzt deshalb, weil die Paulskirche später gern als weltfremdes »Professorenparlament« kritisiert und darin ein Grund ihres Scheiterns gesehen worden ist. Doch handelt es sich dabei um ein Vorurteil. Auch im Verfassungsausschuss war nämlich der Anteil der Rechtsanwälte deutlich höher, eines Berufsstandes also, der fraglos zur konkreten und wirklichkeitsnahen Ausprägung der Verfassungsarbeit beigetragen hat.

Zurückzuweisen ist auch die bis heute anhaltende Kritik an der Abfolge der Verfassungsarbeit mit dem Nacheinander von Grundrechten, Bundesstaatlichkeit und Oberhauptsfrage. Zwar mag rückblickend eine umgekehrte Reihung wünschenswert erscheinen, doch konnte die damals gewählte Vorgehensweise vom politisch höchst zum weniger Einvernehmlichen mit steigender

# DIE PAULSKIRCHENVERFASSUNG

2/46
Alfons von Boddien, *Drei deutsche Professoren entwerfen den Entwurf des Entwurfs für die Verfassung des deutschen Reichsheeres.* Karikatur auf die Abgeordneten der Frankfurter Nationalversammlung Beseler, Dahlmann und Gervinus, 1848

Beratungsdauer durchaus auf ein Heranreifen größerer Konsensbereitschaft auch bei den nachgerückten Themen hoffen lassen.

Im Juli 1848 setzte die Paulskirche eine vorläufige Reichsregierung ein. Während als provisorisches Reichsoberhaupt der österreichische Erzherzog Johann gewählt wurde, war der bedeutendste Kopf des Reichsministeriums der im Titel dieses Beitrages genannte Heinrich von Gagern. Er war in der Paulskirche maßgeblicher Befürworter der erbkaiserlichen Lösung mit der Wahl des preußischen Monarchen zum Reichsoberhaupt. Der namentlich hiergegen gerichtete Widerstand Österreichs hatte in der Verfassung die vorläufige Zurückstellung dieses Staats (§ 87)¹ und damit auch jene der sogenannten großdeutschen Lösung zur Folge. Der Widerstand des preußischen Monarchen führte dann zur Blockade der Verfassungsumsetzung und mithin auch zu jener der sogenannten kleindeutschen Lösung. Sie sollte sich indessen knapp 20 Jahre später unter Bismarck durchsetzen.

### III. Binneneuropäische und bundesstaatliche Spannungslagen

Wie die Revolution von 1848 stand auch die ihr folgende Arbeit an der Verfassung im Kontext etlicher weiterer Revolutionen innerhalb Europas, so zum Beispiel in der Schweiz, in Italien, Frankreich, Ungarn, Holland und in Dänemark. Dabei ging es immer auch – bei jeweils unterschiedlicher Anteilsgewichtung – um die verfassungsrechtliche Bewältigung einer überall sich vollziehenden National-, Sozial- und Verfassungsrevolution. Eine zufriedenstellende Bewältigung dieser Revolutionen bereitete jedes Mal Schwierigkeiten und führte zur teilweisen Überforderung der damaligen politischen Akteure, und zwar sowohl innen- wie außenpolitisch, mit den bekannten Folgen des unmittelbaren Scheiterns, jedenfalls in den europäischen Großstaaten.

Verwiesen sei nur darauf, dass der damals gewollte Verfassungsraum aus heutiger Sicht die Dimension einer teileuropäischen Einigung aufwies. Denn der von der Paulskirche gewollte

**Heinrich von Gagern**

(Casino-Fraktion)
geb. 20. August 1799 in Bayreuth
gest. 22. Mai 1880 in Darmstadt

**1815** als Kadett Teilnahme an den Befreiungskriegen (Schlacht bei Waterloo) **1816 – 1820** Jurastudium **1820 – 1824** Akzessist (Anwärter für den Gerichts- und Verwaltungsdienst), im Anschluss Landgerichtsassessor und Regierungsassessor **1832** Regierungsrat im hessisch-darmstädtischen Ministerium des Inneren und der Justiz **1832 – 1836** Mitglied der Zweiten Kammer des Landtags des Großherzogtums Hessen, Präsident des Finanzausschusses **1833** Entlassung aus dem Staatsdienst, arbeitet als politischer Publizist **1846 – 1847** Mitglied der Zweiten Kammer des Landtags des Großherzogtums Hessen, liberaler Oppositionsführer **1848** Ministerpräsident Hessen-Darmstadts, Innen- und Außenminister, Mitglied des Vorparlaments, erster Präsident der Frankfurter Nationalversammlung, Casino-Fraktion, Rücktritt als Ministerpräsident, Wiederwahl zum Präsidenten der Nationalversammlung, im Dezember 1848 Ernennung zum Reichsministerpräsidenten, zugleich Reichsinnen- und Außenminister (bis Mai 1849) **1849 – 1850** Rücktritt von allen Ämtern, Mitglied des Gothaer Nachparlaments und des Erfurter Unionsparlaments **1866** Mitglied der Zweiten Kammer des Landtags des Großherzogtums Hessen

Geltungsbereich ihrer Reichsverfassung umfasste – vor den Gebietsverlusten des 20. Jahrhunderts – ein annähernd doppelt so großes Gebiet wie das heutige deutsche Territorium. Das Verfassungsgebiet von 1849 erstreckte sich nämlich neben der deutschen und österreichischen Bundesrepublik auf weitere zwölf Staaten. Im Uhrzeigersinn sind dies Dänemark, Polen, Russland, Litauen, Tschechien, Slowenien, Kroatien, Italien, Liechtenstein, Luxemburg, Belgien und Holland. Allein schon dieser Größenaspekt bildet einen erheblichen Kontrast zur späteren Reichsbildung Bismarcks und ließ anlässlich des 50. Jahrestags der Märzrevolution von 1848/49 den SPD-Vorsitzenden August Bebel im Deutschen Reichstag davon sprechen, dass dieses einst gewollte Reich und dessen Partizipations- und Freiheitsprofil von »ganz anderer Macht und Herrlichkeit« war.

Dabei umfasste der Gebietsanspruch von 1849 grundsätzlich nur das anerkannte Territorium des Deutschen Bundes, das auf dem Wiener Kongress 1815 im gesamteuropäischen Konsens fixiert worden war. Lediglich die zusätzliche Einbeziehung des Herzogtums Schleswig, letztlich unter Vorbehalt (§ 1), stieß auf international erhebliche Widerstände und machte ein Defizit der damals überwiegend liberal dominierten, europaweiten 1848er Revolution deutlich: Es ist das Fehlen einer liberalen Internationale mitsamt einer Abstimmung über divergierende nationale Gebietsansprüche.

Die Verfassung der Paulskirche strebte in ihrer breiten Mehrheit die Verdichtung des seit dem Wiener Kongress unter dem Namen »Deutscher Bund« geführten Staatenbundes zu einem freiheitlichen Bundesstaat an. Dies war ein Ziel, das bereits zeitgenössisch als Parallele zur Verfassung der Vereinigten Staaten gesehen und etwa vom damaligen US-Präsidenten, James K. Polk, wärmstens begrüßt wurde. Im Ergebnis sind damals die Grundlagen für die heutige bundesstaatliche Ordnung mit bleibender Wirkung geschaffen worden, weshalb noch die gegenwärtige verfassungsgerichtliche Interpretation föderaler Fragen gelegentlich auf 1848/49 zurückgeht. Auch wurden damals bereits Neugliederungsfragen diskutiert. Wenn man davon schließlich Abstand nahm, so aus keinem anderen Grund als 70 Jahre später in Weimar: Preußen sollte geschont und dessen politische Führung auf diese Weise für die Reichsverfassung gewonnen oder doch zumindest nicht verprellt werden.

Damit eng verbunden rückte zugleich die schwierige Oberhauptsfrage in den Blick. Die erbkaiserliche Lösung konkurrierte nämlich mit namhaften Alternativen wie etwa dem demokra-

# DIE PAULSKIRCHENVERFASSUNG

2/43
Paul Bürde, *Die deutsche Nationalversammlung in der Paulskirche*, nach 1848

tischen Wunsch nach einer Präsidentenwahl oder der stärker föderal-bündischen Lösung, das heißt, mit einem kollegialen Führungsgremium aus den Spitzen der fünf wichtigsten deutschen Gliedstaaten. Solche Berücksichtigung überkommener Staatstraditionen, Souveränitäten oder Machtrivalitäten und Eitelkeiten ist auch heute keine völlig fernliegende Problematik. Dies zeigen nicht zuletzt die derzeitigen Schwierigkeiten in der EU, nicht mehr für jeden Mitgliedsstaat einen Kommissar vorzusehen.

Die Frankfurter Nationalversammlung hat solches Souveränitätsdenken durchaus berücksichtigt. Dies wird schon daraus ersichtlich, dass drei Viertel der deutschen Staaten ihrer Verfassung zustimmten. Dazu wurden antimonarchische, demokratische Anträge auf verfassungskräftige Normierung der Volkssouveränität verworfen. Ohne ausdrückliche Aufnahme in den Verfassungstext ging man demgegenüber gesamt- wie gliedstaatlich vom Brückenbegriff der »Nationalsouveränität« aus, der das damals politisch virulente Schlagwort von »Fürst und Volk« verfassungstheoretisch auf den Begriff zu bringen versuchte. Dem entsprach das Regierungsmodell einer paritätischen Regierung von Monarch und Volksvertretung, das ebenso auf die kompromissbereite Zusammenarbeit wie auf eine besonders gleichrangige Gewaltenteilung angelegt war. Entgegen anderer Ansicht ist damit 1848/49 noch kein dezidiert parlamentarisches Regierungssystem gewollt worden. Indessen hat sich dieses Modell wegen des monarchischen Vorrangs im Spätkonstitutionalismus und der Parlamentarisierung ab 1918 nicht nennenswert durchzusetzen vermocht.

**2/51** (rechts)
*Grundrechte des Deutschen Volkes.*
vom 27. Dezember 1848

### Die Grundrechte – Eine Pionierleistung

Eine zu wenig bekannte Pionierleistung von 1848 besteht darin, dass der heute geläufige Begriff der Grundrechte seinerzeit geschaffen wurde und erstmals ausdrücklich auf die Verfassungsebene gelangte. Er wich dabei bewusst von dem bereits vorhandenen Begriff der Menschenrechte ab. Das lag weniger am Stolz auf einen eigenen Terminus, der sich gegenüber der französischen Menschen- und Bürgerrechtserklärung von 1789 abhob, als vielmehr an zwei ganz handfesten Argumenten. So wusste man noch deutlich um die Erfahrung mit den französischen Menschenrechten, deren fanfarengleicher weltweiter Geltungsanspruch rasch zur Schamade verkam. Wurden sie doch alsbald für die Bevölkerung in den französischen Kolonien ebenso storniert wie wenig später für das im Verlauf der Revolutionskriege eroberte Territorium im europäischen Ausland, um dann auch in Frankreich selbst keine volle Durchsetzung mehr zu erfahren. Im Übrigen wurden 1848 solche für alle geltenden Rechte als zu abstrakt empfunden, das heißt als wenig geeignet, gegenüber den konkreten Nöten aufgrund überkommener deutscher Unfreiheiten ein Gegengewicht zu bilden. Des Weiteren wollte man sich von der Hintergrundbindung der naturrechtlichen Legitimation der Menschenrechte befreien, um positivrechtlich liberal-demokratische Gerechtigkeitswerte durchsetzen zu können, die politisch-pragmatisch für geboten gehalten wurden.

Auf diese Weise entstanden nahezu 60 Grundrechte (§§ 130 – 189), deren Nachwirkungen unübersehbar sind. Im deutschen Südwesten hingen Nachdrucke der Grundrechte noch lange in den Wohnstuben der Bevölkerung. Doch die erfolgreiche Begriffskarriere zeigte sich vor allem in den Grundrechtskatalogen der Weimarer Reichsverfassung von 1919 sowie im Grundgesetz von 1949, wenngleich diese Kataloge nicht alle und zum Teil auch andere Einzelrechte vorsahen und vorsehen. Indessen findet sich das Gros heutiger Grundrechtsregelungen schon in der Paulskirchenverfassung. So etwa das Gleichheitsgebot, die Glaubensfreiheit, die Meinungs-, Presse- und Wissenschaftsfreiheit, die gegen Kirche, Adel und sonstige Kräfte gerichtete Schulbefugnis des Staates, die Versammlungs- und Vereinsfreiheit und andere mehr. Wenn auch noch nicht ausdrücklich normiert, so war auch die Menschenwürde als Motiv einzelner Grundrechtsregelungen bereits vorhanden.

Wie umsichtig dabei möglichen Schikanen begegnet wurde, offenbart anschaulich das Beispiel der pressefreiheitlichen Passivsicherungen. Während sie im heutigen Grundgesetz explizit nur noch mit dem Zensurverbot vertreten sind, fanden sie sich 1848 in ganz anderer Weise normiert. Sie spiegelten nicht nur die Erfahrungen mit den rigiden Presseverboten des Vormärz, sondern auch die subtileren Formen der Presseverfolgung, die leider bis in unsere Tage hinein – erinnert sei nur an die Verhältnisse in der DDR – fröhliche Urständ feiern. Die Regelung, die einschließlich der darin enthaltenen Notstandsfestigkeit nichts zu wünschen übrig lässt, lautet im Original (§ 143): »Die Preßfreiheit darf unter keinen Umständen und in keiner Weise durch vorbeugende Maßregeln, namentlich Censur, Concessionen, Sicherheitsbestellungen, Staatsauflagen, Beschränkungen der Druckereien oder des Buchhandels, Postverbote und andere Hemmungen des freien Verkehrs beschränkt, suspendiert oder aufgehoben werden.«

Die damaligen Grundrechte galten ganz überwiegend nur für Deutsche und in der Regel nicht für Ausländer auf deutschem Boden. Indessen wäre es unzutreffend, dies als Ausdruck nationaler Enge zu bemängeln. Vielmehr ging es den Verfassungsvätern darum, verfassungsrechtlich »den Deutschen« beziehungsweise eine deutsche Staatsbürgergesellschaft zu konstituieren. Im Unterschied etwa zu Frankreich und England, in denen die Vorphasen territorialer Zersplitterung lange zurücklagen, war hierzulande der Gesamtstaat erst noch zu schaffen. Es war daher eines der Hauptanliegen der Grundrechte, etwa aus Bayern, Hamburgern, Österreichern, Preußen oder Sachsen deutsche Staatsbürger zu machen. Zugleich war mit der Ausprägung als Rechte für Deutsche keine Anwendungssperre der Grundrechte für Ausländer verbunden. Für sie sollten die Grundrechtsaussagen vielmehr einfachgesetzlich bereitgestellt werden können.

Bleibt noch hervorzuheben, dass die Grundrechte 1848/49 unmittelbar galten und als gerichtlich durchsetzbar intendiert waren, bis hin zu der Möglichkeit einer Verfassungsbeschwerde vor dem damals höchsten Gericht. Dass es zur Verwirklichung dieser Rechtsansagen in vollem Umfang erst gut hundert Jahre später kam, zeigt sehr deutlich, wie weit die Paulskirche ihrer Zeit voraus war. Dies gilt über die Einheitsfunktion der Grundrechte hinaus auch für deren weitere generelle Rechtsstaats- und Modernisierungsfunktion.

# Grundrechte des Deutschen Volkes.

Dem deutschen Volke sollen die nachstehenden Grundrechte gewährleistet sein. Sie sollen den Verfassungen der deutschen Einzelstaaten zur Norm dienen, und keine Verfassung oder Gesetzgebung eines deutschen Einzelstaates soll dieselben je aufheben oder beschränken können.

### Artikel I.

§. 1. Das deutsche Volk besteht aus den Angehörigen der Staaten, welche das deutsche Reich bilden.

§. 2. Jeder Deutsche hat das deutsche Reichsbürgerrecht. Die ihm kraft dessen zustehenden Rechte kann er in jedem deutschen Lande ausüben. Ueber das Recht, zur deutschen Reichsversammlung zu wählen, verfügt das Reichswahlgesetz.

§. 3. Jeder Deutsche hat das Recht, an jedem Orte des Reichsgebietes seinen Aufenthalt und Wohnsitz zu nehmen, Liegenschaften jeder Art zu erwerben und darüber zu verfügen, jeden Nahrungszweig zu betreiben, das Gemeindebürgerrecht zu gewinnen.

Die Bedingungen für den Aufenthalt und Wohnsitz werden durch ein Heimathsgesetz, jene für den Gewerbbetrieb durch eine Gewerbeordnung für ganz Deutschland von der Reichsgewalt festgesetzt.

§. 4. Kein deutscher Staat darf zwischen seinen Angehörigen und andern Deutschen einen Unterschied im bürgerlichen, peinlichen und Prozeßrechte machen, welcher die letzteren als Ausländer zurücksetzt.

§. 5. Die Strafe des bürgerlichen Todes soll nicht stattfinden, und da wo sie bereits ausgesprochen ist in ihren Wirkungen aufhören, soweit nicht hierdurch erworbene Privatrechte verletzt werden.

§. 6. Die Auswanderungsfreiheit ist von Staatswegen nicht beschränkt; Abzugsgelder dürfen nicht erhoben werden.

Die Auswanderungsangelegenheit steht unter dem Schutze und der Fürsorge des Reichs.

### Artikel II.

§. 7. Vor dem Gesetze gilt kein Unterschied der Stände.

Der Adel als Stand ist aufgehoben.

Alle Standesvorrechte sind abgeschafft.

Die Deutschen sind vor dem Gesetze gleich.

Alle Titel, insoweit sie nicht mit einem Amte verbunden sind, sind aufgehoben und dürfen nie wieder eingeführt werden.

Kein Staatsangehöriger darf von einem auswärtigen Staate einen Orden annehmen.

Die öffentlichen Aemter sind für alle Befähigten gleich zugänglich.

Die Wehrpflicht ist für Alle gleich; Stellvertretung bei derselben findet nicht statt.

### Artikel III.

§. 8. Die Freiheit der Person ist unverletzlich.

Die Verhaftung einer Person soll, außer im Falle der Ergreifung auf frischer That, nur geschehen in Kraft eines richterlichen, mit Gründen versehenen Befehls. Dieser Befehl muß im Augenblicke der Verhaftung oder innerhalb der nächsten vier und zwanzig Stunden dem Verhafteten zugestellt werden.

Die Polizeibehörde muß Jeden, den sie in Verwahrung genommen hat, im Laufe des folgenden Tages entweder frei lassen oder der richterlichen Behörde übergeben.

Jeder Angeschuldigte soll gegen Stellung einer vom Gerichte zu bestimmenden Caution oder Bürgschaft der Haft entlassen werden, sofern nicht dringende Anzeigen eines schweren peinlichen Verbrechens gegen denselben vorliegen.

Im Falle einer widerrechtlich verfügten oder verlängerten Gefangenschaft ist der Schuldige und nöthigenfalls der Staat dem Verletzten zur Genugthuung und Entschädigung verpflichtet.

Die für das Heer- und Seewesen erforderlichen Modificationen dieser Bestimmung werden besondern Gesetzen vorbehalten.

§. 9. Die Todesstrafe, ausgenommen, wo das Kriegsrecht sie vorschreibt, oder das Seerecht im Falle von Meutereien sie zuläßt, so wie die Strafen des Prangers, der Brandmarkung und der körperlichen Züchtigung sind abgeschafft.

§. 10. Die Wohnung ist unverletzlich.

Eine Haussuchung ist nur zulässig:
1) In Kraft eines richterlichen mit Gründen versehenen Befehls, welcher sofort oder innerhalb der nächsten vier und zwanzig Stunden dem Betheiligten zugestellt werden soll.
2) Im Fall der Verfolgung auf frischer That durch den gesetzlich berechtigten Beamten.
3) In den Fällen und Formen, in welchen das Gesetz ausnahmsweise bestimmten Beamten auch ohne richterlichen Befehl dieselbe gestattet.

Die Haussuchung muß, wenn thunlich, mit Zuziehung von Hausgenossen erfolgen.

Die Unverletzlichkeit der Wohnung ist kein Hinderniß der Verhaftung eines gerichtlich Verfolgten.

§. 11. Die Beschlagnahme von Briefen und Papieren darf, außer bei einer Verhaftung oder Haussuchung, nur in Kraft eines richterlichen, mit Gründen versehenen Befehls vorgenommen werden, welcher sofort oder innerhalb der nächsten vier und zwanzig Stunden dem Betheiligten zugestellt werden soll.

§. 12. Das Briefgeheimniß ist gewährleistet.

Die bei strafgerichtlichen Untersuchungen und in Kriegsfällen nothwendigen Beschränkungen sind durch die Gesetzgebung festzustellen.

### Artikel IV.

§. 13. Jeder Deutsche hat das Recht, durch Wort, Schrift, Druck und bildliche Darstellung seine Meinung frei zu äußern.

Die Preßfreiheit darf unter keinen Umständen und in keiner Weise durch vorbeugende Maßregeln, namentlich Censur, Concessionen, Sicherheitsbestellungen, Staatsauflagen, Beschränkungen der Druckereien oder des Buchhandels, Postverbote oder andere Hemmungen des freien Verkehrs beschränkt, suspendirt oder aufgehoben werden.

Ueber Preßvergehen, welche von Amtswegen verfolgt werden, wird durch Schwurgericht geurtheilt.

Ein Preßgesetz wird vom Reiche erlassen werden.

### Artikel V.

§. 14. Jeder Deutsche hat volle Glaubens- und Gewissensfreiheit.

Niemand ist verpflichtet, seine religiöse Ueberzeugung zu offenbaren.

§. 15. Jeder Deutsche ist unbeschränkt in der gemeinsamen häuslichen und öffentlichen Uebung seiner Religion.

Verbrechen und Vergehen, welche bei Ausübung dieser Freiheit begangen werden, sind nach dem Gesetze zu bestrafen.

§. 16. Durch das religiöse Bekenntniß wird der Genuß der bürgerlichen und staatsbürgerlichen Rechte weder bedingt noch beschränkt. Den staatsbürgerlichen Pflichten darf dasselbe keinen Abbruch thun.

§. 17. Jede Religionsgesellschaft ordnet und verwaltet ihre Angelegenheiten selbstständig, bleibt aber den allgemeinen Staatsgesetzen unterworfen.

Keine Religionsgesellschaft genießt vor andern Vorrechte durch den Staat; es besteht fernerhin keine Staatskirche.

Neue Religionsgesellschaften dürfen sich bilden; einer Anerkennung ihres Bekenntnisses durch den Staat bedarf es nicht.

§. 18. Niemand soll zu einer kirchlichen Handlung oder Feierlichkeit gezwungen werden.

§. 19. Die Formel des Eides soll künftig lauten: „So wahr mir Gott helfe."

§. 20. Die bürgerliche Gültigkeit der Ehe ist nur von der Vollziehung des Civilaktes abhängig; die kirchliche Trauung kann nur nach der Vollziehung des Civilaktes stattfinden.

Die Religionsverschiedenheit ist kein bürgerliches Ehehinderniß.

§. 21. Die Standesbücher werden von den bürgerlichen Behörden geführt.

### Artikel VI.

§. 22. Die Wissenschaft und ihre Lehre ist frei.

§. 23. Das Unterrichts- und Erziehungswesen steht unter der Oberaufsicht des Staats, und ist, abgesehen vom Religionsunterricht, der Beaufsichtigung der Geistlichkeit als solcher enthoben.

§. 24. Unterrichts- und Erziehungsanstalten zu gründen, zu leiten und an solchen Unterricht zu ertheilen, steht jedem Deutschen frei, wenn er seine Befähigung der betreffenden Staatsbehörde nachgewiesen hat.

Der häusliche Unterricht unterliegt keiner Beschränkung.

§. 25. Für die Bildung der deutschen Jugend soll durch öffentliche Schulen überall genügend gesorgt werden.

Eltern oder deren Stellvertreter dürfen ihre Kinder oder Pflegebefohlenen nicht ohne den Unterricht lassen, welcher für die unteren Volksschulen vorgeschrieben ist.

§. 26. Die öffentlichen Lehrer haben die Rechte der Staatsdiener.

Der Staat stellt unter gesetzlich geordneter Betheiligung der Gemeinden aus der Zahl der Geprüften die Lehrer der Volksschulen an.

§. 27. Für den Unterricht in Volksschulen und niederen Gewerbsschulen wird kein Schulgeld bezahlt.

Unbemittelten soll auf allen öffentlichen Unterrichtsanstalten freier Unterricht gewährt werden.

§. 28. Es steht einem Jeden frei, seinen Beruf zu wählen und sich für denselben auszubilden, wie und wo er will.

### Artikel VII.

§. 29. Die Deutschen haben das Recht, sich friedlich und ohne Waffen zu versammeln; einer besondern Erlaubniß dazu bedarf es nicht.

Volksversammlungen unter freiem Himmel können bei dringender Gefahr für die öffentliche Ordnung und Sicherheit verboten werden.

§. 30. Die Deutschen haben das Recht, Vereine zu bilden. Dieses Recht soll durch keine vorbeugende Maßregel beschränkt werden.

§. 31. Die in den §§. 29 und 30 enthaltenen Bestimmungen finden auf das Heer und die Kriegsflotte Anwendung, insoweit die militärischen Disciplinarvorschriften nicht entgegenstehen.

### Artikel VIII.

§. 32. Das Eigenthum ist unverletzlich.

Eine Enteignung kann nur aus Rücksichten des gemeinen Besten, nur auf Grund eines Gesetzes und gegen gerechte Entschädigung vorgenommen werden.

Das geistige Eigenthum soll durch die Reichsgesetzgebung geschützt werden.

§. 33. Jeder Grundeigenthümer kann seinen Grundbesitz unter Lebenden und von Todes wegen ganz oder theilweise veräußern. Den Einzelstaaten bleibt überlassen, die Durchführung des Grundsatzes der Theilbarkeit alles Grundeigenthums durch Uebergangsgesetze zu vermitteln.

Für die todte Hand sind Beschränkungen des Rechts, Liegenschaften zu erwerben und über sie zu verfügen, im Wege der Gesetzgebung und aus Gründen des öffentlichen Wohls zulässig.

§. 34. Jeder Unterthänigkeits- und Hörigkeitsverband hört für immer auf.

§. 35. Ohne Entschädigung sind aufgehoben:
1) Die Patrimonialgerichtsbarkeit und die grundherrliche Polizei, sammt den aus diesen Rechten fließenden Befugnissen, Exemtionen und Abgaben.
2) Die aus dem guts- und schutzherrlichen Verbande fließenden persönlichen Abgaben und Leistungen.

Mit diesen Rechten fallen auch die Gegenleistungen und Lasten weg, welche dem bisher Berechtigten dafür oblagen.

§. 36. Alle auf Grund und Boden haftenden Abgaben und Leistungen, insbesondere die Zehnten, sind ablösbar: ob nur auf Antrag des Belasteten oder auch des Berechtigten, und in welcher Weise, bleibt der Gesetzgebung der einzelnen Staaten überlassen.

Es soll fortan kein Grundstück mit einer unablösbaren Abgabe oder Leistung belastet werden.

§. 37. Im Grundeigenthum liegt die Berechtigung zur Jagd auf eignem Grund und Boden.

Die Jagdgerechtigkeit auf fremdem Grund und Boden, Jagddienste, Jagdfrohnden und andere Leistungen für Jagdzwecke sind ohne Entschädigung aufgehoben.

Nur ablösbar jedoch ist die Jagdgerechtigkeit, welche erweislich durch einen lästigen mit dem Eigenthümer des belasteten Grundstücks abgeschlossenen Vertrag erworben ist; über die Art und Weise der Ablösung haben die Landesgesetzgebungen das Weitere zu bestimmen.

Die Ausübung des Jagdrechts aus Gründen der öffentlichen Sicherheit und des gemeinen Wohls zu ordnen, bleibt der Landesgesetzgebung vorbehalten.

Die Jagdgerechtigkeit auf fremdem Grund und Boden darf in Zukunft nicht wieder als Grundgerechtigkeit bestellt werden.

§. 38. Die Familienfideicommisse sind aufgehoben. Die Art und Bedingungen der Aufhebung bestimmt die Gesetzgebung der einzelnen Staaten.

Ueber die Familienfideicommisse der regierenden fürstlichen Häuser bleiben die Bestimmungen den Landesgesetzgebungen vorbehalten.

§. 39. Aller Lehnsverband ist aufzuheben. Das Nähere über die Art und Weise der Ausführung haben die Gesetzgebungen der Einzelstaaten anzuordnen.

§. 40. Die Strafe der Vermögenseinziehung soll nicht stattfinden.

### Artikel IX.

§. 41. Alle Gerichtsbarkeit geht vom Staate aus. Es sollen keine Patrimonialgerichte bestehen.

§. 42. Die richterliche Gewalt wird selbstständig von den Gerichten geübt. Cabinets- und Ministerialjustiz ist unstatthaft. Niemand darf seinem gesetzlichen Richter entzogen werden. Ausnahmegerichte sollen nie stattfinden.

§. 43. Es soll keinen privilegirten Gerichtsstand der Personen oder Güter geben.

Die Militärgerichtsbarkeit ist auf die Aburtheilung militärischer Verbrechen und Vergehen, so wie der Militärdisciplinarvergehen beschränkt, vorbehältlich der Bestimmungen für den Kriegsstand.

§. 44. Kein Richter darf, außer durch Urtheil und Recht, von seinem Amte entfernt oder an Rang und Gehalt beeinträchtigt werden.

Suspension darf nicht ohne gerichtlichen Beschluß erfolgen.

Kein Richter darf wider seinen Willen, außer durch gerichtlichen Beschluß in den durch das Gesetz bestimmten Fällen und Formen, zu einer andern Stelle versetzt oder in Ruhestand gesetzt werden.

§. 45. Das Gerichtsverfahren soll öffentlich und mündlich sein.

Ausnahmen von der Oeffentlichkeit bestimmt im Interesse der Sittlichkeit das Gesetz.

§. 46. In Strafsachen gilt der Anklageprozeß.

Schwurgerichte sollen jedenfalls in schwereren Strafsachen und bei allen politischen Vergehen urtheilen.

§. 47. Die bürgerliche Rechtspflege soll in Sachen besonderer Berufserfahrung durch sachkundige, von den Berufsgenossen frei gewählte Richter geübt oder mitgeübt werden.

§. 48. Rechtspflege und Verwaltung sollen getrennt und von einander unabhängig sein.

Ueber Competenzconflikte zwischen den Verwaltungs- und Gerichtsbehörden in den Einzelstaaten entscheidet ein durch das Gesetz zu bestimmender Gerichtshof.

§. 49. Die Verwaltungsrechtspflege hört auf; über alle Rechtsverletzungen entscheiden die Gerichte.

Der Polizei steht keine Strafgerichtsbarkeit zu.

§. 50. Rechtskräftige Urtheile deutscher Gerichte sind in allen deutschen Landen gleich wirksam und vollziehbar.

Ein Reichsgesetz wird das Nähere bestimmen.

## Einführungsgesetz.

Die Grundrechte des deutschen Volks werden im ganzen Umfange des deutschen Reichs unter nachfolgenden Bestimmungen hiermit eingeführt:

I. Mit diesem Reichsgesetze treten in Kraft die Bestimmungen:
1) der §§. 1 und 2.
2) des §. 3, jedoch in Beziehung auf Aufenthalt, Wohnsitz und Gewerbebetrieb unter Vorbehalt der in Aussicht gestellten Reichsgesetze.
3) der §§. 4, 5 und 6.
4) des §. 7, unter Vorbehalt der in III. und VIII. dieses Gesetzes enthaltenen Beschränkungen.
5) des §. 8, und zwar rücksichtlich des letzten, Heer- und Seewesen betreffenden, Absatzes unter Verweisung auf III. dieses Gesetzes.
6) des §. 10, unter Vorbehalt der unter III. und VII. enthaltenen Bestimmungen.
7) der §§. 11 und 12.
8) des §. 13, mit der Maßgabe, daß, wo Schwurgerichte noch nicht eingeführt sind, bis zu deren Einführung über Preßvergehen die bestehenden Gerichte entscheiden.
9) der §§. 14, 15, 16, so wie des zweiten und dritten Absatzes im §. 17 und des §. 18.
10) der §§. 22, 24, 25 und 28.
11) der §§. 29, 30 und 31.
12) des §. 32, des zweiten Absatzes im §. 33, der §§. 34, 35, mit Ausnahme des ersten Absatzes (III. 8), des zweiten Absatzes im §. 36, dann 37, unter Vorbehalt der über die Ablösung der betreffenden Jagdgerechtigkeiten und über die Ausübung des Jagdrechts zu erlassenden Gesetze (IV).
13) des §. 42 und des ersten Absatzes im §. 44.

Alle Bestimmungen einzelner Landesrechte, welche hiermit in Widerspruch stehen, treten außer Kraft.

II. In Beziehung auf den im §. 17 ausgesprochenen Grundsatz der Selbstständigkeit der Religionsgesellschaften sollen die organischen Einrichtungen und Gesetze, welche für die bestehenden Kirchen zur Durchführung dieses Princips erforderlich sind, in den Einzelstaaten möglichst bald getroffen und erlassen werden.

III. Abänderungen oder Ergänzungen der Landesgesetzgebungen, so weit dieselben durch die folgenden Bestimmungen der Grundrechte geboten sind, sollen ungesäumt auf verfassungsmäßigem Wege getroffen werden, und zwar
1) statt der im §. 9 und §. 40 abgeschafften Strafen des Todes, des Prangers, der Brandmarkung, der körperlichen Züchtigung und der Vermögenseinziehung durch gesetzliche Feststellung einer anderweiten Bestrafung der betreffenden Verbrechen;
2) durch Ausfüllung der Lücken, welche in Folge der im §. 7 ausgesprochenen Aufhebung der Standesunterschiede im Privatrecht eintreten;
3) durch Regelung der Wehrpflicht auf Grund der im §. 7 enthaltenen Vorschrift;
4) durch Feststellung der beim Heer- und Seewesen vorbehaltenen Modificationen des §. 8;
5) durch Erlassung der Gesetze, welche den dritten im §. 10 erwähnten Fall der Haussuchung ordnen;
6) durch Erlassung der nach §. 19, 20 und 21 erforderlichen Vorschriften über Eid, Ehe und Standesbücher;
7) durch Einrichtung des Schulwesens auf Grund der §§. 23, 26 und 27;
8) durch Aenderungen im Gerichts- und Verwaltungswesen gemäß den Bestimmungen des §. 35 im ersten Absatz, der §§. 41, 43, 44 im zweiten und dritten Absatze, sowie der §§. 45 bis einschließlich 49.

IV. Ebenso ist ungesäumt die weitere Feststellung der in den §§. 33, 36 bis einschließlich 39 geordneten Eigenthumsverhältnisse in den einzelnen Staaten vorzunehmen.

V. Die Erlassung und Ausführung der vorstehend gedachten neuen Gesetze sollen von Reichswegen überwacht werden.

VI. Bis zu Erlassung der in den §§. 3, 13, 32 und 50 erwähnten Reichsgesetze sind die betreffenden Verhältnisse der Landesgesetzgebung unterworfen.

VII. In den Fällen, in welchen nach dem Vorstehenden neue Gesetze erforderlich oder in Aussicht gestellt sind, bleiben bis zur Erlassung derselben für die betreffenden Verhältnisse die bisherigen Gesetze in Kraft. Rücksichtlich der Haussuchung bleibt denjenigen öffentlichen Beamten, welche zum Schutz der Abgabenerhebung und des Waldeigenthums zur Haussuchung befugt sind, vorläufig diese Befugniß.

VIII. Abänderungen der Grundverfassung einzelner deutscher Staaten, welche durch die Abschaffung der Standesvorrechte nothwendig werden, sollen innerhalb sechs Monaten durch die gegenwärtigen Organe der Landesgesetzgebung nach folgenden Bestimmungen herbeigeführt werden:
1) die durch die Verfassungsurkunden für den Fall der Verfassungsänderungen vorgeschriebenen Erschwerungen der Beschlußnahme finden keine Anwendung, vielmehr ist in den Formen der gewöhnlichen Gesetzgebung zu verfahren;
2) wenn in Staaten, wo zwei Kammern bestehen, dieser Weg keine Vereinigung herbeiführen sollte, so treten diese zusammen, um in einer Versammlung durch einfache Stimmenmehrheit die erforderlichen Beschlüsse zu fassen.

Uebrigens bleibt es den gegenwärtigen Organen der Landesgesetzgebung unbenommen, sich darüber, daß die gedachten Abänderungen durch eine neuzuwählende Landesversammlung vorgenommen werden, zu vereinbaren, für welche Vereinbarung die Bestimmungen unter 1 und 2 gleichfalls maßgebend sind.

Sind in der bezeichneten Frist die betreffenden Gesetze nicht erlassen, so hat die Reichsgewalt die Regierung des einzelnen Staates aufzufordern, ungesäumt auf Grundlage des Reichswahlgesetzes eine aus einer einzigen Kammer bestehende Landesversammlung zur Revision der Landesverfassung und übrigen Gesetzgebung in Uebereinstimmung mit den Beschlüssen der Nationalversammlung zu berufen.

Frankfurt, den 27. December 1848.

Der Reichsverweser: **Erzherzog Johann.** Die Reichsminister: H. v. Gagern. v. Peucker. v. Beckerath. Duckwitz. R. Mohl.

Druck der Gebr. Jänecke.

In Hannover bei den Gebr. Jänecke. In Bremen bei J. G. Heyse.

**Rechtsstaatsfunktion**

Das Reichsgericht als höchstes in der Paulskirchenverfassung vorgesehenes Gericht wurde damals als Schlussstein des Rechtsstaats bezeichnet. Dabei war es, ohne auf seine weiteren Kompetenzen einzugehen, sowohl für den organisatorischen Teil der Verfassung als auch für die Grundrechte zuständig (§ 126). Es besaß damit eine Stellung, die im seinerzeitigen Europa ohnegleichen und nur dem Obersten Gericht der Vereinigten Staaten von Amerika verwandt war.

Der Rechtsstaat wurde gleichsam auf dem Höchststand damaliger Rechtserkenntnis etabliert. So sahen die Grundrechte auch institutionell-rechtsstaatliche Maßgaben für die gesamte Gerichtsbarkeit der Gliedstaaten vor. Aus Gründen der Gewaltenteilung wurden noch bestehende Verbindungen von Exekutive und Justiz gekappt. Verwaltungsstreitigkeiten sollten den Gerichten überwiesen werden und die Polizei jede strafgerichtliche Kompetenz verlieren. Mittlerweile sind dies Selbstverständlichkeiten, doch nach der Verkündung der Paulskirchenverfassung und ihrer raschen Außerkraftsetzung sollte es noch über ein Vierteljahrhundert dauern, bis sie nach der deutschen Reichseinigung von 1870/71 in den Reichsjustizgesetzen umgesetzt wurden.

Die Grundrechte der Paulskirche wollten im Sinne materiell-rechtsstaatlicher Ausprägung Gerechtigkeitswerte darstellen, wie sie sich in vollem Umfang erst hundert Jahre später durchsetzen sollten. Ein Blick auf die Regelung der persönlichen Freiheit mag dies verdeutlichen. Sie ist auch deshalb von besonderer Bedeutung, weil gut ein Fünftel der Paulskirchenabgeordneten bis 1848 strenger politischer Verfolgung ausgesetzt gewesen war. Das einschlägige Grundrecht (§ 138) verlangte, dass jede vorgesehene Einschränkung der persönlichen Freiheit einer richterlichen Anordnung mit genauen Schriftlichkeits- und Fristanforderungen bedurfte. Nach dem Vorbild der berühmten englischen Habeas-Corpus-Akte wurde darüber hinaus im Falle eines widerrechtlichen Freiheitsentzugs – anders als heute – der Schuldige beziehungsweise der Staat per Verfassung zur Genugtuung und Entschädigung verpflichtet. Auch die Todesstrafe galt als abgeschafft, »ausgenommen wo das Kriegsrecht sie vorschreibt« (§ 139).

Ebenso wurden grausame Strafen als Verstoß gegen die Menschenwürde untersagt. Die Strafe der Vermögenseinziehung (§ 172), die wegen ihrer Auswirkung auf unschuldige Familienangehörige eines Straftäters quasi die Sippenhaft bedeutete, wurde ebenso aufgehoben wie die Strafe des »bürgerlichen Todes« (§ 135), soll heißen, der völligen Rechtlosstellung einer Person. Niemals voll erreicht wurde hingegen die von den Grundrechten als gewalteninterne Gewaltenteilung gedachte Beteiligung von Laien bei gerichtlichen Verfahren (§ 179 f.). Dies galt jedenfalls hinsichtlich der schwurgerichtlichen Zuständigkeit »in schwereren Strafsachen und bei allen politischen Vergehen«. Überdies wollte die Paulskirche – wiederum nach angelsächsischem Vorbild – das »echte« Schwurgericht. In ihm entscheiden die Geschworenen, entgegen dem heute in Deutschland praktizierten Schöffenprinzip, über die Schuldfrage allein, das heißt ohne berufsrichterliche Mitentscheidung.

**IV. Sonstige Modernisierungen**

Welchen Modernisierungsgehalt die Grundrechte für den überkommenen Staatsaufbau besaßen, sei am Beispiel einiger ihrer Regelungen veranschaulicht, deren Sprengkraft für den heutigen Betrachter nicht mehr ohne Weiteres verständlich ist. So bedeutete das Gleichheitsgebot (§ 137) mit seinem verbal knappen Federstrich durch adlige Standesvorrechte nicht mehr und nicht weniger als die damals grundstürzende Untersagung sämtlicher geburtsständischer Adelskammern. Die damit gewollte Neustrukturierung der gliedstaatlichen Kammern und damit auch der Legislativen wurde allerdings in der Zeit des Spätkonstitutionalismus nicht umgesetzt. Das hatte gravierende Politikfolgen, denn die weiterhin voll mitberechtigten Adelskammern – zeitgenössisch als »Akropolis des Ständetums« bezeichnet – blockierten etwaige liberal-demokratische Fortschritte im Bereich der Sozialverfassung ebenso wie generell alle politischen Partizipationsausweitungen. Die adeligen Privilegien, deren Abschaffung die Paulskirchenverfassung vorgesehen hatte, wurden erst durch die Novemberrevolution von 1918 beseitigt, also mit 70-jähriger Verspätung.

> [Verfassung] gibt die Wahrscheinlichkeit des Glückes für ein Volk und erhebt dasselbe in jeder Beziehung zu einer höheren Stufe des Werts, als ein verfassungsloses je erreichen kann. Verfassung ist wie jener fabelhafte Speer, der die Wunden, die er geschlagen, auch wieder heilt.
>
> Friedrich Christoph Dahlmann,
> *Ein Wort über Verfassung*, 1815, S. 28.

## DIE PAULSKIRCHENVERFASSUNG

2/7
*Freie Presse* – Karikatur auf den Sturz
des sächsischen Ministeriums Könneritz, 1848

Ähnlich ist das auf den ersten Blick unscheinbare »Inkommunalisierungsgebot« (§ 185) begreifbar zu machen. Es schrieb die Gemeindezugehörigkeit sämtlicher Grundstücke, das heißt des gesamten Staatsbodens vor. Dabei ging es nicht nur um die Herstellung eines einheitlichen unteren Verwaltungsrasters im Staat. Im Vordergrund stand vielmehr die umfassende Durchsetzung grundlegender Teilhabebefugnisse im Sinne einer liberaldemokratischen Selbstverwaltung auf kommunaler Ebene. Die Vorschrift richtete sich gegen die damals noch in beträchtlichem Ausmaß vorhandenen gemeindefreien Gutsbezirke, die allein vom Gutsherrn verwaltet wurden. Die eigentliche Umsetzung gelang abschließend erst 80 Jahre später: Im Jahre 1928 wurde vornehmlich in Ostelbien für mehr als 1,5 Millionen Preußen die Vorherrschaft der Gutsherren in der kommunalen Selbstverwaltung beendet, nach einer Zeitspanne also, die den lang anhaltenden Widerstand konservativer Gegenkräfte belegt.

Als weitere Modernisierungsleistung der Grundrechte ist die Vereinigungsfreiheit (§ 161 f.) hervorzuheben. Sie wurde auch als Entfesselung der Assoziation oder Genossenschaftlichkeit bezeichnet und löste eine erste Blüte des Vereinswesens aus. Das Grundrecht symbolisierte die diametrale Abkehr vom bis dahin und in autoritären Staaten bis heute bestehenden Argwohn, in Vereinigungen jeder Art eine Gefahr zu sehen. Die Paulskirche regelte die Versammlungs- und Vereinigungsfreiheit – mit Sondergewährleistungen für Kirchen, Petenten (Antrag- oder Bittsteller) und ethnische Minderheiten – in einer Weise, die in dieser Breite damals unbekannt war und sich insbesondere von der Verbandsphobie der strikt individualistisch angelegten französischen Menschenrechte abhob. Der damit bis heute nicht übertroffene Rechtsstandard konnte sich später zunächst nur auf wirtschaftlichem Felde durchsetzen, um erst mit dem Reichsvereinsgesetz von 1908 bei gewissen Abstrichen auch für politische

**2/12**
Robert Kretschmer, Sitzung des Demokratischen
Clubs im Clubhaus in der Leipziger Straße Nr. 48
in Berlin, 1848

# DIE PAULSKIRCHENVERFASSUNG

Vereinigungen – wie für die Parteien – Wirklichkeit zu werden. Im Ergebnis hat man die in der Paulskirchenverfassung vorgesehene umfassende Vereinigungsfreiheit als einen frühen, der Pluralität verpflichteten Ansatz zu würdigen. Das gilt umso mehr, als ihre Grundrechte nicht nur für natürliche, sondern auch für juristische Personen gelten sollten, was sich völlig unmissverständlich erst wieder im geltenden Grundgesetz (Art. 19 Abs. 3) finden wird.

Überdies ist die frühe Sozialstaatlichkeit der liberal-demokratischen Grundrechte in der Paulskirchenverfassung zu betonen. Damit sollte vor dem Hintergrund der aktuellen sozialen Konflikte – man beachte das gleichzeitig veröffentlichte *Kommunistische Manifest* – den sozialrevolutionären Impulsen von 1848/49 Rechnung getragen werden. Zwar wurde ein Recht auf Arbeit abgelehnt, doch finden sich ansonsten etliche einschlägige Vorgaben. So verzichtete das von Bismarck übernommene Reichswahlgesetz der Paulskirche (§ 132) auf jede soziale Abstufung. Damit rückte das Deutsche Reich zusammen mit Frankreich an die Spitze der europäischen Wahlrechtsentwicklung. Auch waren in ausführenden Gesetzentwürfen zur Umsetzung der Berufsfreiheit (§ 133) bereits Regelungen vorgesehen, die eine Mitwirkung der Arbeitnehmer im Verhältnis zwei zu drei verlangten. Eine Regelung, die erst mit dem Betriebsrätegesetz von 1920 flächendeckend realisiert wurde und, eine frühere Geltung vorausgesetzt, etliche Arbeitskämpfe verhindert hätte.

Auch die bereits skizzierten Sicherungen der Pressefreiheit waren mit ihren Verboten finanzieller Sonderbelastungen zugleich sozial motiviert. Die Presse, schon damals von dem berühmten Historiker Theodor Mommsen als wichtigster Schutz der politischen Freiheit bezeichnet, sollte damit nämlich in die Lage versetzt werden, im Sinne der Bildungsförderung auch für die arbeitenden Klassen erschwinglich zu sein. Dies lässt sich noch dadurch ergänzen, dass die vorerwähnte Vereinigungsfreiheit selbstverständlich auch für gewerkschaftliche und sonstige Arbeiterzusammenschlüsse gelten sollte. Dass solche Vereinigungen lange gehemmt und für die Landarbeiter erst mit der Novemberrevolution von 1918 voll verwirklicht werden konnten, belegt erneut den weit ausgreifenden, freiheitlichen Elan der Paulskirchenverfassung.

Darüber hinaus enthielt im Rahmen der bürgerlichen Eigentumsgarantie die ergänzende Garantie des geistigen Eigentums (§ 164) insoweit eine sozialstaatliche Komponente, als sie zum einklagbaren Schutz der Vorteile geistiger Arbeit den Staat zu einer entsprechenden Gesetzgebung verpflichtete. Es muss überdies aufhorchen lassen, dass die inzwischen unscheinbare Vorschrift über die »Freiteilbarkeit von Grund und Boden« (§ 165) von einem bedeutenden 1848er, dem zweiten Präsidenten der Frankfurter Nationalversammlung, Eduard von Simson, als »Markstein unserer Verfassung« bezeichnet worden ist. Verbarg sich dahinter damals doch ein gewaltiger sozialer Umbau, nämlich die unmissverständliche Herstellung des bürgerlichen Eigentums auch auf dem Lande. Dies bedeutete die freie Veräußerbarkeit auch von Land unter Lebenden und durch Testament sowie die uneingeschränkte Pfändbarkeit.

Welche Abweichungen seinerzeit noch bestanden, erhellt ein Blick auf die Folgeregelungen (§§ 166 ff.). Nur kurz erwähnt seien mittelalterlich-spätfeudale Besitzstrukturen mit zahllosen Abgabepflichten samt überkommenen Jagdprivilegien für den Oberherren. Zusätzlich zu nennen sind die »Fideikommisse und Lehnsverbände«, die den meist adligen Großgrundbesitz unteilbar, unveräußerlich und nicht pfändbar machten. Wie zäh sich gerade die letztgenannten Einrichtungen entgegen den Absichten der Paulskirchenverfassung gehalten haben, zeigte sich daran, dass – trotz eindeutiger Aufhebungsabsicht in der Weimarer Verfassung (Art. 155) – sich noch knapp hundert Jahre später die alliierte Kontrollratsgesetzgebung mit ihrer Beseitigung zu befassen hatte.

Die anhaltenden Prägungen, die von der Paulskirchenverfassung namentlich in bundesstaatlicher und freiheitlicher Hinsicht ausgingen, sind unbestreitbar. Die hier bloß skizzierten verfassungsrechtlichen Grundsätze und Festlegungen aber, die dabei und vor allem in den Grundrechten ihren Niederschlag gefunden haben, gaben den Maßstab für ein »anderes« Deutschland. Die Paulskirchenverfassung – so wird man zusammenfassen dürfen – stellt den bislang umfassendsten und kühnsten Versuch einer politischen und sozialen wie wirtschaftlichen Modernisierung Deutschlands dar.

**Anmerkung**

1 Paragrafenangaben ohne nähere Bezeichnung sind solche der Paulskirchenverfassung

ARTHUR SCHLEGELMILCH

# Bismarck und die Verfassungen von 1867 und 1871

# BISMARCK UND DIE VERFASSUNGEN VON 1867 UND 1871

3/1
Reinhold Begas, Büste *Fürst Bismarck. Kanzler des Deutschen Reiches*, 1886

## I.

So sehr der Prozess der äußeren Reichsgründung durch Otto von Bismarck dominiert wurde, so berechtigt stellt sich die Frage, ob dies auch für die »innere Reichsgründung« und vor allem für die verfassungsrechtliche Ausgestaltung des Reiches gelten kann. Kurz: Wird mit Recht vom »Bismarckstaat« und von der »Bismarckverfassung« gesprochen? Heinrich von Sybel, der als liberaler Politiker in den 1860er Jahren zu den härtesten Gegnern des preußischen Ministerpräsidenten gezählt hatte, kam von der Warte des Historikers aus zu dem Schluss, dass Bismarck letztlich unfreiwillig zum Vollender des »positiven und staatsbildenden Liberalismus« geworden wäre. Für Heinrich von Treitschke hingegen war die Gründung des Reiches vor allem der geschichtlichen Mission und Führungsstärke des Hauses Hohenzollern geschuldet, in deren Dienst sich Bismarck gestellt hätte. Franz Mehring als dem Hauptvertreter der zeitgenössischen sozialdemokratischen Geschichtsschreibung wollte es schließlich so scheinen, als hätte Bismarck ein untergangsgeweihtes »Reich der Bourgeoisie« geschaffen und – der »List der Geschichte« erliegend – der sozialen Revolution und damit seinem eigenen Untergang zugearbeitet.[1]

Erst gegen Ende des Kaiserreichs und in der Weimarer Republik setzte sich die Vorstellung durch, dass der *Eiserne Kanzler* der komplizierten inneren und äußeren Lage des Reiches mit der Errichtung einer geradezu genialen Staats- und Verfassungsordnung entsprochen hätte. Wer sich dieser Sichtweise nicht anschloss, wie etwa – aus marxistischem Blickwinkel – der Historiker Arthur Rosenberg, wurde ausgegrenzt und der Unwissenschaftlichkeit geziehen.

In der Endphase der Republik verblasste das Idealbild der Bismarckverfassung allerdings rasch. Als schärfster Kritiker trat der konservative Staatsrechtler Carl Schmitt auf. Ihm zufolge handelte es sich bei der Reichsverfassung nicht um einen »echten« und »organischen«, sondern um einen »dilatorischen«, das heißt die eigentliche Entwicklung verzögernden Kompromiss, der nur vorübergehend den Gegensatz zwischen »preußischem Soldatenstaat« und »liberalem Rechts- und Verfassungsstaat« überdeckt hätte.[2]

Schmitts Fundamentalkritik wurde in den 1960er Jahren etwa von dem Staatsrechtler Ernst-Wolfgang Böckenförde und den Historikern Hans-Ulrich Wehler und Wolfgang Mommsen zu der quasi umgekehrten These weiterentwickelt, dass es sich bei der Bismarckverfassung um eine stecken gebliebene Variante des Übergangs vom Absolutismus zum Parlamentarismus gehandelt habe. Damit verband sich der Vorwurf, dass mit der Gründung des Norddeutschen Bundes beziehungsweise des deutschen Kaiserreichs ein verhängnisvoller »Sonderweg« eingeschlagen worden wäre, der sich vor allem in der Abkopplung der politischen von der sozioökonomischen Modernisierung niedergeschlagen habe. Neuere Forschungen setzen hingegen an der nahezu 50-jährigen stabilen Existenz des Kaiserreichs als nationalem Verfassungsstaat an. Sie sehen den Charakter und die Lebensfähigkeit der Kaiserreichverfassung mit Zuschreibungen wie »Kanzlerdiktatur« oder »Bonapartismus« unzureichend beschrieben. Die Sonderwegsthese entspricht nach ihrer Auffassung weder der Komplexität der europäischen Verfassungsverhältnisse des 19. Jahrhunderts noch ist sie den realen Handlungsspielräumen und Ambitionen der Akteure angemessen.[3]

## II.

In typologischer Hinsicht handelt es sich bei der Reichsverfassung von 1871 wie auch bei der Verfassung des Norddeutschen Bundes von 1867 um eine konstitutionelle Monarchie. Dieses Verfassungsmodell zeichnet sich idealtypisch durch eine strikte dualistische Gewaltenteilung aus, das heißt, Exekutive und Legislative stehen sich weitgehend unverbunden gegenüber. Als Spitze der Exekutive verfügt allein der Monarch über das Recht der Regierungsbildung und -entlassung; dem Parlament obliegen Steuerbewilligung und Gesetzgebung. Nach dieser Grundform hatte sich die konstitutionelle Monarchie im Laufe des 19. Jahrhunderts in vielen Ländern Europas und auch in den Staaten des Deutschen Bundes ausgebreitet.

Das gravierendste Strukturproblem der konstitutionellen Monarchie bestand in ihrer Neigung zur Selbstblockade. Dabei konnte es vorkommen, dass sich Exekutive und Legislative im Konfliktfall mit Parlamentsauflösung und Notverordnung einerseits, Ministeranklage und Haushaltsverweigerung andererseits gleichsam neutralisierten und Verfassungskrisen zu Dauerkrisen wurden. Bismarck hatte diese Erfahrung als preußischer Ministerpräsident zwischen 1862 und 1866 gemacht und sich nur mit Hilfe einer gewagten »Lückentheorie« im Amt gehalten, nach der die Regierung aufgrund vermeintlich fehlender Verfassungsbestimmungen zur Fortsetzung der Regierungsgeschäfte auch ohne ordnungsgemäß verabschiedeten Haushalt berechtigt wäre.

Es ist für das Verständnis der Verfassungen des Norddeutschen Bundes von 1867 und des Deutschen Reichs von 1871 entscheidend, dass mit ihnen mögliche Konfliktkonstellationen zwischen monarchischem und parlamentarischem Prinzip minimiert wurden. Dies wird dann deutlich, wenn man jene Problemfelder herausgreift, auf die sich – im europäischen wie im deutschen Rahmen – die Verfassungskämpfe der ersten Hälfte des 19. Jahrhunderts stets konzentriert hatten.

Hierbei handelt es sich erstens um die Souveränitätsfrage, zweitens um die Menschen- und Bürgerrechte, drittens um die Gestaltung des königlichen Vetos in der Gesetzgebung, viertens um die Reichweite des Notverordnungsrechts der Krone einerseits und des parlamentarischen Steuerbewilligungs- und Budgetrechts andererseits sowie fünftens um die Gestaltung des Beziehungsgeflechts zwischen Krone, Regierung und Legislative.

Zunächst zur Frage der Souveränität. In ihrem Kontext darf man sich von der pompösen »Kaiserproklamation« im Spiegelsaal des Versailler Schlosses am 18. Januar 1871 nicht täuschen

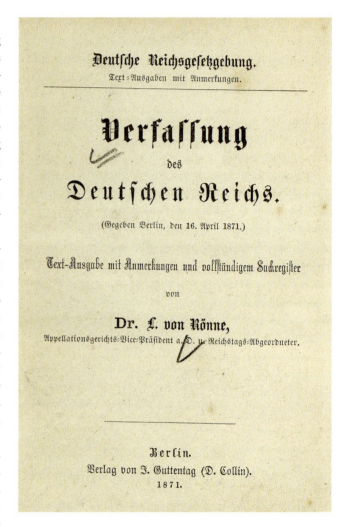

**3/7**
*Verfassung des Deutschen Reichs*
vom 16. April 1871

lassen. Wesentlich größere Aussagekraft kommt hingegen der im Reichsgesetzblatt veröffentlichten kaiserlichen Publikationsformel zur Verfassung zu, in welcher der Kaiser als Sanktionsorgan beziehungsweise der Reichstag und der Bundesrat als politische Willensorgane aufgeführt werden. Eine nähere Souveränitätsbestimmung findet sich in der Reichsverfassung nicht, sodass de facto von einem Mischungs- oder auch Konkurrenzverhältnis der an der Konstituierung des Reiches beteiligten Souveränitätsträger auszugehen ist. Die herrschende Staatslehre des Kaiserreichs verweigerte sich freilich dieser Schlussfolgerung. Sie zog es vielmehr vor, auf das seit dem Vormärz bekannte Theorem der »Staatssouveränität« zurückzugreifen, nach dem der Staat »keineswegs bloß [als] die Summe individueller Interessen des Herr-

# BISMARCK UND DIE VERFASSUNGEN VON 1867 UND 1871

schers und der Unterthanen«, sondern als Ausdruck eines »höheren Gesamtinteresses« zu verstehen sei (Wilhelm Eduard Albrecht, 1839). Die im Vormärz noch so heftig umstrittene Frage nach der höchsten Autorität im Staat hatte sich damit erledigt, auch wenn Wilhelms II. sporadische Ansätze einer monarchischen Selbstregierung das Staatssouveränitätsprinzip strapazierten.[4]

Wie das Souveränitätsproblem wurde auch die im Vormärz und während der Revolution so heftig debattierte Grundrechtsfrage 1867/71 eher nüchtern behandelt. Die in der Logik des Staatssouveränitätsdenkens liegende Konsensformel sah vor, dass Grundrechte auch ohne expliziten Bezug auf das Natur- und Menschenrecht durch den Staat gesichert und »organisch« weiterentwickelt werden könnten. Vor dem Hintergrund klarer liberaler Kammermehrheiten in den meisten Einzelstaaten sowie im Norddeutschen Bundes- und im Deutschen Reichstag schien es vielen Liberalen nicht abwegig, Deutschland erst einmal »in den Sattel zu setzen« und noch vorhandene Grundrechtsdefizite auf gesetzgeberischem Wege nachträglich zu beseitigen. Allerdings erfüllten sich diese Erwartungen nur in der Anfangsphase und namentlich hinsichtlich der Ausgestaltung einer bürgerlichen Wirtschafts- und Sozialordnung.

Im Hinblick auf die von den Liberalen erstrebte Erweiterung des konstitutionellen Regelungsbereichs konnten dagegen nur in Bezug auf das Staat-Kirchen-Verhältnis Erfolge verbucht werden, während das Militärwesen einer verfassungsrechtlichen Regelung weitgehend verschlossen blieb. Die Sozialisten- und Sozialversicherungsgesetze der ausgehenden 1870er und 1880er Jahre standen sogar in eklatantem Widerspruch zur liberalen Freiheits- und Eigentumsideologie. Ferner stagnierte das Wahlrecht sowohl auf Reichs- als auch auf einzelstaatlicher Ebene. Insgesamt fällt die grundrechtspolitische Bilanz des Kaiserreichs somit enttäuschend aus, auch wenn das Rechtsstaatsprinzip weitgehend gewahrt blieb und das Fehlen eines obersten Verfassungsgerichts zur Beanstandung von individuellen Grundrechtsverletzungen im europäischen Vergleich keine Besonderheit darstellt.[5]

Auf dem so bereiteten Boden konnte ein weiterer Konfliktgegenstand des konstitutionellen Dualismus beseitigt werden, der schon mehrere deutsche Vormärzverfassungen belastet und auch die Paulskirchenversammlung auf die Probe gestellt hatte: die Vetogewalt der Krone gegenüber der Legislative. Da die Reichsverfassung von 1871 keine direkte Teilhabe der Krone an der Gesetzgebung vorsah, wurde dem Monarchen folgerichtig keine Zustimmungs- oder Vetokompetenz im Verfahren der Reichsgesetzgebung zugesprochen. Dem Kaiser verblieb daher lediglich das Recht zur Ausfertigung und Verkündung der ordnungsgemäß verabschiedeten Gesetze im Reichsgesetzblatt, wozu wiederum die Gegenzeichnung des Reichskanzlers (oder seines Stellvertreters) erforderlich war. Kaiser und Kanzler konnten (und mussten) sich ihrer Sanktionspflicht nur dann entziehen, wenn die Verfassungsmäßigkeit des vorgelegten Gesetzes in Zweifel stand. Von diesem Einspruchsrecht machten weder Wilhelm I. noch Wilhelm II. noch einer ihrer Kanzler jemals Gebrauch.

Das Notverordnungsrecht der Krone verstand sich in der Theorie als das gegebene Instrument der Exekutive zur Abwehr von Gefährdungen der öffentlichen Sicherheit und zur Überbrückung von politischen Krisenzuständen. Wenn jedoch, wie meist der Fall, nicht nur die Feststellung der Notstandssituation im Ermessen der Staatsführung lag, sondern ihr zudem auch das Recht zur Kammerauflösung zukam, sah sich die Exekutive in die Lage versetzt, alle formalen Voraussetzungen zur Ausübung des Notverordnungsrechts und damit zur zeitweiligen Ausschaltung der Legislative selbst schaffen zu können. Den Kammern blieb dann nur noch die Möglichkeit, mit Ministeranklagen (wegen Verfassungsbruchs) und Steuerverweigerung zu drohen beziehungsweise den Rücktritt der verantwortlichen Regierung zu fordern.

Nachdem es vom Vormärz bis zum preußischen Verfassungskonflikt mehrfach zu solchen Konfrontationen gekommen war, stellte es eine bedeutende verfassungspolitische Wendung dar, dass die Reichsverfassung keine Notverordnungsgewalt des Kaisers kannte. Im Gegenzug nahm die Legislative eine nicht unerhebliche Schwächung ihrer Budgetgewalt in Kauf, indem das Heeresbudget mit einer längeren Geltungsdauer versehen und damit der alljährlichen Budgetbewilligung entzogen wurde. Die dem Kaiser laut Art. 68 Abschnitt XI. der Reichsverfassung zustehende Befugnis zur Verhängung des Reichsbelagerungszustands war hingegen nicht als gesetzesvertretendes Notverordnungsrecht konzipiert, sondern bezog sich ausschließlich auf den Kriegsfall und auf innere Unruhen.

Schließlich muss ein Blick auf die anspruchsvollste Anforderung an die Bundes- und Reichsverfassung von 1866/71 geworfen werden: Wie wurde der Gegensatz zwischen dem Verfassungsgebot der Trennung von monarchischer Exekutive und parlamentarischer Legislative einerseits und der dennoch bestehenden Notwendigkeit ihrer möglichst beständigen Zusammenarbeit andererseits bewältigt? Die hierfür gefundene Lösungsformel

**Otto von Bismarck**

geb. 1. April 1815 auf Gut Schönhausen
(Altmark) bei Magdeburg
gest. 30. Juli 1898 in Schloss Friedrichsruh
bei Hamburg

**1832–1835** Studium der Rechte **1835–1838** Juristische Staatsexamina und Referendariate **1839–1846** Rückzug aus dem Staatsdienst und Bewirtschaftung des väterlichen Gutshofes in Pommern **1847** Mitglied des vereinigten Landtags **1851–1862** Preußischer Gesandter beim Deutschen Bundestag in Frankfurt am Main, am russischen Hof und in Paris **1862** Ernennung zum preußischen Ministerpräsidenten **1867** Kanzler des Norddeutschen Bundes **1871** Bismarck wird erster deutscher Reichskanzler, seine Ämter als preußischer Ministerpräsident und Außenminister behält er bei. **1890** Entlassung von allen Ämtern, Rückzug nach Friedrichsruh **1891** Einzug in den Reichstag als Kandidat der Nationalliberalen

Hermann Römer,
*Porträt des Otto Fürst Bismarck-Schönhausen,* 1868

wird meist kurz als *Lex Bennigsen* bezeichnet. Sie bezieht sich darauf, dass sich der Nationalliberale Rudolf von Bennigsen namens seiner Fraktion im konstituierenden Norddeutschen Reichstag mit seiner Forderung durchsetzte, aus dem Amt des Bundeskanzlers statt eines bloßen Ausführungsorgans des Bundesrats ein politisch verantwortliches Ministeramt zu machen.

Damit aber rückte Bismarck in das Zentrum des Verfassungslebens: Als preußischer Ministerpräsident und Bundeskanzler hing er zwar doppelt vom Vertrauen Wilhelms I. als König von Preußen und als »Präsidium« des – preußisch dominierten – Bundesrats ab. Doch verfügte er zugleich aufgrund seiner Gegenzeichnungspflicht über erheblichen politischen Spielraum, der den Kanzler zum eigenständigen Verfassungsorgan aufsteigen ließ. Dabei bedeutete es aus der Perspektive Bismarcks gewiss keinen Nachteil, dass eine juristische Ministerverantwortlichkeitsregelung nicht zustande kam, sondern über das Interpellationsrecht nur eine abgeschwächte politische Verantwortlichkeit ohne Möglichkeit eines parlamentarischen Misstrauensvotums bestand. Vielmehr erhöhte die moralische Verantwortlichkeitsregelung der *Lex Bennigsen* den politischen Spielraum des Bundeskanzlers, jedenfalls dann, wenn es ihm gelang, Bündnispartner im Parlament und die Unterstützung der Öffentlichkeit zu gewinnen. Der Kanzler hatte es damit in der Hand, aus der »höheren Abhängigkeit [...] zugleich eine höhere Unabhängigkeit« seines Amtes werden zu lassen.[6]

Bismarck verstand die Möglichkeiten der *Lex Bennigsen* in einer Weise zu nutzen, die Wilhelm I. zu der ebenso selbstironischen wie einsichtsvollen Bemerkung veranlasst haben soll, dass es nicht leicht wäre, »unter einem solchen Kanzler Kaiser« zu sein. Das Bonmot verweist treffend auf den Charakter der Reichsverfassung als einer »Kanzlerverfassung«, in der sich das Dualismus-Problem des monarchischen Konstitutionalismus zugunsten des Reichskanzlers als faktischem Machtzentrum aufzulösen begann. Der »Kanzlermechanismus« konnte allerdings nur dann greifen, wenn der Reichskanzler-Ministerpräsident nicht nur über das Vertrauen des Monarchen und des Bundesrats, sondern auch über die Unterstützung des Reichstags verfügte. Die Regierung des »doppelten Vertrauens« funktionierte am erfolgreichsten in der ersten Hälfte der 1870er Jahre, als Bismarck noch vom Renommee des Reichsgründers zehren konnte und die Nationalliberalen überwältigende Wahlerfolge einfuhren. Die gemeinsame Bekämpfung des politischen Katholizismus tat ein Übriges, um das Bündnis zu schmieden und zu erhalten.

3/3
**Fotoalbum** *Der Norddeutsche Reichstag*,
um 1867

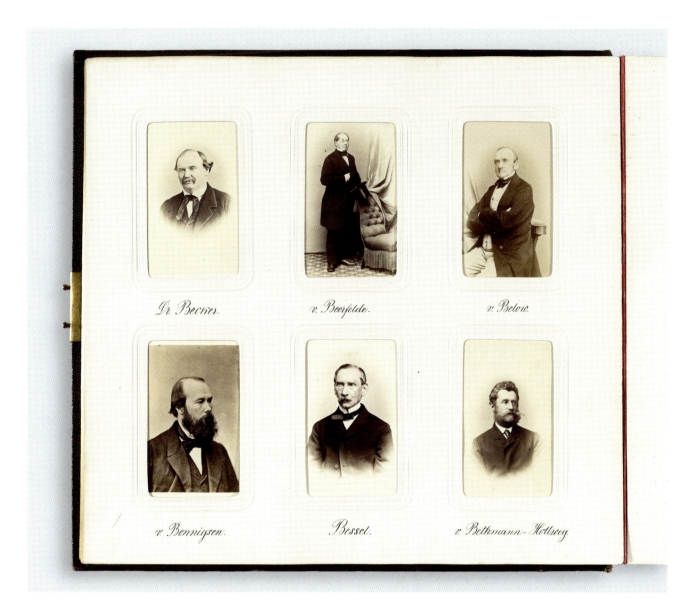

Zum Höhe- und Umschlagpunkt geriet um die Jahreswende 1877 Bismarcks Versuch, Rudolf von Bennigsen direkt in die preußisch-deutsche Regierungspolitik einzubinden und auf diese Weise für parlamentarische Mehrheiten zu sorgen. Als Bennigsen auf die ihm angebotenen Regierungsämter verzichtete beziehungsweise den gleichzeitigen Eintritt zweier Vertreter des linken Parteiflügels forderte, reagierte der Kanzler mit einem radikalen politischen Kurswechsel, der sogenannten »zweiten Reichsgründung«. Unter dem Strich wurde es für beide Seiten ein Verlustgeschäft: Während Bennigsen den massiven Bedeutungsverlust des gemäßigten Liberalismus nicht verhindern konnte, verfehlte Bismarck bis zum Ende seiner Kanzlerschaft das Ziel, eine stabile Mehrheitsplattform im Parlament zu etablieren.

Zur verfassungshistorischen Charakterisierung der wilhelminischen Ära (1888/90–1918) wird gemeinhin auf den Begriff des »persönlichen Regiments« zurückgegriffen. Es ist damit das Bestreben Wilhelms II. gemeint, die Reichspolitik selbst in die Hand zu nehmen und die konstitutionellen Institutionen durch

(rechts)
**Werbeplakat für die *Deutsche Zeitung* mit Schattenriss des »Reichsgründers« Otto von Bismarck, nach 1901**

populistische und unkonventionelle Aktionen zu umgehen oder unter Druck zu setzen. Das monarchische Prinzip sollte auf diese Weise gestärkt, der Reichstag geschwächt und eine mit Bismarck vergleichbare Machtstellung des Reichskanzlers ausgeschlossen werden. Alle drei Ziele wurden indessen verfehlt. Vielmehr entwickelte sich der Reichstag zum dominierenden Verfassungsorgan, und der »Kanzlermechanismus« des »doppelten Vertrauens« erlebte nach der Jahrhundertwende eine Neuauflage. Insbesondere Bernhard von Bülow bemühte sich als Reichskanzler um eine größere Bindung an den Reichstag. Obwohl er großen Wert auf die Koordination mit den Fraktionen und Ausschüssen des Parlaments legte und jedes größere Gesetzgebungsprojekt mit den Führern der Blockparteien vorsondierte, gelang es ihm letztlich aber nicht, die Kanzlerverfassung wiederzubeleben.

### III.

Im Ergebnis unserer Betrachtungen kann kein Zweifel an der Treffsicherheit der Bezeichnung »Bismarckverfassung« für die Konstitution des Deutschen Reichs vom 16. April 1871 bestehen. Dies gilt ebenso für ihre unmittelbare Vorläuferin, die Verfassung des Norddeutschen Bundes. Sekundiert von der nationalliberalen Fraktion entstand in beiden Fällen eine »reichskanzlerische Verfassung«, die auf dem konstitutionellen Regierungsprinzip des »doppelten Vertrauens« aufbaute und den Reichskanzler beziehungsweise Bundeskanzler im Zentrum der konstitutionellen Ordnung positionierte. Der für die deutschen Vormärzverfassungen typische Gegensatz zwischen monarchischem und parlamentarischem Prinzip wurde zudem durch eine Reihe pragmatisch-konsensualer Elemente abgeschwächt. Sie trugen dazu bei, alle Frontstellungen nach Art des preußischen Verfassungskonflikts der 1860er Jahre zu vermeiden und die Verfassung relativ reibungslos in Funktion zu halten.

Was jedoch nicht gelang, war deren reformerische Weiterentwicklung, einschließlich der Einbeziehung der Sozialdemokratie in das politische System. Den Nachweis ihrer Zukunftsfähigkeit hat die Kanzlerverfassung mithin nicht erbracht – wohl auch deshalb nicht, weil sie – dem Geist der »Realpolitik« verpflichtet – allzu punktgenau auf die Kräftekonstellation der Reichsgründungszeit und deren Hauptakteure ausgerichtet war und weiterführenden Reformdiskursen keinen Raum bot.

**Anmerkungen**

1 Zusammenfassend: Elisabeth Fehrenbach, Politischer Umbruch und gesellschaftliche Bewegung. Frankreich und Deutschland im 19. Jahrhundert. Ausgewählte Aufsätze zur Geschichte Frankreichs und Deutschlands im 19. Jahrhundert, hg. von Hans-Werner Hahn, München 1997, S. 381 ff.
2 Zusammenfassend: Bernd Faulenbach, Ideologie des deutschen Weges. Die deutsche Geschichte in der Historiographie zwischen Kaiserreich und Nationalsozialismus, München 1980; Ewald Grothe, Zwischen Geschichte und Recht. Deutsche Verfassungsgeschichtsschreibung 1900 – 1970, München 2005, S. 270 ff.
3 Zusammenfassend: Arthur Schlegelmilch, Die Alternative des monarchischen Konstitutionalismus, Bonn 2008, Einleitung.
4 Vgl. Henning Uhlenbrock, Der Staat als juristische Person. Dogmengeschichtliche Untersuchung zu einem Grundbegriff der deutschen Staatsrechtslehre, Berlin 2000, S. 39 ff.
5 Zur Grundrechtsproblematik vgl. Dieter Grimm, Die Entwicklung der Grundrechtstheorie in der deutschen Staatsrechtslehre des 19. Jahrhunderts, in: Günter Birtsch (Hg.), Grund- und Freiheitsrechte von der ständischen zur spätbürgerlichen Gesellschaft, Göttingen 1987, S. 234 – 265, hier: S. 260 ff.
6 Ernst Rudolf Huber, Deutsche Verfassungsgeschichte seit 1789, Bd. 3: Bismarck und das Reich, Stuttgart 1970², S. 660.

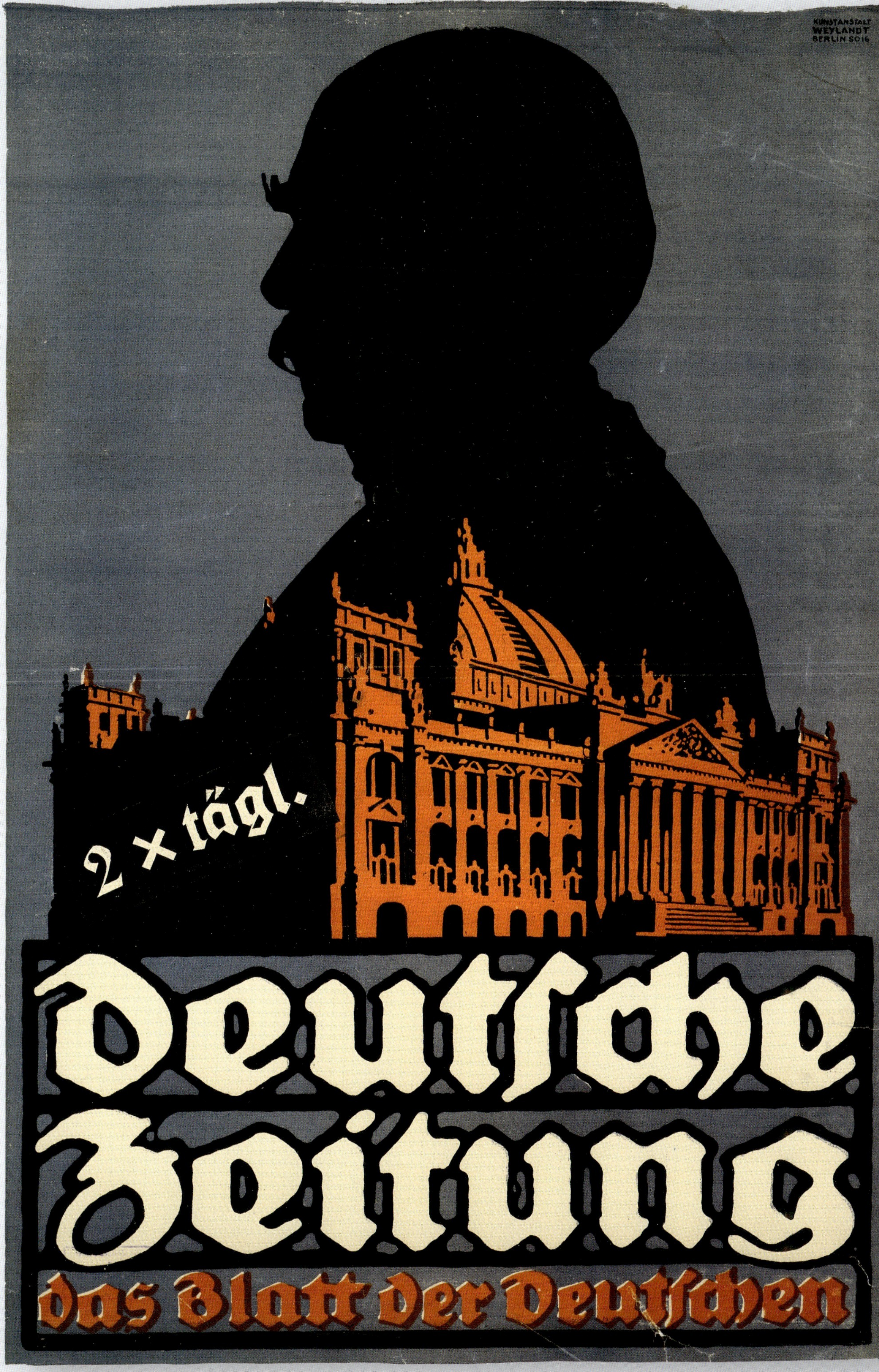

KUNSTANSTALT
WEYLANDT
BERLIN SO16
2 × tägl.
Deutsche
Zeitung
das Blatt der Deutschen

REINHARD RÜRUP

Die Weimarer Reichsverfassung
und die Begründung einer
liberal-demokratischen Republik
in Deutschland 1918/19

# DIE WEIMARER REICHSVERFASSUNG

4/14
Postkarte mit Blick in die Weimarer
Nationalversammlung, 1919

Verfassungen sind keine Produkte der reinen Theorie, sondern Resultate der jeweiligen historischen Situation und der in ihr gegebenen Möglichkeiten. »Verfassungsfragen sind ursprünglich nicht Rechts-, sondern Machtfragen«, erklärte Ferdinand Lassalle schon 1862 in seinem berühmten Vortrag *Über Verfassungswesen,* und er fügte hinzu: »Die wirkliche Verfassung eines Landes existiert nur in den reellen tatsächlichen Machtverhältnissen, die in einem Lande bestehen; geschriebene Verfassungen sind nur dann von Wert und Dauer, wenn sie der genaue Ausdruck der wirklichen in der Gesellschaft bestehenden Machtverhältnisse sind.« Diese tatsächlichen Machtverhältnisse gilt es zu erkennen, wenn man die Entstehung, das Wesen und die Probleme der Weimarer Reichsverfassung vom Sommer 1919 begreifen will.

»Die Verfassung von Weimar ist nicht im Sonnenglanz des Glückes geboren«, formulierte Hugo Preuß, der »Vater« dieser Verfassung, wenige Tage nach der Schlussabstimmung der Deutschen Nationalversammlung. Es gab in jenem Sommer keine Sieger in Deutschland. Das Deutsche Reich hatte einen Krieg verloren und eine Revolution erlebt. Die Niederlage kam ebenso überraschend, wie sie eine vollständige war. Die Revolution – zwar äußerlich erfolgreich – hatte nicht zu einer eindeutigen Klärung der Kräfteverhältnisse geführt. Ende Juni 1919 musste der Versailler Vertrag unterschrieben werden, einen Monat später wurde die neue Verfassung vollendet. In der Öffentlichkeit gab es leidenschaftliche Diskussionen über die niederdrückenden Bestimmungen des Friedensvertrages, während die Artikel der Verfassung eine vergleichsweise geringe Aufmerksamkeit fanden. Die Zukunft der demokratischen Republik blieb ungewiss.

Im Sommer 1919 zeigte sich die sozialistisch organisierte Arbeiterschaft enttäuscht, weil sie politisch mehr erhofft und erwartet hatte. Die bürgerlichen Liberalen waren wegen ihrer Ablehnung des Versailler Vertrages zu diesem Zeitpunkt schon wieder aus der Regierung ausgeschieden. Das katholische Zentrum hatte sich zwar an der Erarbeitung der Verfassung beteiligt, war jedoch nicht bereit, sich eindeutig mit ihr zu identifizieren. Die bürgerliche Rechte stand der parlamentarischen Demokratie von Anfang an negativ gegenüber und begann nun, ihre Ablehnung offen zu demonstrieren. Unter diesen Umständen konnte die Verfassung keine machtvolle und selbstbewusste Proklamation einer neuen politischen und sozialen Ordnung sein. Als das Resultat vielfältiger politischer Kompromisse mobilisierte sie keine neuen politischen Energien, entfachte sie keine Leidenschaften. Man brauchte die Verfassung und respektierte sie, soweit es unumgänglich war – aber man liebte sie nicht, weder zur Zeit ihrer Entstehung noch im weiteren Verlauf der Geschichte der Weimarer Republik.

Die tatsächlichen Machtverhältnisse waren im November 1918 auf revolutionäre Weise verändert worden. Im Gefolge des Waffenstillstandsangebots der Obersten Heeresleitung und der sich abzeichnenden militärischen Niederlage hatten die Arbeiter- und Soldatenräte, die sich überall im Reichsgebiet, aber auch in der Marine und bei einem Teil der Fronttruppen spontan gebildet hatten, die Macht übernommen, und am 9. November war mit der Ausrufung der Republik in Berlin entschieden, dass das Ende des Krieges auch das Ende des deutschen Kaiserreichs und der das Reich konstituierenden Einzelstaaten in ihrer obrigkeitsstaatlichen Prägung bedeutete. Die neuen Regierungen im Reich (»Rat der Volksbeauftragten«) und in den Ländern amtierten kraft revolutionären Rechts. Von Anfang an war jedoch klar, dass es sich bei den auf die Macht der Arbeiter- und Soldatenräte gestützten Regierungen nur um eine Übergangsregelung handeln könne. Der Ruf nach einer verfassunggebenden Nationalversammlung erklang, wenn man von der zahlenmäßig schwachen radikalen Linken absieht, aus allen politischen Lagern.

Zwischen den Mehrheitssozialdemokraten (SPD beziehungsweise MSPD) und den Vertretern der politisch radikaleren Unabhängigen Sozialdemokratie (USPD) gab es Meinungsverschiedenheiten nur hinsichtlich der Frage, zu welchem Zeitpunkt die Nationalversammlung zusammentreten sollte. Die USPD hielt eine Konsolidierung der durch die Revolution geschaffenen Machtverhältnisse vor der Wahl einer Nationalversammlung für unerlässlich, während die MSPD sich diese Konsolidierung gerade durch einen möglichst raschen Zusammentritt der Nationalversammlung

**Hugo Preuß**

(DDP)

geb. 28. Oktober 1860 in Berlin
gest. 9. Oktober 1925 in Berlin

**ab 1878** Studium der Rechts- und Staatswissenschaften **1889** Habilitation und Privatdozent für Staatsrecht an der Berliner Universität **1906 – 1918** Professor an der Handelshochschule in Berlin **1918** Staatssekretär des Innern, Ausarbeitung eines Verfassungsentwurfs **1918/1919** Gründungsmitglied der DDP und Mitglied des provisorischen Hauptvorstands beziehungsweise des Parteiausschusses **1919** Reichsinnenminister der ersten Regierung der Weimarer Republik, Reichskommissar für Verfassungsfragen; Preuß ist maßgeblich an der Erarbeitung der Verfassung des Deutschen Reiches beteiligt, die am 14. August in Kraft tritt. **1919 – 1925** Abgeordneter des Preußischen Landtags **1924/25** Gründungsmitglied und stellvertretender Vorsitzender des Republikanischen Reichsbundes, Engagement im Reichsbanner Schwarz-Rot-Gold

9/4

erhoffte. Die Entscheidung für die Wahl zur Nationalversammlung zum frühestmöglichen Zeitpunkt, das heißt am 19. Januar 1919, fiel im Dezember 1918 auf dem Berliner Reichsrätekongress. Eine wirkliche Alternative »Rätesystem oder Nationalversammlung« hatte es praktisch nicht gegeben, weil die Mitglieder der Arbeiter- und Soldatenräte der ersten Revolutionsphase in ihrer überwältigenden Mehrheit Anhänger des parlamentarischen Systems waren.

Als am 6. Februar 1919 die Deutsche Nationalversammlung in Weimar eröffnet wurde, waren viele politische Entscheidungen gefallen, die kaum noch revidiert werden konnten. Unwiderruflich war die Entscheidung für die Republik, gegen die 22 Dynastien im Reich und in den Ländern. Eindeutig fiel auch die Entscheidung für die parlamentarische Demokratie aus. Ebenso eindeutig entschieden waren die wichtigsten Änderungen des Wahlrechts: die Abschaffung aller Formen des ungleichen Wahlrechts (Dreiklassenwahlrecht), die Einführung des Verhältniswahlrechts und die Wahlberechtigung der Frauen (und der Soldaten). Fraglich war auch nicht mehr, ob die demokratische Republik ein zentralistischer Einheitsstaat sein würde, da die Revolutionsregierungen in den einzelnen Ländern ausnahmslos auf ihrer relativen Eigenständigkeit beharrten.

Bis Anfang Februar 1919 waren grundlegende Vorentscheidungen auch auf den Gebieten der Wirtschafts- und Sozialverfassung gefallen. Schon Mitte November 1918 hatten Gewerkschaften und Arbeitgeberverbände eine »Zentralarbeitsgemeinschaft« gebildet, mit der anstelle der bisherigen Klassenkämpfe eine »Sozialpartnerschaft« proklamiert wurde, die wichtigen sozialpolitischen Forderungen der Gewerkschaften – vom Achtstundenarbeitstag bis zur Anerkennung der Gewerkschaften als Tarifpartner – Rechnung trug, gleichzeitig aber auch eine Absicherung der bestehenden Wirtschaftsordnung bedeutete. Auch in anderen politischen und gesellschaftlichen Bereichen hatten sich die neuen Regierungen schon bald mit den Vertretern des alten Systems arrangiert. Bereits am 10. November 1918 unterstellte sich die Oberste Heeresleitung der Berliner Revolutionsregierung. Daraus wurde innerhalb weniger Wochen ein Bündnis gegen alle linksradikalen Kräfte, welche die Revolution weiterzutreiben versuchten. Ein ähnlicher Kompromiss wurde zwischen den Revolutionsregierungen und den staatlichen Verwaltungen geschlossen, in den einzelnen Ländern ebenso wie auf Reichsebene. Die »Fachleute« stellten sich den neuen Regierungen zur Verfügung und sicherten damit eine nahezu uneingeschränkte institutionelle und perso-

# DIE WEIMARER REICHSVERFASSUNG

**4/4**
Regierungsamtlicher Plakataufruf für die Wahl zur verfassunggebenden Nationalversammlung, nach einem Entwurf von César Klein, 1918/19

nelle Kontinuität des traditionellen bürokratischen Apparates. Die Justiz blieb ohnehin völlig unangetastet. Die Entscheidung für einen liberalen Verfassungsentwurf fiel bereits in den ersten Tagen der Revolution. Schon am 15. November 1918 wurde der linksliberale Berliner Professor Hugo Preuß mit der Leitung des Reichsamtes des Inneren betraut, und zwar ausdrücklich mit dem Auftrag, einen Verfassungsentwurf zu erarbeiten. Damit verzichteten die Sozialdemokraten auf ein eigenes Verfassungsprogramm. Stattdessen gaben sie dem liberalen Bürgertum, das aus eigener Kraft nicht mehr fähig gewesen wäre, einen politischen Wechsel herbeizuführen, eine unverhoffte Chance. Preuß, ein angesehener Wissenschaftler, der auch als politischer Publizist hervorgetreten war, galt als der am weitesten links stehende Staatsrechtler, der schon lange vor dem Krieg auch für eine Zusammenarbeit mit der sozialdemokratischen Arbeiterbewegung eingetreten war.

Preuß entschloss sich von Anfang an, ganz von der alten Reichsverfassung abzusehen und einen vollständig neuen Entwurf vorzulegen. Die Grundzüge dieses Entwurfs wurden vom 9. bis zum 12. Dezember im Reichsamt des Inneren beraten, wobei auch einige unabhängige Fachleute wie Max Weber beteiligt waren. Von den regierenden sozialdemokratischen Parteien waren an diesen Besprechungen lediglich die beiden »Beigeordneten« im Reichsamt des Inneren beteiligt. Der Entwurf, der sich weitgehend auf die Grundelemente der staatlichen Organisation beschränkte, bestand aus den Abschnitten *Das Reich und die deutschen Freistaaten, Der Reichstag* und *Der Reichspräsident und die Reichsregierung.* Seine theoretische Grundlage bildete das Prinzip der Volkssouveränität. Allerdings sollte dem Reichstag als dem eigentlichen Träger des Volkswillens ein ebenfalls direkt gewählter, mit beträchtlichen Rechten ausgestatteter Reichspräsident gegenüberstehen. Auf diese Weise sollte ein angesichts der erwarteten

# DIE WEIMARER REICHSVERFASSUNG

**4/12** (nächste Seite)
**Karte des Deutschen Reiches mit den Ergebnissen der Wahl zur Nationalversammlung, 1919**

sozialdemokratischen Mehrheiten befürchteter »Parlamentsabsolutismus« verhindert werden.

Besonders auffällig war, dass Preuß zwar einen Bundesstaat wollte, aber eine sehr weitgehende Neugliederung des Reichsgebietes in annähernd gleich große Gebiete für erforderlich hielt. Das hätte in erster Linie die Auflösung des Staates Preußen bedeutet, der rund zwei Drittel der Fläche und der Bevölkerung des Reiches stellte und das Kaiserreich politisch dominiert hatte. Die 14 beziehungsweise 16 »Gebiete des Reiches«, die der erste Entwurf der Verfassung vorsah, umfassten: ein »Rest-Preußen«, das aus Ostpreußen, Westpreußen und Bromberg bestand, sowie Schlesien, Brandenburg, Berlin, Niedersachsen, die drei Hansestädte Hamburg, Bremen und Lübeck, Sachsen, Thüringen, Westfalen, Hessen, Rheinland, Bayern, Württemberg, Baden, dazu gegebenenfalls Deutschösterreich und Wien. Die neue Republik Österreich nämlich, die aus dem untergegangenen Habsburgerreich hervorgegangen war, hatte in Art. 2 ihrer schon im November 1918 verabschiedeten Verfassung festgelegt: »Deutschösterreich ist ein Bestandteil der Deutschen Republik.« Alle entsprechenden Pläne scheiterten jedoch am entschiedenen Widerspruch der alliierten Siegermächte.

Vom »Rat der Volksbeauftragten« wurde dieser Entwurf in seinen Grundzügen genehmigt, allerdings mit zwei bedeutsamen Änderungen. Dabei ging es einerseits um den Verzicht auf eine radikale Neugliederung des Reichsgebietes und andererseits um die Aufnahme eines Grundrechtskatalogs, auf den Preuß bisher bewusst verzichtet hatte. Beiden Wünschen wurde Rechnung getragen, während die weitergehende Forderung des »Zentralrates«, des obersten Gremiums der deutschen Arbeiter- und Soldatenräte, der Nationalversammlung auch einen sozialistischen Verfassungsentwurf vorzulegen, politisch wirkungslos blieb. Am 20. Januar 1919, einen Tag nach der Wahl zur Nationalversammlung,

(links)
**Wahlplakat der Zentrumspartei zur Weimarer Nationalversammlung, 1919**

**4/6** (rechts)
**Wahlplakat der Deutschen Demokratischen Partei zur Weimarer Nationalversammlung, 1919**

**4/7** (unten)
**Wahlplakat der Deutschen Volkspartei zur Weimarer Nationalversammlung, 1919**

wurde der Verfassungsentwurf im *Reichsanzeiger* veröffentlicht. Allerdings handelte es sich dabei nur um den *Allgemeinen Teil der künftigen Reichsverfassung;* die konkreten Bestimmungen über die Reichsfinanzen und die Rechtspflege, die Wehrverfassung und das Verkehrswesen sowie das Zoll- und Handelswesen sollten von der Nationalversammlung erarbeitet werden.

Bei der Wahl zur Nationalversammlung am 19. Januar wurde die SPD wie erwartet mit 37,9 % die stärkste Partei. Sie war aber nicht stark genug, um allein oder in Verbindung mit der USPD eine regierungsfähige Mehrheit zu bilden. Bemerkenswerte Ergebnisse erzielten auch die bürgerlichen Mittelparteien: das katholische Zentrum mit 19,7 % und die linksliberale Deutsche Demokratische Partei (DDP) mit 18,6 %. Die politische Rechte errang dagegen mit den 10,3 % der Deutschnationalen (DNVP) und den 4,4 % der zu diesem Zeitpunkt noch nationalistisch ausgerichteten Deutschen Volkspartei (DVP) weniger als 15 % aller Stimmen. Das Wahlergebnis wies damit eindeutig auf eine Fortsetzung der politischen Zusammenarbeit zwischen Mehrheitssozialdemokraten, Liberalen und Zentrum hin, die sich noch im Krieg angebahnt hatte.

Die Arbeit an der Verfassung vollzog sich teils im Plenum, teils im Verfassungsausschuss. Die erste Lesung im Plenum dauerte vom 24. Februar bis zum 4. März. Danach tagte der Ausschuss – mit Unterbrechungen – vom 4. März bis zum 18. Juni. Vom 3. bis zum 22. Juli fand die zweite Lesung, vom 20. bis zum 31. Juli die dritte Lesung im Plenum statt. Der größte Teil der Beratungen spielte sich damit in einem Ausschuss ab, der nicht öffentlich tagte. Obwohl die MSPD die meisten Mitglieder des Ausschusses stellte, blieb sie ihrer bisherigen Linie treu und verzichtete auf den Ausschussvorsitz, den sie wiederum einem Liberalen, dem Abgeordneten Conrad Haußmann (DDP), überließ. Man hatte Weimar als Tagungsort gewählt, weil man fürchtete, in Berlin allzu leicht unter den Druck von radikalen und gewaltbereiten Massenkundgebungen zu geraten. In der kleinen thüringischen, einstigen Residenzstadt würde es, so die Begründung, sehr viel schwieriger sein, revolutionäre Unruhen zu entfachen; auch konnte der Ort militärisch leichter gesichert werden, als das in Berlin der Fall gewesen wäre. Dennoch blieben die großen Streiks und bürgerkriegsähnlichen Auseinandersetzungen im Frühjahr 1919 sowie die leidenschaftlichen Auseinandersetzungen um die Unterzeichnung des Waffenstillstands (»Versailler Diktat«) auch in Weimar nicht ohne Auswirkungen auf die Beratungen und Entscheidungen der Nationalversammlung.

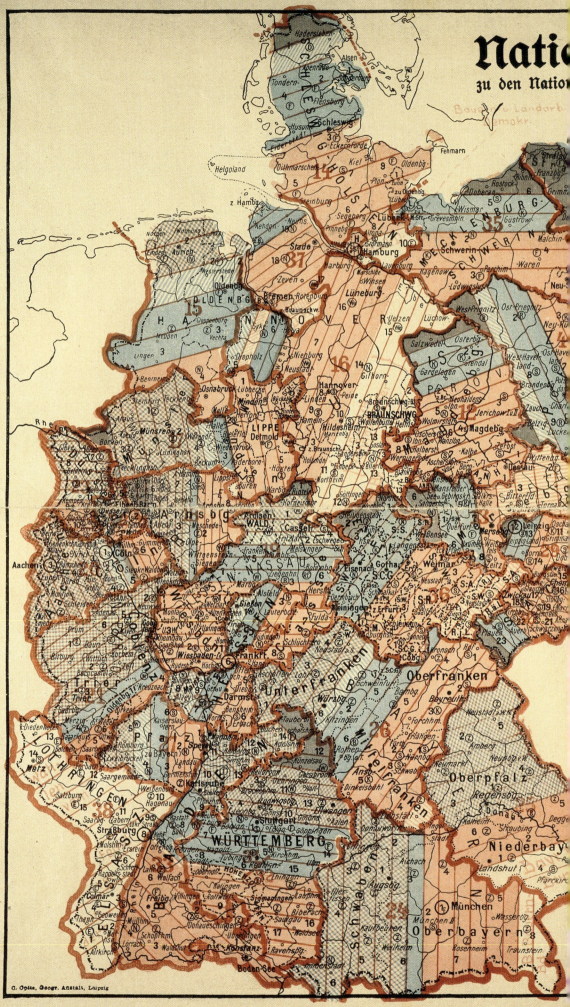

# wahl-Karte 1919
## r Deutschen Republik vom 19. Januar 1919.

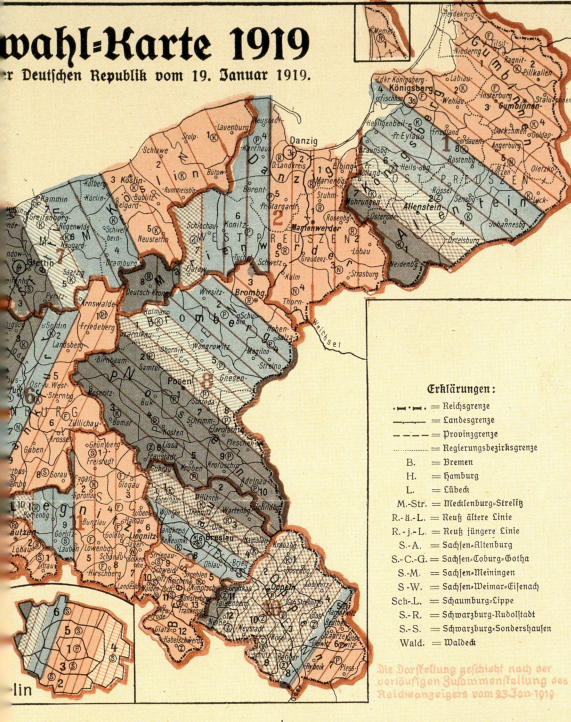

### Erklärungen:

| | |
|---|---|
| —··—··— | = Reichsgrenze |
| ——— | = Landesgrenze |
| – – – | = Provinzgrenze |
| ········ | = Regierungsbezirksgrenze |
| B. | = Bremen |
| H. | = Hamburg |
| L. | = Lübeck |
| M.-Str. | = Mecklenburg-Strelitz |
| R.-ä.-L. | = Reuß ältere Linie |
| R.-j.-L. | = Reuß jüngere Linie |
| S.-A. | = Sachsen-Altenburg |
| S.-C.-G. | = Sachsen-Coburg-Gotha |
| S.-M. | = Sachsen-Meiningen |
| S.-W. | = Sachsen-Weimar-Eisenach |
| Sch.-L. | = Schaumburg-Lippe |
| S.-R. | = Schwarzburg-Rudolstadt |
| S.-S. | = Schwarzburg-Sondershausen |
| Wald. | = Waldeck |

Die Darstellung geschieht nach der vorläufigen Zusammenstellung des Reichsanzeigers vom 23. Jan. 1919.

## So war der Reichstag 1912–1918!
### In Schwarz dargestellt!
**Die Parteien des Reichstags 1912–1918:**

te Parteizugehörigkeit der Abgeordneten des Reichstags 1912–18 ist durch lgende schwarze Zeichen in den Reichstagswahlkreisen gekennzeichnet:

| | | | |
|---|---|---|---|
| Ⓚ | Deutschkonservative Partei | Ⓑ | Bauernbündler |
| Ⓡ | Reichspartei | Ⓢ | Sozialdemokratische Partei |
| Ⓓ | Deutsche Reformpartei | Ⓟ | Polen |
| Ⓦ | Wirtschaftliche Vereinigung | Ⓔ | Elsässer |
| Ⓩ | Zentrumspartei | Ⓦ | Welfen |
| Ⓝ | Nationalliberale Partei | Ⓓ | Dänen |
| Ⓕ | Fortschrittliche Volkspartei | Ⓦ | Wilde |

Reichstagswahlkreis-Grenze

Städt. Reichstagswahlkreis

Nummer d. Reichstagswahlkreise   1

Jeder Bundesstaat zählte seine Reichstagswahlkreise jedesmal von 1 an. In Preußen (ausgenommen die Provinzen Hannover und Schleswig-Holstein) zählte jeder Regierungsbezirk von 1 an. Bayern zählte wie Preußen.

## So ist die Nationalversammlung 1919!
### In Farben dargestellt!
**Die Parteien der Nationalversammlung 1919:**

Jede Partei hat soviel farbige Streifen wie Abgeordnetensitze.

- Deutschnationale Volkspartei (bisher Konservative)
- Christliche Volkspartei (bisher Zentrum)
- Deutsche Volkspartei (bisher Nationalliberal)
- Deutsche Demokratische Partei (in Bayern Deutsche Volkspartei) (bisher Fortschrittliche Volkspartei)
- Sozialdemokratische Partei
- Unabhängige sozialdemokratische Partei

Nationalwahlkreisgrenze

**1-38** Nummern d. Nationalwahlkreise. (Es wird im ganzen Deutschen Reiche durchgezählt).

## Parteihäupter

Müller-Mein.](D.D.P.)

v. Richthofen (D.D.P.)

Schiffer (Eugen)(D.D.P.)

Stresemann (D.V.P.)

Gröber (Zentrum)

Fehrenbach (Zentrum)

Spahn (Zentrum)

Erzberger (Zentrum)

Posadowsky (D.N.P.)

Warmuth (D.N.P.)

Alpers (Welfe)

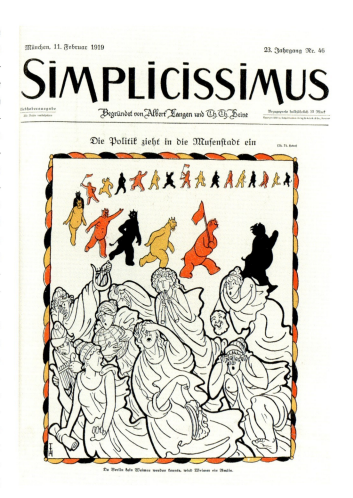

4/18
*Die Politik zieht in die Musenstadt ein.* Titelblatt der Münchner Satire-Zeitschrift *Simplicissimus* vom 11. Februar 1919

Die Ergebnisse der Verfassungsberatungen können hier nur in ihren wichtigsten Punkten vorgestellt werden. In ihren beiden Hauptteilen wurde der neuen Konstitution eine Präambel vorangestellt. Sie fasste das Prinzip der Volkssouveränität und die übergreifenden Zielsetzungen des Verfassungswerks in einem einzigen präzisen Satz zusammen, unter Verzicht auf alles rhetorische Beiwerk: »Das Deutsche Volk, einig in seinen Stämmen und von dem Willen beseelt, sein Reich in Freiheit und Gerechtigkeit zu erneuern und zu festigen, dem inneren und äußeren Frieden zu dienen und den gesellschaftlichen Fortschritt zu fördern, hat sich diese Verfassung gegeben.« Als Bezeichnung setzte sich *Verfassung des Deutschen Reichs* durch. MSPD und USPD schlugen zwar *Verfassung der Deutschen Republik* vor, fanden dafür indessen keine Mehrheit. Die bis auf den heutigen Tag in den Medien und in der Geschichtsschreibung bevorzugte Bezeichnung »Weimarer Verfassung« wurde schon von den Zeitgenossen verwendet, erlangte aber zu keiner Zeit offiziellen Status.

Der erste Hauptteil der Verfassung *(Aufbau und Aufgaben des Reichs)* bestand aus sieben Abschnitten, die sich den Themen *Reich und Länder, Der Reichstag, Der Reichspräsident und die Reichsregierung, Der Reichsrat, Die Reichsgesetzgebung, Die Reichsverwaltung* und *Die Rechtspflege* widmeten. Die verfassungspolitisch wichtigsten Entscheidungen waren schon in den allerersten Tagen nach der Eröffnung der Nationalversammlung getroffen worden, als am 10. Februar 1919 ein *Vorläufiges Staatsgrundgesetz* verabschiedet wurde, das der Republik ein organisatorisches Gerüst gab. Es bestand aus der Nationalversammlung, die vorläufig auch die Gesetzgebungsfunktionen eines Reichstags übernehmen sollte, einem Reichspräsidenten, einer Reichsregierung und einem »Staatenhaus« in der Nachfolge des alten »Bundesrates«. Schon am nächsten Tag wurde der Sozialdemokrat Friedrich Ebert zum Reichspräsidenten gewählt. Er berief zwei Tage später eine aus SPD, Zentrum und DDP (»Weimarer Koalition«) gebildete vorläufige Reichsregierung mit dem Sozialdemokraten Philipp Scheidemann als Ministerpräsidenten. Alle diese Grundentscheidungen kamen ohne große Diskussionen zustande, weil ein überwiegendes Interesse daran bestand, die revolutionäre Übergangszeit so rasch wie möglich zu beenden. Auch wenn die Regelungen als vorläufig galten, so zeigte sich schon bald, dass davon kaum noch etwas rückgängig zu machen war.

Die zentrale Stellung im Verfassungssystem sollte, anders als im Kaiserreich, der Reichstag einnehmen. Bei ihm lag das Gesetzgebungsrecht, und die Reichsregierung war von seinem Vertrauen abhängig. Auch bekam der Reichstag durch das Recht, Untersuchungsausschüsse einzusetzen, die Möglichkeit einer effektiveren politischen Kontrolle der Bürokratie. Allerdings wurden zugleich mit dem »Volksbegehren« (der Gesetzesinitiative durch das Volk) und mit dem »Volksentscheid« zentrale Elemente einer direkten Demokratie in die Verfassung aufgenommen, die in einer deutlichen Spannung zu dem Grundgedanken der parlamentarischen Demokratie standen. Die Weimarer Verfassung war das erste Grundgesetz eines großen modernen Staates, in dem der Versuch unternommen wurde, plebiszitäre Elemente mit dem parlamentarischen System zu kombinieren.

Darüber hinaus wurde dem Reichstag ein auffällig starker Reichspräsident an die Seite gestellt, ganz offensichtlich als Gegengewicht zu einer allzu großen Macht des Parlaments. Vom Volk direkt gewählt, war der Reichspräsident nicht von den Mehr-

# DIE WEIMARER REICHSVERFASSUNG

heitsverhältnissen im Reichstag abhängig. Von ihm ging die Initiative für die Regierungsbildung aus, er hatte das Recht zur Auflösung des Reichstags und zur Ausschreibung von Neuwahlen, und er konnte bei Gesetzen, die er nicht zu unterzeichnen gewillt war, einen Volksentscheid herbeiführen. Schon in den Debatten der Nationalversammlung war deshalb vom Reichspräsidenten als einem »Kaiser-Ersatz« die Rede. Er sollte deshalb auch ausdrücklich parteipolitisch neutral und im Sinne eines »Staates über den Parteien« tätig sein. Die politischen Parteien, die in der Verfassung gar nicht erst erwähnt wurden, stellten für die allermeisten ohnehin nur ein mehr oder weniger notwendiges Übel dar, weil sie im Gegensatz zu dem angeblich neutralen Staat als die Vertreter bloßer Partikularinteressen galten. Der Staat dürfe nicht, so wurde argumentiert, den politischen Parteien »ausgeliefert« werden.

Der Reichspräsident als »Hüter der Verfassung« – in der Nationalversammlung konnte man sich mehrheitlich noch immer nicht von den im 19. Jahrhundert entwickelten Vorstellungen einer grundsätzlichen Höherwertigkeit des Staates gegenüber der Gesellschaft lösen. So kam es zu einem parlamentarisch-präsidialen Regierungssystem, das von Anfang an durch eine »fundamentale Zweideutigkeit« (Dolf Sternberger) belastet war. Das Zurückschrecken vor einem konsequent parlamentarischen System förderte die Entwicklung einer gleichsam »konstitutionellen Demokratie«, wie es der Historiker Eberhard Kolb in Anlehnung an das ältere Modell der »konstitutionellen Monarchie« zuspitzend formuliert hat, in der die Souveränität beim Monarchen blieb.

Diesem Verständnis entsprechend erhielt der Reichspräsident mit dem später berüchtigten Art. 48 der Verfassung außerordentlich weitreichende Rechte für den »Ausnahmezustand«. Damit konnte er – und nicht der Reichstag oder die Reichsregierung – ein Land zwingen, »die ihm nach der Reichsverfassung oder den Reichsgesetzen auferlegten Pflichten« zu erfüllen: »Der Reichspräsident kann, wenn im Deutschen Reiche die öffentliche Sicherheit und Ordnung erheblich gestört oder gefährdet wird, die zur Wiederherstellung der öffentlichen Sicherheit und Ordnung nötigen Maßnahmen treffen, erforderlichenfalls mit Hilfe der bewaffneten Macht einschreiten.« Zu diesem Zweck konnten zahlreiche Grundrechte vorübergehend außer Kraft gesetzt werden. Da das in der Verfassung vorgesehene Ausführungsgesetz nie erlassen wurde, blieben die Grenzen der durch diesen Artikel begründeten Diktaturgewalt des Reichspräsidenten stets unscharf. Friedrich Ebert machte in den frühen Krisenjahren der

4/13
Postkarte mit Reichspräsident Friedrich Ebert und SPD-Politikern in Weimar, Februar 1919

Weimarer Republik von der Diktaturgewalt Gebrauch, um im Einverständnis mit der Reichsregierung und der Mehrheit des Deutschen Reichstags die parlamentarische Demokratie funktionstüchtig zu halten. Reichspräsident Paul von Hindenburg hingegen nutzte gegen Ende der Weimarer Republik die ihm durch den Art. 48 zugestandene Macht zum genauen Gegenteil: zur Aushöhlung der Demokratie. Diese Entwicklung gewann namentlich mit den rasch aufeinanderfolgenden »Präsidialkabinetten« Gestalt, die politisch ausschließlich vom Vertrauen des Präsidenten abhängig waren, und mit »Notverordnungen« anstelle der ordentlichen Gesetzgebung regierten. Am Ende war der Weg für die »Machtergreifung« der Nationalsozialisten frei. Das in der Verfassung institutionalisierte Misstrauen gegen den Missbrauch der Macht richtete sich, wie sich an diesen Bestimmungen zeigt, allzu sehr gegen die Volksvertretung und allzu wenig gegen die undemokratischen, obrigkeitsstaatlichen Traditionen der deutschen Politik.

Zu den auffälligsten Besonderheiten der Weimarer Verfassung gehört die ungewöhnlich starke Berücksichtigung von Menschen- und Bürgerrechten. Das ist umso bemerkenswerter, als Hugo Preuß und seinen engeren Beratern ein eigener Grundrechtsteil zunächst völlig entbehrlich erschienen war. In der endgültigen Fassung bildeten die *Grundrechte und Grundpflichten der Deutschen* mit 56 von 181 Artikeln (einschließlich der zahlreichen *Übergangs- und Schlussbestimmungen*) einen eigenen *Zweiten Hauptteil* der Verfassung. Diese Entwicklung war von dem liberalen Abgeordneten Friedrich Naumann (DDP) eingeleitet worden, der im Verfassungsausschuss einen eigenen *Versuch volkstümlicher Grundrechte* vorlegte. Obwohl seine konkreten Vorschläge wenig Anklang fanden, wurde mit seinem Vorstoß plötzlich klar, dass

**Friedrich Naumann**

(DDP)

geb. 25. März 1860 in Störmtal bei Leipzig
gest. 24. August 1919 in Travemünde

**1879–1883** Studium der evangelischen Theologie **1883–1885** Mitarbeiter in der Erziehungsstätte »Rauhes Haus« zu Hamburg **1886–1890** Pfarrer in Langenberg, Sachsen **1890–1897** Geistlicher der Inneren Mission in Frankfurt am Main **1895** Gründung der sozialliberalen Wochenzeitschrift *Die Hilfe* **1896** Gründung des »Nationalsozialen Vereins« **1897** Ausscheiden aus dem Pfarramt, Vereinsarbeit **1907** Reichstagsabgeordneter für Heilbronn **1919** Wahl in die Nationalversammlung als Abgeordneter von Berlin, Wahl zum Vorsitzenden der neu gegründeten DDP

9/5

es nicht mehr genügte, die liberalen Traditionsbestände des 19. Jahrhunderts zu sichern, sondern dass neue, den veränderten politischen und sozialen Gegebenheiten entsprechende Grundrechte formuliert werden mussten. Die klassischen Freiheitsrechte hatten den Bürger vor den Übergriffen des Staates sichern sollen, während es nunmehr darauf ankam, das Individuum zugleich vor den Zwängen der Gesellschaft, nicht zuletzt vor den unerwünschten Auswirkungen der kapitalistischen Wirtschaftsordnung zu schützen.

So führte Naumann die »Idee des sozialen Staates« in die Grundrechtsdiskussion ein, und er forderte, neben den Rechten der Bürger auch deren Pflichten gegenüber der Gesellschaft in die Verfassung aufzunehmen. Dementsprechend wurde beispielsweise im Grundrechtsteil einerseits das private Eigentum unter den Schutz der Verfassung gestellt, andererseits der Grundsatz formuliert: »Eigentum verpflichtet. Sein Gebrauch soll zugleich Dienst sein für das gemeine Beste.« (Art. 153 Abs. 3). Die Grundrechte sollten, das war das eigentlich Neue, »der staatlichen Betätigung eine Marschroute, ein verbindliches Programm« geben, wie der Jurist Otto Kirchheimer 1930 formulierte. Sehr deutlich kam diese Absicht in der später gestrichenen Präambel für den *Zweiten Hauptteil* der Verfassung zum Ausdruck, in der es hieß: »Die Grundrechte und Grundpflichten bilden die Richtschnur und Schranke für die Gesetzgebung, die Verwaltung und die Rechtspflege im Reich und in den Ländern.«

Die Verfassung enthielt einerseits die klassischen Grundrechte: von der Freiheit und Unverletzlichkeit der Person und der Gleichheit vor dem Gesetz über die Glaubens- und Gewissensfreiheit, die Freiheit der Kunst und Wissenschaft, die Meinungs- und Versammlungsfreiheit, die Freiheit, sich zu Vereinen und Interessenverbänden zusammenzuschließen, bis hin zur freien Wahl des Wohnortes und zur Gewerbefreiheit. Andererseits gab es Bestimmungen, die weit über diesen Rahmen hinausreichten. Dazu zählten die »grundsätzliche« Gleichstellung von Frauen und Männern in ihren politischen Rechten (Art. 109 Abs. 2), die Garantie des kommunalen Selbstverwaltungsrechts (Art. 127), die Rechte nationaler Minderheiten (»fremdsprachige Volksteile des Reiches«, Art. 113) oder der Denkmal-, Natur- und Landschaftsschutz (Art. 150: »Die Denkmäler der Kunst, der Geschichte und der Natur sowie die Landschaft genießen den Schutz und die Pflege des Staates«). Verfassungsrang erhielten auch »die wohlerworbenen Rechte der Beamten« (Art. 129), und im Rahmen der zahlreichen, politisch umstrittenen Bestimmungen im Abschnitt *Bildung und*

## DIE WEIMARER REICHSVERFASSUNG

**4/22**
Friedrich Ebert in Schwarzburg / Thüringen,
dem Ort der Unterzeichnung der Reichsverfassung
am 11. August 1919 (Postkarte von 1929)

*Schule* wurde unter anderem der Beamtenstatus aller Lehrer an öffentlichen Schulen festgeschrieben (Art. 143). Nicht wenige Artikel hatten überdies den Charakter allgemeiner politischer Programmaussagen. So lautete beispielsweise Art. 164: »Der selbständige Mittelstand in Landwirtschaft, Gewerbe und Handel ist in Gesetzgebung und Verwaltung zu fördern und gegen Überlastung und Aufsaugung zu schützen.«

Es gab allzu viele gesellschaftliche Gruppen, die ihre Interessen in ähnlicher Weise in der Verfassung verankern konnten. Im Übrigen scheute man weder Detailregelungen (»Staatsbürgerkunde und Arbeitsunterricht sind Lehrfächer der Schulen. Jeder Schüler erhält bei Beendigung der Schulpflicht einen Abdruck der Verfassung«, Art. 148 Abs. 3) noch letztlich unverbindliche moralische Appelle (»Jeder Deutsche hat, unbeschadet seiner persönlichen Freiheit, die sittliche Pflicht, seine geistigen und körperlichen Kräfte so zu betätigen, wie es das Wohl der Gesamtheit erfordert«, Art. 163 Abs. 1). In ihrer Gesamtheit bildeten die Grundrechte deshalb kein klar konturiertes politisches Programm, sondern in weiten Teilen lediglich ein mehr oder weniger unverbindliches Angebot für die in der Zukunft jeweils stärksten politischen Kräfte.

Am 31. Juli 1919 wurde die Verfassung gegen nur 75 Nein-Stimmen von der Nationalversammlung beschlossen. Der Reichspräsident unterzeichnete sie am 11. August in seinem thüringischen Urlaubsort Schwarzburg (und nicht in Weimar). Am 14. August trat sie in Kraft. Es war keine Verfassung aus einem Guss, und von ihren Kritikern ist immer wieder beklagt worden, dass es in ihr an tragenden Ideen und wegweisenden Lösungen gefehlt habe. Aber man kann von einer Verfassung nicht mehr verlangen, als die politischen Kräfteverhältnisse in ihrer Entstehungszeit zulassen. Sie war das Ergebnis von Verhandlungen, in denen höchst widersprüchliche politische Grundauffassungen und Forderungen aufeinanderprallten. Die häufig wechselnden Mehrheiten in den Verfassungsberatungen führten dazu, dass sehr unterschiedliche Vorstellungen in der Verfassung nebeneinander Platz fanden. Überdies vermochten die Koalitionsparteien, durch die eigentlich die Verfassung getragen wurde, keine gemeinsame Gesamtkonzeption zu entwickeln, es wurde vielmehr von Fall zu Fall entschieden. Andererseits darf nicht übersehen werden, dass die Verfassung mit all ihren Kompromissen und Widersprüchlichkeiten demokratischer war, als es den bei ihrer Verabschiedung bestehenden politischen und sozialen Verhältnissen in Deutschland entsprach. Sie bot für die Entwicklung politisch stabiler

demokratischer Verhältnisse selbst unter den schwierigen Bedingungen der Nachkriegszeit und der tief einschneidenden wirtschaftlichen Krisen eine durchaus tragfähige Grundlage.

Das Scheitern der Weimarer Republik nach nur zwölf Jahren hat viele Ursachen. Zu ihnen gehören gewiss auch die Schwächen der Verfassung, die vor allem bei den Beratungen über das zu schaffende *Grundgesetz der Bundesrepublik Deutschland* eingehend analysiert worden sind. Es wäre aber falsch, dieses Scheitern vor allem oder gar ausschließlich der Verfassung anzulasten.

BERND SÖSEMANN

# Terror und »Volksgemeinschaft« – Der permanente Ausnahmezustand 1933–1945

# TERROR UND »VOLKSGEMEINSCHAFT«

**5/1** (oben)
**Die erste Aufnahme des Kabinetts Adolf Hitler in der Reichskanzlei, 30. Januar 1933**

**5/5** (unten)
**Einlieferung von Regimegegnern in das Konzentrationslager Oranienburg, 1933**

## I. »Alles was dem Volke nützt, ist Recht«

Bereits im Ersten Weltkrieg wurde die »Volksgemeinschaft« als politischer Kampfbegriff populär. Die kaiserliche Regierung wollte die im August 1914 erlebte Begeisterung und Einigkeit bewahren und propagierte sie mit dem Motto »Geist von 1914« als eine über allen Klassen und Parteien stehende Gemeinschaft, die einer »Welt von Feinden« erfolgreich widerstehen könne. In der Weimarer Republik beriefen sich Politiker aller Parteien weiterhin auf die »Gemeinschaft des Volkes«, weil die Öffentlichkeit sie positiv bewertete. Denn sie verhieß Geschlossenheit und Solidarität, bot Schutz und Stärke, demonstrierte Einigkeit und Patriotismus. Deshalb tauchte eine als sozial eher »offen« verstandene »Volksgemeinschaft« als integrierendes Element nicht nur 1919 in der Diskussion um eine neue Reichsverfassung wieder auf, sondern auch später in den Wahlprogrammen der Parteien und vorwiegend immer dann, wenn in politischen Krisensituationen an Einigkeit appelliert wurde.

Im Gegensatz zu den demokratischen Parteien lehnten die radikalen es ab, die sogenannte Volksgemeinschaft auf die freiheitlichen »Ideen von 1789« zu gründen, auf Volkssouveränität, Parlamentarismus und Gewaltentrennung. Hitler berief sich in seinem Buch *Mein Kampf* und in Wahlkämpfen auf die »wahre Gemeinschaft des Volkes«, die allein in der »Führerdemokratie« zu erreichen sei. Er nutzte somit einen eingeführten, positiv konnotierten Begriff für sein politisches Programm, veränderte ihn aber inhaltlich entscheidend, indem er ihm rassistische Vorstellungen unterlegte. Als der Reichspräsident am 30. Januar 1933 Hitler die Regierungsverantwortung übertrug, bot er ihm die Gelegenheit zu einer grundlegenden Veränderung von Staat und Gesellschaft in diesem Sinn.

Die NSDAP feierte die Ernennung ihres »Führers« als gewaltsam erzwungene »Machtergreifung« oder »nationale Revolution«. Der »30. Januar« war jedoch kein Staatsstreich, denn er setzte nur den Schlusspunkt unter die Selbstauflösung der parlamentarischen Demokratie. Spätestens er besiegelte das Scheitern der Parteien und bürgerlichen Eliten, denn mit guten Gründen lässt sich dieser Anfang vom Ende schon in den Präsidialkabinetten von Heinrich Brüning, Franz von Papen und Kurt von Schleicher sehen. Der von seinen »Steigbügelhaltern«, dem Ex-Reichskanzler von Papen, ostelbischen Gutsbesitzern und westfälisch-rheinischen Industriellen unterschätzte Hitler bereitete zusammen mit dem anfangs noch benötigten Parlament die Grundlagen einer autoritären Regierung und geschlossenen »Volksgemeinschaft« vor.

In kurzer Zeit wandelte die Hitler-Hugenberg-Papen-Koalition die Rechts- und Verfassungsordnung in Deutschland tiefgreifend um, sodass diese sich geradezu in ihr Gegenteil verkehrte. Bereits am Tag nach seiner Ernennung brach Hitler die erste der Koalitionsvereinbarungen, löste den Reichstag auf und setzte Neuwahlen durch. Dem gab Reichspräsident Paul von Hindenburg mit einer Notverordnung am 1. Februar statt und setzte Reichstags- und Landtagswahlen für den 5. März an. Es lag im klaren Kalkül Hitlers und der Reichspropagandaleitung der NSDAP, den Wahlkampf mit allen Mitteln und in einer Atmosphäre von Angst zu führen. Drei Notverordnungen ermöglichten der NSDAP die physische Bedrohung und politische Schwächung aller oppositionellen Kräfte sowie eine zügige »Selbstgleichschaltung« der anpassungsbereiten.

5/3
**Plakat der NSDAP zu den Reichstagswahlen vom 5. März 1933**

> **Der Reichstag in Flammen!**
>
> **Von Kommunisten in Brand gesteckt!**
>
> So würde das ganze Land aussehen, wenn der Kommunismus und die mit ihm verbündete Sozialdemokratie auch nur auf ein paar Monate an die Macht kämen!
>
> Brave Bürger als Geiseln an die Wand gestellt! Den Bauern den roten Hahn aufs Dach gesetzt!
>
> Wie ein Aufschrei muß es durch Deutschland gehen:
>
> **Zerstampft den Kommunismus! Zerschmettert die Sozialdemokratie!**
>
> **Wählt Hitler 1 Liste**

Den Auftakt bildete das *Gesetz zum Schutz des deutschen Volkes* (4. Februar 1933), das massive Eingriffe in die Presse- und Versammlungsfreiheit erlaubte und die massive Behinderung aller Gegner der NSDAP. Am 6. Februar 1933 folgte die *Verordnung des Reichspräsidenten zur Herstellung geordneter Regierungsverhältnisse,* die der preußischen Regierung »die das Staatswohl [gefährdende] Verwirrung im Staatsleben« unterstellte. Der sozialdemokratische Ministerpräsident Otto Braun büßte nun die letzten der ihm nach dem »Staatsstreich« von Papens gegen Preußen (20. Juli 1932) verbliebenen Kompetenzen ein. Dieser Rechtsbruch widersprach dem Urteil des Staatsgerichtshofs vom 25. Oktober 1932, brachte das größte Land der föderalen Republik in die Hand eines Reichskommissars und unterstellte seine Polizei Hermann Göring. Ähnliche Maßnahmen der »Gleichschaltung« folgten alsbald in den übrigen Ländern.[1]

Die am 28. Februar 1933, also einen Tag nach dem Reichstagsbrand erlassene *Notverordnung zum Schutz von Volk und Staat* verkündete den Ausnahmezustand in Permanenz, indem sie auf verfassungskonformem, aber letztlich scheinlegalem Weg sämtliche individuellen Freiheitsrechte beseitigte. Weder die Freiheit der Person oder die Unverletzlichkeit der Wohnung noch das Brief-, Post-, Telegrafen- und Fernsprechgeheimnis oder die Meinungs- und Versammlungsfreiheit waren von nun an noch garantiert. Schon in den frühen Morgenstunden jenes Tages begannen Polizei und als Hilfspolizisten eingestellte SA-Leute nach vorbereiteten Listen Tausende von Sozialdemokraten und Kommunisten zu verhaften (sogenannte Schutzhaft). Darüber hinaus lieferten nationalsozialistische Schlägertrupps ihre Opfer, darunter zumeist ebenfalls parteipolitische Gegner, Juden oder Journalisten, der Willkür von Folterern in »wilden Gefängnissen« aus.

Diese Terrormaßnahmen und gravierenden Rechtsbrüche brachten der NSDAP jedoch im Vergleich zum besten Ergebnis im Vorjahr (31. Juli 1932) nur 6,5 % Stimmen mehr ein, sodass Hitler mit 43,9 % die absolute Mehrheit deutlich verfehlte. Unter der Propagandaparole »Sieg am Tag der erwachenden Nation« verkündeten die NS-Zeitungen dennoch einen zukunftsentscheidenden Erfolg, den die Regierung zusammen mit der »Kampffront Schwarz-Weiß-Rot« – mit von Papen, Franz Seldtes »Stahlhelm« und Alfred Hugenbergs DNVP (8,8 %) – errungen habe.

Das am 13. März gegründete Reichsministerium für Volksaufklärung und Propaganda stilisierte den »Tag von Potsdam« (21. März 1933) zum ersten konstituierenden Akt des »Dritten Reiches«. Die Eröffnung des Reichstags sei ein feierliches Bekenntnis von NSDAP und Staat zur völkischen Einheit und zu preußischen Traditionen gewesen. Die Grundlagen dieses neuen Staates wurden sichtbar, als der Reichstag zwei Tage später das *Ermächtigungsgesetz* verabschiedete (23. März 1933). Gelingen konnte dies nur mit einer manipulierten Zweidrittelmehrheit: Der Reichstagspräsident Göring unterschlug bei seiner Berechnung der Mehrheitsverhältnisse kurzerhand die 81 Sitze der in »Schutzhaft« genommenen oder geflohenen KPD-Abgeordneten.

Einzig die SPD stimmte nach der bewegenden Rede ihres Vorsitzenden Otto Wels dagegen; nicht jedoch Reinhold Maier oder Theodor Heuss von der demokratischen Staatspartei und Heinrich Brüning oder Ludwig Kaas vom katholischen Zentrum. Keine Fraktion focht Form und Ergebnis des Abstimmungsverfahrens an, obwohl es offenkundig rechts- und verfassungswidrig war. Das Ergebnis der Reichstagswahlen und das Verhalten der

# TERROR UND »VOLKSGEMEINSCHAFT«

5/7
**Eröffnung des Reichstags in der Krolloper am 21. März 1933**

Abgeordneten zeigen, dass im Frühjahr 1933 die Bereitschaft, in einer Krisensituation für den freiheitlich-republikanischen Rechtsstaat und seine Verfassung einzutreten, in den Parteien nicht größer als im Wahlvolk war.

Mit dem sogenannten Ermächtigungsgesetz war es Hitler endgültig gelungen, sich der parlamentarischen Kontrolle und des bislang notwendig gewesenen Rückgriffs auf Art. 48 Abs. 2 der Weimarer Verfassung zu entledigen. Für den Staatsrechtler Carl Schmitt zeigte sich darin, dass der Staat der Verfassung vorausliege und nicht eine Verfassung den Staat erst konstituiere.[2] Eine Rücksichtnahme auf den Reichspräsidenten war nunmehr unnötig. Der »Führer« konnte Verfassungsänderungen ohne die Beachtung besonderer Formen vornehmen, Reichsgesetze nicht nur erlassen, sondern auch ausfertigen und an Stelle des Reichspräsidenten verkünden. Das habe, erläuterte der Verfassungsrechtler Ernst Rudolf Huber im Jahre 1939, »seinen guten Grund, da die Verfassung nicht mehr als ein System von Garantien zugunsten des Einzelnen gilt, [...] vielmehr die politische Ordnung der Volksgemeinschaft darstellt und sich daher mit dem Volkskörper entwickeln und entfalten muß.«[3] Das Ausnahmegesetz galt zwar zunächst nur für eine Legislaturperiode von vier Jahren, wurde aber von dem gefügigen Reichstag 1937 und 1941 verlängert, bis Hitler es 1943 auf unbegrenzte Zeit erneuerte.

In relativ kurzer Zeit schufen weitere, die Verfassung brechende »Reichsführungsgesetze« und »Führerbefehle« sowie mündliche Willensäußerungen Hitlers eine »Diktatur mit jederzeit revozierbaren offenen Strukturen«.[4] Ein System bildete sich daraus indessen nicht, denn nicht einmal die älteren Gesetze, die dem »gesunden Volksempfinden« widersprachen, wurden systematisch aufgehoben. Das Parteiprogramm der NSDAP behielt seine übergesetzliche Autorität, hatte aber nicht die Qualität einer Verfassungsurkunde. Wenn auch eine geschriebene Verfassung fehlte, so waren sich die NS-Führung und die ihr willfährigen Juristen doch über die Quellen der geltenden, ungeschriebenen Verfassung keineswegs im Unklaren.

## II. Die Aushöhlung der Weimarer Verfassung im NS-Staat

Nach dem Tod des Reichspräsidenten von Hindenburg am 2. August 1934 erfolgte die Vereinigung des Reichskanzler- und Reichspräsidentenamts. Damit hatte der »völkische Führerstaat« auch offiziell Gestalt angenommen.[5] Er stützte sich auf die »Erkenntnisse der Rassenlehre« und verwirklichte die »germanische Form des Führertums und der Gefolgschaftstreue«. Dabei orientierte er sich an den Leitsätzen: »Verantwortung nach oben und Befehlsgewalt nach unten« und »Gemeinnutz geht vor Eigennutz«. Ein sogenannter tätiger Sozialismus sollte gepflegt und das »deutsche Volkstum« bewahrt werden. Jede Auslegung des Verfassungsrechts hatte der Entwicklung »rassisch wertvollen Erbguts« zu dienen und für die Erhaltung der Wehrkraft und der weltanschaulichen Einheit zu sorgen.

Da sich der NS-Staat unter völliger Missachtung des realen historischen Sachverhalts als Nachfolger des mittelalterlichen und des 1871 gegründeten Kaiserreichs verstand, sah er im »Dritten Reich« das Ziel der deutschen Geschichte. Die in rascher Folge bis 1939 erlassenen Staatsgrundgesetze bildeten die rechtliche Struktur dieses zum »Tausendjährigen« erhobenen und mithin als ewig anzusehenden Reiches (Grafik). Zeitgleich wurden die ersten antisemitischen Gesetze erlassen. Sie ermöglichten es, Juden aus dem öffentlichen Dienst zu entlassen, jüdische Ärzte und Anwälte, Staatsanwälte und Richter Restriktionen zu unterwerfen und die Zahl jüdischer Studierender drastisch zu minimieren. Diesen ersten antisemitischen Sonderregelungen sollten bis 1939 noch rund 1400 folgen.

Zur staats- und verfassungsrechtlichen Kennzeichnung des Staatswesens fanden die der NSDAP besonders nahestehenden Juristen – wie Reinhard Höhn, Werner Best, Hans Frank oder Roland Freisler –, aber auch Wissenschaftler, die mit den Nationalsozialisten sympathisierten – wie Carl Schmitt, Ernst Rudolf Huber, Johannes Heckel, Theodor Maunz oder Gustav Adolf Walz –, neue Formeln und Begriffe. Trotz gewisser Meinungsunterschiede gingen sie von der Trias »Staat, Bewegung, Volk« (Schmitt) aus, wobei innerhalb dieser »Dreieinigkeit« der NSDAP die Hauptfunktion zukam. Sie hatte die »Volksgemeinschaft« zu formen, denn alles Denken und Handeln, Entscheiden und Richten sollte »gemeinschaftsbezogen« sein.[6] Der »Staat« verschwand aus der Fachliteratur zugunsten des »völkischen Führerreiches« (Huber) oder der »Gemeinschaft« (Höhn). Hitlers Wille war Gesetz, eine Materialisierung des völkischen Willens. Das traditionelle Recht war weitgehend ungültig, jede Führung kaum noch kontrollierbar und die wechselseitige Gewaltenhemmung prinzipiell beseitigt.

Ebenso wenig existierten ein Parlament oder föderale Strukturen, ein richterliches Prüfungsrecht oder eine Verwaltungsgerichtsbarkeit. Das Volksheer hatte das Berufsheer ersetzt und der rassische Gedanke das Gleichheitsprinzip. Verfassungssätze wie das Beamtenrecht der Weimarer Verfassung galten zwar formal fort (»Neu-Geltung«), doch entweder nur untergeordnet als gewöhnliche Gesetze oder mit geänderten politischen und rechtlichen Gehalten wie im Falle des Reichstags, der »keine Interessenvertretung in einem Vielparteienstaat mehr« sein sollte. Er »verkörpert[e]« vielmehr »die Gefolgschaft des einigen und geschlossenen Volkes gegenüber seiner Führung«.[7] Auf individuelle Freiheitsrechte konnte sich im NS-Staat kein Kläger berufen, wenn er sich nicht als Mitglied seiner »Volksgemeinschaft« desavouieren wollte, weil in ihr »Führer und Volk« eine »Ganzheit« bildeten – selbstverständlich unter Ausschluss aller politischen Gegner. Zu den »artfremden Gemeinschaftsfremden«, die nicht zur »Volksgemeinschaft« zählten und deshalb nicht rechtsfähig waren, zählten die Juden, die sogenannten Fremdrassigen und Minderwertigen wie etwa »Zigeuner«, Homosexuelle oder die »Bibelforscher« genannten Zeugen Jehovas. Trotz dieser raschen Verwirklichung der nationalsozialistischen Volksgemeinschaftsutopie beabsichtigte Hitler, die politische Grundordnung des NS-Staates mit einer Verfassungsurkunde abzuschließen. Im Reichstag hatte er am 23. März 1933 und am 30. Januar 1937 behauptet, ihm schwebe »ein unvergängliches Grundgesetz aller Deutschen« vor,[8] und am 19. Januar 1937 hatte eine Referentenrunde im Reichsinnenministerium vier Vorschläge zur Gestaltung der »staatsrechtlichen Lage« beraten. Auf Grund neuerer Forschungen lassen sich zwei Versuche nachweisen, die ungeschriebene NS-Verfassung zu einer geschriebenen weiterzuentwickeln oder zumindest Grundsätze in ähnlicher Form festzulegen. Hier ist zuerst die *Wehrverfassung* zu nennen, in der nach der Wiedereinführung der Wehrpflicht am 16. März 1936 bedeutende Elemente

---

**Nationalsozialistische Staatsgrundgesetze als Verfassungsersatz**

- Gesetz zur Behebung der Not von Volk und Reich (24.3.1933): gestattete die Abweichung von jedem Verfassungsartikel.
- Drei Gesetze zur Gleichschaltung der Länder mit dem Reich (31.3., 7.4.1933, 30.1.1934): erlaubten die Einsetzung von Statthaltern, die Auflösung sämtlicher Landtage und der gemeindlichen Selbstverwaltungen.
- Gesetz zur Wiederherstellung des Berufsbeamtentums (7.4.1933): enthielt erstmals einen Arierparagrafen.
- Gesetz über die Volksabstimmung (14.7.1933): ermöglichte unmittelbare Plebiszite.
- Gesetz zur Sicherung der Einheit von Partei und Staat (1.12.1933): schuf den totalitären Führerstaat (NSDAP als »Trägerin des Staatsgedankens«).
- Gesetz über das Staatsoberhaupt des Deutschen Reichs (1.8.1934): beseitigte den Dualismus Staatsoberhaupt – Regierungschef.
- Reichsstatthaltergesetz und Deutsche Gemeindeordnung (30.1.1935): bildeten das Fundament des zentralistischen Einheitsstaats.
- Zwei Wehrgesetze (16.3. und 21.5.1935): führten zur »Wehrverfassung«.
- Drei Nürnberger Gesetze (15.9.1935): das »Reichsflaggengesetz«, mit dem die Hakenkreuzflagge als alleinige Reichsflagge bestimmt wurde; das »Reichsbürgergesetz«, das mit seinen Rechtsverordnungen regelte, wer als »Jude« galt; und das »Gesetz zum Schutze des deutschen Blutes und der deutschen Ehre« (auch »Blutschutzgesetz«), das unter anderem Ehen und Geschlechtsverkehr zwischen Juden und Personen »deutschen oder artverwandten Blutes« verbot.
- Beamtengesetz (26.1.1937): verpflichtete zum Treueid auf den Führer.

Es folgten noch die Gesetze zum Anschluss Österreichs (13.3.1938), der sudetendeutschen Gebiete (21.11.1938), zur Errichtung des Protektorats Böhmen und Mähren (16.3.1939), zum Anschluss des Memellandes (23.3.1939), der Ostmark und des Sudetengaus (14.4.1939).

Grafik

# TERROR UND »VOLKSGEMEINSCHAFT«

5/8
Boykott jüdischer Geschäfte in Berlin: Um Besucher abzuschrecken, haben sich Fotografen vor dem Warenhaus Wertheim postiert, 1. April 1933

des »völkischen Führerreichs« niedergelegt wurden. Die Dienstpflicht, so der damalige Reichswehrminister Werner von Blomberg, baue »auf der Grundlage der Anschauungen des nationalsozialistischen Staates« auf.[9]

Der § 1 der *Wehrverfassung* vom 21. Mai 1935 verpflichtete jeden Mann der sogenannten Volksgemeinschaft zum »Ehrendienst am Deutschen Volke«; im Kriege habe auch »jede deutsche Frau« ihren Dienst zu leisten. Die Wehrmacht sei nicht allein der Waffenträger, sondern auch »die soldatische Erziehungsschule« des gesamten Volkes (§ 2). Eine arische Abstammung bildete die Voraussetzung. Ausnahmen waren nur unterhalb der Ebene des Vorgesetzten möglich; Ehen »mit Personen nichtarischer Abstammung verboten« (§ 15). Der »Führer und Reichskanzler« übte das Verordnungsrecht aus (§ 37). Insgesamt ergab sich daraus für die Wehrmacht eine vierfache Vorbildfunktion: in der Verwirklichung der NS-Weltanschauung, bei der Pflege des »unverfälschten Führergedankens« und des nationalen Erziehungsgedankens sowie als Verkörperung der »Volksgemeinschaft«. Die Wehrgesetze bestimmten also nicht allein »Geist und Gliederung der neuen Wehrmacht«, sondern stellten einen Baustein zu der nationalsozialistischen Gesamtverfassung dar.[10]

In einem konzeptionellen Zusammenhang mit der *Wehrverfassung* stand die ebenfalls mit Hitler abgestimmte, von dem einflussreichen Chef des Reichspresseamts, Max Amann, und Propagandaminister Joseph Goebbels vorbereitete zweite Aktion, das Verfassungsrecht auszubauen. Hierfür sollten die presserechtlichen Einzelregelungen zur Reichskulturkammer (22. September 1933) und zum Schriftleiter (4. Oktober 1933) »unter Einfügung in die Gedankenwelt des neuen Rechts« umgestaltet werden.[11] In dem von Goebbels am 12. November 1936 eingereichten Kabinettsentwurf hieß es, nur derjenige könne als Verleger und Schriftleiter tätig sein, der das deutsche Reichsbürgerrecht, die bürgerlichen Ehrenrechte und die Fähigkeit zur Bekleidung öffentlicher Ämter besitze. Er müsse darüber hinaus »deutschen oder artverwandten Blutes«, älter als 22 Jahre, geschäftsfähig und fachmännisch ausgebildet sein sowie über jene Eigenschaften verfügen, »die die Aufgabe der geistigen Einwirkung auf die Öffentlichkeit« erfordere (§ 9).

Zwar fanden die in »artbestimmter Weise« definierten Festlegungen sowie die technisch-organisatorischen oder genuin publizistischen Regelungen die Zustimmung aller Minister, doch nicht die nähere Ausgestaltung des Führerprinzips und die sich darin spiegelnden hegemonialen Bestrebungen von Goebbels. Als Blomberg und Heinrich Himmler intervenierten, kam der zweite Baustein zu einem geschriebenen »Verfassungswerk« fürderhin nicht wieder auf die Tagesordnung des ohnehin kaum tagenden Kabinetts.

## III. Neuordnungspläne und Verfassungskonzepte in Kreisen des Widerstands

Die wenigsten Männer und Frauen des Widerstands stellten systematische Überlegungen zum Verfassungsrecht an, wenn man einmal von den Konzepten der KPD und verwandter Gruppen absieht. Ihre Schriften weisen eine gewisse sachliche Unbestimmtheit auf, weil die Verfasser schwerlich präzise Vorstellungen von den konkreten Verhältnissen für die Zeit nach dem Krieg entwickeln konnten. Nahezu alle Pläne gründeten auf der überschaubaren geografischen und politischen Einheit der Gemeinde und favorisierten die kommunale Selbstverwaltung. Etliche der Gruppen, wie der »Kreisauer Kreis«, strebten ein familienförderndes erweitertes Stimmrecht von Eltern und ein mittelbares, klare Mehrheiten ausbildendes Wahlrecht an, das den Aufbau einer Abgeordneten-Elite begünstigen sollte.

Mit der *Freiburger Denkschrift* vom Januar 1943 liegt ein besonders umfangreiches Zeugnis des deutschen Widerstands vor. In ihr werden nicht nur die »systematische« und »unverkennbar von zentraler Stelle gewollt[e] Vernichtung der Juden« angeprangert, sondern auch Gedanken für eine freie Gesellschaft von »sittlich verantwortlichen Menschen« entwickelt, in der die Ordnungsgewalt des Staates nicht total sein sollte. Im Abschnitt *Verfassung* heißt es: Der Staat sei »weder Selbstzweck noch bloße Organisation im Dienst der Kultur oder des Rechts«. Einzig in seiner Funktion, die sittliche Entfaltung der Bürger in einer von Nächstenliebe getragenen Gemeinschaft zu ermöglichen, komme ihm Autorität zu. »Parteien müssen sich der Relativität ihrer Programme bewusst bleiben, den Gegner als Menschen (Nächsten) achten, sich den staatlichen Ordnungsaufgaben einfügen [...].«[12]

Die scharfe Ablehnung der totalitären Staatsordnung schloss zwar die Kritik an den politischen und verfassungsrechtlichen Prinzipien von 1919 mit ein, doch betraf diese ablehnende Einstellung kaum die zumindest teilweise antidemokratischen Grundsätze des Präsidialkabinetts in der Schlussphase der Weimarer Republik. Ausdrücklich wurde erklärt, eine Verfassung könne »weitgehend ungeschrieben sein, weil sie die tatsächlich gelebte politische Ordnung einer sittlichen Personen-(Volks-)Gemeinschaft« sei. Die Organe der Staatsführung seien der Rechtsordnung uneingeschränkt zu unterwerfen, sodass sie keinesfalls in die richterliche Entscheidungsmacht der Zivil- und Strafgerichte eingreifen könnten.

Die Gruppierungen im militärischen Widerstand entwickelten für die erste Phase nach dem vorzubereitenden Staatsstreich sehr viel konkretere Planungen aus der Prämisse heraus, allein mit der Wehrmacht lasse sich ein erfolgreicher Umsturz herbeiführen. Sie dachten wie die meisten Widerständler nicht daran, Öffentlichkeit und Medien im nennenswerten Umfang für ihre Ziele zu aktivieren. Sie argumentierten und gestalteten vielmehr von einer autonomen Basis aus, die sie von allen inhaltlichen und mentalen Bezügen zu nationalsozialistischen Strukturen und Traditionen freizuhalten suchten. Ihre Vorstellungen von Verfassungs- und Verwaltungsreformen knüpften an das diffuse Ideenkonglomerat eines autoritären »Neuen Staates« an, das die öffentlichen Gespräche über die Zukunft Deutschlands während der kurzen Dauer des Präsidialkabinetts unter Reichskanzler Franz von Papen (1. Juni bis 3. Dezember 1932) bestimmt hatte. Daher war man sich im Widerstand uneinig, ob ein radikaler Neuanfang überhaupt nötig sei und sämtliche nationalsozialistischen Maßnahmen, Organisationen und Strukturen wirklich vollständig beseitigt werden müssten, um die »wahre Volksgemeinschaft« herzustellen, der letztlich auch diese Konzepte zustrebten.

Die genauesten Entwürfe zu einer umfassenden Neuordnung stammten von Angehörigen des Auswärtigen Amtes um Ulrich von Hassell und Johannes Popitz, aus der Abwehr um Wilhelm Canaris *(Vorläufiges Staatsgrundgesetz)* und von Carl Friedrich Goerdeler *(Das Ziel)*. Zu ihren Verfassungsreformen gehörte nicht die Wiedereinführung der Länder, der Parteien und einer organisierten Arbeiterbewegung. Sie misstrauten einem uneingeschränkten Wahlrecht und einem starken Parlamentarismus und favorisierten berufsständische Vertretungen und die Institution eines »Reichsverwesers«. Dessen Machtfülle als militärischer Oberbefehlshaber, Staatskommissar für Preußen und Mitglied einer dreiköpfigen Exekutive (»Regentschaft«) konnte durch die vorgesehene Gegenzeichnungspflicht des Reichskanzlers kaum eingeschränkt werden. Spätere Fassungen verzichteten denn auch auf den übermächtigen »Regentschaftsrat«.

Die Pläne Goerdelers setzten ebenfalls bei den durch von Papen entwickelten Ideen an. Allerdings umfassten sie auch ältere Vorstellungen des Generalstabschefs der Wehrmacht, Ludwig Beck, und waren ungleich stärker um einen föderalen Aufbau des Reiches, die politische Integration der Arbeiter und einen wirtschaftspolitischen Liberalismus bemüht. Goerdelers Überlegungen berücksichtigten plebiszitäre Elemente, sahen aber direkte Wahlen nur in den Kommunen vor. Seine guten Kontakte zu den freien und christlichen Gewerkschaften führten zum Programm einer Einheitsgewerkschaft, das Wilhelm Leuschner und Jakob Kaiser unter dem Namen »Deutsche Gewerkschaft« und mit einer Orientierung an der katholischen Soziallehre einbrachten.

In allen Plänen konservativer und auch einiger liberaler Gruppierungen fällt auf, wie stark das Bedürfnis war, wenn nicht schon auf politische Parteien überhaupt zu verzichten, so doch wenigstens die zentralistisch organisierten zu verbieten und den Einfluss der übrigen durch berufsständische Organisationen zu schwächen. Man misstraute aufgrund der unmittelbaren Erfahrungen der »Massendemokratie«, wollte die offensichtlich starke weltanschaulich-parteipolitische Orientierung der Bürger abbauen und erwartete ebenso wenig wie die Militärs im Verschwörerkreis um Claus Schenk Graf von Stauffenberg, dass die Bevölkerung nach einer »Revolution von oben« spontan Vertrauen zeigen würde.

Diesem offenkundigen Defizit suchte man mit der von Carlo Mierendorff und Theodor Haubach konzipierten, von Helmuth Graf von Moltke und Peter Graf Yorck von Wartenburg stark beförderten »Sozialistischen Aktion« zu begegnen. Sie sollte volksnah sein, jenseits der Parteien stehen und sich deshalb wenigstens teilweise an kommunistische beziehungsweise sozialistische »Volksfront«-Konzepte anlehnen. Die Idee der Sammlungsbewegung fand sich in den meisten der späteren Entwürfe in vielfältigen, zumeist abgeschwächten Formen wieder, weil der sogenannte Dritte Weg, jenseits von Kapitalismus und Sozialismus, einen personell, sozial und politisch breiteren Neuanfang zu ermöglichen schien. Nur eine Minderheit war westlichem Denken zugeneigt, und eine noch kleinere Gruppe lehnte eine monarchische Restauration entschieden ab.

In der Beamtenschaft waren oppositionelle Einstellungen am geringsten vorhanden. Michael Stolleis hat die relativ große Zahl der anpassungsbereiten oder sich andienenden Staatsrechtslehrer genannt, die Selbstzerstörung einer Wissenschaft und die Vertreibung der Hochschullehrer.[13] Spätestens in der Phase der Präsidialkabinette hätte Widerstand geleistet und noch »Schlimmeres verhütet« werden können. Etablierte totalitäre Systeme duldeten gemeinhin und vor allem innerhalb der Rechtsprechung und innerhalb der von ihnen kontrollierten Medien keine Distanz zum System oder gar eine »loyale Widerwilligkeit«. Namentlich Richter und Journalisten waren zum unzweifelhaften Dienst an der (Volks-)Gemeinschaft verpflichtet und jedes abweichende Verhalten hätte zur Verdrängung aus dem Amt beziehungsweise ins Schreibverbot geführt.

Wie gering die reale Wirkungsmacht eines im Ausnahmefall gelungenen »verdeckten Schreibens« anzusetzen ist, zeigen die unter einem Pseudonym publizierten wirtschafts- und gesellschaftspolitischen Leitartikel des von der Gestapo gesuchten Journalisten Fritz Eberhard, einem der späteren Väter des Grundgesetzes. Die sozialdemokratischen und sozialistischen Genossen im Untergrund erklärten ihm, sie benötigten einen Schlüssel zum Verständnis, wenn er in der *Stuttgarter Sonntagszeitung* über Themen wie »Menschenwürde«, »Wohin treibt Japan?« oder »Notverordnungen in Frankreich« schrieb. Solche Beispiele ließen sich nicht ohne Weiteres als übertragbare Anspielungen auf nationalsozialistische Verhältnisse verstehen.

Einen neuen, demokratisch-parlamentarischen Staat dachte Eberhard sich als Fortsetzung der Republik von Weimar im pazifistischen Gewand.[14] Die deutsche Demokratie, sagte Eberhard im Mai 1948, werde Bestand haben, wenn »die parlamentarische Maschinerie funktioniert, die Massenarbeitslosigkeit vermieden, die Not gerecht verteilt und schließlich das deutsche Volk sich einen einheitlichen deutschen Staat bauen kann.«

### Anmerkungen

1 Peter Steinbach, Die Gleichschaltung. Zerstörung der Weimarer Republik. Konsolidierung der nationalsozialistischen Diktatur, in: Bernd Sösemann (Hg.), Der Nationalsozialismus und die deutsche Gesellschaft, Stuttgart 2002, S. 78–113.
2 Carl Schmitt, Verfassungslehre, München 1928, §3, I, S. 21 f.; dazu: Ernst-Wolfgang Böckenförde, Der Begriff des Politischen als Schlüssel zum staatsrechtlichen Werk von Carl Schmitt, in: ders., Recht, Staat, Freiheit, Frankfurt am Main 1991, S. 344–366, hier: S. 351 f.
3 Ernst Rudolf Huber, Verfassungsrecht des Großdeutschen Reiches, Hamburg 1939², S. 56.
4 Michael Stolleis, Geschichte des öffentlichen Rechts in Deutschland. Weimarer Republik und Nationalsozialismus, München 2002, S. 316.
5 Hier und im Folgenden nach Hans Frank (Hg.), Nationalsozialistisches Handbuch für Recht und Gesetzgebung, München 1935.
6 »Das neue Reich ist von dem Grundsatz getragen, dass das wirkliche Handeln des in sich geschlossenen Volkes nur nach dem Prinzip von Führung und Gefolgschaft möglich ist. In der Bewegung findet dieses politische Prinzip seine aktivistische und disziplinierte Form« (Huber, Verfassungsrecht, Hamburg 1939², S. 155).
7 Vgl. Huber, Verfassungsrecht, Hamburg 1939², S. 54.
8 Max Domarus (Hg.), Hitler. Reden und Proklamationen 1932–1945, Bd. I/II, München 1965, S. 674.
9 Werner von Blomberg, Sinn und Ideal der Allgemeinen Wehrpflicht Deutschlands, in: Weltgeschichte der Gegenwart in Dokumenten, 1934/5, Teil 1: Internationale Politik, Essen 1936, S. 442–445, hier: S. 445.
10 Wilhelm Canaris, Politik und Wehrmacht, in: Richard Donnvert (Hg.), Wehrmacht und Partei, Leipzig 1941³, S. 44–55; hier: S. 44 f.
11 Hier und im Folgenden nach Friedrich Hartmannsgruber (Hg.), Die Regierung Hitler, Bd. 3: 1936 (Akten der Reichskanzlei), München 2002.
12 Klaus Schwabe (Hg.), Gerhard Ritter. Ein politischer Historiker in seinen Briefen, Boppard 1984.
13 Stolleis, Geschichte, München 2002, S. 316–350.
14 Eberhard schlug sogar vor, eine unzweideutige Formulierung zur Vergangenheit, zur »Einheit der Nation« und »über den Fortbestand der Weimarer Republik in die Präambel auf[zu]nehmen«, zitiert nach Jürgen Michael Schulz, »Bonn braucht sein Licht nicht unter den Scheffel zu stellen.« Fritz Eberhards Arbeit im Parlamentarischen Rat, in: Bernd Sösemann (Hg.), Fritz Eberhard (Beiträge zur Kommunikationsgeschichte 9), Stuttgart 2001, S. 213–237; hier: S. 220 f. und 224.

WERNER HEUN

# Freiheit statt Einheit –
# Das Grundgesetz

6/16
*Grundgesetz der Bundesrepublik Deutschland, 1949*

## I. Genese des Grundgesetzes

Das Grundgesetz ist durch eine einmalige historische Konstellation geprägt. Nach der Katastrophe der totalitären nationalsozialistischen Diktatur und der bedingungslosen Kapitulation am Ende des Zweiten Weltkrieges stand die Verfassunggebung im Zeichen einer Besatzungsherrschaft und einer Beschränkung auf die nur einen Teil der Gesamtnation erfassenden drei westlichen Besatzungszonen. Die Westmächte stießen den Verfassunggebungsprozess an, machten Vorgaben, intervenierten und unterwarfen die endgültige Verfassung einem Genehmigungsvorbehalt. Dennoch kann das Grundgesetz als eigenständige Schöpfung des deutschen Verfassunggebers gelten.

Die Ausarbeitung der künftigen Verfassung war dem 65-köpfigen Parlamentarischen Rat übertragen, dessen Mitglieder nach Maßgaben der Alliierten von den einzelnen, bereits zuvor konstituierten Landtagen gewählt wurden und der am 1. September 1948 in Bonn zusammentrat. Anders als die Versammlungen in der Paulskirche 1848 und in Weimar 1919 war der Parlamentarische Rat damit keine vom Volk unmittelbar gewählte, mit der Aufgabe der Verabschiedung einer Verfassung betraute Nationalversammlung.

Das im Gedenken an die Kapitulation vom 8. Mai 1945 vier Jahre später am selben Tag beschlossene und am 23. Mai in Kraft getretene Grundgesetz wurde auch nicht dem (Teil-)Volk der Bundesrepublik zur Abstimmung vorgelegt oder von speziellen Ratifikationskonventen angenommen, sondern bedurfte lediglich der Zustimmung der Landtage in zwei Drittel der deutschen Länder, die alle außer Bayern zustimmten. An die Stelle von Nationalversammlung und Volksabstimmung traten Parlamentarischer Rat und Landtage, die aber beide ihrerseits demokratisch legitimiert waren. Deshalb kann sich das Grundgesetz in seiner Präambel durchaus zu Recht auf die verfassunggebende Gewalt des Volkes als Legitimationstopos berufen. Die vor allem anfangs formulierten Legitimationszweifel sind langfristig nicht durchgedrungen. Ohnehin hängt die dauerhafte Legitimität einer Verfassung nicht am Ursprungsakt, sondern an dem permanenten Konsens und der Akzeptanz der Bürger – und daran bestand seit den ersten demokratischen Bundestagswahlen bis heute kein ernsthafter Zweifel.

Die eben skizzierte historische Situation beeinflusste auch den Inhalt des Grundgesetzes. Wie alle Verfassungen ist das Grundgesetz Zukunftsentwurf und Bauplan der politischen Ordnung und reagiert zugleich auf historische Erfahrungen. Dominant für die Verfassunggebung war die doppelte Herausforderung durch das Unrecht des Dritten Reiches und den Untergang der Weimarer Verfassung, daneben aber als drittes Moment, mehr unterschwellig, die Abwehr der sowjetischen Diktatur im Osten. Die bitteren Erfahrungen des Dritten Reiches schlugen sich in dem Verbot kriegerischer Aggression und vornehmlich in der Ausgestaltung der Grundrechte nieder, die immer konkrete Gefährdungen spezifischer Freiheiten widerspiegeln und historisch verarbeiten.

Die Weimarer Verfassung als republikanisch-demokratische Vorläuferin diente nicht bloß als Negativfolie, sondern oft als Ausgangspunkt. Prägend für das Grundgesetz sind allerdings in zentralen Elementen ihre tatsächlichen oder vermeintlichen Fehlkonstruktionen und Mängel geworden, aus denen man Lehren zu ziehen versuchte. Im Zentrum der Kritik an Weimar standen die starke Stellung des Reichspräsidenten, die plebiszitären

# Väter der Verfassung

**Kommentare der 65 Mitglieder des Parlamentarischen Rates / "Die Einheit Deutschlands ist und bleibt unser Ziel"**

6/10 (links)
»Väter der Verfassung«,
in: *Die Neue Zeitung* vom 25. September 1948

6/8 und 6/9 (unten)
**Fotoalben zum Parlamentarischen Rat, 1948/49**

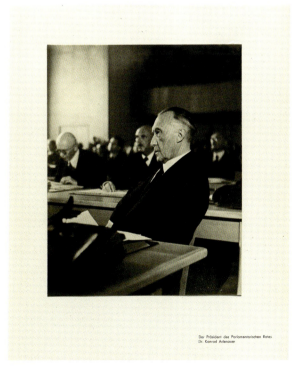

Elemente und das formalistische Verfassungsverständnis, das eine Abschaffung von Demokratie und Verfassung erlaubte, wenn sie nach den formalen Regeln demokratischer Mehrheitsentscheidungen erfolgte.

Der Parlamentarische Rat schmiedete aus diesen Gedanken ein eigenständiges Gesamtkonzept, das von Anfang an strukturell auf Dauer und Haltbarkeit angelegt war. Der vielzitierte Charakter als Provisorium war in den Worten von Theodor Heuss lediglich »im geographischen Sinn«¹ gemeint, weil nur der Westen Deutschlands erfasst war und eine Wiedervereinigung offengehalten werden sollte. Die Entscheidung für einen freiheitlichen Verfassungsstaat war definitiv zu verstehen. Die Bezeichnung der Verfassung als Grundgesetz sollte das Vorläufige betonen, lässt aber ebenso die älteren Traditionen einer *lex fundamentalis* in geglückter Weise anklingen.

## II. Verfassungsentwicklung

Verfassungen sind weder tote Buchstaben noch starre, unveränderliche Normen. Sie bedürfen vielmehr des Wandels, um Fehler und Missstände zu überwinden und neue Herausforderungen zu bewältigen. Derartige Entwicklungen können sich neben den vielfältigen Einflüssen des europäischen und internationalen Rechts in zwei Formen vollziehen: zum einen als förmliche Verfassungsänderung, zum anderen als stiller Verfassungswandel, worunter ein Wandel des Verständnisses der Verfassungsnormen ohne förmliche Revision des Wortlauts zu verstehen ist. Beides kennt das Grundgesetz als lebende Verfassung in reichem Maß.

Formal scheinen die Hürden für eine Verfassungsänderung hoch: Zwei Drittel von Bundestag und Bundesrat müssen zustimmen. Sachlich müssen sich aber im grundgesetzlichen Parteiensystem lediglich die beiden großen Parteien einigen. Daher rührt die im internationalen Vergleich hohe Frequenz von 52 Verfassungsänderungen in weniger als 60 Jahren. Von der hohen Anzahl darf man sich aber wiederum nicht täuschen lassen. Grundkonzeption und Identität des Grundgesetzes sind erhalten geblieben, die Änderungen haben die Stabilität des Verfassungssystems gefördert, nicht untergraben.

Unter der Vielzahl der Änderungen verbergen sich nur wenige wirklich bedeutsame. Dazu zählt vor allem die im Zuge des Abbaus der Besatzungsherrschaft und der Wiedergewinnung der Souveränität notwendig gewordene nachgeholte Verfassunggebung, die zum einen die Wehrverfassung als Voraussetzung der Wieder-

**6/38** (rechts)
Plakat für die Wiederbewaffnung Deutschlands in einer internationalen Verteidigungsgemeinschaft, um 1953

**6/47** (unten)
Maueranschlag der *Süddeutschen Zeitung* zu den Notstandsgesetzen, 1967

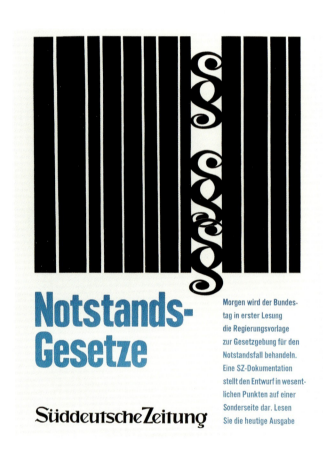

aus diesem Anlass kein Gebrauch gemacht wurde. Zuletzt hat auch die Europäische Integration, obgleich das Grundgesetz sie antizipierte, eine Reihe von Verfassungsänderungen erzwungen.

Die zahlreichen förmlichen Verfassungsänderungen erfassten hauptsächlich die in der Regel präziser formulierten organisatorischen sowie noch häufiger die bundesstaatlichen Teile der Verfassung. Der bereits genannte interpretatorische stille Verfassungswandel tritt demgegenüber vornehmlich im Bereich der lapidar gefassten, aber weite Auslegungsspielräume eröffnenden Grundrechtsnormen auf, selten bei den institutionellen oder verfahrenstechnischen Normen. Dafür bildet jedoch die Erleichterung einer Bundestagsauflösung nach der 1982 von Helmut Kohl gestellten Vertrauensfrage ein markantes Beispiel.[2] Der maßgebende Motor dieser Anpassung an geänderte Auffassungen und Umstände ist das Bundesverfassungsgericht, das letztverbindlich über Verständnis und Auslegung der Verfassung entscheidet.

### III. Grundelemente der Verfassung und ihr Wandel

Inhaltlich regeln alle westlichen Verfassungen zwei Komplexe: zum einen das Verhältnis des Einzelnen zum Staat, zum anderen die innere Organisationsstruktur des Staates. Das Grundgesetz ist in der deutschen Verfassungsgeschichte die erste Verfassung, die uneingeschränkt den Vorrang der Verfassung und eine Verfassungsgerichtsbarkeit durchsetzt. Es verwirklicht damit erstmals alle Strukturmerkmale des am Ende des 18. Jahrhunderts in den Vereinigten Staaten ausgebildeten modernen Konstitutionalismus als Form politischer Herrschaft.

bewaffnung und Integration in das westliche Verteidigungsbündnis (1954 und 1956), zum anderen den äußeren und inneren Notstand (1968) zum Gegenstand hatte. Beide Verfassungsänderungen reichten weit über die engere Verfassungspolitik hinaus und waren in Politik und Gesellschaft leidenschaftlich umkämpft. Die Notstandsverfassung wurde sogar zum Kristallisationspunkt der Studentenrevolte und der erstmals hervortretenden außerparlamentarischen Opposition. Neben diese hochbrisanten und zeitgeschichtlich nachwirkenden Änderungen treten allenfalls noch drei weitere große Blöcke. Während der ersten Großen Koalition (1966–1969) wurde eine umfassende Haushalts- und Finanzreform durchgeführt, die auf eine Modernisierung der Wirtschafts-, Finanz- und Haushaltspolitik sowie eine Neuordnung der Finanzbeziehungen zwischen Bund und Ländern abzielte. Ferner erforderte die Wiedervereinigung einige wesentliche Anpassungen, da von der ursprünglich im Grundgesetz angelegten Möglichkeit einer völligen Verfassungsneuschöpfung als Alternative zum Beitritt

Der Aufbau des Grundgesetzes folgt einer einfachen und klaren Gliederung, indem es die Grundrechte an den Anfang stellt, anschließend einige Grundprinzipien und den föderalen Staatsaufbau regelt und im Weiteren die Organisations- und Kompetenzstruktur des Staates nach dem klassischen Gewaltenteilungsschema Montesquieus normiert: erst die Organe, dann die Funktionen von Legislative, Exekutive und Rechtsprechung. Am Ende werden Finanz- und Wehrverfassung als eigenständige Blöcke und Sondermaterien geregelt.

6/37
Satirisches Plakat gegen die Überwachung
durch das Bundesamt für Verfassungsschutz,
nach 1970

**Grundprinzipien und Organisationsstruktur**

Bei der Ausgestaltung der institutionellen Ordnung definiert sich das Grundgesetz durch seine Auseinandersetzung mit der Weimarer Verfassung. Erstmals wird in einer deutschen Verfassung ein striktes parlamentarisches Regierungssystem mit einer Form der Kanzlerdemokratie nach klassischem englischen Vorbild begründet. Die Regierung ist in ihrem Bestand vom Vertrauen des Parlaments abhängig, parlamentarische Mehrheit und Regierung sind eng verklammert, während ihnen die Parlamentsminderheit als Opposition gegenübersteht. Das bedingt eine Reduzierung der Kompetenzen des Bundespräsidenten, der weitgehend auf eine symbolische Integrationsaufgabe und wenige politisch relevante Reservefunktionen beschränkt wird.

In Abkehr von Weimar werden direktdemokratische Elemente wie Volksbegehren und Volksentscheid ausgeschlossen und die demokratische Herrschaft strikt repräsentativ ausgestaltet. Im Gegenzug wird die Rolle der Parteien explizit anerkannt, ohne damit schon einen Parteienstaat verfassungsrechtlich zu etablieren. Außerdem wird die Regierungsfähigkeit bei instabilen Mehrheitsverhältnissen durch das bekannte konstruktive Misstrauensvotum abgesichert, das einen Sturz der Regierung nur bei gleichzeitiger Wahl eines neuen Bundeskanzlers zulässt. Die Stabilität des politischen Systems, die früh mit dem Buchtitel *Bonn ist nicht Weimar*[3] prägnant auf den Begriff gebracht wurde, verdankt sich freilich weniger diesen verfassungsrechtlichen Vorkehrungen als der überragenden Persönlichkeit und politischen Führung Konrad Adenauers, der Konzentration des Parteiensystems auf drei Parteien bis zum Aufkommen der Grünen sowie dem überwältigenden Erfolg der sozialen Marktwirtschaft.

Das Grundgesetz vollzieht noch mit einer weiteren Besonderheit die Abwendung von Weimar, nämlich mit den speziellen Anforderungen an eine Verfassungsrevision. Verfassungsänderungen müssen gemäß Art. 79 Abs. 1 GG den Wortlaut des Grundgesetzes ausdrücklich ändern. Das soll solche Gesetze verhindern, die im Widerspruch zur Verfassung stehen, aber mit der für Verfassungsänderungen notwendigen Zweidrittelmehrheit beschlossen werden und plastisch Verfassungsdurchbrechung genannt werden. Dieses Verbot einer punktuellen Abweichung von der Verfassung durch einfache Gesetze ist vielfach die notwendige Voraussetzung einer Verfassungsmäßigkeitskontrolle durch das Bundesverfassungsgericht. Ohne diese Norm hätte das Volkszählungsgesetz nicht für verfassungswidrig erklärt werden dürfen, da es – wie übrigens die meisten Gesetze – mit einer Mehrheit von weit über zwei Dritteln verabschiedet wurde. Neben dieses Textänderungsgebot tritt als weitere bedeutsame Schutzbestimmung die materielle Ewigkeitsklausel des Art. 79 Abs. 3 GG, die den Menschenwürdegrundsatz und die Grundprinzipien des Art. 20 GG für normativ unabänderbar erklärt.

Art. 20 GG garantiert die fünf grundlegenden Prinzipien der Verfassung: Republik und Sozialstaat erscheinen nur als Begriffe, der Bundesstaat sowie Demokratie- und Rechtsstaatsprinzip werden in zahlreichen anderen Normen, die beiden letzteren auch in Art. 20 GG selbst näher ausgestaltet. Republik wird hier als Gegensatz zur Monarchie verstanden. Da im Unterschied zur Weimarer Verfassung soziale Grundrechte oder Festlegungen der Gesellschafts- und Wirtschaftsordnung fehlen, bleibt der

6/21
Fritz Behn, Konrad Adenauer, 1950

Sozialstaat der Ausgestaltung durch den Gesetzgeber überlassen. Der gesamte Ausbau des Sozialstaats nach dem Krieg ist folglich allein auf die politischen Entscheidungen des Parlaments und nicht auf Verfassungsdirektiven zurückzuführen.

Der Bundesstaat, dessen begriffsbestimmendes Merkmal die Verfassungsautonomie der Gliedstaaten ist, wird durch die Kompetenzvorschriften wie durch die Einrichtung des Bundesrates als spezifisch deutsche Form der Vertretung der Länder auf Bundesebene bestimmt. Anfangs und nach dem Anschein des Verfassungstextes ist die Bundesrepublik dualistisch mit deutlich getrennten Kompetenzbereichen von Bund und Ländern ausgestaltet. Einem weltweiten Trend folgend hat sich der deutsche Bundesstaat zu einem kooperativen Föderalismus entwickelt, dessen Schattenseiten im politikwissenschaftlichen Begriff der Politikverflechtung angedeutet werden. Kooperation von Bund und Ländern sowie die Beteiligung des Bundesrates ersetzen autonome Entscheidungen der Länder. Als deutsches Charakteristikum tritt hinzu, dass faktisch die Gesetzgebung ganz überwiegend vom Bund wahrgenommen wird, während die Verwaltungskompetenzen vornehmlich bei den Ländern liegen, sodass unter dem Grundgesetz ein Exekutivföderalismus dominiert. Alle Versuche, die Länderkompetenzen zu stärken, um den Wettbewerb zwischen den Ländern zu fördern, haben das Grundmuster des unitarischen und eng verflochtenen Bundesstaats allenfalls marginal modifiziert.

Das Demokratieprinzip in seiner grundgesetzlichen Ausprägung beruht auf der Idee freier und gleicher Selbstbestimmung der Bürger. Es umfasst als zentrale Strukturelemente das Mehrheitsprinzip sowie Kritik und Kontrolle in einem offenen Kommunikations- und Willensbildungsprozess, der durch mehrere Grundrechte gesichert wird und in demokratische Entscheidungen in Form von Wahlen und – nur selten – in Form von (Sach-) Abstimmungen mündet. Vor allem die Meinungsfreiheit ist für die freiheitlich-demokratische Ordnung »schlechthin konstituierend«.[4] Fundiert werden die demokratischen Entscheidungs-, Kommunikations-, Willensbildungs- und Rückkopplungsprozesse durch das tradierte Volkssouveränitätsprinzip, das die verfassunggebende Gewalt des Volkes wie seine Beteiligung an der Ausübung der Staatsgewalt durch Wahlen und Abstimmungen einschließt, wobei Letzteres in Art. 20 Abs. 2 GG verankert ist.

Herrschaft bedarf der Begrenzung, die maßgebend durch das Rechtsstaatsprinzip bewirkt wird. Als zentrale Elemente des Rechtsstaats, die aus Art. 20 GG auch unmittelbar deduziert werden, gelten der Grundsatz der Gewaltenteilung, die effektive Gewährleistung des Rechtsschutzes durch staatliche Gerichte, der durch den Grundsatz der Bestimmtheit der Rechtsakte und das Vertrauensschutzprinzip näher konkretisierte Gedanke der Rechtssicherheit sowie die eng mit den Grundrechten verknüpften Grundsätze der Verhältnismäßigkeit wie des Vorrangs und Vorbehalts des Gesetzes. Der Vorrang des Gesetzes bindet Verwaltung und Rechtsprechung an die gesetzgeberischen Entscheidungen des demokratisch legitimierten Parlaments. Der Vorbehalt des Gesetzes, der eine parlamentsgesetzliche Ermächtigung jedenfalls für alle Eingriffe in Grundrechte verlangt, bezweckt ebenfalls die rechtsstaatliche Bindung an die Formen des Rechts, den Schutz des Bürgers und zugleich den hierarchischen Vorrang

6/50
**Maueranschlag** *Der Spiegel*
zur Volkszählung, 18. April 1983

des Parlaments. *In nuce* formuliert Art. 20 GG damit die Bedingungen demokratischer Legitimität. Die Verfassung konstituiert eine Herrschaftsordnung, die auf demokratischer Legitimation beruht, zugleich rechtsstaatlich begrenzt wird, aber nur dann auf soziale Anerkennung hoffen kann, wenn Frieden und Recht gewährleistet und ein gewisses Maß an sozialer Wohlfahrt garantiert werden.

### Grundrechte und Verfassungsgerichtsbarkeit

Das Grundgesetz stellt mit einem Paukenschlag die Menschenwürde und die Grundrechte an seine Spitze. Das ist eine unmissverständliche Reaktion auf ihre Missachtung und massenhafte Verletzung durch das nationalsozialistische Regime. Die effektive Wirksamkeit und Durchschlagskraft der Grundrechte wird durch die Reduktion auf die Abwehrfunktion gegenüber staatlichen Eingriffen und justiziablen Normen sowie die gleichzeitige Erweiterung ihrer Bindungswirkung gegenüber allen staatlichen Gewalten, damit auch gegenüber dem parlamentarischen Gesetzgeber, im ebenfalls programmatisch an den Anfang gestellten Art. 1 Abs. 3 GG gesteigert und gestärkt. Beides sind grundlegende Modifikationen der Weimarer Grundrechtskonzeption, die auch soziale Grundrechte als bloße Programmsätze aufgenommen hatte. Der Rückbesinnung auf tradierte liberale Abwehrrechte, zu denen Meinungs-, Presse-, Versammlungs- und Vereinigungsfreiheit ebenso wie Eigentumsgarantie und Berufsfreiheit zählen, und die klassischen Justizgrundrechte (keine Strafsanktion ohne Gesetz, Schutz vor willkürlicher Verhaftung, Anspruch auf rechtliches Gehör) stehen einige Innovationen gegenüber, wie das spezielle Rassendiskriminierungsverbot (Art. 3 Abs. 3 GG), das Recht auf Kriegsdienstverweigerung (Art. 4 Abs. 3 GG), das Asylgrundrecht (heute Art. 16a GG) und namentlich die Menschenwürdegarantie des Art. 1 Abs. 1 GG. Letztere fand lediglich in der UN-Charta und der Allgemeinen Menschenrechtserklärung der UN, aber weder in der deutschen noch in der internationalen Grundrechtstradition Vorbilder.

Der Grundrechtskatalog hätte freilich ohne die Einrichtung des Bundesverfassungsgerichts mit seinen international so einzigartigen wie umfassenden Kompetenzen nicht diese überragende Wirkungsmacht entfalten können. Das Grundgesetz verleiht durch die Verfassungsgerichtsbarkeit dem in Art. 1 Abs. 3 und 20 Abs. 3 GG verankerten Vorrang der Verfassung eine seinerzeit zweifellos ungeahnte Durchschlagskraft. Ein wichtiger Faktor ist dabei die ursprünglich im Grundgesetz gar nicht vorgesehene Verfassungsbeschwerde, die zunächst einfachgesetzlich eingeführt und erst im Rahmen der Notstandsverfassung verfassungsrechtlich verankert wurde. Mit seiner Grundrechtsjudikatur hat das Bundesverfassungsgericht »weite Teile des Rechtslebens buchstäblich umgepflügt und neu bestellt«[5] und damit die Grundrechte zur allgegenwärtigen und alltäglichen Realität gemacht. Zugleich hat das Verfassungsgericht dadurch die Verfassung

6/41
**Plakat mit Appell zu Abrüstung und Kriegsdienstverweigerung, um 1966**

fortentwickelt und einen beträchtlichen Verfassungswandel bewirkt. Wesentliche Weichenstellungen hat das Gericht schon sehr früh vorgenommen.

Als Erstes sind die Schutzbereiche der Grundrechte in liberalem Sinn weit verstanden worden. Vor allem hat 1957 das Elfes-Urteil[6] das Recht auf freie Entfaltung der Persönlichkeit des Art. 2 Abs. 1 GG als allgemeine Handlungsfreiheit interpretiert, die letztlich als Auffanggrundrecht jedes erdenkliche menschliche Verhalten grundrechtlich schützt, sodass auch Tauben füttern und das Reiten im Walde davon erfasst werden.[7] Der Grundrechtsschutz wird damit praktisch lückenlos gewährt. Dies wird noch dadurch ergänzt, dass aus dem ebenfalls in Art. 2 Abs. 1 GG – in Verbindung mit Art. 1 Abs. 1 GG – verankerten »allgemeinen Persönlichkeitsrecht« weitere spezifische Grundrechte herausdes-

tilliert werden, unter denen das »informationelle Selbstbestimmungsrecht« im Volkszählungsurteil[8] und jüngst das »Recht auf Vertraulichkeit und Integrität informationstechnischer Systeme«[9] in der Öffentlichkeit große Resonanz gefunden haben. Die Konzeption hat noch weitere Konsequenzen: Das weite Verständnis des Art. 2 Abs. 1 GG hat nämlich zur Folge, dass jedes Gesetz, das kompetenzwidrig oder verfahrensfehlerhaft erlassen worden ist, das Grundrecht verletzt und daher aufgrund einer Verfassungsbeschwerde vom Gericht überprüft und aufgehoben werden kann. In letzter Konsequenz ist sogar jeder rechtswidrige staatliche Akt ein Grundrechtsverstoß, der vom Bundesverfassungsgericht kontrolliert werden kann. Mit anderen Worten: Das Bundesverfassungsgericht hat sich selbst als umfassend zuständiges Gericht und Hüter der Verfassung inthronisiert und alle staatlichen Akte einer weitreichenden Kontrolle unterworfen. Zudem hat das Gericht überkommene grundrechtsfreie Räume mittlerweile beseitigt. Auch Strafgefangene, Beamte im Dienst und Schüler in der Schule können die allgemeinen Grundrechte gegenüber dem Staat geltend machen.

Mit dem Ausbau der Schutzbereiche korrespondiert eine Verfeinerung und Verschärfung der Anforderungen an die Rechtfertigung eines Grundrechtseingriffs, insbesondere durch die Übertragung des ursprünglich polizeirechtlichen Verhältnismäßigkeitsprinzips ins Verfassungsrecht. Eingriffe in Grundrechte sind nicht generell untersagt, sie lösen lediglich – je nach Intensität des Eingriffs – steigende Rechtfertigungsanforderungen für den Staat aus, der die Grundrechtsbeeinträchtigung mit guten Gründen legitimieren muss. Die Kontrolle dieser Rechtfertigung ist die eigentliche Aufgabe des Verfassungsgerichts. Ein verfassungswidriger Grundrechtsverstoß liegt nur vor, wenn die Rechtfertigung nicht tragfähig ist.

Das Bundesverfassungsgericht hat nicht nur den Anwendungsbereich der Grundrechte ausgedehnt, sondern auch die Grundrechtswirkungen in der Rechtsordnung über ihre Funktion als klassische justiziable Abwehrrechte hinaus um neue Dimensionen erweitert. Das beginnt 1958 mit der vielleicht wirkmächtigsten Entscheidung des Gerichts überhaupt, dem Lüth-Urteil, in dem der Gedanke der Ausstrahlungswirkung formuliert und umgesetzt wird: Danach muss das in den Grundrechten zum Ausdruck kommende objektive Wertesystem »als verfassungsrechtliche Grundentscheidung für alle Bereiche des Rechts gelten; Gesetzgebung, Verwaltung und Rechtsprechung empfangen von ihm

**Konrad Adenauer**

(Zentrum, CDU)
geb. 5. Januar 1876 in Köln
gest. 19. April 1967 in Rhöndorf

**1894–1901** Studium der Rechtswissenschaften und Volkswirtschaft **1901–1906** Gerichtsassessor, danach Hilfsrichter beim Landgericht Köln **1905** Eintritt in die Deutsche Zentrumspartei (Zentrum) **1906–1909** Beigeordneter der Stadt Köln **1909–1917** Erster Beigeordneter der Stadt Köln, zuständig für das Finanz-, Personal- und Ernährungsdezernat **1917–1933** Oberbürgermeister der Stadt Köln **1921–1933** Präsident des Preußischen Staatsrats **1933–1945** Kurze Gestapo-Haft, zurückgezogenes Leben in Rhöndorf **1946** Erster Vorsitzender der CDU in der britischen Besatzungszone **1948/49** Präsident des Parlamentarischen Rats in Bonn **1949–1963** Bundeskanzler der Bundesrepublik Deutschland **1949–1966** Mitglied des Bundestags **1950–1966** Bundesvorsitzender der CDU **1951–1955** Bundeskanzler und Außenminister der Bundesrepublik Deutschland

Richtlinien und Impulse«. Jede Vorschrift der Rechtsordnung muss »in seinem Geiste ausgelegt werden«.[10] Mittelbar wirken die Grundrechte auch auf das Privatrecht ein, und jedes Fachgericht bis hin zum kleinsten Amtsgericht hat die Grundrechte zu beachten und zu berücksichtigen. Nicht nur die Normen der gesamten Rechtsordnung, auch deren Auslegung und Anwendung sind grundrechtsgeprägt und damit der Kontrolle des Verfassungsgerichts unterworfen. Das bewirkt eine Kompetenzverschiebung zugunsten des Bundesverfassungsgerichts, die kaum zu überschätzen ist.

Dabei ist das Gericht nicht stehen geblieben. In einem weiteren qualitativen Sprung hat das Bundesverfassungsgericht beginnend mit dem Urteil über die Fristenlösung 1975 aus den ursprünglich liberalen Abwehrrechten das exakte Gegenteil, nämlich Schutzpflichten des Staates, abgeleitet, die notwendig Grundrechtseingriffe mit sich bringen.[11] Wie bei vielen gerichtlichen Innovationen war die Rechtsfigur der Schutzpflichten anfangs recht begrenzt: Soweit den grundrechtlich geschützten Interessen des Bürgers durch Übergriffe privater Dritter – gegenüber dem Staat wirken die Abwehrrechte ja unmittelbar – Gefahren drohen, wird der Staat zum Eingreifen verpflichtet, wobei ihm allerdings weite Einschätzungs-, Wertungs- und Gestaltungsspielräume zustehen. Sie schrumpfen jedoch infolge einer systemimmanenten Logik, indem die Anwendungsfälle immer weiter zunehmen und die Spielräume des Gesetzgebers durch das Gericht zusehends eingeengt werden. Das ist auch deswegen hochproblematisch, weil in diesen Fällen das Gericht nicht nur Entscheidungen des Gesetzgebers aufhebt und kassiert, sondern an dessen Stelle selbst gestaltend tätig wird und inhaltlich Gesetze vorschreibt – was indessen nicht zu seinen ihm durch die Verfassung übertragenen Aufgaben gehört. Die Idee der Schutzpflichten hat das Gericht um zusätzliche objektiv-rechtliche Dimensionen ergänzt. So werden den Grundrechten Organisations- (Rundfunkordnung) und Verfahrensgarantien (Beteiligung an Entscheidungsverfahren) sowie Leistungs- (Anspruch auf Existenzminimum) und Teilhabeansprüche (Zulassung zur Universität) entnommen.

# FREIHEIT STATT EINHEIT

**6/46**
Erste Ausfertigung des Bundesverfassungsgerichtsurteils zum Fall Lüth vom 17. Januar 1958

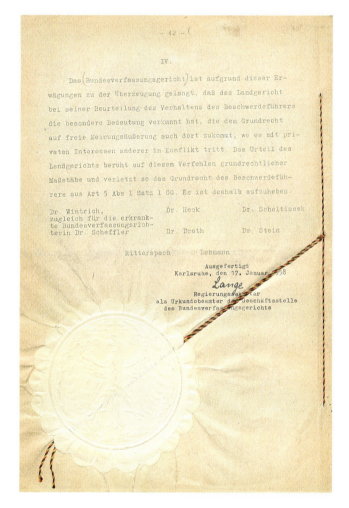

## IV. Ausblick

In den 60 Jahren seit 1949 hat das Grundgesetz sich bewährt, seinen antitotalitären Impetus aus der Genese bewahrt und seine liberale Grundhaltung beibehalten. Es hat wesentlich durch seine institutionellen und verfahrensmäßigen Regelungen zur Stabilität der politischen Ordnung der Bundesrepublik beigetragen. Diese unbestreitbaren Erfolge haben mitunter geradezu eine sakralisierende Überhöhung der Verfassung provoziert. Die angesichts der Schwächung des Nationalstaatsgedankens nach 1945 an das Grundgesetz herangetragene Aufgabe der politischen Identitätsstiftung im Sinne eines »Verfassungspatriotismus«[12] muss das Grundgesetz freilich überanstrengen. Die durch die Verfassungsrechtsprechung geförderte Juridifizierung der Politik bedarf keiner Steigerung, zumal sie ohnehin eine Ausprägung spezifisch deutscher politischer Kultur darstellt. Der gelegentlich befürchtete Jurisdiktionsstaat ist allerdings ebenso wenig eingetreten. Auch am Beginn des 21. Jahrhunderts kann das Grundgesetz als geglückte Verfassungsschöpfung angesehen werden.

### Anmerkungen

1. Theodor Heuss im Parlamentarischen Rat, Jahrbuch des Öffentlichen Rechts der Gegenwart N. F. 1 (1951), S. 16.
2. BVerfGE 62, 1. Entscheidungen des Bundesverfassungsgerichts erscheinen seit 1998 auf der Website des Bundesverfassungsgerichts und von Anfang an im Verlag J.C.B. Mohr, Tübingen, als amtliche Sammlung beider Senate. Seit der Gründung des Gerichts im Jahre 1951 sind 118 Bände mit über 2950 Urteilen und Beschlüssen erschienen. Die Zitierweise folgt der Form: BVerfGE, Bandnummer, Seite, auf der die Entscheidung beginnt, und – falls notwendig – in Klammern die Seite, auf der die im Haupttext zitierte Passage steht.
3. Fritz René Allemann, Bonn ist nicht Weimar, Köln 1956.
4. BVerfGE 7, 198 (208).
5. Klaus Schlaich, Das Bundesverfassungsgericht. Stellung, Verfahren, Entscheidungen, München 1985, S. 101.
6. BVerfGE 6, 32 (36 ff.).
7. BVerfGE 54, 143; 80, 137.
8. BVerfGE 65, 1.
9. Urteil vom 27. Februar 2008 zur Online-Durchsuchung.
10. BVerfGE 7, 198 (205). Vgl. zum Lüth-Urteil, auch für Laien verständlich: Thomas Henne/Arne Riedlinger (Hg.), Das Lüth-Urteil aus (rechts-)historischer Sicht. Die Konflikte um Veit Harlan und die Grundrechtsjudikatur des Bundesverfassungsgerichts, Berlin 2005.
11. BVerfGE 39, 1.
12. Dolf Sternberger, Verfassungspatriotismus (1979), in: ders., Schriften Bd. X, Frankfurt am Main 1990, S. 13 ff.

IM NAMEN DER FREIHEIT

MARTIN SABROW

Das Recht der Diktatur –
Die Verfassungen der
Deutschen Demokratischen Republik
1949 und 1968/74

# DAS RECHT DER DIKTATUR

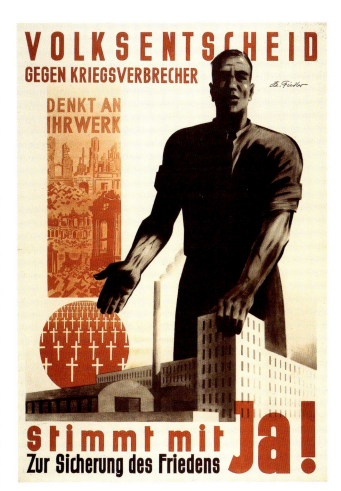

7/16
Plakat zum Volksentscheid
gegen Kriegsverbrecher, 1946

## I.

Wie lässt sich die herausgehobene Bedeutung von Verfassungen in einem Land erklären, in dem »der Verfassungsbruch seit vierzig Jahren zum Alltag gehört«, wie ein führender DDR-Rechtshistoriker in der Erosionsphase des SED-Regimes trocken resümierte?[1]

Eine erste Antwort auf diese Frage lieferte Walter Ulbricht, der in Anlehnung an Ferdinand Lassalle die instrumentelle Funktion des Rechts in kommunistischen Regimen offen eingestand: »Verfassungsfragen sind Machtfragen[2]«. Entsprechend handelte die SED-Führung: Gestützt auf die Sozialartikel der DDR-Verfassung trieb sie die Enteignung von Bauern, Handwerkern und Unternehmern voran; gestützt auf den berüchtigten Artikel über die »Boykotthetze« kriminalisierte sie ihre Gegner und brach den Widerstand gegen ihre Herrschaft. Doch die dienstbare Macht der Verfassung drohte immer auch zur Gegenmacht zu werden, wenn in der frühen DDR die Kritiker des Ulbricht-Kurses sich auf ihre verfassungsmäßigen Grundrechte beriefen oder wenn in der Erosionsphase der kommunistischen Macht oppositionelle Beobachter den staatlichen Wahlbetrug vom Mai 1989 brandmarkten.

Ein weiteres Spannungsverhältnis der sozialistischen Rechtsordnung erwuchs aus ihrer Funktion als Legitimationsinstanz: Um im Dienst der kommunistischen Partei als Propagandainstrument nützlich sein zu können, musste die Verfassung immer mehr sein als ein bloßer Fetzen Papier. Sie musste Bestimmungen enthalten, die den Kampf um ihre Geltung lohnten, und sie musste glaubwürdig vermitteln, dass diese Rechte nicht nur auf dem Papier standen, sondern bereits Wirklichkeit waren oder doch werden konnten. Aus dieser Hoffnung heraus pries der in Stalins Reich gereiste Lion Feuchtwanger 1937 die Verfassung der Sowjetunion[3] und rühmte Heinrich Mann zehn Jahre später den von der SED publizierten Vorschlag einer demokratischen Verfassung für Nachkriegsdeutschland: »So behandelt man eine Verfassung, wenn das Zeitalter nach verwirklichtem Sozialismus drängt[4]«.

Solche Legitimationskraft entfalteten die Konstitutionen des Kommunismus nicht nur bei illusionsbehafteten Zeitgenossen, die mit der von der Sowjetunion ausgehenden Umwälzung eine bessere Zukunft für die Menschheit anbrechen sahen. Noch im Rückblick auf die Zeit der deutschen Zweistaatlichkeit erschien die DDR-Konstitution im Vergleich mit dem Grundgesetz manchem als die bessere Verfassung, in der »die Enteignung des Monopolkapitals, der Kriegsverbrecher und des Großgrundbesitzes fixiert« waren und »Entnazifizierung und Entmilitarisierung [...] gewährleisten [sollten], daß nie wieder von deutschem Boden ein Krieg ausgehen kann[5]«.

Kurz: Die DDR-Verfassung konnte nur insofern ein Instrument der Macht sein, als sie zugleich auch eine Hoffnung der Massen war, und sie konnte die Legalität nur zum Schwert der Diktatur machen, wenn sie dessen potenzielle Zweischneidigkeit in Kauf nahm. In dieser doppelten Grundspannung zwischen kalkulierter Nützlichkeit und eigendynamischer Gefährlichkeit entwickelte sich die Verfassung des zweiten deutschen Staates zwischen 1949 und 1990.

**Karl Polak**

(KPD, SED)
geb. 12. Dezember 1905 in Westerstede bei Oldenburg
gest. 27. Oktober 1963 in Berlin

**1925 – 1929** Studium der Rechtswissenschaften **1932** Promotion zum Dr. jur. in Freiburg **1933** als Jude aus dem Justiz-Vorbereitungsdienst entlassen, Emigration nach Dänemark, dann in die Sowjetunion **1946** Rückkehr nach Deutschland, Leiter der Rechtsabteilung des ZK der KPD **1946 – 1948** Leiter der Abteilung für Justiz in der SED **1946** Entwurf der Verfassung für eine demokratische deutsche Republik **1948/49** Mitglied des Deutschen Volksrats und des Verfassungsausschusses **1949** Berufung zum Professor für Allgemeine Staats- und Rechtswissenschaft in Leipzig, Abgeordneter der Volkskammer **1960 – 1963** Mitglied des Staatsrats

## II.

An ihrem Anfang stand im Sommer 1946 ein von dem Staatsrechtler Karl Polak im Auftrag der SED-Führung ausgearbeiteter Verfassungsentwurf für eine »Demokratische Republik Deutschland«, den Walter Ulbricht am 10. August 1946 der Sowjetischen Militäradministration in Deutschland (SMAD) übermittelte. Schon hier trat die politische Ambivalenz der Verfassungsfrage offen zutage: Von einer Erklärung des Parteivorstands der SED mit dem Titel »Für die Bildung einer einheitlichen deutschen Staatsregierung« begleitet, zielte die Verfassungsoffensive darauf ab, die Position der im April aus der Fusion von KPD und SPD hervorgegangenen SED im Vorfeld kommender Landtagswahlen in allen vier Zonen zu stärken und Einfluss auf die Planungen für die Zukunft Deutschlands zu gewinnen: »Wir denken, daß wir auf diese Weise den Kampf um Demokratie im Süden und Westen Deutschlands beeinflussen können.«[6]

## DAS RECHT DER DIKTATUR

**7/7** (links unten)
Verfassungsentwurf des Parteivorstandes der SED für eine demokratische deutsche Republik mit einleitenden Erklärungen von Otto Grotewohl, 1946

**7/12** (rechts)
Sichtwerbung am Bahnhof Friedrichstraße für den II. Volkskongreß am 17./18. März 1948

Diese Strategie traf jedoch auf Bedenken der SMAD, dass eine gesamtdeutsche Initiative die sowjetische Machtposition in der SBZ gefährden könnte. Es dauerte Monate, bis der sowjetische Widerstand überwunden und der vollständige Verfassungsentwurf im *Neuen Deutschland* publiziert wurde.[7] Äußerlich lehnte der Text sich in mehreren Abschnitten stark an die Weimarer Reichsverfassung an, trug aber gleichzeitig mit der in den Verfassungsrang erhobenen Enteignung von NS- und Kriegsverbrechern der »antifaschistisch-demokratischen Umwälzung« in der eigenen Zone Rechnung. Vor allem in der Absage an die Gewaltenteilung, im Verzicht auf ein verfassungsmäßiges Widerstandsrecht und in der alleinigen Abstellung auf die Volkssouveränität wurde die Abkehr von der Weimarer Verfassung deutlich, die einer Rousseau statt Montesquieu verpflichteten Denktradition entsprach.

Wenn die SED-Führung allerdings geglaubt haben sollte, dass eine über die Zonengrenzen hinwegreichende Zustimmungswelle durch den Verfassungsentwurf ausgelöst werden würde, »um dessen Beachtung wir Deutschen im Osten und Westen, im Norden und Süden die Welt bitten müssen«, wie Otto Grotewohl mit dem Pathos der Bescheidenheit formulierte, so wurde sie bald eines Besseren belehrt.[8] Für die von ihr angestrebte gesamtdeutsche Volksabstimmung waren die Voraussetzungen – nicht zuletzt aufgrund des immer heftiger entbrennenden Kalten Krieges – längst nicht mehr gegeben. Wohl aber gelang es der SED, die tragenden Erwägungen ihres Konstitutionsentwurfs in den fünf Länderverfassungen durchzusetzen, die nach den Landtagswahlen im Herbst 1946 in Mecklenburg, Brandenburg, Thüringen, Sachsen-Anhalt und Sachsen verabschiedet wurden. Erst im Herbst 1947 – im Zusammenhang mit den Londoner Tagungen der alliierten Außenminister – nahm die SED, einer Direktive Stalins folgend, ihre verfassungspolitische Offensive wieder auf und forderte die Einberufung eines »Volkskongresses für Einheit und gerechten Frieden«.

**Otto Grotewohl**

(SPD, USPD, SED)
geb. 11. März 1894 in Braunschweig
gest. 21. September 1964 in Berlin

**1908–1912** Buchdruckerlehre **1912** Eintritt in die SPD **1918** Wechsel zur USPD **1920–1925** Mitglied im braunschweigischen Landtag **1921–1922** Minister für Volksbildung und Inneres **1922** Wiedereintritt in die SPD **1923–1924** Minister für Justiz im Freistaat Braunschweig **1925–1933** Mitglied des Reichstags für die SPD **1933–1945** Tätigkeit als Kaufmann und Vertreter, mehrfach inhaftiert **1945** SPD-Vorsitzender in der Sowjetischen Besatzungszone **1946–1954** nach der erzwungenen Vereinigung von SPD und KPD gemeinsam mit Wilhelm Pieck Vorsitzender der SED **1948/49** Mitglied des Deutschen Volksrates und Vorsitzender des Verfassungsausschusses **1949–1964** Ministerpräsident der DDR

9/13

Ursprünglich vor allem dazu gedacht, sämtliche Parteien und Massenorganisationen der SBZ unter Führung der SED zusammenzuschließen, wurde der erste, im Herbst 1947 einberufene Volkskongreß rasch zur verfassunggebenden Volksversammlung mit gesamtdeutschem Anspruch umfunktioniert, ohne freilich über eine demokratische Legitimation zu verfügen. Ein zweiter Volkskongreß wurde zum 100. Jahrestag der Berliner Märzrevolution auf den 18. März 1948 einberufen, wobei nun nach dem Willen der SMAD Arbeiter und Bauern stärker repräsentiert waren als auf dem ersten. Der Volkskongreß bestimmte einen 400-köpfigen Volksrat, in dem die Mehrheit der SED gesichert war und aus dem die spätere Volkskammer der DDR hervorgehen sollte. Der in zahlreichen Kommissionen arbeitende Volksrat berief einen Verfassungsausschuss unter Leitung Otto Grotewohls ein, der im August 1948 Richtlinien der Arbeit an einer neuen Konstitution verabschiedete und einen Verfassungsentwurf erarbeitete, den der Volksrat am 22. Oktober 1948 bestätigte und zur öffentlichen Diskussion stellte. Zuvor allerdings war das Einverständnis Stalins eingeholt worden, der den Entwurf als »prinzipiell« annehmbar gutgeheißen hatte.

So sehr der Entwurf von der Hegemonie der SED zeugte, so deutlich trug er in vielen Artikeln auch Kompromisscharakter, so etwa hinsichtlich der Schaffung eines Präsidentenamtes, der Etablierung einer Länderkammer oder der Stellung von Religionsgemeinschaften.[9] Seine öffentliche Erörterung schlug sich nach SED-Angaben in nicht weniger als 9000 Versammlungen, 15.000 Resolutionen und 500 Abänderungsvorschlägen nieder. Gleichwohl wurde die Verfassungsdiskussion im Februar 1949 beendet und der unveränderte Entwurf zur Beschlussfassung an den Volksrat übergeben, der ihn am 19. März 1949 einstimmig guthieß. Ihm folgte der Dritte Volkskongreß, der die Verfassung der DDR nach seiner Wahl am 15. und 16. Mai 1949 mit lediglich einer Gegenstimme annahm. Dem Volksrat wiederum blieb es überlassen, die Verfassung am 7. Oktober 1949 einstimmig in Kraft zu setzen und damit die Gründung der DDR verfassungsrechtlich abzusichern.

7/9 (rechts)
**Plakat des Deutschen Volkskongresses zur Abstimmung über den Verfassungsentwurf vom 19. März 1949**

# VERFASSUNG
## der deutschen demokratischen Republik

Von dem Willen erfüllt, die Freiheit und Würde des Menschen zu sichern, das Gemeinschafts- und Wirtschaftsleben in sozialer Gerechtigkeit zu gestalten, dem gesellschaftlichen Fortschritt zu dienen, die Freundschaft mit anderen Völkern zu fördern und den Frieden zu sichern, hat sich das deutsche Volk diese Verfassung gegeben

## Durch das Volk
## Mit dem Volk
## Für das Volk

**DEUTSCHER VOLKSKONGRESS
LANDESAUSSCHUSS SACHSEN-ANHALT**

**7/17**
Plakat *Nie wieder arbeitslos*, 1949

**III.**

Die 144 Artikel umfassende Verfassung des neu gegründeten Staates gliederte sich in drei Teile. Einem Eingangsabschnitt über die *Grundlagen der Staatsgewalt* folgte im Abschnitt B ein eng an die Weimarer Verfassung angelehnter Bürgerrechtskatalog, der die Gleichberechtigung vor dem Gesetz, die bürgerlichen Freiheits- und Schutzrechte und die Vereinigungsfreiheit kodifizierte. Dazu aber kamen in der DDR-Verfassung soziale Grundrechte, die dem Bonner Grundgesetz fehlten, darunter der Schutz der Arbeitskraft und das Recht auf Arbeit, das Mitbestimmungsrecht in Fragen von Produktion und Arbeitsbedingungen sowie der Schutz vor unangemessenen Arbeitsbedingungen und das Recht auf leistungsgerechte Entlohnung.

Ein eigener Unterabschnitt der Verfassung verpflichtete das in Art. 22 geschützte Eigentum und die in Art. 19 gewährleistete wirtschaftliche Freiheit des Einzelnen den Grundsätzen der am Prinzip der sozialen Gerechtigkeit ausgerichteten Wirtschaftsordnung. Ein Missbrauch wurde mit entschädigungsloser Enteignung sanktioniert. Art. 24 verfügte: »Die Betriebe der Kriegsverbrecher und aktiven Nationalsozialisten sind enteignet und gehen in Volkseigentum über.« Noch offener für jedwede Auslegung formulierte der Anschlusssatz: »Das gleiche gilt für private Unternehmungen, die sich in den Dienst einer Kriegspolitik stellen.« Auf diese Weise erklärte sich die Verfassung selbst zum politischen Programm, das eine noch gar nicht gegebene Ordnung definierte. In dieselbe Richtung wies Art. 6, der summarisch die »Boykotthetze gegen demokratische Einrichtungen und Organisationen« als »Verbrechen im Sinne des Strafgesetzbuches« definierte. Gerade dieser berüchtigte Artikel sollte in den Folgejahren von einer willfährigen Justiz als verfassungsrechtliches Instrument zur politischen Unterdrückung herangezogen werden.

Noch deutlicher von der Weimarer Verfassungstradition entfernte sich Abschnitt C, der den Aufbau der Staatsgewalt behandelte. In ihm wurde das Prinzip der Gewaltenteilung durch das der Gewalteneinheit abgelöst und der Volksvertretung über die Gesetzgebung hinaus das uneingeschränkte Recht zur Überwachung und Abberufung der Regierung ebenso wie zur Wahl und Abberufung des Obersten Gerichtshofes und des Obersten Staatsanwaltes zugewiesen. Nicht einem eigenständigen Verfassungsgericht, sondern einem von der Volkskammer selbst gebildeten Verfassungsausschuss oblag es, von der Volkskammer beschlossene Gesetze auf ihre Verfassungsmäßigkeit zu prüfen. Vor der Allmacht der Volkskammer schützte nicht einmal die Verfassung selbst. Art. 83 bestimmte, dass die Verfassung im Wege der Gesetzgebung mit Zweidrittelmehrheit der Abgeordneten geändert werden konnte.

Insgesamt ersetzte die DDR-Verfassung von 1949 das angelsächsische Gleichgewichtsideal der sich gegenseitig prüfenden und begrenzenden *checks and balances* durch ein politisches Konsensideal, in dem der Kollektivitätsanspruch der deutschen Arbeiterbewegung, die unheilvolle Zerstrittenheit in der ersten deutschen Demokratie und nicht zuletzt auch eine nachwirkende antiwestliche Politiktradition zusammenflossen. Folgerichtig legte Art. 92 fest, dass die Regierung der DDR von allen Fraktionen der Volkskammer mit mehr als 40 Mitgliedern im Verhältnis ihrer

DAS RECHT DER DIKTATUR

**7/27**
Der Prozess gegen Leonhard Moog
und andere in Erfurt, 4. Dezember 1950

numerischen Stärke zu bilden sei, sofern sich nicht fallweise eine Fraktion selbst ausschließe. Dem Parteienstaat setzte die DDR-Verfassung so den Volksstaat entgegen, dessen Macht durch keine Gegengewalt begrenzt sein sollte.

Ungeachtet ihrer traditionellen Rhetorik betrat die ostdeutsche Konstitution in der Verschiebung von den individuellen Freiheits- zu den sozialen Teilhaberechten und in ihrer konsensuellen Grundorientierung verfassungspolitisches Neuland und stellte sich in gezielte Konkurrenz zu dem am 23. Mai 1949 verkündeten Grundgesetz der Bundesrepublik. Während Otto Grotewohl den »Bonner Entwurf« als »eine Auftragsgesetzgebung der westlichen Besatzungsmächte« disqualifizierte, beanspruchte die DDR-Verfassung in Präambel und Schlussformel die Geltungskraft einer demokratisch legitimierten, »unter Beteiligung des gesamten Deutschen Volkes erarbeiteten« Konstitution, die »sich das deutsche Volk [...] gegeben« habe. In ihrem gesamtdeutschen Anspruch spiegelte die erste DDR-Verfassung allerdings vor allem die illusionäre Hoffnung Moskaus, auf den mit der Übergabe der Frankfurter Dokumente im Juli 1948 vorgezeichneten Weg zur Gründung der Bundesrepublik Einfluss zu nehmen. Die SED-Führung hingegen, die ihre Machtposition in der SBZ vor jeder Gefährdung zu schützen suchte, war sich der Risiken eines Werbens um Akzeptanz im Westen, das zu politischen Zugeständnissen führen musste, weit deutlicher bewusst. Unverblümt sprach Ulbricht diese taktische Differenz im Frühjahr 1948 gegenüber der SMAD an: »Errichten wir die Diktatur des Proletariats, dann werden alle Dinge

# IM NAMEN DER FREIHEIT

**7/24**
Wandzeitung zur ersten Regierung der DDR,
15. November 1949

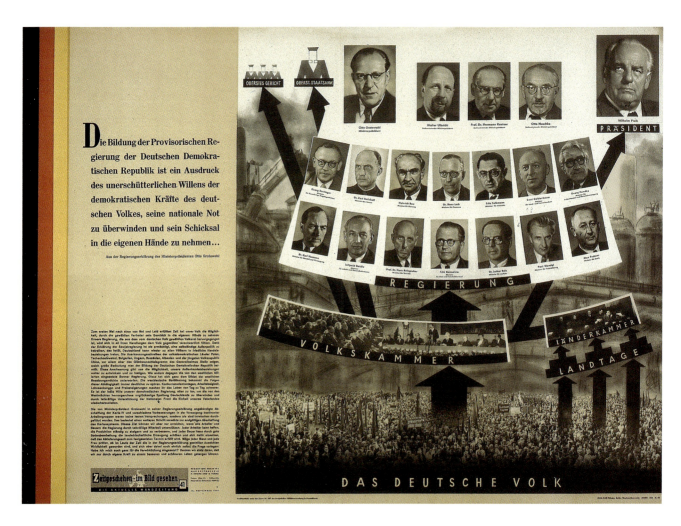

klar und einfach. Doch darf dann nicht gefordert werden, daß wir Demokratie spielen und parlamentarische Wahlen durchführen.«[10]

In der Tat: Weniger auf die einzelnen Bestimmungen der Verfassung kam es an als auf die Frage, wer die Macht zu ihrer Interpretation besitzen würde. Dazu hieß es in Art. 51 über die Bildung der Volksvertretung der Republik zwar unzweideutig: »Die Abgeordneten werden in allgemeiner, gleicher, unmittelbarer und geheimer Wahl nach den Grundsätzen des Verhältniswahlrechtes auf die Dauer von vier Jahren gewählt.« Doch schon zuvor, nach den ersten ostdeutschen Landtagswahlen vom Herbst 1946, die der SED in keinem einzigen Land der SBZ die absolute Mehrheit eingetragen hatten, konnte kaum ein Zweifel darüber herrschen, dass eine Zulassung freier Wahlen der SED-Herrschaft den Boden entzogen hätte. Die SED-Führung war denn auch bereits im Oktober 1949 entschlossen, die kommenden Volkskammerwahlen nach dem Einheitslistenprinzip durchzuführen, um ihre Dominanz zu sichern. In einer Parteivorstandssitzung zur Vorbereitung der Republikgründung bekräftigte Wilhelm Pieck den Willen der SED, die anstehenden Wahlen um ein Jahr auf den Herbst 1950 zu verschieben, weil es nach »unserer Meinung notwendig ist, Volkskammer und Regierung erst ein Jahr arbeiten zu lassen und dann die Wahlen vorzunehmen.«[11] Gerhart Eisler sekundierte Piecks Vortrag mit dem Vorschlag, die Konstituierung der Volkskammer mit der Organisation »gewaltiger Kundgebungen« zu begleiten, sodass »wir auch die Rückständigen, die nicht verstehen, worum

## DAS RECHT DER DIKTATUR

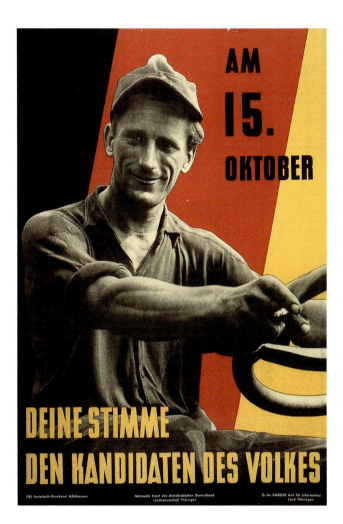

7/25
Plakat zu den Volkskammerwahlen
vom 15. Oktober 1950

es sich handelt, mitreißen. [...] Das sollten wir diskutieren und dann durchführen; denn als Marxisten müssen wir wissen: wenn wir eine Regierung gründen, geben wir sie niemals wieder auf, weder durch Wahlen noch andere Methoden.«[12]

Vor diesem Hintergrund lässt sich die erste DDR-Verfassung als rasch perfektioniertes Instrument einer pseudolegalen Eroberung und Sicherung der kommunistischen Herrschaft lesen. Faktisch beseitigte sie alle Rechtsgarantien und Bemächtigungsschranken gegen den totalitären Anspruch der SED-Führung. Entgegenstehende Verfassungsartikel, deren Formulierung sich den konsensorientierten Verhandlungen im Verfassungsausschuss verdankte, wurden in der Folgezeit auf dem Verordnungswege ausgehebelt oder in der Rechtsprechung in ihr glattes Gegenteil verkehrt. Die von Anfang an bestehende Kluft zwischen Verfassungsrecht und Verfassungswirklichkeit verbreiterte sich rasch so weit, dass ein bundesdeutscher Verfassungsrechtler schon fünf Jahre nach dem Inkrafttreten der DDR-Verfassung feststellen konnte: »Die Zahl der Verfassungsartikel der Sowjetzone, die in uneingeschränkter Geltung geblieben sind, ist heute schon geringer als die Zahl derjenigen, die in der Verfassungswirklichkeit Modifikationen – oft einschneidender Art – erfahren haben.«[13]

Dennoch war auch diese erste Verfassung weit mehr als ein bloßes Betrugsmanöver, das Unrecht für Recht ausgab. In ihr und mehr noch in ihrer Anwendung trat vielmehr ein gänzlich anderes Rechtsverständnis hervor, das seine eigentliche Legitimation aus den Gesetzen der geschichtlichen Entwicklung ableitete und nicht von der naturrechtlichen Geltungskraft unveräußerlich gedachter Menschen- und Bürgerrechte ausging[14]. Deren wissenschaftlich gesicherte Erkenntnis in politische Praxis zu überführen und der Gesellschaft zu vermitteln, war die Aufgabe und der Legitimationsquell kommunistischer Herrschaft. Folgerichtig insistierte die rechtstheoretische Literatur der DDR auf der Auffassung, dass »die Freiheit nichts anderes ist, als die auf wissenschaftlicher Einsicht in die Gesetze der Natur und der Gesellschaft sich gründende, gemeinschaftlich ausgeübte Herrschaft des Menschen über seine natürlichen und gesellschaftlichen Lebensbedingungen«.[15] Aus diesem Verständnis von Recht und Politik erklärt sich der politische Avantgardeanspruch der sich an keinen Mehrheitswillen bindenden, jede Gegnerschaft rücksichtslos zerbrechenden SED-Herrschaft ebenso wie ihr gleichzeitig so besessenes wie unablässiges Ringen um restlose Zustimmung.

Hier hat die »Leidenschaft für die Einstimmigkeit« (Carl Joachim Friedrich) ihre Wurzel und die eigentümliche Verbindung von Zwang und Zustimmung, welche die über 40-jährige Herrschaft des Kommunismus in der DDR prägte. Sie begleitete die Entstehung der DDR-Verfassung von der ersten Beratung im Verfassungsausschuss bis zu ihrer Verabschiedung am 29. Oktober 1950, und sie manifestierte sich unverändert noch in der unbeirrten Fälschung der Kommunalwahlen vom 7. Mai 1989.

7/33
Broschüre mit dem Entwurf der neuen Verfassung der DDR, 1968

## IV.

Mit Recht argumentierte der spätere Verfassungsrichter Martin Drath schon 1954, »daß die Verfassungsurkunde der Sowjetzone überhaupt nicht die Bedeutung hat, eine relativ stabile, die materielle Substanz des staatlichen und sozialen Lebens umreißende oder voraussetzende Basis festzulegen«. Ganz im Gegenteil könne, so Drath, der Verfassungstext »*höchstens* Ausgangspunkt einer beginnenden Fortentwicklung sein, die von diesem Ausgangspunkt *immer mehr wegführt*«.[16]

Eben diese Entwicklung trat tatsächlich ein. Mit der Abschaffung der Ländergliederung 1952 zugunsten der Schaffung von Bezirken entsprach die geltende Verfassung für jedermann erkennbar nicht einmal mehr der institutionellen Realität in der DDR, geschweige denn der etablierten Herrschaftskultur des SED-Staates. In Vorbereitung einer für das Frühjahr 1956 geplanten SED-Parteikonferenz erarbeitete die zuständige ZK-Abteilung zusammen mit dem Verfassungsrechtler Karl Polak die »Prinzipien« einer »neuen Verfassung«.[17] Vom sozialistischen Charakter der DDR ausgehend, ebneten sie den grundlegenden Unterschied von Rechten und Pflichten ein und stellten nicht mehr auf das individuelle Schutzrecht vor dem Staat, sondern die Teilhabe an ihm ab.

Doch Otto Grotewohls Auftaktrede zur geplanten Parteikonferenz unter dem Titel »Die Rolle der Arbeiter-und-Bauern-Macht in der DDR und die Einleitung einer Aussprache zur Schaffung einer neuen Verfassung für die Deutsche Demokratische Republik« wurde zwar geschrieben, aber nicht gehalten. Das politische Erdbeben des XX. Parteitags der KPdSU zwang die SED auch auf diesem Gebiet vorerst in die Defensive: So lange jede noch so behutsame Distanzierung vom »Personenkult« und von den »Verletzungen der demokratischen Gesetzlichkeit im Sozialismus« unweigerlich die Frage nahelegte, wie es mit der Macht der Verfassung als Palliativ gegen politische Fehlentwicklung bestellt sei, konnte dem Regime an einer öffentlichen Diskussion von Verfassungsplänen nicht gelegen sein. In diesem Sinne warb Grotewohl gegenüber den Sowjets um Verständnis für den taktischen Sinneswandel der SED-Führung. Wenngleich »die DDR in ihrer gesellschaftlichen Entwicklung weiter gegangen ist, als sich das in der geltenden Verfassung widerspiegelt«, ließen doch »die immer noch vorhandenen ökonomischen Schwierigkeiten, der immer noch in großem Umfange vorhandene Weggang der Bevölkerung der DDR nach Westdeutschland [und] die Stimmung gegen die Schaffung der Armee« die Parteiführung vorerst vor einer Weiterverfolgung ihrer verfassungspolitischen Ambitionen zurückschrecken.[18]

Erst die vollständige Abriegelung des zweiten deutschen Staates im Jahr 1961, die ein Jahr später erfolgende wirtschaftliche Festigung und die Einführung der allgemeinen Wehrpflicht schufen die Voraussetzungen, um das liegen gebliebene Projekt wieder aufzunehmen. Am 1. Dezember 1967 setzte die Volkskammer eine Verfassungskommission unter Vorsitz Walter Ulbrichts ein, der bereits auf dem VII. Parteitag der SED im April desselben Jahres die Diskrepanz zwischen der »gegenwärtige[n] Verfassung« und »den Verhältnissen der sozialistischen Ordnung« thematisiert hatte.[19] Bereits knapp zwei Monate später unterbreitete die Volkskammer den fertig ausgearbeiteten Verfassungsentwurf »dem Volk zur umfassenden Aussprache«.[20] Sie folgte damit den Maxi-

## DAS RECHT DER DIKTATUR

**7/35**
Kundgebung auf dem August-Bebel-Platz am 5. April 1968, dem Vorabend der Volksabstimmung über die Verfassung der DDR

men der kommunistischen Konsensdiktatur ebenso getreulich wie es die kurz darauf erfolgende amtliche Verkündung des einmütigen Resultats tat: In »mehr als 750.000 Veranstaltungen hat das Volk seine Meinung und Zustimmung zur neuen sozialistischen Verfassung zum Ausdruck gebracht[21]«. Wie ernsthaft die öffentliche Prüfung erfolgt war, sollte die hohe Zahl der angeblich 12.454 bei der Verfassungskommission eingegangenen Zuschriften belegen. Und wie sehr wiederum der Verfassungsentwurf dem Willen des werktätigen Volkes entsprach, meinte die SED-Führung mit dem Umstand beglaubigen zu können, dass die darauf-

**Die sozialistische Verfassung der Deutschen Demokratischen Republik wird gleich einem Leuchtturm der Demokratie, der Freiheit und des Sozialismus auch dem Volke in Westdeutschland helfen, den richtigen Weg zu finden.**

Walter Ulbricht,
Begründung des Entwurfes der neuen Verfassung
auf der 7. Tagung der Volkskammer am 31. Januar 1968.

hin erfolgten 118 Änderungen in der Präambel und in 55 Artikeln der Verfassung mit Ausnahme der im Entwurf eingeschränkten Glaubens- und Gewissensfreiheit nicht substanzieller Natur waren. Dass zahlreiche Zuschriften durch die Sorge um die Einschränkung der freien Religionsausübung motiviert waren, dass eine Liberalisierung der Presse und die Freiheit von Kunst und Wissenschaft, aber auch die Verankerung des Rechts auf Kriegsdienstverweigerung gefordert wurden, unterschlug die Publikationspolitik der zuständigen »Agitationskommission für die Verfassungsdiskussion« wohlweislich. Nur intern gab der SED-Apparat sich Rechenschaft darüber, dass die verkündete Zustimmungsbereitschaft der Bevölkerung der Realität ins Gesicht schlug. Seinen Höhepunkt erreichte der inszenierte Konsens zwischen Volk und Führung schließlich mit dem Volksentscheid vom 6. April 1968, in dem die neue Verfassung mit 96,30 % der abgegebenen Stimmen und von 94,49 % der stimmberechtigten Bürger gebilligt wurde, um dann mit dem 9. April 1968 in Kraft zu treten.

Die neue Verfassung setzte das Konsensideal der kommunistischen Zielkultur in den tragenden Gedanken der »sozialistischen Menschengemeinschaft« (Art. 18) und des »Zusammenleben[s] aller Bürger in der sozialistischen Gemeinschaft« (Art. 3) um. Es

7/37
*Verfassung der Deutschen Demokratischen Republik*
mit den Ergänzungen und Änderungen von 1974

definierte die DDR als »die politische Organisation der Werktätigen in Stadt und Land, die gemeinsam unter Führung der Arbeiterklasse und ihrer marxistisch-leninistischen Partei den Sozialismus verwirklicht« (Art. 1). Überdies schrieb die Verfassung die praktizierte Einmütigkeit nach dem Blockprinzip und die dieser Bündelung der politischen Kräfte entsprechende Wahl nach Einheitslisten fest.

Anders als die bisherige gliederte die neue Verfassung die Grundrechte in die »Grundlagen der sozialistischen Gesellschafts- und Staatsordnung« ein und entwickelte sie als Staat und Bürger gleichermaßen bindende Beziehung, wie es etwa Art. 24 zum Ausdruck bringt: »Das Recht auf Arbeit und die Pflicht zur Arbeit bilden eine Einheit.« Zugleich wurden die Grundrechte in der Ulbricht'schen Verfassung ihrer rechtlichen Vorrangstellung entkleidet und von individuellen Schutzrechten in gesellschaftliche Teilhaberechte am Projekt Sozialismus verwandelt: »Alle Bürger haben das Recht, sich im Rahmen der Grundsätze und Ziele der Verfassung friedlich zu versammeln« (Art. 28) und genießen »das Recht auf Vereinigung, um durch gemeinsames Handeln in politischen Parteien [...] ihre Interessen in Übereinstimmung mit den Grundsätzen und Zielen der Verfassung zu verwirklichen« (Art. 29).

Die Ablösung Ulbrichts 1971 zog eine abermalige Anpassung der ostdeutschen Konstitution an die politische Gegenwartslage nach sich. Ohne jede öffentliche Beteiligung wurde zum 25. Jahrestag der Staatsgründung am 7. Oktober 1974 ein *Gesetz zur Ergänzung und Änderung der Verfassung der Deutschen Demokratischen Republik* erlassen. Es ersetzte entsprechend dem neuen Kurs unter Erich Honecker den Bezug auf die wiederherzustellende Einheit der deutschen Nation durch die Norm des »sozialistischen Internationalismus« und erhob das »für immer und unwiderruflich« deklarierte »enge und brüderliche Bündnis« mit der Sowjetunion in den Verfassungsrang (Art. 6). Mit dieser dritten DDR-Verfassung kodifizierte die SED-Führung in ihrem Selbstverständnis »den Schritt von der bürgerlichen Nation zur sozialistischen Nation«,[22] die sich nicht mehr aus einer gemeinsamen deutschen Geschichte herleitete, sondern als »Fortsetzung der revolutionären Traditionen der deutschen Arbeiterklasse« verstand (Präambel). Als »wissenschaftlich nicht exakt«[23] wurde auch der Begriff der »sozialistischen Menschengemeinschaft« aussortiert und durch den der »sozialistischen Gesellschaft« ersetzt. Zahlreiche weitere Änderungen betrafen die Struktur der Planwirtschaft und die Arbeitsweise von Volkskammer, Staatsrat und Ministerrat.

In der zeitgenössischen Diskussion der Bundesrepublik wurde die Neufassung in ihrer Abkehr von der klassenkämpferischen Diktion der Verfassungsurkunde von 1968 als Ausdruck wachsender Realitätsnähe gewürdigt. Tatsächlich aber deutet sich in ihr vor allem der zunehmende Bedeutungsverlust der Verfassung in der politischen Kultur des SED-Staates an. Von ihrem Wesen her als politisches Mobilisierungsinstrument konzipiert und nicht als rechtsstaatlicher Schutz, wurde sie in der Verfassungswirklichkeit auch der späteren DDR als verbrieftes Recht tagtäglich missachtet und zugleich als programmatische Zielformulierung politischen Handelns weitgehend ausgemustert.

Dennoch blieben Verfassungsfragen immer Machtfragen, wie Ulbricht in der Phase der kommunistischen Machteroberung verkündet hatte. Nur sollte sein Ausspruch sich am Ende in umgekehrter Weise bewahrheiten, als in den 1980er Jahren immer mehr Bürger ihre verfassungsmäßigen Rechte als das in Anspruch nahmen, was sie in der DDR nie hatten sein sollen: nämlich konstitutionelle Garantien für den Einzelnen und seine Gesellschaft gegen den Missbrauch politischer Macht.

### Anmerkungen

1 So Karl-Heinz Schöneburg während der 4. Staats- und rechtswissenschaftlichen Konferenz der DDR im September 1989, überliefert von Thomas Friedrich, Das Verfassungslos der DDR – die verfassungslose DDR. Aspekte der Verfassungsentwicklung und der individuellen (Grund-)Rechtsposition in der DDR, in: Gerhard Dilcher (Hg.), Rechtserfahrung der DDR. Sozialistische Modernisierung oder Entrechtlichung der DDR, Berlin 1997, S. 33–67, hier S. 33, Fußnote 1.
2 Heike Amos, Die Entstehung der Verfassung in der Sowjetischen Besatzungszone/DDR 1946–1949. Darstellung und Dokumentation, Münster 2006, S. 107.
3 Lion Feuchtwanger, Moskau 1937. Ein Reisebericht für meine Freunde, Berlin 1993², S. 30.
4 Heinrich Mann, Verfassung und reale Demokratie, in: Weltbühne, 1947, Nr. 11, S. 466–467, hier S. 467.
5 Karl-Heinz Schöneburg, Der Monat Mai war in guter Verfassung, in: Neues Deutschland, 20.5.1999.
6 So Walter Ulbricht in einem Schreiben an die SMAD-Führung vom 11.9.1946, zitiert nach Jochen Laufer, Die Verfassungsgebung in der SBZ 1946–1949, in: Aus Politik und Zeitgeschichte (APuZ), B 32–33, 1998, S. 29–41, hier S. 31.
7 Entwurf einer Verfassung für die Deutsche Demokratische Republik. Beschluss einer außerordentlichen Tagung des Parteivorstandes der Sozialistischen Einheitspartei Deutschlands, in: Neues Deutschland, 16.11.1946.
8 Otto Grotewohl, Warum Verfassungsentwurf? Die deutsche Einheit als nationale Aufgabe, in: Neues Deutschland, 16.11.1946.
9 Amos, Die Entstehung der Verfassung, Münster 2006, S. 198 ff.
10 Zitiert nach Laufer, Die Verfassungsgebung in der SBZ, 1998, S. 39.
11 Zitiert nach Siegfried Suckut, Die Entscheidung zur Gründung der DDR. Die Protokolle des SED-Parteivorstandes am 4. und 9. Oktober 1949, in: Vierteljahreshefte für Zeitgeschichte (VfZ) 39, 1991, S. 125–175, hier S. 152.
12 Ebd., S. 161.
13 Martin Drath, Verfassungsrecht und Verfassungswirklichkeit in der Sowjetischen Besatzungszone. Untersuchungen über Legalität, Loyalität und Legitimität, Bonn 1954, S. 3.
14 »Es kann also keine Rede davon sein, dass Menschenrechte ewige Rechte sind, ›die allen Leuten zu allen Zeiten und in allen Situationen‹ zustehen, wie dies auch heute und mit klangvollen Worten von bürgerlichen Ideologen behauptet wird.« Jens Büchner-Uhder, Menschenrechte – eine Utopie?, Leipzig/Jena/Berlin (Ost) 1981, S. 47.
15 Eberhard Fromm/Jürgen Schmolack/Gerhard Thiel, Verfassung und Freiheit, Berlin (Ost) 1969, S. 12.
16 Martin Drath, Verfassungsrecht und Verfassungswirklichkeit, Bonn 1954, S. 12 (Hervorhebung im Original).
17 Amos, Die Entstehung der Verfassung, Münster 2006, S. 334.
18 Zitiert nach ebd., S. 338.
19 Zitiert nach Giandomenico Bonanni, Neues zur sozialistischen DDR-Verfassung von 1968: Forschungsgeschichte und das Problem der Grundrechte, in: Jahrbuch für Historische Kommunismusforschung 2005, Berlin 2005, S. 189–215, hier S. 192.
20 Die von der Volkskammer eingesetzte Verfassungskommission blieb ein Scheingremium, das lediglich dreimal tagte und auf seiner konstituierenden Sitzung mit dem im SED-Apparat schon vorbereiteten Verfassungsentwurf konfrontiert wurde. Herwig Roggemann, Die DDR-Verfassungen. Einführung in das Verfassungsrecht der DDR. Grundlagen und neuere Entwicklung, Berlin (West) 1989⁴, S. 57.
21 Zitiert nach ebd., S. 57.
22 Erich Honecker, Reden und Aufsätze, Bd. 3, Berlin (Ost) 1976, S. 262.
23 Kurt Hager, Zur Theorie und Politik des Sozialismus, Berlin (Ost) 1972, S. 173.

IM NAMEN DER FREIHEIT

GUNNAR PETERS

»Wir sind das Volk!« –
Verfassungsdiskussionen
im Einigungsprozess
1989/90

# »WIR SIND DAS VOLK!«

8/1
Gerhard Schröter, *Demo Leipzig '89*, 1991

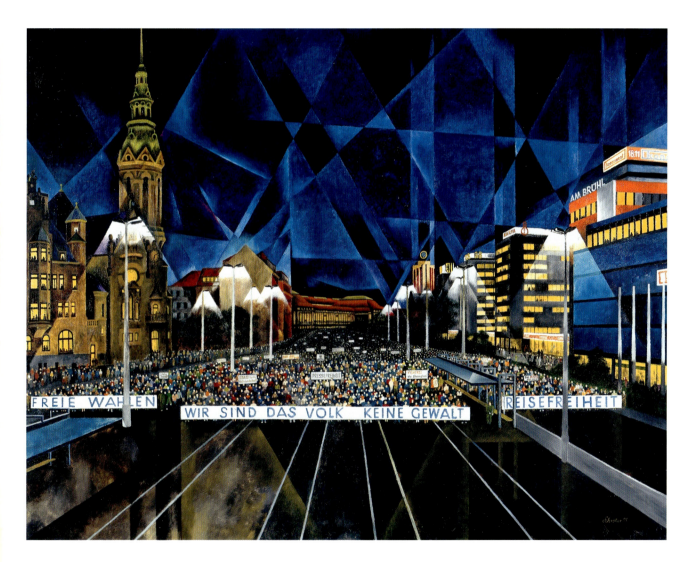

Zu jeder großen Umwälzung gehört ein Leitwort, ein Motto. So hören wir den Dreiklang »Freiheit, Gleichheit, Brüderlichkeit« und denken an die Französische Revolution von 1789. Die Friedliche Revolution in der DDR, die 200 Jahre später begann, verbindet sich mit einem kurzen Ausruf, der aus vier Worten besteht: »Wir sind das Volk!« Als dieser Sprechchor auf der Leipziger Montagsdemonstration am 9. Oktober 1989 ertönte, diente er zunächst der Richtigstellung. Im Vorfeld waren die Demonstranten von der SED-Führung als »Rowdys« verunglimpft worden. »Rowdytum« aber war in der DDR ein Straftatbestand und hätte den Einsatz von Sicherheitskräften gerechtfertigt. Doch die 70.000 Menschen, die am 9. Oktober um die Leipziger Innenstadt marschierten, protestierten friedlich und riefen: »Wir sind keine Rowdys!« Positiv gewendet: »Wir sind das Volk!«[1]

Allerdings enthielt die Parole auch einen Gestaltungsanspruch. Das Volk sprach denjenigen die Legitimation ab, die bisher in seinem Namen gesprochen und gehandelt hatten. Von nun an bestimmten nicht mehr die Machthaber des alten Regimes das Schicksal der Menschen, sondern die Menschen selbst wiesen der Politik den Weg. Was der amerikanische Präsident Abraham Lincoln 1863 als Ideal der Volkssouveränität formuliert hatte – »die Herrschaft des Volkes durch das Volk und für das Volk«[2] – sollte auch in der DDR nach vier Jahrzehnten endlich verwirklicht werden.

**8/6** (oben)
**Transparent zur Demonstration auf dem Berliner Alexanderplatz am 4. November 1989**

**8/2** (unten)
**Transparent zu den Demonstrationen in Berlin, Oktober/Dezember 1989**

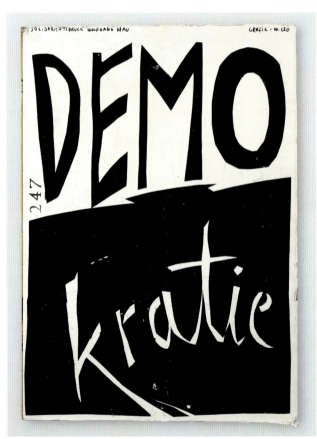

Die Friedliche Revolution verkehrte die DDR binnen eines Jahres in ihr Gegenteil: von der Diktatur zur Demokratie, von der Plan- zur Marktwirtschaft, von der Eigenstaatlichkeit zur Wiedervereinigung. Am 3. Oktober 1990 hörte die DDR auf zu existieren. Zwangsläufig warf dieser Prozess verfassungsrechtliche Fragen auf. Den Ausgangspunkt bildete die DDR-Verfassung von 1968 in der Fassung von 1974, am Ende stand das Bonner Grundgesetz als gesamtdeutsche Verfassung. Dem, was dazwischen lag, widmen sich die folgenden Ausführungen. In ihnen wird zuerst die tatsächliche Verfassungsentwicklung betrachtet, danach werden die zeitgenössisch diskutierten Alternativen in den Blick genommen.

### I. Entwicklungen

Bis zum Mauerfall am 9. November 1989 erhoben die Demonstranten in Leipzig und anderswo vier Forderungen: eine personelle Erneuerung an der Staatsspitze (»Neue Männer braucht das Land!«), die Zerstörung der alten Machtapparate, allen voran der Staatssicherheit (»Stasi weg, hat kein' Zweck!«), eine Demokratisierung (»Demokratie – jetzt oder nie!«) sowie die Verwirklichung elementarer Grundrechte und Freiheiten (»Reisefreiheit für alle!«).[3]

Obwohl nicht ausdrücklich verlangt, schien eine neue Verfassung unausweichlich. Indem sich die Menschen, etwa auf der Großdemonstration am 4. November 1989 in Ost-Berlin, auf Artikel aus dem Grundrechtsteil beriefen, deuteten sie die geltende Verfassung stillschweigend um. Sie interpretierten diese Bestimmungen als Freiheitsrechte westlicher Prägung, die dem Einzelnen Freiräume gegenüber dem Staat sichern. Aber diese Verfassung durchzog ein sozialistisches Verständnis von Grundrechten, und die Meinungs-, Versammlungs- oder Vereinigungsfreiheit wurde nur im Rahmen der Grundsätze und Ziele der Verfassung (Sozialismus beziehungsweise Kommunismus) gewährt.

Bis Anfang Dezember 1989 reifte die Erkenntnis, dass die DDR zur Etablierung von Demokratie und Rechtsstaatlichkeit einer neuen Verfassung bedurfte. Die deutschlandpolitische Entwicklung nach dem Mauerfall sprach ebenfalls dafür. Während die DDR-Verfassung von der Zweistaatlichkeit ausging, weiteten sich die Forderungen auf den Demonstrationen hin zu einer Wiedervereinigung (»Deutschland, einig Vaterland!«/»Wir sind ein Volk!«). Im Frühjahr 1990 ging es nicht mehr um das Ob, sondern nur noch um das Wie einer deutschen Einheit.

# In guter Verfassung

## Artikel 27

1   Jeder Bürger der Deutschen Demokratischen Republik hat das Recht, den Grundsätzen dieser Verfassung gemäß seine Meinung frei und öffentlich zu äußern. Dieses Recht wird durch kein Dienst- oder Arbeitsverhältnis beschränkt. Niemand darf benachteiligt werden, wenn er von diesem Recht Gebrauch macht.
2   Die Freiheit der Presse, des Rundfunks und des Fernsehens ist gewährleistet.

## Artikel 28

1   Alle Bürger haben das Recht, sich im Rahmen der Grundsätze und Ziele der Verfassung friedlich zu versammeln.
2   Die Nutzung der materiellen Voraussetzungen zur unbehinderten Ausübung dieses Rechts, der Versammlungsgebäude, Straßen und Kundgebungsplätze, Druckereien und Nachrichtenmittel wird gewährleistet.

**8/5** (Seite 103)
**Transparent zur Demonstration auf dem Berliner Alexanderplatz am 4. November 1989**

**8/17** (unten)
**Sonderdruck der »Allianz für Deutschland« zur Volkskammerwahl in der DDR am 18. März 1990**

Das Bonner Grundgesetz bot für eine Wiedervereinigung zwei verfassungsrechtliche Wege an: Nach Art. 23, der bei der Rückgliederung des Saarlandes 1956/57 angewendet worden war, sollte der Geltungsbereich des Grundgesetzes auf andere Teile Deutschlands nach deren Beitritt zur Bundesrepublik ausgeweitet werden. Dadurch bliebe das Grundgesetz im wiedervereinigten Deutschland in Kraft. Art. 146 jedoch lautet: »Dieses Grundgesetz verliert seine Gültigkeit an dem Tage, an dem eine Verfassung in Kraft tritt, die von dem deutschen Volke in freier Entscheidung beschlossen worden ist.« Eine aus beiden deutschen Staaten beschickte Nationalversammlung hätte dazu eine neue Verfassung ausarbeiten müssen.

Welcher Weg beschritten würde, hing von der DDR ab. Bei der ersten freien und geheimen Volkskammerwahl am 18. März 1990 erzielten CDU, Demokratischer Aufbruch (DA) und Deutsche Soziale Union (DSU), die als »Allianz für Deutschland« gemeinsam Wahlkampf geführt hatten, zusammen 48 Prozent der Stimmen. Unisono wurde das Ergebnis als Votum für eine schnelle Wiedervereinigung Deutschlands gedeutet. Art. 23 des Grundgesetzes, für den die »Allianz« im Wahlkampf plädiert hatte, war ein Mittel zum Zweck.

Angesichts des Wahlausgangs sahen einige westdeutsche Staatsrechtswissenschaftler die bestehende DDR-Verfassung als nicht mehr gültig an: Wenn in der DDR eine Revolution stattgefunden habe, sei mit dem real existierenden Sozialismus auch die sozialistische Verfassung hinweggefegt worden, denn gemessen an ihrem Selbstverständnis und ihrer Sinngebung sei diese überholt. Ihre Vorschriften stünden nur noch im Rang einfacher Gesetze und könnten ohne eine Zweidrittelmehrheit geändert werden.[4] Die Parteien der »Allianz« und der »Bund Freier Demokraten« (BFD: 5,3 %) besaßen zusammen eine absolute Mehrheit in der Volkskammer, folglich hätten sie alle wichtigen Entscheidungen der nächsten Monate treffen können.

Indes vollzog sich die Friedliche Revolution »unter Beachtung der Verfassung«.[5] Zwischen Dezember 1989 und März 1990 war die alte Verfassung schrittweise ausgebessert worden. Mit der erforderlichen Zweidrittelmehrheit tilgte die Volkskammer den Führungsanspruch der SED, ließ das Privateigentum an Produktionsmitteln sowie ausländische Beteiligungen an Unternehmen zu, hob die »Nationale Front« auf, stellte den Zivildienst der Wehrpflicht gleich und beseitigte die Monopolstellung des Freien Deutschen Gewerkschaftsbundes. In der DDR bezweifelte kein Politiker die Gültigkeit der alten Verfassung. Der CDU-Vorsitzende und spätere Ministerpräsident Lothar de Maizière, selbst Jurist, bekräftigte: »Wir müssen mit dem leben, was wir haben, unseren kaputten Fabriken, unseren kaputten Wohnungen und unserer Verfassung.«[6]

Da eine Regierung verfassungsändernde Zweidrittelmehrheiten benötigte, bildete sich in Ost-Berlin eine Große Koalition aus den Parteien der »Allianz für Deutschland«, den Liberalen und der SPD. Ihr Ziel lautete, die deutsche Einheit nach Art. 23 des Grundgesetzes herbeizuführen. Als sich die Volkskammer am 5. April 1990 zu ihrer 10. Wahlperiode konstituierte, hob sie die Präambel der Verfassung und damit das kommunistische Staats-

8/12
Transparent zur Demonstration auf dem Berliner
Alexanderplatz am 4. November 1989

ziel auf. Eine Woche später wurde die Eidesformel verändert, damit die Mitglieder des Ministerrates nicht mehr auf die Verfassung schwören mussten. Stattdessen wurden sie auf »Recht und Gesetze der DDR« verpflichtet (ein juristisch absurder Kunstgriff, weil auch eine Verfassung Recht ist). Der SPD-Fraktionsvorsitzende Richard Schröder erklärte, die DDR-Verfassung enthalte zum einen »sozialistische Lyrik«, zum anderen »das Grundgerüst, das die Verfahrensfragen regelt, nach denen hier bei uns gearbeitet wird. Dieses Grundgerüst muß als gültig angesehen werden.« Werde der Ministerpräsident »auf Recht und Gesetze der DDR« verpflichtet, gebe ihm dies »die Freiheit, das substantielle Grundgerüst von der rhetorischen Lyrik, die die bisherigen Gesetzestexte haben, sinnvoll zu unterscheiden.«[7]

Neuen Handlungsdruck erzeugte der Staatsvertrag über die Währungs-, Wirtschafts- und Sozialunion, der am 18. Mai 1990 unterzeichnet wurde. Er forderte mit seinem Inkrafttreten am 1. Juli 1990 von der DDR Verfassungsstrukturen, die mit der sozialen Marktwirtschaft kompatibel waren und die Einführung der D-Mark ermöglichten. Um den Staatsvertrag mit dem Verfassungsrecht in Einklang zu bringen, beschloss die Volkskammer am 17. Juni 1990 *Verfassungsgrundsätze*[8] – ein knappes, zehn Artikel umfassendes Vorschaltgesetz zur alten Verfassung. Erste Entwürfe waren aus dem Bundesjustizministerium gekommen; sie wurden in Ost-Berlin sowohl von der Regierung als auch vom Parlament noch verändert.

Die Verfassungsgrundsätze wurden »in der Erwartung einer baldigen Herstellung der staatlichen Einheit Deutschlands […] für eine Übergangszeit« erlassen (Präambel). Sie setzten in Art. 1 Abs. 2 alle Sozialismus-Bezüge im DDR-Recht formell außer Kraft: »Bestimmungen in Rechtsvorschriften, die den einzelnen oder Organe der staatlichen Gewalt auf die sozialistische Staats- und Rechtsordnung, auf das Prinzip des demokratischen Zentralismus, auf die sozialistische Gesetzlichkeit, das sozialistische Rechtsbewußtsein oder die Anschauungen einzelner Bevölkerungsgruppen [»die Arbeiterklasse«] oder Parteien verpflichten, sind aufgehoben.«

Das neue Selbstverständnis der DDR als »ein freiheitlicher, demokratischer, föderativer, sozialer und ökologisch orientierter Rechtsstaat« (Art. 1 Abs. 1) untermauerten Bestimmungen zu unabhängiger Rechtsprechung, zum Schutz der Arbeitskraft und zum Umweltschutz als »Pflicht des Staates und aller Bürger« (Art. 6). Die Gewährleistung des Privateigentums, Ausführungen zur wirtschaftlichen Handlungsfreiheit, Koalitions- und Tarifvertragsfreiheit öffneten das Tor zur sozialen Marktwirtschaft. Laut Art. 8 konnte die DDR in die Beschränkung oder Übertragung von Hoheitsrechten auf die Bundesrepublik einwilligen und somit ihre Währungshoheit aufgeben.

Durch eine Neufassung von Art. 106 konnte die Verfassung künftig mit Zweidrittelmehrheit durch Gesetze geändert werden, sofern diese nur als »Verfassungsgesetz« bezeichnet wurden. Ebenso waren staats- und völkerrechtliche Verträge, welche die Verfassung berührten, zu ratifizieren. Damit entfiel das Erfordernis, den Wortlaut der Verfassung jeweils zu ändern oder zu ergänzen (»Textprinzip«). Zweifellos erleichterte dies die Arbeit der Volkskammer, aber das geltende Verfassungsrecht drohte unüberschaubar zu werden, wenn es sich auf verschiedene Gesetze und Verträge bezog. Uwe-Jens Heuer, der als Staatsrechtler einst persönlich die Einführung des Textprinzips in die Verfassung von 1968 angeregt hatte, warnte am 17. Juni 1990 im Namen der PDS-Fraktion, die Volkskammer reihe sich mit den Verfassungsgrundsätzen »nicht in die Reihe der Verfassungsgeber der deutschen Geschichte ein, sondern in die Reihe der Verfassungszerstörer.«[9] Doch der Wählerauftrag, die DDR zugunsten einer Wiedervereinigung Deutschlands abzuschaffen, ermächtigte dazu, die alte Verfassung zu zerstören.

Am 23. August beschloss die Volkskammer den Beitritt der DDR zur Bundesrepublik zum 3. Oktober 1990. Durch den Einigungsvertrag, den die Volkskammer am 20. September ratifizierte, wurde der Geltungsbereich des Grundgesetzes am Tag der Wiedervereinigung auf die fünf ostdeutschen Länder ausgedehnt.

**8/15**
*Verfassungsentwurf für die DDR*
vom 6. April 1990

## II. Alternativen

Nach der Wahl vom 18. März 1990 kursierten in der Volkskammer drei Konzepte zur Lösung der Verfassungsfragen: Die Opposition, Bündnis 90/Grüne und PDS, wollte die vom Runden Tisch initiierte Verfassung in Kraft setzen; die CDU zur ersten DDR-Verfassung von 1949 zurückkehren; die SPD das »Bausteinprinzip« anwenden.

### Konzept Bündnis 90/Grüne und PDS

Anfang Dezember 1989 beauftragte der Zentrale Runde Tisch in seiner ersten Sitzung eine paritätisch besetzte Arbeitsgruppe mit der Ausarbeitung einer neuen Verfassung. Die Arbeitsgruppe wurde von westdeutschen Experten unterstützt. Der Entwurf hätte auf der letzten Sitzung des Runden Tisches vorliegen können und wäre wohl von der alten Volkskammer noch in Kraft gesetzt worden, wenn die Volkskammerwahl, wie ursprünglich geplant, am 6. Mai 1990 stattgefunden hätte. Da der Wahltermin auf den 18. März vorgezogen wurde, konnte die Arbeitsgruppe auf der letzten Sitzung des Runden Tisches am 12. März nur Stückwerk präsentieren.

Der Runde Tisch entschied, dass die Arbeitsgruppe den Entwurf fertigstellen und einer öffentlichen Diskussion aussetzen sollte. Für den 17. Juni 1990, so der Antrag, möge die neue Volkskammer einen Volksentscheid über den Entwurf ansetzen, der »in die Debatte um eine neue deutsche Verfassung« nach Art. 146 des Grundgesetzes einzubeziehen sei.[10] Freilich kam der Beschluss gegen vier Stimmen von DA und SPD und bei zwei Enthaltungen aus den Reihen von CDU und LDP zustande. Diese Parteien stellten nach dem 18. März 1990 die Regierung. Im Unterschied zum Runden Tisch war die 10. Volkskammer ein repräsentatives Gremium mit demokratischem Mandat.

Am 26. April beantragte die Volkskammerfraktion Bündnis 90/Grüne, den Anfang des Monats fertiggestellten Verfassungsentwurf als *Vorläufiges Grundgesetz für die DDR* in Kraft zu setzen und nach öffentlicher Diskussion einem Volksentscheid auszusetzen. Bei vier Enthaltungen lehnten 179 gegen 167 Abgeordnete eine Überweisung der beiden Anträge in den Verfassungsausschuss ab. Uwe-Jens Heuer (PDS) kommentierte: »Meine Herren, Sie kastrieren sich selbst als Parlament.«[11] Aber auch im Ausschuss wären die Anträge gescheitert, weil nur die PDS das Ansinnen von Bündnis 90/Grüne befürwortete.

Den bürgerlichen Koalitionsfraktionen (CDU/DA, DSU, Liberale) erschien eine völlig neue Verfassung überflüssig, da sie

einen raschen Beitritt der DDR zur Bundesrepublik erstrebten. »Wenn man auf einen schweren Wanderweg geht, sollte man das nicht mit neuen, ungebrauchten Schuhen tun«, resümierte Rainer Ortleb (BFD): »so ehrlich und gut der Vorschlag des Runden Tisches gemeint ist, wir haben nicht die Zeit, die neuen Schuhe einzulaufen. ([...] Zwischenruf vom Bündnis 90/Grüne: Aber auch nicht barfuß!) Wir müssen uns gute gebrauchte suchen.«[12] Angelika Barbe (SPD) erwiderte: »Ich hole mir gern Blasen in den neuen, rechtsfesten Schuhen, aus denen nach wenigen Tagen Hornhaut werden kann, als aus den alten, vom Recht durchlöcherten Schuhen, gleich in moderne westliche Schuhe zu schlüpfen; denn, damit sie mir passen, möchte ich mir vorher nicht Hacken und Fersen abhacken müssen wie Aschenputtels Schwestern.«[13]

Der SPD-Fraktionsvorsitzende Richard Schröder lehnte den Verfassungsentwurf inhaltlich ab. Zwar richtete sich der Verfassungsentwurf »an verfassungsstaatlichen Prinzipien« aus, aber er beinhaltete »auch sozialistische und basisdemokratische Leitideen«.[14] Zum Beispiel schloss er das Privateigentum an land- und forstwirtschaftlichen Nutzflächen mit mehr als hundert Hektar aus (Art. 32 Abs. 1 Satz 4). Für einen Beitritt der DDR zur Bundesrepublik nach Art. 23 des Grundgesetzes stellte der Entwurf Bedingungen auf (Art. 132), über die wegen ihrer verfassungsrechtlichen Fixierung nicht mehr politisch verhandelt werden konnte.

**Konzept CDU**

Mitte Februar 1990 kündigte der CDU-Vorsitzende Lothar de Maizière überraschend an, in Kürze die Wiedereinführung der ersten DDR-Verfassung von 1949 zu beantragen. Doch in der alten Volkskammer stieß er auf eine breite Front der Ablehnung, nicht einmal die eigene Fraktion folgte ihm. Einerseits erschien es unkompliziert, zu einer vorhandenen Verfassung zurückzukehren. Andererseits, und das wusste auch de Maizière, konnte man unmöglich ohne Modifikationen einen Text in Kraft setzen, der zum Beispiel einen »Boykotthetze«-Artikel enthielt (Art. 6 Abs. 2), eine mit der sozialen Marktwirtschaft schwerlich vereinbare Wirtschaftsordnung vorschrieb und die Regierungsbildung nach dem Blockprinzip (ohne Opposition) verordnete.

Nach der Volkskammerwahl favorisierten die Koalitionspartner »Übergangsregelungen [...], die sowohl die Verfassung von 1949 als auch den Verfassungsentwurf des Runden Tisches berücksichtigen.«[15] Justizminister Kurt Wünsche (BFD) wurde Ende April 1990 – bevor die Volkskammer die Verfassungsinitiative des Runden Tisches verworfen hatte – vom Ministerrat mit der Erarbeitung eines »Vorläufigen Grundgesetzes der DDR in enger Anlehnung an die Verfassung von 1949« beauftragt.[16]

Der Regierungskommission, die sich am 5. Mai 1990 konstituierte, gehörten neben Mitarbeitern des Justizministeriums und Bonner Ministerialbeamten auch ost- und westdeutsche Verfassungsexperten an, die schon an der Initiative des Runden Tisches mitgearbeitet hatten. Am Morgen des 7. Mai lag ein Entwurf vor, der nicht konsensfähige Passagen in Klammern setzte oder mit Varianten versah. Am selben Tag informierte de Maizière in einer Koalitionsrunde, dass der Entwurf zurückgestellt werde. Um die Vereinbarkeit des Staatsvertrages mit der DDR-Verfassung zu gewährleisten, sollte die Volkskammer zuerst die Verfassungsgrundsätze beschließen. Danach »wäre für eine ruhige parlamentarische Bearbeitung der Verfassungsfrage ausreichend Zeit.«[17]

Nach zweimaliger Überarbeitung reichte Kurt Wünsche am 28. Mai den endgültigen Entwurf beim Ministerpräsidenten ein. Das *Vorläufige Grundgesetz* übernahm die Struktur der ersten DDR-Verfassung, entlieh die Formulierungen zum Großteil bei dem vom Runden Tisch initiierten Verfassungsentwurf, richtete seinen Inhalt aber am Bonner Grundgesetz aus. Würde die Regierung diese Vollverfassung der Volkskammer zuleiten, riskierte sie eine sich über Monate hinziehende Verfassungsdiskussion. Dabei hatten die Abgeordneten die Verfassungsgrundsätze noch nicht verabschiedet, die ihrerseits unabdingbar waren, um die am 1. Juli 1990 in Kraft tretende Währungs-, Wirtschafts- und Sozialunion zu flankieren. Deshalb setzte der Ministerrat die Vorlage des Justizministers am 30. Mai 1990 von der Tagesordnung ab. Die Zeit bis zur Wiedervereinigung wollten die Volkskammerfraktionen der CDU/DA, der DSU und der Liberalen mit der bestehenden Verfassung und den Verfassungsgrundsätzen überbrücken.

**Konzept SPD**

Die SPD in der Volkskammer favorisierte das »Bausteinprinzip«: Eine Denkschrift des Fraktionsvorsitzenden Richard Schröder vom 1. Mai 1990 *(Mit welcher Verfassung geht die DDR den Weg zur deutschen Einigung?)* nannte fünf Bausteine, mit denen die DDR-Verfassung umgestaltet werden sollte: erstens Annullierung aller Sozialismus-Bezüge im Verfassungstext, zweitens Beitritt zur Menschenrechtskonvention, Sozialcharta und Datenschutzkonvention des Europarates, um die Grundrechte der Bürger zu sichern, drittens Erlass eines vorläufigen Regierungsorganisationsgesetzes, viertens einer Kommunalverfassung und fünftens eines Ländereinführungsgesetzes.

Die letzten beiden Punkte waren in Arbeit und wurden bis zum Sommer realisiert: Am 17. Mai 1990 verabschiedete die Volkskammer eine Kommunalverfassung und am 22. Juli 1990 ein Ländereinführungsgesetz. Ein Beitritt zur Menschenrechtskonvention und zur Sozialcharta scheiterte daran, dass die DDR nicht ordentliches Mitglied des Europarates war und als Staat bald verschwinden würde. Als dritten Baustein ihres Programms erarbeiteten die Sozialdemokraten ein Staatsorganisationsgesetz, das die Passagen zum Aufbau und System der staatlichen Leitung, zur Volkskammer, zum Staatsrat und zum Ministerrat in der DDR-Verfassung (Art. 47 bis 80) ersetzen sollte. Ein erster Entwurf aus der SPD-Bundestagsfraktion gelangte im April 1990 an die SPD in

## IM NAMEN DER FREIHEIT

8/23
Matthias Koeppel, *...und alles wird wieder gut. Der 3. Oktober '90 vor der Neuen Wache*, 1991

der Volkskammer und wurde dort noch redaktionell und inhaltlich bearbeitet. Anfang Mai wurde das Staatsorganisationsgesetz dem Ministerpräsidenten und den Koalitionsfraktionen übergeben. Die zu diesem Zeitpunkt akuten verfassungsrechtlichen Probleme, welche die Währungs-, Wirtschafts- und Sozialunion aufwarf, löste der Entwurf nicht. Deshalb beschloss die Volkskammer am 17. Juni 1990 die Verfassungsgrundsätze. Das Organisationsstatut der alten Verfassung wurde nicht mehr verändert. Damit erledigte sich auch das Bausteinprinzip.

### III. Fazit

Die Verfassungsdiskussionen wurden 1989/90 mit viel Energie geführt, brachten aber auf den ersten Blick ein nur mageres Ergebnis. Zwei Entscheidungen der DDR im Frühjahr 1990 – die alte Verfassung als gültig zu betrachten und einen Beitritt zur Bundesrepublik anzustreben – nahmen den weiteren Verlauf vorweg. Wenn das Bonner Grundgesetz nach dem Beitritt ohnehin die gesamtdeutsche Verfassung sein würde, wirkte eine gänzlich neue DDR-Verfassung für den Übergang übertrieben. Wer die alte Verfassung fortgelten ließ, musste sie aber ersetzen. Die Verfassungsgrundsätze reichten aus. Sobald sie auf den Weg gebracht waren, wurde eine Vollverfassung, ein *Vorläufiges Grundgesetz*, überflüssig.

» WIR SIND DAS VOLK!«

Drei Faktoren begünstigten diese Entwicklung: Erstens beschleunigten sich während der Friedlichen Revolution die politischen Ereignisse. Politische Konzeptionen wurden rasch von der Realität überholt. Zweitens verfolgten die Fraktionen in der Volkskammer unterschiedliche verfassungspolitische Konzepte, von denen keines mehrheitsfähig war. Drittens waren Verfassungsfragen für die »normale« Bevölkerung keine Herzensangelegenheit. Ihren Alltag beherrschten nach der Volkskammerwahl zunehmend ökonomische und soziale Probleme.

Durch den Beitritt der DDR zur Bundesrepublik wurde das Grundgesetz die gesamtdeutsche Verfassung. Im Westen galt das Grundgesetz längst als eine von der Bevölkerung getragene, bewährte Verfassung. Und im Osten? »Wenn nicht das Grundgesetz in die DDR kommt, gehen die Menschen zum Grundgesetz«, meinte der Volkskammerabgeordnete Roland Becker (CDU) im April 1990.[18] So zutreffend er damit den Willen zur Wiedervereinigung ausdrückte (und die Furcht der Politik vor einer wachsenden Übersiedlerwelle), so übertrieben wirkte der unterstellte Drang zum Grundgesetz. Wäre es noch im selben Monat in der DDR in Kraft getreten, hätte dies allein die Übersiedlerwelle nicht gestoppt. Kaum jemand war mit dem Grundgesetz vertraut – wer kannte seinen Text? Doch die Menschen in der DDR hatten großes Vertrauen – nicht in das Grundgesetz an sich, aber in die auf seinem Fundament gewachsene Rechts-, Wirtschafts- und Sozialordnung der Bundesrepublik.

Eine gesamtdeutsche Verfassungsreform blieb im Rahmen der Wiedervereinigung aus. Das Grundgesetz erfuhr nur Detailänderungen. Nicht wesentlich anders hätte wahrscheinlich eine Verfassunggebung nach Art. 146 des Grundgesetzes geendet. Man denke nur an die damaligen politischen Kräfteverhältnisse und daran, dass die Sitzverteilung in einer Nationalversammlung die Bevölkerungszahl hätte widerspiegeln müssen: Ost und West im Verhältnis eins zu vier.

Auch ohne eine neue Verfassung erreichte die DDR aus eigener Kraft den Anschluss an die Verfassungstradition westlicher Demokratien – mit der ersten freien und geheimen Volkskammerwahl am 18. März 1990. Danach fehlten Zeit, Kraft und Wille, um die angestoßenen Verfassungsdiskussionen zu Ende zu führen. Mitten in der Revolution war eine neue Verfassung nicht das, was die DDR am dringendsten brauchte, zumal sie ohnehin plante, sich unter das Dach des Grundgesetzes zu begeben, und der Behelfszustand einer notdürftig reparierten alten Verfassung zeitlich begrenzt blieb. Wichtig war, dass am Ende Tatsachen geschaffen worden waren: Binnen eines Jahres wurde die SED-Diktatur beseitigt und die staatliche Einheit Deutschlands in Freiheit verwirklicht. Bemerkenswert ist die Art, wie dieses Ergebnis zustande kam: Alle politischen Entscheidungen auf dem Weg zur Wiedervereinigung, nicht zuletzt die der 10. Volkskammer zu Verfassungsfragen, waren demokratisch legitimiert. Dem Motto der Friedlichen Revolution – »Wir sind das Volk!« – wurde Genüge getan.

**Anmerkungen**

1 Hartmut Zwahr, »Wir sind das Volk!«, in: Etienne François/Hagen Schulze (Hg.), Deutsche Erinnerungsorte, Sonderausgabe, München 2003, Bd. II, S. 253–265, hier S. 253 f.
2 Abraham Lincolns Gettysburg-Rede, 19.11.1863, in: Herbert Schambeck/Helmut Widder/Marcus Bergmann (Hg.), Dokumente zur Geschichte der Vereinigten Staaten von Amerika, Berlin 1993, S. 374 f., hier S. 375.
3 Hartmut Zwahr, Ende einer Selbstzerstörung: Leipzig und die Revolution in der DDR, Göttingen 1993, S. 130 f.
4 Vgl. Gunnar Peters, Verfassungsfragen in der 10. Volkskammer der DDR (1990), in: Deutschland Archiv 37 (2004), H. 5, S. 828–839, hier S. 829.
5 Siegfried Mampel, Gedanken zu Verfassungsfragen, in: Staat und Recht 39 (1990), H. 6, S. 435–447, hier S. 435.
6 Zitiert nach »Wir haben dort mitzureden«, in: Der Spiegel, 44. Jg., Nr. 13, 26.3.1990.
7 10. Volkskammer (VK), 2. Tagung, 12.4.1990, Protokoll, S. 36.
8 Gesetzblatt der DDR I, Nr. 33, 22.6.1990, S. 299 f.
9 10. VK, 15. Tagung, 17.6.1990, Protokoll, S. 547.
10 Zitiert nach Peters, Verfassungsfragen, (1990), S. 831.
11 10. VK, 5. Tagung, 26.4.1990, Protokoll, S. 126.
12 10. VK, 4. Tagung, 20.4.1990, Protokoll, S. 70.
13 Ebd., S. 85.
14 Thomas Würtenberger, Die Verfassung der DDR zwischen Revolution und Beitritt, in: Josef Isensee/Paul Kirchhof (Hg.), Handbuch des Staatsrechts der Bundesrepublik Deutschland, Bd. VIII: Die Einheit Deutschlands – Entwicklungen und Grundlagen, Heidelberg 1995, S. 101–130, hier S. 128.
15 Zitiert nach Peters, Verfassungsfragen, (1990), S. 832.
16 10. VK, 25. Tagung, 19.7.1990, Protokoll, S. 1107.
17 Zitiert nach Gunnar Peters, Der »Wünsche-Entwurf« – ein vorläufiges Grundgesetz der DDR. Zur Verfassungspolitik der Regierung de Maizière 1990, in: Anke John (Hg.), Reformen in der Geschichte. Festgabe für Wolf D. Gruner zum 60. Geburtstag (Rostocker Beiträge zur Deutschen und Europäischen Geschichte, Bd. 14), Rostock 2005, S. 143–161, hier S. 150.
18 10. VK, 3. Tagung, 19.4.1990, Protokoll, S. 58.

# Verfa

**112** <small>Andreas Kaernbach</small> Kunst und Verfassung  **122** <small>Heinrich Wefing</small> Demokratie in von Politik und Architektur  **132** <small>Simone Derix</small> Verfassung als Erlebni

## DIE KUNST DER VERFASSUNG

Glashaus – Einige Anmerkungen zu dem schwierigen Verhältnis
und Erfahrung

DIE KUNST DER VERFASSUNG

ANDREAS KAERNBACH

# Kunst und Verfassung

# KUNST UND VERFASSUNG

Baumann & Baumann Büro für Gestaltung,
Plenarbereich des Deutschen Bundestags in Bonn, 1991/1994

Die Verfassung des Staates als Dokument künstlerisch zu gestalten, bedeutet angesichts ihres wenig anschaulichen Gehalts eine besondere Herausforderung. Diese ist nicht zuletzt begründet durch den hohen Ausdruckswert, den eine zum Bild gewordene Verfasstheit eines Staates für seine Mitglieder besitzt. Bilder oder sich in Bildern darstellende Wertvorstellungen sind – noch mehr als Worte – Identifikationssymbole, in denen sich Regierende und Regierte wiedererkennen und mit deren Hilfe sie sich ihrer selbst vergewissern.

Eine solche Aufgabenstellung wird besonders aktuell in Phasen des Umbruchs und der Umorientierung einer Gesellschaft, in denen die sinnstiftende Kraft der Kunst gefragt ist. Durch die Wiedervereinigung geriet die Bundesrepublik in eine solche Phase der Selbstvergewisserung, in der das Thema »Kunst und Politik« folgerichtig besondere Aufmerksamkeit erfuhr und die Kunst-am-Bau-Programme von Parlament und Regierung in Berlin zeitigte. Befördert wurde dieser Prozess durch den Umzug von Parlament und Regierung nach Berlin. Ein solcher Ortswechsel warf zusätzliche Fragen nach dem historischen und politischen Selbstverständnis der Deutschen auf und schuf zugleich – ganz pragmatisch – ein neues Parlaments- und Regierungsviertel, das mit seinen zahlreichen Neubauten dem künstlerischen Zugriff auf den Raum der Politik nie da gewesene Gestaltungsmöglichkeiten eröffnete.

Vor diesem Hintergrund wird verständlich, dass das Grundgesetz erst in dieser Phase Künstler gefunden hat, die sich dieses Fundamentes deutscher Politik annahmen. Offenkundig waren der »alten« Bundesrepublik ihre Grundlagen so selbstverständlich, dass sie nicht glaubte, sie noch befragen zu müssen. Diese Auffassung erfuhr noch eine Steigerung, als Günter Behnisch den Neubau des Bonner Plenarbereiches gestaltete. Seine fröhlich-bunten dekonstruktivistischen Gestaltungselemente lassen eine gewisse Verspieltheit im Umgang mit der Bedeutung eines Parlaments erkennen. Lediglich zu einem Innenhof hin finden sich Grundrechtsartikel als Teil des Designkonzeptes eher unauffällig auf Glasscheiben aufgebracht. So vermisst man bei den Kunst-am-Bau-Projekten für die Bonner Parlamentsbauten weitgehend eine künstlerische Reflexion des Politischen im Allgemeinen und des Parlamentarismus im Besonderen.

Ein erstes Kunst-am-Bau-Programm wurde Ende der 1960er Jahre im »Neuen Abgeordnetenhochhaus«, dem sogenannten Langen Eugen, realisiert. Für diesen Bau entwickelte der Architekt Egon Eiermann gemeinsam mit Georg Meistermann ein Konzept zur

# DIE KUNST DER VERFASSUNG

Olaf Metzel, *Meistdeutigkeit*
Skulptur vor dem Plenarsaal des Deutschen
Bundestages in Bonn, 1993/96

Einbeziehung von Kunstwerken in die Sitzungsräume der Ausschüsse. Dabei wurde die Supraporte oberhalb der Eingangstür zum Sitzungsraum einigen Künstlern zur Gestaltung übertragen. So entstanden beachtliche Werke von Emil Schumacher, HAP Grieshaber, Günther Uecker, Georg Meistermann, Fritz Koenig oder Norbert Kricke. Jedoch nur das Triptychon von HAP Grieshaber mit dem zentralen *Weltgericht oder Inferno eines Krieges* für den Verteidigungsausschuss sowie der Glastafel-Fries von Georg Meistermann, eine *Galerie demokratischer Vorbilder auf Glas,* reflektierten den damaligen politischen Konsens der Bundesrepublik. Die übrigen Arbeiten spiegelten mehr den Künstler als den Aussagewillen des Ortes ihrer Anbringung wider.

Diese Distanz zum Auftraggeber und seiner Aufgabenstellung wiederholte sich Jahrzehnte später beim Kunst-am-Bau-Programm für den im Oktober 1992 eingeweihten neuen und von Günter Behnisch gestalteten Plenarbereich in Bonn. Arbeiten von Nicola de Maria, Sam Francis, Rebecca Horn oder Mark di Suvero ließen allenfalls einen Bezug zur Architektur des Gebäudes erkennen. Einige der Arbeiten waren unabhängig von der Architektur als autonome Arbeiten fertiggestellt, ehe sie nachträglich erworben und in die Architektur eingefügt wurden. Besonders deutlich wurde dies im Fall der erst posthum realisierten Skulptur *Durchbruch* von Hermann Glöckner, deren Entwurf aus dem Jahre 1965 stammte.

Bemerkenswerterweise ist es die erst 1996 übergebene und als letzte Installation für den Bonner Plenarbereich fertiggestellte Skulptur von Olaf Metzel, die das Selbstverständnis der Bundesrepublik thematisiert. Die aus verzinktem Stahl gefertigte Skulptur *Meistdeutigkeit* steht vor dem Plenarsaalgebäude. Sie öffnet sich wie ein Kelch nach oben bis zu einer Höhe von sieben Metern und ist gitterartig aus silberfarbenen Metallrohren zusammengefügt. Diese erinnern an Bleche von Fahrradständern, von denen unregelmäßig, wie zufällig angebracht, Ketten gleichsam wie Fahrradketten herabhängen.

So setzt die Skulptur mit der Anspielung auf Fahrräder an der Stelle, an der die schweren Dienstwagen vor dem Plenarsaal vorfuhren, ein Gegenzeichen. Sie lässt sich als eine Deutung der Bonner Republik verstehen: Sie wirkt wie ein auf den Kopf gestelltes *Monument der Dritten Internationale* von Tatlin, das zum Symbol für den großen utopischen Entwurf der russischen Revolution wurde. Und dieses Monument wird mit dem Kopf nach unten auf den Boden gestellt. Die Utopie wird erdhaft gegründet. Sie fährt Fahrrad. So deutete Olaf Metzel mit feiner Ironie und erkennbarer Sympathie die Raison d'être der Bundesrepublik. Dieser Staat verkörpert für ihn nach den schrecklichen Abstürzen des 20. Jahrhunderts die Rückkehr aus jenem »Luftreich des Traums« – nach Heinrich Heines Versepos *Deutschland. Ein Wintermärchen* – und das Bekenntnis zu einem realen wirtschaftlichen und sozialstaatlichen Erfolgsmodell: Seine Skulptur beschreibt ein Land, das nicht mehr heroisch oder kriegerisch ist, jeder Utopie abhold, vielleicht ein wenig provinziell, dafür aber »mit menschlichem Antlitz« und offen für den Diskurs, das Gespräch, »meistdeutig« also im besten Sinne dieser ungewöhnlichen Steigerungsform, die Olaf Metzel gegen die Enge jeder Eindeutigkeit gesetzt hat. Erst im Ausklang der »Bonner Republik« findet sich also eine dezidierte künstlerische Auseinandersetzung mit dem Staat

# KUNST UND VERFASSUNG

Dani Karavan, *Grundgesetz 49*
Installation vor dem Jakob-Kaiser-Haus am Spreeufer
in Berlin: Die Glasstelen, 1998/2003

selbst – aber erst in Berlin wird das ihn tragende Grundgesetz selbst zum Gegenstand künstlerischer Aufmerksamkeit. Für eine Demokratie steht der Text der Verfassung selbst im Mittelpunkt von Planen und Handeln. Er wird zum verbindlichen »Grundgesetz«. Diese Idee hat der israelische Künstler Dani Karavan eindrucksvoll für das Parlamentsviertel in Berlin Gestalt werden lassen: 19 jeweils drei Meter hohe Glasscheiben in einer Linie verbinden einen Außenhof des Jakob-Kaiser-Hauses mit der Spreepromenade. In die Glasscheiben sind die 19 Grundrechtsartikel des Grundgesetzes mit Laser eingraviert, sodass diese in Augenhöhe vor dem Parlamentsbau gleichsam schweben. Der Betrachter schaut vom Spreeufer durch die Grundrechtsartikel hindurch auf das Parlamentsgebäude mit seinen Abgeordnetenbüros. Auf diese Weise wird die Installation mit dem Titel *Grundgesetz 49* (1998–2003) zu einer auf das Parlament bezogenen Veranschaulichung dessen, was dieses Parlament und seinen Staat begründet und trägt. Geradezu sakral wird das Wort als Gesetz in eine beherrschende Mitte gehoben. Die Cortenstahl-Säulen der Installation vor dem Jakob-Kaiser-Haus spielen auf die Bewahrung heiliger Texte, wie durch die Thora-Rollen, an.[1]

Bewusst wird der Betrachter in den Kontext des Kunstwerkes einbezogen. Die transparenten Glasplatten schaffen – anstelle von Gittern oder Brüstungen – eine Verbindung des Hofes zur Spreepromenade und den dort spazierenden Bürgern. Betont

Dani Karavan, *Grundgesetz 49*
Installation vor dem Jakob-Kaiser-Haus am Spreeufer
in Berlin: Von Cortenstahlbändern eingefasste Grasstreifen
und sechs Abluftkamine, 1998/2003

wird diese Verbindung durch die von Cortenstahlbändern eingefassten Grasstreifen, die strahlenförmig aus dem Hofbereich heraus unter diesen Glasplatten hindurch zum Spreeufer führen. Aus der Alleenreihe entlang der Spree ist einer der Bäume, die Glaswand gleichsam überspringend, in den Hofbereich, also in den Parlamentsbereich, hinein versetzt – einem Abgeordneten ähnelnd, aus den Reihen der Bürger in das Parlament entsandt. Zum Hof hinauf, vom Jakob-Kaiser-Haus her, führt eine Treppenanlage, die in sechs Abluftkaminen gipfelt. Dani Karavan lässt sie als technisch moderne Säulen aus Cortenstahl aus dem Boden ragen und zugleich die strahlenförmige Linienführung betonen. Durch diese raumgreifende Gestaltung wird Karavans Vorliebe für Grenzüberschreitungen im Ästhetischen sichtbar: Architektur und Landschaft, also Parlamentsbauten, Spree und Spreebogen, verschmelzen zu einer neuen ästhetischen Einheit.

Dass auf jeder der 19 Glasplatten eines der 19 Grundrechte des Grundgesetzes in der Fassung aus dem Jahre 1949 zu lesen ist, erweitert die raumgestaltende formale Konzeption des Künstlers um ein inhaltliches Element von wesentlicher Bedeutung. Diese 19 Grundrechtsartikel, unmittelbar an die Spree gesetzt, die einst Ost- und West-Berlin trennte, erinnern an die schwierigen Jahre der Gründung der jungen deutschen Demokratie in Bonn. Sie mahnen, die wiedererlangte Freiheit und Einheit nicht als ungefährdete Selbstverständlichkeit, und Politik in Berlin nicht als geschichts- und traditionslos zu begreifen. So wird den an der Spree promenierenden Bürgern wieder bewusst, welche Leistung sie den Müttern und Vätern des Grundgesetzes verdanken. In den wenigen Monaten vom September 1948 bis zum Mai 1949 haben diese im Parlamentarischen Rat eine Verfassung geschaffen, die die rechtsstaatliche Demokratie in Deutschland gewährleistet.

# KUNST UND VERFASSUNG

Thomas Locher, *GG. Art. 5. [Meinungs- und Pressefreiheit; Freiheit der Kunst und der Wissenschaft], Ein Kommentar*
Installation ARD Hauptstadtstudio Berlin, 1999

Zugleich wird durch die klare, von allen Zusätzen und Ergänzungen freie Formulierung aus dem Jahre 1949 das Wesentliche des Grundgesetzes und der Grundrechte aller Deutschen im wortwörtlichen Sinne transparent und auf eine neue, eindringliche Weise sichtbar gemacht. Die Wirkung lässt sich unmittelbar beobachten: Immer wieder bleiben Passanten stehen und lesen konzentriert einzelne Grundrechtsartikel, zeigen sie sich gegenseitig oder diskutieren untereinander. So wird das Grundgesetz in dieser neuen Form wortwörtlich zur *res publica,* die alle angeht, die alle anspricht.

Ein anderer Künstler, Thomas Locher, hat sich in vergleichbarer Konzentration auf den Text des Grundgesetzes mit ebendiesem auseinandergesetzt, und zwar in seinem Werk *Präambel und Grundrechte im Grundgesetz für die Bundesrepublik Deutschland Artikel 1 – 19 [Diskurs$_2$] Ein Kommentar*. Dieses Werk wurde erstmals im Kunstverein München im Jahre 1995 gezeigt. Ein einzelnes Element aus dieser Arbeit, betreffend den Art. 5 zur Meinungs- und Pressefreiheit, ist gleichfalls an der Spreeuferpromenade und gleichfalls auf einem gläsernen Bildträger zu sehen: an den Fenstern des ARD-Hauptstadtstudios Berlin, das sich jenseits der Wilhelmstraße an das Jakob-Kaiser-Haus anschließt.

Der Grundrechtsartikel gliedert sich in zwei Textspalten: links der Grundgesetztext, rechts der »Kommentar«. Diese Bezeichnung ist mehrdeutig, da sie nicht im Sinne des üblichen juristischen Kommentars zu verstehen ist, sondern als eine Befragung des Textes der Grundrechte durch eine anonyme Person. Ein besonderes Gewicht erhält dabei die Herausarbeitung der grammatikalischen Struktur des Textes, da, wie Thomas Locher erläutert, »die Grammatik nicht nur Regelwerk der Sprache«, sondern »in erster Linie eine Markierung der Macht« ist. Zum abschließenden Satz aus Art. 5 »Die Freiheit der Lehre entbindet nicht von der Treue zur Verfassung« fragt der Künstler in diesem Sinne: »die Verfassung verpflichtet das Recht zur Verfassungstreue? und die Verfassung selbst? wozu ist die Verfassung verpflichtet« Oder allgemeiner: »ist in jedem Tun Gewalt? nur weil es getan wird« oder »sind in jedem Diskurs Machtverhältnisse?«

Durch solche »Kommentare«, die auf die Wand oder auf die Glasscheibe aufgebracht sind, verliert der Text des Grundgesetzes seine scheinbare Eindeutigkeit, wird in seiner sprachlichen Struktur transparent und vor allem: Der Leser kann in die Rolle des Fragenden oder des Antwortenden schlüpfen. Der Text verliert so seine eherne Struktur und fordert zum Mitdenken, Mitreden und Mitfragen heraus. Der Betrachter, der Bürger, wird zum verantwortungsbewussten Mitgestalter des Grundtextes seines Staates. Dani Karavan erreicht diese Einbeziehung des Bürgers über die Materialität des transparenten Glases und der auf Augenhöhe schwebenden Zeilen, Thomas Locher hingegen gewinnt den Betrachter durch die Eindringlichkeit seiner sprachlichen Mittel, durch seine intensive Befragung des Textes.

Zwei historische Beispiele für die künstlerische Visualisierung von Verfassungen lassen die Besonderheit der künstlerischen Konzepte von Dani Karavan und Thomas Locher deutlich werden. Die Lithografie Adolf Schrödters mit dem Druck der Grundrechte der Paulskirchenverfassung aus dem Jahre 1849 (s. Abb. 2/52, S. 21) führt dem Leser den Text als Teil eines Bildes vor Augen, bei dem der Text auf zwei »Gesetzestafeln« gedruckt ist. Diese gruppieren sich um Allegorien der Germania, der Gleichheit und der Freiheit

Angela Bulloch, *Seats of Power – Spheres of Influence*
Installation mit Lampen und Sitzbänken für Abgeordnete
im Paul-Löbe-Haus Berlin, 1998/2001

in der Mitte, am unteren Bildrand begleitet von denen der Einheit und der Stärke. Sowohl die Gesetzestafeln als auch die Gestalt der Germania, die auf den Drachen des Despotismus tritt wie Maria auf den Drachen, die Verkörperung des Bösen, geben der Darstellung und ihrer an Kirchenfenster erinnernden Ornamentik einen beinahe sakralen Charakter. An diese Darstellung wird man erinnert durch die monumentalen Gemälde von Georg Baselitz für die Südeingangshalle des Reichstagsgebäudes mit ihren Frauen-Motiven nach Caspar David Friedrich und der Anspielung auf die Allegorie der Maria-Germania.

Bei der künstlerischen Ausgestaltung des Wallot'schen Reichstagsgebäudes im 19. Jahrhundert ist die Verfassung des Kaiserreiches im Jahre der Einweihung noch nicht in den Blick genommen. Sie wird erst zehn Jahre später Objekt einer künstlerischen Gestaltung, und zwar an zentraler Stelle in der Eingangshalle unmittelbar vor dem Plenarsaal. Der Bildhauer Johannes Pfuhl hatte 1905 ein Standbild Kaiser Wilhelms I. geschaffen, das dort aufgestellt wurde und den Kaiser mit der Verfassung des Reiches in der Hand zeigt – im Vergleich zu anderen Standbildern Kaiser Wilhelms I. eine bemerkenswerte Variante. Sie ist umso bedeutsamer, als diese zentrale Stelle des Gebäudes, die achteckige westliche Hallenrotunde, den Grundriss der karolingischen Halle des Aachener Domes als Vorbild aufgreift. So spannt sich ein Bogen von der Verfassung des Deutschen Reiches über Kaiser Wilhelm I. bis zu den zwölf Skulpturen mittelalterlicher Kaiser, Könige, Grafen und Denker auf dem bekrönenden bronzenen Rundleuchter unter der Hallenkuppel. Die Verfassung wird auf diese Weise bildlich zum Endpunkt, zum im wortwörtlichen Sinne durch die Skulptur bekrönten Schlussstein einer Reichstradition von Karl dem Großen bis zur konstitutionellen Gegenwart des Kaiserreiches. Herausgestellt wird in diesem Kontext freilich nur die Existenz der Verfassung, der Text selbst ist nicht Gegenstand der Darstellung.

Neben der wörtlichen Wiedergabe des Verfassungstextes in den Installationen von Dani Karavan und Thomas Locher finden sich in den Parlamentsbauten in Berlin zahlreiche weitere Visualisierungen des Staates, seiner Repräsentanten oder der Werte, die ihn tragen. In ironischer Brechung des demokratischen Gedankens der Transparenz hat die kanadische Künstlerin Angela Bulloch im Paul-Löbe-Haus eine Installation mit Sitzbänken für Abgeordnete geschaffen. Wenn Abgeordnete sich auf den Bänken niederlassen, leuchten eine Etage tiefer, dort wo sich das Besucherrestaurant befindet, Lampen in der Farbe der jeweiligen Bank auf. Weder sehen die Abgeordneten das Aufleuchten der Lampen, also das, was ihre Handlung auslöst, noch ahnen die Bürger, wodurch das Wechselspiel der farbigen Leuchten verursacht wird. Die unmittelbare Veranschaulichung der Folgen guter oder schlechter Regierung, wie beispielsweise in Ambrogio Lorenzettis berühmten Fresken für das Rathaus in Siena, ist hier in Nichtsichtbarkeit verkehrt und hinterfragt die so oft beschworene Transparenz demokratischen Regierens.

In anderer Weise aufschlussreich wirken die Leuchtschriftbänder Jenny Holzers im Reichstagsgebäude, auf denen Parlamentsreden optisch als Texte ablaufen. Sie sind als tragender Pfeiler der Nordeingangshalle gestaltet. Das freie Wort der Parlamentsrede trägt so metaphorisch das Gebäude und versinnbildlicht die Bedeutung des Diskurses als Basis der Meinungsfindung in der Demokratie. Die Neoninstallation von Maurizio Nannucci in der Bibliotheksrotunde im Marie-Elisabeth-Lüders-Haus lädt mit blauer

(oben)
**Maurizio Nannucci,**
*Blauer Ring*
**Neoninstallation in der
Bibliotheksrotunde des
Marie-Elisabeth-Lüders-Hauses
in Berlin, 1998/2003**

(unten)
**Christian Boltanski,** *Archiv
der Deutschen Abgeordneten*
**Installation im Untergeschoss
des Reichstagsgebäudes
in Berlin, 1999**

# KUNST UND VERFASSUNG

(links)
**Christiane Möbus**, *Auf und ab und unterwegs*
Renn-Achter in der Eingangshalle des Jakob-Kaiser-Hauses in Berlin, 1997/2001

(rechts)
**Hans Haacke**, *DER BEVÖLKERUNG*
Installation im Reichstagsgebäude in Berlin, 1999/2000

Lichtschrift zum Philosophieren über Gleichheit und Freiheit ein. Christian Boltanski würdigt im Archiv der Deutschen Abgeordneten im Untergeschoss des Reichstagsgebäudes die zwischen 1919 und 1999 demokratisch gewählten Parlamentarier bildlich als tragendes Fundament des Parlaments. Und Christiane Möbus lässt vier Renn-Achter in der Eingangshalle des Jakob-Kaiser-Hauses an Seilen auf und ab tanzen, ruft auf diese Weise zu gleichsam sportlicher Fairness im Wettbewerb unter Gleichen in der Politik auf. Einen besonderen Weg der Symbolik hat Hans Haacke gewählt: Indem er alle Abgeordneten einlädt, Erde aus ihrem Wahlkreis in den Nordhof des Reichstagsgebäudes zu der Installation *DER BEVÖLKERUNG* zu bringen (was die Abgeordneten meist gemeinsam mit Besuchern aus dem Wahlkreis tun), gestaltet er ein Ritual und Symbol der Zusammengehörigkeit von Abgeordneten und Bürgern im Bewusstsein einer gemeinsamen Erde.

Die Auseinandersetzung von Künstlern mit den Grundlagen des Gemeinwesens erreicht so im Berliner Parlamentsviertel eine gehaltvolle Verdichtung, wie sie bis dahin keines der früheren Kunst-am-Bau-Programme aufzuweisen hatte. Das Grundgesetz selbst ist in der künstlerischen Gestaltung durch Dani Karavan wohl am unmittelbarsten Gegenstand einer Kunstinstallation geworden. Sie lässt die Menschen miteinander ins Gespräch kommen und auf diese Weise eine bürgerlich-demokratische Agora, einen Versammlungsplatz freier Bürger entlang der Spree entstehen. Dass an dieser Stelle bis zum Jahre 1989 Wachtürme und Stacheldraht das Bild beherrschten, ist eine besonders sinnfällige Ironie deutsch-deutscher Geschichte.

**Anmerkung**
1 Cortenstahl ist eine Stahllegierung, die sich durch extrem hohe Witterungsbeständigkeit und zugleich dadurch auszeichnet, dass sich die erwünschte Rost-Patina einstellt.

HEINRICH WEFING

# Demokratie im Glashaus – Einige Anmerkungen zu dem schwierigen Verhältnis von Politik und Architektur

# DEMOKRATIE IM GLASHAUS

(oben)
**Ansicht der Paulskirche in Frankfurt am Main,
Sitz der deutschen Nationalversammlung 1848/49, um 1850**

(unten)
**Das Weimarer Nationaltheater als Tagungsort
der deutschen Nationalversammlung, 6. Februar 1919**

Als der Architekt Hans Schwippert im Herbst 1948 daran ging, für den ersten Deutschen Bundestag am Bonner Rheinufer einen Plenarsaal zu errichten, da notierte er: »Die Politik ist eine dunkle Sache, schauen wir zu, dass wir etwas Licht hineinbringen!« Die Bemerkung mag flott hingeworfen sein, aber sie fängt auf denkbar einprägsame Weise einen Gedanken ein, der nach dem Zweiten Weltkrieg geradezu zum Programm der bundesdeutschen Staats- und Repräsentationsarchitektur wurde. So wie Schwippert den ersten, später immer wieder umgebauten Versammlungsort des Bundestages mit zwei deckenhohen Fensterwänden versah, je 20 Meter lang, so wurden nach 1949 fast alle politisch bedeutsamen Bauten der Republik als »Schaufenster der Demokratie« konzipiert: als lichte, durchsichtige Häuser, die sich nicht »hinter verschlossenen Türen« abschotten, sondern demonstrativ öffnen sollten, zur Landschaft und zum Land hin, zu den Bürgern.

Der Kanzlerbungalow im Park des Palais Schaumburg etwa ist ein solches Glashaus, ebenso die Pavillongruppe auf der Weltausstellung 1958 in Brüssel, das Kanzleigebäude der deutschen Botschaft in Washington und das Bundesverfassungsgericht in Karlsruhe, um nur einige zu nennen. Und selbst noch nach dem Fall der Berliner Mauer, als der Umbau des steinschweren, neobarocken Reichstagsgebäudes zum neuen Sitz der deutschen Volksvertretung geplant wurde, gaben die Bauherren den Architekten ausdrücklich auf, eine transparente Gestaltung anzustreben, die »Bürgernähe und Freude an Kommunikation, Diskussion und Offenheit« des Parlaments signalisieren solle.

Eine gläserne, durchsichtige Architektur, so die verbreitete Auffassung, könne ein entscheidendes Strukturprinzip der demokratischen Verfassung in Baukunst »übersetzen«. Der Begriff »Transparenz« ist dabei die entscheidende Klammer: Transparente Häuser seien der angemessene Ort für Verfassungsorgane, die in transparenten, auf Partizipation angelegten Verfahren demokratisch legitimierte Entscheidungen treffen und ausführen. »Wer transparent baut«, so die Faustformel, »baut demokratisch«.

Selbstredend ist der Gedanke keineswegs zwingend. Natürlich können sich auch Diktatoren Glashäuser bauen lassen, und sie haben das gelegentlich sogar getan; und natürlich sind umgekehrt demokratische Entscheidungen um nichts weniger wert, die in Gebäuden aus Stein getroffen werden. Im Gegenteil, man muss festhalten, dass die Umnutzung »vor-demokratischer« Bausubstanz durch demokratische Institutionen historisch die Regel ist. Die französische Nationalversammlung residiert in einem alten Adelssitz, dem Palais Bourbon; das britische Unterhaus tagt in

# DIE KUNST DER VERFASSUNG

**6/18**
Klappsessel und Pult aus dem Plenarsaal des ersten
Deutschen Bundestages in Bonn von Hans Schwippert, 1949

einem Saal, der auf eine Schloss-Kapelle zurückgeht; die deutsche Nationalversammlung trat 1848 in der Frankfurter Paulskirche und 1919 in einem Theater in Weimar zusammen; nicht wenige der deutschen Landtage sind in Gebäuden untergebracht, die ursprünglich zu ganz anderen Zwecken errichtet wurden. Der Niedersächsische Landtag etwa sitzt im »Leineschloss« zu Hannover, das zuvor auch schon als Kloster, Bibliothek, Opernhaus und Kaserne gedient hat. Zugespitzt formuliert: Ein Parlament könnte auch in einem Pferdestall hervorragende Arbeit leisten.

Oder, noch anders gesagt: Die Architektur eines Parlamentes hat keinen Einfluss auf die Politik. Umgekehrt aber ist die Entscheidung für eine bestimmte Architektur eine eminent politische Sache: »Aus welchen Ursprüngen der Bau eines Parlamentes gestaltet werden soll, ist primär eine politische und erst sekundär eine architektonische Frage«, bemerkte gelegentlich der kunstsinnige SPD-Bundestagsabgeordnete Adolf Arndt. Denn mit der – meist ziemlich umständlichen, häufig hoch umstrittenen – Auswahl eines Architekten und eines Entwurfs bestimmt die Volksvertretung ganz wesentlich über das Bild, das sie von sich vermitteln will: gegenüber Besuchern und Staatsgästen, vor allem aber in der Berichterstattung der Medien. Zuverlässig stehen die politischen Reporter der großen Fernsehsender vor allseits bekannten Gebäuden, wenn sie die politischen Nachrichten aus den Hauptstädten vermelden, sei es vor dem Reichstag oder dem Kanzleramt in Berlin, sei es vor dem Weißen Haus in Washington oder vor der Nr. 10 in der Downing Street in London. Diese Bauten sind für die Selbstdarstellung des Staates von enormer Bedeutung. Sie prägen sein Image, verleihen einer oft abstrakten Politik eine anschauliche Oberfläche, und nicht selten werden die Namen der Bauwerke geradewegs zu Synonymen für die Institutionen, die sie beherbergen: »Das Weiße Haus verkündet«, heißt es dann, oder »der Kreml plant«.

Nun ist es allerdings ein schwieriges Geschäft, genau zu programmieren, welches Bild ein Bauwerk vermitteln, welches Image es einer politischen Institution verleihen soll. Architektur nämlich ist eine autonome Kunst. Sie besitzt ihre eigenen Codes und Konventionen, sie hat ihre eigene Geschichte, folgt eigenen Gesetzen. Sie arbeitet mit schwierigen Materialien wie Stahlträgern und Betonstützen, mit Holzbalken und Ziegelsteinen. Sie muss tausenderlei Regeln beachten und vor allem muss sie in erster Linie Funktionen erfüllen. Kein Werk der Baukunst lässt sich daher umstandslos »lesen« wie ein Buch oder ein politisches Kommuniqué. Kein Haus verkündet eine klare »Botschaft«. Und doch gilt Architektur seit altersher und zu Recht auch als »Bedeutungsträger«.

Diese Bedeutungen freilich stehen nicht fest. Wie ein Bau zu deuten ist und gedeutet wird, das ist eine informelle Übereinkunft, die tief in den kulturellen Traditionen und Befindlichkeiten einer Epoche wurzelt und sich im Laufe der Zeit immer wieder wandeln kann. Das gilt auch für die »Transparenz-Metapher« der

# DEMOKRATIE IM GLASHAUS

Plenarsaal des ersten Deutschen Bundestages in Bonn
von Hans Schwippert, um 1950

bundesdeutschen Staatsarchitektur. Dass sie sich durchsetzen und über fast 50 Jahre wirkmächtig bleiben konnte, lag nicht allein an der verführerischen Suggestion, die Bürger könnten bei der Verfertigung der Politik im Glashaus zuschauen, also »Einblick« nehmen und »Einsicht« gewinnen, auch nicht ausschließlich an der traditionellen Konnotation von Licht und Wahrheit.

Die Idee, transparente Architektur sei die angemessene Hülle für transparente politische Prozesse, war auch deshalb so erfolgreich, weil sich mit den Glashäusern der Bundesrepublik nach 1949 zugleich ein Neubeginn inszenieren ließ. Bis in die Details der Möblierung präsentierte sich der Bonner Parlamentssitz als Antithese: Seine Offenheit und Helligkeit, seine Bescheidenheit und Zurückhaltung waren das genaue Gegenteil des wuchtigen Neoklassizismus repräsentativer NS-Bauten.

Zumindest sahen und verstanden Schwipperts Zeitgenossen das so. Ihnen dröhnten noch die Ohren von der Propaganda der Nationalsozialisten. Mit der Behauptung, Architektur sei steingewordene Weltanschauung, war es Hitlers Baufunktionären gelungen, bestimmte Formen derart für sich in Beschlag zu nehmen,

dass nach 1945 jede Säule kontaminiert, jede Natursteinwand verdächtig wirkte. Kubus, Pfeiler, Reihung und Axialität wurden und werden teils bis heute mit Machtherrlichkeit und Menschenverachtung assoziiert, obwohl bauhistorische Untersuchungen spätestens seit den 1980er Jahren eine verwirrende Vielzahl von Strömungen innerhalb der Architektur unter dem Hakenkreuz ausgemacht haben. Zudem zeigt der Blick über die Grenzen, dass in den 1930er Jahren auch anderswo neoklassizistische Fassaden die Bauten von Staat und Behörden zierten. Die amerikanische Historikerin Barbara Miller Lane resümiert in ihrem Buch *Architektur und Politik in Deutschland 1918–1945* sogar, dass die »offiziellen Bauten der Nazi-Regierung keine Abweichung von der allgemeinen Entwicklung der europäischen Architektur« jener Zeit darstellten. Vielmehr waren es erst, so Miller Lane, »die außerordentliche ideologische Bedeutung«, die führende Nationalsozialisten und vor allem Hitler selbst der Architektur zumaßen, »und die intensive politische Propaganda, die mit ihr betrieben wurde«, die die Entwicklung der nationalsozialistischen Architektur von der europäischen Baugeschichte unterschieden.

### 6/23
**Postkarte mit Ansicht des Neubaus des Bundesverfassungsgerichts in Karlsruhe, nach 1969**

Gleichwohl galt der Neoklassizismus nach Kriegsende als ideologisch vergiftet und politisch untragbar. Immer noch gebannt von der NS-Propaganda, sah man in geometrischer Ordnung und steinernen Fassaden den Ausdruck totalitärer Gesinnung. Schwipperts Glashaus für den Bundestag in den Formen einer moralisch und ästhetisch unbelasteten Moderne verkündete dagegen den republikanischen Konsens des »Nie wieder!«: Nie wieder sollte staatliche Architektur einschüchtern, nie wieder Worte aus Stein von Macht und Herrschaft dröhnen. Der Bonner Plenarsaal war damit – ebenso wie all die Glashäuser der Republik, die ihm bald folgen sollten – ein »Gegenbau«: ein polemischer Entwurf, dessen Wesen die Negation ist. Und eben darin lag wiederum auch eine Nähe zum Grundgesetz, das ebenfalls als Gegenentwurf zur Gewaltherrschaft der Nationalsozialisten konzipiert wurde.

Tatsächlich verhalf die architektonische Inszenierung des Bruchs, in der Verdrängung und Aufbruch verschmolzen, der jungen Bundesrepublik rasch zu neuem Ansehen im Ausland. Über die von Egon Eiermann gemeinsam mit Sep Ruf entworfenen Bauten für die Weltausstellung 1958 etwa schrieb der Pariser *Figaro*, die Deutschen seien »zurückgekehrt vom Kolossalen in den ruhigen Garten der klugen Kinder Europas.« Anknüpfend an die kristalline Architektur des Barcelona-Pavillons, den Ludwig Mies van der Rohe 1929 für die Weimarer Republik errichtet hatte, entwarfen die Architekten acht quadratische Bauten, die sie locker in das baumbestandene Gelände im Schatten des Brüsseler Atomiums würfelten. Tageslicht fiel durch große Scheiben ins Innere der Ausstellungsräume, die Decken- und Dachscheiben der Glaswürfel schienen zu schweben. Sie spiegelten in ihrer Technizität die Fortschrittseuphorie der frühen Wirtschaftswunderjahre, zeigten aber auch das Bemühen, wiedererwachtes Selbstbewusstsein nicht übermächtig in Erscheinung treten zu lassen.

Dieselbe Haltung prägte auch den Sitz des Bundesverfassungsgerichts in Karlsruhe, das 1969 nach Plänen des Architekten Paul Baumgarten vollendet wurde. Wiederum eine Gruppe von fünf flachgedeckten, quadratischen Baukörpern, die durch Stege und Brücken miteinander verbunden sind; wiederum das architektonische Prinzip einer demonstrativ lichten und durchsichtigen Architektur aus Glas, Holz und Aluminium. »Von welcher Seite man sich auch dem Bundesverfassungsgericht nähert, immer ist ein Blick nicht nur auf, sondern auch in das Gebäude möglich«,

Außenansicht des 1992 eingeweihten neuen Plenarsaals
des Bundestages in Bonn von Günter Behnisch, 1994

schwärmte der Präsident des Gerichts, Hans-Jürgen Papier, in einem 2004 veröffentlichten Aufsatz über seinen Dienstsitz, um dann zu einer Würdigung von Baumgartens Entwurf anzuheben, die in verdichteter Form noch einmal das komplette rhetorische Programm der bundesdeutschen Staatsarchitektur aufbietet: »Verkörpern Justizgebäude nicht selten staatliche Macht und Autorität in steinerner Form«, schreibt Papier, »so verzichtete Paul Baumgarten auf neue, Ehrfurcht gebietende Symbole. Stattdessen setzte er auf nahezu vollkommene Transparenz und Offenheit, um die ›sachliche Würde‹ eines Verfassungsorgans deutlich zu machen. [...] Dieser bewusste Bruch mit den schweren historischen Pathosformen des Obrigkeitsstaates verlieh dem politisch-gesellschaftlichen Neuanfang in der damals noch jungen Bundesrepublik optisch Gestalt und verfolgte das Ziel, Demokratie und Rechtsstaatlichkeit durch Transparenz zu symbolisieren.«

Höhepunkt und in gewisser Weise auch Abschluss der bundesdeutschen Transparenz-Architektur wurde der 1992 eingeweihte neue Plenarsaal des Bundestages, entworfen von dem Stuttgarter Architekten Günter Behnisch. Dieser Bau entstand nicht nur exakt an derselben Stelle wie der alte Schwippert'sche Plenarsaal und damit buchstäblich auf dem Boden von 1949; er spricht auch bewusst die gleiche Sprache wie der Vorgänger, der ihm weichen musste: Ganz im Sinne von Hans Schwippert entstand am Rheinufer wiederum ein lichtes, transparentes Haus, eine »Architektur der Begegnung und des Gesprächs«, der alle Symmetrien ausgetrieben, alle traditionellen Würdeformeln fremd sind. Noch einmal schuf Behnisch jenes »Transitorium« neu, das nach Theodor Heuss das Wesen der Bonner Republik ausmachte. Ein hinreißender Bau, hell, offen und ein wenig schräg, mit kompliziert geschichteten Raumbegrenzungen aus Stahl und Holz und Glas, die man »Wände« kaum nennen mag; eine unangestrengte Lässigkeit prägt das Gebäude, dessen Räume sich in die Landschaft weiten und umgekehrt die Rheinaue ins Haus holen, raffiniert und doch wie selbstverständlich die Topografie ausnutzend. Und wiederum lobte die Bauherrin, die damalige Bundestagspräsidentin Rita Süssmuth, die Architektur als politisches Bekenntnis, neuerlich die tradierte Transparenz-Metaphorik zitierend: »Dieses Parlamentsgebäude beansprucht mehr als nur die architektonische Umsetzung parlamentarischer Funktionen«, sagte Frau Süssmuth in ihrer Eröffnungsansprache im Herbst 1992, »es will selbst ein

Eingangsbereich des neuen Deutschen Bundestages
in Bonn von Günter Behnisch, 1998

bestimmtes Demokratieverständnis zum Ausdruck bringen: Offenheit und Transparenz durch Glas, Nähe der Parlamentarier zu ihren Bürgern«. Günter Behnisch gelang es zudem, in seinem Plenarsaal noch eine zweite Großform zu etablieren, die – ganz wie die gläsernen Wände – als architektonischer Ausdruck eines Verfassungsprinzips gedeutet wurde: die runde Sitzordnung. Nicht als frontales Gegenüber von Regierungsbank und Abgeordnetenreihen, wie aus dem historischen Berliner Reichstag und dem alten Plenarsaal gewohnt, hatte Behnisch die Plätze der Parlamentarier und Minister organisiert, sondern als weiten, nach außen hin leicht ansteigenden Kreis, in dem die Sessel der Kabinettsmitglieder und der Bundesrats-Repräsentanten in keiner Weise herausgehoben waren.

Ein solches Debattenrund hatte seinerzeit schon Schwippert für seinen Plenarsaal vorgeschlagen, als »Ausdruck einer Gemeinschaft, die miteinander spricht.« Er war damit aber noch am Einspruch Adenauers gescheitert, der einen »solch radikalen Neubeginn« ablehnte und auf einer traditionellen Sitzordnung im Bundeshaus beharrte. Bald schon jedoch wurde der Bonner Plenarsaal von Parlamentariern aller Fraktionen heftig kritisiert, er wurde als »Hörsaal« oder als »überdimensionierte Turnhalle« verspottet; die »unglückliche Sitzordnung« darin verführe »mehr zur Vorlesung als zur Debatte«. Nach langen, intensiven Diskussionen entschied der Bundestag schließlich auf Drängen des Architekten und seiner parlamentarischen Mitstreiter, mit der gewohnten Bestuhlung aufzuräumen und die Sitzordnung neu, also kreisför-

Blick von der Siegessäule auf das
Berliner Reichstagsgebäude, um 1915

mig, zu arrangieren. Dadurch werde, so hofften nicht wenige Abgeordnete, die Lebhaftigkeit und Konzentration der Debatten im Plenum gefördert werden.

Vor allem aber sollte die neue Sitzordnung die veränderte Verfassungswirklichkeit der parlamentarischen Demokratie abbilden, in der sich nicht, wie noch in konstitutionellen Monarchien, Regierung und Parlament, Legislative und Exekutive gegenüberstehen, sondern vielmehr Mehrheit und Minderheit, also Regierung und Regierungsfraktionen auf der einen, und die Opposition auf der anderen Seite. Die kreisförmige Anordnung der Sessel und Bänke werde »optisch erfahrbar« machen, erklärte der Abgeordnete Ehmke in einer Parlamentsdebatte, »dass die Regierung dem Parlament weder vorsitzt noch ihm übergeordnet ist« – eine Demonstration parlamentarischen Selbstbewusstseins. Durch die Einbeziehung der Bänke der Bundesratsmitglieder in den Kreis sollte zudem, wie wiederum Ehmke bemerkte, »ein Strukturelement unserer föderalen Ordnung [...] in die Debatte« eingebaut werden. Dem stimmte der Abgeordnete Conradi zu: »Der Kreis macht deutlich, dass das Parlament, die Bundesregierung und der Bundesrat in ihren unterschiedlichen Rollen an der politischen Auseinandersetzung und an der Gesetzgebung beteiligt sind.«

Dass etwa zur selben Zeit im Osten Deutschlands an zahllosen »Runden Tischen« der Übergang zur Demokratie in der ehemaligen DDR organisiert wurde, war selbstredend nur ein Zufall, zeigt aber die Einprägsamkeit und Überzeugungskraft der Kreisfigur als Abbild des Egalitären. Auch in den meisten Neubauten

130 DIE KUNST DER VERFASSUNG

Die neue Kuppel des Berliner Reichstags
von Lord Norman Foster während der Bauarbeiten, 1997

# DEMOKRATIE IM GLASHAUS

Ansicht der Großbaustelle am Berliner Reichstag im Juni 1998

für die deutschen Landesparlamente, die in den 1980er und 90er Jahren geplant wurden, setzte sich die kreisrunde Sitzordnung durch. In Dresden etwa im neuen Sächsischen Landtag am Elbufer, in der nordrhein-westfälischen Volksvertretung in Düsseldorf, und zuletzt im Plenarsaal des hessischen Landtags in Wiesbaden, der im Frühjahr 2008 eröffnet wurde.

Freilich war weder den Runden Tischen der DDR noch der kreisrunden Sitzordnung des Bundestages Dauer beschieden – und auch nicht Behnischs Bonner Plenarsaal. Konzipiert als endgültiger Sitzungsort des Bundestages, der »künftigen Generationen von Abgeordneten als Plenarsaal dienen« sollte, wie einer der Bauherren geäußert hatte, wurde der Neubau fast über Nacht zum Denkmal, zum Sediment der 40 Jahre am Rhein, über das die Geschichte hinwegeilte, als in Berlin die Mauer fiel: Noch ehe der nach jahrelangen Planungen endlich in Bau befindliche neue Plenarsaal seiner Bestimmung übergeben werden konnte, votierte der Bundestag 1991 für den Umzug in das Berliner Reichstagsgebäude.

Dieses historische Bauwerk, 1894 nach Plänen des Architekten Paul Wallot vollendet, ist nun ganz das Gegenteil von Behnischs Bau: ein üppig dekoriertes Symbol kaiserzeitlicher Reichseinheit inmitten einer Millionenstadt, Stein für Stein mit Geschichte und Geschichten gesättigt. In diesem Gemäuer stellte sich die Frage nach der architektonischen Übersetzung prägender Strukturmerkmale der deutschen Demokratie noch einmal völlig neu. Zwar versuchten die Bauherren anfangs, den Leitgedanken der Transparenz als angemessenes Gestaltungsprinzip für ein Parlamentsgebäude auch auf den Reichstag anzuwenden, und nicht wenige Architekten mühten sich in ihren Wettbewerbsentwürfen, diese Idee umzusetzen. Am konsequentesten in dieser Hinsicht war vielleicht der Vorschlag, vor der Westfassade des Reichstags einen schmalen, gläsernen Riegel zu errichten, in dem der Plenarsaal untergebracht werden sollte. Am Ende jedoch setzte sich das spezifische Gewicht des Altbaus gegen alle Versuche seiner gewaltsamen Umdefinition durch.

Am deutlichsten zeigt sich das an der neuen Kuppel des Reichstags, die der Londoner Architekt Lord Norman Foster nach langen, zähen Debatten schließlich realisierte. Von vorwiegend konservativen Abgeordneten durchgesetzt, ist diese Hightech-Kuppel, wiewohl aus Glas und Stahl gefertigt, doch keine Berliner Variation der hergebrachten Bonner Transparenz-Metaphorik, sondern eine ingeniöse Neuinterpretation der historischen Reichstagskuppel, die nach schweren Kriegsschäden 1954 gesprengt worden war. Sie steht weniger für die Einsehbarkeit und Einsichtigkeit der parlamentarischen Arbeit und ihrer Ergebnisse, sondern symbolisiert vielmehr die gelungene Verwandlung des historischen Reichstags in ein modernes Parlamentsgebäude – und, in einem weitergefassten Sinne – wohl auch die wiedergewonnene deutsche Einheit.

Auch die Frage der Sitzordnung und ihres symbolischen Gehalts wurde in Berlin einer vorsichtigen Revision unterzogen. Da sich die Bonner Hoffnungen auf eine Belebung der Parlamentsdebatten im Kreissaal nicht erfüllt hatten, da vielmehr allgemein klar geworden war, dass für die Intensität und Qualität der Aussprachen die rhetorische Brillanz der Abgeordneten und die parlamentarische Geschäftsordnung mehr zählen als die Architektur, verständigten sich die Abgeordneten auf einen Kompromiss: Sie sitzen im Reichstagsplenum nun im flachen Halbrund einer Ellipse. Die kreisrunde, weltweit vorbildlose Sitzordnung des Bonner Neubaus bleibt damit eine rheinische Episode. Und die demonstrative Darstellung des parlamentarischen Zusammenwirkens tritt wieder zurück hinter der traditionellen Inszenierung des Gegenübers von Regierung (sowie Bundesrat) und Abgeordneten.

Nicht die Verfassung des Landes hat sich geändert, lässt sich resümierend festhalten, sondern lediglich die Art ihrer architektonischen Inszenierung. Nicht mehr die Darstellung des Neubeginns, die Betonung eines Bruchs mit der Vergangenheit, stand beim Umbau des Berliner Reichstags im Vordergrund. Vielmehr ging es darum, sich mit der Geschichte zu arrangieren, die in dem Wallot-Bau ihre vielfältigen Spuren hinterlassen hat.

SIMONE DERIX

# Verfassung als Erlebnis und Erfahrung

# VERFASSUNG ALS ERLEBNIS UND ERFAHRUNG

6/17
Wahlurne des ersten Deutschen Bundestages, 1949

Für den Staatsrechtler Rudolf Smend befindet sich der Staat in einem andauernden Integrationsprozess. In diesem Prozess kommt nicht allein den Repräsentanten des Staates oder politischen Verfahren, sondern auch dem sinnlichen Erleben von Staatlichkeit eine große Bedeutung zu.[1] Staatssymbole wie Fahnen und Wappen, staatliche Zeremonien und Rituale, so die Überzeugung Smends in den 1920er Jahren, machen den Staat besonders intensiv erlebbar.

In dieser Perspektive bieten auch Verfassungen gewisse Anknüpfungspunkte für die sinnliche Erfahrbarkeit eines Staatswesens. Zum einen repräsentieren Verfassungen sich selbst, ihre Entstehungsgeschichte und das Versprechen von dauerhafter Gültigkeit, unabhängig von ihrer Entstehungsgeschichte. Zum anderen symbolisieren sie die Spielregeln einer politischen Gemeinschaft, dokumentieren ihre Leitideen und Ordnungsvorstellungen beziehungsweise formulieren diese als Gebote und Angebote. Diese symbolischen Dimensionen von Verfassung können in so unterschiedlichen Formen wie Verfassungsfesten, Verfassungspraxen und Verfassungsinterpretationen Gestalt gewinnen.[2]

Deutschland entwickelte erst im 19. Jahrhundert und damit sehr spät Verfassungen und maß ihnen im Unterschied zu England und den USA lange Zeit keinen hohen symbolischen Stellenwert bei. Ein Blick auf Staatsakte und Feiertage mit Verfassungsbezug scheint noch für die Nachkriegszeit die negative Bilanz der Staatsrepräsentation nahezulegen. Die Bundesrepublik, so der einstige Protokollchef des bundesdeutschen Innenministeriums, Theodor Graf Finck von Finckenstein, aus Anlass des 40. Staatsjubiläums, gebe »kein überzeugendes Bild staatlichen Selbstverständnisses« ab.[3] Die Art und Weise, wie die Deutschen der Stiftungsakte der Verfassung gedachten, kann dabei als ein Indiz gelten.

In der Weimarer Republik versuchten die Regierungskräfte seit 1921 nachdrücklich, den Tag der Unterzeichnung der Verfassungsurkunde durch Reichspräsident Friedrich Ebert am 11. August 1919 als Nationalfeiertag zu etablieren.[4] Während bis 1932 jährlich Festakte der Verfassungsorgane und volkstümliche Massenfeiern stattfanden, kam jedoch letztlich keine gesetzliche Regelung des Feiertags zustande. Zudem blieb der Verfassungstag stets nur das Fest einer Teilkultur der Weimarer Republik, nämlich vorwiegend des republikanischen Blocks mit der SPD und dem Reichsbanner Schwarz-Rot-Gold, und entwickelte kein gesamtstaatliches Integrationspotenzial.

In der Bundesrepublik wurde bis Anfang der 1970er Jahre kein ernsthafter Versuch unternommen, dem Grundgesetz einen Nationalfeiertag zu widmen. Dies erklärt sich zum Teil aus dem Entstehungskontext der Verfassung und den damit verbundenen Auswirkungen. Die westdeutsche Verfassung galt bereits von Beginn der Planungen an als provisorische Konstitution, da sie nur für den westdeutschen Teilstaat Gültigkeit beanspruchen konnte. Das Grundgesetz verwies damit stets auf den Verlust nationaler Einheit und symbolisierte zugleich das Ziel der Wiedervereinigung beider deutscher Staaten.[5] Noch 1979 galt die Verkündung des Grundgesetzes als »schwieriges Datum«, da die Entscheidung für die dort dokumentierten Werte der deutschen Teilung »Dauerhaftigkeit« verliehen habe.[6] Zudem entstand das Grundgesetz mit der Perspektive eingeschränkter staatlicher Souveränität unter alliierter Besatzungsherrschaft. Die Wortwahl sollte die Vorläufigkeit der Verfassunggebung unterstreichen: Es wurde keine verfassunggebende Versammlung gewählt, sondern ein Parlamentarischer Rat einberufen; die westdeutsche Verfassung sollte mit dem Wort »Grundgesetz« bewusst klanglos benannt werden.

Auch die mit dem Entstehen des Grundgesetzes verbundenen feierlichen Handlungen akzentuierten die Verfassung als Provisorium. Die Eröffnungsfeier des Parlamentarischen Rates fand am 1. September 1948 im großen Saal des Museums Alexander Koenig in Bonn statt, dessen zoologische Exponate beiseitegeschoben und mit Vorhängen verdeckt wurden. Der Raum schien die Rolle der Verfassung als Notbehelf zu symbolisieren. Der nordrhein-westfälische Ministerpräsident Karl Arnold betonte in seiner Ansprache die Vorläufigkeit des Gesetzes. Die Ausfertigung und Verkündung des Grundgesetzes im großen Saal der Pädagogischen Akademie in Bonn am 23. Mai 1949, die von nahezu allen westdeutschen Radiosendern übertragen wurde, erhielt zwar durch Ansprachen, Orgelspiel und Choräle einen feierlichen Rahmen. Doch zeichnete sich die Veranstaltung vor allem durch Sachlichkeit und Zurückhaltung aus.[7]

Der 8. Mai, an dem das Grundgesetz im Parlamentarischen Rat verabschiedet wurde, der 23. Mai, an dem das Grundgesetz ratifiziert und verkündet wurde, sowie der 24. Mai, an dem die westdeutsche Verfassung in Kraft trat, wurden in der »alten« Bundesrepublik immer wieder als mögliche Verfassungstage diskutiert, allerdings ohne klares Votum für einen arbeitsfreien Gedenktag. Vor allem der 23. Mai rückte jährlich neu ins Gedächtnis. Seit 1955 wurde an diesem Tag bundesweit geflaggt. Massenmedien erinnerten pünktlich an Entstehen und Inhalt des Grundgesetzes. Am zehnten Jahrestag der Verkündung des Grundgesetzes hielt der Deutsche Bundestag eine Feierstunde ab. Obwohl der 23. Mai mit abnehmender Bedeutung des 17. Juni als Staatsfeiertag Ende der 1960er Jahre immer stärker ins Zentrum der westdeutschen Identitätssuche rückte, avancierte er nicht zum bundesweiten Feiertag. Der 23. Mai kam Ende der 1970er Jahre zu anderen Ehren. Seit Karl Carstens 1979 dieses Datum für die Wahl seines Amtsnachfolgers bestimmte, konnte sich der 23. Mai als fester Termin für die Wahl des Bundespräsidenten etablieren.

Im Jahr 1974, in dem auch die Weimarer Verfassung ihr 55. und die Verfassung der Frankfurter Paulskirche ihr 125. Jubiläum hatten, sollte das 25-jährige Bestehen des Grundgesetzes eigentlich am 23. Mai gefeiert werden. Doch fiel Christi Himmelfahrt auf dasselbe Datum, weshalb die Staatszeremonie auf den darauffolgenden Tag verlegt wurde. Anlässlich dieses Jubiläums sollte das Grundgesetz am 24. Mai 1974 erstmalig in der breiten westdeutschen Öffentlichkeit gefeiert werden. Willy Brandts Aufforderung an alle Bürger, diesen Tag fröhlich zu feiern, blieb allerdings ohne große Resonanz. Eine Ausnahme bildete die Stadt Heidelberg, die 1974 einen lokalen Verfassungstag stiftete, der in den folgenden Jahren bis 2004 mit freiem Eintritt für städtische Einrichtungen und einem Aufsatzwettbewerb für Schüler begangen wurde.

Trotz der breiten Zurückhaltung markiert der 24. Mai 1974 ein historisches Datum: Gustav Heinemann ordnete für diesen Tag den ersten Staatsakt der Bundesrepublik mit erfreulichem Anlass an. Seither verzeichnen die offiziellen Listen des Bundes nur vier weitere Staatsakte auf Bundesebene, was die besondere Stellung dieser Feiern verdeutlicht. Zwei dieser Staatsakte verwiesen auf das Inkrafttreten der Verfassung: das 40-jährige Bestehen der Bundesrepublik 1989 und das 50-jährige Jubiläum 1999, die jeweils am 24. Mai gefeiert wurden. Diesen positiv besetzten Ereignissen standen im selben Zeitraum 44, wenn man bis 1954 zurückgeht, sogar 67 Staatsbegräbnisse und Trauerstaatsakte gegenüber. Traurige wie freudige Anlässe zeichnen sich durch ähnliche protokollarische Merkmale aus: Die Nationalsymbole (Flagge, Wappen) werden gezeigt, die Nationalhymne wird gespielt, die Repräsentanten der Verfassungsorgane werden an herausgehobenen Stellen platziert und das Staatsoberhaupt hält eine Ansprache. Doch der inhaltliche Kontext der Zeremonien prägte nachdrücklich den Charakter der Veranstaltungen. Selbst bei Feiertagen, die traurige wie freudige Aspekte auf sich vereinten – zum Beispiel der 17. Juni, der Symbol für den Verlust der nationalen Einheit war, zugleich aber auch die Hoffnung auf Wiedervereinigung symbolisierte –, überwogen Schwermut und Nachdenklichkeit. Es verwundert daher nicht, dass der Eindruck entstehen konnte, die Bonner Republik sei »auf Moll gestimmt«.[8]

Gleichwohl bargen bisweilen gerade die traurig gestimmten Feiern die Möglichkeit, die Präsenz der Verfassung spürbar werden zu lassen. Besonders deutlich erkennbar wird dies etwa im Staatsakt für den von der Roten Armee Fraktion ermordeten Hanns Martin Schleyer am 25. Oktober 1977 sowie in einer Gedenkstunde des Deutschen Bundestages für die Opfer des Terrorismus fünf Tage zuvor. Dem Grundgesetz und der Gesetzesinterpretation durch das Bundesverfassungsgericht wurde eine stärkende und autoritative Kraft zugesprochen, die vorangegangene Handlungen der Regierung nicht nur legitimierte, sondern

**4/51**
Gedenkbuch der Reichsregierung
zum 10. Verfassungstag am 11. August 1929

die Verantwortlichen durch die Autorität einer höheren Instanz von der persönlichen Verantwortung entlastete. Gerade in der Abwehr gegen den Terrorismus der 1970er Jahre scharten sich die Verfechter der »demokratischen Lebensordnung« (Walter Scheel) um das Grundgesetz.[9]

Wenngleich die Bundesbürger ihren Staat und ihre Verfassung nie ausgelassen feierten, entwickelten sie eine bemerkenswerte affektive Nähe zu ihrer Verfassung. Das Grundgesetz erlangte »Popularität, wie sie kein sonstiges Gesetz, aber auch keine andere Verfassung bisher erreicht hat«.[10] Diese Beliebtheit mag viele Gründe haben, darunter textimmanente Gründe: die Klarheit und Zeitunabhängigkeit der Inhalte, das an religiöse Gebote erinnernde Pathos durch Verknappung, die »vordergründige Verständlichkeit« der Sprache,[11] und funktionale Gründe: die Wirksamkeit oder die juristische Verlässlichkeit. Auch der Verlust an stilistischer Eleganz und Klarheit durch zahlreiche Änderungen und inhaltliche Erweiterungen konnte dem besonderen Stellenwert des Grundgesetzes nichts anhaben. Wie der Bibel kommt ihm die »Autorität des ungelesenen Buches« zu.[12]

Jeder Verfassungstext bedarf der Auslegung auf spezifische Fragestellungen hin. Als »autoritative Interpreten«[13] gelten in der Bundesrepublik die Richter des Bundesverfassungsgerichts. Sie verkörpern in ihren roten Roben die Verfassung beziehungsweise die Verfassungspraxis und bilden zugleich die Schnittstelle zum gesellschaftlichen Diskurs über die Verfassung. In ihren Urteilen legen die Richter das Grundgesetz nicht nur aus, sondern bündeln und reflektieren gesellschaftliche Kontroversen im Lichte der Verfassung.[14] Dabei entscheiden sie bisweilen im Dissens mit der vorherrschenden öffentlichen Meinung und symbolisieren durch nicht einstimmige Voten zugleich die Pluralität der möglichen Auffassungen.

Doch überlassen die Bundesbürger die Verwaltung und Deutung der Verfassung nicht allein dem höchsten Gericht der Republik. Vielmehr lässt sich ein republikweiter Deutungsprozess

## DIE KUNST DER VERFASSUNG

6/14
Halbmonatszeitschrift *Heute* Nr. 85 zur Verkündung
des Grundgesetzes durch den Parlamentarischen Rat, 1949

beobachten, an dem sich unterschiedliche gesellschaftliche Teilöffentlichkeiten aktiv beteiligen. Der häufige Rekurs auf Artikel des Grundgesetzes, ihre widersprüchlichen Auslegungen und die Vielzahl der Verfassungsänderungen dokumentieren den Prozesscharakter von Verfassung. Zumindest in der Bundesrepublik sind der Verfassungstext selbst und seine Interpretation nicht abgeschlossen.[15] Der Gesetzeskorpus wurde um eine Vielzahl von Artikeln erweitert. Im Unterschied zum Text von 1949 wurden zunehmend symbolische Themen (zum Beispiel »Umwelt«) in die Verfassung integriert beziehungsweise ihre Aufnahme in den Text eingefordert. Mit diesen Erweiterungen und Erweiterungswünschen entwickelte sich das Grundgesetz immer stärker von einer Rechtsverfassung, die einklagbare Rechte in den Mittelpunkt stellt, zum Staatssymbol, das versucht, zentrale Themen des Staates zu repräsentieren.[16]

Auch die Vielzahl der Auseinandersetzungen um das Grundgesetz deutet auf eine weitreichende Aneignung des Grundgesetzes durch die Bundesbürger hin. Diese Verfassungskämpfe bilden selbst ein traditionsbildendes Narrativ der Bundesrepublik,[17] das auf der Überzeugung gründet, dass sich die zentralen Konflikte in der Gesellschaft in der Verfassungsentwicklung widerspiegeln. In der Tat ließe sich eine Geschichte der Bundesrepublik entlang der Verfassungskämpfe entfalten, angefangen bei den Auseinandersetzungen um die Wiederbewaffnung in den 1950er Jahren, über die umstrittene Notstandsverfassung der 1960er Jahre, die Auseinandersetzungen um Schwangerschaftsabbruch, Scheidungsrecht, Wehrdienstnovelle und andere Reformprojekte der 1970er und 1980er Jahre bis hin zur Diskussion um den verfassungsgemäßen Weg zur Wiedervereinigung und weitere Debatten der Gegenwart.

Die Diskussionen um die Verfassung erscheinen somit als »gesellschaftliche Selbstverständigungsdiskurse«, die Verfassung selbst als »symbolischer Schauplatz« der sozialen Kämpfe um Anerkennung.[18] Die Verfassung kanalisierte Konflikte und bildete nicht zuletzt über ihren immer um Auslegung und Interpretation bemühten Charakter die Grundlage politischer Identität in der Bundesrepublik.[19] Sie wurde zum Symbol dafür, dass die Bundesbürger unterschiedliche Überzeugungen vertreten und ihre Konflikte friedlich austragen konnten.

Wie lässt sich diese Entwicklung erklären? Warum wurden die Westdeutschen zu einem »Volk von Grundgesetzbekennern« (Peter Graf Kielmansegg)? Sicherlich schien die neue, zeitlos gehaltene Verfassung im Gegensatz zur deutschen Geschichte und den deutschen Traditionen vor 1945 aufgrund ihrer politischen »Unbefleckheit«[20] in der Nachkriegszeit per se attraktiv. Sie barg gewiss die Möglichkeit eines »Ersatz-Vaterlands« in Zeiten, in denen sich die Deutschen nicht auf die Nation berufen konnten.[21] Aber es ist kein Zufall, dass der Verfassungspatriotismus in den 1970er und 1980er Jahren reüssierte und dass »die Bundesrepublik gerade in ihren kritischen Lagen zur Selbstverständlichkeit« für die Bundesbürger wurde.[22] Im Moment der Krise, als die Gesellschaft an ihren internen Konflikten zu zerbrechen drohte, erwies sich das Grundgesetz als stabilisierender Faktor und wurde gleichsam zu einem sakralen Referenzpunkt der Westdeutschen, und später, nach der Angliederung der ehemaligen DDR an das Grundgesetz, auch der wiedervereinten Deutschen. Kurz: Die symbolische Bedeutung der Verfassung erklärt sich aus ihrer Widersprüchlichkeit, einem dauerhaften Auslegungs-, Diskussions- und Veränderungsprozess zu unterliegen und dabei zugleich diesem Prozess ein hohes Maß an Stabilität zu verleihen, indem sie auch für das Ausloten extremer Positionen Verfahrenshilfen gibt.

**Anmerkungen**

1 Rudolf Smend, Verfassung und Verwaltungsrecht, in: ders., Staatsrechtliche Abhandlungen, Berlin 1955, S. 119 – 276, hier S. 162 ff.
2 Hans Vorländer, Integration durch Verfassung? Die symbolische Bedeutung der Verfassung im politischen Integrationsprozess, in: ders. (Hg.), Integration durch Verfassung, Opladen 2002, S. 9 und 19 f.
3 Theodor Graf Finck von Finckenstein, Auf der Suche nach Identität: Die Bundesrepublik und ihr Geburtstag, Die Zeit, 12.5.1989.
4 Vgl. grundsätzlich: Ralf Poscher, Verfassungsfeiern in verfassungsfeindlicher Zeit, in: ders. (Hg.), Der Verfassungstag. Reden deutscher Gelehrter zur Feier der Weimarer Reichsverfassung, Baden-Baden 1999, S. 11 – 50.
5 Vgl. Hans Vorländer, Die Verfassung. Idee und Geschichte, München 1999, S. 79.
6 Theo Sommer, Bewahren, um erneuern zu können. Dreißig Jahre Bundesrepublik – deutscher Rekord, Die Zeit, 25.5.1979.
7 Vgl. Michael F. Feldkamp, Der Parlamentarische Rat 1948 – 1949, Göttingen 1998, S. 44 und 181; Vorländer, Die Verfassung, München 1999, S. 79.
8 Theodor Graf Finck von Finckenstein, Sind unsere Staatsfeiern auf Moll gestimmt? Versuch einer Bilanz der Bonner Staatspraxis von 1949 bis 1979, in: Das Parlament, 19.1.1980, S. 13.
9 Vgl. Zum Gedenken an die Opfer des Terrorismus. Reden von: Walter Scheel, Karl Carstens, Helmut Schmidt, Helmut Kohl, Herbert Wehner, Wolfgang Mischnick, Bonn 1978.
10 Josef Isensee, Vom Stil der Verfassung. Eine typologische Studie zu Sprache, Thematik und Sinn des Verfassungsgesetzes, Opladen/Wiesbaden 1999, S. 9.
11 Andreas Voßkuhle, Verfassungsstil und Verfassungsfunktion. Ein Beitrag zum Verfassungshandwerk, in: Archiv des öffentlichen Rechts 119 (1994), S. 42; vgl. zu den Gründen allgemein: Isensee, Vom Stil der Verfassung, Opladen/Wiesbaden 1999, S. 23 – 25.
12 Isensee, Vom Stil der Verfassung, Opladen/Wiesbaden 1999, S. 11.
13 Vorländer, Integration durch Verfassung?, Opladen 2002, S. 20.
14 Vgl. Günter Frankenberg, Die Verfassung der Republik. Autorität und Solidarität in der Zivilgesellschaft, Baden-Baden 1996, S. 231.
15 Vgl. Vorländer, Integration durch Verfassung?, Opladen 2002, S. 22 f.
16 Vgl. Isensee, Vom Stil der Verfassung, Opladen/Wiesbaden 1999, S. 33 – 36.
17 Vgl. Vorländer, Integration durch Verfassung?, Opladen 2002, S. 23.
18 Ebd.; Frankenberg, Die Verfassung der Republik, Baden-Baden 1996, S. 19.
19 Vgl. André Brodocz, Die symbolische Dimension der Verfassung, Wiesbaden 2003, S. 233; Vorländer, Die Verfassung, München 1999, S. 83.
20 Vgl. Isensee, Vom Stil der Verfassung, Opladen/Wiesbaden 1999, S. 67.
21 Vgl. Dolf Sternberger, Verfassungspatriotismus, Frankfurter Allgemeine Zeitung, 23.5.1979, abgedruckt in: ders., Schriften, Bd. X: Verfassungspatriotismus, Frankfurt am Main 1990, S. 13 – 16.
22 Manfred Hettling/Bernd Ulrich, Formen der Bürgerlichkeit. Ein Gespräch mit Reinhart Koselleck, in: dies. (Hg.), Bürgertum nach 1945, Hamburg 2005, S. 60.

140 Klaus Marxen  Sicherheit versus Freiheit – Oder: Hat die Freihei

Die Zukunft der Gerechtigkeit  156 Wolfgang Schmale  Europa der Verfa

## AUSBLICK

ine Zukunft?  **148**  <sub>Heribert Prantl</sub>  Verfassungs- und Sozialstaat –
ungen – Eine Verfassung für Europa

KLAUS MARXEN

# Sicherheit versus Freiheit –
# Oder: Hat die Freiheit eine Zukunft?

# SICHERHEIT VERSUS FREIHEIT

Plakat der »Grünen« gegen den verschärften Einsatz der geheimen Staatsorgane, um 1985

## I. Das Grundgesetz und Orwells *1984*: Freiheit und ihr Gegenteil

Das Grundgesetz tritt 1949 in Kraft. Es verheißt nach Jahren totalitärer Schreckensherrschaft ein menschenwürdiges Zusammenleben in Freiheit. Im selben Jahr erscheint ein Roman, der die Schrecken der Vergangenheit in die Zukunft verlängert und vor allem ein Thema hat: die Versklavung des Menschen durch perfekte technische Überwachung und erdrückende Propaganda. *1984* von George Orwell fasziniert ein Millionenpublikum und begleitet seither die Entwicklung der modernen Gesellschaft wie ein Schatten.

Es sind technische und politische Visionen, die den Roman so wirkungsmächtig werden lassen: die permanente Kontrolle per Teleschirm, die Arbeit einer Gedankenpolizei, der Große Bruder. Angesichts solcher Praktiken hat sich in der Wahrnehmung vieler heutiger Leser der Abstand zwischen dem Roman und der sie umgebenden Realität eindeutig verringert. Sie sehen die Freiheit durch eine neue Sicherheitspolitik bedroht. Das Misstrauen gilt einer Vielzahl von Maßnahmen, die in den letzten Jahrzehnten immer rascher aufeinander folgen. Sie zielen im Wesentlichen darauf ab, den technischen Fortschritt zur Verfolgung von Straftaten und zur Gefahrenabwehr zu nutzen.

Schon einige Beispiele können die Furcht vor einer Zerstörung der Freiheit verständlich machen. Mit dem »Großen Lauschangriff« werden heimlich Gespräche in Wohnungen abgehört. In der Videoüberwachung öffentlicher Räume wird jeder Schritt und Tritt der Passanten verfolgt. Wer wann und mit wem kommuniziert hat, lässt sich über zentral gespeicherte Daten lückenlos nachweisen.

Der Freiheitsbedrohung steht die Aussicht auf mehr Sicherheit gegenüber. Der Staat ist gleichermaßen zum Schutz der Bürgerfreiheit wie zum Schutz der Bürger vor Gefahren verpflichtet. Zwischen Freiheitsschutz und Sicherheitsgewährleistung besteht jedoch ein Spannungsverhältnis. Der Konflikt nimmt an Schärfe zu, wenn für neue freiheitsbedrohende Sicherheitsmaßnahmen neue Gefahren ins Feld geführt werden können, wie der Terrorismus, die organisierte Kriminalität, der internationale Waffenhandel, die Umweltzerstörung.

Die Entwicklung zwingt zu einer Überprüfung des Verhältnisses von Freiheit und Sicherheit. Dabei gilt es sowohl das Freiheitsversprechen des Grundgesetzes als auch die düstere Vision George Orwells im Auge zu behalten.

## II. Safety first: neue Sicherheitskonzepte

An der Benennung von Gesetzen lassen sich politische Entwicklungen ablesen. Seit den 1970er Jahren künden martialische Gesetzesüberschriften von einer neuen Sicherheitspolitik. Der Gesetzgeber kämpft, und sein Kampf gilt dem Terrorismus, der organisierten Kriminalität, dem illegalen Rauschgifthandel, der Korruption, der Umweltkriminalität. Sicherheitspolitisch haben Gesetzestitel dieser Art zwei Aufgaben. Sie sollen drastisch die Gefahren vor Augen führen, die den Gesetzgeber zum Eingreifen veranlasst haben, und sie sollen die Mittel rechtfertigen, die in diesem Kampf zum Einsatz kommen. Der Rechtfertigungsbedarf wächst, weil zur Erkennung der Gefahren und ihrer Bekämpfung immer intensiver die Möglichkeiten moderner Technik genutzt werden, die den Kreis Betroffener weit ausdehnen und tief in deren Privatsphäre eindringen.

## AUSBLICK

### Herausforderung durch neue Risiken

Die moderne Gesellschaft gilt als »Risikogesellschaft«. Angesprochen sind damit neue soziale, politische und ökologische Risiken hoch entwickelter Industriegesellschaften in einem Zeitalter der Globalisierung. Risiken, die als besonders bedrohlich gelten, stehen im Zentrum neuer sicherheitspolitischer Maßnahmen.

An erster Stelle steht der Terrorismus. Dessen Bedrohungspotenzial ist zunächst in der vorwiegend nationalen Version des RAF-Terrorismus mit 34 Todesopfern offenkundig geworden. Der Angriff islamistischer Terroristen auf das World Trade Center und das Verteidigungsministerium der USA am 11. September 2001, durch den mehr als 3000 Menschen umgekommen sind, hat vor Augen geführt, dass kein Ort der Welt vor dem Terror sicher ist.

Herausgefordert sieht sich die Sicherheitspolitik ferner durch neue Formen der organisierten und zunehmend international agierenden Kriminalität. Ungleich stärker als die herkömmliche, örtlich überschaubare Kriminalität Einzelner und kleiner Gruppen bedroht die organisierte, grenzübergreifend agierende Kriminalität die Gesellschaft durch planmäßiges, arbeitsteiliges, auf Gewinn- oder Machtstreben zielendes Vorgehen mittels Gewalt oder Einschüchterung in festen, nach außen abgeschotteten Strukturen. Rauschgift- und Waffenhandel, Zuhälterei, Menschenhandel, Glücksspiel, Verschiebung von Kraftfahrzeugen und Schutzgelderpressung sind bevorzugte Betätigungsfelder. Die erzielten Gewinne werden über die Geldwäsche in den legalen Wirtschaftskreislauf eingeführt. Der wirtschaftliche Schaden pro Jahr beträgt nach Erhebungen des Bundeskriminalamts 1,36 Milliarden Euro, wobei die Dunkelziffer wesentlich höher liegen dürfte. Die Öffnung der innereuropäischen Grenzen auf der Grundlage des Abkommens von Schengen (1985) hat grenzüberschreitende Aktionen und die Bildung internationaler Organisationsformen noch erleichtert.

Sicherheitspolitiker machen darauf aufmerksam, dass auch der Wandel der Alltagskriminalität neue Risiken birgt. An die Stelle des Handtaschendiebstahls und des Raubüberfalls treten mehr und mehr Straftaten unter Einsatz moderner Technik, wie beispielsweise Kontoplünderung mit erschlichenen Daten, Scheingeschäfte im Internet, betrügerische Erlangung von Leistungen vom Staat oder von Versicherungen.

Schließlich sieht sich die Sicherheitspolitik durch Risiken herausgefordert, die zwar nicht ihrer Art nach, wohl aber wegen ihres wachsenden Umfangs als neu gelten. Der rasante Anstieg der Kriminalität wird als besorgniserregend eingeschätzt. Die Hauptsorge gilt der Gewaltkriminalität und den Sexualstraftaten.

### Sicherheitspolitische Reaktionen

Wie die neuen Risiken zu bewältigen sind, wird seit fast vier Jahrzehnten intensiv diskutiert. Die Sicherheitspolitik befindet sich in ständiger Bewegung. Zahlreiche Gesetze sind erlassen worden. Nicht wenige hat das Bundesverfassungsgericht für verfassungswidrig erklärt, was oft erneute gesetzgeberische Aktivitäten zur Folge gehabt hat. Weitere Gesetzesinitiativen befinden sich derzeit im Stadium des Entwurfs oder der Planung. Neben konkreten Vorhaben sind die Grundlinien der Sicherheitspolitik und das darin enthaltene Staatsverständnis Gegenstand heftiger Kontroversen. Der folgende Überblick greift zentrale Aspekte heraus.

#### Technikeinsatz

In vielfältiger Form sehen gesetzliche Regelungen die Anwendung modernster Technik für die Fahndung nach Straftätern, die vorbeugende Verbrechensbekämpfung und die Früherkennung von Gefahren vor. Die Technisierung ist zur Hauptsache eine Antwort auf den hohen technischen Standard des Terrorismus und der organisierten Kriminalität. So werden im Wege der Rasterfahndung riesige Datenbestände maschinell nach bestimmten Merkmalen abgeglichen, die für einen Täter oder eine Tätergruppe kennzeichnend sind. Die Kontrolle der Telekommunikation umfasst neben der Überwachung aktiver Kommunikationsverbindungen die Aufdeckung von individuellen Kommunikationsprofilen sowie von Kommunikationsnetzen durch die Überprüfung gespeicherter Verbindungsdaten. Bei der Online-Durchsuchung gelangen Sicherheitsbehörden verdeckt in Rechner und erkunden dort abgespeicherte Daten.

Auch zur Verfolgung und Verhütung sonstiger Straftaten wird immer intensiver moderne Technik genutzt. Sie vermag mit geringerem Personaleinsatz mehr Fälle zu erfassen als herkömmliche Methoden. Die Kameraüberwachung von Banken, Geschäften, Verkehrsmitteln und öffentlichen Plätzen zeichnet Raubüberfälle, Diebstähle, Drogengeschäfte und Schlägereien auf. Mit der straßentauglichen, automatischen Erfassung sämtlicher Kraftfahrzeugkennzeichen können gestohlene Fahrzeuge und zur Fahndung ausgeschriebene Fahrer aufgespürt werden.

Diese und weitere technische Mittel sind höchst effektiv. Aber sie verändern auch grundlegend das Verhältnis zwischen dem Bürger und den Staatsorganen. Ganz überwiegend werden diese Maßnahmen heimlich getroffen. Immer häufiger geraten dabei auch unbeteiligte Personen ins Visier der Behörden. Und es wird

# SICHERHEIT VERSUS FREIHEIT

möglich, durch Verknüpfung der vielfältigen Erkenntnisse nicht mehr nur einzelne Handlungen von Personen festzustellen, sondern vollständige Persönlichkeitsprofile zu ermitteln. Dadurch kann sich auch der unbescholtene Bürger veranlasst sehen, sein Verhalten zu ändern, indem er etwa auf bestimmte Formen der Kommunikation verzichtet. Der Gewinn an Sicherheit durch die Technik hat also eine Einbuße an Freiheit zur Kehrseite.

### Verschmelzung staatlicher Aufgaben und Institutionen

»Die Sicherheit Deutschlands wird auch am Hindukusch verteidigt.« So rechtfertigte 2002 der damalige Bundesverteidigungsminister Struck den Einsatz der Bundeswehr in Afghanistan. Nicht mehr allein der Landesverteidigung soll die Bundeswehr dienen. Seit einigen Jahren hat sie zusätzlich die Aufgabe, auf der Grundlage eines UN-Mandats und eines Beschlusses des Deutschen Bundestages in Auslandseinsätzen den internationalen Terrorismus zu bekämpfen, um Deutschland auch auf diese Weise vor Anschlägen zu bewahren. Die bisher übliche Unterscheidung von äußerer und innerer Sicherheit, die institutionell mit der Trennung zwischen Bundeswehr und Polizei verbunden ist, gilt als überholt. Es kann daher nicht verwundern, dass es Pläne gibt, die Bundeswehr zur Abwehr terroristischer Gefahren auch im Inneren einzusetzen.

Dabei soll die Armee die Polizei und Nachrichtendienste unterstützen, die den Kampf gegen den Terrorismus bereits jetzt in enger Kooperation führen. Um deren Zusammenarbeit weiter zu stärken, wurden rechtliche Hindernisse für einen Austausch von Informationen und Daten beseitigt. Eine jüngst eingerichtete Antiterrordatenbank führt die Erkenntnisse von 38 Sicherheitsbehörden zusammen. Ferner erfolgte auf beiden Seiten eine Ausdehnung der Betätigungsfelder und eine Angleichung der Mittel. Damit lösen sich die Grenzen zwischen Polizei und Nachrichtendiensten auf. Die Polizei wird zunehmend im Vorfeld möglicher Gefahren tätig und darf sich auch solcher Mittel bedienen, die bislang als typisch für die Arbeit der Geheimdienste galten, so etwa das Abhören, Ermittlungen unter einer Legende oder längerfristige Observationen. Der Auftrag der Nachrichtendienste wurde weit über den Bereich der Spionage und Spionageabwehr sowie den Schutz der freiheitlich-demokratischen Grundordnung hinaus ausgedehnt. Zu ihren Aufgaben gehört jetzt auch die Abwehr von Bestrebungen, die sich gegen das friedliche Zusammenleben der Völker richten. Dabei ist ihnen neuerdings auch gestattet, sich solcher Daten zu bedienen, die bei privaten Stellen anfallen, zum Beispiel bei Banken, bei der Post oder in Luftfahrtunternehmen.

In Auflösung befinden sich ferner die Grenzen zwischen der Strafverfolgung und der Gefahrenabwehr. Die der Strafjustiz zugedachte Aufgabe einer repressiven Reaktion auf Straftaten durch Aufklärung und Ahndung wird um präventive Elemente erweitert. So können verdächtige Personen auch dann verhaftet werden, wenn von ihnen keine Flucht- oder Verdunklungsgefahr ausgeht, wohl aber Wiederholungstaten zu befürchten sind. Gegen gefährliche Straftäter kann zusätzlich zu einer Freiheitsstrafe die Sicherungsverwahrung verhängt werden. Dies hat zur Folge, dass die Täter selbst nach vollständiger Strafverbüßung in Haft bleiben. Auch sind Erkenntnisse, die im präventiven Bereich, beispielsweise bei der verdachtsunabhängigen Kontrolle der internationalen Telekommunikation durch den Bundesnachrichtendienst gewonnen wurden, für Zwecke der Strafverfolgung verwertbar. Repression und Prävention bleiben ohnehin organisatorisch dadurch eng miteinander verzahnt, dass die Polizei für beide Bereiche zuständig ist – für die Gefahrenabwehr allein und für die Strafverfolgung in unterstützender Funktion.

Verschiebungen zeigen sich schließlich auch in der Verteilung der polizeilichen Kompetenzen zwischen dem Bund und den Ländern. Der Verfassunggeber hat grundsätzlich den Ländern die Polizeihoheit übertragen. Dem Bundeskriminalamt war lediglich eine koordinierende Funktion zugedacht. Nur in Ausnahmefällen sollte es zu eigenen Strafermittlungen befugt sein. Das änderte sich mit den 1970er Jahren. Das Amt wurde mit der Aufgabe betraut, terroristische Straftaten und schwere Delikte mit internationalem Bezug zu verfolgen. Seither ist der Zuständigkeitsbereich ständig ausgedehnt worden. Aktuelle Gesetzgebungspläne sehen vor, dass das Bundeskriminalamt eigenständige Befugnisse auch im Bereich der Gefahrenabwehr erhalten soll, die bislang allein Ländersache war.

Die Bilanz der Verschmelzung staatlicher Aufgaben und Institutionen fällt zwiespältig aus. Was den Kampf gegen Terrorismus und Kriminalität effektiver machen soll, schwächt die Position des Bürgers im Verhältnis zum Staat. Er sieht sich einem Zusammenschluss staatlicher Organe gegenüber, in dem sich die Konturen einer allwissenden und omnipotenten Superbehörde abzeichnen. Die deutsche Vergangenheit hält mit der Gestapo und dem Reichssicherheitshauptamt warnende Beispiele bereit. Sie gaben Anlass für die Formulierung von Trennungsgeboten, die

## AUSBLICK

6/56
Fahndungsplakat des Bundeskriminalamtes zu den Terroranschlägen auf das World Trade Center und das Pentagon am 11. September 2001

teilweise auch in das Grundgesetz aufgenommen wurden, wie zum Beispiel die Trennung zwischen dem Auftrag der Bundeswehr und der Aufgabe der Polizei. Auch forderten die westlichen Alliierten den deutschen Verfassunggeber 1949 auf, zwischen Polizeibehörden und Nachrichtendiensten strikt zu trennen. Ob die Veränderung der Sicherheitslage es rechtfertigt oder gar zwingend erfordert, die Trennung staatlicher Funktionen und Einrichtungen aufzugeben, ist eine zentrale Frage in der aktuellen sicherheitspolitischen und verfassungsrechtlichen Diskussion.

Zuspitzungen:
Flugzeugabschuss und »Rettungsfolter«
Der Beginn der neuen Sicherheitspolitik liegt zwar weit vor den Anschlägen vom 11. September 2001. Dieses welterschütternde Ereignis markiert gleichwohl auch für die Sicherheitspolitik in Deutschland einen Einschnitt. Es hat eine Vielzahl von Gesetzesinitiativen ausgelöst, die weitaus intensivere Eingriffe in grundrechtsrelevante Bereiche vorsehen als vorangegangene sicherheitspolitische Maßnahmen. Für das sicherheitspolitische Klima noch wichtiger ist der Umstand, dass nunmehr bestimmte Horrorszenarien, die zuvor allenfalls Gegenstand theoretischer Gedankenspiele waren, die Gestalt regelungsbedürftiger Katastrophenfälle angenommen und heftige Diskussionen ausgelöst haben. Die größte Aufmerksamkeit gilt zwei Szenarien:

Das erste Szenario betrifft die Entführung eines Flugzeugs durch Selbstmordattentäter, die mit einem gezielten Absturz außer den Passagieren noch möglichst viele weitere Menschen töten wollen. Gestritten wird über die Berechtigung staatlicher Organe, das Flugzeug abzuschießen, bevor es zur Katastrophe kommt, und dabei die Tötung der Passagiere in Kauf zu nehmen. Der Gesetzgeber hielt eine Regelung für geboten. Eine Vorschrift im Luftsicherheitsgesetz gestattete der Bundeswehr den Abschuss zur Vermeidung eines besonders schweren Unglücksfalles. Ihr lag der Gedanke zugrunde, dass es erlaubt sein müsse, eine geringere Zahl von Menschen, deren Leben ohnehin verloren sei, zugunsten einer größeren Zahl zu opfern. Nach der Ansicht des Bundesverfassungsgerichts verletzte die getroffene Regelung aber die Menschenwürde der Passagiere. Die Diskussion wird gleichwohl weitergeführt. Überlegt wird, ob eine Regelung möglich ist, die den verfassungsrechtlichen Bedenken Rechnung trägt.

Diskutiert wird ferner darüber, ob eine Bedrohungssituation sich so zuspitzen kann, dass auch das Mittel der Folter eingesetzt werden darf, etwa um von einem terroristischen Täter den Standort einer Zeitbombe in Erfahrung zu bringen *(ticking bomb scenario)*. In Deutschland hat der spektakuläre Mordfall Gäfgen dem Problem weitere Aufmerksamkeit verschafft. Um zu erfahren, wo sich das entführte Kind eines Frankfurter Bankiers befindet, hatte ein Polizeibeamter dem bereits gefassten Täter mit Folter gedroht. Eine in der Öffentlichkeit stark verbreitete Auffassung hält in Ausnahmesituationen dieser Art den Einsatz von Folter für gerechtfertigt. Man spricht von »Rettungsfolter«, um den Unterschied zu unzulässiger Folter auch sprachlich kenntlich zu machen. Der Widerspruch zum verfassungsrechtlichen Folterverbot wird für überwindbar gehalten: Es müsse möglich sein, die Menschenwürde des Täters gegen die Menschenwürde des Opfers abzuwägen.

# SICHERHEIT VERSUS FREIHEIT

**6/57**
Satirisches Plakat von Klaus Staeck, 1999

**Vom Rechtsstaat zum Präventionsstaat?**
Die neue Sicherheitspolitik mit ihren vielfältigen Maßnahmen und Projekten hat eine Opposition auf den Plan gerufen, welche die Sorge um den Verlust grundrechtlicher Freiheiten nicht nur in der Einzelkritik, sondern auch in zusammenfassenden Analysen zum Ausdruck bringt. Befürchtet wird ein grundlegender Wandel staatlicher Leitprinzipien. Es drohe der Übergang von einem freiheitssichernden Rechtsstaat zu einem sicherheitsfixierten Präventionsstaat. Anders als der Rechtsstaat, der erst auf eine konkrete Gefahr und einen konkreten Straftatverdacht reagiere, handle der Präventionsstaat proaktiv, um noch ganz unbestimmten Risiken vorzubeugen und um die Kriminalität schon im Vorfeld zu bekämpfen. Kennzeichnend für den Präventionsstaat sei auch die Bevorratung mit Informationen über jeden Bürger. Diesem sei es, selbst wenn er sich vollkommen legal verhalte, nicht mehr möglich, den Staat auf Abstand zu halten.

## III. Die neue Sicherheitspolitik auf dem Prüfstand der Verfassung

**Akteure**
Die verfassungsrechtliche Überprüfung der neuen Sicherheitspolitik obliegt allen staatlichen Organen, die an ihr beteiligt sind, also beispielsweise dem Innenminister, der neue Sicherheitsgesetze vorschlägt, dem Bundestag, der sie verabschiedet, den Polizeibehörden, die sie ausführen, und den Gerichten, die ihre Anwendung kontrollieren. So steht es im Grundgesetz: Art. 1 Abs. 3 und Art. 20 Abs. 3.

Im politischen Spiel der Kräfte zeigt sich jedoch, dass die Kontrollaufgabe sehr unterschiedlich wahrgenommen wird. Das Innenministerium, das für die Gewährleistung von Sicherheit zuständig ist, tendiert zu einem sicherheitsfreundlichen Verfassungsverständnis. Der Bundestag neigt nicht dazu, die Grenzen enger zu ziehen, weil sich das gewachsene Sicherheitsbedürfnis der Gesellschaft auch in der Politik der Parteien niederschlägt. So sind es zur Hauptsache die Gerichte, die einen schärferen Maßstab anlegen, und hier insbesondere das Bundesverfassungsgericht, das über die Kompetenz verfügt, verfassungswidrigen Sicherheitsgesetzen die Wirksamkeit zu versagen.

Die Rollenverteilung hat dazu geführt, dass mehrfach Gesetzesvorhaben, die das Innenministerium auf den Weg gebracht hat, vor dem Bundesverfassungsgericht gescheitert sind. Dementsprechend ist die gegenwärtige Situation durch eine gewisse Polarisierung gekennzeichnet. Die eher politisch agierenden Instanzen, wie das Innenministerium und die Regierung, betreiben eine expansive Sicherheitspolitik. Ihnen steht das Bundesverfassungsgericht gegenüber, das als Hüter der Verfassung bemüht ist, jedenfalls ein Mindestmaß an verfassungsrechtlich verbürgter Freiheit zu sichern.

Das Aktionsfeld des Bundesverfassungsgerichts hat sich dadurch ausgedehnt, dass von neuen Sicherheitsmaßnahmen häufig auch Unbeteiligte betroffen sind, so zum Beispiel bei der Speicherung von Telekommunikationsdaten oder bei der automatischen Erfassung von Kraftfahrzeugkennzeichen. Damit erweitert sich der Personenkreis, der sich mit einer Verfassungsbeschwerde an das Gericht wenden kann. Die Möglichkeit wird regelmäßig wahrgenommen, sodass auch deswegen nahezu die gesamte neuere Sicherheitsgesetzgebung einer verfassungsgerichtlichen Überprüfung unterzogen worden ist.

## Resultate

### Verfassungsänderungen

Erweist sich das Grundgesetz auch bei großzügigster Auslegung als unvereinbar mit einem sicherheitspolitischen Vorhaben, so kann dieses nur im Wege einer Änderung der Verfassung umgesetzt werden. Die wichtigste sicherheitspolitisch bedingte Verfassungsänderung der letzten Jahre betraf das Grundrecht der Unverletzlichkeit der Wohnung in Art. 13 GG. Die Einschränkung des Grundrechts machte den »Großen Lauschangriff« möglich. Eine Grundgesetzänderung wird auch nötig sein, wenn, wie geplant, die Bundeswehr zur Abwehr von Gefahren im Inneren eingesetzt werden soll.

Allerdings ist die Verfassungsänderung alles andere als ein bequemes und beliebig verfügbares Mittel zur Vermeidung verfassungsrechtlicher Konflikte. Nötig ist eine Zweidrittelmehrheit im Bundestag und im Bundesrat. Auch auf die Verfassungsänderung erstreckt sich die Prüfungskompetenz des Bundesverfassungsgerichts, weil Verstöße gegen Verfassungsprinzipien denkbar sind. So hat die verfassungsgerichtliche Überprüfung beim »Großen Lauschangriff« zum Ergebnis gehabt, dass die Ermächtigung in Art. 13 GG restriktiv ausgelegt werden muss – mit der Folge, dass die gesetzlichen Ausführungsbestimmungen erhebliche Einschränkungen zur Wahrung von Grundrechten Betroffener vorsehen.

### Bestätigung und Neubestimmung verfassungsrechtlicher Grenzen

Das Bundesverfassungsgericht beharrt darauf, dass es einen Kernbestand an unveräußerlichen Rechten gibt, die absolut geschützt sind und jedem zustehen. Das hat praktische Folgen. Auch der Terrorist verfügt über die vom Staat zu garantierende Menschenwürde, was ihn beispielsweise davor bewahrt, gefoltert zu werden. Ferner finden der »Große Lauschangriff« und sonstige Abhörmaßnahmen dort ihre Grenze, wo die Überwachung in den Kernbereich privater Lebensgestaltung eindringt. Und es kann den Passagieren eines entführten Flugzeuges nicht abverlangt werden, ihr Leben zugunsten einer Mehrzahl anderer zu opfern.

Jenseits des absolut geschützten Bereichs setzt das Bundesverfassungsgericht Grenzen, die sich zur Hauptsache an dem Verfassungsgrundsatz der Verhältnismäßigkeit orientieren. Das bedeutet zunächst, dass der Eingriff überhaupt durch einen verfassungsrechtlich legitimierten Zweck gerechtfertigt sein muss. Der Tatverdacht oder die Gefahr, auf die reagiert werden soll, müssen gesetzlich in einer Weise benannt werden, mit der die Reichweite des Eingriffs erkennbar ist. Unzulässig sind danach Ermittlungen und Kontrollen »ins Blaue hinein«. An dieser Hürde sind zum Beispiel gesetzliche Regelungen der Länder Hessen und Schleswig-Holstein gescheitert, die eine anlasslose und flächendeckende automatisierte Erfassung von Kraftfahrzeugkennzeichen für einen Abgleich mit Fahndungsdateien vorsahen.

Wichtiger Bestandteil der Verhältnismäßigkeitsprüfung ist ferner eine Abwägung zwischen der Intensität des Grundrechtseingriffs und dem Ausmaß der drohenden oder erfolgten Rechtsgutsbeeinträchtigung. Ein Verfassungsverstoß liegt vor, wenn sich dabei der Grundrechtseingriff als unangemessen erweist. Nun gesteht das Bundesverfassungsgericht zwar dem Gesetzgeber einen großen Entscheidungsspielraum bei dieser Abwägung zu. In neuerer Zeit hat es aber dadurch in die Verteilung der Gewichte eingegriffen, dass es die Grundrechtskonzeption der Verfassung an die gesellschaftliche und technische Entwicklung angepasst hat. Aus dem schon seit Längerem anerkannten allgemeinen Persönlichkeitsrecht hat es zunächst ein Grundrecht auf informationelle Selbstbestimmung entwickelt, das eine Verwertung von persönlichen Daten nur bei einem überwiegenden Allgemeininteresse zulässt, und daraus jüngst ein Grundrecht auf Gewährleistung der Vertraulichkeit und Integrität informationstechnischer Systeme abgeleitet. Die Ausformung derartiger spezieller Grundrechte erhöht den Legitimationsdruck für den Gesetzgeber. Davon zeugt eine kürzlich ergangene Entscheidung des Bundesverfassungsgerichts, die eine Regelung der Online-Durchsuchung im nordrhein-westfälischen Gesetz über den Verfassungsschutz unter Berufung auf den speziellen grundrechtlichen Schutz informationstechnischer Systeme für nichtig erklärt hat.

## IV. Ausblick

Die Freiheit befindet sich in der Defensive. Eine offensive Sicherheitspolitik testet aus, was die Verfassung an Freiheitseinschränkungen zulässt. Immer wieder hat das Bundesverfassungsgericht in den letzten Jahren Anlass gehabt, Sicherheitsgesetze zurückzuweisen, weil sie grundrechtliche Freiheiten übermäßig beeinträchtigten. Zwar ist dadurch belegt, dass jedenfalls die verfassungsgerichtliche Kontrolle wirksam ist. Damit allein kann die Zukunft der Freiheit aber keineswegs gesichert werden. Die Gerichtsbarkeit wäre überfordert, wenn sie allein die Verantwortung für den Schutz der Freiheit trüge. Sie kann nur auf eine Sicherheitspolitik reagieren, deren Gestaltung in anderen Händen liegt. Wesentliches hängt in einem demokratischen Staatswesen davon ab, wie sich die Gesellschaft mit gegenwärtigen und künftigen Risiken auseinandersetzt. Ein größeres Maß an Rationalität könnte dazu beitragen, den Druck zu mindern, dem die Freiheit heutzutage ausgesetzt ist. Nötig ist Aufklärung in empirischer und historischer Hinsicht.

Mit empirischer Aufklärung ist die Korrektur von Fehlvorstellungen über die Gefahrenlage und die Kriminalitätsentwicklung gemeint. Die Gesellschaft empfängt ihre Informationen zur Hauptsache über die Medien. Deren Darstellung der Sicherheitslage tendiert zur Dramatisierung. Das dadurch erzeugte Klima der Unsicherheit treibt wiederum die Sicherheitspolitik an. So trugen Medienberichte über Sexualverbrechen nicht unerheblich dazu bei, dass um die Jahrtausendwende mehrfach in kurzen Zeitabständen Gesetze erlassen wurden, die auf ein verschärftes Vorgehen gegen Sexualstraftäter, insbesondere in der Form der Sicherungsverwahrung, zielten. Dagegen verzeichnet die Kriminalstatistik für den gleichen Zeitraum eine Stagnation im Bereich der Sexualstraftaten und sogar rückläufige Zahlen bei besonders schweren Delikten wie dem Sexualmord. Eine verantwortungsbewusste Sicherheitspolitik würde sich an der tatsächlichen Gefahrenlage orientieren. Von freiheitseinschränkenden Sicherheitsgesetzen sollte daher verlangt werden, dass sie sich durch Fakten als erforderlich ausweisen können.

Historischer Aufklärung bedarf es, weil in Vergessenheit zu geraten droht, dass nicht allein staatstheoretische Erwägungen, sondern insbesondere auch Erfahrungen aus der Zeit des Nationalsozialismus den Verfassunggeber veranlasst haben, Aufgaben und Machtbefugnisse im Sicherheitsbereich auf unterschiedliche Einrichtungen zu verteilen. Trennungsgebote sollten verhindern, dass der Bürger jemals wieder einem Staat ausgeliefert ist, in dem sich Wissen und Macht in einer Hand vereinigen. Wie nötig sie sind, hat dann nochmals die SED-Diktatur demonstriert, in der ein zentralistisch organisierter Sicherheitsapparat alle Erkenntnis- und Machtmittel ausschöpfen konnte, um die Herrschaft einer Partei abzusichern.

Gleichwohl erleben wir gegenwärtig, dass die Sicherheitsorgane immer stärker vernetzt und zusammengeführt werden. Das dafür ins Feld geführte Argument, nach dem die Aufteilung von Aufgaben, das Vorenthalten von Informationen und die Beschränkung von Befugnissen zu Sicherheitseinbußen führten, leuchtet nur dem historisch Unwissenden ein. Historisches Wissen belehrt darüber, dass das Erstreben absoluter Sicherheit die Zerstörung der Freiheit zur Kehrseite hat und dass Gewaltenteilung und Aufgabentrennung im Sicherheitsbereich nötig sind, wenn die Freiheit eine Zukunft haben soll.

HERIBERT PRANTL

# Verfassungs- und Sozialstaat –
# Die Zukunft der Gerechtigkeit

## VERFASSUNGS- UND SOZIALSTAAT

Im alten Christentum nannte man jene Menschen, die noch nicht getauft waren, aber sich taufen lassen wollten, Katechumenen. Sie durften vor ihrer Taufe nur am Wortgottesdienst teilnehmen, nicht an der gesamten Eucharistiefeier. In den alten Gotteshäusern, in denen das Kirchenschiff durch ein Eisengitter abgetrennt war, mussten sie hinter dem Eisengitter bleiben. Mit der Taufe waren sie dann voll dabei.

Im Sozialstaat ist der Staat für diese Taufe zuständig, er muss dafür sorgen, dass die Menschen voll dabei sein können, dass sie Anteil haben an der Gemeinschaft und gleiche Lebenschancen. Die Marktwirtschaft nämlich produziert soziale Ungleichheiten, weil der Erfolgreiche ja etwas von seinem Erfolg haben will und haben soll; und diese sozialen Ungleichheiten verfestigen sich durch die Garantie von Eigentum und Erbrecht. Das liegt in der Natur der Sache, und das ist so in Ordnung. Der Sozialstaat muss freilich diese Ungleichheiten in gewissem Umfang ausgleichen, sonst läuft für einen Teil der Menschen die Freiheit leer, weil ihnen die sozialen Voraussetzungen zur Realisierung ihrer rechtlichen Freiheiten fehlen. Wenn diese sozialen Voraussetzungen realisiert sind, dann sorgt der Rechtsstaat für Gleichheit vor dem Gesetz. Verfassungsjuristisch ist der Rechtsstaat in der Bundesrepublik viel stabiler fundiert worden als der Sozialstaat; man schaue sich nur den Umfang der einschlägigen Kommentierungen in den Kommentarwerken zum Grundgesetz an.

Es ist aber so: Das Leben beginnt ungerecht und es endet ungerecht, und dazwischen ist es nicht viel besser. Der eine wird mit dem silbernen Löffel im Mund geboren, der andere in der Gosse. Der eine zieht bei der Lotterie der Natur das große Los, der andere die Niete. Der eine erbt Talent und Durchsetzungskraft, der andere Aids und Antriebsschwäche. Die Natur ist ein Gerechtigkeitsrisiko. Der eine hat eine Mutter, die ihn liebt, der andere einen Vater, der ihn hasst. Der eine kriegt einen klugen Kopf, der andere ein schwaches Herz. Bei der einen folgt einer behüteten Kindheit eine erfolgreiche Karriere. Den anderen führt sein Weg aus dem Glasscherbenviertel direkt ins Gefängnis. Die eine wächst auf mit Büchern, der andere mit Drogen. Der eine kommt in eine Schule, die ihn stark, der andere in eine, die ihn kaputt macht. Der eine ist gescheit, aber es fördert ihn keiner; der andere ist doof, aber man trichtert ihm das Wissen ein. Der eine hat Lebenszeit für vier Ehen und 50 Urlaubsreisen, der andere stirbt vor der ersten. Der eine müht sich und kommt keinen Schritt voran, der andere müht sich nicht und ist ihm hundert voraus.

Die besseren Gene hat sich niemand erarbeitet, die bessere Familie auch nicht. Das Schicksal hat sie ihm zugeteilt. Es hält sich nicht an Aristoteles und seine Nikomachische Ethik, die ja bekanntlich auf ein Maximum an Glückseligkeit abzielt. Das Schicksal teilt ungerecht aus und es mindert die Ungerechtigkeiten nicht immer. Bei der Verteilung des Natur- und des Sozialschicksals obwalten Zufall und Willkür. Die Gemeinwohlgerechtigkeit, die *iustitia generalis*, die eine zuträgliche Ordnung gemeinsamen Zusammenlebens gewährleisten soll, kommt dort nicht zum Zuge. Die eine ist mit Schönheit gesegnet, der andere mit dem Aussehen des Buckelwals. Ist das gerecht in einer Gesellschaft, in der Schönheit eine soziale Macht darstellt? Der britische Schriftsteller Leslie Poles Hartley hat in seinem 1960 erschienenen Buch *Facial Justice* das Zukunftsbild eines Staates entworfen, dessen Bewohner die Überlebenden des Dritten Weltkriegs sind. Dort hat man den Gerechtigkeitsskandal der Schönheit, den ungerechten Wettbewerbsvorteil von angenehm geschnittenen Zügen erkannt. Wer verdient ein schönes Aussehen? Wer verdient Hässlichkeit?

Im Staat von Leslie Poles Hartley gibt es eine »Antlitz-Gleichmachungsbehörde«, die für Gesichtsgerechtigkeit sorgt. Sie hat ein optisches Egalisierungsprogramm auf der Basis einer risikolosen und unaufwendigen Gesichtschirurgie entwickelt. Die blinde natürliche Verteilung ästhetischer Eigenschaften wird durch Gesichtsplastiken der ausgleichenden Gerechtigkeit korrigiert. Daher existieren im Staat von *Facial Justice* nur noch Durchschnittsgesichter. Die optische Individualität hat eine sehr überschaubare Bandbreite. Würde Leslie Poles Hartley seinen Roman heute schreiben, könnte dieser angesichts der biotechnologischen Entwicklungen von der »Genetischen Gerechtigkeit« handeln und schildern, wie die »Gen-Gleichmachungsbehörde« dafür sorgt, dass alle Bürger des Staates Durchschnittsgene zugeteilt bekommen – innerhalb einer gewissen überschaubaren Bandbreite, ohne Ausreißer nach oben und unten, damit für gleiche karrierepolitische Voraussetzungen gesorgt ist.

So eine Geschichte wäre Wasser auf die Mühlen eines Friedrich Nietzsche, der gefordert hat, »Ungleiches niemals gleich zu machen«, der Kultur nur auf der Basis einer ausgebeuteten, selbst von Kultur ausgeschlossenen Masse für möglich hielt und im sozialen Fortschritt eine Bedrohung der Kunst erblickte. Und einem Wirtschaftsliberalen wie Friedrich August von Hayek diente diese Geschichte als ein Exempel dafür, wohin der »Atavismus« der sozialen Gerechtigkeit am Ende vermeintlich führt. Für Hayek

# AUSBLICK

9/18 und 9/19
Plakate aus einer Serie der Aktion
Gemeinsinn e.V., 1999

ist soziale Gerechtigkeit nichts anderes als die in philosophische Attribute gekleidete Anmaßung, die Verteilungsergebnisse des Marktes zu korrigieren. So also, würde er sagen, so wie in *Facial Justice* sieht der Staat der sozialen Gerechtigkeit in Vollendung aus: totalitär.

Wer so denkt, verwechselt freilich soziale Gerechtigkeit mit absurder Gleichmacherei. Das Übel, dass manche Leute ein schlechtes Leben führen, besteht nicht darin, dass andere Leute ein besseres Leben führen; das Übel liegt vor allem darin, dass schlechte Leben schlecht sind. Und das Gute ist, dass (auch mittels derer, die ein besseres Leben führen) denjenigen geholfen werden kann, deren Leben schlecht ist. Würde die Hilfspflicht für die Schwachen nur mit der Gleichheitsforderung begründet, so liefe die Forderung nach sozialer Gerechtigkeit auf das Postulat einer allgemeinen Entschädigung für unverdientes Pech hinaus. Dann müsste der Staat einem Karl Valentin, wenn der gern ein athletischer Typ wäre, das Hanteltraining im Fitnessstudio bezahlen.

Weil das offensichtlicher Unfug ist, sagen die Sozialdarwinisten: Soziale Ungleichheit sei eben nichts anderes als die Widerspiegelung der biologischen Ungleichheit von Menschen – deshalb lehnen sie jede Sozialpolitik und Umverteilungspolitik ab, weil so der natürliche Ausleseprozess unterbunden würde, der allein gesellschaftlichen und zivilisatorischen Fortschritt schaffe. Jedem das Seine – das ist hier das, was jeder hat. Der Staat ist vor diesem Hintergrund nur als Minimalstaat gerechtfertigt, er hat sich zumal aus den sozialen Dingen herauszuhalten und sich auf einige eng umgrenzte Funktionen zu beschränken: Schutz gegen Gewalt, Diebstahl, Betrug und für die Durchsetzung von Verträgen; alles darüber hinaus ist in dieser Sicht von Übel. Gerechtigkeit wird an den Markt delegiert. Der Markt ist sozusagen die Fortsetzung der Natur. Was er macht, ist hinzunehmen wie das Schicksal. Der Markt versagt aber bei der Versorgung derjenigen, die nichts anzubieten haben und die nicht nachgefragt werden.

Das war und ist die säkularisierte Pervertierung der mittelalterlichen Vorstellung, welche die soziale Ungleichheit nicht als gesellschaftliches oder ökonomisches Problem sah, sondern als Ausfluss einer vorbestimmten göttlichen Welt- und Heilsordnung. Reichtum und Armut waren demzufolge im göttlichen Heilsplan korrespondierende Kategorien – der Arme, näher bei Gott als der Reiche, war auf den Reichen angewiesen, um seine irdische Existenz zu fristen, und der Reiche war auf den Armen angewiesen, weil er nur dadurch zu Gott kam, also nur durch karitative Tätigkeit sein Seelenheil erlangen konnte. Arm und Reich – das bildete ein heilsgeschichtliches Geschäft auf Gegenseitigkeit. Der individuelle Reichtum war aber hier nicht Selbstzweck, sondern kollektiven Zwecken zu dienen bestimmt. Spätestens beim Ableben kauften sich Fürsten, Bankiers und Spekulanten von der Sünde der »Geldmacherei und Krämerei« frei – weil bekanntlich eher ein Kamel durch ein Nadelöhr geht, als dass ein Reicher in das Reich Gottes kommt; so steht es bei Lukas 18, 25. Auf dieser Basis gediehen immerhin eine gewisse Caritas und eine Reihe von Spitälern. Und auf dieser Basis fußt die christliche Sozialkritik noch heute.

Als sich der moderne Kapitalismus entfaltete, funktionierte die Mahnung Jesu aus dem Mund des Evangelisten Lukas nicht mehr so richtig. Individueller Reichtum wurde als Motor gesellschaftlicher Reichtumssteigerung betrachtet. Die ausbeutende Dynamik des Kapitalismus zerlegte die alte Gesellschaftsordnung, schleuderte Millionen ins Elend, rief die Revolution auf den Plan – und aus Furcht vor Marx, vor der Sozialdemokratie und den Gewerkschaften knüpfte Reichskanzler Bismarck 1878 an alte karitative Traditionen an, um die Arbeiter durch sichtbare Sozialleistungen an den Staat zu binden und zu Staatsrentnern zu machen. Dahinter standen ein christlicher Paternalismus und eine konservative Variante des Staatssozialismus, welche der deutschen Gesellschaft recht gut bekamen.

Was Bismarck für den Staat tat, nämlich die Arbeiter, das Proletariat, an den Staat heranzuführen, den vierten Stand also dort zu inkorporieren, das taten der Kölner Gesellenvater Adolf Kolping und der Mainzer Bischof Wilhelm Emmanuel von Ketteler für die Kirche. Diese habe die Pflicht, durch Aufbau kooperativer Gesellschaften, christlicher Gewerkschaften und gemeinnütziger Erholungseinrichtungen die arbeitende Klasse gegen die demoralisierenden Auswirkungen des Kapitalismus zu wappnen. Der Lohn, so meinten Kolping wie Ketteler, dem Kalkül Bismarcks durchaus verwandt, werde in der Rückkehr der Arbeiter zum katholischen Glauben bestehen. Die sozialen Ideen und Gedanken Kolpings und Kettelers beeinflussten Papst Leo XIII., wurden 1891 zur Grundlage seiner *Enzyklika Rerum Novarum* – der »Mutter aller Sozialenzykliken« – und begründeten in Deutschland eine Tradition des sozialen Katholizismus, die zu einem tragenden Element im Programm der Zentrumspartei wurde. Sie prägte noch die CDU der frühen Jahrzehnte und fand in Oswald von Nell-Breuning ihre Personifizierung, schart heute jedoch nicht mehr so viele Anhänger um sich. Die sozialen Aktivitäten der evangelischen Kirche waren dagegen, wie Gordon A. Craig in *Deutsche Geschichte 1866 – 1945* resümiert, lange Zeit weniger eindrucksvoll; deren Kirchenrat ermahnte 1878 die Pfarrer, es sei nicht ihre Pflicht, im Namen des Evangeliums und mit dem Gewicht seiner Autorität soziale Forderungen an die Regierung zu stellen.

Das hat sich in den vergangenen Jahrzehnten sehr geändert. Beide großen Kirchen verlangen die gerechte Verteilung des Reichtums und der Arbeit. Und sie knüpfen in ihrem Plädoyer für den gerechten Sozialstaat an das biblische Gleichnis vom barmherzigen Samariter an. Sie sehen ihre Aufgabe nicht mehr allein darin, den unter die Räuber Gefallenen zu pflegen. Sie wollen auch die Straßen so gesichert wissen, dass immer weniger Menschen unter die Räuber fallen. Leistungsfähiger Wettbewerb und sozialer Ausgleich – sie gehören demnach zusammen: Wer diesen Zusammenhang sprenge, der versündige sich am Gemeinwesen.

Die Arbeiter wandten sich wegen Kolping und Ketteler zwar nicht unbedingt mehrheitlich Kirche und Glauben zu, waren aber

in ihrem Ruf nach Gerechtigkeit gestärkt. Im Parlament der Paulskirche von 1848 war es noch vornehmlich um die Freiheitsrechte und den Rechtsstaat gegangen, das von Stephan Born gegründete »Zentralkomitee für Arbeiter« hatte aber schon am 10. Juni 1848 im Blatt *Das Volk* Gerechtigkeit für die Arbeiter gefordert – durch Bestimmungen zum Schutz der Arbeit, durch Kommissionen von Arbeitern und Arbeitgebern, Arbeiterverbindungen zur Lohnfestsetzung, unentgeltlichen Unterricht und unentgeltliche Volksbibliotheken. Die Überlegung war simpel, wichtig und richtig: Das Elend der Arbeiter und die Abhängigkeit des einzelnen Arbeiters vom Gutdünken der Arbeitgeber könne nur überwunden werden, wenn sie sich zusammenschlössen und darum kämpften, mit den eigenen Interessen Beachtung zu finden.

So wurde der Ruf nach Gerechtigkeit ins Soziale gewendet und dafür ein Sprachrohr, die Gewerkschaften, geschaffen. Das war auch die Geburtsstunde der Sozialdemokratie. Es ging ihr um Schutz vor Unterdrückung und Ausbeutung, um Sicherheit vor Gefahren und Risiken, um Rechte, nicht um Almosen, und um Mitsprache. Erst einmal versuchten die Arbeiter, sich dies selbst zu organisieren, dann gewannen sie dafür auch den Staat. In der Weimarer Verfassung erhielten ihre Forderungen einen eigenen Abschnitt, mit dem die Arbeitskraft unter den besonderen Schutz des Staates gestellt, die Koalitionsfreiheit gewährleistet, ein umfassendes Sozialversicherungswesen garantiert und betriebliche wie überbetriebliche Organe der Interessenvertretung für Arbeitnehmer vorgesehen waren. Die soziale Gerechtigkeit hatte nun eine Fasson, das *Suum cuique* einen Maßstab, eine Grundorientierung.

Das Grundgesetz hat diese Orientierung ausgebaut. Es hat die Bundesrepublik als Sozialstaat gegründet – als eine Art Schutzengel für jeden Einzelnen. In den Kinderzimmern der ersten Hälfte des 20. Jahrhunderts hing oft das Bild mit den Kindern auf der schmalen Brücke über der Klamm mit dem rauschenden Wildbach, daneben flog der Schutzengel. So ähnlich hat das Grundgesetz den Sozialstaat konzipiert, als Schutz vor Notfällen und als Hilfe in Notfällen.

Die »Motive«, die Bücher also, die über den Entstehungsprozess der Verfassung berichten, wissen nicht allzu viel darüber, wie der Sozialstaat ins Grundgesetz kam: Der SPD-Parlamentarier Carlo Schmid hat im Grundsatzausschuss des Parlamentarischen Rates, als es um den Entwurf einer Bestimmung ging, welche die wesentlichen Eigenschaften des Staates zum Ausdruck bringen sollte, die Formulierung »sozialer Rechtsstaat« und »soziale Republik« vorgeschlagen. Daraus wurde dann auf Vorschlag von Theodor Heuss in der zweiten Lesung des Hauptausschusses vom 15. Dezember 1948 jene Fassung, die als Art. 20 Abs. 1 Teil des Grundgesetzes geworden ist. Dort ist jetzt sozusagen die soziale Gerechtigkeit, zum Segen des Landes, zu Hause: »Die Bundesrepublik Deutschland ist ein demokratischer und sozialer Bundesstaat.« Und im Art. 28 Abs. 1 hat sie einen Zweitwohnsitz. Dort heißt es: »Die verfassungsmäßige Ordnung in den Ländern muß den Grundsätzen des [...] sozialen Rechtsstaates im Sinne dieses Grundgesetzes entsprechen.« Mittlerweile hat die soziale Gerechtigkeit im großen Haus des Gesetzes auch eine abgeschlossene Wohnung für sich. § 1 Abs. 1 des Sozialgesetzbuchs I lautet nämlich: »Das Recht des Sozialgesetzbuchs soll zur Verwirklichung sozialer Gerechtigkeit und sozialer Sicherheit Sozialleistungen [...] gestalten.« Das heißt: Sozialrecht steht im Dienst sozialer Gerechtigkeit.

Dass der Gebrauch des Eigentums zugleich dem Wohl der Allgemeinheit dienen soll, war früher ein revolutionäres Motto. Heute schmückt es das Grundgesetz in Art. 14 Abs. 2. Die soziale Gerechtigkeit ist also nobilitiert, sie ist demokratisch geadelt, sie ist nicht mehr gesetzlos, sondern Gesetz, nicht mehr *outlaw*, sondern *law*. Eines aber ist sie nach wie vor: Sie ist schwer greifbar, und sie lässt sich nicht so einfach in die Pflicht nehmen. Welche Maßnahme sozialstaatlich geboten ist, bestimmt der Staat: Der Gesetzgeber legt das im Allgemeinen fest und die beiden anderen Gewalten interpretieren es im Einzelfall. Es gibt also keinen individuellen Anspruch auf soziale Gerechtigkeit. Sie sei, so sagen die Juristen, ein objektives Prinzip, kein subjektives Recht. Deshalb lässt sich weder die Wiedereinführung einer Vermögensteuer noch die Erhöhung der Erbschaftsteuer einklagen; und einem Sozialhilfebezieher wird es auch nicht gelingen, sich gegen die gesetzliche Kürzung der Leistungen dadurch zu wehren, dass er sich auf die soziale Gerechtigkeit beruft.

Was hat es also auf sich mit einem Recht auf soziale Gerechtigkeit, auf das man kein persönliches, einklagbares Anrecht hat? Es verhält sich damit so ähnlich wie mit dem Recht auf Arbeit, das in einigen Landesverfassungen niedergelegt ist. Und mit diesem Recht auf Arbeit wiederum verhält es sich so ähnlich wie mit dem Schutz von Ehe und Familie, der im Grundgesetz garantiert wird. Diese Garantie bedeutet nicht, dass einem der Staat auf Wunsch Ehepartner und Familie besorgt; sie bedeutet aber, dass er für Bedingungen sorgt, in denen Ehe und Familie gedeihen können. So ist es auch mit dem Recht auf Arbeit. Der Staat hat, »im Rahmen seiner Kräfte«, wie es zum Beispiel die brandenburgische Verfassung formuliert, für soziale Sicherung, für angemessene Wohnung und Arbeit zu sorgen. Man kann milde darüber lächeln, weil sich von vielversprechenden Worten niemand etwas kaufen kann und die Finanzlage des Landes noch nie sehr vielversprechend war. Und trotzdem zeigen diese Sätze, dass sich der Staat selbst in die Pflicht nehmen will, sie zeigen, wo der Staat Schwerpunkte setzt – und dass er nicht einfach darauf vertraut, dass der Markt schon alles richtet. Solche Sätze formulieren Verantwortungsbereitschaft. Und sie können dem Staat den Fluchtweg versperren, wenn er seiner Verantwortung entfliehen will.

Der Sozialstaat des Grundgesetzes kümmerte sich in dem Maß, in dem der Wohlstand im Lande wuchs, nicht nur um das blanke Überleben seiner Bürger, sondern um ihre Lebensqualität.

# VERFASSUNGS- UND SOZIALSTAAT

**6/19**
Panorama von Bonn mit Bundeshaus, Bundeskanzleramt und Palais Schaumburg; Studiodekoration für die TV-Sonderberichterstattung von Friedrich Nowottny zum Weltwirtschaftsgipfel 1985

»Teilhabe« nannte man das in den 1970er Jahren. Nicht die Polizei und nicht die Justiz waren in der Bundesrepublik Deutschland jahrzehntelang Garanten des inneren Friedens; nicht Strafrechtsparagrafen und Sicherheitspakete haben für innere Sicherheit gesorgt. Der Sozialstaat war das Fundament der Prosperität, die Geschäftsgrundlage für gute Geschäfte, er verband politische Moral und ökonomischen Erfolg. Das Grundgesetz hat das Fundament für die soziale Gerechtigkeit stark gemacht.

Ungleichheit darf ein gewisses Maß nicht überschreiten. Das Recht auf soziale Gerechtigkeit, von dem in der politischen Diskussion so viel die Rede war und ist, bedeutet, dieses Maß festzustellen, diese Linie des »gewissen Maßes« zu ziehen und dem Staat aufzugeben, Maßnahmen zu treffen, damit diese Linie eingehalten werden kann. Es spricht gar nichts dagegen, dem Staat diese Pflichten kräftig zu verdeutlichen – so wie dies im Rahmen der Verfassungsreform nach der deutschen Einheit versucht worden ist. Es war damals so: Wer sich mit den Verfassungsreformern in den Jahren 1990 bis 1993 einen billigen Spaß erlauben wollte, der spießte gern ihre Forderung nach »sozialen Grundrechten« auf. Ein Recht auf Arbeit schaffe doch, so hieß es dann witzelnd, keinen einzigen Arbeitsplatz. Und ein Recht auf Wohnung ändere nichts an der Wohnungsmisere. Das war richtig und lag trotzdem neben der Sache. Es geht und es ging bei der Forderung nach sozialen Grundrechten (wie sie in die Landesverfassungen der neuen Bundesländer geschrieben wurden) nicht darum, einklagbare Ansprüche auf eine Drei-Zimmer-Wohnung mit Balkon hervorzubringen, sondern darum, die im Grundgesetz schon vorhandenen Staatszielbestimmungen zu verdeutlichen. Also: Wozu verpflichtet Eigentum? Und was folgt aus dem Sozialstaatsprinzip des Art. 20 Abs. 1? Es ist ja nicht so viel, was dort steht. Das Rechtsstaatsprinzip konnte, auch deshalb, weil es im Grundgesetz kräftig konturiert ist, gewaltige Kraft entfalten. Der Rechtsstaat hat einigermaßen Halt. Der Sozialstaat hat ihn nicht mehr unbedingt. Es ist also ein Gebot der sozialen Gerechtigkeit, ihm diesen Halt wiederzugeben.

*Suum cuique* – das bedeutet im Staat dieses Grundgesetzes, jedem ein Leben in Würde zu ermöglichen; dazu gehört, dass jeder ein ausreichendes Stück vom Ganzen erhält. Es geht dem Sozialstaat des Grundgesetzes nicht um die Herstellung von »Facial Justice«, um gleiche Gesichter, gleiche Schönheit, gleiche Geldbeutel, gleiche Bankkonten, gleich große Wohnungen und gleich große Autos – es geht ihm um die Förderung der Kräfte und Talente, die in jedem stecken, und es geht diesem Sozialstaat um so viel (auch finanzielle) Hilfe für jeden Einzelnen, dass der nicht gebückt durchs Leben gehen muss.

Demokratie braucht den aufrechten Bürger. Deshalb braucht die Demokratie den Sozialstaat. Ein Sozialstaat ist ein Staat, der gesellschaftliche Risiken, für die der Einzelne nicht verantwortlich ist, nicht bei diesem ablädt. Er verteilt, weil es nicht immer Manna regnet, auch Belastungen. Aber dabei gilt, dass der, der schon belastet ist, nicht auch noch das Gros der Belastungen tragen kann. Ein Sozialstaat gibt nicht dem, der schon hat; und er nimmt nicht dem, der ohnehin wenig hat. Er schafft es, dass die Menschen trotz Unterschieden in Rang, Talenten und Geldbeutel sich auf gleicher Augenhöhe begegnen können.

Der Sozialstaat ist mithin der große Ermöglicher. Er ist mehr als ein liberaler Rechtsstaat, er ist der Handausstrecker für jene, die eine helfende Hand brauchen. Er ist der Staat, der es nicht bei formalrechtlicher Gleichbehandlung belässt, nicht dabei also, dass das Gesetz es in seiner majestätischen Erhabenheit Armen und Reichen gleichermaßen verbietet, unter den Brücken zu schlafen, wie der französische Schriftsteller Anatole France das so schön gesagt hat. Der Sozialstaat gibt den Armen nicht nur Bett und Dach, sondern ein Fortkommen aus der Armut. Der Sozialstaat ist mehr als nur eine Sozialversicherung; die ist nur eines seiner Instrumente. Manchmal ist der Sozialstaat ein Tisch, unter den man seine Füße strecken kann. Das bedeutet aber, dass sich die Politik bei sozialstaatlichen Reformen nicht benehmen kann wie ein täppischer Handwerker bei der Reparatur eines wackligen Tisches, der erst von einem Tischbein und dann von einem anderen ein Stück absägt, bis die Sägerei reihum kein Ende mehr nimmt. Der Tisch bleibt wacklig, aber seine Beine werden so kurz, dass er als Tisch nicht mehr taugt.

So richtig es ist, mehr Risikovorsorge und mehr soziale Selbstverantwortung zu proklamieren, so notwendig ist es nach wie vor, dass der Sozialstaat Schutz vor und Hilfe bei Krankheit, Arbeitslosigkeit und Pflegebedürftigkeit bietet; die großen Lebensrisiken können nur wenige allein meistern, ohne in Not zu fallen. Da hilft auch keine Privatversicherung, wenn ihre Prämien nicht bezahlt werden können, da hilft nur der Sozialstaat, der Solidarität einfordert, je nach Einkommen und Vermögen nimmt und damit auch denen geben kann, die sich selbst nicht zu helfen vermögen.

Ein Sozialstaat sorgt dafür, dass der Mensch reale, nicht nur formale Chancen hat. Es genügt ihm also nicht, dass der Staat Vorschulen, Schulen und Hochschulen bereitstellt mit formal gleichen Zugangschancen für Vermögende und Nichtvermögende; der Sozialstaat sorgt auch für die materiellen Voraussetzungen, die den Nichtvermögenden in die Lage versetzen, die formale Chance tatsächlich zu nutzen. Ein Sozialstaat akzeptiert keinen Vorrang des Produktionsfaktors Kapital gegenüber dem Faktor Arbeit, er wehrt sich gegen die Trennung und Entgegensetzung von Arbeit und Kapital als zwei anonymen Produktionsfaktoren, weil hinter der sogenannten Antinomie zwischen Arbeit und Kapital lebendige Menschen stehen. Die müssen nicht nur in die Lage versetzt werden, ihr eigenes Leben zu leben; sie müssen sich auch geschützt und sicher fühlen. Ein Sozialstaat fördert das Bewusstsein, dass Unternehmer nicht nur ihren Kapitalgebern, sondern auch ihren Arbeitnehmern gegenüber Verantwortung tragen und dass nur intakte Gewerkschaften ihnen auf Dauer gute Standorte bieten können – die sich nicht allein durch erträgliche Arbeitskosten, sondern durch hohe Arbeitsqualität auszeichnen.

Ein Sozialstaat entwickelt eine emanzipatorische Gerechtigkeitspolitik, also eine Politik, die Chancenungleichheiten ausgleicht. Er ist daher, mit Maß und Ziel, Schicksalskorrektor. Ein Sozialstaat nimmt zu diesem Zweck den Reichen und gibt damit erstens den Armen und versucht damit zweitens, die Vorausset-

# VERFASSUNGS- UND SOZIALSTAAT

*6/59*
Dietrich Heller, Nachbildung der Skulptur
*Der Rufer*, geschaffen 1966/67 von Gerhard Marcks
für Radio Bremen, 2007

zungen für die Teilhabe und Teilnahme aller am gesellschaftlichen und politischen Verkehr zu schaffen. Der Sozialstaat erschöpft sich also nicht in der Fürsorge für Benachteiligte, sondern zielt auf den Abbau der strukturellen Ursachen für diese Benachteiligungen. Madame de Meuron, die 1980 gestorbene »letzte Patrizierin« von Bern, sagte einem Bauern, der sich in der Kirche auf ihren Stuhl verirrt hatte: »Im Himmel sind wir dann alle gleich, aber hier unten muss Ordnung herrschen.« Die Ordnung, die sich der Sozialstaat vorstellt, ist das nicht.

Der bundesdeutsche Sozialstaat hat eine Erfolgsgeschichte hinter sich: Er hat zunächst dafür gesorgt, dass Kriegsinvalide und Flüchtlinge einigermaßen leben konnten. Dann hat er dafür gesorgt, dass auch ein Kind aus kärglichen Verhältnissen studieren und später Bundeskanzler Gerhard Schröder sein konnte. Der Sozialstaat war eine Art persönlicher Schutzengel für jeden Einzelnen. Ihn verächtlich zu machen wäre nicht Ausdruck von »cooler« Selbstverantwortung, sondern von Überheblichkeit und Dummheit. Ohne den Sozialstaat hätte es nicht nur einmal gekracht in dieser Republik; der Sozialstaat hat soziale Gegensätze entschärft. Ohne diesen Sozialstaat hätte es wohl keine deutsche Einheit gegeben. Ohne die Einheit, die von den Sozialversicherungssystemen finanziert worden ist, wäre der Sozialstaat aber auch nicht so in Schwierigkeiten gekommen. Bei allfälligen Reformen des Sozialstaats geht es darum, diese Erfolgsgeschichte fortzuführen.

Der Sozialstaat ist Heimat. Beschimpfen kann ihn nur der, der keine Heimat braucht. Und den Abriss wird nur der verlangen, der in seiner eigenen Villa wohnt. Ob er sich dort noch sehr lange wohlfühlen würde, ist aber fraglich.

WOLFGANG SCHMALE

# Europa der Verfassungen –
# Eine Verfassung für Europa

# EUROPA DER VERFASSUNGEN

## I. Verfassungstraditionen in Europa

Wir sagen im Allgemeinen kurz »Verfassung« und meinen damit die »Staatsverfassung«, die grundgesetzliche Ordnung unseres nationalen Staatswesens. Der Begriff »Verfassung« oder »Konstitution«, wie es in älteren deutschen Texten hieß, nahm erst im Lauf des 17. Jahrhunderts die Bedeutung von »Staatsverfassung« an. Dies galt nicht nur für »Deutschland«, also das Heilige Römische Reich Deutscher Nation, sondern zum Beispiel auch für England, für dessen nordamerikanische Kolonien, und für Frankreich. Das Wort selbst in verschiedensten europäischen Sprachen einschließlich des lateinischen *constitutio* ist freilich sprachgeschichtlich viel älter und wurde teilweise schon im Mittelalter als Synonym für »Gesetz« verwendet. Wenn größere Zusammenhänge als die eines einzelnen Gesetzes gemeint waren, so lehnte sich »Verfassung« an die Vorstellung von der »körperlichen Verfassung« an. Das mutet im ersten Moment etwas befremdlich an. Doch in Mittelalter und Früher Neuzeit wurden alle Einrichtungen von Gemeinschaften zumindest metaphorisch als »Körper«, als »Korporation« begriffen. In dieser Bedeutung von »Zustand eines Körpers, einer Korporation, eines Gemeinwesens« liegt die Wurzel des modernen Begriffs von der Staatsverfassung, denn das Körperverständnis wurde auch auf den Staat als solchen übertragen.

Wenn die jüngere Bedeutung von »Verfassung« als »Staatsverfassung« in großen Teilen Europas ab dem 17. Jahrhundert fassbar wird, so hängt dies eng mit der Herausbildung des »Nationalstaats« zusammen. Darüber, wann die Geschichte des Nationalstaats beginnt, gibt es unterschiedliche Auffassungen: Für die einen sind die Weichenstellungen weitgehend schon im Spätmittelalter erfolgt, für die anderen im 16. Jahrhundert, für eine dritte Gruppe noch etwas später, nämlich nach dem Ende des Dreißigjährigen Krieges und mit dem Westfälischen Frieden (1648) als einer Art Grundordnung für Europa. Wieder andere legen den Akzent auf die Epoche der Französischen Revolution (1789–1799) und das Zeitalter der Napoleonischen Kriege (1799–1815) als Katalysatoren der Entwicklung des modernen Nationalstaats. Jedenfalls setzte der Westfälische Frieden einen Schlussstrich unter die historischen und in diesem Sinne legitimierten Ansprüche des Römischen Kaisers auf die Ausübung einer europäischen Universalmonarchie. Die europäischen Monarchien und Republiken wie Venedig galten als souveräne Staaten. Diese Konstellation begünstigte die Konzeption des Staates als Einheit von Staatsgebiet, Staatsvolk und Kultur. Diese drei Elemente wurden nach und nach mit der Vorstellung von der Nation verbunden.

Unser moderner Begriff von der Staatsverfassung und die Ausbildung des Nationalstaats gingen somit Hand in Hand. Natürlich stellte das Heilige Römische Reich einen Sonderfall dar, aber es wurde ja Zug um Zug als Synonym für »Deutschland« angesehen; der generellen Tendenz zum nationalen Verständnis von Staat und Verfassung entzog es sich nicht.

Die Ausbildung des Konzepts der nationalstaatlichen Verfassung war eine europäische Entwicklung. Bis in die erste Hälfte des 19. Jahrhunderts wurden »Europa« und der Nationalstaat von den Zeitgenossen nur in seltenen Fällen als Widerspruch gesehen. Es gab die ältere Tradition, der zufolge die europäischen Monarchien und Republiken Teil des Körpers der *res publica christiana*, der »Christlichen Republik« waren. Seit der Französischen Revolution galt das Streben nach einem unabhängigen Nationalstaat als legitim und man stellte sich die europäischen Völker mit ihren Nationalstaaten als eine Gemeinschaft von brüderlichen Völkern vor. Diese Vorstellung lag der um 1848 lancierten Idee von den »Vereinigten Staaten Europas« zugrunde. Oder es wurden die europäischen Staaten als politisches System gesehen (Gleichgewicht der Mächte oder Balance of Power), als »Konzert« von Mächten, als »Pentarchie« im 19. Jahrhundert. Welcher Name auch immer gewählt wurde – das hing im 19. Jahrhundert von der politischen Grundhaltung ab –, erst in der Epoche des Imperialismus gerieten »Europa« und Nationalstaat in einen fundamentalen Widerspruch. Das änderte nichts daran, dass der europäische Staat ein Verfassungsstaat war – deshalb kann mit Recht von einem »Europa der Verfassungen« gesprochen werden.

Die nationalen Verfassungen wiesen eine ganze Reihe von Parallelen und Ähnlichkeiten auf. Dies war eine Folge der drei europäischen Revolutionswellen (ab 1789, 1830 und 1848), die den sogenannten Konstitutionalismus als gemeineuropäische Erscheinung begründet hatten. Andererseits war im Vergleich zu heute die Europäisierung der Verfassungen sehr begrenzt:

**Constitution (v. lat.), 1) Inbegriff alles dessen, wodurch Etwas ein bestimmtes Ganzes bildet u. darin sein Bestehen hat.**

*Pierer's Universallexikon, 2. überarbeitete Auflage Altenburg 1841, Bd. 7, S. 284*

**2/1** (links)
*Staatsmaschine.*
Satire auf die »Constitutionelle Monarchie« Bayerns, 1848

Unter »Europäisierung« versteht man in diesem Zusammenhang den steigenden Anteil allgemeinen europäischen Rechts in den nationalen Verfassungen der EU-Mitgliedsstaaten.

Als Gegengewicht zur fehlenden Europäisierung wurden Verfassungen für Europa erdacht, die sich entweder am bundesstaatlichen Modell oder an dem des einheitlichen Zentralstaats orientierten. Heute, im 21. Jahrhundert, bestimmt die Suche nach einem »dritten Modell« die Diskussion um eine Europäische Verfassung. Einen Namen besitzt dieses Modell bereits, nämlich »Europäische Union« (EU), während die konkrete und endgültige verfassungsrechtliche Ausgestaltung offengeblieben ist. Diese erfolgt schrittweise wie jetzt mit dem »Reformvertrag« von Lissabon, aber es werden immer nur Zwischenziele gesetzt, während ein Gesamtziel für den Verfassungsprozess bisher nicht definiert wurde. Wenn man bedenkt, dass es seit Beginn des 14. Jahrhunderts, also seit 700 Jahren, Entwürfe für eine Europäische Verfassung gibt, die etwas anderes darstellen als die damals noch gängige Idee von der Universalmonarchie, dann mag man daran zweifeln, dass es jemals eine Europäische Verfassung geben wird.

## II. Verfassung und rechtsstaatliche Tradition in Europa

Das Europa der Verfassungen setzte natürlich nicht erst mit der Erfindung und Bedeutung der »Staatsverfassung« ein. Bereits die mittelalterlichen Monarchien sind durch Staatsgrundgesetze, durch *leges fundamentales,* gekennzeichnet. Diese variieren von Monarchie zu Monarchie: Im Heiligen Römischen Reich zählte etwa die *Goldene Bulle* von 1356 zu den *leges fundamentales,* in England war es die *Magna Carta Libertatum* von 1215, in Frankreich waren dies die Unveräußerlichkeit der Krondomänen, die Vorschrift der Thronfolge in männlicher Linie, die Vorschrift, dass der König katholisch sein *musste* und so weiter. In den meisten Fällen wurde die Gesamtheit der Staatsgrundgesetze, die – Absolutismus hin oder her – auch den Herrscher banden, ab dem 17. Jahrhundert als »Verfassung« bezeichnet. Erst mit der Amerikanischen und der Französischen Revolution im ausgehenden 18. Jahrhundert wurde die Bezeichnung »Verfassung« auf die uns vertraute Konstellation hin zugeschnitten: eine geschriebene Verfassung, die, gewissermaßen einer einzigen Logik folgend, von einer dazu legitimierten verfassunggebenden Versammlung ausgearbeitet wird und nur nach genau festgelegten Regeln durch die Legislative verändert werden darf.

In den historischen Staatsgebilden Europas spielten neben den erwähnten Fundamentalgesetzen gewohnheitsrechtliche Begrenzungen der herrscherlichen Macht und der Staatsgewalt eine große Rolle. So bestand überall eine unterschiedlich ausgeformte politische Mitbestimmung der Stände. In den Ständeversammlungen wird nicht nur gelegentlich eine Vorform des Parlamentarismus gesehen. Selbst Jean Bodin, der 1576 die moderne Theorie von der Souveränität vervollkommnete, indem er den Herrscher als *legibus solutus,* als einen vom *Gesetz* losgebundenen Herrscher definierte, anerkannte eine Unzahl rechtlicher Bindungen des Herrschers. Allen voran waren es das Naturrecht und das göttliche Recht, die auch für einen absoluten Monarchen nicht hintergehbar waren.

Das Europa der Verfassungen wurde zudem seit dem Mittelalter durch die Theorie und Praxis von Grund- und Menschenrechten charakterisiert. Es steht außer Frage, dass diese Rechte immer wieder massiv verletzt und außer Kraft gesetzt wurden, aber sie wurden auch immer wieder vehement verteidigt, in Aufständen und Revolutionen gegen Tyranneien durchgesetzt. Seit dem Mittelalter kann eine Vielzahl von Rechtsdokumenten herangezogen werden, welche die prinzipielle Existenz und Anerkennung von Grund- und Menschenrechten belegen. Es handelte sich um Freiheitsrechte der Person, wobei hier zwischen einem fundamentalen Prinzip der Freiheit, das den Stand einer Person außer Acht lässt, und konkreten rechtlichen Garantien zu unterscheiden ist. Diese aber – existent schon vor den 1776 beziehungsweise 1789 verabschiedeten amerikanischen und französischen Menschenrechtserklärungen – umfassten oft nur standesgebundene Freiheitsrechte. Aber es bestanden wirkliche Fundamentalrechte des Menschen wie das Recht auf Leben und das Recht auf »Notdurft«, die all das schützten, was zum Leben schlicht unentbehrlich war.

Im Zuge der europäischen Expansion nach Amerika und Afrika im 16. Jahrhundert wurde in Bezug auf die indigenen Bevölkerungen das Recht auf Anerkennung, ein Mensch zu sein, formuliert. Im Zeitalter der Konfessionskonflikte wuchs die Einsicht, dass ohne konfessionelle und religiöse Toleranz kein Gemeinwesen mehr überlebensfähig ist. Und schließlich wuchs auch die Einsicht, dass ein Mensch zwar ökonomisch abhängig sein kann, aber als Person frei sein muss, und sein als Ausdruck des Menschseins betrachtetes Eigentum als Fundamentalrecht zu schützen ist.

# AUSBLICK

Aufkleber mit Werbung für eine Verfassung
der Europäischen Union, 2006/2007

Doch machen wir uns nichts vor: Diese Grund- und Menschenrechte galten nur für Europäer; für diese allerdings überall auf der Welt, für Nicht-Europäer aber nur, wenn sie als freigelassene ehemalige Sklaven in Europa lebten. Die soziale Marginalisierung der Freigelassenen beließ diese Zuerkennung der Grund- und Menschenrechte in einer theoretischen oder virtuellen Existenz. Dennoch: Rechtsphilosophisch und in mancher Hinsicht rechtspraktisch trugen Grund- und Menschenrechte schon früh zur Ausbildung eines Europas der Verfassungen bei.

Verfassung heißt auch: Rechtsstaat. Selbst in dieser Hinsicht reicht das Europa der Verfassungen weit zurück. Zwar gibt es nichts daran zu deuteln, dass die europäische Geschichte von Tyrannei, Gewalt, Krieg erfüllt ist. Trotzdem wuchs im Grunde kontinuierlich mit dem modernen Staat auch der Rechtsstaat. In besonderer Weise lässt sich das an der Entwicklung des Gerichtswesens verfolgen. Spätestens im ausgehenden 15. und im 16. Jahrhundert existierten in den europäischen Staaten Oberste Gerichtshöfe, die von sich aus, manchmal aber auch ganz offiziell, als Hüter der Fundamentalgesetze und der Beachtung der Vorschriften des natürlichen und göttlichen Rechts auftraten. Die Unabhängigkeit der Gerichte und der Richter geriet zum Leitprinzip, das zwar immer wieder verletzt wurde, das sich aber auf Dauer behaupten und durchsetzen konnte. Dazu kamen die Schutzrechte für strafrechtlich Angeklagte und Gefangene (Habeas-Corpus-Rechte) und verfahrensrechtlich verbindlich geregelte Abläufe von Gerichtsverfahren.

Ende des 18. Jahrhunderts folgte man sowohl in Nordamerika – im Zuge der Unabhängigkeit von England – als auch in Frankreich dem Prinzip, eine Menschen- und Bürgerrechtserklärung zur Grundlage der Staatsverfassung zu machen. Bis heute gilt dies als wesentliches Merkmal des Rechts- und Verfassungsstaates.

## III. Verfassungsentwürfe für Europa in der Geschichte

Entwürfe für eine Verfassung Europas reichen bis in das 14. Jahrhundert zurück. Es handelt sich dabei um ein alternatives politisches Denken: Die große politisch-philosophische Idee bestand zu dieser Zeit noch in der Universalmonarchie, die kirchlich durch den Papst und weltlich durch den Kaiser des Heiligen Römischen Reiches repräsentiert wurde. Die Alternative dazu entstand im Zuge der Emanzipation von dieser gedachten Oberherrschaft, die von den Monarchien Europas durchlaufen wurde. Die Idee der Universalmonarchie trat erstmals zugunsten einer Vorstellung von gemeinsamen Institutionen der europäischen Monarchien mit gemeinsamen Zielsetzungen in den Hintergrund.

Den Anfang machte Pierre Dubois, ein französischer Jurist, der um 1306 eine Schrift unter dem Titel *De Recuperatione Terrae Sanctae* (Von der Wiedergewinnung des Heiligen Landes) verfasste. Äußerlich ging es darum, einen Kreuzzug gegen die »Heiden« zustande zu bringen, was regelmäßig an der Uneinigkeit der Europäer und ihrer Kriege untereinander scheiterte. Ohne innereuropäischen Frieden kein Kreuzzug, so lautete ein Grundargument bei Dubois. Um Frieden unter die christlichen Fürsten als Vorbedingung eines Kreuzzuges zu bringen, dachte Dubois an die Schaffung eines Konzils mit dem Papst und den Fürsten, dem ein europäisches Schiedsgericht übergeordnet sein sollte. Unrecht sollte von den Mitgliedern fürderhin nicht mehr durch Krieg, sondern durch Klage vor dem europäischen Schiedsgericht geahndet werden.

Dubois hat einige Grundstrukturen formuliert, die in den weiteren Europaplänen immer wieder Verwendung fanden und die man noch heute in den europäischen Institutionen wiedererkennen kann. Der Ministerrat und die halbjährlichen Gipfeltreffen der Regierungschefs erinnern an den Fürstenkongress oder an das Konzil, das Schiedsgericht an den Europäischen Gerichtshof. Die Beschreibung des Schiedsgerichts, so wie Dubois es sich

# EUROPA DER VERFASSUNGEN

vorstellte, orientierte sich grundsätzlich an den Maßstäben, die schon das Mittelalter auf der Grundlage des wiederentdeckten römischen Rechts an ein ordentlich und unabhängig funktionierendes Gericht stellte.

Die Verwirklichung eines solchen Schiedsgerichts setzte nicht nur den notwendigen politischen Willen aller Beteiligten voraus, sondern eine *Normen- und Wertegemeinschaft,* insbesondere auch eine Rechtsgemeinschaft. Grundsätzlich stand hinter all diesen Überlegungen aber nicht der Gedanke an ein *Europa der Bürger,* sondern nur an eines der *Fürsten.* Das ursprüngliche Argument lautete daher nicht: europäische politische Verfassung um Europas willen, sondern um des Christentums willen. Außerdem steckte hinter Dubois' Plan auch ein genuin französisches Interesse, nämlich das der Universalherrschaft in Europa. Dubois' Plan stellt den Beginn der von nationalen Interessen geleiteten Europapläne dar. Er markierte deutlicher als andere politische Schriften des 13. und 14. Jahrhunderts, unter denen insbesondere Dante Alighieris Abhandlung *De Monarchia* (1311) zu nennen wäre, die Abwendung von kaiserlichen beziehungsweise päpstlichen Universalherrschaftskonzeptionen, deren praktische Zeit ausgelaufen war.

Mitte des 15. Jahrhunderts treffen wir auf den Humanisten, kaiserlichen Kommissar und künftigen Papst Pius II., Enea Silvio Piccolomini, eine Schlüsselfigur seiner Zeit. 1453 war Konstantinopel gefallen, auf dem Reichstag zu Frankfurt 1454 warb Enea Silvio als kaiserlicher Kommissar für den Kreuzzugsgedanken. Er entwarf keine ausgesprochene Europa-Verfassung, beschwor allerdings das »europäische Haus und Vaterland«, was in unsere heutige Sprache übersetzt »Werte- und Normengemeinschaft« bedeutet.

Sehr viel weiter wagte sich der böhmische König Georg von Podiebrad vor. Podiebrads Verfassungs-Plan wurde im Kern von einem französischen Diplomaten namens Antoine Marini aufgestellt. Georg von Podiebrad war ein Anhänger des Johannes Hus, er gehörte zur Partei der Utraquisten, den im Vergleich zu den Taboriten gemäßigten Hus-Nachfolgern. Sein schärfster Gegner war Papst Pius II. Diese Gegnerschaft bildete den tagespolitischen Hintergrund seiner Anstrengungen für eine europäische Verfassung. Seine wichtigsten Adressaten waren der französische König Ludwig XI., Burgund und Venedig, denen er einen Bund vorschlug, der jederzeit für weitere Mitglieder offenstehen sollte. Kern des Plans war eine von den Bündnisteilnehmern beschickte Bundesversammlung, die jeweils fünf Jahre permanent in einer bestimmten Stadt tagen sollte, zunächst ab 1464 in Basel, dann in einer französischen, anschließend in einer italienischen Stadt und so fort. Ein »Europa der Nationen« wurde da angedacht. Georg von Podiebrad wünschte sich nicht die Überwindung von Grenzen, sondern die Stabilisierung des Europas der Nationen unter Beseitigung des Einflusses der beiden Universalgewalten Papst und Kaiser. Das hätte nicht zuletzt Böhmen seine Eigenständigkeit bewahrt. Vielleicht sollte man in dem Bündnisplan eine versteckte Gleichgewichtsidee erkennen.

Auch Erasmus von Rotterdam verwendete einen ähnlichen Gedanken, als er 1517 in seiner berühmten *Querela Pacis* (Klage des Friedens) die Kriege der Fürsten seiner Zeit denunzierte. Er schrieb: »Die Fürsten sollten sich einmal darüber einigen, welches Land ein jeder regieren und beherrschen will. Die einmal festgelegten Grenzen soll keine Verwandtschaftspolitik weiter ausdehnen oder beschränken, sollen keine Bündnisse auseinanderreißen. So wird sich jeder befleißigen, den ihm zugemessenen Anteil nach Kräften zu höchster Blüte zu bringen.« Erasmus plädierte für ein Einfrieren der Machtkonstellation, also den Erhalt der Vielstaaterei, von der er, wenn sie denn einmal stabil bleibt, Wohlstand für alle erhoffte.

Die gewissermaßen rationale Analyse – vorzufinden schon bei Pierre Dubois – führt zum Entwurf von Institutionen, mit denen die faktische Gegnerschaft der europäischen Fürsten und Granden verwaltet und kanalisiert werden soll. Spätestens im 18. Jahrhundert kommt die Erwartung hinzu, dass nicht nur die Uneinigkeit verwaltet und kanalisiert werden kann, sondern dass eine fundamentale und substanzielle Einigkeit hinzutreten wird.

**Art. 23**
**(1) Zur Verwirklichung eines vereinten Europas wirkt die Bundesrepublik Deutschland bei der Entwicklung der Europäischen Union mit, die demokratischen, rechtsstaatlichen, sozialen und föderativen Grundsätzen und dem Grundsatz der Subsidiarität verpflichtet ist und einen diesem Grundgesetz im wesentlichen vergleichbaren Grundrechtsschutz gewährleistet. [...]**

*Grundgesetz für die Bundesrepublik Deutschland;*
zuletzt geändert durch Gesetz vom 26. Juli 2002.

## AUSBLICK

Die frühe Neuzeit ist über diese Gedankenkonstellation kaum hinausgekommen, trotzdem lohnt es sich, einige Quellen noch unter die Lupe zu nehmen, wie den sogenannten Großen Plan *(Grand Dessein)* von Maximilien de Béthune, Herzog von Sully, den Sully dem französischen König Heinrich IV. in den Mund gelegt hatte. Enthalten ist dieser Plan in den Memoiren Sullys und dürfte um 1632 niedergeschrieben worden sein. 1745 edierte der Abbé de l'Écluse die Memoiren Sullys, wobei er den Stil modernisierte und alles, was ihm umständlich oder überflüssig erschien, herauskürzte. Erst in dieser Edition nahmen die Überlegungen Sullys zu Europa die Gestalt eines zusammenhängenden Verfassungsplans an, was seine Rezeption nachhaltig beförderte.

Was sah dieser Plan vor? Einerseits eine Neubestimmung der Staatsgrenzen, das heißt die Etablierung eines neuen Staatssystems, andererseits eine ausgesprochene Verfassung, die den Bestand des neuen Systems garantieren sollte. Sully sah völkerrechtliche Vereinbarungen vor, die durch eine zentrale Institution, wie eine permanente europäische Ratsversammlung, praktisch umgesetzt und garantiert werden sollten. Der Erfolg des Sully'schen Plans in der Version des Abbé de l'Écluse profitierte von der Debatte um den »Ewigen Frieden«, die der Abbé de Saint-Pierre 1713 (Anlass: Friedenskongress von Utrecht) mit einer entsprechenden Schrift entfacht hatte. Noch Kants Schrift *Zum ewigen Frieden* von 1795 (Anlass: Friedenskongress von Basel) reiht sich in diese Debatte ein, die ihrerseits, dank der Französischen Revolution und der napoleonischen Kriege, publizistisch fruchtbar war.

Einen wichtigen Schritt markierte William Penn mit einem 1692 publizierten Essay über den gegenwärtigen und künftigen Frieden Europas. Mit Penn, Saint-Pierre und Kant erhalten jene Stimmen Gewicht, die keinem speziellen nationalstaatlichen Interesse folgen. Sie verbinden die Verfassungsgrundsätze der früheren Entwürfe mit der Friedensphilosophie. Kant verlangte als Voraussetzung von Frieden die Rechtsstaatlichkeit als inneres Prinzip der Staaten und gründete diese wiederum auf die Idee der Menschenrechte. Damit machte er eine Werte- und Normengemeinschaft zur Voraussetzung jedes Völkerbundes, den er ja im Visier hatte – womit er dem Völkerbund nach dem Ersten Weltkrieg und dann der UNO ein gewichtiges Vorbild lieferte.

Der Wendepunkt in der Geschichte der Imagination eines verfassten Europas ist in der Zeit um 1800 zu suchen. Die napoleonische Herrschaft in Europa hatte kurzfristig eine neue Dimension der alten Idee von der europäischen Universalmonarchie aufgezeigt, die indessen im Spiegel der Texte und Karikaturen als Zerstörung Europas aufgefasst wurde. In der Zeit des Wiener Kongresses erschien das Prinzip des Gleichgewichts der europäischen Mächte, das etappenweise vom Westfälischen Frieden (1648) bis zum Frieden von Utrecht (1713) entwickelt worden war, als die pragmatischste »Verfassung« Europas. Außerdem herrschte bereits ein überraschend klares Bewusstsein von der kommenden Überlegenheit Nordamerikas vor, das Überlegungen zur wirtschaftlichen und politischen Einheit Europas befruchtete.

Das Gleichgewichtsprinzip hielt aber dem Phänomen des Nationalismus in der zweiten Hälfte des 19. Jahrhunderts nicht mehr stand. Die aufkommenden Friedensbewegungen setzten dem den Gedanken eines transnationalen Europas entgegen, den Gedanken der »Vereinigten Staaten von Europa«. Den revolutionärsten Entwurf für einen europäischen Einheitsstaat lieferte der Graf von Saint-Simon in seiner Verfassungsschrift von 1814, aus Anlass des Wiener Kongresses: *Reorganisation der europäischen Gemeinschaft oder der Notwendigkeit und dem Sinn einer Vereinigung der Völker Europas in einer politischen Verfassung unter Beibehaltung ihrer nationalen Unabhängigkeit.* Saint-Simon favorisierte ein aus einer englischen-französischen Union bestehendes Kerneuropa, dem sich weitere Staaten anschließen konnten und sollten. Er schlug zwei europäische Kammern auf der Grundlage eines Zensuswahlrechts und einen europäischen König als Staatsoberhaupt vor.

Saint-Simons *Reorganisation* wurde im 19. Jahrhundert vielfach rezipiert. So setzten sich seine Anhänger in den 1850er Jahren für eine »Europäische Verfassunggebende Versammlung« ein. Darüber hinaus ist Saint-Simon mit der Bewegung für die Schaffung der Vereinigten Staaten von Europa in Verbindung zu bringen, die vor allem im Zuge der 1848er Revolution an die Öffentlichkeit trat. Ein Vertreter dieser Verfassungsidee war der italienische Revolutionär Giuseppe Mazzini. Er wollte der Heiligen Allianz der Fürsten eine Heilige Allianz der Völker Europas entgegenstellen, während der französische Dichterfürst Victor Hugo die auf der Grundlage der Brüderlichkeit basierenden Vereinigten Staaten von Europa propagierte.

Die Vorstellung eines föderal verfassten Europas reicht bis in die heutige Zeit. Sie lag etwa der von Graf Richard N. Coudenhove-Kalergi 1923 in Wien gegründeten Paneuropa-Bewegung zugrunde, blieb im europäischen Widerstand gegen Hitler und die

# EUROPA DER VERFASSUNGEN

anderen faschistischen Regime weit verbreitet und spielte endlich in den Anfängen der europäischen Integration nach dem Zweiten Weltkrieg eine zentrale Rolle, da sich eine breite und einflussreiche Bewegung europäischer Föderalisten etabliert hatte. Die Zahl der damals ausgearbeiteten Verfassungsentwürfe bezeugte vor allem eins: eine auch im Schlagschatten des Nachkriegs anhaltend vitale europäische Verfassungsdiskussion.

Zunächst entwickelten sich die Dinge aber nicht im Sinne eines europäischen Föderalismus. Die europäische Integration bewegte sich vielmehr, beginnend mit der Europäischen Gemeinschaft für Kohle und Stahl (EGKS, 1951), in einem von supranationalen *und* intergouvernementalen Institutionen und Gremien bestimmten Feld. Während die Mitgliedsstaaten im Fall der supranationalen Institutionen – wie etwa hinsichtlich einer »Kommission« oder eines »Gerichtshofs« – nationale Souveränitätsrechte zugunsten europäischer abgegeben haben, behalten sie diese im Rahmen intergouvernementaler Institutionen bei – wie etwa im Falle der »Ständigen Vertreter«, des »Europäischen Rats« oder im Kontext einer gemeinsamen Sicherheits- und Außenpolitik. Das supranationale Prinzip fördert den Gedanken einer europäischen Verfassung, das intergouvernementale hingegen stärkt den völkerrechtlichen Charakter der Europäischen Union. Die Verträge seit der EGKS bis zum jetzigen Reformvertrag von Lissabon (2007) verfassen in gewissem Sinn das gemeinsame Europa, stellen aber, gemessen an den Verfassungstraditionen Europas, keine eigentliche Verfassung dar.

Ein institutionell neuer und zunächst hochgradig verbindlich erscheinender Weg wurde mit den beiden Konventen zehn Jahre nach dem Fall der Mauer beschritten. Gemeint sind der Grundrechtekonvent von 1999/2000, der die Europäische Grundrechtecharta ausarbeitete, sowie der Verfassungskonvent von 2002/2003, der den Verfassungsvertragsentwurf für Europa verabschiedete. Die Parallele zu Frankreich 1789 fällt sofort auf: zuerst die Grundrechte, dann die Verfassung. Die von den beiden Versammlungen sich selbst gegebene Bezeichnung »Konvent« erinnert gleichfalls an historische Vorbilder seit dem ausgehenden 18. Jahrhundert. Zwar wurden die Konvente nicht direkt von der Wahlbevölkerung der EU gewählt, aber ein guter Teil der Mitglieder kam aus den verschiedenen Parlamenten. Einer der Hauptgründe für beide Konvente bestand darin, den Graben zwischen Bürgerinnen und Bürgern der Union auf der einen und den politischen Institutionen wie der Europäischen Kommission auf der anderen Seite einzuebnen oder zumindest zu überbrücken. Erreicht werden sollte auf diese Weise, dass die Menschen als *ihre* EU anerkennen, was viele zuvor nur als Versammlung einer an sich selbst interessierten Elite wahrgenommen hatten.

Während die Grundrechtecharta, die inhaltlich eine Erweiterung und Aktualisierung der Europäischen Menschenrechtskonvention (Europarat) bedeutet, nunmehr mittels des Reformvertrages von Lissabon doch weitgehend Geltung erhält, scheiterte der Verfassungsvertragsentwurf an zwei Referenden in Frankreich und den Niederlanden. Formal hätte die EU bei einem anderen Ausgang des Ratifizierungsprozesses ein Verfassungspapier besessen, aber bei genauerem Hinsehen handelte es sich, abgesehen von bestimmten neuen Inhalten, vorwiegend um die Umetikettierung der ohnehin vorhandenen EU-Verträge. Es wäre keine *Staatsverfassung* geworden, denn die Gründung eines europäischen Staates oder die Transformation der Europäischen *Union* in einen ausgesprochenen föderalen europäischen Staat hatte nicht auf der europäischen Agenda gestanden.

Die Enttäuschung verringert sich, wenn man sich vor Augen hält, dass das Mühsame am europäischen, genauer, am EU-Verfassungsprozess, sehr viel damit zu tun hat, dass es eines neuen Verfassungstyps, der sogenannten Dritten Form, bedarf, für die es keine exakten historischen Vorbilder gibt. Geduld ist also gefordert. Aber angesichts der Tatsache, dass die beiden historischen Verfassungstypen – Bundesstaat und zentraler Einheitsstaat – eine sehr, sehr lange Vorgeschichte aufweisen, während wir gerade erst den 50. Jahrestag der Römischen Verträge (2007) gefeiert haben, geht die Entwicklung in Richtung einer Europäischen Verfassung vergleichsweise schnell.

# Kata

166 »Constitutionen« und Verfassungen   174 Nationale Einheit u
202 Einheit – auch Freiheit? Die Verfassungen von 1867 und 1
Reichsverfassung   242 »Aufgehobene Rechte« – Die natior
Grundgesetz der Bundesrepublik Deutschland   282 Volksdemok
schen Republik   306 »Wir sind das Volk« / »Wir sind ein Volk«
Verfassung – Verfassung der Zukunft

IM NAMEN DER FREIHEIT

eiheit – Die Paulskirchenverfassung
8 Im Schatten der Gewalt – Die Weimarer
zialistische Machteroberung 250 Freiheit statt Einheit? Das
in Deutschland? Die Verfassungen der Deutschen Demokrati-
edliche Revolution und Deutsche Einheit 320 Zukunft der

# »Constitutionen« und Verfassungen

**1**

# »CONSTITUTIONEN« UND VERFASSUNGEN

Die gewaltsame Loslösung der 13 nordamerikanischen Kolonien vom englischen Mutterland war kein isoliertes Ereignis auf einem fernen Kontinent. Mit der Unabhängigkeitserklärung der Vereinigten Staaten von Amerika im Jahre 1776 gelang über ein Jahrzehnt vor der Französischen Revolution ein gesellschaftlicher Umbruch, der die demokratische Entwicklung in Europa gleichermaßen vorwegnahm wie anregte. Mit der Verkündung von »Freiheit«, »Gleichheit« und »Volkssouveränität« wurden die Ideale der Aufklärung praktisch umgesetzt.

Die Repräsentanten der Vereinigten Staaten hatten mit der Unabhängigkeitserklärung den Herrschaftsanspruch der alten Obrigkeit für nichtig erklärt und die Volkssouveränität proklamiert. Zehn Jahre später, am 17. September 1787, gaben sich die Vereinigten Staaten von Amerika eine Verfassung, die im Wesentlichen bis heute ihre Gültigkeit beibehalten hat. Namentlich die Überlegung, dass es keine Regierung ohne die Billigung der Regierten geben dürfe, mithin die praktische Umsetzung des Prinzips der Volkssouveränität, wurde zur Grundlage der Verfassung der Vereinigten Staaten von Amerika.

In Europa diskutierte man leidenschaftlich darüber, welche Bedeutung das beispiellose Geschehen jenseits des Atlantiks für die Zukunft der Menschheit haben konnte. Die Überzeugung, dass es sich um eine epochale Umwälzung handelte, war weit verbreitet, und sie wurde durch den Ausbruch der Französischen Revolution im Jahre 1789 noch verstärkt.

So war der Boden bereitet, als im Juni 1789 die Nachricht aus Paris kam: Der dritte Stand der Ständeversammlung habe sich zur Nationalversammlung, zur alleinigen Vertretung des französischen Volkes proklamiert und gehe nun daran, eine Verfassung auf der Grundlage der Volkssouveränität und der Menschenrechte auszuarbeiten. Art. 16 der am 26. August 1789 von der Nationalversammlung verkündeten Erklärung der Menschen- und Bürgerrechte brachte das neue, revolutionäre Verständnis einer Verfassung auf den Punkt: »Eine Gesellschaft, in der die Garantie der Rechte nicht sichergestellt noch die Trennung der Gewalten verwirklicht ist, hat keine Verfassung.« Die Erklärung der Menschen- und Bürgerrechte wurde der 1791 in Kraft gesetzten Verfassung des konstitutionellen Frankreich vorangestellt.

Zum Symbol für die gesellschaftliche Umwälzung, für die Revolution und für die Freiheit wurde der Sturm auf die Bastille in Paris am 14. Juli 1789. Der Angriff auf das Staatsgefängnis der französischen Hauptstadt führte zwar nur zur Befreiung von wenigen Häftlingen, aber er war ein Zeichen für das Übergreifen der revolutionären Ideen auf das Volk. Noch heute ist der 14. Juli in Frankreich Nationalfeiertag.

Abgesehen von einigen republikanischen Verfassungsentwürfen in der Zeit der Französischen Revolution in Mainz und in den französisch besetzten linksrheinischen Gebieten, setzte die eigentliche Verfassungsentwicklung in Deutschland erst nach dem Ende des Heiligen Römischen Reiches im Jahre 1806 ein, und zwar in den Rheinbundstaaten.

Die erste Verfassung, die des Königreichs Westphalen von 1807, folgte deutlich den Idealen der Französischen Revolution, war aber von Napoleon oktroyiert und aus politischem Kalkül geschaffen worden: »Welches Volk wird unter die preußische Willkürherrschaft zurückkehren wollen, wenn es einmal die Wohltaten einer weisen und liberalen Verwaltung gekostet hat?«, schrieb Napoleon an seinen Bruder Jérôme, den König von Westphalen.

In der Sorge, Napoleon werde die westfälische Verfassung von 1807 zur Einheitsverfassung der Rheinbundstaaten erklären, erließ der bayerische Minister Montgelas am 25. Mai 1808 eine der westfälischen nachgebildete bayerische Verfassung, die zugleich den Höhepunkt seiner Reform- und Staatstätigkeit darstellte. Die Konstitution von 1808 hatte die sogenannten bürgerlichen Freiheiten vorbildlich verankert: Gleichheit vor dem Gesetz, Gleichheit der Besteuerung, eine unabhängige Justiz, Sicherung der Toleranz, der konfessionellen Parität, der Meinungs- und Pressefreiheit.

Nach dem Ende der napoleonischen Ära wurde mit dem Wiener Kongress im Jahre 1815 die europäische und damit auch die deutsche Staatenwelt neu geordnet. Die am 8. Juni 1815 in Wien durch die Bevollmächtigten der deutschen Könige, Fürsten und Städte unterzeichnete *Deutsche Bundesakte* schuf allerdings nicht den in den »Befreiungskriegen« 1813 bis 1815 von vielen erhofften deutschen Nationalstaat mit einer repräsentativen Verfassung. Der in Wien unter maßgeblicher Führung des österreichischen Staatsministers Metternich begründete

»Deutsche Bund« bildete lediglich ein lockeres Bündnis von 41 souveränen deutschen Staaten. Gemäß Art. 13 der Bundesakte – »In allen Bundesstaaten wird eine landständische Verfassung stattfinden« – gaben sich immerhin die meisten Bundesstaaten erstmals eine Verfassung. Diese Verfassungen beruhten allerdings nicht auf dem Prinzip der Volkssouveränität, sie entstanden vielmehr durch die Initiative des monarchischen Staates. Österreich und Preußen blieben bis 1848 ohne Verfassung.

Freiheitsrechte im Sinne der amerikanischen und französischen Revolution waren zunächst nur in den Verfassungen der süddeutschen Staaten verankert, wo bereits zwischen 1814 und 1820 moderne Repräsentativverfassungen entstanden. Kennzeichen dieser Verfassungen war ein Zweikammersystem: In der ersten Kammer, einem Restbestand der alten Ordnung, saßen der Adel, Vertreter der Kirchen, der Universitäten und der Städte. Die zweite Kammer stellte mit Repräsentanten des Bürgertums die eigentliche Volksvertretung dar. Die Beweggründe der Monarchen Bayerns, Badens, Württembergs, Nassaus und Hessen-Darmstadts, ihren Ländern vergleichsweise moderne Verfassungen zu geben, gingen ursächlich auf den umfassenden Modernisierungsdruck von Staat und Gesellschaft in der napoleonischen Ära zurück. Die Monarchen erreichten mit ihrem Reformweg sowohl die Integration der zwischen 1803 und 1810 hinzugewonnenen neuen Gebiete als auch die Zurückdrängung des Einflusses der alten Stände.

Generell blieben im Vormärz die verfassungsmäßigen Rechte der ständischen Volksvertretungen aber sehr beschränkt: Die Abgeordneten beschlossen zwar über Gesetze und Steuern, blieben dabei aber von der endgültigen Zustimmung des Fürsten abhängig. Die Gesetzgebungsinitiative blieb den Regierungen vorbehalten, sodass die Landtage nur annehmen oder ablehnen durften, was die Krone ihnen vorlegte.

Nach den revolutionären Ereignissen des Jahres 1830 erlebte das deutsche Verfassungsleben eine deutliche Dynamisierung. Nun folgten auch Sachsen, Kurhessen und Hannover mit liberalen Verfassungen, und die Menschen begannen, um ihre Verfassung zu kämpfen: So protestierten 1837 sieben Göttinger Professoren gegen die Aufhebung des hannoverschen *Staatsgrundgesetzes* und nahmen damit ihre Entlassung aus dem Staatsdienst in Kauf. Vier von ihnen fanden sich 1848 in der Nationalversammlung der Frankfurter Paulskirche wieder, um die Freiheitsrechte endgültig in den Verfassungsstatus zu erheben.

## Internationale Vorbilder: USA und Frankreich

**1/1 Erstdruck der Amerikanischen Unabhängigkeitserklärung vom 4. Juli 1776 in deutscher Sprache**
Philadelphia, 6.– 8.7.1776
Druck: Steiner und Cist
Druck auf Papier; 41 × 33,4 cm
Berlin, Deutsches Historisches Museum: Do 93/101

In der am 4. Juli 1776 verabschiedeten Unabhängigkeitserklärung der Vereinigten Staaten von Amerika erklärten die Vertreter der in Philadelphia versammelten Repräsentanten der 13 britischen Kolonien in Nordamerika ihre Loslösung von Großbritannien sowie ihr Recht auf die Gründung eines souveränen Staatenbundes. Mit der Abfassung der Unabhängigkeitserklärung war der Rechtsanwalt und Plantagenbesitzer Thomas Jefferson aus Virginia betraut worden. Er hatte sich bereits in diversen Flugschriften als hervorragender Stilist und radikaler Analytiker bewiesen. Der genaue Wortlaut der Erklärung fand als Flugblatt und Zeitungsdruck rasche Verbreitung in Amerika. Für die insbesondere in Pennsylvania siedelnden deutschstämmigen Einwohner wurde der Text auch in deutscher Sprache gedruckt. In der Präambel wurden erstmals allgemeine Menschenrechte formuliert und die naturgegebenen Rechte der Menschen auf Freiheit und Gleichheit sowie das Streben nach Glückseligkeit betont. Überdies wurde vor diesem Hintergrund ein Widerstandsrecht entwickelt: Danach hat eine auf der Zustimmung der Regierten beruhende Regierung gegenüber den Menschenrechten eine Schutzverpflichtung; kommt sie dieser Verpflichtung nicht nach, kann sie abgewählt und durch eine neue ersetzt werden. Dieser Grundsatz wurde mit diversen Anklagen untermauert, die belegen sollten, dass der britische König durch die wiederholte Missachtung der Menschenrechte die vertraglichen Pflichten verletzt und damit den Herrschaftsanspruch über die Kolonien verwirkt habe. (Abb. S. 16)

## »CONSTITUTIONEN« UND VERFASSUNGEN

1/2

**1/2 Modell der Bastille**
mit einem Stein der gestürmten
Bastille im Inneren
Paris, um 1790–1793
Pierre-François Palloy (1754–1835)
Bemalter Gips, Stein, Kupferplättchen;
48 × 103 × 59 cm
Bern, Bernisches Historisches Museum:
959 a

Der Sturm auf die Bastille – Gefängnis, Festung und Waffenarsenal der französischen Hauptstadt Paris – führte zwar nur zur Befreiung von wenigen Häftlingen. Doch galt die Eroberung der Bastille schnell in ganz Europa als Inbegriff der nach Freiheit strebenden Revolution. Der königliche Bauunternehmer Pierre-François Palloy begann in den 1790er Jahren damit, dieses Symbol der Freiheit für seine Geschäftsinteressen zu nutzen: Er organisierte die Schleifung der Festung, sicherte sich die Verwertungsrechte des Abbruchmaterials und ließ daraus kleine Bastillemodelle herstellen. Diese bot Palloy den Pariser Stadtbehörden und der Nationalversammlung an und überreichte den Vertretern der 1790 gegründeten Départements je ein Exemplar. Bald überschwemmte Palloy den Markt mit oft nur noch schnell aus Kunststein oder aus Gips hergestellten Modellen und endete schließlich im wirtschaftlichen Ruin. Nur wenige dieser Bastillemodelle haben sich über die Jahrhunderte hinweg erhalten. Das Exemplar des Bernischen Historischen Museums wurde im Jahr 1793 den Vertretern des Frankreich als Département du Mont-Terrible einverleibten Fürstbistums Basel überreicht. Als das Territorium nach dem Wiener Kongress 1815 dem Kanton Bern zugeschlagen wurde, ging das Bastillemodell in die Sammlung des Städtischen Museums über.

# Von der Wiener Bundesakte zu den Länderverfassungen 1815–1848

**1/3 Verfassung für das konstitutionelle Königreich Frankreich**
Paris, September 1791
Druck: Simon Lacourt
Druck auf Papier; 27 × 21 cm
Berlin, Deutsches Historisches Museum:
Do 95/239.1–3

Die am 3. September 1791 von der französischen Nationalversammlung verabschiedete Verfassung begründete den französischen Staat als konstitutionelle Monarchie, unterwarf also die Handlungen des Königs dem Gesetz. Das Gottesgnadentum war damit abgeschafft, der Absolutismus beseitigt. Die drei Staatsgewalten, die im Sinne Montesquieus voneinander getrennt wurden, bezogen ihre Rechtfertigung aus dem Volkswillen. Die Erklärung der Menschen- und Bürgerrechte, die von der Nationalversammlung bereits am 26. August 1789 verkündet worden war, wurde der Verfassung vorangestellt. Die Erklärung basierte im Wesentlichen auf dem Entwurf des Marquis de Lafayette, der im amerikanischen Unabhängigkeitskrieg gekämpft hatte. Beraten wurde Lafayette von Thomas Jefferson, dem Schöpfer der amerikanischen Unabhängigkeitserklärung. Ebenso wie ihr amerikanisches Vorbild fußte die französische Menschenrechtserklärung auf dem Naturrecht und ging von der Überzeitlichkeit der Menschenrechte aus, die nicht erst geschaffen und gewährt werden müssten. Im Gegensatz zur amerikanischen Menschenrechtserklärung wurden Presse und Religionsfreiheit allerdings eingeschränkt. (Abb. S. 15)

1/5

## »CONSTITUTIONEN« UND VERFASSUNGEN

1/4 **Landständische Verfassung des Königreichs Württemberg vom 15. März 1815**
Stuttgart, 1815
Druck auf Papier; 31,6 × 20,2 cm
Berlin, Deutsches Historisches Museum:
Do 2002/216

Schon im März 1815 legte König Friedrich I. den Deputierten des von ihm einberufenen Landtags eine landständische Verfassung vor und erklärte sie sogleich für verbindlich. Diese Vorgehensweise löste einen vier Jahre andauernden Verfassungskampf aus, an dessen Ende Friedrichs Sohn und Nachfolger, Wilhelm I., den Konflikt durch die vertragliche Vereinbarung der Verfassung zwischen König und Landtag vom 25. September 1819 beilegte. Die württembergische Verfassung sah einen aus zwei Kammern bestehenden Landtag vor, dessen Mitglieder das freie Mandat hatten, Immunität genossen und auf das Gesamtwohl des Landes verpflichtet waren. Dem württembergischen Landtag oblag das volle Steuerbewilligungs- und Budgetrecht. Das Recht der Gesetzesinitiative verblieb bis 1874 ausschließlich beim Monarchen, der gemäß dem »monarchischen Prinzip« auch alle Rechte der Staatsgewalt in seiner Hand vereinigte. (o. Abb.)

1/5 **Entwurf zum Karlsruher Denkmal auf die badische Verfassung**
Karlsruhe, 1822
Friedrich Weinbrenner (1766–1826)
Feder über Bleistift, koloriert; 63,9 × 48,5 cm
Landesarchiv Baden-Württemberg/
Generallandesarchiv Karlsruhe:
G Karlsruhe 115

Die Verfassungsurkunde für das Großherzogtum Baden, die am 22. August 1818 von Großherzog Karl Ludwig Friedrich von Baden unterzeichnet wurde, gilt als liberalste Verfassung ihrer Zeit im Deutschen Bund. Sie

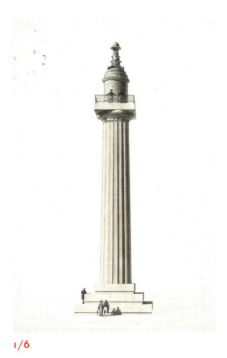

1/6

gewährte den Badensern eine Reihe von Grundrechten wie die Gleichheit vor dem Gesetz, die Freiheit der Person sowie Glaubens-, Meinungs-, Presse-, Eigentums- und Berufsfreiheit. Die Verfassung sah eine in zwei Kammern gegliederte Landesvertretung vor, deren Mitglieder das freie Mandat hatten und auf das Gesamtwohl des Landes verpflichtet wurden. Am 8. Dezember 1818 verstarb der Monarch. Noch im selben Jahr entstand der Plan, den seit 1790 für den Rondellplatz vorgesehenen Obelisken als Denkmal für Großherzog Karl und zugleich als Verfassungsdenkmal zu errichten. Der badische Oberbaudirektor Friedrich Weinbrenner fertigte 1822 erste Entwürfe an. Da Karls Nachfolger Großherzog Ludwig I. jedoch ein Gegner der konstitutionellen Verfassung war, ruhte das Projekt, bis im Jahr 1830 der verfassungsfreundliche Großherzog Leopold den badischen Thron bestieg. So konnte das Denkmal erst 1832 in der ursprünglich geplanten Weise vollendet werden. Am Sockel wurde ein Bildnismedaillon Großherzog Karls angebracht sowie die Inschrift: »Dem Gründer der Verfassung die dankbare Stadt Carlsruhe«. Die »Verfassungssäule« ist bis heute an ihrem ursprünglichen Standort erhalten geblieben.

1/6 **Entwurf für die Konstitutionssäule im Park von Schloss Gaibach**
Gaibach bei Volkach am Main, 1820
Entwurf: Leo von Klenze (1784–1864)
Bleistift, Feder in Schwarz,
Aquarell; 74,8 × 53 cm
München, Staatliche Graphische Sammlung München: H 26979

Die am 26. Mai 1818 von Maximilian I. Joseph von Bayern oktroyierte Verfassung blieb im Wesentlichen bis zum Ende des Königreichs 1918 in Kraft. In der Präambel wurden nach Vorbild der französischen *Charte Constitutionelle* von 1814 die Grundrechte garantiert, darunter die Gleichheit vor dem Gesetz sowie Meinungs- und Gewissensfreiheit. Gemäß dem »monarchischen Prinzip« war der König alleiniger Träger der Staatsgewalt; nur er hatte das Recht, die Minister seines Vertrauens zu berufen. Der Landtag bestand aus zwei Kammern. Die im Auftrag des fränkischen Standesherrn Franz Erwein Graf von Schönborn-Wiesentheid errichtete Konstitutionssäule zu Gaibach symbolisiert die Verschmelzung von Alt- und Neubayern im bayerischen Verfassungsstaat. Am 26. Mai 1821, dem dritten Jahrestag der bayerischen Verfassung von 1818, legten Kronprinz Ludwig und Graf Schönborn den Grundstein zu der von Leo von Klenze entworfenen Konstitutionssäule, die der römischen Trajanssäule nachempfunden ist. Am Fuß der Säule findet sich die Inschrift: »Der Verfassung Bayerns, ihrem Geber Max Joseph, ihrem Erhalter Ludwig zum Denkmale.« Die bis heute erhaltene Konstitutionssäule in Gaibach ist das einzige verwirklichte Säulenmonument in Klenzes Werk.

**1/7 König Maximilian I. Joseph
von Bayern übergibt seinem Volk
die Verfassungsurkunde 1818**
Blatt 15 der Mappe mit Lithografien
der historischen Fresko-Gemälde in den
Arkaden des Königlichen Hofgartens
zu München in XVI Bildern
München, um 1830
Dietrich Monten (1799–1843)
Lithograf: Peter Ellmer (1785–1873)
Druck: Hermann und Barth
Lithografie, koloriert; 30,4 × 28,5 cm
Berlin, Deutsches Historisches Museum:
Gr 2002/7.15

Bereits im Jahr 1808 hatte Bayern eine Konstitution erhalten, die in Verbindung mit einer Reihe weiterer Gesetze das Fundament für einen einheitlichen Rechtsstaat bildete. Die bayerische Verfassung von 1818 erweiterte diese politischen Grundrechte durch die Einrichtung einer Zweiten Kammer mit gewählten Volksvertretern. Sie ebnete den Weg für die Entwicklung eines regen parlamentarischen Lebens und behielt, 1848 durch einige Gesetze modernisiert, bis 1918 ihre Gültigkeit. Als König Ludwig I. im Jahre 1826 seinem Hofmaler Peter Cornelius den Auftrag erteilte, die Arkaden im Münchner Hofgarten mit 16 Szenen zur bayerischen Geschichte auszuschmücken, sollte das Bildprogramm mit der Übergabe der Verfassungsurkunde im Jahr 1818 enden. Cornelius delegierte die Arbeiten an 13 seiner Schüler. So schuf der aus Düsseldorf stammende Maler Dietrich Monten das Fresko mit der Verfassungsszene nach eigenem Entwurf: Die Übergabe wird vor großem Publikum zelebriert. König Maximilian I. Joseph sitzt auf dem Thronsessel, umringt von seinen wichtigsten Beratern, allen voran Kronprinz Ludwig. Die Herren weisen auf die Urkunde, die der König in seinen Händen hält. Nicht dabei ist der langjährige Minister Graf Montgelas, den der König 1817 auf Betreiben des Kronprinzen entlassen hatte. Die farbigen Uniformen der

1/9

Adeligen bilden einen deutlichen Kontrast zu der am rechten Bildrand stehenden Gruppe von Männern in schlichtem Schwarz. Diese bürgerlichen Repräsentanten des Volkes signalisieren mit erhobenen Händen ihre Zustimmung zur neuen Verfassung. LK
(Abb. S. 18)

**1/8 Verfassungsurkunde
für das Großherzogtum Hessen**
Darmstadt, 17.12.1820
Druck auf Papier; 24,5 × 20 cm
Berlin, Deutsches Historisches Museum:
Do 2002/213

Die Verfassung vom 17. Dezember 1820 behielt im Wesentlichen bis zum Ende der Monarchie 1918 ihre Gültigkeit. Der aus zwei Kammern bestehende Landtag verfügte über das Budget- und Steuerbewilligungsrecht. Die Gesetzesinitiative lag bei der Regierung, der Landtag hatte nur Zustimmungsrecht. Er konnte aber mittels seines Petitionsrechts die Vorlage bestimmter Gesetzesmaterien erbitten. Die liberalen Grundsätze »Alle Hessen sind vor dem Gesetz gleich« und »Die Geburt gewährt keinem eine vorzügliche Berechtigung zu irgendeinem Staats-Amte« wurden allerdings durch die Bestimmungen über die Verteilung politischer Macht wieder entwertet. Denn dort hieß es unmissverständlich: »Der Großherzog vereinigt in sich alle Rechte der Staatsgewalt«. (o. Abb.)

**1/9 »Verfassungsurkunde
des Königreichs Sachsen«**
Dresden, 4.9.1831
Königl. Hofbuchdruckerei
Druck auf Papier; 17 × 10,5 cm
Dresden, Sächsische Landesbibliothek –
Staats- und Universitätsbibliothek
Dresden: Hist.Sax.I526

Nachdem es im September 1830 unter dem Eindruck der Pariser Julirevolution in Leipzig und Dresden zu Unruhen gekommen war, nahm auch das Königreich Sachsen ein Verfassungswerk in Angriff. Die Verfassungsurkunde vom 4. September 1831 ersetzte das Geheime Kabinett durch ein verantwortliches Staatsministerium, und an die Stelle der Feudalstände traten zwei Kammern. 1832 folgte die Bauernbefreiung. Die Verfassung schrieb erstmals in Sachsen bürgerliche Grundrechte wie Glaubens-, Meinungs-, Versammlungs- und Pressefreiheit fest. Das Königreich Sachsen wurde mit der Verfassung in eine konstitutionelle Monarchie umgewandelt. Nach der Niederschlagung der Revolution 1849 mit Hilfe preußischer Truppen hob die sächsische Regierung die Freiheitsrechte wieder auf.

# »CONSTITUTIONEN« UND VERFASSUNGEN

1/10

## 1/10 »Die Protestation und Entlassung der sieben Göttinger Professoren«
Leipzig, 1838
Herausgeber: Friedrich Christoph Dahlmann
Verfasser: Wilhelm Eduard Albrecht
Druck auf Papier; 23,1 × 14,2 cm
Berlin, Deutsches Historisches Museum:
R 06/1063

Als Folge der revolutionären Unruhen von 1830 wurde drei Jahre später mit dem *Staatsgrundgesetz* die konstitutionelle Monarchie in Hannover eingeführt. Sie öffnete für die Bauern und das Bürgertum die Zweite Kammer, übertrug den Landständen das Gesetzgebungs- und Budgetrecht und führte eine beschränkte Ministerverantwortlichkeit ein. Nach seinem Regierungsantritt 1837 hob Ernst August I. das *Staatsgrundgesetz* sofort auf, da er seine monarchischen Rechte dadurch eingeschränkt sah. Der Rechtsbruch löst den öffentlichen Protest von sieben Professoren der Göttinger Universität aus: Wilhelm Eduard Albrecht, Friedrich Christoph Dahlmann, Heinrich Georg August Ewald, Georg Gottfried Gervinus, Wilhelm und Jacob Grimm sowie Wilhelm Eduard Weber. Die Professoren wurden daraufhin entlassen und einige von ihnen des Landes verwiesen. Albrecht, Dahlmann, Gervinus und Jacob Grimm waren 1848 Mitglieder der Nationalversammlung in der Paulskirche und arbeiteten maßgeblich an der *Verfassung des Deutschen Reiches* mit.

## 1/11 Verfassung des österreichischen Kaiserstaats vom 25. April 1848
Wien, 25.4.1848
Druck auf Papier; 44,4 × 29 cm
Berlin, Deutsches Historisches Museum:
Do 90/1028

Kaiser Ferdinand I. verkündete die auf Druck der revolutionären Ereignisse im März 1848 von dem österreichischen Staatsrechtler und späteren Ministerpräsidenten Franz von Pillersdorf ausgearbeitete Verfassung am 25. April. Den Revolutionären ging die sogenannte Pillersdorf'sche Verfassung, die ein Zweikammersystem mit Vetorecht des Kaisers vorsah, nicht weit genug. Nach der Überbringung einer »Sturmpetition« der Nationalgarden, Arbeiter und Studenten in Wien wurde durch kaiserliche Proklamation vom 16. Mai 1848 diese Verfassung als provisorisch erklärt und um die Zusage eines allgemeinen und gleichen Wahlrechts ergänzt, im Juli 1848 schließlich ganz zurückgenommen. (o. Abb.)

## 1/12 »Die neue Preußische Verfassung.«
Berlin, 1848
Druck und Verlag: Ferdinand Reichardt & Co.
Druck auf Papier; 19 × 12 cm;
Berlin, Deutsches Historisches Museum:
56/2803

1/12

Das Königreich Preußen kam erst im Revolutionsjahr 1848 dem 1815 gegebenen Verfassungsversprechen nach und ließ die Einrichtung einer verfassunggebenden Versammlung zu. Der preußische König Friedrich Wilhelm IV. lehnte jedoch die von der preußischen Nationalversammlung erarbeitete liberale Verfassung, die sogenannte *Charte Waldeck,* ab und oktroyierte am 5. Dezember 1848 eine neue Konstitution, die sich an die belgische Verfassung von 1831 anlehnte. Sie galt als demokratischste Verfassung des Vormärz. Der belgische König Leopold I. hatte Friedrich Wilhelm IV. unmittelbar nach der Pariser Februarrevolution von der systemstabilisierenden Funktion seiner Verfassung überzeugt. Dem zögerlichen Monarchen wurde die Verfassung noch dadurch »schmackhaft« gemacht, dass sie ihm mit dem absoluten Veto- und Notverordnungsrecht alle Möglichkeiten der Einflussnahme einräumte.

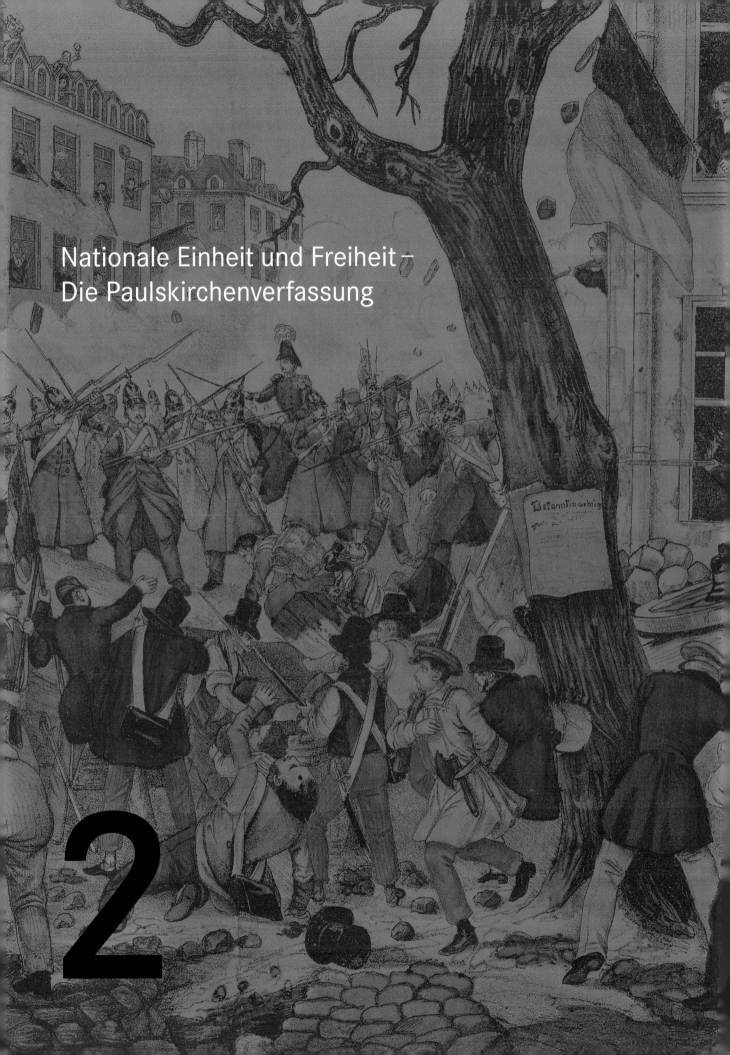

# Nationale Einheit und Freiheit –
# Die Paulskirchenverfassung

**2**

# DIE PAULSKIRCHENVERFASSUNG

Die weithin herrschende Massenarmut, der grassierende Hunger, die nach wie vor drückenden Feudallasten und nicht zuletzt die politischen Unfreiheiten – sie bereiteten im Deutschland des Vormärz den Boden für einen tiefgreifenden sozialen und politischen Wandel. Entscheidende Impulse, durch die der anstehende Umbruch zum revolutionären Aufbruch wurde, gingen im Jahr 1848 von der Französischen Februarrevolution aus. Der revolutionäre Funke sprang zunächst auf den Südwesten und Westen Deutschlands über und ergriff schließlich im März das ganze Land.

In allen deutschen Staaten machten sich die Massen die »Märzforderungen« zu eigen. Zentral war dabei der Ruf nach einer freiheitlichen Verfassung, die insbesondere die Presse-, Vereins- und Versammlungsfreiheit garantierte. Ebenso unüberhörbar wurde gefordert, Schwurgerichte einzurichten. Dies hieß nichts anderes, als dass in Strafverfahren und bei politischen Prozessen fortan Laien als Geschworene und nicht Berufsrichter über die Schuldfrage entscheiden sollten. Hinzu kamen jene Losungen, die auf eine Aufhebung aller feudalen Vorrechte abzielten. Wegweisender noch – und auf nahezu allen das Land überflutenden Petitionen und Flugblättern zu finden – waren die Forderungen nach einem allgemeinen und freien Wahlrecht sowie nach der sofortigen »Herstellung eines deutschen Parlaments«, das heißt nach einer nationalen Volksvertretung innerhalb des Deutschen Bundes.

Zwar entsprachen die »Märzforderungen« weitgehend denen der Liberalen, mithin jenen der eigentlichen Führer der nationalen Bewegung in den deutschen Ländern. Aber durch die Vehemenz, mit der diese Forderungen vorgetragen, und durch die Brutalität, mit der sie von Regierungsseite unterdrückt wurden, gerieten die Liberalen quasi in Zugzwang. Ihre bürgerlich geprägten Verfassungsbestrebungen, die auf eine freiheitliche Ordnung als Grundlage einer dynamischen Industriegesellschaft in einem national geeinten Deutschland abzielten, schienen andernfalls durch die schnell das Land ergreifende Märzrevolution gefährdet.

Am 5. März trafen sich im Heidelberger Schloss 51 führende Liberale, aber auch radikale Demokraten, vorwiegend aus dem süd- und westdeutschen Raum. Sie beschlossen, »eine vollständigere Versammlung von Vertrauensmännern aller deutschen Volksstämme« einzuberufen als sie die bisherige Bundesversammlung darstellte. Knapp vier Wochen später, am 31. März 1848, kamen in Frankfurt am Main 574 ehemalige oder gegenwärtige Mitglieder von Ständeversammlungen sowie etliche durch das »Vertrauen des deutschen Volkes« ausgezeichnete Männer zusammen. Dieses »Frankfurter Vorparlament« beschloss unter anderem die Durchführung allgemeiner und gleicher Wahlen zur Nationalversammlung. Wahlberechtigt sollte die volljährige, das heißt mindestens 25 Jahre alte, männliche Bevölkerung sein. Für die am 7. April 1848 in allen Einzelstaaten anlaufenden Wahlen wurde des Weiteren festgelegt, dass auf je 50.000 Bürger ein Abgeordneter zu wählen sei. Es waren viele Unregelmäßigkeiten zu verzeichnen – so versagte man etwa in einigen Landesteilen den Dienstboten, Bauernknechten oder auch solchen Bürgern, die keine Steuern zahlten, die Wahlberechtigung. Dennoch wurde eine Wahlbeteiligung von bis zu 80 % etwa im deutschen Südwesten erzielt: eine damals europaweit einzigartige Quote.

Die solchermaßen demokratisch legitimierte Nationalversammlung trat am 18. Mai 1848 in der Paulskirche zu Frankfurt am Main zusammen. Sie umfasste etwa 600 Abgeordnete aus allen Ländern des Deutschen Bundes; eine Mehrheit von ihnen gehörte als Juristen, Lehrer oder Professoren dem gebildeten Bürgertum an. In Ermangelung von Parteien, die sich in Deutschland erst ab den 1860er Jahren zu organisieren begannen, bildeten sich Fraktionen, die sich nach ihren Tagungslokalen benannten. Bereits am 3. Juli 1848 begann die Nationalversammlung mit der Beratung der *Grundrechte des Deutschen Volkes*, die am 27. Dezember per Reichsgesetz verkündet wurden. In den meisten Einzelstaaten erlangten die *Grundrechte* sofort bindende Rechtskraft, nicht jedoch in Österreich, Preußen, Bayern und Hannover, wo die Behörden auch ihre Veröffentlichung verweigerten.

Die vorrangige Ausarbeitung der Grundrechte verdankte sich vor allem einer Überlegung: Für eine Mehrheit der Liberalen sollten damit die Hauptforderungen der Märzrevolution verfassungsrechtlich festgelegt, die Revolution selbst eingehegt und ihre Errungenschaften gegen alle Eingriffe von oben geschützt werden. Aus der Fülle der Bestimmungen sei hier nur auf die Sicherung der persönlichen und politischen Freiheit aller deutschen »Reichsbürger« hingewiesen und auf deren Gleichheit vor dem Gesetz ohne Rücksicht auf Unterschiede des Standes und der Konfession. Ebenso garantiert waren die Presse- und Meinungsfreiheit, die Vereins- und Versammlungsfreiheit sowie die Glaubens- und Gewissensfreiheit und das Recht auf Eigentum. Alle ständisch-feudalen Rechte wurden abgeschafft – nicht jedoch der Adel als Stand – und die volle staatsbürgerliche Gleichheit der Juden anerkannt.

All diese Bestimmungen galten zudem als gerichtlich einklagbar, bis hin zu dem, was wir heute »Verfassungsbeschwerde« nennen. Zuständig dafür wie für den verfassungsrechtlichen Aufbau war ein neu zu schaffendes Reichsgericht, das in seinen vorgesehenen Kompetenzen und Zuständigkeiten im damaligen Europa einzigartig gewesen wäre. Den Frauen indessen wurden politische Rechte verweigert, und sie blieben von der aktiven Staatsbürgerschaft ausgeschlossen.

Mittlerweile hatten am 19. Oktober 1848 auch die Beratungen der Reichsverfassung beziehungsweise der verfassungspolitischen Neuordnung des Deutschen Bundes begonnen. Dabei wurde ein Zweikammersystem favorisiert, bestehend aus einem zunächst für vier Jahre, dann alle drei Jahre gewählten »Volkshaus« (Zweite Kammer) und einem föderativ organisierten, alle sechs Jahre gewählten »Staatenhaus« (Erste Kammer), die gemeinsam den Reichstag bilden sollten. Als Institution an der Spitze dieses anvisierten »kleindeutschen« Reiches ohne Österreich sah die Nationalversammlung nach langen Debatten die Institution eines Erbkaisertums vor. Den Liberalen galt, nach einem Wort des Historikers Dieter Langewiesche, das »monarchische Oberhaupt als Reserveverfassung für Notzeiten« und »als unverzichtbar, um zu verhindern, dass die deutsche Revolution ähnlich wie die große Französische in den Terror ausartete.«

In der entscheidenden Schlussabstimmung am 27. März 1849 nahm die Frankfurter Nationalversammlung die Verfassung des Deutschen Reiches an und wählte tags darauf mit 290 Stimmen bei 248 Enthaltungen den preußischen König Friedrich Wilhelm IV. zum »Kaiser der Deutschen«. Eine Deputation unter Führung des Präsidenten der Nationalversammlung, Eduard von Simson, machte sich unter dem Jubel der Bevölkerung auf den Weg nach Berlin, um dem Preußenkönig am 3. April 1849 die Kaiserkrone anzutragen. Doch zeigte sich mit der Ende April endgültig werdenden Ablehnung dieses Ansinnens durch Friedrich Wilhelm IV., wie unversöhnlich die Vorstellungen von göttlich legitimierter Königsherrschaft und der Volkssouveränität nach wie vor waren.

In zwei großen Aufrufen vom 4. und 26. Mai 1849 forderte die Nationalversammlung alle Parlamente sowie das gesamte deutsche Volk auf, sich trotz der Absage des preußischen Königs bei ihren jeweiligen Regierungen für die Annahme der Reichsverfassung zu engagieren. Doch die Utopie eines geeinten Deutschlands mit einer freiheitlichen Verfassung hatte ohnehin in großen Teilen der Bevölkerung nichts von ihrer Attraktivität verloren. Die nun spontan vorangetriebene »Reichsverfassungskampagne« wurde vor allem durch die zahlreichen demokratischen »Volks- und Märzvereine« getragen.

Insbesondere in Sachsen, im preußischen Rheinland, in der zu Bayern gehörenden Pfalz und in Baden spitzte sich die Lage revolutionär zu. Wie schon im März des Vorjahres bildeten nationale Beweggründe und die sozial motivierten Proteste eine Einheit. Und wiederum kämpften in erster Linie Arbeiter und Handwerker an der vordersten Front der Aufstände mit. Die demokratische und radikale Linke, die zuvor die Reichsverfassung als zu herrschaftsfromm bekämpft hatte, setzte sich nun an die Spitze der Kampagne. Doch den inzwischen wieder fest installierten monarchischen Regierungen – vor allem Preußen – gelang es rasch, alle Aufstände niederzuschlagen. Als am 23. Juli 1849 die badischen Revolutionäre in der Festung Rastatt vor preußischen Truppen kapitulieren mussten, war die Revolution in Deutschland beendet. Am 1. September 1849 nahm die von Preußen dominierte Bundesversammlung in Frankfurt am Main ihre Tätigkeit wieder auf. Bald darauf, am 23. August 1851, wurden per Bundesbeschluss die »sogenannten Grundrechte des deutschen Volkes« aufgehoben, und zwar auch in jenen Ländern, wo sie für verbindlich erklärt oder für rechtsgültig gehalten worden waren.

Unbestreitbar löste die Paulskirchenverfassung einen »Modernisierungsschub« aus. Sie gab, wie es der Rechtswissenschaftler Hermann-Josef Blanke bündig formulierte, entscheidende »Anstöße für die Entwicklung einer verfassunggebenden Gewalt des Volkes, einer von der Volksvertretung bestimmten Reichsexekutive, einer Verfassung mit Grundrechten und einer unabhängigen Reichsgerichtsbarkeit.« Durch die von der Paulskirchenverfassung angestrebte Umformung des Landes wäre ein beispiellos moderner, europäischer Bundesstaat entstanden – mit Nürnberg als Sitz des Reichsgerichts und Bremerhaven als Standort einer Reichsmarine. Einzig über die Reichshauptstadt konnte innerhalb des Verfassungsausschusses und während der Debatten in der Nationalversammlung keine Einigung erzielt werden. Im Gespräch waren, unterstützt durch mehr oder weniger erfolgreiche Pressekampagnen ihrer jeweiligen Befürworter, die Städte Erfurt, Leipzig, Nürnberg, Bamberg, Dresden, Gotha und Frankfurt am Main. Es sollte einem Reichsgesetz vorbehalten bleiben, diese Frage abschließend zu klären. Dazu ist es nicht mehr gekommen.

# DIE PAULSKIRCHENVERFASSUNG

## 1848: Ein Aufbruch zur Freiheit

**2/1 »Staatsmaschine«**
Karikatur auf das Finanzwesen der konstitutionellen Monarchie in Bayern
München, 1848, bez. u. r.: Eigenthum
v. Hohfelder lith. Anstalt in München.
Anton Bauer (1826–1910)
Verlag/Druck: Carl Hohfelder
Lithografie; 47,7 × 38,6 cm
Berlin, Deutsches Historisches Museum:
Do 54/1276

Die *Staatsmaschine* ist eine Satire auf die »Constitutionelle Monarchie« Bayerns. Dargestellt wird das System des als Eule karikierten Finanzministeriums: Es sollte »Auf allerhöchsten Befehl« mit vielfachen Methoden und Begründungen das Geld aus den Untertanen herauspressen. Das den gequälten und geschröpften Untertanen abgenommene Geld fließt zunächst in zwei große Truhen, die »Staatskasse« und die »Kriegskasse«, um aus letzterer in eine noch größere Privatschatulle weiterzuwandern. Die Karikatur muss unmittelbar nach der Vertreibung der königlichen Geliebten Lola Montez im Februar 1848 und der darauf folgenden Abdankung König Ludwigs I. am 20. März 1848 entstanden sein. Beide verlassen unten links mit einem prall gefüllten Geldsack die Szene. Den Gegenpol zum königlichen Paar bilden unten rechts ein bettelnder Invalide und ein Pensionär, der wöchentlich gerade »18 Kreuzer« erhält. (Zum Vergleich: Ein Laib Brot, ca. zwei Pfund schwer, kostete zu dieser Zeit im Münchener Raum sechs bis acht Kreuzer.) (Abb. S. 158)

§ 137 **Vor dem Gesetze gilt kein Unterschied der Stände. Der Adel als Stand ist aufgehoben. Alle Standesvorrechte sind abgeschafft. Die Deutschen sind vor dem Gesetze gleich.**

*Verfassung des Deutschen Reiches*
vom 28. März 1849

2/3

**2/2 »Kampf zwischen Bürger u. Soldaten in der Straße Frankfurter Linden in Berlin, am 18ten und 19ten März 1848«**
*Neuruppiner Bilderbogen* aus
einer Serie zur Revolution von 1848
Neuruppin, 1848
Verlag: Gustav Kühn
Lithografie, koloriert; 32,7 × 38,8 cm
Berlin, Deutsches Historisches Museum:
Gr 64/1512

Unter dem Eindruck der Pariser Februarrevolution fanden auch in Berlin große Versammlungen statt. Am 15. März ging das Militär gegen Demonstranten vor, und es gab erstmals Tote und Verwundete. Die Unruhen eskalierten am 18. März, als eine vor dem Schloss versammelte Menschenmenge heranrückende Truppen erblickte und Schüsse fielen. Innerhalb kürzester Zeit wurden im zentralen Stadtgebiet über 200 Barrikaden errichtet. Der populäre *Neuruppiner Bilderbogen* sorgte für eine anschauliche Überlieferung der Ereignisse: In den umkämpften Straßen Berlins stehen die aufständischen Bürger den Soldaten gegenüber. Manche Bürger sind mit Gewehren bewaffnet, aber auch Pflastersteine dienen als Wurfgeschosse. Frauen helfen beim Abtransport der Verwundeten. Inmitten des Kampfes schwenken die Revolutionäre ihre schwarz-rot-goldenen Fahnen. Auf einer von ihnen ist die Losung »Freiheit« aufgebracht. **LK** (Abb. S. 19)

**2/3 Pfeifenkopf mit bayerischen Revolutionären**
Nymphenburg, um 1848
Königliche Porzellan Manufaktur Nymphenburg
Porzellan, bemalt; H 13 cm, D 3,5 cm
Berlin, Deutsches Historisches Museum:
KG 2000/33

Zu der Flut von Devotionalien, mit denen die Revolutionäre geehrt wurden, zählten auch die im Vormärz besonders beliebten Pfeifenköpfe. Die Vorderseite zeigt eine goldgerahmte, gemalte Gipfelszene im Revolutionsjahr 1848: Im Mittelpunkt steht ein junger Mann in bayerischer Tracht; mit der rechten Hand schwenkt er seinen Hut, mit der linken hält er die Stange einer schwarz-rot-goldenen Fahne, die mit Siegerkranz und wehenden Bändern dekoriert ist. Vier weitere Bergsteiger in bayerischer Tracht nehmen Anteil an der Szene; im Hintergrund leuchtet das Alpenpanorama.

## NATIONALE EINHEIT UND FREIHEIT

**2/4 Porzellanpfeife mit den Porträts badischer Demokraten**
Johann Adam von Itzstein,
Friedrich Daniel Bassermann
und Carl Theodor Welcker
Um 1848
Porzellan, bemalt; 31 × 10 cm, D 3,2
Berlin, Deutsches Historisches Museum:
KG 2000/2

Baden war der erste Staat, in dem sich die Märzforderungen durchsetzen konnten. Alle drei Porträtierten waren liberale Abgeordnete der badischen Zweiten Kammer und hatten sich dort insbesondere für die Pressefreiheit und die Rechte des Parlaments eingesetzt. Am 31. März 1848 zogen sie ins Frankfurter Vorparlament ein und wurden gewählte Mitglieder der deutschen Nationalversammlung in der Paulskirche. Ihre Porträts auf solchen Alltagsgegenständen wie Pfeifenköpfen oder auch Tabakdosen trugen zur Mehrung ihres Ansehens bei und belegen zugleich ihre Popularität. (o. Abb.)

**2/5 »Das Guckkasten-Lied vom großen Hecker«**
Bilderbogen mit Karikaturen auf den Badener Aufstand
1848
Karl Gottfried Nadler (1809–1849)
Federlithografie, koloriert; 41,5 × 33 cm
Berlin, Deutsches Historisches Museum:
Do 65/1323

Das Blatt schildert den revolutionären Zug der badischen Freischärler im April 1848 von Konstanz über das am Fuße des Schwarzwalds gelegene Kandern bis nach Freiburg im Breisgau in 17 Strophen und zwölf kleinen szenischen Darstellungen. Als zentrales Motiv ist das Bildnis des berühmten badischen Revolutionärs Friedrich Hecker abgebildet – in blauer Bluse und hohen Stiefeln, mit Heckerhut, Gewehr und Säbel. Der Heidelberger Volksdichter Karl Gottfried Nadler macht sich in diesem regierungstreuen und antirevolutionären Blatt über Hecker und seine Mitstreiter lustig und diffamiert die badischen Revolutionäre als gewissenlose Abenteurer. Die Darstellung gehört zu den populären Bilderbögen, die aktuelle Ereignisse als Druckgrafiken publik machten und auf Märkten und durch Hausierer vertrieben wurden. Das mehrfach nachgedruckte Guckkasten-Lied verfehlte nicht allein seine diffamierende Absicht, sondern trug vielmehr zur Popularität Heckers und seiner revolutionären Mitstreiter bei.

**2/6 Erfüllung aller Forderungen des Volkes durch Kurfürst Friedrich Wilhelm I. von Hessen-Kassel**
Kassel, 11.3.1848
Buchdruck; 33,2 × 20,8 cm
Berlin, Deutsches Historisches Museum:
Do 63/281.1

Im Verlauf des März 1848 gaben die Monarchen in fast allen Mittel- und Kleinstaaten des Deutschen Bundes dem Druck der Öffentlichkeit nach und erfüllten die sogenannten Märzforderungen. So berief auch Kurfürst Friedrich Wilhelm I. von Hessen-Kassel ein reformwilliges »Märzministerium«, gewährte Presse-, Religions- und Gewissensfreiheit und amnestierte politische Gefangene. Er versprach die Aufhebung aller »den Genuß verfassungsmäßiger Rechte, ganz insbesondere das Petitions-, Einigungs- und Versammlungsrecht beschränkenden Beschlüsse«. Zudem wollte er darauf hinwirken, dass »bei dem Bundestage Nationalvertretung eingeführt werde.« (o. Abb.)

**§ 143 Jeder Deutsche hat das Recht, durch Wort, Schrift, Druck und bildliche Darstellung seine Meinung frei zu äußern.
Die Preßfreiheit darf unter keinen Umständen und in keiner Weise durch vorbeugende Maaßregeln, namentlich Censur, Concessionen, Sicherheitsbestellungen, Staatsauflagen, Beschränkungen der Druckereien oder des Buchhandels, Postverbote oder andere Hemmungen des freien Verkehrs beschränkt, suspendirt oder aufgehoben werden.**

*Verfassung des Deutschen Reiches*
vom 28. März 1849

**2/7 »Freie Presse«**
Karikatur auf den Sturz des sächsischen Ministeriums Könneritz
Leipzig, nach dem 13.3.1848
Druck: L. Blau
Kreidelithografie, handgeschrieben;
24 × 32,4 cm
Berlin, Deutsches Historisches Museum:
Do 56/74

*Freie Presse* lautet der programmatische Titel der Karikatur, die Robert Blum als entfesselten Prometheus mit Federkiel in der Hand präsentiert, der die Ketten der Zensur gesprengt hat. Die im Hintergrund abgebildete Druckerpresse kann wieder aktiviert werden. Im Königreich Sachsen war Leipzig das Zentrum der Märzbewegung. Mit Robert Blum, dem Führer der Demokraten, und Karl Biedermann, dem Führer der gemäßigten Liberalen, war es gelungen, den Widerstand der Krone ohne Kämpfe zu brechen und die Forderungen nach einem neuen Ministerium durchzusetzen: Nachdem der Kommissar des Königs, Justizminister Albert von Carlowitz (links im Bild) am 12. März 1848 nach Leipzig gekommen war, gab er noch am gleichen Tag

# Das Guckkasten-Lied vom großen Hecker.

(Nach bekannter Melodei zu singen.)

**1.**
Seht, da steht der große Hecker,
Eine Feder auf dem Hut,
Seht, da steht der Volkserwecker,
Lechzend nach Tyrannenblut!
Wasserstiefeln, dicke Sohlen,
Säbeln trägt er und Pistolen,
Und zum Peter sagte er:
„Peter sei du Statthalter!"

**2.**
„Peter", sprach er, „du regiere
„Constanz und den Bodensee,
„Ich zieh' aus und commandire
„Unsre tapfre Armée;
„Mit Polacken und Franzosen
„Wird der Herwegh zu mir stoßen,
„Und der stirbt lebendig eh'r,
„Als daß er ein Hundsfott wär'."

**3.**
Pflästerer und Schieferdecker,
Alles, niedrig und hoch,
Alles jauchzte unserm Hecker,
Als er aus zum Kampfe zog.
Handwerksbursche, Literaten,
Taillenrock, Bauern, Advokaten,
Alles folgte rasch dem Zug,
Als er seine Trommel schlug.

**4.**
Rumbidibum, so hört' man's schlagen,
Rumbidibum Dumdumbumbum;
Und bei Straf ließ Weißhaar sagen
Rings im ganzen Land herum:
„Thut euch schnell zusammenraffen,
„Gebt mir Mannschaft, Pferde, Waffen,
„Oder ich bring' Alles um;
„Rumbidibum Dumdumbumbum."

**5.**
Durch die Baar that man jetzt wandern,
Und hernach in's Wiesenthal,
Und daselbst stieß man bei Kandern
Auf Soldaten ohne Zahl.
Edler Weißhaar, wackre Hessen,
Wollt ihr euch mit Hecker messen?
Gagern, du kommst nicht zurück,
Vivat hoch die Republik!

**6.**
Gagern wollt' parlamentiren,
Doch das ist mit Hecker's Art:
„Ich", sprach er, „soll retiriren,
„Ich mit meinem rothen Bart?"
Ach! nun hört' man Schüsse knallen,
General Gagern sah man fallen
Und der tapf're Hinckeldey
Saß zu Pferde auch dabei.

**7.**
Und als Gagern war gefallen,
Fing man leider auf dem Rhein,
Zur Bekümmerniß und Allen,
Man selbst den Struwel ein;
Man that ihn in Eisen legen,
Aber von des Heckers wegen
Ließ der Oberamtmann Schey
Den Gefang'nen wieder frei.

**8.**
Kaiser, Weißhaar, Struwel, Peter,
Alle trieb man allbereits
Gleichsam als wie Uebelthäter
In die schöne, freie Schweiz.
Doch der Peter, der kam weinen,
Legt die Statthalterschaft nieder,
„Denn, sprach er, ich werde alt,
„Und verlier' sonst mein' Gehalt."

**9.**
Hecker, sag, wo bist du, Hecker?
Legst die Hände in den Schooß?
Auf, du Tyrannenschrecker,
Jetzt geht es auf Freiburg los.
Badner, Hessen und Nassauer
Stehen dorten auf der Lauer.
Doch wir kommen schon hinein,
Denn neutral will Freiburg sein.

**10.**
All die schönen Stadtkanonen,
Großer Hecker, sie sind dein;
Und man ladet blaue Bohnen
Nebst Kartätschen schnell hinein.
Langsdorf will recognosciren,
Läßt sich auf den Münster führen,
Und guck durch ein Perspektiv,
Ob es gut geht oder schief.

**11.**
Oben her vom Güntersthale,
Hinter Wald und Hecken vor,
Kam im Sturm mit einem Male,
Siegel's wildes, tapfres Corps.
Aber uns're Hessenbuben
Ließen ihre Büchsen blitzen,
Und das Corps zog sich zurück,
Aus war's mit der Republik!

**12.**
Denn hinein zu allen Thoren
Stürmte jetzt das Militär,
Und die Freischaar war verloren
Trotz der tapfern Gegenwehr;
Alle, die sich blicken ließen,
That das Militär erschießen;
Alle Führer gingen durch,
Und erobert war Freiburg.

**13.**
Doch nun kamen Herwegh's Schaaren,
Er und seine Frau kam nach,
Kamen in der Chais gefahren
Auf dem Weg nach Dossenbach.
Doch zu ihrem großen Aerger
Sah man dort die Würtemberger,
Miller, dieser grobe Schwab,
Kam von einem Berg herab.

**14.**
Hecker's Geist und Schimmelpfennig
Machten da den Schwaben warm:
Herwegh sah's, er rief einspännig,
Und es fuhr ihm in den Darm.
Unter seinem Sprißenleder
Forcht' er sich vor'm Donnerwetter;
Heiß fiel es dem Herwegh bei,
Daß der Hinweg besser sei.

**15.**
„Ach, Madamchen, that er sagen,
„Aus ist's mit der Republik!
„Soll ich Narr mein Leben wagen?
„Nein! für jetzt nur schnell zurück!
„Los für meinen Kopf und sorgen,
„Komm' ich heut nicht, komm' ich morgen;
„Ach, wie kneipt's mich in den Leib,
„Wende um, mein liebes Weib!"

**16.**
Und Madam hieß ihn verkriechen
Sich in ihren treuen Schooß,
Denn er komm' kein Pulver riechen,
Und es ging erschrecklich los;
Schimmelpfennig ward erstochen,
Manche Sense ward zerbrochen,
Und erschossen mancher Mann,
Die ich nicht all nennen kann.

**17.**
Also ist's in Baden gangen;
Was nicht fiel und nicht entfloh,
Ward vom Militär gefangen,
Liegt zu Bruchsal auf dem Stroh! —
Ich, ein Spielmann bei den Hessen,
Der kann Baden nicht vergessen,
Der den Feldzug mitgemacht,
Hab dieses Lied erdacht.

eine Empfehlung an den König, wonach den Forderungen der Opposition nachgegeben werden sollte. Bereits einen Tag später, am 13. März, wurde das Ministerium Könneritz entlassen (vorn rechts im Bild die Minister Wietersheim, Könneritz und Falckenstein). (Abb. S. 43)

**2/8 »Extrablatt der Freude«**
Königlich Privilegirte Berlinische Zeitung von Staats- und gelehrten Sachen
*(Vossische Zeitung)* Nr. 67
Berlin, 20.3.1848
Redaktion: Carl Friedrich Lessing
Verlag: Vossische Erben
Druck: Lessing'sche Buchdruckerei
Buchdruck; 29,4 × 20,1 cm
Berlin, Deutsches Historisches Museum: Do 55/990

Zwei Tage nach Beginn der Revolution in Berlin und der losbrechenden Barrikadenkämpfe am 18. März 1848 brachte die unter dem Namen *Vossische Zeitung* bekannte älteste Berliner Tageszeitung ein *Extrablatt der Freude* heraus: »Die Presse ist frei! In der nämlichen Stunde wo uns dieses herrliche Recht erfüllt wurde, wollten wir die Stimme des Frohlockens darüber erheben – da dröhnte der entsetzende Donnerschlag der unsere Stadt traf, und der Kampf begann.« Dass sich dieser Kampf lohnte, betont die *Vossische Zeitung* im nächsten Absatz: »Unter allen Rechten, deren Erfüllung uns geworden, und die wir hoffen, ist der befreite Gedanke das edelste, denn in ihm liegt das Unterpfand für alles Künftige. Er ist die Sonne für die Früchte, die uns reifen sollen!« (o. Abb.)

**2/9 »Frauen-Zeitung, Nr. 1. Probe-Nummer«**
Großenhain/Sachsen, 21.4.1849
Redaktion: Louise Otto (1819–1895)
Verlag: Th. Haffner
Druck auf Papier; 27 × 22 cm
Dresden, Sächsische Landesbibliothek – Staats- und Universitätsbibliothek Dresden: Eph.lit.0236

Unter dem Motto »Dem Reich der Freiheit werb' ich Bürgerinnen!« verstand sich die einmal wöchentlich erscheinende Zeitung als ein auf Frauen abzielendes Medium der Gegenöffentlichkeit. Redakteurin war Louise Otto, die sich als Autorin sozialkritischer Romane und Gedichte sowie als Verfasserin von Beiträgen für die von Robert Blum redigierten Zeitschriften *Vaterlandsblätter* und *Vorwärts* einen Namen gemacht hatte. Die Leserinnen der Zeitung wurden aufgefordert, in Form offener Briefe informative Berichte zu schicken. Was aus weiblicher Sicht ein Jahr nach dem revolutionären Aufbruch von der Beschwörung des Volkes, von Einheit und Verbrüderung zu halten war, fasste Louise Otto in ihrem Artikel *Die Freiheit ist unteilbar* in dem lapidaren Satz zusammen: »Wo sie das Volk meinen, da zählen die Frauen nicht mit«.

**2/10 »Freiheits-Hymne, gesungen am Heldengrabe im Friedrichshain«**
Berlin, 4.6.1848
Verlag: Samuel Löwenherz
Druck: Ernst Theodor Amandus Litfaß
Buchdruck; 26,8 × 19,5 cm
Berlin, Deutsches Historisches Museum: Do 54/512

Der liberale Ministerpräsident Ludolf Camphausen bezeichnete bei der konstituierenden Sitzung der preußischen Nationalversammlung den 18. März nurmehr als »Begebenheit«, um die Bedeutung der revolutionären Ereignisse herunterzuspielen. Aus Protest organisierten der Demokratische Club und die Studentenschaft am 4. Juni 1848 einen Festzug zum Friedrichshain, an dem Handwerker, Arbeiter und Abgeordnete des demokratischen Lagers, insgesamt rund 100.000 Personen, teilnahmen. Ihnen allen war ihr Bekenntnis zur Revolution wichtig: »Hier an dem Freiheitsthron/Schwören mit Donnerton,/Brüder, wir laut:/Schützen mit Mannes-Muth/Woll'n wir der Freiheit Gut/Die Ihr mit Eurem Blut/Uns habt erkauft.« (o. Abb.)

**2/11 »Das von der preußischen Regierung verbotene Gedicht von F. Freiligrath: Die Todten an die Lebenden«**
Wien, September 1848
Ferdinand Freiligrath (1810–1876)
Druck: Franz Schmidt
Buchdruck; 29 × 46 cm
Berlin, Deutsches Historisches Museum: Do 94/113

Der Dichter Ferdinand Freiligrath war einer der Wortführer der radikalen Demokraten im Rheinland. Um die Finanzen des sozialrevolutionären »Düsseldorfer Volksklubs« aufzubessern, dessen Kassenwart er war, bot er im Juli 1848 sein Gedicht *Die Todten an die Lebenden* in 9000 Exemplaren zum Verkauf an. Diese Publikation führte am 29. August zu seiner Verhaftung. Er wurde angeklagt, durch sein Gedicht »die Bürger direkt aufgereizt zu haben, sich gegen die landesherrliche Macht zu bewaffnen, auch die bestehende Staatsverfassung umzustürzen« Dagegen wandte er ein, dass die Verse lediglich als »ein Schrei des Unwillens gegen die Reaktion« zu verstehen seien. Die Geschworenen befanden ihn für »nicht schuldig«. Am 3. Oktober wurde er freigelassen. (o. Abb.)

# DIE PAULSKIRCHENVERFASSUNG

§ 162 Die Deutschen haben das Recht, Vereine zu bilden. Dieses Recht soll durch keine vorbeugende Maaßregel beschränkt werden.

*Verfassung des Deutschen Reiches* vom 28. März 1849

**2/12 Sitzung des Demokratischen Clubs im Clubhaus in der Leipziger Straße Nr. 48 in Berlin**
1848, bez. Vs. u. r.: Kretschmer 1848,
bez. Rs. u. l.: Das Clubb-Haus,
Leipziger Straße Nro 48 (Sitzung des demokratischen Clubbs)
Robert Kretschmer (1818–1872)
Federzeichnung; 22,2 × 26,1 cm
Berlin, Deutsches Historisches Museum:
Kg 59/58

Zu den zahlreichen politischen Vereinen und Gruppierungen, die sich 1848 neu organisierten, gehörte der am 21. März 1848 gegründete »politische Club der Demokraten« in Berlin, der sich wenige Wochen später in »Demokratischer Club« umbenannte. Das Geschehen auf einer der Club-Sitzungen zeichnete Robert Kretschmer für die *Illustrirte Zeitung*: Der Versammlungsraum ist gut gefüllt. Die meisten der im Parkett und auf der Bühne versammelten Herren lauschen den Ausführungen des Redners, der von einem etwas erhöhten Podium herab spricht. In den hinteren Reihen diskutieren einige Sitzungsteilnehmer mit ihren Nachbarn, während die auf den seitlichen Galerien sitzenden Damen die Debatte mit großer Aufmerksamkeit verfolgen. LK (Abb. S. 44)

## DIE PAULSKIRCHENVERFASSUNG

**2/13 »Petition wegen Rückberufung der Garden«**
Flugschrift des Vereins Berliner Tänzerinnen
Berlin, 1848
Verlag: Louis Hirschfeld
Druck: C. A. Schiementz und Co.
Druck auf Papier, handgeschrieben;
28,3 × 18,1 cm
Berlin, Deutsches Historisches Museum: Do 2000/75

Der revolutionäre Aufbruch im März 1848 politisierte auch Frauen aller Schichten. Sie nutzten die Presse- und Versammlungsfreiheit, gründeten Zeitungen, schlossen sich zu Vereinen zusammen und meldeten sich mit Flugschriften zu Wort. »Das freie Associationsrecht nutzend, hat sich in der Residenz Berlin bereits am 29. v. M. ein Verein der Jüngerinnen Terpsichores gebildet, zur Besprechung und Wahrung ihrer Sonderinteressen.« Mit diesen Worten leitete der aus 42 Mitgliedern bestehende »Verein Berliner Tänzerinnen« (»Terpsichore« ist in der antiken Mythologie die Göttin des Tanzes) eine antirevolutionäre Petitionsschrift ein, mit der die Damen auf das preußische Ministerium einwirken wollten, um die Rückberufung der abgezogenen Garden zu erwirken: »Die Garde, die uns schützte vor Noth und Angst, sie müssen wir wieder haben.« (o. Abb.)

**2/14 »Den am 30 & 31ten März 1848 hier versam(m)elten Volksvertretern zu Ehren«**
Um 1848
Lithografie; 27,4 × 25,2 cm
Frankfurt am Main, Historisches Museum: C 8557
(o. Abb.)

**2/17**

**2/15 »Devisen der Transparente, welche bei der festlichen Illumination Frankfurts am 1. April 1848 zu Ehren der deutschen Volksmänner ausgestellt waren«**
Frankfurt am Main, 1848
Druck auf Papier; 23 × 14 cm
Berlin, Deutsches Historisches Museum: 20034940

Bei einem Treffen von 51 führenden Liberalen und Demokraten aus Süd- und Westdeutschland am 5. März 1848 in Heidelberg kam man überein, der Forderung nach einem allgemeinen deutschen Parlament oberste Priorität zu verleihen. So versammelte sich am 31. März 1848 in Frankfurt am Main das sogenannte Vorparlament, bestehend aus 574 ehemaligen oder gegenwärtigen Mitgliedern von Ständeversammlungen sowie bekannten Persönlichkeiten des öffentlichen Lebens. »Goldner Freiheit festes Firmament, Stütze fest das deutsche Parlament«, lautete eine der Inschriften auf über 200 Transparenten, mit denen die Bevölkerung die deutschen Volksmänner enthusiastisch begrüßte. (o. Abb.)

**2/16 »Zur Erinnerung an das Vor-Parlament in Frankfurt a/M«**
Um 1848
Franz Heister (1813–1873)
Druck: J. B. Bauer u. Comp.
Lithografie; 54,2 × 37,8 cm
Frankfurt am Main, Historisches Museum C 5443

Die Delegierten des Vorparlaments waren am 31. März 1848 zunächst im Kaisersaal des Römers zusammengetreten. Nach der Wahl des Heidelberger Professors Karl Mittermaier zum Präsidenten zogen die Abgeordneten aus Platzgründen in die Paulskirche ein. Man beschloss, Wahlen für eine deutsche Nationalversammlung auszuschreiben, deren Aufgabe es sein sollte, eine Reichsverfassung auszuarbeiten. Die Mehrheit setzte sich für eine konstitutionelle Monarchie ein, eine starke Minderheit plädierte für eine demokratische Republik. Im Zentrum seines Erinnerungsblattes für das Vorparlament platzierte der Frankfurter Lithograf Franz Heister das von Philipp Veit gemalte Monumentaltransparent der Germania, das die Orgel der

Paulskirche auch schon zu jenem Zeitpunkt verdeckte, als das Vorparlament dort tagte. Eingerahmt wird Veits *Germania* von Darstellungen der mit Devisen geschmückten Ehrenpforten, die den Mitgliedern des Vorparlaments von der Bevölkerung Frankfurts errichtet worden waren.

**2/17 »Den am 30 & 31ten März 1848 in Frankfurt a/M versammelten Volksvertretern zu Ehren«**
Um 1848
V. E. Pichler
Lithografie; 21,9 × 28,3 cm
Frankfurt am Main, Historisches Museum
C 8558

Zum Empfang der Abgeordneten des Vorparlaments wurden die Straßen Frankfurts festlich geschmückt. Ehrenpforten mit schwarz-rot-goldenen Fahnen und Transparente mit Willkommensgrüßen wurden aufgestellt. Die Inschriften des hier dargestellten Triumphbogens auf der Allerheiligengasse entsprechen den Transparenten Nr. 28, 29, 30 der *Devisen der Transparente, welche bei der festlichen Illumination Frankfurts am 1. April 1848 zu Ehren der deutschen Volksmänner ausgestellt waren* (Siehe Kat. Nr. 2/15) Die Inschriften lauten:

»Den Gründern des freien deutschen Parlaments«
»Eintracht macht stark«
»Ein freies einiges Deutschland.«

(Abb. S. 183)

2/19

**2/18 Schwarz-rot-goldene Wahlurne**
Leutkirch, Mai 1848
Pappe beklebt mit Papier; 97 × 54 × 54 cm
Leutkirch im Allgäu, Museum im Bock

Auf Beschluss des Vorparlaments vom 3. April 1848 sollten allgemeine und gleiche Wahlen zu einer verfassunggebenden Nationalversammlung durchgeführt werden. Die Organisation der Wahlen wurde den einzelstaatlichen Regierungen überlassen. Die vage formulierte Vorschrift, dass nur »Selbständige« zur Wahl gehen dürften, führte zu erheblichen Unterschieden in der Gewährung der Wahlberechtigung. Auch die Vorgabe, dass sich die errechneten 585 Abgeordneten (ein Mandat pro 50.000 Bürgern) zum 1. Mai 1848 in Frankfurt am Main einfinden sollten, war illusorisch, da der Wahlbereich mit der Einbeziehung Schleswigs, Posens, Ost- und Westpreußens weitaus größer war als das Gebiet des Deutschen Bundes. Die Leutkirchner Wahlurne lässt sich anhand der Farben und der Siegelfragmente zeitlich einordnen. Die Siegelfragmente gehören zu den Siegeln des Stadtschultheißamts und des Stadtrats von Leutkirch. Die Stempel dazu wurden um 1820 angefertigt und waren vermutlich bis 1854 in Gebrauch. In dieser Zeit sind nur zwei Wahlen denkbar, zu denen eine schwarz-rot-goldene Urne passt: Die Wahlen zur deutschen Nationalversammlung und zum württembergischen Landtag, die beide im Mai 1848 stattfanden. Auf dem Urnendeckel befindet sich ein beweglicher Knauf, mit dem der Einwurfschlitz für die Wahlscheine geöffnet beziehungsweise verschlossen wurde. Die Urne selbst war während der Wahl versiegelt, sodass der Deckel nicht abgenommen werden konnte. (Abb. S. 36)

**2/19 Wahlurne**
Reutlingen, 1848/49
Weißblech; 50 × 44 × 34 cm
Reutlingen, Heimatmuseum Reutlingen

Zum ersten Mal wurde bei den Wahlen zur Nationalversammlung, so stand es im neuen Wahlgesetz, in »geheimer Wahl« gewählt. Die Wahlberechtigten der Stadt Reutlingen mussten »persönlich im Durchgange in eine Urne vor der Wahl-Commission im Rathssaale einen Stimmzettel legen«. Die aus Reutlingen stammende Wahlurne trägt zwar die Jahreszahl 1849, kam jedoch vermutlich bereits bei der Wahl zur deutschen Nationalversammlung im April 1848 zum Einsatz. Denn speziell für die Wahlen zur Nationalversammlung 1848 ließ die Reutlinger Wahlkommission drei neue Wahlurnen anfertigen und handelte sich bei der Auftragsvergabe die Kritik der zu kurz gekommenen Reutlinger Handwerker ein: Warum, so fragten sich die politisch Sensibilisierten, »wurden bei Herrn Stadtrath Adam Kurz alle drei Wahlurnen bestellt, während andere unbemittelte Flaschner nach Arbeit schmachten?« (»Flaschner« ist die zeitgenössische Bezeichnung für Handwerker, die aus Metall Flaschen und Gefäße fertigten.)

# DIE PAULSKIRCHENVERFASSUNG

## Die Nationalversammlung in der Paulskirche

**2/20** »Grund-Plan vom Innern der Pauls-Kirche, mit Angabe der Plätze sämmtlicher Mitglieder der deutschen National-Versammlung«
Frankfurt am Main, 1848
Verlag: Schmerbersche Buchhandlung
Druck: Carl Adelmann
Pappe, Papier; 52,1 × 68 cm
Berlin, Deutsches Historisches Museum: Do 95/55

Der Faltplan zur Nationalversammlung in der Paulskirche half den interessierten Zeitgenossen, den Aufbau des Parlaments zu verstehen und die Volksvertreter zu identifizieren. Eine in zehn Meter Höhe verlaufende, vier Meter breite Galerie verfügte 1848/49 über rund 1200, der Plenarsaal über 900 Sitzplätze. Die ansteigenden Bänke der Abgeordneten waren in dem quergelagerten Oval konzentrisch um den Präsidententisch mit der Rednerkanzel und in vier Blöcken angeordnet. Diese Anordnung entsprach weitgehend den politischen Gruppierungen, die durch gleiche politische Überzeugungen zusammengehalten wurden und sich regelmäßig in bestimmten Gasthäusern der Stadt trafen, deren Namen sie annahmen. So tagten die Rechten im Café Milani, die rechten und linken Liberalen im Casino, im Württemberger- und im Augsburger Hof sowie die Linken im Donnersberg und im Deutschen Hof. Jedem Deputierten ist auf dem Plan ein bestimmter Platz zugewiesen: Robert Blum hat Sitz Nr. 5, Friedrich Christoph Dahlmann Nr. 227 und Carl Theodor Welcker Nr. 122. Vor dem von Heinrich von Gagern besetzten Präsidium standen die Tische der Stenografen. Dahinter nahmen im Säulenumgang privilegierte Besucher – links die Damen, rechts die Herren – und Mitglieder des diplomatischen Corps Platz. Vor diesen drei Besuchergruppen saßen zwischen den Säulen die Journalisten. (Abb. S. 186/187)

### Die Paulskirchenabgeordneten

Das Interesse der Öffentlichkeit an Porträts der Abgeordneten der Nationalversammlung befriedigte das seit Oktober 1848 im Frankfurter Verlag Carl Jügel erscheinende *Album der deutschen National-Versammlung*. Mit Zeichnern wie Heinrich Hasselhorst und Philipp Winterwerb konnten zwei bekannte Städelschüler verpflichtet werden. Als Fotograf für die Vorlagen wurde Jacob Seib gewonnen. Dem *Album der deutschen National-Versammlung* lag meist ein Faltplan (siehe Kat. Nr. 2/20) mit den Sitzplätzen der Abgeordneten in der Paulskirche bei.
(Alle o. Abb.)

**2/21** Victor Franz Freiherr von Andrian-Werburg (1813–1858)
2. Vizepräsident der Nationalversammlung
(31.5.–31.7.1848)
Publizist, Abgeordneter der Provinz Niederösterreich, Casino-Fraktion, Pariser Hof
1849
Heinrich Hasselhorst (1825–1904)
Lithografie; 37,5 × 29,5 cm
Berlin, Deutscher Bundestag: 00074_02

**2/22** Ernst Moritz Arndt (1769–1860)
Professor für Geschichte, Abgeordneter der preußischen Provinz Rheinland, fraktionslos
1848
Philipp Winterwerb (1827–1873)
Lithografie; 37,5 × 29 cm
Berlin, Deutscher Bundestag: 00086_06

**2/23** Friedrich Daniel Bassermann (1811–1855)
Verleger, Abgeordneter des Königreichs Bayern, Casino-Fraktion
1848
Philipp Winterwerb (1827–1873)
Lithografie; 37,5 × 29 cm
Berlin, Deutscher Bundestag: 00086_09

**2/24** Friedrich Christoph Dahlmann (1785–1860)
Professor für Geschichte, Abgeordneter für das Herzogtum Holstein, Casino-Fraktion
1848/49
Philipp Winterwerb (1827–1873)
Lithografie; 37,5 × 28,5 cm
Berlin, Deutscher Bundestag: 00086_34

**2/25** Johann Hermann Detmold (1807–1856)
Advokat, Abgeordneter des Königreichs Hannover, Casino-Fraktion, Café Milani
1849
Philipp Winterwerb (1827–1873)
Lithografie; 23,5 × 16,5 cm
Berlin, Deutscher Bundestag: 00086_13

**2/26** Carl Ferdinand Julius Fröbel (1805–1893)
Publizist, Abgeordneter für das Fürstentum Reuß jüngere Linie, Donnersberg
1848
Philipp Winterwerb (1827–1873)
Lithografie; 23 × 17,5 cm
Berlin, Deutscher Bundestag: 00086_30

**2/27** Heinrich von Gagern (1799–1880)
Präsident der Nationalversammlung
(19.5.–15.12.1848)
Staatsminister, Abgeordneter des Großherzogtums Hessen-Darmstadt, Casino-Fraktion
1848
Heinrich Hasselhorst (1825–1904)
Lithografie; 37 × 29 cm
Berlin, Deutscher Bundestag: 00074_08

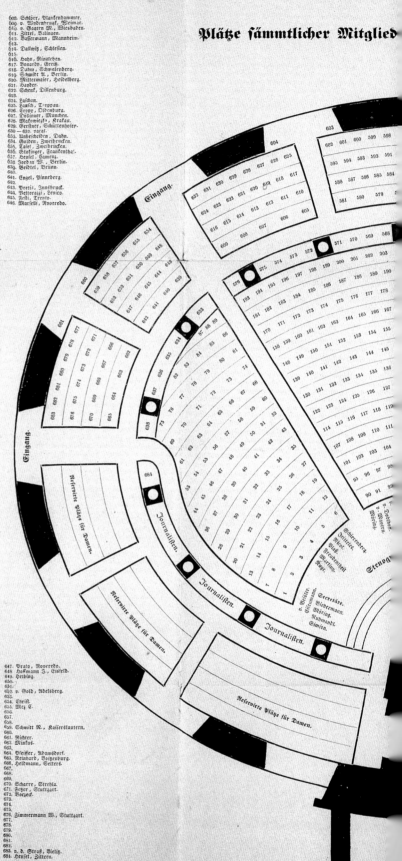

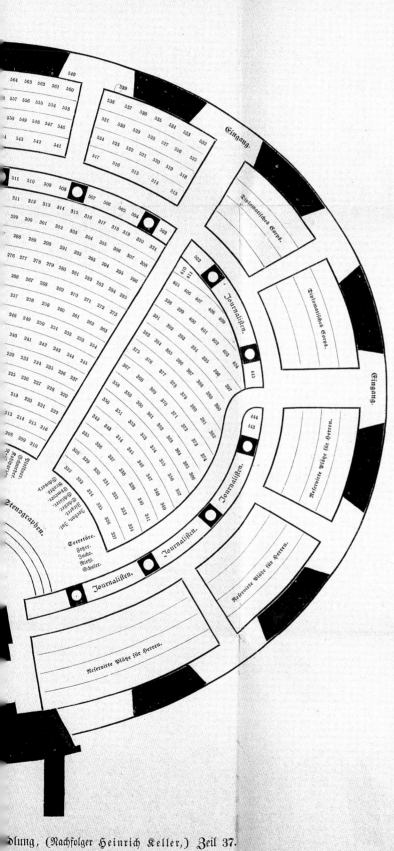

**Friedrich Christoph Dahlmann**

(Casino-Fraktion)
geb. 13. Mai 1785 in Wismar
gest. 5. Dezember 1860 in Bonn

**ab 1802** Studium der Altertumswissenschaften, Philosophie und Geschichte **1810/12** Promotion und Habilitation, Privatdozent für alte Literatur und ihre Geschichte in Kopenhagen **1813–1829** Außerordentlicher Professor für Geschichte in Kiel **1829–1837** Professor für Politik, Kameral- und Polizeiwissenschaft sowie deutsche Geschichte in Göttingen **1831–1833** Vertreter der Universität Göttingen im hannoverschen Landtag **1837** gehörte zu den »Göttinger Sieben«, die gegen die Aufhebung des hannoverschen *Staatsgrundgesetzes* protestierten, daraufhin Amtsenthebung und Landesverweis **1837–1842** Exil in Leipzig und Jena **1842–1860** Professor für Geschichte und Staatswissenschaften in Bonn **1848** Mitglied des Vorparlaments, Mitglied der Frankfurter Nationalversammlung für das Herzogtum Holstein, Casino-Fraktion, Mitglied des Verfassungsausschusses **1849–1850** Mitglied des Gothaer Nachparlaments und des Erfurter Unionsparlaments

9/2

**2/28 Jacob Ludwig Carl Grimm**
(1785–1863)
Privatgelehrter, Sprachforscher, Abgeordneter für die preußische Rheinprovinz, Casino-Fraktion
1848
Philipp Winterwerb (1827–1873)
Lithografie; 23 × 17 cm
Berlin, Deutscher Bundestag: 00086_35

**2/29 Johann Adam von Itzstein**
(1775–1855)
Gutsbesitzer, Abgeordneter des Großherzogtums Baden, Deutscher Hof
1848
Philipp Winterwerb (1827–1873)
Lithografie; 24 × 16,5 cm
Berlin, Deutscher Bundestag: 00086_36

**2/30 Felix Maria Vincenz Andreas Fürst von Lichnowsky** (1814–1848)
Grundbesitzer, Abgeordneter der österreichischen Provinz Schlesien, Casino-Fraktion
1848
Heinrich Hasselhorst (1825–1904)
Lithografie; 37,5 × 29,5 cm
Berlin, Deutscher Bundestag: 00074_05

**2/31 Karl Mathy** (1807–1868)
Staatsrat, Abgeordneter des Großherzogtums Baden, Casino-Fraktion
1848
Philipp Winterwerb (1827–1873)
Lithografie; 34,2 × 18 cm
Berlin, Deutscher Bundestag: 00086_12

**2/32 Karl Josef Anton Mittermaier**
(1787–1867)
Prof. Dr. jur., Geheimer Rat, Abgeordneter des Großherzogtums Baden, Württemberger Hof, Augsburger Hof
1848
Philipp Winterwerb (1827–1873)
Lithografie; 37,5 × 29 cm
Berlin, Deutscher Bundestag: 00086_07

**2/33 Jacob Ludwig Theodor Reh**
(1801–1868)
Präsident der Nationalversammlung
(12.5.–30.5.1849)
Advokat, Abgeordneter des Großherzogtums Hessen-Darmstadt, Deutscher Hof, Württemberger Hof, Westendhall
1849
Philipp Winterwerb (1827–1873)
Lithografie; 37,5 × 29 cm
Berlin, Deutscher Bundestag: 00086_19

**2/34 Anton Ritter von Schmerling**
(1805–1893)
Reichsministerpräsident und Außenminister (24.9.–15.12.1848)
Dr. jur., Abgeordneter der Provinz Niederösterreich, Casino-Fraktion, Pariser Hof
1848
Heinrich Hasselhorst (1825–1904)
Lithografie; 21,4 × 16,3 cm
Berlin, Deutscher Bundestag: 00074_07

**2/35 August Heinrich Simon**
(1805–1860)
Publizist, Abgeordneter der preußischen Provinz Sachsen, Deutscher Hof, Württemberger Hof, Westendhall
1849
Philipp Winterwerb (1827–1873)
Lithografie; 22 × 18,1 cm
Berlin, Deutscher Bundestag: 00086_28

**2/36 Ludwig Gerhard Gustav Simon**
(1810–1872)
Advokat, Abgeordneter der preußischen Rheinprovinz, Deutscher Hof, Donnersberg
1849
Philipp Winterwerb (1827–1873)
Lithografie; 22,8 × 18 cm
Berlin, Deutscher Bundestag: 00086_20

## DIE PAULSKIRCHENVERFASSUNG

**2/37 Eduard Martin Simson (1810–1899)**
Präsident der Nationalversammlung
(18.12.1848–11.5.1849)
Prof. Dr. jur., Tribunalrat, Abgeordneter
der Provinz Preußen, Casino-Fraktion
1848
Philipp Winterwerb (1827–1873)
Lithografie; 37,5 × 29 cm
Berlin, Deutscher Bundestag: 00086_01

**2/38 Johann Georg Alexander Freiherr von Soiron (1806–1855)**
Advokat, Abgeordneter des Großherzogtums Baden, Casino-Fraktion
1848
Heinrich Hasselhorst (1825–1904)
Lithografie; 37,5 × 29,5 cm
Berlin, Deutscher Bundestag: 00074_01

**2/39 Ludwig Uhland (1787–1862)**
Privatgelehrter, Schriftsteller,
Abgeordneter des Königreichs
Württemberg, fraktionslos
1849
Philipp Winterwerb (1827–1873)
Lithografie; 22,3 × 16,7 cm
Berlin, Deutscher Bundestag: 00086_21

**2/40 Jacob Venedey (1805–1871)**
Schriftsteller und Publizist, Abgeordneter
von Hessen-Homburg, Deutscher Hof,
Westendhall
Philipp Winterwerb (1827–1873)
Lithografie; 37,5 × 29 cm
Berlin, Deutscher Bundestag: 00086_05

**2/41 Carl Theodor Welcker (1790–1869)**
Prof. Dr. jur., Abgeordneter des
Großherzogtums Baden, Casino-Fraktion,
Pariser Hof
1848
Heinrich Hasselhorst (1825–1904)
Lithografie; 37,5 × 29,5 cm
Berlin, Deutscher Bundestag: 00074_03

**Carl Theodor Welcker**

(Casino-Fraktion, Pariser Hof)
geb. 29. März 1790 in Oberofleiden
gest. 10. März 1869 in Neuenheim bei Heidelberg

**1806–1811** Studium der Rechts- und Staatswissenschaften **1813** Promotion zum Dr. jur. und Privatdozent in Gießen **1814–1829** Professuren in Kiel, Heidelberg, Freiburg und Bonn **1831–1848** Führer der Opposition in der Zweiten Kammer des Badischen Landtags **1834–1843** Herausgeber des *Staatslexikons* zusammen mit Karl von Rotteck, Verbot der von Rotteck und Welcker herausgegebenen Zeitschrift *Der Freisinnige* führt zur Entlassung Welckers **1848** Mitglied des Vorparlaments, Mitglied der Nationalversammlung für das Großherzogtum Baden, Casino Fraktion, Pariser Hof, Mitglied des Verfassungsausschusses **1859** Mitbegründer des »Nationalvereins« **1863** Vorsitzender der »Deutschen Partei«

9/3

**2/42 Stimmzettel der Deutschen Nationalversammlung**
Frankfurt am Main, 1848
Druck auf Papier; 14 × 21,5 cm
Berlin, Deutsches Historisches Museum:
Do 54/1347.1–2

Die Nationalversammlung stimmte regelmäßig im Anschluss an die Debatten ab. Zunächst geschah dies durch Aufstehen beziehungsweise Sitzenbleiben, später durch namentliche Listen, die in den Sitzungsprotokollen veröffentlicht wurden. Da sich das Aufrufen der einzelnen Abgeordneten bei meist etwa 400 Anwesenden zu aufwendig gestaltete, wurden schließlich Stimmzettel gedruckt, die unterschrieben abzugeben waren. Bei dieser Variante konnte das Abstimmungsergebnis erst am Folgetag in den stenografischen Berichten nachgelesen werden. (o. Abb.)

**2/43 »Die deutsche National-Versammlung in der Paulskirche zu Frankfurt AM.«**
Nach 1848
Paul Bürde (1819–1874)
Lithograf: Eduard Meyer
Druck: Gebrüder Delius, Berlin
Kreidelithografie; 71,1 × 96 cm
Berlin, Deutsches Historisches Museum:
Gr 90/43

Die gewählten Abgeordneten der deutschen Nationalversammlung kamen erstmals am 18. Mai 1848 in der Frankfurter Paulskirche zusammen, um eine Verfassung für den deutschen Gesamtstaat zu schaffen. Die Paulskirche bot nicht nur den 587 Abgeordneten, sondern auch den zahlreichen Zuhörern ausreichend Platz. Allein auf der Galerie konnten 1200 Menschen untergebracht werden. Die meisten überlieferten Darstellungen zeigen den gesamten Innenraum, gefüllt mit Menschen als Staffagefiguren. Ganz anders das Blatt von Paul Bürde, auf dem nahezu 100 Personen im Halb- oder Dreiviertelporträt zu erkennen sind. Wie in einer Sitzungspause haben sich die Protagonisten locker gruppiert. Zu den markantesten Köpfen gehören die beiden Bartträger Robert Blum und Friedrich Ludwig Jahn, der eine in der Mitte und der andere links unterhalb des Podiums stehend. LK (Abb. S. 39)

### 2/44 »An das deutsche Volk«
Aufruf des Reichsverwesers Erzherzog Johann vom 15. 7. 1848
Dresden, 1848
Druck: Teubner'sche Officin
Druck auf Papier; 29 × 23 cm
Berlin, Deutsches Historisches Museum: Do 54/389

Auf Vorschlag Heinrich von Gagerns wurde am 29. Juni 1848 mit großer Mehrheit Erzherzog Johann von Österreich zum Reichsverweser gewählt. Er war damit Oberhaupt einer provisorischen Reichsregierung, die bis zum Inkrafttreten der auszuarbeitenden Reichsverfassung im Amt bleiben sollte. Wenige Tage nach seinem triumphalen Empfang in Frankfurt am 11. Juli 1848 wandte sich der Reichsverweser mit diesem Flugblatt an das deutsche Volk. Er äußerte sich darin optimistisch über das in Angriff genommene Verfassungswerk der Nationalversammlung und versprach »Freiheit voll und unverkürzt«. Deutlich wurde aber auch sein Wille, jedwede revolutionäre Aktion zu unterdrücken: »Aber vergesst nicht, dass die Freiheit nur unter dem Schirme der Ordnung und Gesetzlichkeit wurzelt. [...] Dem verbrecherischen Treiben und der Zügellosigkeit werde ich mit dem vollen Gewichte der Gesetze entgegentreten.«

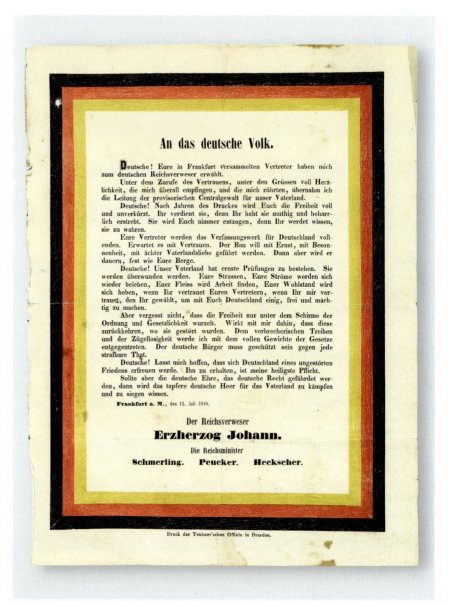

2/44

## DIE PAULSKIRCHENVERFASSUNG

**2/45** »Ene Constitution!
Ene Constitution!
En Königreich vor'ne Constitution!«
Satirisches Flugblatt
Berlin, 1848
Adalbert Cohnfeld (1809–1868)
Stecher: A. Uhlmann
Druck: Marquardt und Steinthal
Druck auf Papier; 48 × 33,1 cm
Berlin, Deutsches Historisches Museum:
Do 54/255

Der gemäßigte Demokrat und Arzt Dr. Adalbert Cohnfeld veröffentlichte unter dem Pseudonym »Aujust Buddelmeyer, Dages-Schriftsteller mit'n jroßen Bart« im Selbstverlag von Juli 1848 bis zum Frühjahr 1849 seine durch Verwendung des Berliner Dialekts volksnahen und zugleich nach mehreren Seiten hin belehrenden *Buddelmeyer-Blätter*. Die Beliebtheit dieser Blätter war so groß, dass sie zum Teil eine Auflagenhöhe von bis zu 10.000 Exemplaren erreichten. Die in zwangloser Folge herausgegebenen Flugschriften kommentierten in ironisch-distanzierter Form die Tagesereignisse. Zwar bezog sich Buddelmeier mit diesem satirischen Blatt auf die preußische Nationalversammlung, die von Mai bis September 1848 in Berlin im Gebäude der Sing-Akademie zu Berlin hinter der Neuen Wache (heute Maxim Gorki Theater) tagte, doch lassen sich seine »Weisheiten« durchaus auch auf die Nationalversammlung in der Paulskirche beziehen: »Is des Recht? Bedenken Sie doch man, dass wir von die Revolution sehre anjegriffen sind un ne jute kräftije Konstitution brauchen wie's liebe Brod, wenn wir nich jradewech an de Abzehrung sterben sollen.« (o. Abb.)

§ 152 Die Wissenschaft und ihre
Lehre ist frei.

*Verfassung des Deutschen Reiches*
vom 28. März 1849

2/47

2/46 »Drei deutsche Professoren entwerfen den Entwurf des Entwurfs für die Verfassung des deutschen Reichsheeres«
Karikatur auf die Umständlichkeit und Langwierigkeit der Verhandlungen der deutschen Nationalversammlung
1848
Alfons von Boddien (1802–1857)
Druck: Eduard Gustav May, Frankfurt am Main
Federlithografie; 18,7 × 28,5 cm
Berlin, Deutsches Historisches Museum: Do 65/1230.14

Drei Professoren – die Abgeordneten Beseler, Dahlmann und Gervinus – sitzen in Schlafröcken und Schlafmützen, die ihre Gesichter vollständig verdecken, an einem Tisch und arbeiten am »Entwurf des Entwurfs« der geplanten Verfassung. Zur Tür lugt Robert Blum herein. Das satirische Blatt des konservativen Rittmeisters Alfons von Boddien zielte auf den Ruf des Paulskirchenparlaments als ein weltfremdes »Professorenparlament«, obgleich lediglich 49 der insgesamt 830 Abgeordneten Professoren waren.
(Abb. S. 37)

2/47 »Das neue Lied vom deutschen Kaiser«
Karikatur auf die Debatte in der Nationalversammlung über die Kaiserfrage
1848/1849
Kreidelithografie, Federlithografie; 38,7 × 26,5 cm
Berlin, Deutsches Historisches Museum: Do 57/203

Das Blatt zeigt eine Bänkelsängerszene mit dem »Deutschen Michel« an der Drehorgel sowie der Germania mit Eichenkranz im Haar, in der Hand die »Deutschen Grundrechte«. Mit dem Zeigestock weist sie auf ein großes Schild in der Bildmitte, das stellvertretend

2/48

für die Vielzahl der deutschen Einzelstaaten die Farben zahlreicher Wappen zeigt. Zwischen Michel und Germania erscheinen zwei Wanderburschen: links Heinrich von Gagern, der Befürworter eines preußischen Erbkaisertums, und rechts der Wiener Anton Ritter von Schmerling, bekannt für seine kompromisslos großdeutsche Gesinnung, als Streiter für ein deutsches Kaisertum Franz Josephs I. von Österreich. Die Bänkelsänger stellen in ihrem Lied die Fürsten vor, die für die Kaiserwürde in Frage kommen. Ihrer Meinung nach ist jedoch keiner stark und mächtig genug; die Kaiserwürde gebühre allein der Volkssouveränität: »Die soll es sein allein – das ganze Volk soll Kaiser sein!« (Abb. S. 191)

# DIE PAULSKIRCHENVERFASSUNG

**2/48 »Neuerfundene Reichs-Parlaments-Dampf-Maschine«**
Karikatur auf drei Abgeordnete der Frankfurter Nationalversammlung
1848
Druck: J. E. Mittenzwey
Federlithografie; 26,5 × 24,3 cm
Berlin, Deutsches Historisches Museum: Do 65/1070

Die Politisierung breiter Bevölkerungsschichten während der Revolution von 1848 führte zu einer Flut von Petitionen und Adressen, die von der Nationalversammlung kaum zu bewältigen waren. Zur Lösung des Problems schlägt der Karikaturist den Aufbau einer Dampfmaschine und eine industrielle Arbeitsteilung zwischen den Volksvertretern vor: Der Radikale Wilhelm Michael Schaffrath überreicht dem Präsidenten der Nationalversammlung Heinrich von Gagern die Eingaben, die dieser als »Werkführer« in die von dem »Feuerschürer« Robert Blum kräftig angeheizte Maschine steckt, um sie »auf's schnellste und billigste durchhecheln und raffinieren« zu können.

**2/49 Schwarz-rot-gold eingefasste Herrenweste des letzten Präsidenten der Frankfurter Nationalversammlung, Theodor Reh**
Kariertes Leinen mit schwarz-rot-goldenen Streifen
1848
Leinen; 60 × 45 cm
Alsfeld, Geschichts- und Museumsverein Alsfeld: 19.43.91

Am 9. März 1848 hob der Deutsche Bund das Verbot der Farben Schwarz-Rot-Gold auf und erklärte die deutsche Trikolore zu den offiziellen Bundesfarben. Die Begeisterung für die Revolution manifestierte sich in einem wahren schwarz-rot-goldenen Farbenrausch. Es entstand eine politische Gesinnungsmode.

2/49

Schwarz, Rot und Gold als Symbol für Freiheit und nationale Einheit wurden zu einem Bestandteil der Kleidung. Die mit schwarz-rot-goldenen Streifen versehene Herrenweste gehörte Theodor Reh, dem letzten Präsidenten der Frankfurter Nationalversammlung. Reh stammte aus Darmstadt, wo er sich in der liberalen Freiheitsbewegung engagierte. Seine Tätigkeit in der politischen Opposition brachte ihm 1837 eine dreimonatige Untersuchungshaft und ein Strafverfahren ein, das fünf Jahre später jedoch mit einem Freispruch endete. In seiner Heimatstadt, wo er während dieser Zeit ein Mandat als Gemeinderat hatte, genoss er als gestandener Liberaler Anerkennung. Reh vertrat den Wahlkreis Offenbach als Abgeordneter in der Paulskirche und schloss sich der Fraktion der gemäßigten demokratischen Linken um Robert Blum an. In den letzten Wochen ihres Bestehens, vom 12. bis zum 30. Mai 1849, stand Reh an der Spitze der ersten deutschen Nationalversammlung.

**2/50 »Der politische Struwwelpeter. Ein Versuch zu Deutschlands Erneuerung.«**
1849
Henry Ritter (1816–1853)
Verlagsbuchhandlung Julius Buddeus
Druck auf Papier; 28,5 × 22 cm
Berlin, Deutsches Historisches Museum: RA 01/63

Die 1848/49 entstandene Bilderfolge *Politischer Struwwelpeter* gilt als das satirische Hauptwerk des Malers und Karikaturisten Henry Ritter, der als Mitherausgeber der *Düsseldorfer Monatshefte* die Revolution von 1848 mit seinen Karikaturen begleitet hat. Als unmittelbare Vorlage seiner Bild-Satire diente Ritter das drei Jahre zuvor erschienene Kinderbuch *Der Struwwelpeter* des Frankfurter Nervenarztes Heinrich Hoffmann. Auf der ersten Tafel wird der »politische« Struwwelpeter als siebenköpfiges Ungeheuer mit den Wappen der Bundesstaaten für die Kleinstaaterei vorgestellt. Die sieben Köpfe des Struwwelpeters stehen für die sieben politischen Kräfte, die aus der Sicht des Künstlers die Einheit Deutschlands verhindert haben: Lutheraner und Katholik (Preußen und Österreich), Wühler und Heuler (zeitgenössische Spottnamen für radikaldemokratische und konservative Kräfte), der schlafmützige »Deutsche Michel« sowie Royalist und Terrorist, der bezeichnenderweise eine Jakobinermütze trägt und die nach wie vor allgegenwärtige Phase des *Grande Terreur* während der Französischen Revolution verkörpert.
(Abb. S. 195)

## NATIONALE EINHEIT UND FREIHEIT

**2/51 »Grundrechte des Deutschen Volkes«**
Bekanntmachung vom 27. Dezember 1848
Frankfurt am Main, 1848
Papier, Druck; 64,2 x 48 cm
Berlin, Deutsches Historisches Museum:
Do 58/641

Am 3. Juli 1848 begann die Nationalversammlung mit der Beratung der Grundrechte, die schließlich am 27. Dezember als selbstständiges Gesetz verkündet wurden. Die Grundrechte waren damit *de jure* für das ganze Reichsgebiet gültig und gingen der Verabschiedung einer Reichsverfassung voraus. Die *Grundrechte des deutschen Volkes* sicherten die persönliche und politische Freiheit aller deutschen Staatsbürger und deren Gleichheit vor dem Gesetz ohne Rücksicht auf Unterschiede des Standes und der Konfession. Sie garantierten die Freiheit des Einzelnen vor staatlicher Willkür, gewährten Presse- und Meinungsfreiheit, Vereins- und Versammlungsfreiheit sowie Glaubens- und Gewissensfreiheit und das Recht auf Eigentum. Die Privilegien des Adels und alle ständisch-feudalen Rechte wurden abgeschafft und die volle staatsbürgerliche Gleichheit der Juden anerkannt. Frauen erhielten allerdings keine politischen Rechte und blieben von der aktiven Staatsbürgerschaft ausgeschlossen. (Abb. S. 41)

*Die deutsche verfassunggebende Nationalversammlung hat beschlossen, und verkündigt als Reichsverfassung: [...]*

Verfassung des Deutschen Reiches
vom 28. März 1849

**2/52 »Die Grundrechte des deutschen Volkes«**
Frankfurt am Main, 1848/49
Adolf Schrödter (1805–1875)
Druck: J. Lehnhardt, Mainz
Verlag: Carl Jügel, Frankfurt am Main
Lithografie, koloriert; 65 x 48 cm
Frankfurt am Main, Historisches Museum: C 964

Der zur Düsseldorfer Malerschule zählende Adolf Schrödter übernahm die Form der grafischen Darstellung der französischen Menschenrechtserklärung und ordnete den neun Artikel und 50 Paragrafen umfassenden Grundrechtskatalog auf zwei Schrifttafeln an. Zwischen diesen beiden an mosaische Gesetzestafeln erinnernden Textflächen erhebt sich eine Säule, auf der die mit einem Kranz aus Eichenlaub geschmückte Germania zu sehen ist. Sie wird begleitet von zwei weiblichen Allegorien: der Gerechtigkeit (Schwert und Waage) und der Freiheit (Freiheitsmütze). Germanias Ketten sind gesprengt, und sie tritt mit dem Fuß auf den besiegten Drachen des Despotismus. Die am rechten und linken Bildrand stehenden Allegorien verkörpern Stärke und Einheit. (Abb. S. 21)

**2/53 »Verfassung des deutschen Reiches«**
Mit den eigenhändigen Unterschriften der Abgeordneten der deutschen Nationalversammlung
Frankfurt am Main, 28.3.1849
Druck auf Pergamentpapier mit handschriftlichem Eintrag; 38 x 27 cm
Berlin, Deutsches Historisches Museum:
Do 54/92

Am 27. März 1849 nahm die Frankfurter Nationalversammlung die Verfassung des deutschen Reiches an und wählte einen Tag später den preußischen König Friedrich Wilhelm IV. zum Kaiser der Deutschen. Der Kompromiss zwischen liberalen und republikanischen Kräften lag darin, dass man sich auf ein konstitutionelles System mit erblichem, monarchischem Oberhaupt geeinigt hatte, gleichzeitig aber ein aus gesamtdeutschen, demokratischen Wahlen hervorgehendes Parlament mit einem föderativ organisierten Staatenhaus den Reichstag bilden sollte. Der bereits im Vorjahr verabschiedete Grundrechtekatalog wurde in die Verfassung integriert und garantierte die individuellen und staatsbürgerlichen Freiheiten. Mit der Auflösung des nach Stuttgart geflohenen Rumpfparlaments und der Niederschlagung der »Reichsverfassungskampagne« begann das abenteuerliche Schicksal der von 405 Abgeordneten unterschriebenen Urkunde. Der Frankfurter Abgeordnete Friedrich Siegmund Jucho, der am letzten Frankfurter Sitzungstag die Vollmacht erhalten hatte, alle Urkunden, Akten und Schriftstücke der Nationalversammlung aufzubewahren, überführte die Verfassungsurkunde in den Safe einer Bank in Manchester. 1870 wurde sie von Jucho dem Reichstag des Norddeutschen Bundes ausgehändigt, dem Vorläufer des Deutschen Reichstags. Das Reichsarchiv, wohin die Urkunde nach dem Reichstagsbrand von 1933 gelangt war, lagerte sie zusammen mit anderen wertvollen Dokumenten in das Kaliwerk Straßfurt aus. Wie sie nach Potsdam kam, wo sie 1951 gefunden wurde, ist unklar. (Abb. S. 35)

*§ 126 Zur Zuständigkeit des Reichsgerichts gehören: [...]*
*g) Klagen deutscher Staatsbürger wegen Verletzung der durch die Reichsverfassung ihnen gewährten Rechte.*

Verfassung des Deutschen Reiches
vom 28. März 1849

# I. Der politische Struwwelpeter.

Sieh einmal, hier steht er,
Der deutsche Struwwelpeter,
Viele Köpfe hat er,
Manche Unart that er.
Theils ist er guter Royalist,
Theils mäßig und theils Terrorist.
Bald ist er Preuß' bald Oestreich's Kind,
Bald luther'sch und bald röm'sch gesinnt;

Bald ist er Wühler, Heuler bald,
Er trägt ein Röcklein morsch und alt,
Mit sechs und dreißig Flicken
Bedeckt's ihm kaum den Rücken.
Wenn er den Rock nicht wechseln thut,
Ergeht es nimmermehr ihm gut,
Es ruft sodann ein Jeder,
Pfui, garst'ger Struwwelpeter!

# Die »Reichsverfassungskampagne«

§ 68 Die Würde des Reichsoberhauptes wird einem der regierenden deutschen Fürsten übertragen.

*Verfassung des Deutschen Reiches* vom 28. März 1849

**2/54 »An mein Volk!«**
Bekanntmachung von König Friedrich Wilhelm IV. von Preußen über die Ablehnung der Kaiserkrone
Charlottenburg, 15.5.1849
Druck: Trowitzsch und Sohn
Buchdruck; 36,5 × 39 cm
Berlin, Deutsches Historisches Museum:
Do 55/1250.2

In dem auch vom preußischen Ministerpräsidenten Friedrich Wilhelm Graf von Brandenburg unterzeichneten Maueranschlag begründete Friedrich Wilhelm IV. die Ablehnung der ihm von der Frankfurter Nationalversammlung angetragenen Kaiserkrone damit, dass die Zustimmung der Regierungen gefehlt habe. Zugleich rechtfertigte er sein militärisches Vorgehen gegen die Aufstände in Sachsen, Baden und Elberfeld: »Es gilt, Deutschlands Einheit zu gründen, seine Freiheit zu schützen vor der Schreckensherrschaft einer Partei, welche Gesittung, Ehre und Treue ihren Leidenschaften opfern will, einer Partei, welcher es gelungen ist, ein Netz der Bethörung und des Irrwahns über einen Theil des Volkes zu werfen.« (o. Abb.)

**2/55 Reliefmedaillon mit den Bildnissen des preußischen Königspaares Friedrich Wilhelm IV. und Elisabeth**
1856, bez.: C. Möller 1856
Carl Heinrich Möller (1802–1882)
Marmor; 56,5 × 44 × 6,8 cm
Berlin, Deutsches Historisches Museum:
Pl 2000/21

2/55

Als Friedrich Wilhelm IV., geschmückt mit einer schwarz-rot-goldenen Armbinde, am 21. März 1848 einen demonstrativen Ausritt durch die Straßen Berlins unternahm, wurde er zum Hoffnungsträger der nationalen Bewegung. Zudem verkündete er am selben Tag, dass Preußen fortan in Deutschland aufgehe. Mit dem Erlass einer Verfassung am 5. Dezember 1848, durch die Preußen zu einer konstitutionellen Monarchie wurde, kam der König auch den liberalen Erwartungen entgegen. Alle in ihn gesetzten Hoffnungen hinsichtlich der nationalen Einheit Deutschlands machte er dann allerdings zunichte, als er im April 1849 die ihm von der Frankfurter Nationalversammlung angetragene Kaiserwürde ausschlug. Das Medaillon mit dem Königspaar zeigt auf der Rückseite eine kniende Borussia, kenntlich gemacht durch einen preußischen Adler auf der Brust ihres Kettenhemdes, einen zweiten Adler als Bekrönung ihrer Kopfbedeckung und einen dritten Adler als Assistenzfigur im Hintergrund. In der Linken hält Borussia einen Lorbeerkranz. Auf dem Schild in ihrer Rechten mit den Namen des Königs und der Königin liegt die preußische Krone. Nachdem Friedrich Wilhelm IV. 1849 die deutsche Kaiserkrone abgelehnt hatte, glorifiziert die Bildhauerarbeit Möllers die »gerettete« Unabhängigkeit des preußischen Staates. **L K**

**2/56 »Aufruhr in Sachsen für die Anerkennung der Reichs-Verfassung«**
Extrablatt der *Demokratischen Zeitung*
Berlin, Mai 1849
Druck: Carl Schultze
Druck auf Papier; 35,7 × 25,2 cm
Berlin, Deutsches Historisches Museum:
Do 2000/91

Nach der Absage des preußischen Königs kam es überall in Deutschland zu Volksversammlungen und zur Formulierung von Adressen an die Nationalversammlung, in denen die

# Extra-Blatt.
## Neue Ausgabe.
# Aufruhr in Sachsen
## für die
# Anerkennung der Reichs-Verfassung.

Ganz Sachsen ist in furchtbarer Gährung. Das Volk fordert die Anerkennung der Deutschen Reichsverfassung.

Am 30. April faßte eine vom demokratischen Vaterlandsvereine zusammenberufene Volksversammlung in Leipzig folgende Beschlüsse: Da die Kammern erklärt haben, daß die Minister ihr Vertrauen nicht besitzen und da die Regierung die Kammern aufgelöst hat, trotz des Beschlusses der National-Versammlung, daß sie Kammern derjenigen Staaten, welche sich über die Annahme der Reichsversammlung noch nicht erklärt haben, nicht aufgelöst werden sollen, so ist der König anzugehn, die derzeitigen Minister sofort zu entlassen.

In Dresden wurde am 2. Mai von dem Stadtrath eine Adresse an den König wegen Aenderung der Reichs-Verfassung einstimmig angenommen. Eine gleiche Adresse wurde von den Stadtverordneten angenommen, und ein zweiter Beschluß derselben ging dahin, die Bürgerwehr durch den Stadtrath aufzufordern, daß sie alle Kräfte aufbiete, um die Reichs-Verfassung zu schützen. Am 3. Mai wurde diese Adresse des Stadtraths und der Stadtverordneten dem Könige durch eine Deputation überreicht. Die Antwort aber war: die bestimmte Ablehnung, die Reichs-Verfassung anzuerkennen. Geh.-R. Dr. Zschinski hat die Bildung eines neues Ministeriums übernommen, das zur Zeit aus v. Beust, Rabenhorst und Behr besteht. Der Reichs-Commissar v. Matzdorf ist von Dresden nach Weimar zurückgereist, da er seine Mission für beendigt hielt. Diese Antwort hat die Bewohner Sachsens indessen nicht entmuthigt. Aus allen Provinzialstädten langen Deputationen über Deputationen an, und die Dresdner Communalgarde hat sich einstimmig für die Anerkennung der Reichs-Verfassung ausgesprochen und beschlossen, trotz der ablehnenden Antwort des Königs am 4. Mai in Parade auszurücken und der deutschen Verfassung Treue zu geloben.

So weit reichen die Zeitungsnachrichten, von glaubwürdigen Reisenden, welche heute Mittag hier eingetroffen sind, wird uns sodann Folgendes mitgetheilt:

Am 3. Mai bekam gegen Abend ein Theil der Garnison in Dresden Befehl zum Ausrücken. Die Soldaten verweigerten jedoch den Gehorsam. Darauf wurde eine Depesche abgesandt, um die Jäger aus Leipzig zu requiriren. Als das Volk von Leipzig dies erfuhr, umzingelte es die Truppen und erklärte, daß es sie nicht werde ziehen lassen. Die Soldaten gaben dem Volke darauf die Versicherung, daß sie selbst gesonnen seien, nicht auszurücken. Um dessen aber ganz gewiß zu sein, hob das Volk die Eisenbahnschienen aus, und der Verkehr mit Dresden ist dadurch augenblicklich gehemmt worden.

### Neueste Nachricht.

Dresden soll voller Barrikaden sein, doch sind sie nutzlos, da augenblicklich kein Feind vorhanden zu sein scheint; aus dem Zeughause aber soll mehrfach geschossen worden sein, wobei circa 20 Personen getödtet und verwundet wurden.

Druck von C. Schultze, Breitestr. 30.   Zu haben bei S. Löwenherz, Mohrenstr. 39.

---

Täglich Abends erscheint bei S. Löwenherz, Mohrenstraße 39.

# die demokratische Zeitung

mit den neuesten Nachrichten von den Kriegsschauplätzen in Ungarn und Schleswig-Holstein, worauf Abonnements, monatlich 10 Sgr., angenommen werden, einzelne Nummern 1 Sgr.

Durchsetzung der Reichsverfassung gefordert wurde. Treibende Kraft dieser Bewegung waren die zahlreichen demokratischen Vereine: »Ganz Sachsen ist in furchtbarer Gährung. Das Volk fordert die Anerkennung der Deutschen Reichsverfassung«, schrieb die *Demokratische Zeitung* in einem Extrablatt. An eben jenem Tag, da das Frankfurter Parlament in hartnäckiger Verkennung der Realität erklärt hatte, dass die Würde des Reichsoberhaupts nach Anerkennung der Verfassung durch Preußen »von selbst« auf den preußischen König übergehen würde, setzte dieser Truppen nach Dresden in Marsch. Der vom 3. bis 9. Mai andauernde Dresdner Maiaufstand hatte begonnen.

### 2/57 »Sachsen!«
Aufruf der provisorischen Regierung, für die deutsche Freiheit zu kämpfen
Dresden, 4.5.1849
Druck auf Papier; 26,5 × 43 cm
Berlin, Deutsches Historisches Museum: Do 55/6

Am frühen Morgen des 4. Mai 1849 war der sächsische König, der die Annahme der Reichsverfassung verweigert hatte, vor den Unruhen aus Dresden geflohen. In einem Aufruf stellte sich die durch Mitglieder der aufgelösten Zweiten Kammer berufene provisorische Regierung, bestehend aus den Anwälten Samuel Tzschirner, Otto Heubner und dem Bürgermeister und Blum-Freund Karl Gotthelf Todt, der Bevölkerung vor. Sie wurde von 24 Städten anerkannt. Der Versuch jedoch, die Truppen zum Gehorsam gegenüber den Befehlen der provisorischen Regierung zu verpflichten, scheiterte. »An euch ist es«, so hieß es im Aufruf, »Deutschland einig, frei zu machen.« Tags darauf verbündete sich das sächsische Militär mit den zur Niederschlagung des Aufstandes einrückenden Preußen. (o. Abb.)

2/60

# DIE PAULSKIRCHENVERFASSUNG

**2/58 »Der Kampf beginnt«**
Aufforderung der provisorischen Regierung Sachsens an die Mannschaften Dresdens, sich einer »Mobilcolonne« anzuschließen
Dresden, 5.5.1849
Druck auf Papier; 26,6 × 39,9 cm
Berlin, Deutsches Historisches Museum: Do 91/50

**2/59 »Dringender Aufruf«**
Aufruf des leitenden Ausschusses zu Zittau zum Beistand des Kampfes der Dresdner
Zittau, 6.5.1849
Druck auf Papier; 22,5 × 37,5 cm
Berlin, Deutsches Historisches Museum: Do 55/188

**2/60 »Freiheit oder Tod«**
Fahne der »Freiwilligen Compagnie«
Reutlingen, Mai 1849
Seide; H 182 × B 210, L 271,5 cm
Reutlingen, Heimatmuseum
Reutlingen: 1518

Nach der Ablehnung der Reichsverfassung durch Preußen drängten auch die süddeutschen Volksvereine und demokratischen Zirkel zum Kampf. Schon am 5. Mai 1849 gründete sich ein Reutlinger Freikorps, für das sich innerhalb weniger Tage über 200 Männer zum freiwilligen Dienst meldeten, ausschließlich einfache Handwerksgesellen, Arbeiter oder Weingärtner. Was die Reutlinger so beflügelte, war die Chance, ihr eigentliches Ziel, die Republik, doch noch durchzusetzen. »Am verflossenen Pfingstmontag wurde der hiesigen freiwilligen Compagnie von einer Anzahl Jungfrauen eine sehr schöne Fahne überreicht. Die schwarz-rot-goldne Fahne hat auf der einen Seite einen Todtenkopf mit der Umschrift ›Freiheit oder Tod‹ auf der anderen Seite zwei übereinander liegende Sensen mit der Umschrift ›Deutschland über Alles‹. Eine der Jungfrauen übergab sie mit den Worten: ›Jünglinge! Wir weihen Euch diese Fahne,

2/58

2/59

empfangt sie als Pfand unserer Freiheitsliebe aus unseren Händen, bleibet einander treu im Kampfe für Freiheit und Gerechtigkeit. Unsere Liebe gebe Euch Muth zur Ausdauer, dann ist der Sieg Euer Lohn‹«, schrieb der *Reutlinger Courier* am 1. Juni 1849. Die Genehmigung zur Führung einer eigenen Fahne erhielt die »Freiwillige Compagnie« erst drei Tage später – und auch dann nur bei »außerordentlichen Gelegenheiten.« Ob die Fahne auch von den nach Baden ziehenden Freischärlern mitgenommen wurde, ist ungeklärt. Nach der Auflösung der Kompanie wurde die Fahne zunächst von der Bürgerwehr in Verwahrung genommen, bis sie später in den Besitz des Reutlinger Turnvereins überging. Ebenso ungeklärt ist die von der eigentlichen Farbfolge abweichende Farbkombination.

**Stangenwaffen badischer Aufständischer**

Das Großherzogtum Baden unterhielt als Beitrag zum Heer des Deutschen Bundes eine Armee von 10.000 Mann. Im Zuge der durch die Nationalversammlung erlassenen *Bundeskriegsverfassung* von 1849 wurden disziplinarische Reformen in Gang gesetzt, die Prügelstrafe abgeschafft, eine allgemeine Bürgerwehr eingerichtet und die gesamte Armee auf die Verfassung vereidigt. Überdies war im Rahmen der Heeresvermehrung, mit der die Entwicklung zu einem Volksheer eingeleitet werden sollte, eine große Zahl eher unruhiger und rebellisch eingestellter Soldaten rekrutiert worden. Vor diesem Hintergrund überraschte es nicht, dass die badische Armee nach Ablehnung der Reichsverfassung durch Preußen nahezu geschlossen zu den Aufständischen überlief. An Ausrüstung fehlte es zunächst nicht, da den Aufständischen mit der Festung Rastatt Waffen, Munition und Uniformen, ja sogar Geschütze in großer Zahl in die Hände gefallen waren. Als die durch Freiwilligenverbände verstärkten Heerscharen insgesamt fast 50.000 Bewaffnete umfassten, musste indessen auch auf provisorische Stangenwaffen, oft schnell aus umgearbeiteten Arbeitsgeräten hergestellt,

2/61

zurückgegriffen werden. Doch nicht die Ausrüstung, sondern vielmehr der Mangel an geeigneter Führung und Disziplin wurde zum Problem. Denn nahezu das gesamte Offizierskorps war dem Großherzog treu geblieben und konnte nur zum Teil durch altgediente Unteroffiziere ersetzt werden. Trotz großer Anfangserfolge konnte die Revolutionsstreitmacht den professionellen Soldaten aus Preußen, Bayern und Hessen in einer Gesamtstärke von rund 70.000 Mann nicht standhalten. Nach der Schlacht von Waghäusel am 20. Juni 1849, die von den Aufständischen zwar gegen einen weit überlegenen Feind gewonnen, aber nicht taktisch genutzt werden konnte, gerieten sie endgültig in die Defensive. Reste der Armee zogen sich in die Schweiz zurück. Drei Wochen später kapitulierte die Festung Rastatt. Baden und der gesamte deutsche Südwesten waren fortan der Gewalt des Prinzen Wilhelm von Preußen ausgeliefert. In Baden wurde eine preußische Besatzung stationiert, die badische Armee nach preußischem Vorbild reorganisiert. S L

**2/61 Morgenstern mit Kettenschlagkopf**
1844/1848
Holz, Eisen; L 147 cm, D 6 cm
Berlin, Deutsches Historisches Museum: W 72/85 (Abb. S. 199)

**2/62 Sturmsense**
1844/1848
Holz, Eisen; B 7 × L 211 cm, D 4 cm
Berlin, Deutsches Historisches Museum: W 72/77 (o. Abb.)

**2/63 Kriegssense**
1844/1848
Holz, Eisen; B 8,9 × L 223 cm, D 3 cm
Berlin, Deutsches Historisches Museum: W 72/76 (o. Abb.)

**2/64 Haumesser**
1844/1848
Holz, Eisen; B 10,5 × L 125, D 7 cm
Berlin, Deutsches Historisches Museum: W 72/84

**2/65 Helm für Mannschaften der Infanterie, Großherzogtum Baden, Modell 1849**
Großherzogtum Baden, 1849
Leder, Messing; 26 × 19 × 29,5 cm
Berlin, Deutsches Historisches Museum: U 2006/8

»Deutsche Krieger! Wendet Eure Waffen nicht gegen Eure Brüder, sondern kämpft für die heilige Sache der ganzen Nation.« Solche zahlreich verbreiteten Aufrufe, die an die Soldaten appellierten, sich nicht zu »Polizeibütteln« machen zu lassen, sondern dafür zu kämpfen, »selbst freie Männer zu werden«, begannen Anfang Mai in Baden zu fruchten. In den Garnisonsstädten kam es zu Diskussionen und ersten Verbrüderungen zwischen Soldaten der Linie und den Bürgerwehren. Am 12. Mai 1849 war die Festung Rastatt fest in der Hand aufständischer Soldaten. Nahezu geschlossen ging das badische Militär zur Revolution über. Dieser in der Geschichte der Revolution von 1848/49 einzigartige Vorgang veranlasste den preußischen Kriegsminister nach der Niederschlagung des Aufstandes zu der Forderung, die badische Armee komplett aufzulösen und unter preußischem Einfluss neu zu organisieren, denn man könne »keinen deutschen Truppen zumuten, künftig mit Truppen in einer Reihe zu fechten, die die Erinnerung eines in der Geschichte beispiellosen Verrats an sich tragen«.

2/64

**2/66 Helm für Offiziere der preußischen Linien-Infanterieregimenter (sogenannte Pickelhaube) Modell 1842**
Tragweise mit schwarz-rot-goldener Seidenkokarde vom 21. März 1848 bis 14. März 1851
Preußen, 1848
Leder, feuervergoldetes Messing; 36 × 22 × 29,5 cm
Berlin, Deutsches Historisches Museum: U 63/246

Im Rahmen der Bekleidungsreform in der preußischen Armee wurde 1842 der lederne »Helm mit Spitze« eingeführt, im Volksmund »Pickelhaube« genannt. Er löste den bis dahin üblichen Tschako ab. Durch das metallene Kreuzblatt und die aufgesetzte Metallspitze erreichte man eine Verstärkung des Scheitels und damit einen wirksameren Schutz gegen Hiebe von Blankwaffen. Vorder- und Hinterschirm halfen, Sonnenstrahlen und Regenwasser abzuweisen. Durchgängig trat ein Adler als Zierrat auf dem Helm in Erscheinung, an dessen unterschiedlich gespreizten Flügeln man Garde und Linie unterscheiden konnte. Von 1848 bis 1851 kam zu der rechts am Helm angebrachten preußischen Kokarde in Schwarz und Weiß auf der linken Seite die schwarz-rot-goldene Kokarde hinzu. Obwohl die »Pickelhaube« auch in anderen Armeen rasche Verbreitung fand, wurde sie zum einprägsamen Merkmal für das preußische Militär und zum Sinnbild der Reaktion. Mit solchen Pickelhauben waren auch die vom »Kartätschenprinzen« Prinz Wilhelm – dem späteren Kaiser Wilhelm I. – angeführten preußischen Einheiten ausgestattet, die gemeinsam mit einer unter dem Kommando Eduard von Peuckers stehenden Reichsarmee in Baden einfielen. Obwohl es den von Ludwik Mieroslawski, einem immigrierten polnischen Offizier, intelligent geführ-

2/65

2/66

ten badischen Truppen gelang, den Vormarsch der Interventionstruppen zu verzögern, blieb die militärische Situation hoffnungslos.

**2/67 »Der deutsche Reichsverfassungsentwurf, vereinbart zwischen Preußen, Sachsen und Hannover«**
Abdruck der *Darmstädter Zeitung*
Darmstadt, 6.6.1849
Druck auf Papier; 33 × 23,5 cm
Berlin, Deutsches Historisches Museum: Do 2002/11

Am 26. Mai 1849 gelang es Joseph von Radowitz, dem ehemaligen preußischen Gesandten beim Deutschen Bund und Paulskirchenabgeordneten, ein Dreikönigsbündnis mit Hannover und Sachsen auszuhandeln. Es sollte das Herzstück der »Union«, eines preußisch geführten Bundesstaats, bilden. Die Unionsverfassung lehnte sich an die gleichzeitig so kompromisslos bekämpfte Reichsverfassung an. Allerdings sollte das Reichsoberhaupt über ein absolutes Veto verfügen, die Fürsten direkt an der Gesetzgebung beteiligt und das Wahlrecht – wie inzwischen auch in Preußen – durch ein Dreiklassenwahlrecht qualifiziert werden. Der Aussicht, die deutsche Einheit unter preußischer Führung doch noch zustande zu bringen, konnten viele nicht widerstehen. Auf einer Versammlung in Gotha im Juni 1849 schwenkten 150 liberale Paulskirchenabgeordnete auf die preußische Linie ein. Die Radikalen boykottierten den Unionsreichstag, der im März 1850 in Erfurt tagte. Der preußische Plan, der Deutschland an den Rand des Bürgerkriegs brachte, scheiterte jedoch letztlich an der Gegnerschaft des österreichischen Kaiserstaats. (o. Abb.)

# Einheit – auch Freiheit?
## Die Verfassungen von 1867 und 1871

**3**

# DIE VERFASSUNGEN VON 1867 UND 1871

Am 24. September 1862 wurde Otto von Bismarck zum preußischen Ministerpräsidenten ernannt. Mit ihm betrat ein Mann die nationale und internationale politische Bühne, dessen Hauptziel darin bestand, Preußens hegemoniale Stellung in Deutschland zu erweitern und zu festigen. Bereits kurz nach seinem Machtantritt hatte er in einer Rede vor dem preußischen Abgeordnetenhaus und zum Schrecken der Liberalen verdeutlicht, was er von Volksvertretungen hielt: »Nicht durch Reden und Majoritätsbeschlüsse werden die großen Fragen der Zeit entschieden – das ist der große Fehler von 1848 und 1849 gewesen – sondern durch Eisen und Blut.«

In drei »Einigungskriegen« wurde die von Bismarck vorgegebene Losung von »Eisen und Blut« umgesetzt. Der zweite dieser Kriege, der zwischen Preußen und Österreich, wird auch der »Deutsche Krieg« genannt, weil er vom siegreichen Preußen und dessen Verbündeten gegen den Deutschen Bund unter Führung seiner nach wie vor amtierenden Präsidialmacht Österreich ausgetragen wurde. In wie starkem Maße auch in diesem Krieg die alte und durch die Märzrevolution von 1848 nur nochmals angeheizte Gegnerschaft der süddeutschen Staaten, die auf österreichischer Seite kämpften, gegenüber der antiliberalen Vormacht Preußens lebendig war, zeigte sich daran, dass die Soldaten dieser Staaten schwarz-rot-goldene Armbinden trugen.

Der den Krieg beendende Prager Friedensvertrag vom 23. August 1866 setzte den Schlussstrich unter die Territorialfrage, über die in der Nationalversammlung der Paulskirche noch lange Debatten geführt worden waren: Österreich und seine süddeutschen Verbündeten mussten der Auflösung des Deutschen Bundes und einer Neuordnung Deutschlands unter preußischer Führung zustimmen. Die Befürworter der kleindeutschen Lösung hatten gesiegt. An die Stelle des Deutschen Bundes trat zunächst der »Norddeutsche Bund« – eine Vereinigung der norddeutschen Staaten unter preußischer Hegemonie.

Der Reichstag des Norddeutschen Bundes verabschiedete am 16. April 1867 eine Verfassung, die zentralistische mit föderativen Elementen verband. In Anknüpfung an den alten Bundestag übernahm der Bundesrat die Funktion als Zentralbehörde. Das Bundespräsidium stand erblich dem König von Preußen zu. Der Bundeskanzler war nur ihm gegenüber verantwortlich, das heißt, nicht vom gewählten Reichstag abhängig. Die Mitglieder des Reichstags gingen aus allgemeinen, gleichen, direkten und geheimen Wahlen hervor. Der Reichstag war auf die Legislative beschränkt und übte gemeinsam mit dem Bundesrat die Bundesgesetzgebung aus. Grundrechte fehlten in der Verfassung des Norddeutschen Bundes.

Mit der Reichsgründung von 1871 wurde schließlich die schon von der Paulskirchenversammlung angestrebte kleindeutsche Lösung ohne Österreich endgültig verwirklicht. Die am 16. April 1871 verabschiedete Verfassung des Deutschen Reiches glich inhaltlich weitgehend der Verfassung des Norddeutschen Bundes. Gemeinsames Organ der Mitgliedstaaten war der Bundesrat, in dem insgesamt 58 Vertreter der Fürsten und Freien Städte zusammenkamen. Die Stimmverteilung bemaß sich nach der Flächengröße des jeweiligen Landes, nicht nach der Bevölkerungszahl. Preußen verfügte mit 17 Stimmen lediglich über eine Sperrminorität bei Verfassungsänderungen und Militärangelegenheiten. Die Gesetzgebung übte der Bundesrat gemeinsam mit dem Reichstag aus. Die zunächst 382 Reichstagsabgeordneten wurden durch allgemeine, direkte, geheime und gleiche Wahlen bestimmt. 1873 erhöhte sich die Zahl der Abgeordneten durch die Einbeziehung der 15 Wahlkreise aus Elsass-Lothringen auf 397.

Das Präsidium des Bundes stand dem König von Preußen zu, der den Titel »Deutscher Kaiser« führte und das Deutsche Reich auch völkerrechtlich vertrat. Er hatte das Recht zur Einberufung, Eröffnung, Vertagung und Schließung des Reichstags und ernannte den Reichskanzler, der in der Regel auch preußischer Ministerpräsident war sowie als Verantwortlicher der Staatsgeschäfte den Vorsitz im Bundesrat führte. Reichskanzler und Reichsbeamte waren ausschließlich dem Kaiser verpflichtet. Ein Katalog der Grundrechte, wie in der Frankfurter Reichsverfassung von 1849, war nicht Bestandteil der Verfassung des Deutschen Reichs. Reichsgesetze legten später einzelne Freiheitsrechte fest, etwa 1874 das *Reichspressegesetz*, das die Presse- und Meinungsfreiheit proklamierte und 1908 das *Reichsvereinsgesetz*, mit dem das Vereinsrecht national vereinheitlicht wurde.

Das deutsche Kaiserreich »funktionierte« als nationaler Verfassungsstaat erstaunlich gut. Die der Verfassung eigene, prinzipielle Unfähigkeit zur Reform begann allerdings während des Ersten Weltkriegs in aller Deutlichkeit zutage zu treten. Erst 1919 konnten mit der Weimarer Reichsverfassung – jedenfalls ihrem Anspruch nach – Einheit *und* Freiheit in Deutschland verwirklicht werden.

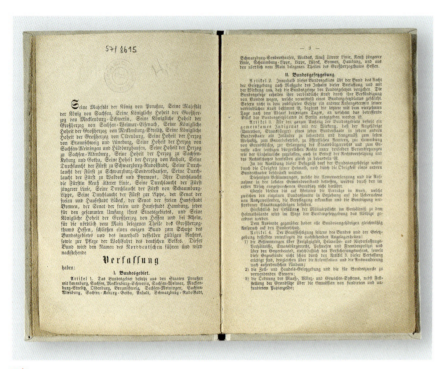

3/2

**3/1 Otto von Bismarck**
**(1815–1898)**
1886, bez.: FÜRST BISMARCK,
KANZLER DES DEUTSCHEN REICHES
Reinhold Begas (1831–1911)
Zink; H 46 cm
Berlin, Deutsches Historisches Museum:
K 54/622

Nachdem der Konstituierende Reichstag am 16. April 1867 den Verfassungsentwurf des Norddeutschen Bundes angenommen hatte, berief Wilhelm I. am 14. Juli 1867 seinen bisherigen Ministerpräsidenten Otto von Bismarck zum Kanzler des Norddeutschen Bundes. Vier Jahre darauf, nach der Ausrufung Wilhelms I. zum Deutschen Kaiser und der Gründung des Deutschen Reiches, erfolgte am 21. März 1871 Bismarcks Ernennung zum Reichskanzler, verbunden mit der Erhebung in den erblichen Fürstenstand. Wohl anlässlich des 70. Geburtstages des Kanzlers im Jahr 1885 erhielt der Bildhauer Reinhold Begas den Auftrag, ein repräsentatives Bildnis des Jubilars zu schaffen. Bei der Zinkbüste handelt es sich um eine verkleinerte Replik der Marmorbüste, die Begas 1886 auf der Berliner Jubiläumsausstellung der Königlichen Akademie der Künste präsentierte. L K
(Abb. S. 47)

**3/2 »Die Verfassung des Norddeutschen Bundes nach Berathung des Reichstages mit Preußen und den verbündeten Regierungen laut Protokoll vom 16. April 1867«**
1867
Verlag: Hermann Kanitz, Gera und Leipzig
Druck auf Papier; 19 × 13 cm
Berlin, Deutsches Historisches Museum:
57/8615

Am 16. April 1867 verabschiedete der Konstituierende Reichstag des Norddeutschen Bundes mit 230 gegen 53 Stimmen die *Verfassung des Norddeutschen Bundes.* Nach Ratifizierung durch die Landtage der verbündeten Staaten trat die Verfassung am 1. Juli 1867 in Kraft. In 79 Artikeln regelte sie die verfassungspolitische Neuordnung des Bundes und die Kompetenzen seiner Staatsorgane und Staatsgewalten. Dazu gehörten: das Bundespräsidium, dem der König von Preußen vorstand, der Bundesrat, der sich aus Vertretern der Bundesstaaten zusammensetzte, und der Reichstag, der aus Vertretern der Bundesstaaten bestand, ermittelt nach allgemeinen, direkten und geheimen Wahlen und aufgrund einer an der Größe des Landes bemessenen Quotierung. Ebenso festgelegt fanden sich die Bestimmungen zum Zoll- und Handelswesen, zu den Einrichtungen der Eisenbahnen, der Post- und Telegrafenämter, zu den Depots und Häfen der Kriegsmarine und der Handelsschifffahrt und zu den Konsulaten. Für den Kriegsfall wurden das Bundeskriegswesen und das Verhältnis zu den süddeutschen Staaten festgelegt.

**3/3 »Der Norddeutsche Reichstag«**
Album mit 301 Porträtfotografien,
teilweise mit eigenhändiger Unterschrift
Berlin, um 1867
Tinte, Karton, Leder; 29 × 32 × 8 cm
Berlin, Deutsches Historisches Museum:
Do 2005/97

Im Norddeutschen Reichstag waren die Parteien der rechten Mitte, darunter die den Kurs Bismarcks unterstützende Nationalliberale Partei, am stärksten vertreten. Sie hatten das Übergewicht über die rechten und linksliberalen Gruppierungen sowie über die Vertreter der nationalen Minoritäten (Polen und Dänen). Die Sozialdemokraten repräsentierte nur der sächsische Abgeordnete August Bebel. Das erste Foto im Album zeigt

# DIE VERFASSUNGEN VON 1867 UND 1871

3/5

den Portier des Reichstags. Auf der zweiten Seite finden sich Porträts des Kanzlers Otto von Bismarck sowie seines Kabinetts. Anschließend folgen die Abgeordnetenporträts in alphabetischer Reihenfolge. Hier abgebildet sind die Abgeordneten Dr. Hermann Becker, Julius Wilhelm von Beerfelde, Alexander Ewald von Below-Hohendorf, Rudolf von Bennigsen, Bernhard Bessel und Theodor von Bethmann-Hollweg. (Abb. S. 51)

3/4 »**Wahlgesetz für den Reichstag des Norddeutschen Bundes**«
Potsdam, 31.5.1869
Druck: Königliche Geheime
Ober-Hofbuchdruckerei
Druck auf Papier; 40,3 × 24,4 cm
Berlin, Deutsches Historisches Museum:
Do 2002/228

Die Mitglieder des Norddeutschen Reichstags gingen aus allgemeinen, gleichen, direkten und geheimen Wahlen hervor. Wahlberechtigt waren alle Männer ab 25 Jahren, wobei das aktive Wahlrecht für Soldaten während des Wehrdienstes ruhte. Ausgeschlossen waren neben Frauen auch Personen, die Armenunterstützung aus öffentlichen Mitteln bezogen, unter Vormundschaft oder in Konkurs standen. Laut Wahlgesetz vom 31. Mai 1869 betrug die Zahl der Abgeordneten 297, von denen allein 235 aus Preußen kamen. An zweiter Stelle stand Sachsen mit 23 Abgeordneten. Klein- und Stadtstaaten wie Lübeck, Bremen, Schwarzburg-Rudolstadt (auf dem Gebiet des heutigen Thüringen) oder Schaumburg-Lippe (auf dem Gebiet des heutigen Niedersachsen) entsandten nur einen Abgeordneten. Zumindest hinsichtlich des Wahlrechts, das 1871 auch für das Deutsche Reich übernommen wurde, war der Norddeutsche Bund fortschrittlicher als etwa England oder Belgien, aber auch fortschrittlicher als der größte seiner Teilstaaten – Preußen –, in dem bis zum Oktober 1918 das Dreiklassenwahlrecht galt. (o. Abb.)

### 3/5 Die Kaiserproklamation in Versailles am 18. Januar 1871
1902
Fritz Grotemeyer (1864–1947)
nach Anton von Werner (1843–1915)
Öl auf Leinwand: 199 × 251 cm
Berlin, Privatsammlung Peter Dussmann

Die langwierigen Verhandlungen zwischen den süddeutschen Staaten und dem Norddeutschen Bund um die Gründung eines deutschen Nationalstaats begannen mitten im Deutsch-Französischen Krieg im September 1870. Auf der Grundlage der sogenannten Novemberverträge, die der Norddeutsche Bund mit den Großherzogtümern Baden und Hessen-Darmstadt sowie mit den Königreichen Bayern und Württemberg vereinbarte, beschloss der Norddeutsche Reichstag am 10. Dezember 1870 eine erweiterte *Verfassung des Norddeutschen Bundes,* die am 1. Januar 1871 in Kraft trat. Eduard Simson führte als Reichstagspräsident erneut die Deputation an, die am 18. Dezember 1870 König Wilhelm I. von Preußen die Kaiserwürde anbot. Wilhelm I. nahm die Kaiserwürde nach längerer Überlegung an – er befürchtete, dass mit der Annahme das »alte Preußen« untergehen würde – und bestätigte dies zur Kaiserproklamation am 18. Januar 1871 auch für das »Deutsche Volk«: »[...] bekunden hiermit, daß wir es als eine Pflicht gegen das gemeinsame Vaterland betrachtet haben, diesem Rufe der Verbündeten Deutschen Fürsten und Städte Folge zu leisten und die deutsche Kaiser-

3/6

würde anzunehmen.« Anton von Werner war am 18. Januar 1871 Augenzeuge der Kaiserproklamation im Versailler Schloss. Er hielt das Ereignis in mehreren Zeichnungen und Gemälden fest, die er je nach Auftraggeber leicht variierte; eine Aussage bleibt dabei immer zentral: Das Fürstenbündnis bildete die Grundlage des neu geschaffenen Reiches, ein Umstand, der sich nicht zuletzt auch in der Reichsverfassung spiegelte. 1885 gab Kaiser Wilhelm I. bei Werner eine Version der Kaiserproklamation als Geschenk zu Bismarcks 70. Geburtstag in Auftrag. Auf dem daraufhin entstandenen Ölgemälde ist

## DIE VERFASSUNGEN VON 1867 UND 1871

Bismarck in das Zentrum des Geschehens gerückt: Frontal zum Betrachter stehend, hat er soeben die Proklamationsurkunde verlesen. Auf diesem Gemälde basiert die Kopie, die der Werner-Schüler Fritz Grotemeyer im Auftrag Kaiser Wilhelms II. im Jahre 1902 zum 50-jährigen Regierungsjubiläum des Großherzogs Friedrich I. von Baden anfertigte. Aus markgräflich-badischem Besitz gelangte das Gemälde 1995 in Privatbesitz.
(Abb. S. 205)

### 3/6 Schwarz-weiß-rote Fahne vom Schloss in Versailles
Datiert 1871, bez. Liekseite: »Fahne, welche bei der Anwesenheit Sr. Majestät des Kaisers und Königs in Versailles im Jahre 1871 auf dem Schlosse daselbst aufgehisst gewesen ist und am 12. März beim Abrücken von dort durch den General von Bose mitgenommen worden ist.«
Leinen und Halbseide; 374 × 295 cm
Berlin, Deutsches Historisches Museum:
KT 2008/151

Am 18. Januar 1871 hatte im Spiegelsaal des Versailler Schlosses die Proklamation des preußischen Königs zum Deutschen Kaiser stattgefunden. Nach der Zeremonie trat der Kaiser in den Schlosshof: »Vom Dach des mittlern Schloßbau's aber wehte, als wir heraustraten, statt der sonstigen schwarzweißen und statt der heutigen Königsflagge, zum ersten Mal die schwarz-roth-weiße«, schrieb der Korrespondent der *Vossischen Zeitung* am 22. Januar 1871. (Die Kombination der Farben Schwarz-Rot-Weiß ist entweder ein Fehler des Journalisten oder ein Druckfehler.) Sie wehte dort fast zwei Monate und war intensiven Witterungseinflüssen ausgesetzt, worauf die ausgefranste Flugseite und Lichtschäden hindeuten. Nach Ende der Friedensverhandlungen nahm General von Bose die Fahne am 12. März beim Abrücken aus Versailles mit. Im Jahre 1897, drei Jahre nach seinem Tod, übergab sie sein Enkel dem Zeughaus in Berlin. Durch kriegsbedingte Verlagerungen gelangte die Fahne nach dem Zweiten Weltkrieg an die Alliierten, die sie den Staatlichen Museen in West-Berlin übergaben. 1964 kam sie ins Wehrgeschichtliche Museum nach Rastatt, 2002 kehrte sie schließlich ins Zeughaus zurück. In Art. 55 der *Verfassung des Norddeutschen Bundes* heißt es: »Die Flagge der Kriegs- und Handelsmarine ist schwarz-weiß-roth.« Von wem die Farbgebung der Fahne vorgeschlagen wurde, lässt sich mit letzter Sicherheit nicht ermitteln. Doch spricht einiges dafür, dass der Sekretär der Handelskammer Hamburg, Dr. Adolf Soetbeer, in einem Artikel für das *Bremer Handelsblatt* im September 1866 erstmals den Vorschlag machte, die Farben Preußens (Schwarz-Weiß) mit denen der Hanse (Weiß-Rot) zu kombinieren. Die schwarz-weiß-rote Flagge war zunächst nur eine See- und keine Nationalflagge. Das 1871 gegründete Deutsche Reich übernahm das Dreifarben-Symbol ebenfalls als Handels- und Marineflagge. Obgleich erst im Jahre 1892 offiziell und per kaiserlicher Verordnung durch Wilhelm II. als Reichsflagge eingeführt, galt die Fahne seit der Reichsgründung als Symbol des Kaiserreichs. **R F**

### 3/7 »Verfassung des Deutschen Reichs«
»Text-Ausgabe mit Anmerkungen und vollständigem Sachregister von Dr. L. von Rönne, Appellationsgerichts-Vice-Präsident a. D. u. Reichstags-Abgeordneter«
Berlin, 1871
Druck auf Papier; 13,2 × 9,3 cm
Berlin, Deutsches Historisches Museum:
68/3476

Die vom Norddeutschen Bund weitgehend übernommene *Verfassung des Deutschen Reichs* musste zunächst durch den Bundesrat und den Reichstag des Norddeutschen Bundes sowie durch die süddeutschen Landtage in gesonderten Verträgen genehmigt werden. Nach der Kaiserproklamation und der ersten Reichstagswahl am 3. März 1871 ersetzte schließlich die *Verfassung des Deutschen Reichs* vom 16. April 1871 die vorläufigen Verfassungsverträge. Als erste Verfassungsänderung wurden die Bezeichnungen »Deutsches Reich« und »Deutscher Kaiser« eingeführt. So trat die Verfassung erst am 4. Mai 1871 in Kraft. Bis zum Ende des Ersten Weltkrieges im November 1918 blieb sie in ihrer Grundstruktur erhalten. (Abb. S. 48)

### 3/8 »Deutsche Reichsverfassung«
*Meyers Volksbücherei,* Nr. 1094
Wien/Leipzig, 1906
Herausgeber: Bibliographisches Institut Leipzig – Wien
Druck auf Papier; 14 × 9 cm
Berlin, Deutsches Historisches Museum:
Do 96/105

Die *Verfassung des Deutschen Reiches* wurde als Nr. 1094 in *Meyers Volksbücherei* aufgenommen. Diese Reihe aus dem von Joseph Meyer begründeten »Bibliographischen Institut« war speziell für das Buchhandelssortiment konzipiert und sollte »Guten Lesestoff für den schmalen Geldbeutel!« bieten. Mit dem niedrigen Preis der Bände – die Reichsverfassung kostete zunächst 15 Pfennig und um 1906 dann 30 Pfennig – erreichte das »Bibliographische Institut« eine große Verbreitung und damit auch Publizität: Bis 1914, als die Reihe eingestellt wurde, waren rund 1700 Nummern erschienen und in über 25 Millionen Exemplaren verkauft worden. (Abb. S. 23)

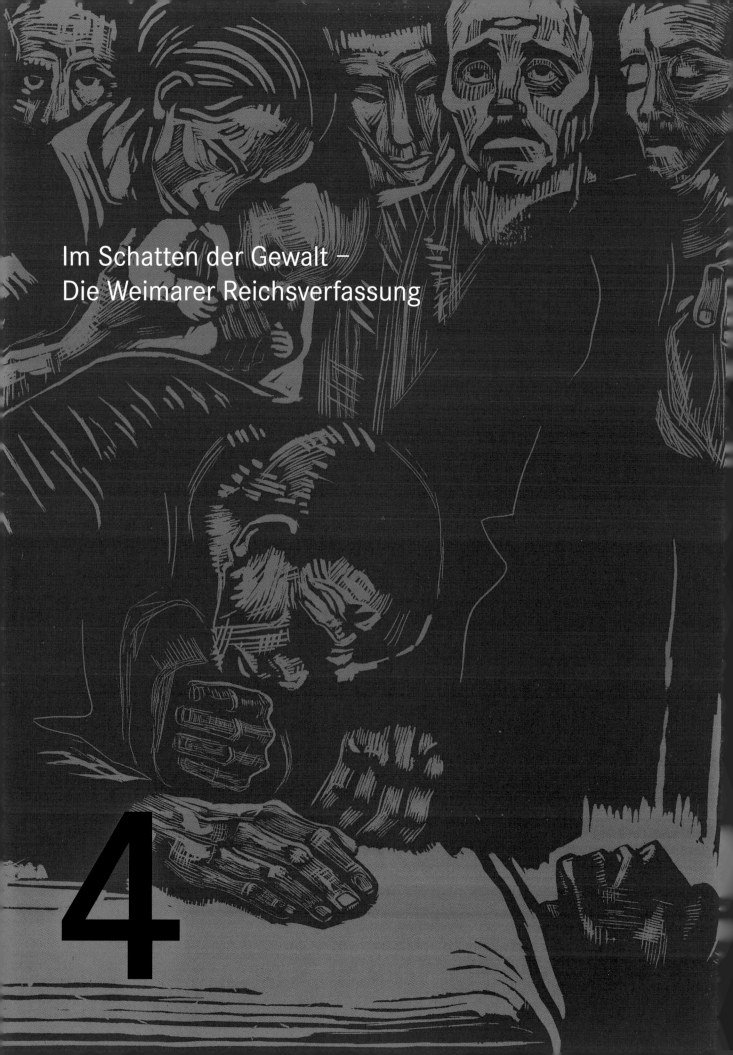

# 4

## Im Schatten der Gewalt – Die Weimarer Reichsverfassung

# DIE WEIMARER REICHSVERFASSUNG

Die am 11. August 1919 verabschiedete *Verfassung des Deutschen Reichs* – auch Weimarer Reichsverfassung genannt – stand für den Zeitraum ihrer Existenz im Schatten der Gewalt und der unverhohlenen Ablehnung. In einem Klima der permanenten Bedrohung und der politischen Polarisierung – verursacht und angeheizt durch Putschversuche, Aufstände und politische Morde – konnte eine wirkliche Zustimmung zur Verfassung oder wenigstens eine loyale Haltung ihr gegenüber kaum entstehen. Sie blieb, nach einem Wort des Historikers Heinrich August Winkler, allenfalls eine »hingenommene Verfassung«, deren Gegner zahlreicher waren als ihre Verteidiger.

Diese Entwicklung war der Weimarer Verfassung nicht schon an der Wiege gesungen. Vielmehr bildete sie den vorläufigen Höhepunkt einer revolutionären Dynamik. Deren Kraft speiste sich im Verlaufe des Oktobers und Novembers 1918 in erster Linie aus der wachsenden Sehnsucht der Menschen nach einem Ende des Krieges, einem Ende von Hunger und Elend – und endlich nach der Beseitigung der Monarchie, die weder das eine noch das andere zu erreichen vermochte.

Am 9. und 10. November 1918 verdichteten sich die Ereignisse: Gegen Mittag des 9. Novembers übertrug der letzte kaiserliche Kanzler, Prinz Max von Baden, dem Sozialdemokraten Friedrich Ebert das Amt des Reichskanzlers, nachdem kurz zuvor in einem revolutionären Akt »von oben« der Kaiser zur Abdankung bewegt worden war. Noch am Nachmittag dieses Tages rief Philipp Scheidemann – gegen den Willen Eberts – vom Balkon des Reichstages die »Deutsche Republik« aus, wenig später proklamierte Karl Liebknecht vom Berliner Schloss aus die »freie sozialistische Republik«.

Der Plan von Badens und Eberts, ein bürgerlich-sozialdemokratisches Kabinett zu bilden, musste scheitern. Angesichts der rasch um sich greifenden Revolution, die Anfang November 1918 mit den Matrosenmeutereien in Wilhelmshaven und Kiel begonnen hatte, und der reichsweiten Gründung von Arbeiter- und Soldatenräten hatten sich die Machtverhältnisse längst verschoben. Am Nachmittag des 10. Novembers einigte sich die SPD-Führung mit der USPD auf die Gründung eines »Rates der Volksbeauftragten« unter dem Vorsitz des seit dem Vortage amtierenden Reichskanzlers Friedrich Ebert. Der Berliner Arbeiter- und Soldatenrat billigte und bestätigte noch am Abend dieses Tages den »Rat der Volksbeauftragten«. Es war diese revolutionär legitimierte Regierung, die bereits am 12. November 1918 – einen Tag nach der Unterzeichnung des Waffenstillstandsabkommens mit den alliierten Siegern des Ersten Weltkriegs – für die Wahlen zu einer Verfassunggebenden Nationalversammlung der eben gegründeten Republik votierte. Einen Monat später bestätigte der in Berlin tagende »Reichskongreß« der Arbeiter- und Soldatenräte diese Entscheidung.

Die am 19. Januar 1919 stattfindende Wahl zur Nationalversammlung war die erste wirklich demokratische Wahl in der deutschen Geschichte; erstmals konnten auch Frauen das Wahlrecht ausüben. Als Tagungsort für die Nationalversammlung wurde Weimar bestimmt: Die thüringische Kleinstadt stand für einen durch Goethe und Schiller verkörperten Humanismus. Der Rückgriff auf die deutsche Klassik sollte zugleich eine Absage an den »Geist von Potsdam«, den preußischen Militarismus, versinnbildlichen. Zudem drohten vor allem in Berlin immer wieder Demonstrationen und Aufstandsversuche.

So wurden auch der Wahlkampf und die Ausarbeitung einer demokratischen Verfassung von Unruhen überschattet. Die mittlerweile allein von der SPD geführte Regierung ließ Anfang Januar 1919 den »Spartakus-Aufstand« mithilfe von Armeetruppen und rechtsgerichteten Freikorpseinheiten niederschlagen. Der Aufstand war vor allem von den Anhängern der um die Jahreswende 1918/19 gegründeten KPD organisiert worden – und die Ermordung ihrer Führer Karl Liebknecht und Rosa Luxemburg am 15. Januar besiegelte das tiefe Zerwürfnis innerhalb der deutschen Arbeiterbewegung. Eine Kluft, die während der Weimarer Republik eine Einheitsfront der Arbeiterparteien gegen die Bedrohung des Nationalsozialismus verhindern sollte.

Am 28. Juni 1919 – wenige Wochen vor der Verabschiedung der Weimarer Verfassung – wurde der Versailler Friedensvertrag unterzeichnet. Der von vielen Deutschen als »Schand- oder Diktatfrieden« charakterisierte Vertrag erwies sich nicht nur als ökonomische, sondern auch als mentale Hypothek und forcierte die ablehnende oder distanzierte Haltung zum republikanischen Staat auf der radikal linken wie rechten Seite des politischen Spektrums. Im Frühjahr 1920 erschütterten weitere Umsturzversuche, namentlich der Lüttwitz-Kapp-Putsch und der Aufstand der »Roten Ruhrarmee«, die junge Demokratie. 1922 wurde Außenminister Walther Rathenau ermordet. 1923 schließlich putschten rechtsradikale Kreise unter Hitler und Ludendorff. Die milden Strafen für die rechtsradikalen Verschwörer trugen der Justiz den Vorwurf ein, »auf dem rechten Auge blind« zu sein.

Ein weiteres Problem stellte die ständige Vergegenwärtigung des Krieges dar. In den Kriegervereinen des »Kyffhäuserbundes« und im »Stahlhelm, Bund der Frontsoldaten«, aber auch in den nationalsozialistischen »Sturmabteilungen« (SA) warf man sich zu politischen Sachwaltern des »Front-Erbes« auf. Dies drückte sich nicht zuletzt in der völligen Vereinnahmung der Kriegstoten aus, derer auf zahlreichen Denkmälern gedacht wurde. Ein anderes sichtbares Zeichen setzten die rechten Republikgegner in der demonstrativen Weiterverwendung der alten Reichsfarben Schwarz-Weiß-Rot, ungeachtet des in der Verfassung festgeschriebenen Kompromisses, der den Gegnern der Republikfarben Schwarz-Rot-Gold weit entgegenkam.

Zu den zahlreiche Anstrengungen, der Verfassung zu mehr Akzeptanz zu verhelfen, gehörte der alljährlich am 11. August begangene Verfassungstag. Anlässlich des zehnten Jahrestages der Weimarer Reichverfassung wurde auf Initiative des sozialdemokratischen »Reichsbanners Schwarz-Rot-Gold« gar der Kölner Bildhauer und Bühnenbildner Theodor Caspar Pilartz beauftragt, ein »Ehrenmal der Republik« zu schaffen. Dazu ist es zwar nicht gekommen, doch wurde am 11. August 1929 ein maßstabsgerechtes Holzmodell des Ehrenmals neben dem Brandenburger Tor aufgestellt, das dieses noch überragte. Seine Inschrift kündete von einem der wenigen Versuche, zwischen den Kriegstoten, der Republik und den Opfern ihrer Verteidiger eine Verbindung herzustellen: »Allen Toten des Weltkriegs, den Opfern der Republik und der Arbeit und den Toten des Reichsbanners.« Wenige Tage später wurde das Modell wieder demontiert. Hier wie generell galt: Zwar setzte die mühsame Etablierung der Demokratie eine beispiellose Vielfalt an künstlerischer Kreativität frei, die sich in neuen Kunst- und Kulturformen Ausdruck verschaffte. Doch es gelang nicht, sie für eine allgemein anerkannte Staatssymbolik oder gar »nationale Kunst« zu nutzen.

Während der sich seit 1930 verschärfenden politischen und wirtschaftlichen Krisen zeigten sich die Schwächen der Weimarer Reichsverfassung in aller Deutlichkeit: Der in die Verfassung eingewobene Wertrelativismus vermochte die parlamentarische Demokratie nicht ausreichend vor ihren Gegnern zu schützen. Im Zeichen der Weltwirtschaftskrise und einer zunehmenden Massenarbeitslosigkeit sowie der schon lange alltäglichen, nun aber eskalierenden, politisch motivierten Straßengewalt von rechts und links, begann die Aushöhlung der Demokratie. Mit der zwar bereits zuvor praktizierten, nun aber auf Dauer gestellten Androhung oder Anwendung der Art. 48 und 25 (Notverordnung und Möglichkeit der Auflösung des Reichstages durch den Reichspräsidenten) wurde das Parlament praktisch ausgeschaltet.

Der Verfassung aber mangelte es weithin an loyalen Verteidigern. Der Wert der durch sie garantierten demokratischen Rechte und bürgerlichen Freiheiten verblasste in der Wahrnehmung allzu vieler Deutscher gegenüber den Erwartungen und Hoffnungen, die sich mit dem heraufziehenden »Dritten Reich« verknüpften.

An der damit einhergehenden Verunglimpfung des republikanischen Verfassungsstaats beteiligten sich auch große Teile der Linken, insbesondere der intellektuellen Linken in Deutschland. Und doch kamen gerade von ihnen einige der bewegendsten Bekenntnisse zu diesem Land am Scheideweg, etwa von dem bedeutenden Schriftsteller und Gesellschaftskritiker Kurt Tucholsky: »Es ist ja nicht wahr«, so schrieb er 1929 in seinem von John Heartfield bebilderten Panorama der Weimarer Republik, »dass jene, die sich ›national‹ nennen und nichts sind als bürgerlich-militaristisch, dieses Land und seine Sprache für sich gepachtet haben. [...] Sie reißen den Mund auf und rufen: ›Im Namen Deutschlands ...!‹ Sie rufen: ›Wir lieben dieses Land, nur wir lieben es‹. Es ist nicht wahr. [...] Deutschland ist ein gespaltenes Land. Ein Teil von ihm sind wir. Und in allen Gegensätzen steht – unerschütterlich, ohne Fahne, ohne Leierkasten, ohne Sentimentalität und ohne gezücktes Schwert – die stille Liebe zu unserer Heimat.«

Das waren neue und andere Töne in einer Zeit, die durch Aufmärsche und Straßenkämpfe geprägt und durch von einstiger Größe schwärmende Artikel und Hetzschriften begleitet wurde. Der in Berlin lebende österreichische Schriftsteller und Journalist Joseph Roth hatte schon recht: Vor diesem Hintergrund musste jedes *Bekenntnis zu Deutschland*, wie er seinen am 27. September 1931 in der *Frankfurter Zeitung* publizierten Artikel nannte, bevor es geäußert wurde, »von der blutrünstigen Roheit, die seit Jahrzehnten den Patriotismus, die Liebe zur Nation und Sprache in Pacht hält und vergewaltigt«, gereinigt werden. »Wie schwierig«, so Roth weiter, »ist es da, ein Patriot zu bleiben! Und wie notwendig ist es aber auch! Kein Land hat dermaßen Liebe nötig.« Kein Land aber auch, so sollte die nahe Zukunft zeigen, hat die Liebe solcher Patrioten dermaßen verschmäht.

# »Erwürgt nicht die junge Freiheit«: Die schwierige Geburt der Republik

4/1

**4/1 »3 Worte: Ungestörte Demobilmachung / Aufbau der Republik / Frieden«**
Plakat des Werbedienstes der Deutschen Republik
1918/19
Entwurf: Hans Richter (1888–1976)
Druck: Julius Sittenfeld, Berlin
Lithografie; 137 × 93 cm
Berlin, Deutsches Historisches Museum:
P 57/336.2

Wenige Wochen nach der Novemberrevolution häuften sich Demonstrationen, Streiks und bewaffnete Aktionen, mit denen insbesondere die radikale Arbeiterschaft ihre Unzufriedenheit über das Ergebnis der Revolution zum Ausdruck brachte. Um weitergehenden Forderungen nach Verwirklichung des Sozialismus entgegenzutreten und um einen Bürgerkrieg zu vermeiden, startete die Regierung der Volksbeauftragten eine Plakat- und Flugblattkampagne. Der aus Vertretern von MSPD und USPD bestehende »Werbedienst der Deutschen Republik« beauftragte für seine Plakate bevorzugt Künstler des Expressionismus, von denen viele mit der Revolution und der neuen Regierung sympathisierten. Richters Plakat etwa greift die bereits im 19. Jahrhundert verbreitete Ikonografie des Proletariats als »Riese« auf und will damit insbesondere die Arbeiterschaft ansprechen. In typischer Arbeitskleidung, dynamisch-hemdsärmelig und flankiert von einem roten Fahnenmeer, weist der dargestellte Proletarier auf seine – allerdings wenig revolutionäre – Botschaft.

**4/2** »Erwürgt nicht die junge Freiheit / durch Unordnung und Brudermord / Sonst verhungern Eure Kinder«
Plakat des Werbedienstes der Deutschen Republik
1918
Entwurf: Max Pechstein (1881–1955)
Lithografie; 100 × 67,3 cm
Berlin, Deutsches Historisches Museum:
P 57/340.1

Nachdrücklich wird die Ordnungspolitik der Volksbeauftragten auf einem Plakat formuliert, das Max Pechstein gestaltet hat. Es verdeutlicht einmal mehr den Widerspruch zwischen politischer Botschaft und künstlerischem Anspruch. Pechstein war Mitbegründer der 1918 ins Leben gerufenen »Novembergruppe«, einer Künstlervereinigung, die sich ausdrücklich zur Novemberrevolution bekannte und deren Impulse in den Bereich der Kunst übernehmen wollte. Sein nackter Säugling, eine allegorische Verkörperung der »neugeborenen« Freiheit, klammert sich schutzsuchend an das Symbol der Arbeiterbewegung, die rote Fahne. Mit der Drohung »Sonst verhungern Eure Kinder« werden gezielt (Mutter-)Gefühle angesprochen und Ängste vor Revolution und Anarchie geschürt.

**4/3** »So führt euch Spartakus! Brüder rettet unsere Revolution!«
Plakat gegen den Spartakusbund
1918/1919
Lithografie; 99 × 71 cm
Berlin, Deutsches Historisches Museum:
P 62/1389

Die Furcht vor einer weitergehenden sozialistischen Revolution nach russischem Vorbild führte zu noch drastischeren Plakataufrufen und zu einer zeitweiligen informellen Kooperation der MSPD-Regierung mit ultrarechten

4/2

Gegnern der Republik, etwa der »Vereinigung zur Bekämpfung des Bolschewismus«. Diese startete – etwa zeitgleich zur Plakataktion des Werbedienstes – eine aufwendige antikommunistische Kampagne. Das Plakat gegen den Spartakusbund ist vermutlich im Umfeld der Dezemberunruhen 1918 oder Anfang Januar 1919 während des Spartakusaufstands entstanden; Auftraggeber waren – zumindest dem Text nach – regierungsnahe sozialdemokratische Kreise. Während die Schriftzeile auf die Revolution Bezug nimmt, die es zu retten gelte, erinnert das Bildmotiv an die Gräuelpropaganda strammer Antibolschewisten. Spartakus ist in mittelalterlich anmutender Holzschnitt-Technik als »Sensenmann« dargestellt und wirkt wie eine Illustration zu dem berühmten Lied aus dem Dreißigjährigen Krieg: »Es ist ein Schnitter, heißt der Tod […]«. (o. Abb.)

Präambel
Das Deutsche Volk, einig in seinen Stämmen und von dem Willen beseelt, sein Reich in Freiheit und Gerechtigkeit zu erneuern und zu festigen, dem inneren und dem äußeren Frieden zu dienen und den gesellschaftlichen Fortschritt zu fördern, hat sich diese Verfassung gegeben.

*Die Verfassung des Deutschen Reichs* vom 11. August 1919

**4/4** »Arbeiter / Bürger / Bauern / Soldaten aller Stämme Deutschlands vereinigt Euch zur Nationalversammlung«
Überparteiliches Plakat des Werbedienstes der Deutschen Republik zur Wahl der Nationalversammlung
1918/19
Entwurf: César Klein (1876–1954)
Lithografie; 68 × 99,1 cm
Berlin, Deutsches Historisches Museum:
P 57/342

Optimistisch und zukunftsorientiert im Sinne einer sozialen Utopie präsentiert sich Kleins Plakat für die Nationalversammlung. Die Gestaltung erinnert an eine Theaterszene: Vor einer aufgehenden Sonne und einer riesigen Menschenmenge am Horizont verbrüdern sich Männer verschiedener sozialer Klassen: Arbeiter, Bürger, Bauern, Soldaten, gekleidet in historisierende Standestrachten, haben ihre rechte Hand zum Schwur erhoben. Das Motiv der Volksverbrüderung wird durch ineinander verschlungene Schriftzüge und wellenförmige Bänder unterstrichen; neben Schwarz-Rot-Gold sind auch die Farben der französischen Revolution, Blau-Weiß-Rot, vertreten. (Abb. S. 57)

# DIE WEIMARER REICHSVERFASSUNG

## »Wir bauen auf«: Die Wahl zur Verfassunggebenden Nationalversammlung

Art. 1 Das Deutsche Reich ist eine Republik. Die Staatsgewalt geht vom Volke aus.

*Die Verfassung des Deutschen Reichs* vom 11. August 1919

4/5

### 4/5 »Des deutschen Volkes großer Tag! 19.1.19 Auf jede Stimme kommt es an!«
Überparteiliches Plakat
des Werbedienstes der Deutschen Republik zur Wahl zur Nationalversammlung
1919
bez. u. r.: BERNHARD
Entwurf: Lucian Bernhard (1883–1972)
Druck: Werbedienst GmbH Berlin W 35
Lithografie; 70 × 94 cm
Berlin, Deutsches Historisches Museum:
P 62/347

Das Plakat stellt die markante Zahlenkombination des Wahldatums – 19.1.(19)19 – in den Mittelpunkt. Bernhard verwendete dafür eine der zahlreichen von ihm entworfenen und nach ihm benannten Schrifttypen, in diesem Fall die 1912 kreierte »Bernhard-Fraktur«. Frakturschriften galten als »gotische« oder »deutsche Schrift« und wurden in der zeitgenössischen Typografie häufig zur Hervorhebung bedeutsamer Textpassagen verwendet. Der 19. Januar 1919 war in der Tat ein denkwürdiger Tag für die deutsche Geschichte: Zum ersten Mal konnten alle Deutschen nach freiheitlich-demokratischen Prinzipien wählen.

### 4/6 »Am Neubau / Die Bausteine der Deutschen Demokratischen Partei«
Wahlplakat der DDP zur Nationalversammlung
1919, bez. u. r.: FW
Entwurf: Frido Witte (1881–1965)
Druck: August Bagel, Düsseldorf
Lithografie; 109,2 × 75 cm
Berlin, Deutsches Historisches Museum:
P 57/1326

Bei der Wahl zur Nationalversammlung konnten sich die politischen Parteien erstmals ohne Zensurbeschränkungen in Bildplakaten präsentieren. Im Vordergrund standen Selbstdarstellung und Programm, weniger extreme kämpferische Parolen oder die Diffamierung des Gegners. Manche Künstler arbeiteten für unterschiedliche politische Parteien; nur vereinzelt kam es zu einer festen Zusammenarbeit bestimmter Grafiker mit ein und derselben Partei. So gelangte zunächst keine Gruppierung zu einem einheitlichen Erscheinungsbild. Ein häufiges, von allen Parteien aufgegriffenes Motiv waren das Bauen oder Bausteine als Symbol der Erneuerung des Staatsgefüges. Auf dem Plakat der DDP werden insbesondere Menschen- und soziale Rechte gefordert. Adressat ist ein möglichst breites Wählerspektrum, namentlich die Mittelschichten. Die bürgerlich-liberale Deutsche Demokratische Partei (DDP) war Ende des Jahres 1918 aus der Fortschrittlichen Volkspartei und dem linken Flügel der Nationalliberalen Partei hervorgegangen; den Vorsitz hatte Friedrich Naumann. (Abb. S. 58)

### 4/7 »So schwer es ist / Wir bauen auf / Also wählt Deutsche Volkspartei«
Wahlplakat der DVP zur Nationalversammlung, 1919, bez. u. l.: GIM
Entwurf: Bruno Gimpel (1886–1943)
Buchdruckerei der Dr. Güntzschen Stiftung, Dresden
Lithografie; 58,7 × 92 cm
Berlin, Deutsches Historisches Museum:
P 62/880

In der Anfangsphase der Republik verzichtete die 1918 gegründete Deutsche Volkspartei, die aus dem rechtskonservativen Flügel der Nationalliberalen hervorgegangen war, auf eine allzu nationalistische und monarchistische Propaganda. Einmal mehr steht hier das Motiv des (Haus-)Baus im Mittelpunkt. Ihren demonstrativen Aufbauwillen ließ sich die DVP von einem dem Expressionismus nahestehenden Künstler illustrieren, wohl auch, um Wählerschichten jenseits des Bürgertums anzusprechen. Der aus Rostock stammende deutsch-jüdische Maler Bruno Gimpel wurde 1935 als »entartet« eingestuft, er nahm sich 1943 das Leben, um seiner Deportation zuvorzukommen. (Abb. S. 58)

### 4/8 »Deutsche Frauen wacht auf! Tut eure Pflicht / Helft retten / Wählt deutschnational!«
Wahlplakat der DNVP
zur Nationalversammlung
1919
Druck: Kunstanstalt Leopold Kraatz, Berlin
Lithografie; 62,5 × 42,5 cm
Berlin, Deutsches Historisches Museum:
P 63/294

Die Durchsetzung des Frauenwahlrechts und die grundrechtlich verankerte Gleichberechtigung gehören zu den großen Errungenschaften der Weimarer Verfassung. Da die weibliche Wählerschaft ein riesiges

Stimmpotenzial darstellte, wurde sie von allen Parteien heftig umworben. Die Mehrzahl der speziell an Frauen gerichteten Wahlplakate zur Nationalversammlung stellten die Frau als Mutter in den Mittelpunkt und appellierten an traditionelle Werte, namentlich Familie, Religion, Heimat. Auch die Gestaltung bediente sich häufig einer traditionellen Formensprache, und dies galt teilweise auch für die im Auftrag liberaler und linker Parteien entstandene Wahlpropaganda.

Auf dem Plakat der DNVP wendet sich die als Mutter dargestellte Frauengestalt mit trotzigem Blick gegen eine imaginäre Bedrohung von außen, symbolisiert durch eine überdimensionale Hand, die nach ihr greift. Im Hintergrund sind Versatzstücke der »christlichen Heimat« erkennbar, die es offensichtlich zu verteidigen gilt. Text- und Bildformeln erinnern an Kriegsanleihe-Plakate aus dem Ersten Weltkrieg, in denen Deutschland stets als »von Feinden umringt« erschien. In der Deutschnationalen Volkspartei sammelten sich seit ihrer Gründung 1918 Anhänger nationalistischer und antisemitischer Parteien, vor allem jene der Deutschkonservativen Partei, der Reichspartei und der Vaterlandspartei. Gemeinsamer Nenner war die grundsätzliche Ablehnung der Republik.

**Art. 109 Alle Deutschen sind vor dem Gesetze gleich. Männer und Frauen haben grundsätzlich dieselben staatsbürgerlichen Rechte und Pflichten.**

**Art. 119 Die Ehe steht als Grundlage des Familienlebens und der Erhaltung und Vermehrung der Nation unter dem besonderen Schutz der Verfassung. Sie beruht auf der Gleichberechtigung der beiden Geschlechter.**

*Die Verfassung des Deutschen Reichs* vom 11. August 1919

**4/9 »Für uns wählt Deutsche Volkspartei«**
Wahlplakat der DVP zur Nationalversammlung 1919; bez. u. l.: Ortmann
Entwurf: Ortmann
Druck: J. J. Weber, Berlin/Leipzig
Lithografie; 65,5 × 44 cm
Berlin, Deutsches Historisches Museum: P 63/310

Auch das DVP-Wahlplakat rückt die »Mutter« in den Mittelpunkt. Umweht von den alten Reichsfarben soll sie die einstige nationale Größe des Deutschen Reiches heraufbeschwören.

**4/10 »Das Frauenrecht ist ein Hauptziel der Deutschen Demokratischen Partei«**
Wahlplakat der DDP zur Nationalversammlung 1919, bez. M. r.: FW
Entwurf: Frido Witte (1881–1965)
Lithografie; 110 × 83 cm
Berlin, Deutsches Historisches Museum, aus der Sammlung Dr. Hans Sachs, Berlin: P 64/419

Demokraten und Sozialdemokraten hatten die Kampagnen um das Frauenstimmrecht in der Vergangenheit mitgetragen. Insofern konnte die DDP im Text des Plakats zu Recht auf ihr Eintreten für die politische Gleichberechtigung der Frau verweisen. Ebenso wie die SPD profitierte sie allerdings auch bei späteren Wahlen weit weniger von den weiblichen Wählerstimmen als die konservativen Parteien. In Wittes Plakat-Illustration bricht die Frau aus ihrem »Gefängnis« politischer Benachteiligung aus. Auch ihre Kleidung ist von Kopf bis Fuß eine Verweigerung jeglicher Einengung: Sie ist in ein locker den Körper umspielendes Reformkleid gewandet und trägt Sandalen, ähnlich der von vielen bürgerlichen Frauenrechtlerinnen getragenen damaligen Reform-Mode.

**4/11 »Wählt die Mehrheits-Sozialdemokraten«**
Wahlplakat der MSPD zur Nationalversammlung 1919
Entwurf: Arnold Schütz
Druck: Franz Xaver Schroff, vorm. Wilhelm Fiek, Augsburg
Lithografie, im Stein gedruckt; 109,7 × 79,6 cm
Berlin, Deutsches Historisches Museum: P 61/1634

Seit ihrer Spaltung 1917 teilte sich die 1869 gegründete Sozialdemokratische Partei Deutschland in einen gemäßigten (MSPD) und einen radikaleren Flügel (USPD), dem der Spartakusbund angehörte. Der größte Teil der USPD ging 1920 in der Kommunistischen Partei Deutschlands (KPD) auf, ein kleinerer Teil vereinigte sich 1922 wieder mit der MSPD zur SPD. Das Plakat der MSPD gehört zwar nicht zu den ausdrücklich an Frauen gerichteten Wahlaufrufen, verweist jedoch mit seinem Motiv auf den sozialdemokratischen Anspruch, sich besonders für Frauenrechte einzusetzen. Allerdings dominiert hier die allegorische Verwendung einer Frauengestalt: Während im Hintergrund eine aufgehende Sonne die »neue Zeit« anzeigt, greift das Motiv die wohl berühmteste Freiheitsikone der europäischen Kulturgeschichte auf: Eugène Delacroix' 1830 entstandenes Gemälde *Die Freiheit führt das Volk*.

4/8

4/9

4/10

4/11

## Politik in der »Musenstadt«: Nationalversammlung und Weimarer Verfassung

**4/12 »Nationalwahl-Karte 1919«**
Karte des Deutschen Reiches
mit den am 19. Januar 1919 erzielten
Wahlergebnissen der einzelnen Bezirke
zur Nationalversammlung
1919
Herausgeber: G. Opitz, Geogr. Anstalt
Leipzig
Volksverlag für Politik und Verkehr
Druck: Holzinger & Co., Stuttgart
Druck auf Papier; 36 × 52 cm
Berlin, Deutsches Historisches Museum:
Do 57/1022

Die Karte zeigt die Stimmenanteile der Parteien für die Nationalversammlung in den Wahlkreisen des Reichs und stellt sie den Wahlergebnissen der letzten Reichstagswahl von 1912 gegenüber. Die MSPD wurde besonders in den nördlichen und östlichen Industriegebieten gewählt und ging mit 37,9 % der Stimmen als stärkste Fraktion aus der Wahl hervor. Die Zentrumspartei war bei einem Stimmenanteil von 19,7 % vor allem im katholischen Süden und Westen Deutschlands stark vertreten, 18,5 % der Stimmen erhielt die liberale DDP. Die rechtskonservative DNVP erreichte 10,3 % und hatte den Großteil ihrer Anhänger in den ostelbischen, von der Landwirtschaft geprägten Gebieten. Die USPD erzielte nur 7,6 % der Stimmen. Für die sogenannte Weimarer Koalition aus MSPD, Zentrum und DDP endete jedoch bereits die nächste Reichstagswahl am 6. Juni 1920 mit einer verheerenden Niederlage. USPD, DVP und DNVP erzielten große Gewinne; Zentrum, DDP und DVP bildeten eine bürgerliche Minderheitsregierung; die MSPD musste auf die Oppositionsbank. Während in Preußen die Weimarer Koalition ihre Mehrheit behielt, vermochte sie diese auf Reichsebene nicht wiederzuerlangen. **AO** (Abb. S. 60/61)

4/15

**4/13 Friedrich Ebert mit SPD-Politikern**
Weimar, Februar 1919
Robert Sennecke (1885–1938)
Verlag: S. und G. Saulsohn
Fotopostkarte, Bromsilberdruck;
8,6 × 13,7 cm
Berlin, Deutsches Historisches Museum:
PK 2004/856

Schon vor der ersten Sitzung der Nationalversammlung traf Friedrich Ebert mit den verbliebenen SPD-Mitgliedern der Revolutionsregierung am 3. Februar 1919 in Weimar ein. Die Volksbeauftragten Ebert, Philipp Scheidemann, Gustav Noske, Otto Landsberg und Rudolf Wissell bezogen Räume im Schloss, wo auch dieses Foto entstand. Nachdem Ebert am 11. Februar zum Reichspräsidenten gewählt worden war, beauftragte er den designierten Reichsministerpräsidenten – kurz darauf erhielt das Amt wieder die Bezeichnung »Reichskanzler« – Scheidemann mit der Bildung einer Regierung. Dieser gehörten dann auch die MSPD-Mitglieder der Revolutionsregierung an: Noske (links von Ebert) wurde Reichswehrminister, Landsberg (ganz links) übernahm das Justizministerium, Wissell (rechts) das Wirtschafsministerium. **CJ** (Abb. S. 63)

**4/14 Blick in die Weimarer Nationalversammlung**
Weimar, 1919
Robert Sennecke (1885–1938)
Verlag: S. und G. Saulsohn
Fotopostkarte, Bromsilberdruck;
8,6 × 13,9 cm
Berlin, Deutsches Historisches Museum:
PK 2004/857.1

Um den revolutionären Unruhen in Berlin zu entgehen, tagte die Nationalversammlung im Weimarer Theater, das seit dem 19. Januar 1919 den Namen »Deutsches Nationaltheater Weimar« trug. Für die parlamentarische Nutzung des Gebäudes waren zahlreiche Umbauten notwendig: So mussten die Sitze im Parterre entfernt und durch Gestühl aus dem Berliner Reichstagsgebäude ersetzt werden. Die Sitzordnung der Abgeordneten folgte dem klassischen Schema von links und rechts;

# DIE WEIMARER REICHSVERFASSUNG

der Fotograf blickt hier also hauptsächlich auf die Reihen der Sozialdemokraten und die dahinter (ab der achten Reihe) platzierten 22 Abgeordneten der USPD. Auf den Rängen waren die in- und ausländischen Pressevertreter und Zuschauer untergebracht. CJ
(Abb. S. 55)

**4/15 Die weiblichen MSPD-Abgeordneten der Nationalversammlung**
Weimar, nach dem 7.8.1919
Berliner Illustrations-Gesellschaft
Verlag: S. und G. Saulsohn
Fotopostkarte, Bromsilberdruck;
8,5 × 13,8 cm
Berlin, Deutsches Historisches Museum:
PK 2004/855

**4/16 Die weiblichen USPD-Abgeordneten der Nationalversammlung**
Weimar, Februar 1919
Willy Römer (1887–1979)
Verlag: S. und G. Saulsohn
Fotopostkarte, Bromsilberdruck;
13,8 × 8,5 cm
Berlin, Deutsches Historisches Museum:
PK 2004/853

Bei den Wahlen zur Nationalversammlung konnten die Frauen erstmals das aktive und passive Stimmrecht ausüben. Als die Volksvertreter in Weimar zusammenkamen, stellten Frauen 37 der 423 Abgeordneten und waren in den Fraktionen aller größeren Parteien vertreten. Die Mehrheitssozialisten (MSPD) bildeten mit 163 Mandaten die stärkste Fraktion, zu der zunächst 18, ab August dann 19 weibliche Abgeordnete zählten. Bei den Unabhängigen Sozialdemokraten (USPD) gehörten die Hausfrauen Lore Agnes und Anna Hübler sowie die Parteisekretärin Louise Zietz zu den 22 Abgeordneten.

4/16

### 4/17 »Ans Werk!«
Titelblatt *Berliner Illustrirte Zeitung*, 28. Jg., Nr. 6, mit einem Widmungsblatt zur Eröffnung der Nationalversammlung 9.2.1919
Entwurf: Fritz Koch-Gotha (1877–1956)
Verlag/Druck: Ullstein und Co., Berlin
Druck auf Papier; 37,4 × 27,6 cm
Berlin, Deutsches Historisches Museum: Do 63/756.12

Am 20. Januar 1919, einen Tag nach der Wahl zur Nationalversammlung, fiel in Berlin die endgültige Entscheidung für Weimar als Tagungsort der Verfassunggebung. Dass die Nationalversammlung nicht in der Hauptstadt Berlin stattfinden sollte, war in erster Linie den dort seit Anfang Januar herrschenden bürgerkriegsähnlichen Zuständen im Gefolge des Spartakusaufstands geschuldet. Überdies wollte Friedrich Ebert den Vorbehalten namentlich der süddeutschen Regierungen gegen Berlin mit einem Versammlungsort im Zentrum des Reiches entgegenkommen. Vor allem aber galt Weimar als Stadt der deutschen Klassik mit einem besonderen *genius loci*: »Es wird in der ganzen Welt angenehm empfunden werden«, sagte Ebert in einer Sitzung des Rats der Volksbeauftragten am 14. Januar 1919, »wenn man den Geist von Weimar mit dem Aufbau des neuen Deutschen Reiches verbindet«. Philipp Scheidemann war derselben Ansicht: »Weimar ist ein sehr guter Ausweg, die Stadt Goethes ist ein gutes Symbol für die junge deutsche Republik.« Das Widmungsblatt arbeitet mit dem Motiv der Klassenverbrüderung und beschwört die »Gemeinschaft aller Schaffenden«: Vorbedingung für die Ausarbeitung einer republikanischen Verfassung sei der Handschlag von »Handarbeiter« und »Geistesarbeiter«, lautet seine Botschaft. Im Hintergrund ist das Weimarer Nationaltheater zu erkennen.

### 4/17

Die Gleichberechtigung war eines der großen sozialdemokratischen Themen, und selbstbewusst sprach die SPD-Abgeordnete Marie Juchacz als erste Frau in der Nationalversammlung: »Wollte die Regierung eine demokratische Verfassung vorbereiten, dann gehörte zu dieser Vorbereitung das Volk, das ganze Volk in seiner Vertretung. [...] Unsere Pflicht aber ist es, hier auszusprechen, was für immer in den Annalen der Geschichte festgehalten werden wird, dass es die erste sozialdemokratische Regierung gewesen ist, die ein Ende gemacht hat mit der politischen Unmündigkeit der deutschen Frau.« CJ

# DIE WEIMARER REICHSVERFASSUNG

4/19

**4/18 »Die Politik zieht in die Musenstadt ein«**
Titelblatt des *Simplicissimus*, 23. Jg., Nr. 46 mit einer Karikatur zur Nationalversammlung in Weimar
11.2.1919
Entwurf: Thomas Theodor Heine (1867–1948)
Simplicissimus-Verlag G.m.b.H, München
Druck: Strecker und Schröder, Stuttgart
Druck auf Papier; 37,5 × 27 cm
Berlin, Deutsches Historisches Museum:
RZB 5807-23, 2.1918/19

Dass die sozialdemokratischen Repräsentanten der Republik den »Geist von Weimar« für sich in Anspruch nahmen, rief auf der nationalkonservativen Seite Ablehnung und Spott hervor. Die Verknüpfung der bildungsbürgerlichen »Säulenheiligen« Goethe und Schiller mit Politik, namentlich mit Demokratie und Republik, empfand man hier als anmaßend und lächerlich. Auf dem Titelblatt des *Simplicissimus* ist die Politik als ein Reigen von plumpen Gestalten in den neuen Reichsfarben Schwarz-Rot-Gold dargestellt, teils sind es Bären (das Berliner Wappentier), teils eher Löwen (das bayerische Wappentier); alle tragen Teufelsmasken. Mit Schrecken wenden sich die neun Musen – Schutzgöttinnen der Künste – ab und versuchen zu fliehen. (Abb. S. 62)

**4/19 »Von Geldsacks Gnaden«**
Titelblatt der Zeitschrift *Die Pleite*, Nr. 1 mit einer Karikatur auf Friedrich Ebert
1919
Entwurf: George Grosz (1893–1959)
Malik Verlag, Berlin; Druck: Robert Barthe
Druck auf Papier; 43,3 × 29,9 cm
Berlin, Deutsches Historisches Museum:
1990/795.1

Während Konservative die sozialdemokratischen Regierungsmitglieder um Friedrich Ebert als Emporkömmlinge verächtlich machten, waren sie für die Kritiker des linksradikalen Spektrums »Verräter« der Arbeiter. Dass Ebert die Reichskanzlerschaft durch Max von Baden, also »von oben« übertragen bekommen hatte und damit ein noch vom Kaiserreich legitimierter Entscheidungsträger war, wurde ihm ebenso übel genommen wie zuvor seine Rolle im Januarstreik 1918, bei der Niederschlagung der revolutionären Unruhen im Dezember 1918 und bei jener des »Spartakusaufstands« im Januar 1919. Auf dem Titelblatt der ersten Ausgabe der kommunistischen Satire-Zeitschrift *Die Pleite* thront Ebert mit der deutschen Kaiserkrone auf dem Kopf in einem schweren Sessel und lässt sich bedienen. *Die Pleite* verdankte ihren Namen der Berliner DADA-Gruppe. Wieland Herzfelde gab die Halbmonatsschrift in seinem Berliner Malik-Verlag heraus – zusammen mit seinem Bruder John Heartfield und George Grosz, die mit ihm den Berliner DADA ins Leben gerufen hatten. Das Dreigestirn trat der KPD kurz nach ihrer Gründung Anfang Januar 1919 bei.

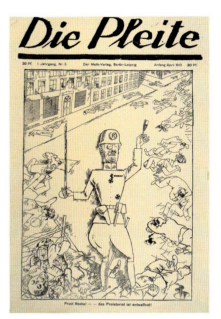

4/20

**4/20 »Prost Noske – das Proletariat ist entwaffnet!«**
Titelblatt der Zeitschrift *Die Pleite*, Nr. 3 zur Niederschlagung des Spartakusaufstands
1919
Entwurf: George Grosz (1893–1959)
Malik Verlag, Berlin
Druck: Otto Hellwig
Druck auf Papier; 43,3 × 29,9 cm
Berlin, Deutsches Historisches Museum:
Do 64/230

George Grosz gestaltete zahlreiche Titelblätter für *Die Pleite*; zur Ikone des kommunistischen Widerstands gegen die Regierung Ebert wurde seine Zeichnung »Prost Noske […]« auf der dritten Nummer. Dargestellt ist die blutige Niederschlagung des Spartakusaufstands: Umgeben von getöteten Arbeitern und einem Säugling, der auf dem Säbel aufgespießt ist, steht ein Reichswehroffizier. Er hebt das Glas auf Reichswehrminister Gustav Noske. Dieser hatte mit den Worten »Einer muss der Bluthund werden, ich scheue die

Verantwortung nicht« im Auftrag der Regierung Freiwilligenverbände aufgestellt, um den Aufstand mit Waffengewalt zu beenden. Am 11. und 12. Januar 1919 ließ Noske das Berliner Zeitungsviertel stürmen. Obwohl der Aufstand einen Tag später weitgehend niedergeschlagen war, rückten am 15. Januar auf Befehl Noskes weitere Freikorps in die Stadt ein. Aus ihren Reihen stammte auch eine Gruppe von Offizieren um Waldemar Pabst, die noch am selben Tag die KPD-Führer Rosa Luxemburg und Karl Liebknecht ermordete.

4/21

### 4/21 Eintrittskarte für die Nationalversammlung in Weimar
1919
Druck auf Karton; 8,9 × 11,9 cm
Berlin, Deutsches Historisches Museum:
Do 72/974l

Am 31. Juli 1919 wurde der bis dahin ausgearbeitete Verfassungsentwurf in der Weimarer Nationalversammlung mit 262 Stimmen von MSPD, DDP und Zentrum gegen 75 Stimmen verabschiedet. Zwei Tage zuvor hatte der DDP-Abgeordnete Conrad Haußmann vorgeschlagen, das Dokument »Weimarer Verfassung« zu nennen. In der Umgangssprache setzte sich diese Bezeichnung zwar durch, vor allem, um sie von der bismarckschen Reichsverfassung zu unterscheiden. Der offizielle Name lautete jedoch *Verfassung des Deutschen Reichs*. Die Eintrittskarte wurde am 11. August 1919 abgestempelt, dem Tag der Unterzeichnung der Verfassung.

### 4/22 Friedrich Ebert am Ort der Unterzeichnung der Reichsverfassung am 11. August 1919
Schwarzburg (Thüringen), 11.8.1919
(Fotografie)
1929 (Postkarte)
Paul Brand
Fotopostkarte, Bromsilberdruck;
14,1 × 9,1 cm
Berlin, Deutsches Historisches Museum:
PK 96/804

Vom 29. Juli bis zum 18. August 1919 machte Friedrich Ebert mit seiner Familie Urlaub im thüringischen Erholungsort Schwarzburg nahe Weimar. Er logierte in der Villa Schwarzaburg, die zum Hotel »Weißer Hirsch« gehörte, das im Hintergrund zu erkennen ist. Das Hotel fungierte als zeitweiliger Regierungssitz, im Speisesaal fanden Besprechungen und Kabinettssitzungen statt. Höchstwahrscheinlich im Schreib- und Lesezimmer des »Weißen Hirsch« unterzeichnete Ebert im Beisein der Regierungsmitglieder am 11. August die Verfassung – im Gegensatz zur wilhelminischen Prachtentfaltung bewusst ohne große Feierlichkeiten und Zeremoniell, aber mit anschließendem Festessen. Der schlichte Gedenkstein, der an diese historische Stunde erinnerte, wurde anlässlich der Verfassungsfeier am 11. August 1929 nahe dem Entstehungsort des Fotos, auf den sogenannten Schlossterrassen, eingeweiht. Die Nationalsozialisten entfernten ihn 1933. CJ (Abb. S. 65)

### 4/23 Typografische Entwurfszeichnung für die Weimarer Verfassung
Um 1919
Peter Behrens (1868–1940)
Bleistift und Tusche auf Transparentpapier;
40 × 32 cm
Berlin, Deutsches Historisches Museum:
ZD006623

Peter Behrens gilt als einer der Väter des industriellen Produktdesigns. Der Mitbegründer des Deutschen Werkbunds hatte sich bereits im Kaiserreich als Architekt, Produktgestalter und Typograf einen Namen gemacht, insbesondere mit seinen Arbeiten für die Allgemeine Elektricitäts-Gesellschaft (AEG). Auch die Buchstaben der Reichstags-Inschrift DEM DEUTSCHEN VOLKE, die im Jahre 1916 im Giebel des Gebäudes angebracht wurden, sind ein Entwurf von Behrens. Für seine Gestaltung der Präambel der Weimarer Verfassung wählte er eine gebrochene Fraktur-Schrift, wohl um die besondere Würde des Dokuments zu unterstreichen. Die Präambel definiert das oberste Prinzip des neuen Staates: das Volk als Souverän und Inhaber der verfassunggebenden Gewalt. Der Zusatz »einig in seinen Stämmen« ist eine Kompromissformel, die sowohl die Einheit der Deutschen als auch den föderalen Charakter des Reiches hervorhebt. (Abb. S. 24)

## DIE WEIMARER REICHSVERFASSUNG

**4/24 »Die Verfassung des Deutschen Reichs«**
Schülerausgabe
Berlin, 1920
Reichsdruckerei, Berlin
Karton, Druck auf Papier; 15 × 11,4 cm
Berlin, Deutsches Historisches Museum:
Do2 95/2387

Unter dem Titel *Die Verfassung des Deutschen Reichs. Vom 11. August 1919* wurde der gesamte Verfassungstext erstmals im Deutschen Reichsgesetzblatt Nr. 152 vom 14. August 1919 veröffentlicht und trat damit offiziell in Kraft. Gemäß den in Art. 148 der Reichsverfassung getroffenen Bestimmungen erschienen schon bald darauf eigens zu diesem Zweck gedruckte Schülerausgaben mit dem vollständigen Verfassungstext. (o. Abb.)

**4/25 MEZ-Mitteleuropäische Zeit, Blatt 3 zum 11. August, dem Verfassungstag der Weimarer Republik**
Weimar, 1919/1920, bez. u. r.: RMICHEL 19/20, 1968 FOR: A.L.CHANIN, N.Y.
Robert Michel (1897–1983)
Holzschnitt (Gold auf schwarzem Tonpapier); 53,5 × 44,6 cm
Berlin, Deutsches Historisches Museum:
Gr 2005/124

Der Künstler Robert Michel wollte ursprünglich Maschinenbauingenieur werden. Er war begeistert von den neuesten technisch-wissenschaftlichen Erfindungen seiner Zeit. Die Liebe zu Dynamik und Geschwindigkeit schlug sich in seinen frühen Holzschnitten nieder. Das dritte Blatt der MEZ-Folge enthält mehrfach die Ziffern und Buchstaben des Datums 11. August, des Tages der Unterzeichnung der Weimarer Verfassung. Über die Beweggründe und den Herstellungsprozess der Holzschnitte berichtete Michel rückbli-

4/25

ckend: »Alle vier im Herbst 1919 zu Weimar – (nicht ohne Oppositionsgründe) – entstehenden MEZ-Konzeptionen, sind nur sekundär noch Holzschnitte. Primär geht's über Winter auf 1920 darum, Holz-Modellformen zu schnitzen bzw. zu basteln, auf Lindenholz-Basis. Analog bereits erlebter technisch-maschineller Gießerei-Fertigungsprozesse. [...] Schließlich ist ja Weimar 1919/20 Mittelpunkt ›werdender‹ Dinge: I. Republik Deutschland. Mit unvergesslich internationalem Gästeklima am Ort. Plus improvisierter ›Luftpost‹-Linie: Berlin – Weimar, kommen nach MEZ geflogene Zeitungen aus aller Welt pünktlich in's Haus.« LK

## Die umkämpfte Demokratie

4/26

**4/26 »Kapp-Lüttwitz.
Das Verbrechen gegen die Nation«**
Berlin, 1920
Theodor Heuss (1884–1963)
Verlag: Hans Robert Engelmann
Druck auf Papier; 19,8 × 13,4 cm
Berlin, Deutsches Historisches Museum:
Do2 2002/1022

Theodor Heuss war bereits seit seiner Münchner Studentenzeit politisch interessiert. Seit 1905 schrieb er für *Die Hilfe*, eine Zeitschrift des von ihm bewunderten sozialliberalen Politikers Friedrich Naumann. Bei der Wahl zur Verfassunggebenden Nationalversammlung kandidierte Heuss erstmals für die DDP, jedoch ohne Erfolg. Erst 1924 gelang ihm der Einzug in den Deutschen Reichstag als DDP-Abgeordneter. Heuss verfasste in den 1920er Jahren neben seinen Tätigkeiten als Journalist und als Geschäftsführer des Deutschen Werkbunds zahlreiche Politiker-Biografien und Schriften zu politischen Fragen. Eines seiner ersten Bücher war eine bissige Abrechnung mit den Putschisten um General Walther Freiherr von Lüttwitz und Wolfgang Kapp. Schon im Frühjahr 1920 war die junge Republik in ihre erste große Existenzkrise geraten. Nach den Abrüstungsbestimmungen des Versailler Vertrages sollten rund 300.000 Reichswehr- und Freikorps-Angehörige entlassen werden. Am 10. März 1920 verlangte General von Lüttwitz, Oberbefehlshaber sämtlicher Freikorps, die Beibehaltung der Verbände, seine Ernennung zum Oberbefehlshaber der Reichswehr sowie Neuwahlen von Reichstag und Reichspräsident. Als er deshalb in den Ruhestand versetzt werden sollte, schritt von Lüttwitz zusammen mit dem Korvettenkapitän Hermann Ehrhardt, dem Führer der von der Auflösung betroffenen Marinebrigade II, zur bewaffneten Machtübernahme. Die Regierung musste nach Stuttgart fliehen, weil die Reichswehrführung nicht bereit war, gegen die Putschisten vorzugehen. Kapp, einer der Mitverschwörer, ernannte sich zum Reichskanzler und von Lüttwitz zum Oberbefehlshaber der Reichswehr. Unterdessen rief die Ebert-Regierung zum Generalstreik auf, der von den Gewerkschaften und der SPD, später auch von der KPD befolgt wurde. Da der Putsch auch von den Unternehmern und den Berliner Ministerialbeamten nicht unterstützt wurde, brach er am 17. März 1920 zusammen.

**4/27 »Brennende Ruhr«**
Roman aus dem Kapp-Putsch
Rudolstadt, 1929
Karl Grünberg (1891–1972)
Titelgrafik: Wilhelm Geißler (1895–1977)
Greifenverlag, Rudolstadt
Druck auf Papier; 19 × 13 × 3 cm
Berlin, Deutsches Historisches Museum:
R 53/2880-1

4/27

Noch während des Lüttwitz-Kapp-Putsches kam es zum Aufstand der »Roten Ruhrarmee«. »Vollzugsräte«, meist aus den Reihen der USPD und auch der KPD, übernahmen in den größeren Orten des Ruhrgebiets die politische Macht und zwangen einmarschierende Freikorps zum Rückzug. Ein Teil dieses Widerstands formierte sich zu einer etwa 50.000 Mann zählenden »Roten Ruhrarmee«. Aus einem bewaffneten Widerstand gegen die Putsch-Anhänger wurde bald ein Kampf für die Wiederbelebung der Revolution und des Rätesystems. Mithilfe der Reichswehr, die diesmal nicht zögerte, gegen die Aufständischen vorzugehen, wurde der Aufstand im April 1920 niedergeschlagen; es kam zu Gräueltaten und standrechtlichen Erschießungen seitens der Regierungstruppen. Grünbergs Roman schildert die revolutionären Kämpfe im Ruhrgebiet aus Sicht der Kommunisten. Im Mai 1933 gehörte das Buch zu denjenigen Schriften, die bei öffentlichen Bücherverbrennungen von den Nationalsozialisten in die Flammen geworfen wurden.

4/28

**4/28 »Ausstellung / Deutschland und der Friedensvertrag«**
Veranstaltungsplakat der »Liga zum Schutze der Deutschen Kultur«
1921/1922, bez. M. r.: PEFFER STEFAN 8616
Entwurf: Stefan Peffer
W. Büxenstein Druckerei-Ges., Berlin
Lithografie; 34,5 × 48,5 cm
Berlin, Deutsches Historisches Museum:
P 74/3557

Als schwere Hypothek für die Republik und ihre Verfassung erwies sich der Versailler Friedensvertrag. In der Zeit zwischen seiner Übergabe am 7. Mai 1919 und der Annahme am 22. Juni 1919 in der Nationalversammlung kamen die eigentlichen Verfassungsberatungen fast zum Stillstand. Auch nach der Schlussabstimmung am 23. Juni, bei der DNVP, DVP, die meisten DDP- und einige Zentrumsabgeordnete gegen die Ratifizierung des Friedensvertrags gestimmt hatten, obwohl ihnen bewusst war, dass es gar keine Alternative dazu gab, wurde der Ruf nach baldiger und möglichst umfassender Revision des »Diktatfriedens« nicht leiser – quer durch das politische Spektrum. Die antikommunistische »Liga zum Schutze der deutschen Kultur« machte die Agitation gegen Versailles zu ihrer Hauptaufgabe. Neben Bildungskursen und Zeitschriften wurde die Öffentlichkeit mit einer aufwendigen Wanderausstellung, die durch 80 Städte tourte, indoktriniert. Sie war vom 21. Februar bis zum 9. März 1922 in Berlin zu sehen.

### 4/29 Vier Schlagringe
Um 1930
Berlin, Deutsches Historisches Museum
a) Messing; 11 × 7 × 1 cm; W 67.33
b) Aluminium; 10 × 7 × 0,5 cm; W 63.14
c) Stahl; 12 × 7 × 0,5 cm; W 72.93
d) Stahl; 11,5 × 3,5 × 1 cm; 67.32

Ein Schlagring ist eine Handwaffe, die aus einem Griff aus Metall, Horn oder Holz besteht, durch den die Finger der Hand gesteckt werden und so der Faust Verstärkung und Halt geben. Mit Schlagringen können wirkungsvolle Schläge in das Gesicht des Gegners geführt und schwere Verletzungen verursacht werden. Sie fanden bereits bei urzeitlichen Völkern und in der griechischen Antike Verwendung. Funde auf den Schlachtfeldern des amerikanischen Bürgerkriegs (1861–1865) sprechen dafür, dass auch der moderne, industrialisierte Krieg die Verbreitung des Schlagrings beförderte. Der vielfache Einsatz in den Schützengräben des Ersten Weltkriegs brachte Teile der Gesellschaft in Kontakt mit dieser ebenso einfach wie brachial ausgeübten Gewalt. In den 1920er Jahren war der Schlagring, oft auf der eigenen Werkbank hergestellt, zur Waffe des Kleinkriminellen, aber auch des politischen Straßenkämpfers geworden. Heute sind Schlagringe in Deutschland durch das Waffengesetz verboten. **SL** (o. Abb.)

### 4/30 Schlagstock mit Kern aus Tau
Um 1930
Leder; L 43 cm, D 4,5 cm
Berlin, Deutsches Historisches Museum: W 77.69

### 4/31 Gummiknüppel der Polizei
Um 1930
Hartgummi; L 53 cm, D 4 cm
Berlin, Deutsches Historisches Museum: W 66.35

4/32

Die Keule war die erste Waffe, die zielgerichtet hergestellt wurde. Ihre Herkunft geht auf unbearbeitete hölzerne Stöcke zurück und nahm von da an einen vielschichtigen Verlauf, bis hin zu kunstfertig hergestellten Zeremonial-Keulen als Herrscher- und Machtsymbol. Noch heute verwenden Ordnungskräfte auf der ganzen Welt Schlagstöcke aus Holz oder Gummi. In Deutschland wurde der Gummiknüppel in den 1920er Jahren zur polizeitypischen Waffe, aber ebenso von den unterschiedlichen politischen oder paramilitärischen Gruppen in Straßenkampf und »tätlicher« Auseinandersetzung geführt. Heute verwendet die Polizei wegen der großen Verletzungsgefahr keine Vollgummischlagstöcke mehr. Sie wurden durch gummiummantelte Holzstöcke ersetzt. **SL** (o. Abb.)

### 4/32 Zwei Teleskopschlagstöcke
Um 1930
Berlin, Deutsches Historisches Museum
a) Stahl, Leder; L 41 cm, D 3,5 cm; W 2008/4
b) Edelstahl; L 41 cm, D 3,5 cm; W 77.70

Teleskopschlagstöcke lassen sich mit einer Schleuderbewegung auf volle Länge auseinanderziehen und ebenso schnell wieder zurückschieben. Sie können leicht und unerkannt am Mann geführt werden. Derartige Schlagstöcke gehören seit den 1920er Jahren in vielen Ländern zur Ausrüstung von Polizei- und anderen Sicherheitskräften, fanden aber auch Eingang ins kriminelle Milieu. Das Führen von Teleskopschlagstöcken ist in Deutschland seit 2008 verboten, Besitz und Erwerb dagegen nicht. **SL**

### 4/33 Drei Totschläger
Um 1930
Berlin, Deutsches Historisches Museum
a) Stahl, Leder; L 20, D 4 cm; W 77.73
b) Stahlfeder, Sisalummantelung; L 23,5 cm, D 4 cm; W 73.12
c) Stahl, Leder; 23,5 cm, D 3,5 cm; 77.73

Totschläger sind keulenartige Schlagwaffen, bei denen ein Gewicht, eine Stahlfeder oder eine Eisenkugel zur Erhöhung der Durchschlagskraft in Stoff oder Leder eingenäht ist. Manchmal dient eine angenähte Lederschlaufe der besseren Handhabung. Totschläger fanden ursprünglich in Landwirtschaft und Fischerei Verwendung beim Töten oder Betäuben von Tieren, kamen während des Ersten Weltkriegs innerhalb der in der deutschen Armee seit 1915 eingesetzten »Stoßtrupps« zum Einsatz und drangen schließlich als einfache und dabei lautlose Waffe ins kriminelle Milieu vor. Auch bei den gegen Ende der Weimarer Republik immer wieder aufflackernden Straßenkämpfen gehörten sie für alle Konfliktparteien neben Schlagringen und Schlagstöcken zu den Waffen der Wahl. **SL**

# DIE WEIMARER REICHSVERFASSUNG

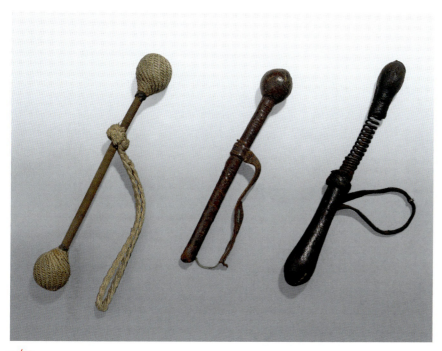

4/33

4/34 und 4/35

### 4/34 Pistole 08
1915
Stahl, Holz, Bakelit; H 22,5 × T 3,5 × L 13,7 cm
Berlin, Deutsches Historisches Museum:
W 57/91

Die Pistole 08, nach der Munition auch Parabellumpistole oder nach einem der Konstrukteure auch Luger genannt, wurde im Jahr 1908 als Ordonnanzpistole der deutschen Armeen eingeführt. Sie ersetzte den veralteten sogenannten Reichsrevolver. Allen Varianten gemein waren der unverwechselbare Kniegelenkverschluss und die ausbalancierte Lage dieser Waffe in der Hand des Schützen. Als Dienstpistole im Ersten und Zweiten Weltkrieg wurde die »08« auf deutscher Seite weltberühmt, als wichtiges Kriegssouvenir auf alliierter Seite populär, als charakteristische Waffe in Kriminalfilmen legendär bis heute. Bis 1943 wurden zunächst in Berlin, später in anderen deutschen Waffenfabriken sowie in Lizenz im Ausland etwa zwei Millionen Stück hergestellt. Durch Demobilisierung und Revolution gelangten nach 1918 zahlreiche Pistolen in private Hände; sie wurden in den Straßenkämpfen der Weimarer Republik vielfach verwendet. S L

### 4/35 Sauer-Pistole Modell 1913
Nach 1913
Stahl, Bakelit; H 11 × T 3 × L 14,5 cm
Berlin, Deutsches Historisches Museum:
W 57/61

Die Waffenfabrik »J. P. Sauer & Sohn« produziert seit dem 18. Jahrhundert bis heute Militär- und vor allem Jagdwaffen, zunächst in Suhl, seit 1951 in Eckernförde. Um 1900 versuchte Sauer mit einem eigenen Konstruktionsbüro in den expandierenden Markt der Selbstladepistolen vorzudringen. Schließlich wurde nach zweijähriger Vorbereitung das kompakte Modell 1913 vorgestellt. Das kleinere Kaliber erlaubte gegenüber vielen Konkur-

4/36

renzwaffen ein reduziertes Maß und Gewicht und verschaffte der Sauer-Pistole überall dort Beliebtheit, wo es nicht nur auf die Durchschlagskraft ankam. Sie wurde eine populäre Seitenwaffe deutscher Offiziere des Ersten Weltkrieges, oftmals beschafft aus privaten Mitteln. 1918 wurde die Produktion eingestellt, doch wegen großer Resonanz von 1922 bis 1935 wieder aufgenommen. S L

4/36 »Die Lebenden dem Toten. Erinnerung an den 15. Januar 1919«
Gedenkblatt zum Tode Karl Liebknechts
1920, bez. u. r.: Käthe Kollwitz
Käthe Kollwitz (1867–1945)
Holzschnitt; 53 × 63,5 cm
Berlin, Deutsches Historisches Museum: Gr 55/1085

Unabhängige Arbeiterräte entfesselten gemeinsam mit Anhängern der USPD und der noch jungen KPD am 5. Januar 1919 in Berlin den Spartakusaufstand mit dem Ziel, die Regierungsgeschäfte zu übernehmen, die geplanten Wahlen zur Nationalversammlung am 19. Januar 1919 zu verhindern und eine Räterepublik nach russischem Vorbild einzurichten. Zu den führenden Spartakisten gehörten Karl Liebknecht und Rosa Luxemburg. Mit großer Brutalität schlugen Regierungstruppen und Freikorps den Aufstand nieder. Am 15. Januar wurden Liebknecht und Luxemburg verhaftet und erschossen. Auf Wunsch der Familie Liebknechts zeichnete Käthe Kollwitz den ermordeten Politiker auf dem Totenbett. Die Skizze entstand am 25. Januar

# DIE WEIMARER REICHSVERFASSUNG

4/37

### 4/37 Die Barrikade
Blatt 3 aus der Mappe *Tod und Auferstehung*
Dresden, 1922, bez. u. r.: Dix; u. l.: 19/50
Otto Dix (1891–1969)
Radierung; 27,6 × 34,6 cm;
39,9 × 47,5 cm (Blatt)
Berlin, Deutsches Historisches Museum:
1989/1717

im Leichenschauhaus. Auf dem 1920 vollendeten Holzschnitt ist der Abschied der Arbeiter von Liebknecht dargestellt. Kollwitz gab das Gedenkblatt in hoher, zum großen Teil unsignierter Auflage heraus. Es sollte für jeden Arbeiter erschwinglich sein. Die Künstlerin wies ausdrücklich darauf hin, dass sie das Recht habe, »den Abschied der Arbeiterschaft von Karl Liebknecht darzustellen, [...] ohne dabei politisch Liebknecht zu folgen«. LK

Aus der Perspektive von 1922 gestaltete Otto Dix die revolutionären Ereignisse von 1918 und ihr Scheitern. Der dargestellte Matrose, letzter Überlebender auf der Barrikade, versucht verzweifelt, seine Stellung zu halten, umgeben von Tod und Zerstörung. 1922 stand fest, dass die Revolution nicht zu ihrem eigentlichen Ziel, der Errichtung eines Arbeiter- und Bauernstaates nach sozialistischem Vorbild, geführt hatte. Stattdessen war eine parlamentarische Demokratie entstanden. Doch auch diese wurde überschattet von blutigen Straßenkämpfen, Aufständen und politischen Morden. Insofern kann *Die Barrikade* auch als eine Zustandsbeschreibung der frühen Weimarer Jahre gelesen werden. Dix war Mitbegründer der »Dresdner Sezes-

**4/38**

sion – Gruppe 19«, einer Künstlergruppe, die »Wahrheit – Brüderlichkeit – Kunst« zu ihren »Hauptgrundsätzen« erhoben hatte, wie es im Gründungsstatut hieß. Seit 1920 hielt er engen Kontakt zum Berliner DADA.

**Art. 142 Die Kunst, die Wissenschaft und ihre Lehre sind frei. Der Staat gewährt ihnen Schutz und nimmt an ihrer Pflege teil.**

*Die Verfassung des Deutschen Reichs* vom 11. August 1919

**4/38 Arbeitslosendemonstration Juni 1923**
1923, bez. u. r.: A. Frank
Alfred Frank (1884 – 1945)
Radierung; 37,7 × 50 cm
Berlin, Deutsches Historisches Museum:
Gr 57/301

Im Jahre 1923 wurde die Republik von einer ganzen Serie wirtschaftlicher und politischer Krisen erschüttert. Die finanziellen Probleme des Reiches (Reparationen, Staatsverschuldung, Währungsverfall) und ein weltweiter Konjunktureinbruch führten zum Kollaps der deutschen Wirtschaft. Die Löhne sanken ins Bodenlose, die Erwerbslosenzahlen erreichten ihren ersten Gipfel. Auf dem Höhepunkt der Inflation im Juni 1923 kam es zu Hungerdemonstrationen und Plünderungen, die mit Polizeigewalt bekämpft werden mussten. Eine solche Demonstration hat der Maler und Grafiker Alfred Frank festgehalten, vermutlich in Leipzig, beim Neuen Theater auf dem Augustusplatz, einem der größten Plätze Deutschlands. Frank war seit 1909 Mitglied der SPD, um 1920 trat er in die KPD ein, für die er zahlreiche Plakate entwarf. Seit 1923 arbeitete er als Pressezeichner für die *Sächsische Arbeiter-Zeitung* in Leipzig.

## DIE WEIMARER REICHSVERFASSUNG

Art. 123 Alle Deutschen haben das Recht, sich ohne Anmeldung oder besondere Erlaubnis friedlich und unbewaffnet zu versammeln. Versammlungen unter freiem Himmel können durch Reichsgesetz anmeldepflichtig gemacht und bei unmittelbarer Gefahr für die öffentliche Sicherheit verboten werden.

*Die Verfassung des Deutschen Reichs vom 11. August 1919*

### 4/39 »Hitler frei«
Titelblatt von *Der Nationalsozialist*,
Folge 10/11
25.12.1924
Herausgeber: Hermann Esser
Druck: Münchner Buchgewerbehaus
M. Müller und Sohn
Druck auf Papier; 47,4 × 32 cm
Berlin, Deutsches Historisches Museum:
Do2 89/1472

4/39

Die Krisen des Jahres 1923 bildeten den Nährboden für eine wachsende politische Radikalisierung. Besonders profitieren konnte die NSDAP, deren Mitgliederzahl rapide anstieg. Auch der gescheiterte Putsch unter Adolf Hitler im November 1923 in München hielt den Siegeszug der Rechtsradikalen nur vorübergehend auf, zumal der anschließende Hochverratsprozess zu einer Farce geriet: Hitler und seine Mitverschwörer erhielten nur fünf Jahre (ehrenvolle) Festungshaft; bereits nach sechs Monaten wurde Hitler im Dezember 1924 aus Landsberg entlassen. »Das Jahr 1923 machte Deutschland fertig – nicht speziell zum Nazismus, aber zu jedem phantastischen Abenteuer [...], damals entstand das, was ihm heute seinen Wahnsinnszug gibt: die kalte Tollheit, die hochfahrend hemmungslose, blinde Entschlossenheit zum Unmöglichen [...] «, resümierte Sebastian Haffner in seinen um 1939 verfassten Erinnerungen *Geschichte eines Deutschen*.

# IM SCHATTEN DER GEWALT

4/40

**4/40 »Der Tag von Weimar –
3./4. Juli 1926«**
Titelblatt *Illustrirter Beobachter*, Nr. 1
zum ersten Reichsparteitag der NSDAP
Juli 1926
Verlag: Franz Eher Nachf. GmbH, München
Druck: Münchner Buchgewerbehaus
M. Müller und Sohn
Druck auf Papier; 48,1 × 32 cm
Berlin, Deutsches Historisches Museum:
Do 56/400

Für die Nationalsozialisten war Weimar sowohl von hoher strategischer wie auch symbolischer Bedeutung. In Thüringen verfügte Hitler über eine große Anhängerschaft: Bereits im Februar 1924 zog dort eine völkisch-nationalsozialistische Gruppierung in den Landtag ein. Schon kurz darauf hob die neue Landesregierung das NSDAP-Verbot auf; Mitte des Jahres 1924 fand in Weimar der Parteitag der »Nationalsozialistischen Freiheitsbewegung« statt, einer Nachfolgeorganisation der NSDAP, die zu jener Zeit auf Reichsebene noch verboten war. Die nächste wichtige Etappe im »Kampf um Weimar« bildete der erste Reichsparteitag der NSDAP nach deren Neugründung. Er wurde vom 3. bis zum 4. Juli 1926 in Weimar abgehalten. Zehn Jahre später hieß es dazu in einer NS-Schrift: »Das deutsche Nationaltheater [...], einst der Schauplatz für die sogenannte Nationalversammlung und Versailler Schandvertragsgenossen, öffnete damals zum ersten Male dem Führer und der Bewegung seine Pforten, und schon durch den ersten Kongreß dieses festlichen Tages wurde die Schande des Hauses von 1919 ausgelöscht.«

**Art. 41 Der Reichspräsident wird
vom ganzen deutschen Volke gewählt.
Wählbar ist jeder Deutsche, der das
fünfunddreißigste Lebensjahr
vollendet hat. ...**

*Die Verfassung des Deutschen Reichs*
vom 11. August 1919

**4/41 Porträtbüste von Friedrich Ebert**
1925 (Original); um 1955 (Abguss), bez. GK
Georg Kolbe (1877–1947)
Guss: H. Noack, Berlin
Bronze; 52 × 26 × 30 cm
Berlin, Georg-Kolbe-Museum –
Dauerleihgabe vom Bezirksamt Charlottenburg-Wilmersdorf

Friedrich Ebert war es 1918/19 gelungen, einen klassenübergreifenden Kompromiss zwischen Arbeiterbewegung und Bürgertum zu erzielen. Ohne ihn wäre der erste demokratische Staat auf deutschem Boden kaum zustande gekommen. Als »Konkursverwalter des Kaiserreichs«, wie er sich selbst einmal bezeichnete, hatten er und seine Mitstreiter dabei schier unlösbare Probleme überwunden. Bis 1924 machte er insgesamt 136 Mal vom »Notverordnungs«-Artikel 48 Gebrauch, vorwiegend, um politische Unruhen und Put-

**Friedrich Ebert**

(SPD)
geb. 4. Februar 1871 in Heidelberg
gest. 28. Februar 1925 in Berlin

**1885–1888** Sattlerlehre **1889** Eintritt in die SPD **1889–1891** aufgrund seiner politischen Tätigkeit auf der »schwarzen Liste« der Polizei **1893** Lokalredakteur der *Bremer-Bürgerzeitung* **1894** Wahl zum Parteivorsitzenden der Bremer SPD **1900–1905** Mitglied der Bremer Bürgerschaft und Leiter der sozialdemokratischen Fraktion; Arbeitersekretär **ab 1905** in Berlin Sekretär des Vorstandes der SPD **1912** Mitglied des Reichstags für den Wahlkreis Elberfeld-Barmen **ab 1913** einer der beiden SPD-Parteivorsitzenden **1916** neben Philipp Scheidemann Vorsitzender der SPD-Reichstagsfraktion **1918** Reichskanzler; Mitglied des Rats der Volksbeauftragten **1919–1925** Reichspräsident

Friedrich Ebert, um 1920

# DIE WEIMARER REICHSVERFASSUNG

4/41

sche zu bekämpfen. Eine überparteiliche Führung seines Amtes als Reichspräsident wurde ihm aber selbst von politischen Gegnern bescheinigt. 1925 starb er überraschend im Alter von 54 Jahren. Er hatte eine Blinddarm-Operation zu lange aufgeschoben – unter anderem wegen einer Verleumdungskampagne von Seiten der Rechtsradikalen, in deren Verlauf er des Landesverrats angeklagt und schuldig gesprochen wurde. Vorgeworfen wurde ihm sein Eintritt in die Streikleitung während des Januarstreiks 1918, ein Schritt, den er seinerzeit einzig deshalb unternommen hatte, um mäßigend auf die Streikführung einwirken zu können. Nach seinem Tod beauftragte Reichstagspräsident Paul Löbe den Bildhauer Georg Kolbe mit einer Büste. Doch Proteste rechtsgerichteter Abgeordneter verhinderten ihre Aufstellung im Reichstag. Im Herbst 1925 erhielt sie schließlich einen Platz im Preußischen Landtag.

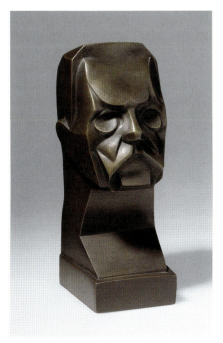

4/42

**4/42 Porträtbüste von Paul von Hindenburg**
1926; bez. u. num. Rs.: W. Wauer V/VII
William Wauer (1866–1962),
Guss: W. Füssel; bez. Rs.: W. Füssel, Berlin
Bronze; 21 × 9 × 10,4 cm
Berlin, Deutsches Historisches Museum:
Pl 2001/5

Paul von Hindenburg war Nachfolger des 1925 verstorbenen Reichspräsidenten Friedrich Ebert. Nachdem bei der ersten Volkswahl des Reichspräsidenten am 29. März 1925 keiner der Bewerber eine absolute Mehrheit erreichen konnte, präsentierte ein aus den nationalkonservativen und rechtsradikalen Parteien bestehender »Reichsblock« den 77-jährigen Hindenburg als Kandidaten. Der immer noch als »Held von Tannenberg« populäre Generalfeldmarschall a. D., Monarchist und Miturheber der Dolchstoßlegende, brachte das rechte Wählerspektrum hinter

**Paul Löbe**

(SPD)
geb. 14. Dezember 1875 in Liegnitz (Schlesien)
gest. 3. August 1967 in Bonn

**1890–1895** Lehre als Schriftsetzer in Liegnitz **1899** Schriftleiter der sozialdemokratischen Zeitung *Volkswacht* in Breslau **ab 1904** Stadtverordneter in Breslau für die SPD **1919** Einzug in die Weimarer Nationalversammlung für den Wahlkreis Breslau, Vizepräsident der Nationalversammlung **ab 1920** Mitglied des Reichstags für die SPD, Reichstagspräsident **1932** Ablösung als Reichstagspräsident durch Hermann Göring; Redakteur des SPD-Zentralorgans *Vorwärts* **1933** sechs Monate Schutzhaft, nach Freilassung Rückzug aus dem politischen Leben **ab 1935** Verbindungen zum Widerstandskreis um Carl Friedrich Goerdeler **1944** erneute Inhaftierung **1945** nach Kriegsende sofortige Wiederaufnahme der Tätigkeit für die SPD und Redakteur der sozialistischen Zeitung *Das Volk* **1948–1949** Mitglied des Parlamentarischen Rats **1949–1953** Mitglied des Deutschen Bundestags für die SPD **1954** Präsident des »Kuratoriums Unteilbares Deutschland«

9/6

4/43

sich und gewann am 26. April 1925 die Wahl mit knappem Vorsprung vor dem Zentrumspolitiker Wilhelm Marx, der von einem Bündnis aus SPD, DDP und Zentrum, dem »Volksblock«, unterstützt worden war. In seiner Porträtbüste von Hindenburgs verbindet William Wauer eine kubo-expressionistische Formensprache mit strenger Symmetrie. Die kantige Physiognomie des Politikers, ein in vielen bildlichen Darstellungen betontes Markenzeichen Hindenburgs, wird dadurch noch verstärkt und fast ins Maskenhafte gewendet. Wauer gehörte zur sogenannten zweiten Generation der Expressionisten, die unter dem Eindruck von Krieg und Revolution am Bild eines »neuen Menschen« arbeiteten.

Art. 118 Jeder Deutsche hat das Recht, innerhalb der Schranken der allgemeinen Gesetze seine Meinung durch Wort, Schrift, Druck, Bild oder in sonstiger Weise frei zu äußern. …

*Die Verfassung des Deutschen Reichs vom 11. August 1919*

**4/43 »Weg mit Weimar!«**
Plakat für eine Veranstaltung
des Bayernbunds e.V., Ortsgruppe
München im Februar 1924
1924
Münchner Plakatdruckerei
Volk & Schreiber
Druck auf Papier; 86 × 62,5 cm
München, Bayerisches Hauptstaatsarchiv:
9623

»Weimar« avancierte bald zum Synonym für die dort verabschiedete Verfassung und verkörperte die in ihr festgeschriebene parlamentarische Demokratie ebenso wie deren Protagonisten. Der Slogan »Weg mit Weimar« war eine klare Absage an die Republik; im Falle des Bayernbunds ging es vermutlich vor allem um die als zu stark empfundene Stellung der Zentralgewalt. Überdies galt »Weimar« oder das »System von Weimar«, wie es namentlich von Nationalsozialisten in diffamierender Absicht bezeichnet wurde, als Symbol für die aus MSPD, DDP und Zentrum bestehende Koalition, von der die Verfassung verabschiedet worden war.

**4/44 »Gegen Weimar und Versailles!«**
Hinweis auf eine Wahlversammlung
der DNVP am 31. Oktober 1932 im Restaurant
Spandauer Berg, Berlin
1932
Berek-Druck, Berlin
Druck auf Papier; 35 × 47 cm
München, Bayerisches Hauptstaatsarchiv:
9120

Mit den Städtenamen »Weimar« und »Versailles« sind zugleich die beiden wichtigsten politischen Schlagworte genannt, mit denen sich für die Gegner der Republik die Tiefpunkte deutscher Geschichte verbanden. Diese beiden Begriffe und ihre Instrumentalisierung prägten die gesamte politische Propaganda der 1920er Jahre nachhaltig.

4/44

## Konflikt-Stoff: Der Flaggenstreit

**Art. 3 Die Reichsfarben sind schwarz-rot-gold. Die Handelsflagge ist schwarz-weiß-rot mit den Reichsfarben in der oberen inneren Ecke.**

*Die Verfassung des Deutschen Reichs vom 11. August 1919*

**4/45 Handelsflagge der Weimarer Republik**
1919/1933
Wolle; 60 × 100 cm
Kiel, Kieler Stadt- und Schiffahrtsmuseum: 202/79

Die Einführung neuer Reichsfarben sorgte schon während der Verfassungsberatungen für Konfliktstoff und wurde zum Signal für die fehlende Konsensbereitschaft der politischen Kräfte. Hugo Preuß hatte in seinem Verfassungsentwurf vorgeschlagen, statt des kaiserlichen Schwarz-Weiß-Rot die Farben Schwarz-Rot-Gold in Anknüpfung an die Farben der 1848er Revolution zu verwenden. Damit sollte – auch als Zugeständnis an die Arbeiterbewegung – der Bruch mit der monarchischen Vergangenheit unübersehbar vollzogen werden. Während die rechten Parteien DNVP und DVP die Revolutionsfarben strikt ablehnten und die Beibehaltung von Schwarz-Weiß-Rot forderten, war die Haltung von DDP und Zentrum uneinheitlich. Die USPD plädierte für Rot; nur die MSPD votierte für Schwarz-Rot-Gold. Im Juli 1919 einigte man sich schließlich auf den in der Verfassung festgeschriebenen Kompromiss. Die gezeigte Handelsflagge führt im oberen inneren Eck, dem Fahnenmast zugeneigt, eine sogenannte Gösch in Schwarz-Rot-Gold. In der Flaggenkunde hat der Begriff »Gösch« eine Doppelbedeutung: Zum einen bezeichnet er, in der Regel bei Kriegsschiffen, die Bugflagge; zum anderen, wie in diesem Fall, eine »Flagge in der Flagge«.

4/45

4/46

# 234 IM SCHATTEN DER GEWALT

> Die Reichskriegsflagge wie die Handelsflagge, in der Mitte der Flagge ein schwarzes, weißgerändertes Kreuz von der Form des Eisernen Kreuzes, in den schwarzen und roten Querstreifen je bis zu einem Drittel übergreifend.
>
> *Verordnung über die deutschen Flaggen* vom 11. April 1921, *Reichsgesetzblatt 483*

**4/46 Kriegsflagge für kleinere Einheiten der Reichsmarine**
Deutschland, 1922/1933
Wolle; 75 × 135 cm
Wilhelmshaven, Deutsches Marinemuseum Wilhelmshaven: 2004/151

Schon im April 1921 wurde der Farbenkompromiss durch eine weitere Verordnung durchlöchert: Demnach trug die Reichskriegsflagge nun ebenfalls die kaiserlichen Farben Schwarz-Weiß-Rot, in der Mitte das Eiserne Kreuz und nur an der dem Fahnenmast zugeneigten Seite (Liek-Seite) die schwarz-rot-goldenen, eigentlichen Nationalfarben. Als Grund dafür wurde die Angleichung der Reichskriegs- an die Handelsflagge angegeben: Deutsche Kriegs- und Handelsschiffe sollten in Häfen und auf hoher See eine mehr oder weniger identische Flagge zeigen. In erster Linie aber versuchten Reichspräsident Ebert und seine Berater mit diesem Zugeständnis ein weiteres Mal, Elemente der Tradition mit der Erneuerung zu verbinden, um ihren potenziellen Gegnern weniger Angriffsfläche zu bieten. Insbesondere gegenüber der Reichswehr und der Reichsmarine schien dies geboten. (Abb. S. 233)

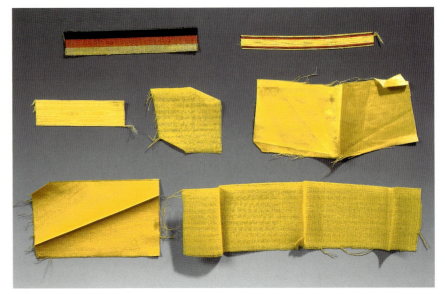

4/47

**4/47 Sieben Stoffproben zur Festlegung des Farbtons »Gold« der neuen deutschen Reichsfarben**
Anlage zu einem Schreiben des Reichsministeriums des Innern an das Reichspatentamt
1919
Stoff; 19 × 8; 15 × 9; 30 × 8; 7 × 8; 11 × 3; 15,5 × 2,5; 15,5 × 1,5 cm
Berlin, Bundesarchiv: BArch, R1501/11 6480

Zu Beginn der Weimarer Republik existierten noch keine genormten Farbtöne. Deshalb mussten bei der Festlegung einer Farbe Muster und Proben ausgetauscht werden. Erst 1927 erarbeitete der Reichs-Ausschuss für Lieferbedingungen (RAL) eine Farbtabelle, die sogenannte RAL-Farbsammlung, um einer Farbe eine eindeutige Zahl zuzuweisen. Nun genügte eine RAL-Nummer, um sich auf einen bestimmten Farbton zu verständigen.

**4/48 »Am 4. Mai wählt nur Deutschvölkische Freiheitspartei (Nationalsozialisten)«**
Wahlplakat der Deutschvölkischen Freiheitspartei zur Reichstagswahl
1924
Druck: Bergufehr, München
Lithografie; 71,2 × 95,3 cm
Berlin, Deutsches Historisches Museum: P 64/238

Der in der Verfassung verankerte Flaggendualismus erzielte nicht die gewünschte Wirkung, sondern eher das Gegenteil. Anstatt Verständigung und Einheit zu fördern und die Republik zu stärken, vertiefte er die weltanschaulichen Gräben zwischen den politischen Lagern und schwächte den neuen Staat. Namentlich den konservativen Gegnern der Republik diente die Duldung von Schwarz-Weiß-Rot als Rechtfertigung, ihr Festhalten an monarchistischen und autoritären Staatsauffas-

DIE WEIMARER REICHSVERFASSUNG 235

sungen mit einem eindeutigen Symbol zu bekunden. Die Deutschvölkische Freiheitspartei (DVFP) war im Dezember 1922 als rechtsradikaler antisemitischer Ableger der DNVP gegründet worden. Bei der Reichstagswahl im Mai 1924 ging sie mit der zuvor verbotenen NSDAP eine gemeinsame Listenverbindung ein, die 32 Mandate errang und eine Fraktionsgemeinschaft unter dem Namen »Nationalsozialistische Freiheitspartei« bildete.

**4/49** »Deutsche Frauen und Mütter! Denkt an die Zukunft Eurer Kinder!«
Wahlplakat der Deutschen Demokratischen Partei zur Reichstagswahl
1924; bez. o. l.: WKrain
Entwurf: Willibald Krain (1886–1945)
Druck: Plakatkunstdruck Eckert, Berlin-Schöneberg
Lithografie; 69,9 × 94,6 cm
Berlin, Deutsches Historisches Museum: P 57/214

Das Fahnenmotiv und die Symbolfarben prägten maßgeblich die Bildpropaganda der Weimarer Parteien: Während die alten Reichsfarben Schwarz-Weiß-Rot zum optischen Erkennungsmerkmal der republikfeindlichen Kräfte avancierten, zeigten die Unterstützer des neuen Staates wiederum mit Schwarz-Rot-Gold im wahrsten Sinne des Wortes »Flagge«. In Willibald Krains Plakatentwurf für die DDP ist eine Muttergestalt in einen Mantel aus schwarz-rot-goldenem Fahnentuch gehüllt, die dadurch zur allegorischen Darstellung der »Germania« überhöht wird.

4/48

4/49

## Republikanische Leitbilder? Gedenken und Feiern für die Verfassung

4/50

**4/50 Entwurf für den Reichsadler**
1920, bez. u. r.: S Rottluff
Karl Schmidt-Rottluff (1884–1976)
Holzschnitt; 67 × 50,5 cm
Berlin, Deutsches Historisches Museum:
1986/52

Ein schwarzer Adler als Wappentier Deutschlands sollte auch nach Gründung der Weimarer Republik beibehalten werden, allerdings ohne Krone, Brustschild und Ordenskette – den Insignien der Monarchie. Nachdem das Kabinett dies am 1. September 1919 beschlossen hatte, gab Reichspräsident Ebert am 11. November bekannt, »daß das Reichswappen auf goldenem Grunde den einköpfigen schwarzen Adler zeigt, den Kopf nach rechts gewendet, die Flügel offen, aber mit geschlossenem Gefieder, Schnabel, Zunge und Fänge von roter Farbe«. Zuständig für das Erscheinungsbild der Republik und ihrer Symbole war seit 1920 der Reichskunstwart. Erster und einziger Träger des eigens eingerichteten Amtes wurde der in Weimar geborene Edwin Redslob (1884–1973). Neben einigen anderen bekannten Künstlern beauftragte er auch den Expressionisten Karl Schmidt-Rottluff, Entwürfe für das neue Wappentier einzureichen. Dessen Adler fand allerdings kaum Befürworter, sondern wurde vielmehr als Karikatur bewertet. Erst einige Jahre später einigte man sich auf einen anderen Entwurf. LK

**4/51 »Deutsche Einheit / Deutsche Freiheit«**
Gedenkbuch der Reichsregierung zum 10. Verfassungstag, 11.8.1929
1929
Zentralverlag, Berlin
Druck auf Papier, montiertes Widmungsblatt in Prägedruck (Vorsatz); 26 × 20 cm
Berlin, Deutsches Historisches Museum:
RA 52/5239a

1929 befand sich Deutschland in einer seit etwa Mitte des Jahrzehnts andauernden Phase politischer und wirtschaftlicher Stabilisierung. Zehn Jahre nach der Verabschiedung der Verfassung schien es, als habe die Republik endlich zur Normalität gefunden. Das im Grundrechtekatalog der Verfassung formulierte Programm zur Entwicklung einer freiheitlichen, sozialen und solidarischen Gesellschaft war zumindest teilweise in entsprechende Reformen umgesetzt worden. Namentlich das *Gesetz über die Arbeitslosenvermittlung und Arbeitslosenversicherung* vom 1. Oktober 1927 bildete einen Meilenstein in der Geschichte des Sozialstaats. Auch andere Maßnahmen, etwa der staatlich geförderte Wohnungsbau, sorgten für mehr soziale Gerechtigkeit als je zuvor. Insofern konnte die Regierung mit Stolz auf das Erreichte zurückblicken. Zum zehnten Verfassungsjubiläum ließ sie eine Art Ersatzorden in Gestalt eines »Gedenkbuches« anfertigen – staatliche Orden und Ehrenzeichen waren kraft Verfassung abgeschafft worden: »Als Zeichen besonderer Anerkennung verliehen am 10. Verfassungstage« heißt es auf dem Widmungsblatt des in einer Auflage von 50.000 Exemplaren hergestellten Werkes. (Abb. S. 135)

**4/52 »Die Verfassung des Deutschen Reiches vom 11. August 1919«**
Prachtausgabe zum 10. Verfassungstag am 11.8.1929 mit einer persönlichen Widmung von Reichsinnenminister Carl Severing
Pappe, Pergament, Büttenpapier, gedruckt, handgeschrieben; 31,4 × 22 cm
Berlin, Deutsches Historisches Museum:
Do2 88/992

Zum zehnjährigen Verfassungsjubiläum entstand im Auftrag des Reichsinnenministers und des Reichskunstwarts eine limitierte Serie aufwendig gestalteter Prachtausgaben der Verfassung, die an hohe Staatsbeamte vergeben wurden. Innenminister war zu diesem Zeitpunkt der Sozialdemokrat Carl Severing, der das gezeigte Exemplar handschriftlich dem Oberpräsidenten der Provinz von Hessen-Nassau widmete. Severings Ablösung im März 1930 beendete eine Zeit der innenpolitischen Entspannung und leitete den Übergang zum Präsidialregime ein. Die aufgeschlagene Seite zeigt den Abschnitt über den Reichstag, darunter auch Art. 25, der dem Reichspräsidenten das Recht zur Auflösung des Reichstags gestattete. Mit dem permanenten Missbrauch des Art. 25 und des sogenannten Notverordnungsparagrafen (Art. 48) unter Hindenburg wurde das Parlament als demokratisches Entscheidungszentrum faktisch lahmgelegt.

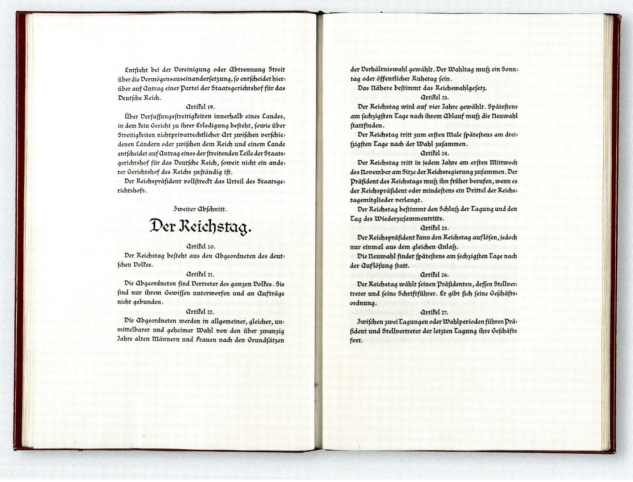

4/52

**4/53 »Die Verfassungsfeier in Berlin am Ehrenmal der Republik«**
Titelblatt der illustrierten Zeitung
*Volk und Zeit*, II. Jg., Nr. 34
Berlin, 1929
Druck und Verlag: Vorwärts-Verlag GmbH, Berlin
Reproduktion
Berlin, Deutsches Historisches Museum:
Do 70/694.201

Aus Anlass des 10. Verfassungstages veranstaltete die republikanische Kampforganisation »Reichsbanner Schwarz-Rot-Gold« vom 10. bis zum 11. August 1929 ihr jährliches Bundestreffen in Berlin. Herzstück der Veranstaltung war ein Aufmarsch von 150.000 Reichsbannerleuten am Brandenburger Tor, den der Vorsitzende Otto Hörsing als »Marsch zur Republikanisierung der Herzen und Hirne« ankündigt hatte. Dort war das Modell eines von Theodor Caspar Pilartz im Auftrag des Reichsbanners entworfenen schwarz-rot-goldenen Verfassungsdenkmals aufgebaut. Theodor Wolff schrieb im *Berliner Tageblatt* dazu: »Am Pariser Platz steht das kühne, einfache Denkmal, das der ausgezeichnete Bildhauer Pilartz entwarf. Die Musik bricht ab, der Jubel schweigt, das Winken hört auf, und schweigend neigen sich die Köpfe und rauschend die Fahnen vor dem Gedächtnis der Toten.« (Abb. S. 238)

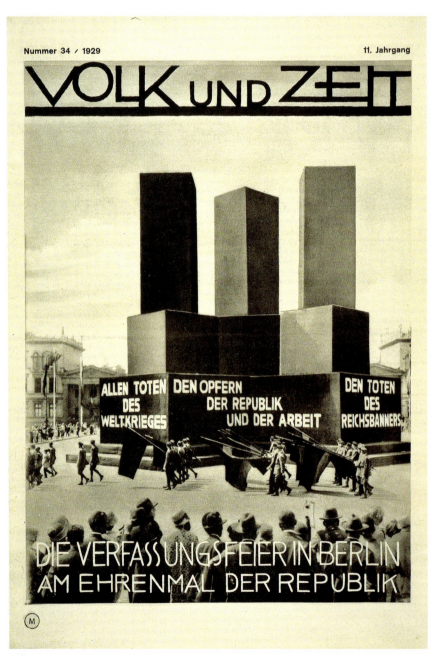

4/53

**4/54 »10 Jahre Volksstaat. Verfassungsfeier des Reichsbanners Schwarz-Rot-Gold«**
Stummfilm-Dokumentation der Republikfeier des Reichsbanners Schwarz-Rot-Gold von 1929 (Ausschnitte)
Hersteller: Film- und Lichtbilddienst, Berlin
Bonn, Archiv der sozialen Demokratie (AdsD) der Friedrich Ebert Stiftung e.V.

Zur Verfassungsfeier des Reichbanners wurde eine aufwendige Filmdokumentation erstellt, die einen Einblick in die zahlreichen, teils mit militärischem Gepränge gefeierten Veranstaltungen gibt, vom morgendlichen »Weckruf« über Sportwettkämpfe bis zum Massenaufmarsch am Pariser Platz. Eine besondere Rolle spielte die Republikfahne, Namensgeberin des Verbandes. Doch letztlich war einer »Republikanisierung der Herzen und Hirne« kein dauerhafter Erfolg beschieden, wie sich schon bald zeigen sollte. (o. Abb.)

**Art. 148** In allen Schulen ist sittliche Bildung, staatsbürgerliche Gesinnung, persönliche und berufliche Tüchtigkeit im Geiste des deutschen Volkstums und der Völkerversöhnung zu erstreben. [...] Staatsbürgerkunde und Arbeitsunterricht sind Lehrfächer der Schulen. Jeder Schüler erhält bei Beendigung der Schulpflicht einen Abdruck der Verfassung.

*Die Verfassung des Deutschen Reichs*
vom 11. August 1919

## Demokratie in Not

4/55

**4/55** »7 Millionen ohne Arbeit /
15 Millionen ohne Brot / Der Ausweg?«
Plakat der Einheitsfrontbewegung
anlässlich des Erwerbslosentages am
19.4.1932
1932; bez. u. l.: John Heartfield
Entwurf: John Heartfield (1891–1968)
Druck: City-Druckerei AG, Berlin
Lithografie; 69,5 × 49 cm
Berlin, Deutsches Historisches Museum:
P 56/90

Die Weltwirtschaftskrise nach dem »Schwarzen Freitag« vom Oktober 1929 traf Deutschland hart. Massenarbeitslosigkeit, zunehmende Armut und eine Folge von Regierungskrisen trugen zur weiteren politischen Radikalisierung bei. Profitieren konnten davon insbesondere die Parteien am äußersten rechten und linken Rand. 1932 hatte die Zahl der registrierten Arbeitslosen eine Rekordmarke von rund 5,6 Millionen erreicht. Erwerbslosigkeit und Verelendung lieferten die wichtigsten Stichworte für die Propaganda linker wie rechter Gruppierungen am Ende der Weimarer Republik. Heartfields Plakatentwurf für die Einheitsfrontbewegung, die namentlich von der Sozialistischen Arbeiterpartei Deutschlands, einer 1931 gegründeten, linken SPD-Abspaltung getragen wurde, verbindet ein traditionelles Motiv, die Mutter, mit modernen künstlerischen Mitteln – der Fotomontage.

Art. 25 Der Reichspräsident kann den Reichstag auflösen, jedoch nur einmal aus dem gleichen Anlaß. Die Neuwahl findet spätestens am sechzigsten Tage nach der Auflösung statt.

Art. 48 Wenn ein Land die ihm nach der Reichsverfassung oder den Reichsgesetzen obliegenden Pflichten nicht erfüllt, kann der Reichspräsident es dazu mit Hilfe der bewaffneten Macht anhalten.

Der Reichspräsident kann, wenn im Deutschen Reiche die öffentliche Sicherheit und Ordnung erheblich gestört oder gefährdet wird, die zur Wiederherstellung der öffentlichen Sicherheit und Ordnung nötigen Maßnahmen treffen, erforderlichenfalls mit Hilfe der bewaffneten Macht einschreiten. Zu diesem Zwecke darf er vorübergehend die in den Artikeln 114, 115, 117, 118, 123, 124 und 153 festgesetzten Grundrechte ganz oder zum Teil außer Kraft setzen. …

*Die Verfassung des Deutschen Reichs vom 11. August 1919*

**4/56** »Wählt Hindenburg! Heldenlast erfordert Helden!«
Plakat zu den Reichspräsidentenwahlen 1932 im Auftrag eines republikanischen Wahlkomitees
1932, bez. r. o.: FP GLASS; l. u.: Herausgeber: Greck, München
Entwurf: Franz Paul Glass (1886–1964)
Druck: Kunst im Druck, München
Offsetdruck; 178,8 × 83,7 cm
Berlin, Deutsches Historisches Museum: P 61/1598

Durch die Androhung oder Anwendung der Art. 25 und 48 wurde die Rolle des Reichstags als Kontrollorgan der Regierung und Zentrum der Gesetzgebung mehr und mehr geschwächt. Im Gegenzug erlangte der Reichspräsident weitreichende Machtbefugnisse und avancierte zu einer Art Alleinherrscher. Von großen Teilen der Bevölkerung wurde dies als durchaus angemessene Reaktion auf die katastrophale Krisensituation empfunden. Der Ruf nach dem »starken Mann« oder der »starken Hand« bestimmte somit auch die Wort- und Bildpropaganda zur Reichspräsidentenwahl im Jahre 1932. Beworben hatten

◀ 4/56

sich der Stahlhelmführer Theodor Duesterberg, der KPD-Vorsitzende Ernst Thälmann, Adolf Hitler und Paul von Hindenburg. Der greise Generalfeldmarschall a. D. wurde von einem aus den republikanischen Parteien bestehenden Wahlkomitee, dem auch die SPD angehörte, unterstützt. Es galt, Hitler zu verhindern. Zu diesem Zweck diente auch eines der von dem Bündnis herausgegebenen Wahlplakate, das Hindenburg als Herkules-Figur zeigt, die die Welt (mit dem deutschen Adler) auf ihren Schultern trägt. Hitler wird als Zwergengestalt, die »Ich bin noch viel stärker« ausruft, der Lächerlichkeit preisgegeben.

4/58

4/57 »Schluss jetzt! Wählt Hitler!«
Plakat der NSDAP zur Reichstagswahl 1932
1932; bez. Vs. r.: Mjölnir
Entwurf: Hans Herbert Schweitzer alias Mjölnir (1901–1980)
Lithografie; 84,3 × 57,9 cm
Berlin, Deutsches Historisches Museum: P 57/174

4/57

Bei der Reichstagswahl 1930 konnte die NSDAP die Zahl ihrer Mandate von 12 (1928) auf 107 erhöhen und stellte nun die zweitstärkste Fraktion hinter der SPD. Zwei Jahre später, im Juli 1932, erbrachte die Wahl zum 6. Deutschen Reichtag bereits 230 Mandate, die SPD errang nur noch 133 und die KPD 89 Sitze. Die Nationalsozialisten nutzten bei ihrer Selbstdarstellung gezielt Elemente der sozialistischen Propaganda, um die Arbeiterschaft für sich zu gewinnen. Einmal mehr werden die Farbe der Arbeiterbewegung – Rot – und das Motiv des »starken Mannes« bemüht, der eine unübersehbare Nähe zur Ikonografie des »Riesen Proletariat« aufweist. Derselbe Entwurf findet sich auf dem Titelblatt einer Rede von Joseph Goebbels zur Reichspräsidentenwahl 1932, die als Broschüre publiziert wurde.

4/58 »Wählt verfassungstreu«
Wahlaufruf republikanischer Parteien
1924; bez. Vs. r.: ERICH LÜDKE
Entwurf: Erich Lüdke
Verantwortlich: Säulenverlag
Druck: Lindemann u. Lüdecke, Berlin
Lithografie; 69,9 × 98 cm
Berlin, Deutsches Historisches Museum: P 62/759

Das Plakat, vermutlich im Auftrag eines Bündnisses republikanischer Parteien entstanden, stammt bereits aus dem Jahre 1924 und reduziert Bild und Text auf das Wesentliche: Nur mit der Wahl demokratischer Parteien könne eine nationalsozialistische Diktatur verhindert werden, lautet die Aussage. Beides gelang nicht, wie sich in den Jahren 1932/33 endgültig erweisen sollte: Weder votierten die Deutschen mehrheitlich für verfassungskonforme Parteien noch wurde die zerstörerische Gewalt der Hakenkreuzträger aufgehalten.

# 5

## »Aufgehobene Rechte« – Die nationalsozialistische Machteroberung

# DIE NATIONALSOZIALISTISCHE MACHTEROBERUNG

Am 30. Januar 1933 war Adolf Hitler zum Reichskanzler ernannt worden. Zunächst schien es so, als ob die von ihm angeführte Koalitionsregierung aus NSDAP und DNVP die Politik der drei vorausgegangenen Präsidialkabinette fortsetzen würde. Doch Hitler und seine Partei hatten vor allem ein Ziel vor Augen: die vollkommene Auslöschung des verhassten »Systems von Weimar«. Eine Entwicklung, die sich auch auf der staatssymbolischen Ebene schnell offenbarte. Zu einer der frühen, von Hitler und seinen Gesinnungsgenossen initiierten Verordnungen gehörte der *Flaggenerlass* vom 12. März 1933, nach dem, wie es hieß, »bis zur endgültigen Regelung der Reichsfarben die schwarz-weiß-rote Fahne und die Hakenkreuzflagge gemeinsam zu hissen sind.« Mit einem *Reichsflaggengesetz*, das zu den drei im September 1935 verabschiedeten *Nürnberger Gesetzen* gehörte, wurde schließlich die Hakenkreuzfahne zur Reichs-, National- und Handelsflagge bestimmt.

Bedeutsamer noch war die seit dem 30. Januar schnell vorangetriebene Außerkraftsetzung des Rechts. Die Inanspruchnahme der durch die Weimarer Verfassung eingeräumten Notverordnungen, mit denen sich die Regierung im Zusammenspiel mit dem Reichspräsidenten besondere Kompetenzen und Rechte einräumen konnte, diente nun als vorgeblich legales Mittel, um die tragenden Pfeiler des Verfassungsstaates zum Einsturz zu bringen. Binnen Kurzem war das Deutsche Reich kein Rechtsstaat mehr. Es war kein Zufall, dass einer der frühen und bekanntesten Flüsterwitze im »Dritten Reich« den alsbald von der nationalsozialistischen Führung empfohlenen »Hitler-Gruß« in eigener, doppeldeutiger Weise verstand: »Was ist der deutsche Gruß? Der deutsche Gruß ist zu erweisen durch aufgehobene Rechte.«

Bereits am 31. Januar, einen Tag nach seiner Ernennung zum Reichskanzler, drängte Hitler auf die Auflösung des Reichstags und auf Neuwahlen. Dem wurde per Notverordnung durch Reichspräsident von Hindenburg am 1. Februar stattgegeben und Neuwahlen für den 5. März 1933 angesetzt. Es lag im Kalkül Hitlers und seines Propagandachefs Joseph Goebbels, den nun folgenden, fünfwöchigen Wahlkampf mit der Durchsetzungskraft einer Regierungspartei zu führen. Der angestrebte Sieg sollte bringen, was die vorausgegangenen Wahlen trotz aller Anstrengungen nicht gebracht hatten: die absolute Mehrheit für die NSDAP.

Der Wahlkampf nahm schnell terroristische und bürgerkriegsähnliche Züge an. Den Auftakt bildete eine Notverordnung *zum Schutz des deutschen Volkes,* die bereits am 4. Februar 1933 erlassen wurde. Massive Eingriffe in die Presse- und Versammlungsfreiheit waren von nun an ebenso gedeckt wie die Verfolgung politischer Gegner der NSDAP. Überdies erließ Hermann Göring in seiner Eigenschaft als preußischer Innenminister am 17. Februar seinen berüchtigten Schießerlass, der den »rücksichtslosen Einsatz« von Schusswaffen erlaubte. Kurz darauf wurden nahezu 50.000 »Hilfspolizisten« ernannt, die Mitglieder der SA, der SS oder des deutschnationalen »Stahlhelm« waren. Unzählige Verletzte und 69 Tote waren die Bilanz dieser Maßnahme, die den blutigen Verlauf des Wahlkampfes mitbestimmte.

Von außerordentlicher Auswirkung war – auf dem Höhepunkt des Wahlkampfes – der »Reichstagsbrand«, der das Parlamentsgebäude in der Nacht vom 27. auf den 28. Februar 1933 zum Teil zerstörte. Die nationalsozialistischen Machthaber nutzten diesen Brand sofort als Begründung für die nun noch schärfere Verfolgung und Unterdrückung politischer Gegner. Schon am 28. Februar 1933 wurde die sogenannte Reichstagsbrandverordnung erlassen – offiziell: *Verordnung des Reichspräsidenten zum Schutz von Volk und Staat –,* mit der die wichtigsten Grundrechte der Weimarer Reichsverfassung »bis auf weiteres« außer Kraft gesetzt wurden. Damit war praktisch der »Ausnahmezustand in Permanenz« verkündet worden. Und noch in den frühen Morgenstunden des 28. Februar begannen die Verhaftungen nach vorbereiteten Listen. Bis Mitte März 1933 befanden sich über 7000 Sozialdemokraten und Kommunisten in Haft, darunter der Parteichef der KPD, Ernst Thälmann.

Die Reichstagswahlen vom 5. März 1933 brachten prozentual nicht die erhoffte absolute Mehrheit für die NSDAP. Doch hatte die NSDAP sogar ohne die DNVP die Mehrheit, da die Sitze der SPD und vor allem der KPD im Reichstag aufgrund der Verfolgung ihrer Abgeordneten vakant blieben. Insgesamt verdeutlichte das Ergebnis, wie hoch mittlerweile die Bereitschaft war, den republikanischen Rechtsstaat aufzugeben. Die durch die Wahl vom 5. März neuerlich gestärkte NS-Führung und die NSDAP betrieben nun – wiederum unter klarem Bruch der Verfassung – die Auflösung der föderalen Struktur der Weimarer Republik und damit die »Gleichschaltung« der Länder. Hinter dem Begriff verbarg sich eine aus der Gewalt der Straße und aus regierungsamtlichen, an die Länderregierungen gerichteten Ultimaten bestehende Doppelstrategie. Sie verbuchte binnen einer Woche – bis zum 9. März – große »Erfolge«, und an ihrem Ende stand das *Gleichschaltungsgesetz* vom 31. März 1933 und die Einsetzung von »Reichsstatthaltern«.

Bereits zehn Tage zuvor, am 21. März 1933, wurden ein Gesetz und eine weitere Verordnung erlassen, die allen rechtsstaatlichen Prinzipien Hohn sprachen: ein Amnestiegesetz, nach dem alle »im Kampfe für die nationale Erhebung des Deutschen Volkes« verübten Straftaten nicht unter Anklage gestellt werden mussten, sowie eine *Verordnung des Reichspräsidenten zur Abwehr heimtückischer Angriffe gegen die Regierung der nationalen Erhebung.* Danach konnte mit bis zu zwei Jahren Gefängnis bestraft werden, wer durch seine Äußerungen »das Wohl des Reichs oder eines Landes oder das Ansehen der Reichsregierung oder einer Landesregierung oder der hinter diesen Regierungen stehenden Parteien oder Verbände« herabsetzte oder schädigte. Am 20. Dezember 1934 wurde die Verordnung zum sogenannten Heimtückegesetz erweitert. Es öffnete der Denunziation Tür und Tor und zwar in einem Ausmaß, dass selbst von Verantwortlichen der Polizei Kritik geübt wurde. Allein in Bayern kam es im März und April zu über 10.000 Festnahmen.

Am 23. März 1933 wurde in der Krolloper – in der nach dem Reichstagsbrand ein provisorischer Sitzungssaal hergerichtet worden war – das von Hitler persönlich tags zuvor eingebrachte *Gesetz zur Behebung der Not von Volk und Reich,* kurz *Ermächtigungsgesetz,* verhandelt und verabschiedet. Die von SA-, SS- und Stahlhelm-Männern aufgebaute Drohkulisse – das gesamte Gebäude und insbesondere die Ein- und Ausgänge wurden von ihnen besetzt – sowie die Drapierung des Sitzungssaales, der von einem riesigen Hakenkreuz an der Stirnseite beherrscht wurde, sollten die nicht zur NSDAP gehörenden Abgeordneten einschüchtern.

Um die notwendige absolute Mehrheit für die Verabschiedung des Gesetzes zusammenzubekommen, waren schon im Vorfeld die Abgeordneten des Zentrums und der Bayerischen Volkspartei in einer Mischung aus Drohungen und Versprechungen zur Annahme bewegt worden. Die vakanten 81 Sitze der KPD, deren Abgeordnete sich in »Schutzhaft« befanden, geflüchtet oder abgetaucht waren, wurden einfach nicht mitgezählt. Überdies hätte man – so Görings Vorschlag – auch noch einige SPD-Abgeordnete des Saales verweisen können, falls die anderen Maßnamen nicht ausreichend gewesen wären. All dies verdeutlicht, dass die Abstimmungsprozedur in der Krolloper auch nach damals geltendem Recht unbedingt rechts- und verfassungswidrig war. Einzig die SPD stimmte nach der bewegenden Rede ihres Vorsitzenden Otto Wels dagegen. Das *Ermächtigungsgesetz* aber galt zunächst für vier Jahre und wurde jeweils 1937 und 1941 in kurzen Verwaltungsakten verlängert, bis es 1943 per »Führererlass« auf unbegrenzte Zeit erneuert wurde.

Schon am 21. März 1933 hatte die *Vossische Zeitung* – sie musste ein Jahr später ihr Erscheinen einstellen – die Folgen des *Ermächtigungsgesetzes* in aller Klarheit benannt. Es bedeute nichts weniger als »die Beseitigung jeder rechtsstaatlichen Garantie«, da künftig die von der Reichsregierung erlassenen Gesetze einer parlamentarischen Kontrolle nicht mehr unterlägen und auch nicht mehr verfassungskonform sein müssten. Dies aber hieße, dass eine solche neue Gesetzgebung »weder an den Satz gebunden« wäre, »dass alle Deutschen vor dem Gesetze gleich sind (Art. 100), noch dass die Richter unabhängig und dem Gesetz unterworfen sind (Art. 102), [...], dass keine Strafe verhängt werden kann, die nicht vor der Tat gesetzlich bestimmt war (Art. 116), dass alle Bewohner des Reichs volle Glaubens- und Gewissensfreiheit genießen, dass die Kunst, die Wissenschaft und ihre Lehre frei sind (Art. 142).«

Nach der Verabschiedung des Gesetzes folgten rasch weitere Veränderungen, deren Stoßrichtung schon zuvor mit der beginnenden Gleichschaltung der Länder vorgegeben worden war: die Vernichtung der noch vorhandenen sozialen und politischen Pluralität und die Etablierung der Einparteien- und Einpersonenherrschaft im Zeichen einer propagierten »nationalen Wiedergeburt«. Im Mai 1933 erfolgte die Auflösung der Gewerkschaften, Mitte Juli gab es neben der NSDAP keine andere politische Partei mehr, die »Säuberung« des Beamtenapparates und des öffentlichen Dienstes schritt voran.

# DIE NATIONALSOZIALISTISCHE MACHTEROBERUNG

**5/1 Erste Aufnahme des Kabinetts Adolf Hitler in der Reichskanzlei**
Berlin, 30.1.1933
Presse-Foto Röhnert
Fotografie; 18 × 24 cm
Berlin, Deutsches Historisches Museum:
04/615

»Es ist fast ein Traum«, notierte Joseph Goebbels am 30. Januar 1933 in seinem Tagebuch: »Die Wilhelmstraße gehört uns. Der Führer arbeitet bereits in der Reichskanzlei.« Am Morgen desselben Tages war die neue Regierung unter Hitler vereidigt worden. Reichspräsident von Hindenburg glaubte zu diesem Zeitpunkt noch an das Konzept der »Einrahmung« von lediglich drei nationalsozialistischen Regierungsmitgliedern – Adolf Hitler, Hermann Göring und Wilhelm Frick – durch die Repräsentanten der alten Machteliten. Das Foto zeigt (v. l. n. r.) neben Göring, zunächst Minister ohne Geschäftsbereich und kommissarischer preußischer Innenminister, und dem neuen Reichskanzler Hitler dessen Stellvertreter, Vizekanzler Franz von Papen. Hinter ihnen stehen (v. l. n. r.): Walther Funk, der zum Zeitpunkt der Aufnahme noch nicht in der Regierung, sondern persönlicher Wirtschaftsberater Hitlers war; daneben vermutlich Ministerialrat Hans Heinrich Lammers, den Hitler später zum Staatssekretär und Leiter der Reichskanzlei ernannte; es folgen der »Stahlhelm«-Führer Franz Seldte, der das Amt des Reichsarbeitsministers übernahm, der Reichskommissar für Arbeitsbeschaffung Günther Gereke, Reichsfinanzminister Johann Ludwig Graf Schwerin von Krosigk und Reichsinnenminister Wilhelm Frick. Rechts neben Frick befinden sich Werner von Blomberg, der bereits vor dem übrigen Kabinett von Reichspräsident Hindenburg und unter gleichzeitiger Beförderung zum General der Infanterie als neuer Reichswehrminister vereidigt worden war, um die Sonderstellung der Reichswehr zu betonen, sowie Alfred Hugenberg. Der Führer der DNVP, künftiger

5/2

Wirtschafts- und Landwirtschaftsminister und kommissarisch für die entsprechenden preußischen Ministerien verantwortlich, galt nicht zuletzt durch seinen Einfluss als Chef des Hugenberg-Medienkonzerns als der eigentliche starke Mann – eine Fehleinschätzung mit katastrophalen Folgen.
(Abb. S. 67)

**5/2 Fackelzug durch das Brandenburger Tor anlässlich der Ernennung Adolf Hitlers zum Reichskanzler**
Berlin, 30.1.1933
Fotografie; 24 × 18 cm
Berlin, Deutsches Historisches Museum:
96/1405

Bei der Fotografie handelt es sich um eine der wenigen authentischen Aufnahmen des Fackelzuges vom 30. Januar 1933 anlässlich der nationalsozialistischen Machtübernahme. Indiz für die Echtheit ist die gebogene Marschführung aufgrund einer im Januar 1933 bestehenden Baustelle am Pariser Platz. Die meisten anderen Aufnahmen zeigen hingegen geradlinige Marschkolonnen und sind entweder Standbilder aus dem im Juli 1933 gedrehten NS-Propagandafilm *Hans Westmar* oder aus weiteren, nachgestellten Inszenierungen des Ereignisses, etwa anlässlich der Reichstagseröffnung am 21. März 1933 oder der Jahrestage der »Machtergreifung« 1934, 1937 und 1939.

**5/3 »Der Reichstag in Flammen! Von Kommunisten in Brand gesteckt!«**
Plakat der NSDAP zur Reichstagswahl vom 5.3.1933
1933
Entwurf: Hans Weidemann
Druck: Franz Lück, Berlin
Offsetdruck; 116,7 × 81,6 cm
Berlin, Deutsches Historisches Museum:
P 62/1305

In den Abendstunden des 27. Februar 1933 ging der Berliner Reichstag in Flammen auf. Im Bismarcksaal des noch brennenden Gebäudes wurde der holländische Anarchist Marinus van der Lubbe festgenommen. Sofort verbreiteten die Nationalsozialisten die Nachricht, ein kommunistischer Aufstand sei im Gange, den es unverzüglich und mit allen Mitteln niederzuschlagen gelte. Unter Berufung auf Art. 48 Abs. 2 der Weimarer Verfassung setzte die nationalsozialistische Regierungsführung unter Hitler und Frick schon am nächsten Tag die Grundrechte außer Kraft – auf quasi legalem Wege. Wenige Tage später stellte Hermann Göring in einer in Frankfurt am Main gehaltenen Rede unmissverständlich klar, dass er sich bei der Verfolgung tatsächlicher oder vermeintlicher Gegner keineswegs an Recht und Gesetz gebunden sah: »Ich denke nicht daran, in bürgerlicher Manier und in bürgerlicher Zaghaftigkeit nur einen Abwehrkampf zu führen. Nein, ich gebe das Signal, auf der ganzen Linie zum Angriff vorzugehen! Volksgenossen, meine Maßnahmen werden nicht angekränkelt sein durch irgendwelche juristischen Bedenken [...]. Hier habe ich keine Gerechtigkeit zu üben, hier habe ich nur zu vernichten und auszurotten, weiter nichts!« Van der Lubbe wurde im Dezember 1933 wegen Hochverrats und Brandstiftung zum Tode verurteilt und kurz darauf hingerichtet. Die posthume Aufhebung des Urteils im Dezember 2007 bedeutete keinen nachträglichen Freispruch; lediglich die formalen juristischen Grundlagen für den damaligen Schuldspruch wurden als nicht rechtmäßig erkannt. Die Täterschaft ist nach wie vor nicht restlos geklärt. In der bis heute andauernden Kontroverse um den Reichstagsbrand geht es aber vor allem um die Frage, ob die Errichtung der nationalsozialistischen Diktatur das Ergebnis eines planvollen Vorgehens gewesen ist oder die mehr oder weniger improvisierte Ausnutzung von Konflikten und Krisensituationen. (Abb. S. 68)

5/4 »**Hungerriemen**«
Plakat der Eisernen Front zur
Reichstagswahl am 5.3.1933
1933; bez. u. l.: K. GEISS 33
Entwurf: Karl Geiss
Druck: Graphische Werkstätte Reinh. Schumann, München
Offsetdruck; 112,3 × 79,1 cm
Berlin, Deutsches Historisches Museum: P 57/1136

Einmal mehr war es der »Riese Proletariat«, der auf diesem Plakat die Stärke der Arbeiterschaft symbolisieren und als Identifikationsfigur für die in der »Eisernen Front« zusammengeschlossenen sozialdemokratischen Gruppierungen dienen sollte. Gigantisch und kraftstrotzend setzt er zur Zerschlagung des »Hungerriemens« an. Wie eine Stichwaffe benutzt er dabei das Emblem der Ende des Jahres 1931 gegründeten republiktreuen Kampforganisation: Die drei »Freiheitspfeile« symbolisierten die wichtigsten Gegner der »Eisernen Front«, namentlich Kommunisten,

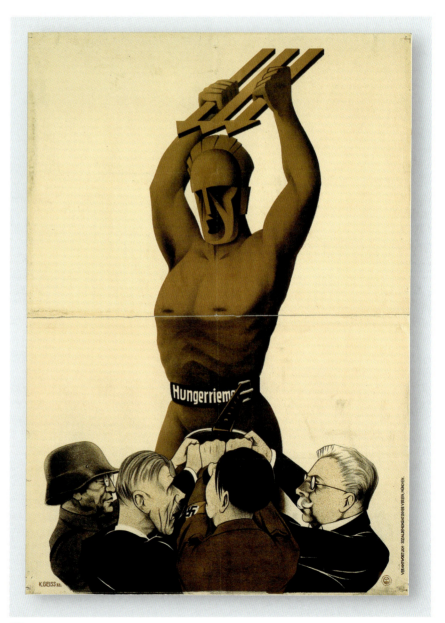

5/4

Nationalsozialisten und die konservative »Adelskamarilla«. Die beiden letztgenannten werden auf dem Plakat durch Mitglieder des seit dem 30. Januar 1933 amtierenden neuen Hitler-Kabinetts personifiziert und als Verantwortliche für den »Hungerriemen« gekennzeichnet (v. l. n. r.:): »Stahlhelm«-Führer Franz Seldte, Vizekanzler Franz von Papen, Adolf Hitler sowie Wirtschafts- und Landwirtschaftsminister Alfred Hugenberg.

# DIE NATIONALSOZIALISTISCHE MACHTEROBERUNG

**5/5 Einlieferung von Regimegegnern in das KZ Oranienburg**
Oranienburg, 1.8.1933
Fotografie (Neuabzug)
Berlin, Deutsches Historisches Museum:
F 55/1416

Unter Berufung auf die sogenannte Reichstagsbrandverordnung richteten die Nationalsozialisten überall in Deutschland »Schutzhaftlager« ein, in die vor allem politische Gegner verschleppt wurden. Bis zum 31. Juli 1933 waren rund 27.000 Menschen inhaftiert. Aus der Bevölkerung wurde angesichts der Willkür und des Terrors kaum Protest oder gar Widerstand geäußert – und jene, die dazu bereit gewesen wären, saßen zumeist selbst in den Lagern. Im nördlich von Berlin gelegenen Oranienburg existierte seit dem 21. März 1933 in einer ehemaligen Brauerei eines der ersten Konzentrationslager. Insgesamt etwa 3000 Häftlinge waren hier bis zur Auflösung des Lagers im Juli 1934 in Haft. Das Foto zeigt die Einlieferung führender Mitarbeiter des Rundfunks und zweier SPD-Politiker (v. r. n. l.): Kurt Magnus, erster Direktor der Reichsrundfunkgesellschaft (RRG), Hans Flesch, Intendant des Berliner Rundfunks, Heinrich Gieseke, zweiter Direktor der RRG, Alfred Braun, Schauspieler, Rundfunkreporter und Hörspielregisseur, Friedrich Ebert junior, SPD-Reichstagsabgeordneter und Sohn des einstigen Reichspräsidenten, sowie Ernst Heilmann, Fraktionsvorsitzender der SPD im preußischen Landtag. Die Inhaftierung von Vertretern des Rundfunks erfolgte im Zusammenhang mit der vollständigen Zentralisierung und Eingliederung des Rundfunks in das Reichsministerium für Volksaufklärung und Propaganda. Bereits unter Reichskanzler Franz von Papen hatte dieser Prozess begonnen, in dem das NSDAP-Mitglied Erich Scholz zum Rundfunkkommissar des Reichsinnenministers ernannt wurde. Die Entlassung von Hans Flesch als Protagonist eines demokratischen Rundfunks war bereits im August 1932 erfolgt. Im Juli 1933 verfügte Hitler schließlich, dass das Reich die »unbeschränkte Verfügungsgewalt« über den Rundfunk haben müsse, da dieser ein »Hauptmittel der Volksaufklärung und Propaganda« sei. (Abb. S. 67)

**5/6 NS-Gegner müssen Parolen von einer Bretterwand entfernen**
Chemnitz, 9./10.3.1933
Fotopostkarte, Bromsilberdruck; 13,9 × 9 cm
Berlin, Deutsches Historisches Museum:
PK 90/4440

Bei den Reichstagswahlen vom 5. März 1933 errang die NSDAP im traditionell »roten« Sachsen 45 Prozent der Stimmen. Nationalsozialisten zogen bei improvisierten Siegesfeiern durch die Städte und forderten, die Parteifahne auf den Rathäusern zu hissen. Bereits am 8. März besetzte die NSDAP die Stadtverwaltungen und Polizeidirektionen in Plauen und Dresden und verlangte den Rückzug der Amtsträger; einen Tag später wurden solche Aktionen unter dem Schutz des seit dem 8. März amtierenden Polizeikommissars für Sachsen, SA-Ortsgruppenführer Manfred von Killinger, auf ganz Sachsen ausgeweitet. Um einen angeblich bevorstehenden Putsch von SPD und KPD zu verhindern, begannen SA- und NSDAP-Führer, eigenmächtig sozialdemokratische Bürgermeister und Beamte zu entlassen und zu verhaften sowie sozialdemokratische Einrichtungen zu besetzen. In Chemnitz demütigte die SA in aller Öffentlichkeit die verhafteten Sozialdemokraten und Kommunisten, unter denen sich auch Juden befanden: Sie wurden durch die Straßen getrieben und gezwungen, Wahlplakate und Parolen abzuwaschen. Mit solchen staatsstreichähnlichen, illegalen Aktionen sicherten sich die Nationalsozialisten die Macht in Sachsen. Die noch amtierende Landesregierung trat am 10. März 1933 zurück.
CJ

5/6

**5/7 Die erste Sitzung des neugewählten Reichstags in der Krolloper am 21. März 1933**
Berlin, 21.3.1933
Agentur Schostal
Fotografie; 18 × 24 cm
Berlin, Deutsches Historisches Museum:
RARA (44 B2)

Neuer Tagungsort des Parlaments nach dem Reichstagsbrand war die Krolloper in der Nähe des Brandenburger Tors. Wo noch wenige Jahre zuvor der Dirigent Otto Klemperer mit modernen Operninszenierungen Maßstäbe gesetzt hatte, wurde im März 1933 der Untergang eines freiheitlich-demokratischen Rechtsstaates besiegelt. In seiner Eigenschaft als Reichstagspräsident eröffnete Hermann Göring am 21. März 1933 die erste Sitzung des neuen Reichstags; hinter ihm war eine riesige Hakenkreuzfahne aufgezogen, flankiert von zwei schwarz-weiß-roten Flag-

**5/9**

gen, den kaiserlichen Reichsfarben. Diese durch die Fahnen symbolisierte »Versöhnung des alten mit dem neuen Deutschland« hatten die Nationalsozialisten am selben Tag in Gestalt einer pompösen Inszenierung als »Tag von Potsdam« in der dortigen Garnisonskirche zelebriert. Zwei Tage später, am 23. März 1933, verabschiedete das Rumpfparlament in der Krolloper das *Ermächtigungsgesetz*. (Abb. S. 69)

**5/8 Nationalsozialistische Boykottaktion gegen Waren und Läden jüdischer Deutscher**
Fotografen warten auf Kunden, die das Warenhaus betreten wollen
1.4.1933
Fotografie (Neuabzug)
Berlin, Deutsches Historisches Museum:
F 54/880
(Abb. S. 71)

**5/9 »Jüdisches Geschäft! Wer hier kauft wird photographiert«**
Boykott jüdischer Geschäfte
1.4.1933
Fotografie (Neuabzug)
Berlin, Deutsches Historisches Museum:
F 88/794

Mit dem Boykott am 1. April 1933 erreichte der staatlich gelenkte Antisemitismus einen ersten vorläufigen Höhepunkt in einer langen Kette von Terrormaßnahmen, an deren Ende der organisierte Völkermord stand. Im ganzen Reich postierten sich an diesem Tag SA-Männer vor den Läden und Warenhäusern jüdischer Deutscher. Potenzielle Kunden wurden aufgefordert, die Geschäftsräume nicht zu betreten. Wer sich dem widersetzte, stand damit automatisch »auf Seite[n] der Feinde Deutschlands«, wie es im Boykottaufruf der NSDAP unmissverständlich hieß. Boykottverweigerern drohte die sofortige fotografische Erfassung. Die Kampagne war eine von Joseph Goebbels initiierte Reaktion auf die im Ausland kursierenden Nachrichten über antisemitische Ausschreitungen. Deutsche Juden sollten bestraft werden, weil sie an dieser »niederträchtigen Greuel- und Boykotthetze« schuld seien: »Zeigt den Juden, daß sie nicht ungestraft Deutschland in seiner Ehre herabwürdigen können.« Auch Anwalts- und Arztpraxen wurden während der dreitägigen Aktion boykottiert. Schon knapp eine Woche später – auf der Grundlage des am 7. April 1933 verabschiedeten *Gesetzes zur Wiederherstellung des Berufsbeamtentums* – fand die staatlich legitimierte Verdrängung jüdischer Deutscher und anderer unerwünschter Personen aus ihren Berufen ihre Fortsetzung.

**5/10 »Braunbuch über Reichstagsbrand und Hitlerterror«**
Basel, 1933
Verlag: Universum-Bücherei, Basel
Karton, Druck auf Papier; 23,4 × 16,3 cm
Berlin, Deutsches Historisches Museum:
52/3604-1b

Während die Nationalsozialisten den Reichstagsbrand vom 27. Februar 1933 pauschal den Kommunisten in die Schuhe schoben, waren diese wiederum der Überzeugung, dass ein nationalsozialistisches Geheimkommando den Brand selbst gelegt habe, um davon im Reichstagswahlkampf zu profitieren. Diese These wurde auch im ersten, 1933 erschienenen *Braunbuch* vertreten, das unter Federführung von Willi Münzenberg, dem Leiter der »Internationalen Arbeiterhilfe«, zustande gekommen war. 1934 folgte ein zweites, in Paris erschienenes *Braunbuch II* mit dem Titel *Dimitroff contra Göring. Enthüllungen über die wahren Brandstifter*, das den Reichstagsbrand-Prozess gegen van der Lubbe und

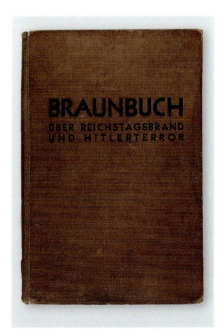

5/10

# DIE NATIONALSOZIALISTISCHE MACHTEROBERUNG

die Mitangeklagten, darunter den bulgarischen Kommunisten Georgi Dimitrow (eigentlich: Georgi Dimitrow Michajlow), behandelte.

**5/11 Stundenplan für Schüler**
Mit schwarz-weiß-roter Flagge und
Hakenkreuzfahne sowie einem
patriotischen Gedicht
Vor 1935
Gedicht: Paul Ahrend
Papier; 21,2 × 29,4 cm
Berlin, Deutsches Historisches Museum:
Do 74/169.1

In einem Erlass des Reichspräsidenten Hindenburg *über die vorläufige Regelung der Flaggenhissung* vom 12. März 1933 wurde verfügt, dass bis zu einer endgültigen Direktive die schwarz-weiß-rote Fahne und die Hakenkreuzflagge gemeinsam zu hissen seien. Zur Begründung der von Reichskanzler Hitler initiierten und mitunterzeichneten Verordnung hieß es: »Diese Flaggen verbinden die ruhmreiche Vergangenheit des Deutschen Reichs und die kraftvolle Wiedergeburt der Deutschen Nation. Vereint sollen sie die Macht des Staates und die innere Verbundenheit aller nationalen Kreise des deutschen Volkes verkörpern!« Die schwarz-rot-goldenen Farben der Weimarer Republik – für die Nationalsozialisten Symbol des verhassten »Weimarer Systems« – waren damit praktisch verboten. Am 15. September 1935 folgte – in einem der drei *Nürnberger Gesetze* – das Reichsflaggengesetz. Zwar wurden in diesem »Gesetz« weiterhin die Farben Schwarz-Weiß-Rot als »Reichsfarben« bezeichnet, die Hakenkreuzflagge jedoch zur alleinigen Reichs- und Nationalflagge erklärt, die zugleich als Handelsflagge zu gelten hatte. Der Stundenplan, auf dem noch beide Fahnen zu sehen sind, stammt demnach aus der Zeit davor.

5/11

**5/12 »Ein Volk/Ein Führer/
Ein Wille/ ›Ja‹ stimmst auch Du,
deutscher Beamter«**
Plakat zur Volksabstimmung über
die Zusammenlegung der Ämter von
Reichspräsident und Reichskanzler
1934
Entwurf: J. Ficker
Lithografie; 92 × 67,5 cm
Berlin, Deutsches Historisches Museum:
1987/274

Als Paul von Hindenburg am 2. August 1934 mit fast 87 Jahren starb, hatte Hitler bereits die wichtigsten Schritte unternommen, um das schon länger erwartete Ableben des greisen Reichspräsidenten zur Erlangung unumschränkter Macht zu nutzen. Seit dem 1. August 1934 war das Amt des Reichspräsidenten mit dem des Reichskanzlers vereinigt. Minister, Reichswehr und Beamte wurden nun auf Hitler vereidigt, und es existierte keine verfassungsrechtliche Institution mehr, die Paroli bieten konnte. Hitlers infame Behauptung, eine Volksabstimmung zur Ämterzusammenlegung durchzuführen, weil er davon überzeugt sei »daß jede Staatsgewalt vom Volke ausgehen und von ihm in freier und geheimer Wahl bestätigt sein muß«, wurde noch am Todestag Hindenburgs verkündet. Die Volksabstimmung am 19. August 1934 war nur ein weiterer propagandistischer Schachzug, um sich der Loyalität der Massen zu vergewissern, und erbrachte eine Zustimmung von 89,9 %. Die Opposition war zu diesem Zeitpunkt längst ausgeschaltet, unliebsame Beamte aus ihren Ämtern entfernt. (Abb. S. 27)

Freiheit statt Einheit?
Das Grundgesetz der
Bundesrepublik Deutschland

6

# DAS GRUNDGESETZ DER BUNDESREPUBLIK DEUTSCHLAND

Mit der bedingungslosen Kapitulation des nationalsozialistischen Deutschen Reiches und seiner Streitkräfte am 7. und 8. Mai 1945 übernahmen die vier Alliierten in Gestalt der jeweiligen Militäroberbefehlshaber die Regierungsgewalt. Damit war die Souveränität über Deutschland auf die Besatzungsmächte übergegangen. Nach ihrem zu diesem Zeitpunkt noch gemeinsamen Willen sollte Deutschland demilitarisiert, entnazifiziert, dezentralisiert und demokratisiert werden. Hinzu trat ein umfangreiches Reparationsprogramm, in dessen Verlauf eine große Zahl deutscher Industrieanlagen, insbesondere in der britischen und in der sowjetischen Zone, demontiert wurde. Während es über die Demilitarisierung, das heißt über die vollständige und dauerhafte Entwaffnung Deutschlands, zunächst kaum zu Kontroversen kam, blieb die Umsetzung aller anderen Ziele unter den Siegermächten von Anfang an heftig umstritten. Der Kalte Krieg warf seine Schatten voraus – Deutschland geriet, wie es der Historiker Manfred Görtemaker formuliert hat, »innerhalb weniger Monate vom Modellfall alliierter Kooperationsfähigkeit zum Testfall für den sich anbahnenden Ost-West-Konflikt«. Dieser Konflikt begann auch die massiven Gegensätze zwischen dem besiegten Deutschland und den alliierten Siegern zu überlagern. Es stellte sich heraus, dass Deutschland – allerdings um den Preis der Einheit – sehr viel schneller aus der alliierten Vormundschaft entlassen werden konnte, als es bei Kriegsende vorstellbar schien.

Bereits Ende 1946 nahmen jene Pläne Gestalt an, nach denen zumindest im Zusammenschluss der amerikanischen und britischen Zone die auf der Potsdamer Konferenz beschlossene wirtschaftliche Einheit Deutschlands verwirklicht werden sollte. In dieser »Bizone«, die am 1. Januar 1947 ihre Tätigkeit aufnahm, entwickelte sich alsbald »ein perfektes Modell der Bundesrepublik«, so der Historiker Wolfgang Benz. Es gab mit dem Wirtschafts- und Länderrat eine Legislative, mit den einzelnen Verwaltungseinheiten unter Leitung von Direktoren eine Exekutive und überdies eine reich gegliederte Verwaltung, deren Organe auch ein »Deutsches Obergericht für das Vereinigte Wirtschaftsgebiet« einschlossen.

In Frankfurt am Main verfügte die Bizone im Wirtschaftsrat zudem über eine Art Parlament, das sich aus Vertretern der mittlerweile wieder begründeten Länder zusammensetzte. Deren Wiederherstellung erwies sich auch über die Bizone hinaus als entscheidend für die Errichtung einer demokratischen Ordnung in Deutschland. Denn der Orientierungsrahmen, den die Alliierten bei den Länderverfassungen vorgaben, sollte auch für die noch zu schaffende Verfassung eines deutschen Teilstaats gelten: Auf der Grundlage einer parlamentarischen Demokratie bildeten die Gewaltenteilung, die Berücksichtigung umfänglicher Grundrechte und eine Verfassungsgerichtsbarkeit unverzichtbare Bestandteile der Länderverfassungen. Nur bei Erfüllung dieser Mindestanforderungen an die jeweilige Verfassung konnte mit der Genehmigung durch die Militärregierung und damit mit ihrem Inkrafttreten gerechnet werden.

Im Verlaufe des Jahres 1947 traten die politischen und wirtschaftlichen Gegensätze zwischen den Westmächten und der Sowjetunion endgültig offen zutage. Insbesondere aufseiten der USA hatte sich die Politik gegenüber der Sowjetunion seit dem März des Jahres, als Präsident Harry S. Truman die sogenannte Truman-Doktrin verkündet hatte, grundlegend verändert. Mit Blick auf die Türkei und Griechenland, wo kommunistische Putsche drohten, sollten nun nur noch solche Länder amerikanische Wirtschaftshilfe erhalten, die sich politisch für eine Demokratie westlichen Zuschnitts entschieden. Vorbereitet wurde diese »Eindämmungspolitik« gegen den expansiven Kommunismus (policy of containment) durch den amerikanischen Diplomaten George F. Kennan, der schon im Februar 1946 vor einem ungehemmten Vordringen des stalinistischen Systems gewarnt hatte. Die Sowjetunion antwortete im September 1947 mit der von einem engen Mitarbeiter Stalins vorgetragenen »Zwei-Lager-Theorie«. Danach hätte sich seit der Niederschlagung Hitler-Deutschlands ein »imperialistisches und antidemokratisches« Lager unter Führung der USA und ein »antiimperialistisches und demokratisches« unter sowjetischer Führung gebildet. Es war kein Zufall, dass in eben diesem Jahr 1947 der Begriff »Kalter Krieg« von dem amerikanischen Publizisten Walter Lippmann geprägt werden konnte.

Vor diesem Hintergrund nahmen die Pläne für die Gründung eines Weststaats schnell konkrete Züge an. Das zeigte sich schon mit der Vorlage des auf den amerikanischen Außenminister George C. Marshall zurückgehenden »Marshallplans« im Juni 1947, dessen »Europäisches Wiederaufbauprogramm« ausdrücklich die drei Westzonen beziehungsweise die drei Westsektoren Berlins einbezog. Die sich unter anderem daraus zwingend ergebende Notwendigkeit einer Währungsreform, die schließlich nach langen Vorbereitungen am 21. Juni 1948 durchgeführt wurde, setzte wiederum eine Dynamik in Gang, an deren Ende die westdeutsche Teilstaatlichkeit stand. Die Ausdehnung der Währungsreform auf die Westsektoren Berlins führte aufseiten der Sowjetunion zu der Anordnung, die bereits zuvor »schleichende« Blockade West-Berlins in eine offene und schließlich bis zum Mai 1949 andauernde Absperrung der Stadt umzuwandeln. Doch der Versuch, über die Blockade die sich anbahnende Gründung der Bundesrepublik zu verhindern, scheiterte durch die »Luftbrücke« nicht nur wirtschaftlich, sondern auch politisch: Die Solidarisierung unter den westlichen Alliierten wurde ebenso gestärkt wie ihre Bereitschaft, die Schaffung einer westdeutschen Verfassung und die Gründung eines westdeutschen Staates voranzutreiben. Er sollte nach den Vorstellungen der USA und Großbritanniens Teil eines europäisch-atlantischen Staatensystems werden.

Nach dem Scheitern der fünften Londoner Außenministerkonferenz der vier Siegermächte im Dezember 1947, in deren Verlauf deutlich geworden war, dass eine interalliierte Einigung in der »Deutschlandfrage« nicht mehr möglich schien, wurde die »Sechsmächtekonferenz« in London einberufen, an der neben den drei Westalliierten auch Vertreter der Benelux-Länder Niederlande, Belgien und Luxemburg teilnahmen. In zwei Verhandlungsrunden zwischen Februar und Juni 1948 gelang es, das anglo-amerikanische Konzept einer westdeutschen Verfassung und eines westdeutschen Teilstaats durchzusetzen. Am 1. Juli 1948 überreichten die Militärgouverneure der drei westlichen Besatzungszonen die »Londoner Empfehlungen« als sogenannte Frankfurter Dokumente an die Ministerpräsidenten der Länder. Neben der Ankündigung eines Besatzungsstatuts enthielt das wichtigste der drei Dokumente, das Dokument Nr. I, die den Ministerpräsidenten erteilte Ermächtigung, eine Versammlung einzuberufen, die eine demokratische Verfassung mit einer Grundrechtsgarantie und einem föderalen Staatsaufbau ausarbeiten sollte. Diese war anschließend von den Militärgouverneuren zu genehmigen. Als spätester Termin für den Zusammentritt der verfassunggebenden Versammlung wurde der 1. September 1948 festgesetzt.

Vom 8. bis zum 10. Juli 1948 trafen sich die westdeutschen Ministerpräsidenten in einem Berghotel auf dem Rittersturz, einem bekannten Aussichtspunkt in Koblenz. In ihren »Koblenzer Beschlüssen« erklärten sie zwar grundsätzlich die Annahme der »Frankfurter Dokumente«. Gleichzeitig wandten sie sich jedoch gegen die Schaffung eines westdeutschen Teilstaats, da dies naturgemäß die deutsche Teilung zementieren würde – ein Vorbehalt, der auch in dem in Koblenz gefundenen Begriff »Grundgesetz« für die zu schaffende Verfassung seinen Niederschlag fand. Er sei, wie es der Ministerpräsident von Württemberg-Baden, Reinhold Maier, beschrieb, »wie vom Himmel gefallen« und bemächtigte sich »unserer Köpfe und Sinne, gewiß nicht der Herzen«. Überhaupt könnte, so hieß es in der abschließenden Erklärung vom 10. Juli 1948, eine Verfassung erst dann entstehen, »wenn das gesamte deutsche Volk die Möglichkeit besitzt, sich in freier Selbstbestimmung zu konstituieren«. Zum gegenwärtigen Zeitpunkt wären »nur vorläufige organisatorische Maßnahmen« möglich, die von einem zu wählenden »Parlamentarischen Rat« vorgeschlagen werden sollten. Die Militärgouverneure reagierten verärgert auf die Koblenzer Beschlüsse, da sie ihrer Ansicht nach in anmaßender Weise die »Frankfurter Dokumente« außer Kraft zu setzen versuchten. Nach längeren Verhandlungen und Aussprachen stimmten die Ministerpräsidenten schließlich den ursprünglichen Forderungen der Militärgouverneure zu. Allerdings hielten sie auf der anschließenden Ministerpräsidentenkonferenz auf Schloss Niederwald sowie auf der dramatisch verlaufenden Schlusskonferenz mit den Militäroberbefehlshabern in Frankfurt am 26. Juli 1948 an der Bezeichnung »Grundgesetz« fest. Weiterhin wurde eine Wahl der Mitglieder des Parlamentarischen Rates durch die Landtage und eine Ratifizierung des Grundgesetzes ebenfalls durch die Landtage und nicht – wie von den Militärgouverneuren gewollt – durch eine »verfassunggebende Versammlung« angestrebt.

Der Verfassungskonvent fand vom 10. bis zum 23. August 1948 im Auftrag der Ministerpräsidenten der Länder im Alten Schloss auf der Insel Herrenchiemsee in Bayern statt. Am Ende lag ein nahezu vollständiger Entwurf des späteren Grundgesetzes vor. Die vom Konvent vorgeschlagene, den provisorischen Charakter des neuen Gebildes nochmals betonende Bezeichnung »Bund Deutscher Länder« fand indessen keine Zustimmung. Dem späteren ersten Bundespräsidenten Theodor Heuss – und nicht nur ihm – erschien diese Namensgebung als »zufällig«, wie »ein Ausweichen vor sich selbst«. Heuss schlug auf einer der ersten Sitzungen des Parlamentarischen Rats vor, den neuen Staat »Bundesrepublik Deutschland« zu nennen.

Der Parlamentarische Rat sollte auf Grundlage der »Frankfurter Dokumente« das Grundgesetz für die Bundesrepublik Deutschland ausarbeiten. Die Mitglieder dieses Gremiums waren von den Länderparlamenten gewählt worden: Auf jeweils 750.000 Einwohner kam ein Abgeordneter, mindestens jedoch, sofern die Bevölkerungszahl eines Landes diesen Wahlschlüssel unterschritt, ein Abgeordneter pro Land. So versammelten sich schließlich 65 Abgeordnete sowie fünf Vertreter Berlins, allerdings ohne Stimmrecht, am 1. September 1948 zur Eröffnungsfeier im Zoologischen Museum Alexander König in Bonn. Zu den in der Pädagogischen Akademie, dem späteren »Bundeshaus« in Bonn tagenden »Verfassungsvätern« gehörten auch vier »Verfassungsmütter« – Helene Wessel (Zentrum), Helene Weber (CDU), Friederike Nadig (SPD) und Elisabeth Selbert (SPD), ohne deren

# DAS GRUNDGESETZ DER BUNDESREPUBLIK DEUTSCHLAND

fraktionsübergreifendes Eintreten der Art. 3 des Grundgesetzes – »Männer und Frauen sind gleichberechtigt« – nicht mehrheitsfähig gewesen wäre. Am 8. Mai 1949 wurde das Grundgesetz vom Parlamentarischen Rat mehrheitlich angenommen und am 12. Mai 1949 von den Militärgouverneuren der Westzonen genehmigt. Der Verkündung des Grundgesetzes am 23. Mai 1949 folgte seine Inkraftsetzung am 24. Mai; es galt in West-Berlin und Westdeutschland – außer zunächst im Saarland, das erst im Januar 1957 Teil der Bundesrepublik wurde.

Das Grundgesetz geht in seinen wesentlichen Bestimmungen auf die intensive Auseinandersetzung mit der Weimarer Reichsverfassung und mit den Bedingungen ihres Scheiterns zurück. Im Durchschnitt waren die Abgeordneten des Parlamentarischen Rates zwischen 50 und 60 Jahre alt – und allein schon dieser generationelle Umstand garantierte, dass sich die »Mütter und Väter des Grundgesetzes« der tiefen Brüche in der jüngsten deutschen Geschichte bewusst blieben. Als Carlo Schmid sowohl in Herrenchiemsee als auch im Verlauf der Eröffnungsberatungen des Parlamentarischen Rates am 8. September 1948 davon sprach, dass Demokratie mehr bedeute »als ein Produkt bloßer Zweckmäßigkeitserwägungen«, ja, dass dies auch »den Mut zur Intoleranz denen gegenüber« erfordere, »die die Demokratie gebrauchen wollen, um sie selbst umzubringen«, waren ihm Applaus und Zustimmung sicher. Gerade aufgrund der Erfahrungen mit dem inhumanen NS-Unrechtsstaat beruht das Grundgesetz auf der Unantastbarkeit der Würde des Menschen (Art. 1 Abs. 1) als oberstem, nicht hintergehbarem Rechtswert.

Überdies wird den Grundrechten eine überragende Bedeutung beigemessen. Gemeinsam mit den wichtigsten Staatsgrundlagen – Demokratie, Rechtsstaat, Sozialstaat, Bundesstaat – können sie selbst durch Verfassungsänderungen nicht aufgehoben werden, wie es die »Ewigkeitsklausel« des Art. 79 Abs. 3 festschreibt. Zur bedeutsamsten »Durchsetzungsinstanz« all der daraus folgenden Verfassungsbestimmungen hat sich das Bundesverfassungsgericht entwickelt. Unter den bis heute rund 165.000 Entscheidungen sind besonders jene hervorzuheben, von denen eine Stärkung der Grundrechte im Verhältnis zwischen Bürger und Staat ausging. Hinzu kommen bisher insgesamt 52 Änderungsgesetze, von denen nur die Wiederaufrüstung 1956, die Notstandsverfassung 1968 und die Verfassungsänderungen im Umkreis der Wiedervereinigung 1990 genannt seien.

Trotz aller gesellschaftspolitischen Kontroversen und Auseinandersetzungen, von denen die Verfassungswirklichkeit des Grundgesetzes notwendig durchzogen bleibt, ist bis heute auch etwas von dem geblieben, was Theodor Heuss in der Generaldebatte des Parlamentarischen Rats am 9. September 1949 beschworen hat: »Wir wollen beginnen in der Gesinnung, die Hölderlin mit den Worten ›heilige Nüchternheit‹ bezeichnet«. Heuss bezog diese »Gesinnung« auf sich und seine Generation, die »durch die Schule der Skepsis hindurchgegangen« sei – und auf die zu schaffende Verfassung: Deren »Geist« sei vom Pathos der Freiheit durchzogen, aber auch von den nüchtern-sachlichen Bemühungen, sie umzusetzen und zu garantieren.

## Weichenstellungen

**6/1 Karte der Besatzungszonen in Deutschland und Österreich mit Postleitgebieten (deutsch, englisch, französisch, russisch)**
Frankfurt am Main, um 1945
Herausgeber: Atlanta-Service
Druck: Karl W. Schilling
Druck auf Papier; 54,5 × 38,3 cm
Berlin, Deutsches Historisches Museum: Do2 2006/309

Auf den Konferenzen von Jalta im Februar 1945 und – nach Kriegsende – von Potsdam (17. Juli bis 2. August 1945) beschlossen die Alliierten eine gemeinsame Deutschlandpolitik. Allgemeine Prinzipien waren die »großen Ds«: denazifizieren, dezentralisieren, demokratisieren und dekartellisieren. Die USA, Großbritannien und die UdSSR, in deren Kreis später auch Frankreich Aufnahme fand, vereinbarten die Aufteilung Deutschlands in vier Besatzungszonen. Berlin erhielt eine Sonderstellung und sollte von allen vier Besatzungsmächten gemeinsam verwaltet werden; die ehemalige Reichshauptstadt wurde deshalb in vier Sektoren untergliedert. Erste Ländergründungen erfolgten schon im Juli 1945 in der Sowjetischen Besatzungszone, im Herbst 1945 konstituierten sich in der amerikanischen Besatzungszone weitere. Auf dem Gebiet der heutigen Bundesrepublik Deutschland existierten ab dem 21. Januar 1947 16 Länder innerhalb der vier Besatzungszonen. Im Zeichen des beginnenden Ost-West-Konfliktes und der schlechten Wirtschaftslage arbeiteten die westlichen Zonen bald enger zusammen. Briten und Amerikaner bildeten am 1. Januar 1947 die Bizone. Frankreich, obwohl von Anfang an zur Beteiligung aufgefordert, trat ihr erst im April 1949 bei und erweiterte sie damit zur Trizone. Zunächst aus wirtschaftlichen Interessen gegründet, wurden Bi- und Trizone und ihre Institutionen jedoch im Zeichen des sich verschärfenden Kalten Krieges zu Vorläufergebilden der Bundesrepublik Deutschland. (Abb. S. 254)

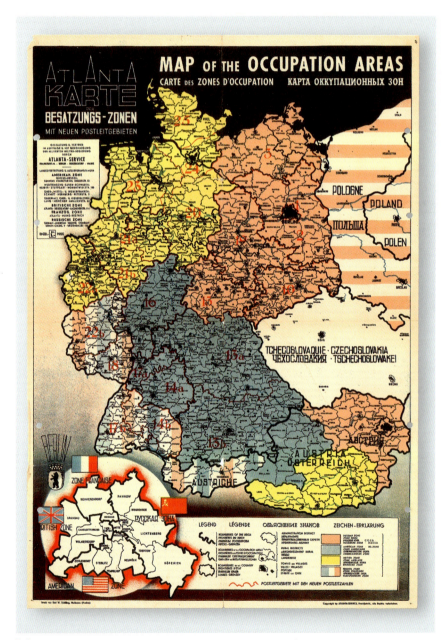

6/1

**6/2 Mehlsäcke**
USA, um 1949
Baumwolle, bedruckt; 89 × 53 cm;
96 × 47,5 cm
Berlin, Deutsches Historisches Museum:
KT 2001/83.1, KT 2001/84.1 und
KT 2001/85

Das wirtschaftliche Hilfsprogramm für Europa *(European Recovery Program* – ERP), das auf Vorschlägen des amerikanischen Außenministers George C. Marshall beruhte, verabschiedete der amerikanische Kongress am 3. April 1948. Ursprünglich sollte der Plan die politischen Partner in Europa – darunter auch ausdrücklich Deutschland und Staaten des späteren Ostblocks – beim Wiederaufbau ihrer Wirtschaft unterstützen. Allerdings war in den Monaten seit der Ankündigung des Marshallplans am 5. Juni 1947 der Ost-West-Konflikt so beherrschend geworden, dass sich auch die Gewährung materieller Hilfe durch den Marshallplan mitunter an der Truman-Doktrin orientierte. Am 12. März 1947 hatte der amerikanische Präsident Harry S. Truman seinen Grundsatz verkündet, dass Hilfe vor allem solche Staaten erhalten sollten, die sich durch den Kommunismus bedroht sahen. Die wirtschaftlichen Aufbauleistungen durch den Marshallplan – verstanden als Hilfe zur Selbsthilfe – umfassten vor allem die Lieferung von Lebensmitteln und Rohstoffen, aber auch großzügige Kredite und technische Unterstützung beim Wiederaufbau. Westeuropäische Staaten erhielten von Herbst 1948 bis 1952 Waren und Dienstleistungen im Wert von etwa 14 Milliarden Dollar. Für die drei alliierten Westzonen verhieß die Teilnahme am Marshallplan die Integration ihrer im Aufbau befindlichen

## Demokratische Traditionen: Jahrhundertfeier Paulskirchenversammlung

Wirtschaft in das westeuropäische Wirtschaftssystem – eine, wie sich zeigen sollte, bedeutende Voraussetzung für die Gründung der Bundesrepublik. Den Marshallplan begleiteten Propagandaaktionen mit Plakaten, Broschüren und Filmen. Alle Produkte, die im Rahmen des Hilfsprogramms nach Europa kamen, waren besonders gekennzeichnet. So tragen auch diese Säcke das berühmte Marshallplanhilfe-Signet, eine Abwandlung des amerikanischen Siegels. Zumeist wurde der Slogan in die Sprache des Landes übersetzt, für das die Hilfsgüter bestimmt waren. Die Säcke waren jeweils mit rund 45 kg des sogenannten harten Weizenmehls gefüllt, das sich durch seine hohe Klebefähigkeit zum Backen von Brot eignet. Das Mehl stammte zumeist aus Mühlen in Missouri, Illinois und aus Texas, da ein Teil der Weizenlieferungen in den USA gemahlen werden musste. **RF**

6/2

6/3 »1848 / Frankfurt am Main / Paulskirche / Fest- und Kulturwoche / 1948«
Plakat zur Hundertjahrfeier der Nationalversammlung von 1848
1948
Druck: R. Ullmann
Offsetdruck; 82,7 × 58 cm
Frankfurt am Main, Institut für Stadtgeschichte: S 91/593

Während in der Ostzone die Märzrevolution von 1848 als Anlass für zahlreiche Jahrhundertfeiern diente, wurde im Westen der 100. Jahrestag der Deutschen Nationalversammlung am 18. Mai 1848 zum eigentlichen Jubiläumsdatum gekürt. Am 18. Mai 1948 konnte die Paulskirche als »Haus aller Deutschen« in Frankfurt am Main wieder eröffnet werden. Der Frankfurter Oberbürgermeister Walter Kolb hatte den raschen Wiederaufbau des im März 1944 bei schweren Bombenangriffen völlig ausgebrannten Gebäudes maßgeblich unterstützt, geleitet von der Überzeugung: »Wenn wir inmitten unserer Not glauben, dieses Denkmal europäischer Geisteshaltung und Größe wiedererrichten zu sollen, dann tun wir das in tiefer sittlicher Verpflichtung nach aller Schuld, die Verblendete im Namen unseres Volkes der ganzen Menschheit zugefügt haben.« Mit einer großen »Fest- und Kulturwoche« wurde die Einweihung der Paulskirche gefeiert. Fritz von Unruh, ein Großneffe Heinrich von Gagerns, der aus dem Exil nach Deutschland zurückgekehrt war, hielt eine »Rede an die Deutschen«, in der er mit dem Nationalsozialismus abrechnete. Die Paulskirche gilt bis heute als Symbol für Demokratie und Freiheit und ist die bedeutendste Gedenkstätte des deutschen Parlamentarismus. Sie wird vor allem als Ort für kulturelle, politische und wissenschaftliche Veranstaltungen und Ehrungen genutzt, namentlich für die Verleihungen des Goethepreises und des Friedenspreises des Deutschen Buchhandels.

6/3

6/4 »1848 / 1948 / Jahrhundertfeier der ersten deutschen Nationalversammlung in der Paulskirche Frankfurt am Main / Fest- und Kulturwoche 16. bis 22. Mai 1948«
Festschrift und Programmheft zur Jahrhundertfeier der Paulskirche
Frankfurt am Main, 1948
Herausgeber: Stadtkanzlei Frankfurt am Main
Druck: Otto Lembeck, Frankfurt am Main und Butzbach
Druck auf Papier; 20,5 × 14,5 cm
Berlin, Deutsches Historisches Museum: ZD006478

Die Festwoche anlässlich der Jahrhundertfeier der Nationalversammlung im Mai bestand aus einer Vielzahl von Veranstaltungen. Den Mittelpunkt bildete der eigentliche Jahrestag der Nationalversammlung, der 18. Mai. Während tagsüber ein großer Sternlauf der »deutschen Turner und Sportler« aus den westdeutschen Ländern stattfand, wurde

# FREIHEIT STATT EINHEIT?

## »Heilige Nüchternheit«: Das Grundgesetz entsteht

6/4

**6/5 »1848 – Werke und Erbe. Erzählungen«**
Stuttgart, 1948
Theodor Heuss (1884 – 1963)
Druck: Curt E. Schwab; 19,5 × 12,5 cm
Berlin, Deutsches Historisches Museum:
R 97/1205

Nach Kriegsende arbeitete Theodor Heuss zunächst wieder als Journalist und Buchautor; zudem fungierte er als Lizenzträger für die seit dem 5. September 1945 in Heilbronn erscheinende *Rhein-Neckar-Zeitung*. In seinem Buch über 1848 versuchte Heuss, die Ideen der Revolution und ihre Bedeutung für das 20. Jahrhundert zu erläutern. Für ihn waren dabei die Durchsetzung einer parlamentarischen Demokratie, die Schaffung eines Nationalstaats und die Verabschiedung einer demokratischen Verfassung zentral. Die Ideale von 1848/49 galten Heuss zudem als spezifisches Familienerbe: Großvater und Urgroßonkel hatten sich an der Revolution beteiligt. In diese Tradition stellte er auch seine eigenen politischen Vorstellungen und Ambitionen. Am 1. September 1948 wurde Theodor Heuss als Abgeordneter in den Parlamentarischen Rat nach Bonn berufen. (o. Abb.)

**6/6 Tisch und Tischdecke**
Teile der Ausstattung des Verfassungskonvents auf Herrenchiemsee,
10. – 23. 8. 1948
a) Tisch: um 1948; Holz; 77,5 × 140 × 74 cm
b) Tischdecke: 1948; Baumwolle; 122 × 171 cm
Bonn, Haus der Geschichte:
a) 1988/4/053, b) 1988/4/054

Mit den Vorarbeiten für die von den Alliierten geforderte westdeutsche Verfassung wurde zunächst ein eigenes Sachverständigengremium beauftragt. Zu diesem Zweck tagte vom 10. bis zum 23. August 1948 im Alten Schloss auf der bayerischen Insel Herrenchiemsee der »Verfassungsausschuß der Ministerpräsidenten der westlichen Besatzungszonen«, wie die Kommission offiziell hieß. Die Länderchefs bekundeten damit noch einmal nachdrücklich ihr Selbstverständnis als Repräsentanten des künftigen deutschen Staates – insbesondere gegenüber den erstarkenden Parteien. Jedes der damals elf Länder der Westzonen hatte einen Bevollmächtigten delegiert, dazu kamen etwa 20 weitere Juristen, Politiker und Verwaltungsfachleute. Der Vorsitzende der Stadtverordnetenversammlung von Berlin, Otto Suhr, nahm als Gast teil. In den 13-tägigen

abends die Uraufführung einer Auftragskomposition von Harald Genzmer, *Frankfurter Konzert 1848*, gegeben. Am 19. Mai tagten deutsche Schriftsteller unter der Leitung von Rudolf Alexander Schröder und Elisabeth Langgässer, zugleich wurde ein »Akademischer Tag« mit rechtsgeschichtlichen Vorträgen und ein »Tag der Europäischen Union« abgehalten. Während der gesamten Festwoche debattierten das Publikum und verschiedene Podien über den Föderalismus, die Westbindung und die Europaorientierung des künftigen Deutschlands. Die Ostzone boykottierte die Frankfurter Feiern offiziell auf Weisung des Vorstands der SED, da das Jubiläum als »Staffage für die Schaffung eines Weststaates mit Frankfurt am Main als Hauptstadt« diene, so die Ansicht der Partei.

6/6

# DAS GRUNDGESETZ DER BUNDESREPUBLIK DEUTSCHLAND

**Carlo Schmid**

(SPD)
geb. 3. Dezember 1896 in Perpignan
gest. 11. Dezember 1979 in Bonn

**1919 – 1923** Studium der Rechts- und Staatswissenschaften; Promotion
**1924 – 1928** Niederlassung als Rechtsanwalt; Gerichtsassessor; Amtsrichter; Referent am Kaiser-Wilhelm-Institut für ausländisches öffentliches Recht und Völkerrecht in Berlin
**1930 – 1940** Privatdozent für Völkerrecht **1940 – 1944** Kriegsverwaltungsrat der deutschen Militärverwaltung in Lille; Kontakte zum deutschen Widerstand **1945** Aufbau und Organisation des Landes Württemberg-Hohenzollern **1946** Eintritt in die SPD
**ab 1947** Stellvertretender Staatspräsident und Justizminister von Württemberg-Hohenzollern
**1948/49** SPD-Fraktionsvorsitzender im Parlamentarischen Rat und Vorsitzender des Hauptausschusses
**1949 – 1966** Vizepräsident des Deutschen Bundestags
**1966 – 1969** Bundesminister für Angelegenheiten des Bundesrats und der Länder **1969 – 1972** Vizepräsident des Deutschen Bundestags

9/9

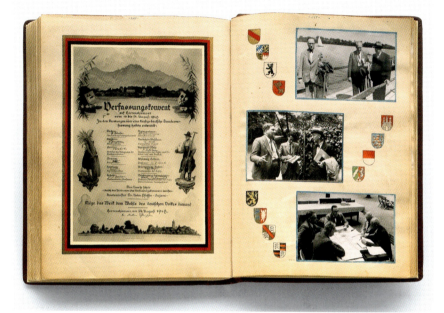

6/7

Beratungen wurde ein fast vollständiger Entwurf eines Grundgesetzes erarbeitet. Im 95 Seiten starken Tätigkeitsbericht, der an die Konferenz der Ministerpräsidenten ging und danach dem Parlamentarischen Rat in Bonn übersandt wurde, sind wichtige Kriterien des späteren Grundgesetzes formuliert, namentlich eine starke Bundesregierung, die Einführung eines neutralen und auf repräsentative Funktionen beschränkten Staatsoberhauptes, der weitgehende Ausschluss von Volksbegehren und eine Vorform der »Ewigkeitsklausel«, nach der bestimmte freiheitlich-demokratische Verfassungsprinzipien einer Änderung entzogen sein sollen. Wenn auch in »fürstlicher« Umgebung tagend, so war die Ausstattung der Sitzungsräume doch eher spartanisch-bescheiden: Einfache Holztische, die mit baumwollenen Tischdecken bedeckt waren – vermutlich aus den Beständen des Herrenchiemseer Schlosshotels –, dienten den Sachverständigen als Sitzungs- und Schreibtische.

**6/7 Gästebuch des Schlosshotels Herrenchiemsee**
1921 – 1952; aufgeschlagene Seite: 1948
Schmuckurkunde und Fotografien der Teilnehmer des Parlamentarischen Rats
Papier, Leder, Fotografien; 32,5 × 25,5 cm
Bonn, Haus der Geschichte: 2003/08/0044

Der Tagungsort der Plenumssitzungen, das »Alte Schloss« auf Herrenchiemsee, war ein säkularisiertes Augustinerchorherrenstift. Die gesamte Insel hatte eine Zeit lang dem Bayernkönig Ludwig II. gehört, der dort ein zweites Schloss nach dem Vorbild von Versailles errichten ließ. Eine Sorge des FDP Vorsitzenden Thomas Dehler, der romantisch-realitätsfremde »Ungeist« des Bayernkönigs könne die Verfassungsberatungen beeinträchtigen, erwies sich freilich als unbegründet. Auf der rund drei Quadratkilometer großen Insel wurde in stiller Abgeschiedenheit vielmehr sachliche Arbeit geleistet, lediglich durch »Reporter und Stechmücken« gestört, wie ein zeitgenössischer Pressebericht vermerkte. Die meisten Konventsteilnehmer übernachteten im bereits seit 1909 existierenden Schlosshotel, das sich bis heute in einem Teilgebäude der alten Schlossanlage befindet. Im zwischen 1921 und 1952 geführten früheren Gästebuch des Hotels sind die Seiten 296 und 297 dem Verfassungskonvent gewidmet: Die linke Seite ziert das Foto einer Schmuckurkunde mit den Unterschriften sämtlicher Konventsmitglieder und der Satz »Möge das Werk dem Wohle des deutschen Volks dienen« – die originalen Urkunden erhielten die Unterzeichner zum Dank für die geleistete Arbeit. Auf der rechten Seite sind Fotos der Teilnehmer eingeklebt, umrahmt von den Länderwappen.

### 6/8 »Auffahrt zum Staatsakt«
Seite des Fotoalbums zur Eröffnung
des Parlamentarischen Rats
1948
Erna Wagner-Hehmke (1905–1992)
Papier, Metall, Fotografien;
31,5 × 22,4 cm
Bonn, Haus der Geschichte: 1994/03/0202

Am 1. September 1948 trat in Bonn der Parlamentarische Rat erstmals zusammen, der auf Anweisung der drei Westmächte USA, Großbritannien und Frankreich eine demokratische und föderalistische Verfassung für die Westzonen ausarbeiten sollte. Insgesamt 65 Abgeordnete waren von den Länderparlamenten gewählt worden. CDU/CSU und SPD stellten je 27 Delegierte, die FDP fünf; KPD, Zentrum und die Deutsche Partei waren mit je zwei Abgeordneten vertreten. Fünf Abgeordnete aus den Westsektoren Berlins hatten nur beratende Funktion. Die feierliche Eröffnung des Parlamentarischen Rats fand im Museum König in Bonn statt; die aufgeschlagene Seite im Fotoalbum zeigt den Eingang, vor dem gerade schwarze Limousinen mit den Politikern vorfahren. Das zoologische Forschungsmuseum war im Zweiten Weltkrieg unzerstört geblieben; die in der großen Halle des Museums aufgestellten präparierten Giraffen wurden anlässlich des Festaktes mit Tüchern verhüllt. Konrad Adenauer nutzte einige Räumlichkeiten nach seiner Wahl zum Bundeskanzler im September für zwei Monate als Dienstsitz. Bis 1957 beherbergte das Museum überdies mehrere Bundesministerien. Die konstituierende Sitzung nach dem Festakt und alle weiteren Plenar- und Ausschusssitzungen des Parlamentarischen Rats tagten dann in der Pädagogischen Akademie in Bonn, dem späteren Bundeshaus.
(Abb. S. 77)

6/11

### 6/9 »Der Präsident des Parlamentarischen Rates Dr. Konrad Adenauer«
Seite des Fotoalbums
zum Parlamentarischen Rat
1948/49
Erna Wagner-Hehmke (1905–1992)
Papier, Kunststoff; 32,8 × 25,5 cm
Bonn, Haus der Geschichte: 1987/3/030

Die wichtigsten Leitungspositionen im Parlamentarischen Rat besetzten Mitglieder der beiden größten Parteien: Konrad Adenauer (CDU) wurde Präsident des Rates, während Carlo Schmid (SPD) den Vorsitz im Hauptausschuss übernahm. Basierend auf den bereits im Herrenchiemseer Verfassungskonvent entwickelten Prinzipien eines föderalen und demokratischen Rechtsstaats arbeitete der Parlamentarische Rat das Grundgesetz für Westdeutschland aus. Die Fotografin Erna Wagner-Hehmke führte seit 1925 zusammen mit Anne Winterer die »Lichtbildwerkstatt Hehmke-Winterer« in Düsseldorf; nach 1935 war Wagner-Hehmke dort allein tätig. In der Nachkriegszeit erstellte sie im Auftrag der nordrhein-westfälischen Landesregierung umfangreiche Fotoserien über die Arbeit des Parlamentarischen Rats und die Konstituierung von Bundestag und Bundesrat. (Abb. S. 77)

**6/10 »Väter der Verfassung«**
Zeitungsseite mit den Porträts der Mitglieder des Parlamentarischen Rats in *Die Neue Zeitung* vom 25.9.1948
München, 25.9.1948
Druck auf Papier; 52,8 × 43,6 cm
Berlin, Deutsches Historisches Museum: ZD006477

Die 65 stimmberechtigten Delegierten des Parlamentarischen Rats waren gewählte Abgeordnete der Länderparlamente. Sie wurden häufig als »Väter der Verfassung« bezeichnet, obwohl sich unter ihnen auch vier Frauen befanden. Die Abgeordnete Dr. Friederike Nadig (SPD) kommentierte den geringen Frauenanteil mit folgenden Worten: »Im Parlamentarischen Rat ist die deutsche Frau zahlenmäßig viel zu gering vertreten. Das Grundgesetz muss aber den Willen der Staatsbürger, die überwiegend Frauen sind, widerspiegeln.« Auffällig an der sozialen Zusammensetzung des Parlamentarischen Rats war überdies der hohe Anteil von Akademikern: Unter den (einschließlich der fünf Berlin-Vertreter) insgesamt 70 Delegierten befanden sich 47 Personen mit akademischer Ausbildung, davon waren 24 Juristen. Eine weitere Gemeinsamkeit bestand darin, dass etliche Abgeordnete während des Nationalsozialismus im – vorwiegend politisch motivierten – Exil gewesen waren. Die Erfahrung der Emigration spielte vor allem bei der Entstehung des Grundrechts auf Asyl (Art. 16 GG) eine bedeutende Rolle. (Abb. S. 76)

**Art. 3**
(1) Alle Menschen sind vor dem Gesetze gleich.
(2) Männer und Frauen sind gleichberechtigt. ...

*Grundgesetz für die Bundesrepublik Deutschland* vom 23. Mai 1949

**6/11 Die vier weiblichen Mitglieder des Parlamentarischen Rates Helene Wessel, Helene Weber, Friederike Nadig und Elisabeth Selbert (v.l.n.r.)**
1948/49
Erna Wagner-Hehmke (1905–1992)
Fotografie (Neuabzug)
Bonn, Haus der Geschichte: BURA F 1/026

Während auf Herrenchiemsee keine einzige Frau an den Verfassungsberatungen teilnahm, saßen im Bonner Parlamentarischen Rat vier stimmberechtigte weibliche Mitglieder. Diese kleine Minderheit hatte die Hälfte der Bevölkerung zu vertreten. Schon deshalb standen die vier Frauen besonders im Rampenlicht der Öffentlichkeit. Fungierten sie nur als Feigenblatt für eine männlich dominierte Politik? Würden sie eine geschlossene Frauenfront gegen die Männer bilden? Doch abgesehen von derselben Geschlechts- und einer ähnlichen Alterszugehörigkeit – Wessel war Jahrgang 1898, Selbert 1896, Nadig 1897, nur Weber gehörte mit dem Geburtsdatum 1881 einer deutlich älteren Generation an – und einer für alle vier Frauen charakteristischen Durchsetzungsstärke, bearbeiteten sie durchaus unterschiedliche Themenbereiche. Auch ihre politischen Ansichten waren keineswegs deckungsgleich, selbst bei den heftigen Debatten um die Verankerung der Gleichberechtigung der Frau im künftigen Grundgesetz. Erwartungsgemäß stieß Elisabeth Selbert mit ihrem Formulierungsantrag »Männer und Frauen sind gleichberechtigt« auf heftige Gegenwehr bei den meisten

**Elisabeth Selbert**
(SPD)
geb. 22. September 1896 in Kassel als Martha Elisabeth Rohde
gest. 9. Juni 1986 in Kassel

**1912–1913** Gewerbe- und Handelsschule des Frauenbildungsvereins
**1916–1921** Postgehilfin im Telegrafendienst **1918** Eintritt in die SPD und Mitglied des SPD-Bezirksvorstandes in Kassel **1925–1926** Nachträgliche Reifeprüfung in der Luisenschule in Kassel
**1926–1930** Studium der Rechts- und Staatswissenschaften, nach dem Ersten Juristischen Staatsexamen Promotion **1934** Zulassung als Rechtsanwältin, Kanzlei in Kassel
**1946–1955** Mitglied des zentralen Parteivorstandes der SPD
**1946–1958** Mitglied im Hessischen Landtag für die SPD
**1948–1949** Mitglied im Parlamentarischen Rat; mit Unterstützung der deutschen Frauenverbände erreicht sie die Gleichstellung von Frau und Mann im Grundgesetz
**1958** Rückzug aus der Politik

## Helene Weber

(Zentrum, CDU)
geb. 17. März 1881 in Elberfeld
gest. 25. Juli 1962 in Bonn

**1897–1900** Lehrerinnenbildungsseminar **1900–1905** Volksschullehrerin **1905–1909** Studium der Geschichte, Philosophie, Romanistik und Soziologie **ab 1909** Studienrätin und Schulleiterin **1919** Mitglied der Weimarer Nationalversammlung für die Deutsche Zentrumspartei **1920–1933** Ministerialrätin im Preußischen Ministerium für Volkswohlfahrt **1922–1924** Mitglied des Preußischen Landtags **1924–1933** Mitglied des Reichstags für die Deutsche Zentrumspartei **1933–1945** Tätigkeit in der privaten Wohlfahrtspflege **1945** Gründungs- und Vorstandsmitglied der westfälischen CDU **1948/49** Mitglied des Parlamentarischen Rats **1949–1962** Mitglied des Deutschen Bundestags für die CDU

9/11

männlichen Mitgliedern, die die Gleichberechtigung – ähnlich wie in der Weimarer Verfassung – hauptsächlich auf staatsbürgerliche Angelegenheiten, etwa das Wahlrecht, beschränkt wissen wollten. Aber auch ihre Kolleginnen Weber (Zentrum) und Wessel (CDU) sorgten sich um die Stellung der Familie und die besondere Wertigkeit der Frau als Mutter; selbst Selberts Parteigenossin Nadig (SPD) befürchtete, dem bisherigen Familienrecht würde der Boden entzogen. Nachdem ihr Antrag mehrmals abgelehnt worden war, mobilisierte Selbert die Öffentlichkeit. Sie initiierte eine Postkartenaktion. Waschkörbeweise gingen daraufhin vorgedruckte Postkarten ein, die ihren Antrag für eine eindeutige Formulierung der Gleichberechtigung unterstützten. Für Selbert war es »eine Selbstverständlichkeit, daß man heute weiter gehen muß als in Weimar und daß man den Frauen die Gleichberechtigung auf allen Gebieten geben muß«. Selbert setzte sich am Ende zwar durch, tatsächlich dauerte es aber bis 1957, ehe sich der Gesetzgeber zu einer Reform des Familienrechts durchringen konnte. Am 1. Juli 1958 trat endlich das Gleichstellungsgesetz in Kraft. Frauen durften nun ihren Mädchennamen als Namenszusatz führen, die Ehegatten wurden einander gegenseitig zum Unterhalt verpflichtet, den Haushalt konnte die Frau in eigener Verantwortung führen und hatte zugleich auch das Recht zur Ausübung einer Erwerbstätigkeit. Ausgespart blieb allerdings das »Letztentscheidungsrecht« des Ehemannes bei Streitigkeiten über Fragen der Kindererziehung; erst 1959 wurde der sogenannte väterliche Stichentscheid vom Bundesverfassungsgericht für verfassungswidrig erklärt.

6/12

**6/12 Ausweis für Theodor Heuss als Abgeordneter des Parlamentarischen Rats**
Bonn, 1.9.1948
Papier; 7,4 × 10,5 cm
Stuttgart, Stiftung Bundespräsident Theodor-Heuss-Haus / Basel, Familienarchiv Heuss

Theodor Heuss war seit 1946 Abgeordneter des Landes Württemberg-Baden für die Demokratische Volkspartei (DVP), einer bürgerlich-liberalen Sammlungspartei; nach der Gründung der Freien Demokratischen Partei (FDP) im Dezember 1948 wurde er zu deren erstem Vorsitzenden gewählt. Im Parlamentarischen Rat betätigte er sich vor allem im Ausschuss für Grundsatzfragen, in dem Präambel, Grundrechte und Staatssymbole festgelegt wurden. Der Name »Bundesrepublik Deutschland« geht ebenso auf seine Initiative zurück wie die Überlegung, dass es sich bei dem Grundgesetz nicht nur um ein Provisorium, sondern um eine vollwertige Verfassung handeln solle; überdies setzte er sich für anschauliche, allgemeinverständliche Formulierungen im Verfassungstext ein. Heuss trat als Vermittler zwischen den unterschiedlichen Positionen von CDU und SPD auf, um dem Grundgesetz die Zustimmung der beiden großen Parteien sowie der FDP zu sichern.

### Theodor Heuss

(FVP, DDP, DStP, DVP, FDP)
geb. 31. Januar 1884 in Brackenheim
gest. 12. Dezember 1963 in Stuttgart

**1902–1905** Studium der Nationalökonomie; Promotion **ab 1905** Journalist **1908** Hochzeit mit Elly Knapp, die später als Sozialreformerin und Politikerin tätig war **1910–1918** Mitglied der Fortschrittlichen Volkspartei (FVP) **1918** Eintritt in die Deutsche Demokratische Partei (DDP) **1920–1933** Dozent an der Hochschule für Politik in Berlin **1924–1933** Mitglied des Reichstags für die DDP und deren Nachfolgepartei, die Deutsche Staatspartei (DStP) **1933** im Mai Entlassung als Hochschuldozent; im Juni: Aberkennung des Reichstagsmandats **1933–1945** Journalistische und publizistische Tätigkeit **1945–1946** Kultusminister in Württemberg-Baden **1946** Mitglied der verfassunggebenden Landesversammlung in Württemberg-Baden; Vorsitzender der neu gegründeten Demokratischen Volkspartei (DVP) in der amerikanischen Besatzungszone; Mitglied des Württemberg-Badischen Landtags **1948/49** Mitglied des Parlamentarischen Rats für die FDP; erster Vorsitzender der FDP **1949–1959** erster Bundespräsident der Bundesrepublik Deutschland

9/8

6/13

### 6/13 »Das ABC des parlamentarischen Rates«

Notizen über die Beratungen zum Grundgesetz in Versform
Theodor Heuss (1884–1963)
Handschrift; 10,5 × 15 cm
Stuttgart, Stiftung Bundespräsident
Theodor-Heuss-Haus / Basel,
Familienarchiv Heuss

Seine Eindrücke vom Parlamentarischen Rat fasste Heuss als humorvolles Alphabet in Versform zusammen und präsentierte das Büchlein am 23. Mai 1949 – dem Tag der Verabschiedung des Grundgesetzes – den Kolleginnen und Kollegen. Der Buchstabe »W« ist den weiblichen Mitgliedern, Helene Weber und Helene Wessel, gewidmet:
»O Weiberweh – und nun zugleich gedoppelt, gewebt, gewesselt – W als ein Symbol, freundfeindlich wirkungsvoll gekoppelt. Auf Wiedersehn, die Wahl will beiden wohl.«

### 6/14 »Zum Grundgesetz«

Halbmonatszeitschrift *Heute* Nr. 85
zur Verkündung des Grundgesetzes durch den Parlamentarischen Rat und zur Aufhebung der Blockade
München, 25.5.1949
Druck auf Papier; 36,5 × 26,5 cm
Berlin, Deutsches Historisches Museum:
Do2 94/2427

Die Arbeit an der Verfassung vollzog sich im Schatten des beginnenden Ost-West-Konfliktes. Die Währungsreform in den Westzonen und die sowjetische Reaktion durch die Berlin-Blockade vertieften die Teilung. Die Mitglieder des Parlamentarischen Rats verstanden ihre Beratungen deshalb als Beitrag zur Einheit: Die neue Staatsordnung musste einen zeitlich und räumlich begrenzten, provisorischen Charakter erhalten; als »Verfassung« sollte erst eine für ganz Deutschland geltende Konstitution bezeichnet werden. Nach zum Teil heftigen Debatten über die Lehren, die aus dem Scheitern der Weimarer Republik und der nationalsozialistischen Diktatur zu ziehen seien, wurde das »Grundgesetz« nach fast neunmonatiger Arbeit am 8. Mai 1949 – genau vier Jahre nach dem Ende des Zweiten Weltkriegs – vom Parlamentarischen Rat mit 53 gegen 12 Stimmen angenommen. Dagegen stimmten die Abgeordneten der KPD, der DP und des Zentrums sowie sechs der acht CSU-Abgeordneten. »Es ist wohl [...] für uns Deutsche der erste frohe Tag seit dem Jahre 1933«, sagte Ratspräsident Adenauer. Am 12. Mai 1949 wurde das Grundgesetz von den Militärgouverneuren der britischen, französischen und amerikanischen Besatzungszone unter Vorbehalten genehmigt. Am selben Tag endete die Berlin-Blockade. Mit Ausnahme Bayerns, dem die neue Staatsordnung zu »zentralistisch« erschien, stimmten die Landtage aller westdeutschen Länder in den folgenden Tagen dem Grundgesetz zu. Am 23. Mai wurde das Grundgesetz in einer feierlichen Schlusssitzung des Par-

## Fundamente der Demokratie

lamentarischen Rats verkündet, in Anwesenheit der Ministerpräsidenten, Vertreter der Militärregierungen und anderer Würdenträger. Einen Tag später trat es in Kraft. (Abb. S. 136)

**6/15 »Grundgesetz für die Bundesrepublik Deutschland«**
Faksimiledruck des Grundgesetzes mit den Unterschriften der Mitglieder des Parlamentarischen Rats
Juni 1949
Druck: Rudolf Stodieck, Bonn
Pappe, »Zerkall«-Büttenpapier, Druck, geprägt; 34 × 23,6 cm
Berlin, Deutsches Historisches Museum: Do2 96/3748

Jedes Mitglied des Parlamentarischen Rats erhielt zum Dank für die geleistete Arbeit einen Faksimiledruck des Grundgesetzes mit den Unterschriften aller Delegierten. Auch die Präsidenten der Länder der Westzonen hatten unterzeichnet. Der Sonderdruck wurde in insgesamt 310 Exemplaren hergestellt, eine etwas kleinere Ausgabe A mit 210 Ausfertigungen und eine Ausgabe B (großes Format) mit einer Stückzahl von 100. Das ausgestellte Grundgesetz trägt die Nummer B 85. (Abb. S. 29)

**Art. 146**
**Dieses Grundgesetz verliert seine Gültigkeit an dem Tage, an dem eine Verfassung in Kraft tritt, die von dem deutschen Volke in freier Entscheidung beschlossen worden ist.**

*Grundgesetz für die Bundesrepublik Deutschland vom 23. Mai 1949*

**Art. 22**
**Die Bundesflagge ist schwarz-rot-gold.**

*Grundgesetz für die Bundesrepublik Deutschland vom 23. Mai 1949*

**6/16 »Grundgesetz der Bundesrepublik Deutschland«**
Broschüre mit dem Grundgesetz der Bundesrepublik Deutschland
Kevelaer, 1949
Verlag / Druck: Butzon und Bercker
Druck auf Papier; 20,4 × 14,2 cm
Berlin, Deutsches Historisches Museum: Do2 96/3627

Die Erstausgabe des Verfassungstextes zeigt die neuen alten Nationalfarben Schwarz-Rot-Gold. Der Parlamentarische Rat hatte in demonstrativer Anknüpfung an die Tradition der Weimarer Republik und der Frankfurter Paulskirche Schwarz-Rot-Gold als Bundesfarben vorgeschlagen. Im Grundsatzausschuss führten die Sozialdemokraten dazu aus: »Die Tradition von Schwarz-Rot-Gold ist Einheit und Freiheit oder […] besser: Einheit in der Freiheit. Die Flagge soll uns als Symbol dafür gelten, daß die Freiheitsidee der persönlichen Freiheit eine der Grundlagen unseres zukünftigen Staates sein soll.« Mit der Verkündung des Grundgesetzes am 23. Mai 1949 wurden Schwarz, Rot und Gold zu den Farben der Nationalflagge der Bundesrepublik Deutschland bestimmt. (Abb. S. 75)

**6/17 Wahlurne des ersten Deutschen Bundestages**
1949
Joseph Jaekel (1907–1985)
Messing; H 53 cm, D 35,3 cm
Berlin, Deutscher Bundestag

Schon kurz nach der Verabschiedung des Grundgesetzes begann der Wahlkampf für den ersten Bundestag. Aus der Wahl vom 14. August 1949 ging die CDU/CSU mit 139 Sitzen als stärkste Fraktion hervor, die SPD errang 131, die FDP 52, die konservative Deutsche Partei 17 und die Kommunisten erreichten 15 Mandate. Die CDU/CSU bildete schließlich mit FDP und Deutscher Partei eine Kleine Koalition. Am 7. September 1949 trat der Bundestag zu seiner konstituierenden Sitzung zusammen. Am 12. September wählten die Mitglieder der Bundesversammlung – Abgeordnete des Bundestages und Vertreter der Länder – Theodor Heuss zum ersten Bundespräsidenten. Wenige Tage später, am 15. September, wurde Konrad Adenauer mit nur einer Stimme Mehrheit zum Bundeskanzler gewählt. Bei beiden Wahlen gaben die Delegierten ihre Wahlzettel in einer kunstvoll gestalteten Urne ab. Sie zeigt die Wappen der Bundesländer und Berlins. 1949 waren dies Nordrhein-Westfalen, Bayern, Rheinland-Pfalz, Berlin, Schleswig-Holstein, Bremen, Hamburg, Baden, Württemberg-Baden, Württemberg-Hohenzollern (diese drei Länder wurden 1952 zu Baden-Württemberg vereinigt), Hessen und Niedersachsen. Das Saarland wurde erst 1957 der Bundesrepublik eingegliedert. (Abb. S. 133)

6/20

### 6/18 Klappsessel, Klapppult und Parkett aus dem Plenarsaal des ersten Deutschen Bundestages in Bonn
1949
Entwurf: Hans Schwippert (1899–1973)
Hersteller: Schröder und Henzelmann, Bad Oeynhausen
Buche, Leder, Stieleichenparkett;
83 × 61,5 × 109 cm
Bonn, Haus der Geschichte

Bei Möbeln und Parkett handelt es sich um ein Ensemble der Ersteinrichtung des Deutschen Bundestages in Bonn. Die rheinische Universitätsstadt hatte sich am 29. November 1949 als provisorische Bundeshauptstadt gegen die Bewerber Frankfurt am Main, Kassel und Stuttgart durchgesetzt. Bereits im Frühjahr 1949 war der Architekt und Designer Hans Schwippert mit dem Umbau der Pädagogischen Akademie beauftragt worden, einem zu Beginn der 1930er Jahre nach Plänen von Martin Witte im Stil des Neuen Bauens errichteten Gebäudes, das schon dem Parlamentarischen Rat als Tagungsstätte gedient hatte. Innerhalb weniger Monate entstand ein neuer, lichtdurchflutete Plenarsaal, der an die architektonische Avantgarde der Weimarer Republik anknüpfte. Schwippert, der vom pädagogischen Konzept des Bauhauses überzeugt war und nach 1945 zu den führenden Erneuerern des »Werkbund«-Gedankens zählte, entwarf auch das Mobiliar für den Plenarsaal: Pult und Klappsessel beeindrucken durch Einfachheit, klare Proportionen und strenge Funktionalität; die Möbel strahlen gleichermaßen bescheidene Schlichtheit und feierliche Würde aus. Mit seiner Gestaltung der neuen Bühne für die deutsche Volksvertretung schuf Schwippert ein Sinnbild für den demokratischen Aufbruch der jungen Bundesrepublik im Zeichen einer zeitgemäßen Sachlichkeit und Transparenz. (Abb. S. 124)

### 6/19 Panoramaansicht des Bonner Regierungsviertels
Dekoration für ein Sonderstudio der Fernsehsendung Bericht aus Bonn
Bonn, 1985
Fotografie, auf Spanplatte gezogen;
176,5 × 210 × 1,5 cm
Berlin, Deutscher Bundestag: Stödter, 2532, M-04000

Im Mai 1985 fand auf Einladung der Bundesregierung in Bonn ein Weltwirtschaftsgipfel statt. Regierung und Deutscher Bundestag stellten ihren Plenarsaal und andere Räumlichkeiten zur Verfügung. Ein kleines Sitzungszimmer wurde dem Westdeutschen Rundfunk für die Sonderberichterstattung im Rahmen der sonntäglichen, von Friedrich Nowottny moderierten Fernsehsendung Bericht aus Bonn überlassen. Zur Ausstattung dieses Sonderstudios gehörte auch die Farbfotografie, die wie eine Fototapete den Eindruck eines Live-Bildes vermitteln sollte. Zu sehen sind unter anderem das Bundeshaus, das Bundeskanzleramt und das Palais Schaumburg. Nach dem Gipfel gelangte das Poster als Schenkung an den damaligen Leiter des Polizei- und Sicherheitsdienstes des Deutschen Bundestags. (Abb. S. 153)

### 6/20 Ansichten des Bonner Regierungsviertels
Bonn, 16.6.1959 (Poststempel)
Verlag: Rhein-Bild-Verlag, J. Spatz
Fotopostkarte; 10,4 × 14,9 cm
Berlin, Deutsches Historisches Museum: PK 2003/879

Das Zentrum der Postkarte bildet – als Mittelpunkt der parlamentarischen Demokratie der Bundesrepublik – ein Foto des neuen Plenarsaales mit dem 1953 angebrachten Bundesadler des Bildhauers Ludwig Gies. Neben verschiedenen Ansichten des sogenannten Bundeshauses zeigt die Postkarte den Amtsitz des ersten Bundespräsidenten Theodor Heuss, die Villa Hammerschmidt, sowie das Palais Schaumburg, den Dienstsitz von Bundeskanzler Konrad Adenauer. **CJ**

**6/21 Konrad Adenauer**
1950
Fritz Behn (1878–1970)
Terrakotta; 25 × 19 × 14 cm
Berlin, Deutsches Historisches Museum: Pl 2007/4

Die »Ära Adenauer« dauerte von 1949 bis 1963; damit währte Adenauers Regierungszeit länger als die nationalsozialistische Diktatur. Der Rheinländer und überzeugte Katholik prägte als Bundeskanzler maßgeblich die politische Ausrichtung der Bundesrepublik in den Nachkriegsjahren. Wichtige Prinzipien waren dabei die Westintegration, verbunden mit der Europäischen Einigung, sowie die Wiederbewaffnung der Deutschen und ihre Eingliederung in das westliche Verteidigungsbündnis der NATO. Vor dem Hintergrund des Kalten Krieges verfolgte Adenauer einen strikt antikommunistischen Kurs, allerdings nicht ohne diplomatische Beziehungen zur Sowjetunion aufzunehmen. Gegen starken Widerstand auch innerhalb der eigenen Partei setzte er zusammen mit seinem Wirtschaftsminister Ludwig Erhard, dem er 1963 schließlich den Posten des Kanzlers überlassen musste, eine soziale Marktwirtschaft durch. Während seiner Kanzlerschaft begann Mitte der 1950er Jahre das sogenannte Wirtschaftswunder. Wohnungen, Arbeitsplätze, Lebensmittel waren nicht mehr Mangelware; die Bundesrepublik entwickelte sich in wenigen Jahren zu einer bedeutenden Industrienation. Fritz Behn genoss seit dem Kaiserreich vor allem als Tierbildhauer einen Namen. Als überzeugter Nationalist und Vertreter der deutschen Kolonialbewegung schuf er unter

**6/22**

anderem ein 1932 in Bremen eingeweihtes »Kolonialehrenmal« für die Deutsche Kolonialgesellschaft in Gestalt eines über zehn Meter hohen Elefanten. Sein Engagement für den Kolonialismus führte vermutlich auch zur Bekanntschaft mit Konrad Adenauer; Letzterer bekleidete von 1931 bis 1933 das Amt des Vizepräsidenten der Deutschen Kolonialgesellschaft. Im Gegensatz zu Adenauer, dessen demokratische Grundhaltung ihn während des Nationalsozialismus das Amt des Oberbürgermeisters von Köln kostete, machte Behn nach 1933 aus seinem nationalistisch-völkischen Weltbild und seinem antimodernistischen Kunstverständnis keinen Hehl. Trotz seiner Bewunderung für Hitler und Mussolini spielte er jedoch in der Bildhauerei des »Dritten Reiches« eine eher sekundäre Rolle. (Abb. S. 81)

**6/22 Sitz des Bundesverfassungsgerichts in Karlsruhe**
Um 1952
Postkarte, Karton, Druck; 9,1 × 14 cm
Berlin, Philipp Springer

Einrichtung, Aufgaben und Besetzung des Bundesverfassungsgerichts wurden in Art. 92 bis 94 des Grundgesetzes zunächst prinzipiell geregelt; sein organisatorischer Aufbau und die Zuständigkeiten jedoch erst in einem 1951 verabschiedeten Gesetz näher definiert. Als oberster Hüter der Verfassung in Deutschland ist das Bundesverfassungsgericht allen anderen Verfassungsorganen (Bundestag, Bundesregierung, Bundesrat und Bundespräsident) gegenüber selbstständig, unabhängig und diesen gleichgeordnet. Seine Hauptaufgabe ist es, die Einhaltung der Verfassung und insbesondere der Grundrechte zu überwachen. Bundes- oder Länderorgane, Gemeinden und Körperschaften, aber auch einzelne Bürgerinnen und Bürger können das Gericht anrufen. Die Begrenzung staatlicher Macht durch Kontrollinstanzen, wie sie das Bundesverfassungsgericht darstellt, ist ein Kennzeichen des Rechtsstaats. 1951 nahm es seine Arbeit in Karlsruhe auf, zunächst im Prinz-Max-Palais in der Karlsstraße. Das nach Plänen des badischen Architekten Josef Durm 1884 fertiggestellte Gebäude war zwischen 1900 und 1918 Wohnsitz des Prinzen Max von Baden, des letzten kaiserlichen Reichskanzlers (3. Oktober bis 9. November 1918); das Palais wurde im Zweiten Weltkrieg schwer beschädigt.

**6/23 Neubau des Bundesverfassungsgerichts in Karlsruhe**
Karlsruhe, nach 1969
Postkarte, Karton, Druck; 10,5 × 14,8 cm
Berlin, Philipp Springer

1969 zog das Bundesverfassungsgericht in sein heutiges Amtsgebäude um, das sich in unmittelbarer Nähe des Karlsruher Schlosses befindet. Der Neubau wurde in den Jahren 1965 bis 1969 nach Entwürfen des Berliner Architekten Paul Baumgarten errichtet und setzt sich bewusst von seinem palastartigen Vorgänger ab. Der sachliche, aus Kuben zusammengesetzte Bau mit seinen großen Fensterflächen knüpft an die Tradition des Neuen Bauens an und soll den Eindruck demokratischer Transparenz vermitteln. Das höchste Teilgebäude der Anlage ist für die Öffentlichkeit bestimmt. In ihm befindet sich auch der Sitzungssaal. (Abb. S. 126)

6/24

**6/24 Robe, getragen von der Bundesverfassungsrichterin Jutta Limbach**
1962
Stoff, Kunststoff, Metall; L 121 cm
Bonn, Haus der Geschichte:
L 2000/11/0003

Das Bundesverfassungsgericht besteht aus zwei Senaten, die bei voneinander abweichenden Rechtsmeinungen gemeinsam das Plenum des Gerichts bilden. Zu jedem Senat gehören acht Richter und Richterinnen, die je zur Hälfte vom Bundestag und vom Bundesrat für eine Amtsdauer von zwölf Jahren gewählt werden. Die Wiederwahl ist ausgeschlossen. Drei Mitglieder jedes Senats werden aus den Reihen der Richter der obersten Bundesgerichte, der Präsident und sein Stellvertreter vom Bundestag und Bundesrat im Wechsel gewählt. Nachdem die Amtskleidung der Bundesverfassungsrichter zunächst aus schwarzen Roben bestanden hatte, erhielten sie nach eingehenden Beratungen mit Theaterrequisiteuren ab 1962 – zur Abhebung von anderen Richtern – rote Roben mit weißen Beffchen nach dem Vorbild einer Florentiner Richtertracht aus dem 15./16. Jahrhundert. Die Amtstracht gehört ihren Trägern nicht persönlich, sondern dem Verein der Richter des Bundesverfassungsgerichts. Beim Ausscheiden eines Richters wird die Robe an den Nachfolger weitergegeben. In die ausgestellte Robe ist ein Etikett mit der Aufschrift »Limbach« eingenäht. Jutta Limbach amtierte seit 1994 zunächst als Vizepräsidentin des Bundesverfassungsgerichts und Vorsitzende des Zweiten Senats; noch im gleichen Jahr wurde sie als Nachfolgerin von Roman Herzog zur Präsidentin des Gerichts ernannt. In dieser Funktion blieb sie bis zum Erreichen der Altersgrenze im Jahre 2002. (Abb. S. 265)

6/26

**6/25 Großes Verdienstkreuz mit Stern und Schulterband für Erna Scheffler**
1963
Metall; 12 × 6 × 0,65 cm
Bonn, Haus der Geschichte:
L 1993/03/012.2.2

Die 1893 in Breslau als Erna Friedenthal geborene Erna Scheffler war die erste und zunächst einzige Richterin am Bundesverfassungsgericht in Karlsruhe. Nachdem die promovierte Juristin in den 1920er Jahren ihre juristischen Staatsexamina ablegen konnte, zu denen Frauen bis 1921 nicht zugelassen waren, arbeitete sie seit 1932 als Amtsrichterin in Berlin-Mitte. 1933 wurde sie als sogenannte Halbjüdin aus dem Staatsdienst entlassen. Sie schlug sich in den folgenden Jahren als Buchhalterin durch; die letzten Kriegsmonate verbrachte sie in einem Versteck bei Berlin. 1950, auf dem 38. Deutschen Juristentag in Frankfurt am Main, hielt sie als erste Frau ein Referat. Ihr Thema: »Die Rechtsentwicklung der Gleichberechtigung von Mann und Frau.« In ihrer Zeit als Verfassungsrichterin von 1951 bis 1963 prägte Scheffler maßgeblich die Rechtsprechung des Ersten Senats zum Gleichberechtigungsartikel. Als sie nach zwölfjähriger Amtszeit im Jahre 1963 ausschied, erhielt sie den höchsten Verdienstorden der Bundesrepublik: das Große Verdienstkreuz mit Stern und Schulterband. Erna Scheffler starb 1983 in London. (o. Abb.)

**6/26 Urkunde zur Verleihung des Großen Verdienstkreuzes an Erna Scheffler**
5.12.1963
Papier, Kunststoff, Stoff; 36,8 × 25,8 cm
Bonn, Haus der Geschichte:
L 1993/03/012.1.2

Die Urkunde für Erna Scheffler ist vom damaligen Bundespräsidenten Heinrich Lübke unterzeichnet. Sein Vorgänger Theodor Heuss hatte sich persönlich für die Einführung neuer Orden eingesetzt. Das Bundesverdienstkreuz ist die höchste und einzige allgemeine Verdienstauszeichnung der Bundesrepublik Deutschland und ehrt Personen, die im »Bereich der politischen, der wirtschaftlich-sozialen und der geistigen Arbeit dem Wiederaufbau des Vaterlandes dienten, und soll eine Auszeichnung all derer bedeuten, deren Wirken zum friedlichen Aufstieg der Bundesrepublik Deutschland beiträgt«, wie es in dem von Heuss verfassten Stiftungserlass vom 7. September 1951 heißt. Der Bundesverdienstorden wird in acht Stufen verliehen.

## »Wehrhafte Demokratie«

**6/27 Parteiprogramm
der Sozialistischen Reichspartei**
Um 1950
Redakteur: Fritz Dorls (1910–1995)
Druck auf Papier; 30 × 21 cm
Berlin, Deutsches Historisches
Museum: Do2 94/2724

Die besondere Bedeutung der Parteien als Elemente der politischen Willensbildung in einer Demokratie ist in Art. 21 GG ausgedrückt. Dass sich politische Freiheitsrechte aber auch gegen eine freiheitlich-demokratische Verfassung richten und diese sogar beseitigen können – davor hatte sich die Weimarer Reichsverfassung nicht ausreichend geschützt. Die Demokratie der Bundesrepublik wollte sich hingegen als »streitbar« und »wehrhaft« gegen ihre Feinde erweisen. Sie übertrug deshalb dem Bundesverfassungsgericht – und nur diesem – die Zuständigkeit, die Verfassungswidrigkeit von Parteien festzustellen und diese gegebenenfalls zu verbieten. Der Antrag für ein solches Verfahren kann nur von Bundestag, Bundesrat oder der Bundesregierung gestellt werden. 1951 beantragte die Bundesregierung, die Sozialistische Reichspartei (SRP) zu verbieten. Die 1949 von Fritz Dorls, Otto Ernst Remer und Gerhard Krüger gegründete SRP war ein Sammelbecken von Rechtsextremisten. Ihr Parteiprogramm stellte eine fast unverhüllte Neuauflage des NSDAP-Programms dar, dasselbe galt für den Organisationsaufbau. Ihren Schwerpunkt hatte die Partei in Norddeutschland, vor allem in Niedersachsen, wo sie bei den Landtagswahlen im Mai 1951 elf Prozent der Stimmen erreichte. (o. Abb.)

**6/28**

Art. 21
(1) Die Parteien wirken bei der politischen Willensbildung des Volkes mit. Ihre Gründung ist frei. Ihre innere Ordnung muß demokratischen Grundsätzen entsprechen. Sie müssen über die Herkunft und Verwendung ihrer Mittel sowie über ihr Vermögen öffentlich Rechenschaft geben.
(2) Parteien, die nach ihren Zielen oder nach dem Verhalten ihrer Anhänger darauf ausgehen, die freiheitliche demokratische Grundordnung zu beeinträchtigen oder zu beseitigen oder den Bestand der Bundesrepublik Deutschland zu gefährden, sind verfassungswidrig. Über die Frage der Verfassungswidrigkeit entscheidet das Bundesverfassungsgericht.

*Grundgesetz für die Bundesrepublik Deutschland
vom 23. Mai 1949*

**6/28 Mitgliedskarte
der Sozialistischen Reichspartei**
1952
Druck auf Karton; 10 × 7 cm
Berlin, Deutsches Historisches
Museum: Do2 94/2729

Nachdem die Bundesregierung am 19. November 1951 beim Bundesverfassungsgericht die Feststellung der Verfassungswidrigkeit der Sozialistischen Reichspartei beantragt hatte, wurden bis Juni 1952 fünf rechtskräftige Urteile ausgesprochen. Am 23. Oktober 1952 wurde die Partei schließlich wegen ihrer nachweislichen Bezugnahme auf die NSDAP verboten. Gleichzeitig erfolgten die ersatzlose Streichung sämtlicher Mandate und die Anordnung zur Auflösung der Partei und Einziehung des Parteivermögens.

**6/29 »Was geht hier vor sich?«**
Propagandaschrift der KPD
gegen das drohende Verbot durch
die Bundesregierung
1956
Redakteurin: Erika Ewert (1901–1974)
Druck auf Papier; 31,4 × 23,6 cm
Berlin, Deutsches Historisches
Museum: Do2 2007/381

Im Parlamentarischen Rat war die Kommunistische Partei Deutschlands (KPD) mit zwei Abgeordneten, Hugo Paul und Max Reimann, vertreten; bei der Wahl zum ersten Deutschen Bundestag erhielt sie 5,7 % der Stimmen. 1951 stellte die Bundesregierung einen Verbotsantrag gegen die KPD. Schon frühzeitig war die Partei an Aktionen gegen die von ihr als »Remilitarisierung« bezeichnete Wiederbewaffnung beteiligt, unter anderem mit einer später verbotenen Volksbefragung, bei der sie neun Millionen Stimmen gegen die Wiederbewaffnung sammeln konnte. Durch ihre engen Kontakte zur DDR und zur Einheitspartei SED machte sie sich einer Bundesregierung, die eine Politik der Westbindung verfolgte, verdächtig. Im Januar 1952 wurde die Geschäftsordnung des Bundestages geändert, dadurch verlor die KPD ihren Fraktionsstatus und damit das Recht, Anträge und Anfragen zu stellen. Als Reaktion verschärfte sie ihre außerparlamentarische Agitation bis hin zu einem Aufruf zum »revolutionären Sturz des Regimes Adenauer«. Seit 1953 war die KPD mit 2,2 % Stimmenanteil im Bundestag nicht mehr vertreten; auch in den Landtagen war sie nur noch mit wenigen Abgeordneten präsent. (o. Abb.)

**6/30 »Verbot der KPD«**
Karikatur zum Verbot der KPD
1956
Leo Haas (1901–1983)
Papier, Tusche; 44,1 × 30 cm
Berlin, Deutsches Historisches Museum:
Gr 95/202

Erst nach fünf Jahren, im August 1956, kam das Bundesverfassungsgericht zu einem über 300 Seiten langen Urteil. In ihm wurde der KPD nachgewiesen, dass sie die Abschaffung der parlamentarischen Demokratie anstrebe. Die Argumentation des Gerichts stützte sich dabei auf die historischen Lehren aus Weimar und verwies auf den »Einbau wirksamer rechtlicher Sicherungen« und die Notwendigkeit, »gewisse Grundprinzipien der Staatsgestaltung« als »absolute Werte« gegen alle Angriffe zu verteidigen. Der Verbotsgrund, die KPD stehe nicht auf dem Boden des Grundgesetzes, ist Thema der Karikatur. Zwei durch Roben und Barette als Verfassungsrichter kenntliche Personen versuchen vergeblich, ein Paragrafengitter mit der Aufschrift »Verbot der KPD« in einem seichten Seegrund zu verankern. Dies sollte ein Symbol für die nicht solide rechtsstaatliche Grundlage der bundesrepublikanischen Verfassung sein.

6/30

6/31

So sah es jedenfalls der seit den 1950er Jahren in der DDR lebende Karikaturist Leo Haas, ein Überlebender der NS-Konzentrationslager. Noch am Tag der Urteilsverkündigung schloss die Polizei Parteibüros und Druckereien der KPD und nahm 33 Funktionäre fest. Teile der Führungsspitze der Partei hatten sich bereits vor der Urteilsverkündung in die DDR abgesetzt. Das Parteivermögen wurde eingezogen und gemeinnützigen Zwecken zugeführt. Tausende von Ermittlungsverfahren wegen Verstößen gegen das Verbot wurden eingeleitet; Personen, gegen die ein solches Verfahren lief, konnten von ihrem Arbeitgeber gekündigt werden, selbst wenn das Verfahren eingestellt wurde.

**6/31 »Wir fordern Berufsverbot für …«**
Plakat gegen den »Radikalenerlass«
Nach 1972
Entwurf: Ernst Volland (geb. 1946)
Offsetdruck; 86 × 57 cm
Berlin, Deutsches Historisches Museum:
P 97/216

Nur wenige Maßnahmen der Bundesregierung in der westdeutschen Nachkriegsgeschichte waren so umstritten wie der sogenannte Radikalenerlass. Zu Beginn der 1970er Jahre gab es Überlegungen, ob Mitgliedern von links- oder rechtsradikalen Parteien, die als verfassungsfeindlich eingestuft wurden, aber nicht verboten waren, der Zugang zum Staatsdienst verwehrt werden sollte. Seit 1972 fand eine »Sicherheitsprüfung« bei der Einstellung in den Staatsdienst statt, etwa 3,5 Millionen Bürgerinnen und Bürger wurden auf diese Weise überprüft und in etwa 10.000 Fällen der Eintritt in den Öffentlichen Dienst untersagt; es gab 130 Entlassungen. Auf dem Plakat wird der »Extremistenbeschluss« rückwirkend auf anerkannte Geistesgrößen aus der deutschen Geschichte angewandt und damit ad absurdum geführt.

## DAS GRUNDGESETZ DER BUNDESREPUBLIK DEUTSCHLAND

Art. 3

(3) Niemand darf wegen seines Geschlechtes, seiner Abstammung, seiner Rasse, seiner Sprache, seiner Heimat und Herkunft, seines Glaubens, seiner religiösen oder politischen Anschauungen benachteiligt oder bevorzugt werden.

*Grundgesetz für die Bundesrepublik Deutschland vom 23. Mai 1949*

6/32 »Weg mit den Berufsverboten – Sichert die Grundrechte«
Plakat mit Appell zum Erhalt der Grundrechte
Oberhausen, um 1975
Entwurf/Herausgeber: Walter Kurowski (geb. 1939)
Offsetdruck; 85,5 × 60,5 cm
Berlin, Deutsches Historisches Museum: P 98/1756

Kritiker sahen in den Berufsverboten einen eklatanten Verstoß gegen das Grundgesetz, insbesondere gegen Grundrechte wie das Recht auf Meinungsfreiheit und das Recht der freien Berufswahl. Weil vor allem linksgerichtete Personen vom »Radikalenerlass« betroffen waren, gilt er bis heute als Symbol der reaktionären Unterdrückung. Ende der 1980er Jahre wurden die Zweifel an der Verfassungsmäßigkeit der Sicherheitsüberprüfung vom Europäischen Gerichtshof insofern bestätigt, als er im Falle einer entlassenen Lehrerin, die Mitglied der DKP war, einen Verstoß gegen Grundrechtsartikel feststellte – sie wurde später wieder eingestellt.

6/32

Art. 12

(1) Alle Deutschen haben das Recht, Beruf, Arbeitsplatz und Ausbildungsstätte frei zu wählen. Die Berufsausübung kann durch Gesetz oder auf Grund eines Gesetzes geregelt werden.

*Grundgesetz für die Bundesrepublik Deutschland vom 23. Mai 1949*

6/33 »betrifft:«
Erste Ausgabe des Verfassungsschutzberichtes aus dem Jahr 1969/70
Köln, 1970
Druck auf Papier; 23 × 16 cm
Köln, Bundesamt für Verfassungsschutz

Das seit 1950 in Köln ansässige Bundesamt für Verfassungsschutz ist der Inlandsnachrichtendienst Deutschlands und untersteht dem Bundesministerium des Innern. Es hat den Auftrag, Informationen über verfassungsfeindliche und extremistische Aktivitäten zu sammeln und ist für die Spionageabwehr und den sogenannten Geheimschutz zuständig. Unter diesem Begriff versteht man den Schutz geheimen und vertraulichen Materials des Staates und der von ihm beauftragten Industrie vor nicht-befreundeten Nachrichtendiensten. Der jährliche Verfassungsschutzbericht dient der Unterrichtung und Aufklärung über verfassungsfeindliche Bestrebungen in Deutschland; erstmals wurde er im Jahre 1969/70 veröffentlicht.

6/33

## FREIHEIT STATT EINHEIT?

6/34

**6/34 »Reden ist Silber –
Schweigen ist Sicherheit«**
Werbeplakat des Bundesamtes
für Verfassungsschutz
Köln, 1984
Entwurf: Grützke & Partner, Bad Neumahr
Offsetdruck; 68 × 48 cm
Köln, Bundesamt für Verfassungsschutz

**6/35 »Ihr Mann fürs Vertrauliche«**
Werbeplakat des Bundesamtes für
Verfassungsschutz
Köln, 1989
Offsetdruck; 68 × 48 cm
Köln, Bundesamt für Verfassungsschutz

Der Verfassungsschutz beschäftigt als Informanten sogenannte V-Männer, das heißt Verbindungs- oder Vertrauensmänner. Der Begriff V-Person hat dabei den Ursprung im Wort *vigilant* (von *vigilans*, lateinisch für wachsam, aufmerksam). Bei den V-Leuten handelt es sich nicht – wie etwa bei verdeckten Ermittlern – um Angehörige einer Behörde, sondern um Privatpersonen, die meistens aus dem Milieu stammen, das ausgekundschaftet werden soll. Eine V-Person kann mitunter auch als Lockspitzel *(agent provocateur)* eingesetzt werden. Der Skandal um den V-Mann Peter Urbach, Informant des Berliner Verfassungsschutzes in den späten 1960er Jahren, macht deutlich, dass die Grenzen zwischen der Abwehr und der Förderung von Straftaten fließend sein können. Urbach gelang es, in den Kreis führender Mitglieder der Studentenbewegung zu gelangen. Deren radikalen Teil, aus dem einige Gründungsmitglieder der Roten Armee Fraktion (RAF) hervorgingen, versorgte er nachweislich mit Waffen und Sprengsätzen. Somit besteht bis heute der Verdacht, dass Urbach bei der Entstehung des Linksterrorismus eine aktive Rolle gespielt hat. 2002 geriet der Verfas-

# DAS GRUNDGESETZ DER BUNDESREPUBLIK DEUTSCHLAND

**6/35**

sungsschutz im Zusammenhang mit dem NPD-Verbotsverfahren wieder in den Fokus der Kritik. Weil zahlreiche Funktionäre der NDP als V-Leute enttarnt wurden, musste das Bundesverfassungsgericht 2003 das Verfahren einstellen.

**6/36**
**Stempelkissen und Stempel mit den Aufdrucken »Geheim«, »VS-Vertraulich«, »VS-Nur für den Dienstgebrauch«, »Sicherheitsberater«**
1950/1960
Metall, Stoff; Holz, Gummi; Stempelkissen: 6 × 8 cm; Stempel: ca. 6,5 × 5 cm
Köln, Bundesamt für Verfassungsschutz
(o. Abb.)

Art. 10
(1) Das Briefgeheimnis sowie das Post- und Fernmeldegeheimnis sind unverletzlich.

Art. 13
(1) Die Wohnung ist unverletzlich.

*Grundgesetz für die Bundesrepublik Deutschland vom 23. Mai 1949*

**6/37 »Jeder Bürger hat einen Verfassungsschutzengel«**
Plakat gegen die Überwachung durch das Bundesamt für Verfassungsschutz
Frankfurt am Main, nach 1970
Entwurf: Wolfgang Wolf
Herausgeber: Fettnapf
Offsetdruck; 83,5 × 59 cm
Berlin, Deutsches Historisches Museum:
P 96/3132

Durch Abhöraffären, namentlich den mehrmonatigen »Lauschangriff« auf den des RAF-Terrorismus verdächtigen Manager Klaus Traube im Jahre 1976, geriet der Verfassungsschutz immer wieder in die Schlagzeilen. Der Verdacht gegen Traube erwies sich als unbegründet. Für viele wurde der Verfassungsschutz zum Inbegriff des »Überwachungsstaats«. Auch die von zahlreichen Verfassungsrechtlern als verfassungswidrig kritisierte Praxis der »Verdachtsberichterstattung« liefert immer wieder Anlass zu Kritik. So wird in den *Verfassungsschutzberichten* nicht nur über erwiesene Verfassungsfeinde berichtet, sondern auch über solche Organisationen, die lediglich im Verdacht stehen, verfassungsfeindliche Ziele zu verfolgen. (Abb. S. 80)

## Wiederbewaffnung

**6/38 »Vereinte Abwehr«**
Plakat für die Wiederbewaffnung Deutschlands in einer internationalen Verteidigungsgemeinschaft
Um 1953
Herausgeber: Komitee sichert Heimat und Freiheit
Druck; 86,5 × 61,4 cm
Berlin, Deutsches Historisches Museum:
P 2007/479

Die Wiedereinführung der Wehrpflicht 1955 und die Wiederbewaffnung der Bundesrepublik gehörten zu den zentralen Konfliktfeldern der deutschen Nachkriegsgeschichte. Bundeskanzler Konrad Adenauer bezeichnete bereits im März 1949 den vollen Beitritt eines westdeutschen Staates zur NATO als eine vordringliche Aufgabe der ersten westdeutschen Regierung und sprach im Dezember 1949 erstmals öffentlich über die damit zusammenhängende Wiederbewaffnung. Der zunehmende Ost-West-Konflikt und der im Juni 1950 beginnende Korea-Krieg verstärkten den Ruf nach einem »westdeutschen Verteidigungsbeitrag«. Für Adenauer war eine neue deutsche Armee notwendig, um den Westen und seine Demokratie zu schützen; zudem spielte die Erlangung der Souveränität der Bundesrepublik – noch immer eingeschränkt durch das Besatzungsstatut – eine Rolle. In den Verhandlungen mit den Alliierten galt der Grundsatz: Wiederbewaffnung gegen Souveränität. Vom 5. bis zum 9. Oktober 1950 tagte eine Kommission ehemaliger hoher Wehrmachtsangehöriger im Eifelkloster Himmerod. In der *Himmeroder Denkschrift* wurden erste Strukturen bundesdeutscher Streitkräfte skizziert und Überlegungen zum inneren Aufbau der Bundeswehr – später »Innere Führung« genannt – angestellt. Am 26. Oktober 1950 berief Adenauer Theodor Blank zum Beauftragten des Bundeskanzlers für die mit der Aufstockung der alliierten

Truppen zusammenhängenden Fragen. Aus diesem sogenannten Amt Blank entstand später das Bundesministerium der Verteidigung. Das Plakat nutzt den Topos von der »roten Flut«, als Symbol des Kommunismus. Nur durch eine international zusammengesetzte Abwehr-»Mauer« könne er eingedämmt werden, so die Aussage. (Abb. S. 79)

**6/39 »Vom künftigen deutschen Soldaten«**
Broschüre für die Wiederbewaffnung der Bundesrepublik
Bonn, 1955
Verlag: Westunion
Brühlsche Universitätsdruckerei
Druck auf Papier; 21 × 14,5 cm
Berlin, Deutsches Historisches Museum:
Do2 97/1946

Am 26. Februar 1954 debattierte der Deutsche Bundestag über einen »deutschen Wehrbeitrag«. Dies war nötig geworden, weil die auch von der Bundesrepublik angenommenen Verträge über die Europäische Verteidigungsgemeinschaft (EVG) die Schaffung einer gemeinsamen Armee in Westeuropa vorsahen. Schließlich wurde nach der dritten Lesung die 1. Wehrnovelle (»Gesetz zur Ergänzung des Grundgesetzes«) mit einer Zweidrittelmehrheit – namentlich durch Mitglieder der CDU/CSU-Fraktion – angenommen. Die Broschüre mit einem Vorwort des Verteidigungsministers Blank sollte der Öffentlichkeit die Vorarbeiten und Planungen für den deutschen Verteidigungsbeitrag nahebringen. Es ist darin von »soldatischer Härte« und »Selbstzucht« die Rede, aber auch von den »Grenzen des Drills«. Eine der zentralen Aussagen lautet, dass der »Geist einer Armee« vornehmlich vom »Geist ihrer Offiziere« abhänge. Diese müssten »innere Sicherheit gewinnen«, fest »in der Demokratie« und »an der Spitze des Fortschritts« stehen. (o. Abb.)

6/40

**6/40 Stahlhelme der Erstausstattung der Bundeswehr**
Um 1956
Stahl, Kunststoff; 23,3 × 28 × 20 cm
Dresden, Militärhistorisches Museum der Bundeswehr: BAAV 5955-58, 70, 71

Am 12. November 1955 überreichte Theodor Blank, der erste bundesdeutsche Verteidigungsminister, den ersten 101 freiwilligen Soldaten ihre Ernennungsurkunden. Mit dem Erlass des *Wehrpflichtgesetzes* vom 7. Juli 1956 wurde der Vorschlag der *Himmeroder Denkschrift* umgesetzt und die zunächst zwölfmonatige *Allgemeine Wehrpflicht* eingeführt, sodass noch im gleichen Jahr die ersten Rekruten eingezogen werden konnten. Die Form des Helmes orientierte sich am amerikanischen Standardhelm.

**Art. 4**
**(3) Niemand darf gegen sein Gewissen zum Kriegsdienst mit der Waffe gezwungen werden.**
**Das Nähere regelt ein Bundesgesetz.**

*Grundgesetz für die Bundesrepublik Deutschland* vom 23. Mai 1949

**6/41 »Die Abrüstung fördern, den Kriegsdienst verweigern«**
Plakat für Kriegsdienstverweigerung und Abrüstung
Um 1966
Verantwortlich: Verband der Kriegsdienstverweigerer/Klaus Vack, Offenbach
Druck: UD, Frankfurt am Main
Offsetdruck; 59,2 × 42 cm
Berlin, Deutsches Historisches Museum:
P 98/1745

Die innenpolitischen Widerstände gegen eine Wiederbewaffnung waren enorm; vor allem die Erfahrungen der Hitler-Diktatur und des Zweiten Weltkriegs wurden von den Gegnern ins Feld geführt, aber auch das Argument, die Aufstellung einer Bundeswehr zementiere die Deutsche Teilung. Im Januar 1955 versammelten sich nach einem Aufruf der SPD und des Deutschen Gewerkschaftsbundes etwa 1000 Gegner in der Frankfurter Paulskirche. In einer bundesweiten Kampagne, der »Paulskirchenbewegung«, wurden hunderttausende von Protest-Unterschriften gesammelt. In den 1960er Jahren formierte sich die Ostermarsch-Bewegung, die schließlich mit der Studentenbewegung zusammenwuchs. Durch den Wehrdienst verpflichtet der Staat alle wehrfähigen Männer nach dem vollendeten 18. Lebensjahr zum Dienst in den Streitkräften, im Bundesgrenzschutz oder in einem Zivilschutzverband. Das Grundgesetz räumt aber die Möglichkeit der Kriegsdienstverweigerung aus Gewissensgründen ein – bis 1976 war die Bundesrepublik das einzige Land, in dem diese Möglichkeit existierte. Gab es zunächst nur wenige Anträge auf Kriegsdienstverweigerung, so stieg ihre Zahl seit Ende der 1960er Jahre kontinuierlich.
(Abb. S. 83)

# Meinungsfreiheit: Das Lüth-Urteil

**Art. 5**
(1) Jeder hat das Recht, seine Meinung in Wort, Schrift und Bild frei zu äußern und zu verbreiten und sich aus allgemein zugänglichen Quellen ungehindert zu unterrichten. Die Pressefreiheit und die Freiheit der Berichterstattung durch Rundfunk und Film werden gewährleistet. Eine Zensur findet nicht statt.

*Grundgesetz für die Bundesrepublik Deutschland vom 23. Mai 1949*

6/44

### 6/42 Brief von Axel Eggebrecht an Erich Lüth vom 8. November 1950
8.11.1950
Axel Eggebrecht (1899–1991)
Papier, maschinegeschrieben; 29,7 × 21 cm
Hamburg, Staatsarchiv Hamburg: 27/1,
Bd. 1, Briefwechsel 18.9.–25.11.50

Der Propagandafilm *Jud Süß* von Veit Harlan, der im September 1940 in die Kinos kam, gehörte zu den schamlosesten und – im Sinne des Rassen- und Vernichtungsantisemitismus – zu den wirkungsvollsten aller antijüdischen Produktionen aus der NS-Zeit. Veit Harlan versuchte nach 1945, seine Karriere als Regisseur fortzusetzen. Gegen diese ungebrochene, von Schuldgefühlen gänzlich unbelastete Rückkehr Harlans wandte sich der damalige Senatsdirektor und »Leiter der staatlichen Pressestelle der Freien und Hansestadt Hamburg«, Erich Lüth. Am 27. Oktober 1950 rief Lüth zum Boykott des ersten Nachkriegsfilms von Harlan *Unsterbliche Geliebte* auf. Begleitet von öffentlichen Protesten gegen Harlan erreichten Lüth nun aus aller Welt Unterstützungsschreiben, darunter auch das vorliegende des einstigen *Weltbühne*-Autors, Journalisten, Schriftstellers und Mitbegründers des Nordwestdeutschen Rundfunks, Axel Eggebrecht. (o. Abb.)

### 6/43 Anonyme Zuschrift durch »Mehrere Kinobesucher« vom 21. November 1950
21.11.1950
Pergamentpapier, maschinegeschrieben; 21 × 14,8 cm
Hamburg, Staatsarchiv Hamburg: 27/1,
Bd. 1, Briefwechsel 18.9.–25.11.1950

Unmittelbar nach seinem Boykottaufruf erging am 18. November auf Antrag der Filmfirma Veit Harlans eine einstweilige Verfügung des Landgerichts Hamburg gegen Lüth, die es ihm untersagte, seinen Aufruf zum Boykott zu wiederholen. Der mittlerweile öffentlich diskutierte Vorgang und die überwiegend von Harlan-Gegnern initiierten Proteste lösten eine Welle von Solidaritätsbekundungen für Erich Lüth aus. Allerdings erhielt er nun auch eine Fülle anonymer Zuschriften, die ihn ironisch dazu aufforderten, sich um die an »Deutschen begangenen ungeheuerlichen Verbrechen« zu kümmern. Dieses »Aufrechnungsargument« tauchte in der frühen Bundesrepublik in den Debatten um die Auseinandersetzung mit dem Nationalsozialismus und dessen Verbrechen immer wieder auf. Zwar herrschte offiziell eine klare Verurteilung der NS-Vergangenheit vor, dabei galten allerdings oft nur Hitler und dessen engere Mitarbeiter als »Täter«, während das »deutsche Volk« als unschuldig oder gar selbst als Opfer erschien. (o. Abb.)

### 6/44 »Wer unserer Meinung ist, der meide diesen Film. Wer unserer Meinung ist, der kläre die Schwachen auf.«
Aufruf zum Boykott des Veit-Harlan-Films *Unsterbliche Geliebte* in Frankfurt am Main durch die »Gesellschaft für christlich-jüdische Zusammenarbeit in Frankfurt a. M. e.V.«
Frankfurt am Main, 27.2.1951
Offsetdruck; 51 × 63,5 cm
Hamburg, Staatsarchiv Hamburg: 27/1,
Bd. 4, Briefwechsel 16.2.–31.3.51

Nach der von Protesten begleiteten Uraufführung des Veit-Harlan-Films *Unsterbliche Geliebte* am 1. Februar 1951 in Herford nahmen mehrere Kinos den Film in ihr Programm auf.

6/45

Am 27. Februar wurde die einstweilige Verfügung gegen Lüth im Berufungsverfahren durch das Hanseatische Oberlandesgericht bestätigt. Die Proteste gegen die Aufführung der Unsterblichen Geliebten gingen unterdessen weiter. In Frankfurt am Main, einem der Zentren der Boykottaktion, entschloss sich unter anderem die »Gesellschaft für christlich-jüdische Zusammenarbeit« zum Handeln. Die Frankfurter Gesellschaft gehörte zu den ersten Vereinen dieser Art, die schon 1948/49 gegründet worden waren. Erich Lüth, der sich seit Kriegsende für die Aussöhnung mit Israel und mit den Juden engagiert und im August 1951 eine Friedensbitte an Israel publiziert hatte, gründete im Mai 1952 den Hamburger Ortsverband der Gesellschaft.

**6/45 Wahlzettel »JA/NEIN«**
Wahlaufruf der Herzog-Film
(Produktionsfirma Unsterbliche Geliebte)
an Frankfurter Bürger zur Abstimmung
über die Filmaufführung
Frankfurt am Main, 17.3.1951
Druck auf Papier; 25 × 20 cm
Hamburg, Staatsarchiv Hamburg: 27/1,
Bd. 4, Briefwechsel 16.2.–31.3.51

Veit Harlan wehrte sich – gemeinsam mit seiner Produktionsfirma »Herzog-Film« – gegen die Boykottaktionen nicht nur auf gerichtlichem Wege. So kam es zu einer öffentlichen Gegenaktion, nachdem sich der Magistrat der Stadt Frankfurt am Main einstimmig gegen die Frankfurter Aufführung der Unsterblichen Geliebten ausgesprochen hatte. Unter der Überschrift »Vereinigung zur Wahrung demokratischer Rechte« wurden von der Herzog-Film am 17. März 1951 über 100.000 Wahlzettel in Frankfurt verteilt, auf denen die Bürger mit »Ja« oder »Nein« über die Aufführung des Films entscheiden sollten. Die Befragung endete erwartbar mit einem eindeutigen Votum für die Aufführung; indessen hatten, worauf die Frankfurter Rundschau am 30. März hinwies, etwa 65 % der Einwohner gar nicht abgestimmt.

**6/46 Erste Ausfertigung des Bundesverfassungsgerichtsurteils zum Fall Lüth**
Karlsruhe, 17.1.1958
Druck auf Papier; 29,7 × 21 cm
Hamburg, Staatsarchiv Hamburg: 27/4

Noch im Jahr 1951, am 22. November, wurde Erich Lüth durch das Landgericht Hamburg dazu verurteilt, seinen Boykottaufruf zu unterlassen, weil er – gestützt auf § 826 des Bürgerlichen Gesetzbuches – »sittenwidrig« sei. Am 18. Dezember legte Lüth daraufhin beim Bundesverfassungsgericht Karlsruhe unter Berufung auf Art. 5 GG Verfassungsbeschwerde gegen das Landgerichtsurteil ein. Zu seinem Anwalt wählte er den damals bereits als »Kronjuristen der SPD« prominenten Adolf Arndt, der mit dem später bekannten Politikwissenschaftler Wilhelm Hennis die Verfassungsbeschwerde in insgesamt fünf Schriftsätzen ausarbeitete. »Für die Allgemeinheit«, so heißt es im Schriftsatz vom 4. Februar 1952, »und die Gesamtentwicklung einer rechtsstaatlichen Demokratie in Deutschland wird es von geschichtsbildender Bedeutung sein, ob Lüth sagen durfte, was er gesagt hat, oder ob ihm der Mund verboten werden konnte.« Knapp acht Jahre später – am 15. Januar 1958 – erging das Urteil des Ersten Senats des Bundesverfassungsgerichts. Danach wurde das Urteil des Landgerichts Hamburg aufgehoben, weil es »das Grundrecht des Beschwerdeführers aus Art. 5 Abs. 1 des Grundgesetzes« verletzt hatte. Die Grundrechte galten bis dahin allein als sogenannte Abwehrrechte, die den Bürger gegen Eingriffe oder Zumutungen des Staates schützten. Dieser Grundsatz wird vom Bundesverfassungsgericht auch bestätigt – und zugleich erheblich erweitert: Mit dem Lüth-Urteil haben fortan die Grundrechte als höchste, objektive Grundlagen der Rechtsordnung zu gelten, sie durchdringen nun »alle Rechtsgebiete unseres Lebens« – und damit auch die privatrechtlicher Verfahren. Die damit festgelegte »Ausstrahlungswirkung« erhöhte die Bedeutung der Grundrechte in nicht mehr überbietbarer Weise. Jede Auslegung und damit auch die Anwendung von Gesetzen muss seither an den Grundrechten orientiert sein – ein Prinzip, das im Januar 1958 im konkreten Verfahren gegen Erich Lüth das Grundrecht der Meinungsfreiheit höher bewertete als die finanziellen Interessen Veit Harlans.
(Abb. S. 85)

## Notstandsgesetze

**6/47 »Notstandsgesetze«**
Maueranschlag der *Süddeutschen Zeitung*
zu den Notstandsgesetzen
München, April 1967
Druck auf Papier; 50 × 40 cm
Berlin, Deutsches Historisches Museum:
DG 90/1109

Ähnlich umstritten und von massiven Protesten begleitet wie zuvor die Wiederbewaffnung und später der Radikalenerlass war die sogenannte Notstandsgesetzgebung, die als eines der innerdeutschen Motive der Studentenbewegung von 1968 gilt. Am 24. Juni 1968 entschied die Bundesregierung nach fast zehnjähriger Diskussion und mehreren Gesetzesentwürfen, eine Verfassungsänderung ins Grundgesetz aufzunehmen. Für den Verteidigungs- und Spannungsfall wurden besondere Regeln festgeschrieben, um die Handlungsfähigkeit der Bundesregierung zu gewährleisten. Im Falle der Anwendung würde dies erhebliche Einschränkungen von Grundrechten bedeuten, besonders des Brief-, Post- und Fernmeldegeheimnisses, des Rechts auf Freizügigkeit oder auf freie Berufswahl. (Abb. S. 78)

**6/48 »Nochmal? Mit uns nicht!«**
Aufruf zu einer Kundgebung der Aktion
»Januar 1968« gegen Notstandsgesetze
und »Neofaschismus«
Berlin, Januar 1968
Herausgeber: Aktion »Januar 1968«
Druck: A. Spöcker
Druck auf Papier; 21 × 15 cm
Berlin, Deutsches Historisches Museum:
Do2 95/4114

Eine der zentralen Antriebskräfte der deutschen Studentenproteste war die in ihren Augen versäumte Aufarbeitung der nationalsozialistischen Vergangenheit. Der Unmut richtete sich vor allem gegen den Umgang

6/49

mit Personen, die im »Dritten Reich« Führungspositionen eingenommen hatten und/oder an NS-Verbrechen beteiligt gewesen waren. Viele von ihnen wurden nach 1945 in den Westzonen nur milde bestraft oder gingen straflos aus, und bekleideten in der jungen Bundesrepublik wieder hohe Ämter. Nicht zuletzt in der geplanten Notstandsgesetzgebung vermuteten manche Kritiker das Werk solcher ehemaligen Nationalsozialisten. Die hauptsächlich von Gewerkschaftern, Studenten und Vertretern der »Deutschen Liga für Menschenrechte« gegründete Aktion »Januar 1968« hatte sich zur Unterstützung einer Kampagne gegen den damaligen Bundespräsidenten Heinrich Lübke zusammengeschlossen. Lübke wurde in einem in der Zeitschrift *Stern* Anfang Januar 1968 veröffentlichten Artikel vorgeworfen, er habe Konzentrationslager geplant und gebaut. Wie sich später herausstellte, waren die Anschuldigungen nicht völlig unberechtigt: Lübke arbeitete in den beiden letzten Kriegsjahren als Bauleiter beim Ausbau der Heeresversuchsanstalt und der Luftwaffenerprobungsstelle Peenemünde; dort war er auch für die Lenkung des Personaleinsatzes mit KZ-Häftlingen zuständig. Das Ministerium für Staatssicherheit der DDR hatte die Veröffentlichung belastender Dokumente initiiert und gesteuert. Lübke musste drei Monate vor Ablauf seiner Amtszeit zurücktreten. (o. Abb.)

**6/49 »Treibt Bonn den Notstand aus!«**
Flugblatt gegen die Notstandsgesetze
Offenbach, um 1968
Herausgeber: Ostermarsch /
Zentraler Ausschuss
Grawo-Druck
Druck auf Papier; 9,8 × 22,5 cm
Berlin, Deutsches Historisches Museum:
Do2 95/4122

Für die Gegner bedeuteten die Notstandsgesetze eine Aushöhlung des Grundgesetzes, wobei einmal mehr auf den Missbrauch von Notverordnungen während der Weimarer Republik und der NS-Diktatur verwiesen wurde. Die FDP und 53 Abgeordnete der SPD stimmten gegen die Notstandsgesetze. Vor allem Gewerkschaften und Studenten befürchteten einen bedenklichen Machtzuwachs des Staates. Sie veranstalteten am 11. Mai 1968 einen Sternmarsch auf Bonn, an dem sich bis zu 70.000 Menschen beteiligten.

## Datenschutz: Die Volkszählung

**6/50 »Bonn ausgezählt / Der Spruch von Karlsruhe«**
Maueranschlag mit Titelblatt der Zeitschrift *Der Spiegel*, 37. Jg., Nr. 16 zur Volkszählung
Hamburg, 18.4.1983
Druck auf Papier; 40,4 × 30,6 cm
Berlin, Deutsches Historisches Museum: Do2 2004/3247

Die Volkszählung in der Bundesrepublik Deutschland war ursprünglich bereits für den 27. April 1983 geplant. Vor dem Hintergrund der zur selben Zeit gegen einen breiten Widerstand durchgesetzten Stationierung von Mittelstreckenraketen und der Proteste gegen die »Startbahn West« bildeten sich alsbald zahlreiche Bürgerinitiativen, die zum Boykott der Volkszählung aufriefen. Die Kritik zielte in erster Linie darauf ab, dass die in der Volkszählung erhobenen Daten für eine Korrektur der Meldedaten verwendet werden sollten. Außerdem war eine Aufwandsentschädigung, also eine Art »Kopfprämie«, für das Erfassen nicht im Melderegister geführter Personen vorgesehen. Für jeden Deutschen sollten 2,50 DM, für jeden Ausländer 5 DM erstattet werden. Einer Beschwerde, nach der die Befragung gegen den grundrechtlich garantierten Datenschutz verstieß, wurde recht gegeben und die Volkszählung untersagt. Im Volkszählungsurteil von 1983 argumentierte das Bundesverfassungsgericht unter seinem damaligen Präsidenten Ernst Benda mit dem »Recht auf informationelle Selbstbestimmung«, das sich aus der Menschenwürde (Art. 1 GG) ableite. (Abb. S. 82)

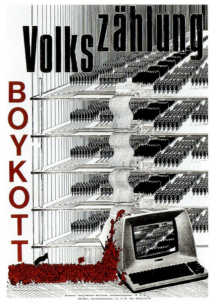

6/51

**6/51 »Boykott / Volkszählung«**
Boykottaufruf gegen eine Volkszählung in Deutschland
1987
Lithografie; 59,5 × 41 cm
Berlin, Deutsches Historisches Museum: P 93/320

Für den Zensus von 1987 mussten neue Befragungsbögen konzipiert werden, indem etwa personenbezogene Angaben von den Fragebögen getrennt wurden, um die Anonymität der Befragten besser zu gewährleisten. Auch eine Akzeptanzkampagne zur Volkszählung verhinderte nicht die erneute Formierung einer Protestbewegung. Ihren Boykottaufruf verstanden die Kritiker als »zivilen Ungehorsam« gegen die zunehmende Einschränkung von Bürgerrechten. Der befürchtete »gläserne Bürger« oder der »Überwachungsstaat« im Zeichen einer fortschreitenden Computerisierung wurden zu den Schlagworten des Protestes. Ein breites Bündnis verschiedener sozialer und politischer Gruppen engagierte sich; das politische Spektrum reichte dabei von Angehörigen der FDP bis zu Mitgliedern der – zu dieser Zeit seit vier Jahren im Bundestag vertretenen – Partei »Die Grünen«. Vertreter von Gewerkschaften und Kirchen waren ebenso präsent wie Juristenvereinigungen oder ganze Kommunen.

**6/52 Blanko-Vordrucke zur Volkszählung 1987**
Bonn, 1987
Druck auf Papier; je 30,5 × 22 cm
Berlin, Deutsches Historisches Museum: Do2 98/764, Do 2 98/765

Trotz massiver Einschüchterungsversuche durch die staatlichen Stellen und drohender Bußgeldverfahren war der Boykott durchaus erfolgreich; hunderttausende von leeren Erfassungsbögen wurden an den alternativen »Sammelstellen« der Gegner gesammelt. Gleichwohl blieb der Rücklauf der in jedem Haushalt verteilten Bögen groß genug, um ausgewertet werden zu können. (o. Abb.)

**Art. 1**
**(1) Die Würde des Menschen ist unantastbar. Sie zu achten und zu schützen, ist Verpflichtung aller staatlichen Gewalt.**

*Grundgesetz für die Bundesrepublik Deutschland* vom 23. Mai 1949

## Erfolgsmodell Bundesrepublik?

Art. 2
(1) Jeder hat das Recht auf die freie Entfaltung seiner Persönlichkeit, soweit er nicht die Rechte anderer verletzt und nicht gegen die verfassungsmäßige Ordnung oder das Sittengesetz verstößt.
(2) Jeder hat das Recht auf Leben und körperliche Unversehrtheit. Die Freiheit der Person ist unverletzlich. In diese Rechte darf nur auf Grund eines Gesetzes eingegriffen werden.

*Grundgesetz für die Bundesrepublik Deutschland vom 23. Mai 1949*

**6/53 »Der unbekannten Frau...«**
Plakat gegen § 218
1976
Entwurf: Jula Dech (geb. 1941)
Siebdruck; 88 × 62 cm
Berlin, Deutsches Historisches Museum: P 99/80

Die Kontroversen um den § 218, der die Abtreibung unter Androhung von Strafe verbot, begleiteten die bundesrepublikanische Nachkriegsgeschichte, namentlich die 1970er Jahre. Sowohl Gegner als auch Befürworter des Abtreibungsverbotes verweisen in ihren Argumentationen stets auf die Grundrechte: Für die einen verstößt es gegen das Grundrecht auf freie Entfaltung der Persönlichkeit (»Mein Bauch gehört mir«), die anderen sehen darin einen Schutz des (ungeborenen) Lebens. 1974 hatte der Bundestag gegen den Widerstand der Kirchen und der CDU/CSU die Fristenlösung beschlossen, nach der in den ersten drei Schwangerschaftsmonaten eine Abtreibung straffrei ist. Auf Grund einer Klage vor dem Bundesverfassungsgericht wurde 1975 die Fristenlösung für verfassungswidrig erklärt. Nach der Wiedervereinigung gab es

6/53

6/54

1992 eine Neufassung der gesetzlichen Abtreibungsregelung, die wiederum eine Fristenlösung mit Beratungspflicht vorsah. Auch diese wurde vom Verfassungsgericht ein Jahr später verworfen. Im August 1995 verabschiedete der Bundestag mit dem neuen *Schwangeren- und Familienhilfeänderungsgesetz* schließlich eine Kompromisslösung, nach der der Schwangerschaftsabbruch in den ersten drei Monaten zwar rechtswidrig, aber straffrei bleibt. In ihrer Collage *Der unbekannten Frau* zitiert die Künstlerin und Kunsthistorikerin Jula Dech herkömmliche europäische Denkmalstraditionen und stellt ihnen eine ungewöhnliche, ironisch gebrochene Form des »Ehrenmals« gegenüber. Während in der überlieferten Ikonografie des Denkmals Frauen ausschließlich als heroische Siegesgöttinnen auftreten – wie an einigen Beispielen im Hintergrund des Plakats gezeigt, ist Dechs »Heldin« eine Anti-Allegorie. Auf dem Sockel befindet sich eine durchaus reale schwangere Frau. Durch die Aufschrift »Der unbekannten Frau« ist sie gewissermaßen Erbin der unzähligen Kriegerdenkmale, die »Dem unbekannten Soldaten« gewidmet sind.

**6/54 »Jeder zweite Abgeordnete ist eine Frau«**
Plakat zur mangelnden Repräsentanz von Frauen in der Politik
1976
Entwurf: Klaus Staeck (geb. 1938)
Druck: Steidel-Verlag, Göttingen
Seriendruck; 84,2 × 59,5 cm
Berlin, Deutsches Historisches Museum: P 2001/117

Die im Grundgesetz verankerte Gleichberechtigung und die Gesetzesänderungen seit den 1950er Jahren haben bis heute nicht zu einer tatsächlichen Gleichstellung von Mann und Frau in allen gesellschaftlichen Bereichen geführt. 1980 wurde die Gleichbehandlung von Männern und Frauen am Arbeitsplatz gesetzlich geregelt. Doch nach wie vor erhalten Frauen in vielen Berufen geringere Löhne als Männer. Immer noch sind Frauen, etwa in der Politik, in der Wirtschaft und auch in Führungspositionen im öffentlichen Dienst, unterrepräsentiert. Bezeichnend für die längst nicht verwirklichte Rechtsgleichheit der Frau ist etwa die Tatsache, dass Vergewaltigung in der Ehe erst im Jahre 1998 als Straftatbestand anerkannt wurde.

**Art. 16**
**(2) Kein Deutscher darf an das Ausland ausgeliefert werden. Politisch Verfolgte genießen Asylrecht.**

*Grundgesetz für die Bundesrepublik Deutschland vom 23. Mai 1949*

**6/55** »**Keine rechten Kompromisse / Asylrecht schützen**«
Plakat von Bündnis 90/Die Grünen
zur Asylrechtsänderung
1993
Entwurf: Bernard Woschek (1952–1994)
Offsetdruck; 84 × 59 cm
Berlin, Deutsches Historisches Museum:
P 98/272

Spätestens seit Ende des 20. Jahrhunderts haben weltweite Migrations- und Fluchtbewegungen enorm an Quantität und Dynamik gewonnen. Nicht mehr nur politisch Verfolgte versuchen, in »sichere« Staaten einzuwandern, sondern auch Menschen, die in ihren Heimatländern keine Existenzmöglichkeit sehen. Das Wohlstandsgefälle zwischen den Industriestaaten und den sogenannten

6/55

DAS GRUNDGESETZ DER BUNDESREPUBLIK DEUTSCHLAND

Entwicklungsländern hat sich weiter vergrößert. Anfang der 1990er Jahre sollte deshalb in der Bundesrepublik das Asylrecht geändert werden, was eine Verfassungsänderung notwendig machte. Während CDU/CSU, SPD und FDP darüber berieten, lehnten die Grünen jegliche Änderungen des in Art. 16 GG festgeschriebenen Grundrechts auf Asyl ab. Darüber hinaus forderten sie ein Einwanderungsgesetz. Die »multikulturelle Gesellschaft« wurde zum Schlag- und Reizwort, eine »Leitkultur«-Debatte erregte die Gemüter. Seit Beginn der 1990er Jahre häuften sich zudem rechtsextremistische Gewalttaten gegen Ausländer und Asylbewerber, zahlreiche Brandanschläge auf Asylbewerberheime wurden verübt. 1993 trat der sogenannte Asylkompromiss in Kraft, indem der Art. 16a dahingehend geändert wurde, dass Flüchtlinge, die über einen Staat der Europäischen Gemeinschaft oder einen sonstigen »sicheren Drittstaat« einreisen, sich nicht auf das Asylrecht berufen können. Das Plakat der Grünen zeigt die Gegner des Asylrechts in trauter Zusammenarbeit: Rechtsradikale schlagen mit Baseball-Schlägern auf das Grundrecht ein, während prominente Politiker wie der damalige Bundeskanzler Helmut Kohl, sein Finanzminister Theodor Waigel, Innenminister Rudolf Seiters sowie die SPD-Politiker Hans-Ulrich Klose (damals SPD-Fraktionsvorsitzender) und Björn Engholm (im Mai 1993 Parteivorsitzender der SPD) sowie der Fraktionsvorsitzende der CDU/CSU, Wolfgang Schäuble, die das Grundgesetz bildlich »mit Füßen treten«, zur Unterschrift des »Asylkompromisses« bereit sind.

6/56 »Terroranschläge in den USA«
Fahndungsplakat des Bundeskriminalamtes zu den Terroranschlägen auf das World Trade Center und das Pentagon am 11.9.2001
September 2001
Bundesdruckerei GmbH
Offsetdruck; 42,1 × 29,7 cm
Berlin, Deutsches Historisches Museum: P 2002/186

Mit den Anschlägen islamistischer Terroristen am 11. September 2001 in den USA, bei denen über 3000 Menschen umkamen, wurden Horrorvisionen plötzlich zu einer realen Bedrohung. Auch in der Bundesrepublik führte der Angriff zu einer Überprüfung der Sicherheitspolitik und zu zahlreichen Gesetzesinitiativen. Da diese teils erhebliche Eingriffe in Grundrechte vorsehen, lösten sie – ähnlich wie seinerzeit die Notstandsgesetzgebung – heftige Debatten in Politik und Öffentlichkeit aus, die bis heute andauern. (Abb. S. 144)

6/57 »Grundgesetz / 50 Jahre Bundesrepublik«
Plakat
1999
Entwurf: Klaus Staeck (geb. 1938)
Druck: Steidel, Göttingen
Offsetdruck; 84,2 × 59,5 cm
Berlin, Deutsches Historisches Museum: P 2001/129

Das 50-jährige Bestehen der – mittlerweile wiedervereinigten – Bundesrepublik in Frieden und in Freiheit wurde mit zahlreichen Veranstaltungen gebührend gefeiert. Einst als Provisorium gedacht, hatte sich das Grundgesetz ein halbes Jahrhundert lang als durchaus tragfähige Staatsgrundlage erwiesen. Wenn Kritik an der Bundesrepublik geübt wird, dann wendet sich diese in der Regel nicht gegen das Grundgesetz an sich, sondern gegen den Umgang mit der Verfassung. Gemeint sind vor allem die zahlreichen Grundgesetzänderungen: Bis 1998 waren es insgesamt 46 Gesetze, die eine Änderung der Verfassung verfügten, darunter politisch heftig umstrittene Eingriffe wie die Wehrverfassung, die Notstandsgesetze oder die Asylrechtsänderung. Kritiker befürchten durch solche Modifikationen eine allmähliche ›Durchlöcherung‹ der Verfassung, wie sie auf dem Plakat von Klaus Staeck bildhaft dargestellt ist. (Abb. S. 145)

6/58 »Der Zug der Volksvertreter zur Paulskirche«
Entwurfszeichnung zu einem monumentalen Wandgemälde für die Wandelhalle der Frankfurter Paulskirche
1987
Johannes Grützke (geb. 1937)
Pastellzeichnung, farbig; 100 × 300,6 cm
Frankfurt am Main, MMK-Museum für Moderne Kunst, Leihgabe des Hochbauamtes der Stadt Frankfurt am Main: 1994/84L

»Die Paulskirche? Das nationale Denkmal der deutschen Demokratie? Was soll man da machen? Eine Hinweistafel für Schulklassen? Eine aufmunternde Darstellung zur Stärkung nationalen, demokratischen Bewusstseins? Nein! Nichts *für* jemanden machen, auch nicht *gegen* jemanden machen, sondern *aus* allen heraus, *von* allen etwas machen – eine Sache machen, keine Belehrung. Niemanden belehren, niemanden beeindrucken (jedenfalls nicht mit Absicht), nicht fürs Volk, nicht gegens Volk, sondern aus dem Volk.« Mit diesen Worten skizzierte der Berliner Künstler Johannes Grützke seine Vorüberlegungen zu dem Bilderzyklus *Der Zug der Volksvertreter* für die Wandelhalle der Frankfurter

**6/58** (Ausschnitt)

Paulskirche. 1987 hatte die Stadt Frankfurt am Main im Rahmen einer erneuten grundlegenden Sanierung der Frankfurter Paulskirche einen Ideenwettbewerb ausgeschrieben. Die Themen lauteten: Ursprung und erste demokratische Versuche in Deutschland, die gescheiterte Revolution von 1848/49 und die etablierte demokratische Verfassung in der Gegenwart. Das Preisgericht erteilte den Auftrag Grützke, der 1973 unter anderem mit Matthias Koeppel die »Schule der neuen Prächtigkeit« gegründet hatte. Diese Malschule sieht sich der Rückkehr zur figurativen Malerei im Sinne eines satirisch überspitzten Realismus verpflichtet. Für die ovale Wandelhalle der Paulskirche schuf Grützke in gut zweijähriger Arbeit in seinem Atelier im Berliner Künstlerhaus Bethanien ein 32 Meter langes und 3 Meter hohes 14-teiliges Wandgemälde, in dem sich Geschichte und Gegenwart, Jugend und Alter, Pathos und Ironie auf eindrucksvolle Weise durchdringen. 200 schwarzbefrackte Abgeordnete haben sich – begleitet von vielerlei Widersprüchlichkeiten – auf einen Weg gemacht, der keinen Anfang und kein Ende hat. Die Demokratie ist kein Zustand, sondern ein Prozess mit Hindernissen, könnte das Motto des Zuges lauten. Grützkes monumentales Gemälde wurde im Frühjahr 1991 in der Frankfurter Paulskirche installiert und der Öffentlichkeit übergeben.

# DAS GRUNDGESETZ DER BUNDESREPUBLIK DEUTSCHLAND

**6/59** Verkleinerte Nachbildung der 1966/67 von Gerhard Marcks geschaffenen Skulptur »Der Rufer«
Bremen, 2007
Dietrich Heller (geb. 1965)
Gips; 55 × 13,5 × 12,5 cm
Bremen, Dietrich Heller

Die von Gerhard Marcks 1966/67 im Auftrag von Radio Bremen geschaffene Skulptur *Der Rufer* verkörpert im Sinne des demokratisch-freiheitlichen Rundfunks das zentrale Recht auf Meinungsfreiheit. Als Leitmotiv diente Marcks die Gestalt des Stentors aus Homers *Ilias*, über den es heißt, seine Stimme sei so laut wie die von 50 Männern. Seine Hände zu einem Sprachrohr geformt, erhebt der Rufer seine Stimme über die Köpfe der Menschen. Anlässlich der Umsetzung der drei Meter hohen Statue vom Rundfunkgelände an das Ufer der Weser im Jahr 2007, schuf der Bremer Künstler Dietrich Heller eine verkleinerte Nachbildung des *Rufers*. Ein originalgetreuer Nachguss befindet sich seit Februar 1989 auf dem Mittelstreifen der Straße des 17. Juni in Berlin. Anders als in Bremen verkündet hier *Der Rufer,* mit Blick auf das Brandenburger Tor und die noch stehende Mauer: »Ich gehe durch die Welt und rufe Friede Friede Friede«. Die Sentenz geht auf den spätmittelalterlichen Dichter Francesco Petrarca (1304 – 1374) zurück. **CS** (Abb. S. 155)

# Volksdemokratie in Deutschland?
## Die Verfassungen der Deutschen Demokratischen Republik

**7**

# Die Verfassungen der Deutschen Demokratischen Republik

Mit der Deutschen Demokratischen Republik betrat ein Staat die politische Bühne, dessen Vertreter sich und die politische Verfassung ihres Landes auf einem moralisch höheren Niveau wähnten als alles, was sich zuvor an staatlichen Formationen in Deutschland entwickelt hatte. Die darin zum Ausdruck kommende Selbstgewissheit resultierte vor allem aus zwei Grundüberzeugungen: Die DDR sollte ein konsequent antifaschistischer Staat werden und – vor dem Hintergrund der damit verbundenen Aufarbeitung der Vergangenheit – zugleich »der Zukunft zugewandt« bleiben, wie es in der von Johannes R. Becher verfassten Nationalhymne hieß. Nicht allein »die Folgen der Hitler-Diktatur« müssten überwunden werden, so der Staatsrechtler und Autor der ersten Verfassung der DDR, Karl Polak, es gelte darüber hinaus, »mit einer Tradition abzurechnen, die die Hitler-Diktatur mit all ihren ungeheuerlichen Folgen für uns möglich machte«.

Der angestrebte Bruch mit der braunen Vergangenheit oder, um es im Sinne Polaks zu formulieren, »die Abrechnung« mit einer sie ermöglichenden Tradition schlug sich beispielsweise in einer »Demokratischen Bodenreform« und der damit verbundenen Enteignung der »Naziaktivisten und Kriegsverbrecher« nieder. Zu nennen sind in diesem Zusammenhang ebenfalls die bereits im ersten Verfassungsentwurf festgeschriebenen Einschränkungen oder Aberkennungen bürgerlicher Rechte für jene, die sich in nationalsozialistischem oder militaristischem Sinne betätigt hatten oder derartige Auffassungen weiterhin vertraten. Nach den Jahren der nationalsozialistischen Terrorherrschaft wirkten solche und andere Bestimmungen und Gesetze auf viele Menschen begreiflicherweise überaus attraktiv. Namentlich emigrierte Wissenschaftler und Künstler strebten voller Hoffnungen in dieses neu verfasste Deutschland – Bertolt Brecht und Heinrich Mann waren nur die prominentesten unter ihnen.

Doch die Verfassung hatte von Anfang an ein Doppelgesicht: Sie war, wie es der Historiker Martin Sabrow formuliert hat, ein Dokument der Hoffnung und ein Instrument der Macht. Vor allem in ihrer Auslegung, so stellte sich alsbald heraus, manifestierte sich der aus kommunistischer Deutung der jüngsten Geschichte gewonnene Herrschaftsanspruch der Arbeiterklasse unter Führung der SED. Als historisch legitimierte Vollstreckerin des »Volkswillens« scherte sie sich nicht um Mehrheiten und diffamierte jede ernsthafte Kritik als staatsgefährdend und/oder als »faschistisch«.

Bereits im November 1946 präsentierte Karl Polak einen ersten ausgearbeiteten Verfassungsentwurf im Auftrag der kurz zuvor aus dem Zusammenschluss von KPD und SPD hervorgegangenen SED. Allerdings konnte nicht, wie eigentlich geplant, mit dieser verfassungspolitischen Initiative eine wiederum durch die SED dominierte, gesamtdeutsche Verfassung in die Wege geleitet werden. Doch gelang es, die wesentlichen Inhalte des Entwurfs von Polak in den fünf Länderverfassungen zu etablieren, die nach den Landtagswahlen im Herbst 1946 in Mecklenburg, Brandenburg, Thüringen, Sachsen-Anhalt und Sachsen verabschiedet wurden.

Im Herbst 1947 – gleichermaßen im Zusammenhang mit den Londoner Tagungen der alliierten Außenminister wie mit der sich abzeichnenden Gründung eines Weststaats – setzte die SED, einer Direktive Stalins folgend, ihre verfassungspolitische Offensive fort. Sie schlug sich noch im Herbst des Jahres in der Einberufung eines ersten »Volkskongresses für Einheit und gerechten Frieden« nieder, dessen Mitglieder sich, obgleich nicht in einem demokratischen Wahlverfahren dazu bestimmt, als verfassunggebende Nationalversammlung begriffen.

Der Zweite Volkskongreß tagte am 17. und 18. März 1948 – und suchte mit diesem Datum bewusst die Nähe zu den hundert Jahre zuvor am 18. März 1848 in Berlin losgebrochenen Barrikadenkämpfen im Rahmen der Märzrevolution. Während des Kongresses wurde der »Deutsche Volksrat« gewählt, der als beratendes und beschließendes Organ zwischen den Tagungen des Volkskongresses tätig sein sollte. Ein wiederum vom Volksrat eingesetzter Ausschuss bekam den Auftrag, eine Verfassung zu erarbeiten. Dabei verstand sich der Volksrat – in demonstrativem Gegensatz zum Parlamentarischen Rat in den Westzonen – als gesamtdeutsches Gremium. Für den Fall eines Scheiterns seines nationalen Anspruchs bereitete er jedoch zugleich die Gründung eines eigenen Staates vor.

Nach der Verabschiedung des Bonner Grundgesetzes am 23. Mai 1949 war es so weit: Der im Mai gewählte und von der SED kontrollierte Dritte Volkskongreß billigte am 30. Mai den Entwurf der Verfassung der Deutschen Demokratischen Republik, den der Deutsche Volksrat auf seiner sechsten Tagung am 19. März 1949 verabschiedet hatte. Doch erst nachdem in den drei Westzonen im August 1949 die Wahlen zum ersten Deutschen Bundestag stattgefunden und sich die Bundesorgane konstituiert hatten, erteilte der sowjetische Staats- und Parteichef Josef Stalin am 27. September 1949 sein Einverständnis für die Staatsgründung. Der vom Volkskongreß gewählte »Zweite Deutsche Volksrat« konstituierte sich am 7. Oktober 1949 als provisorische Volkskammer der DDR und setzte die Verfassung in Kraft: Die »doppelte Staatsgründung« war vollzogen.

Die Verfassung vom 7. Oktober 1949 lehnte sich äußerlich stark an die Weimarer Reichsverfassung an, trug aber gleichzeitig mit der in den Verfassungsrang erhobenen Enteignung von NS- und Kriegsverbrechern der vermeintlich »antifaschistisch-demokratischen Umwälzung« in der sowjetischen Besatzungszone Rechnung. Darüber hinaus enthielt die Verfassung einen umfangreichen Grundrechtekatalog. Schon die Präambel, die nahezu wortgleich aus der Weimarer Reichsverfassung übernommen wurde, benannte die Freiheit und die Rechte der Menschen als höchste Werte. In Art. 6 bis 14 fanden sich die klassischen Freiheitsrechte: Gleichheit aller Bürger vor dem Gesetz, persönliche Freiheit, Unverletzlichkeit der Wohnung, Meinungs-, Versammlungs-, Vereinigungs- und Pressefreiheit. Ähnlich wie in der Weimarer Reichsverfassung lag ein Schwerpunkt auf den sozialen Rechten, insbesondere auf dem Recht auf Arbeit und auf der Gleichberechtigung von Mann und Frau. Allerdings waren die Rechte nicht einklagbar. Ein eigenständiges Verfassungsgericht war nicht vorgesehen, vielmehr wurde die Verfassungsmäßigkeit der Gesetze vom Verfassungsausschuss der Volkskammer selbst geprüft.

Die bewusste Aufhebung des Prinzips der Gewaltenteilung und die Einführung des Begriffs »Boykotthetze« in Art. 6, mit dem jede Opposition kriminalisiert werden konnte, stellte die »verfassungsgemäßen« Instrumente zur Errichtung der Parteidiktatur der SED bereit. Diese Artikel bildeten das verfassungsrechtliche Einfallstor für den Übergang zur Einparteienherrschaft und die Begründung für die ungezügelte Unterdrückung politischer Gegner. Das in Art. 51 Abs. 2 der Verfassung garantierte Wahlrecht nach dem Prinzip der demokratischen Verhältniswahl hingegen erwies sich als bloße Makulatur. Bereits bei der ersten Wahl zur Volkskammer am 15. Oktober 1950 stand nur eine von der SED angeregte und von ihr beherrschte »Nationale Front« als Einheitsliste zur Abstimmung.

Die Diskrepanz zwischen Verfassungstext und Verfassungswirklichkeit wurde bald offenbar und erhielt durch den Bau der Mauer im August 1961 gleichsam auch ein Gesicht. Auf dem VII. Parteitag der SED im Jahre 1967 initiierte daher Walter Ulbricht eine Verfassungsdiskussion. Die von der Volkskammer eingesetzte Verfassungskommission legte am 31. Januar 1968 einen Entwurf vor, der per »Volksentscheid« am 6. April angenommen wurde. Der in Art. 1 der 1949er Verfassung festgelegte Anspruch auf eine »unteilbare demokratische Republik« verlor angesichts der durch die Mauer scheinbar endgültig zementierten Teilung seine Geltung. Stattdessen verkündete die neue Präambel nun feierlich ein Staatsvolk der DDR und eine eigene Staatsangehörigkeit. Auch das 1949 noch so bedeutsame Leitthema der Aufarbeitung der »faschistischen Vergangenheit« hatte ausgedient. Walter Ulbricht charakterisierte die neue Verfassung vielmehr als »die deutsche Charta der Freiheit und der Menschlichkeit« und ordnete sie als grundlegende »Verfassung einer sozialistischen Gesellschaft« ein, wie sie »Marx und Engels bereits vorausgedacht haben«. Die Führungsrolle der SED sowie die staatliche Gewaltkonzentration nach dem Prinzip des »demokratischen Zentralismus« wurden nun festgeschrieben.

*Das Gesetz zur Ergänzung und Änderung der Verfassung der Deutschen Demokratischen Republik* vom 7. Oktober 1974 revidierte schließlich erneut den Text der 1968er Verfassung – und zwar ohne jede öffentliche Diskussion. In der Präambel wurde der Begriff »deutsche Nation« ebenso getilgt wie der Verfassungsauftrag des Art. 8 Abs. 2, wonach »die schrittweise Annäherung der beiden deutschen Staaten bis zu ihrer Vereinigung auf der Grundlage der Demokratie und des Sozialismus« angestrebt werden sollte. Im Gegenzug fand die »Unwiderruflichkeit des Bündnisses der DDR mit der UdSSR« im Verfassungstext ihre Fixierung.

Darüber hinaus wurde der eigentliche Wesenskern der Grundrechte – nämlich die Sicherung des Freiraums im Verhältnis der Bürger zum Staat – weiter verwässert. Doch nach wie vor boten die Grundrechte eine Art Resonanzboden für die nie erlahmende Opposition. Insbesondere die 1973 einsetzende Konferenz über Sicherheit und Zusammenarbeit in Europa (KSZE), die in ihrer ersten Phase die im Rahmen des Ost-West-Konflikts schwelenden Spannungen abbauen sollte, vermochte in ihren mittelfristigen Wirkungen in die kommunistischen Gesellschaften hinein auszustrahlen und die Opposition zu stärken. Trotz aller staatlichen Kontrollen und Unterdrückungen gelang es, eine Gegenöffentlichkeit zu schaffen. Im Verlaufe der 1980er Jahre begannen immer mehr DDR-Bürger, sich auf ihre verfassungsmäßigen Rechte zu berufen – und auch dieses Verhalten ebnete den Weg für die »Friedliche Revolution« im Herbst 1989.

## Sozialistische Hoffnungen

**7/1 »Die Toten mahnen/Baut auf!«**
Antifaschistisches Plakat der Sowjetischen Besatzungszone
1945, bez. u. r.: Flim 45
Entwurf: Flim
Druck: Volkszeitung Dresden
Offsetdruck; 63 × 43 cm
Berlin, Deutsches Historisches Museum:
P 94/1131

Schon früh reklamierte die KPD in der Sowjetischen Besatzungszone den Antifaschismus als Ausweis eines »besseren Deutschlands« für sich. Der Häftling mit dem roten Dreieck, das in den Konzentrationslagern von »deutschen politischen Schutzhäftlingen« getragen werden musste, steht zentral im Bild und wirbt vor den skizzierten Hinterlassenschaften des Krieges – zerstörte Industrie und blutgetränkte Äcker – für den Wiederaufbau. Zunächst wollte die aus der Sowjetunion zurückkehrende »Gruppe Ulbricht« nur politisch Verfolgte als »Opfer des Faschismus« (OdF) anerkennen. Unter dem Druck der rassisch und religiös Verfolgten mussten die kommunistischen OdF auch Juden und Bibelforscher in ihren Reihen akzeptieren. Diese »Demütigung« machten sie für sich erträglicher, indem sie sich selbst zu »Kämpfern gegen den Faschismus« aufwerteten. Bis zum Ende der DDR blieb die Hierarchisierung in »Opfer« und »Kämpfer« des Faschismus bestehen. Die vornehmlich von rassisch Verfolgten gegründete »Vereinigung der Verfolgten des Naziregimes« (VVN) konnte sich nur von 1947 bis 1953 halten.

7/1

7/2

**7/2 »Junkerland in Bauernhand! Rottet dieses Unkraut aus!«**
Berlin, 1945
Entwurf: Alfred Stiller (1879–1954),
Fides Propaganda-Atelier;
Magistratsdruckerei Berlin
Offsetdruck; 69 × 53,2 cm
Berlin, Deutsches Historisches
Museum: P 94/937

Unter der Losung »Junkerland in Bauernhand« zogen bereits im Sommer 1945 Agitatoren der KPD durch die Dörfer, um die entschädigungslose Enteignung jeglichen Grundbesitzes über hundert Hektar zu propagieren. Anfang September 1945 erließen die Landes- und Provinzialverwaltungen übereinstimmende Verordnungen über die Durchführung der »Demokratischen Bodenreform«. Das enteignete Land wurde in durchschnittlich fünf Hektar große Parzellen aufgeteilt und an Landarbeiter, Umsiedler aus den Ostgebieten und Kleinbauern übergeben. Mit insgesamt 3,3 Millionen Hektar fiel rund ein Drittel der landwirtschaftlichen Nutzfläche der Sowjetischen Besatzungszone unter die Bestimmungen der Bodenreform. Das Propagandaplakat zeigt deren zwei Seiten: Zum einen sollen die unter dem NS-Regime Entrechteten Land zugewiesen bekommen, zum anderen die als »Unkraut« dargestellten Junker, Barone, Großgrundbesitzer und SA-Männer mit der Enteignung empfindlich getroffen werden.

**7/3 Bertolt Brecht**
1956
Fritz Cremer (1906–1993)
Guss: Bildgießerei Seiler und Siebert,
Schöneiche bei Berlin
Bronze; 47,5 × 30 × 33 cm
Berlin, Deutsches Historisches
Museum: Kg 63/65

Der Schriftsteller und Theaterregisseur Bertolt Brecht gehörte zu den prominentesten der Emigranten, die sich bewusst für eine Rückkehr in die DDR entschieden. 1949 kam er aus der Schweiz in die DDR und gründete in Ost-Berlin im ehemaligen Theater am Schiffbauerdamm das »Berliner Ensemble«. Auch der ins Exil vertriebene Bildhauer Fritz Cremer kehrte ein Jahr später von Wien aus nach Ost-Berlin zurück. Cremer war 1928 in die KPD eingetreten und hatte Kontakt zur Künstlergruppe ASSO (kurz für: Assoziation revolutionärer bildender Künstler) in Berlin. In der DDR wurde er Mitglied der Akademie der Künste und Leiter eines Meisterateliers. 1956 bat man Cremer, die Totenmaske Brechts abzunehmen. Diese Totenmaske diente als Vorlage für das hier gezeigte Brecht-Porträt.

# Traditionen: Jahrhundertfeier der Märzrevolution 1848

7/3

7/4

**7/4 Heinrich Mann**
1951
Gustav Seitz (1906–1969)
Bronze; 57 × 26,5 × 34 cm
Berlin, Deutsches Historisches
Museum: Kg 85/9

Der 1933 emigrierte Schriftsteller Heinrich Mann sah in der entstehenden Deutschen Demokratischen Republik seine Vorstellung von einem besseren Deutschland verwirklicht. Im Jahr 1947 urteilte er in der *Weltbühne* über den Verfassungsentwurf der SED: »So behandelt man eine Verfassung, wenn das Zeitalter nach verwirklichtem Sozialismus drängt«. 1949 wurde er zum ersten Präsidenten der Akademie der Künste der DDR gewählt, verstarb aber noch vor seiner geplanten Rückkehr am 12. März im kalifornischen Exil. Der Bildhauer Gustav Seitz war von 1950 bis 1958 Mitglied der Akademie der Künste der DDR und wurde aus diesem Grund von der Lehrtätigkeit an der Hochschule für bildende Künste in West-Berlin und seiner Professur an der Technischen Hochschule Berlin suspendiert. Ab 1958 hatte er eine Professur an der Hochschule für Bildende Künste in Hamburg inne und stellte regelmäßig auf der Kasseler Documenta aus. Bei der Büste handelt es sich um eine Bronze jenes Porträts, das sich auf dem Heinrich-Mann-Grabmal auf dem Dorotheenstädtischen Friedhof in Berlin befindet.

7/5

**7/5 »1848/1948. Ausstellung im Alten Rathaus«**
Leipzig, 1948
Druck: C. G. Röder
Offsetdruck; 83,4 × 59 cm
Berlin, Deutsches Historisches
Museum: P 90/5894

In der Gestaltung des Plakats wird die kommunistische Deutung der Märzrevolution bildhaft, der zufolge die Arbeiterklasse die gescheiterte bürgerliche Revolution von 1848 vollendet: Der Arbeiter mit der roten Fahne schreitet voran, den Bürger mit der schwarz-rot-goldenen Fahne und die Paulskirche hinter sich lassend. Auch der Deutsche Volkskongreß orientierte sich an der so verstandenen Märztradition. In einer Resolution vom 18. März 1948, dem Jahrestag der Berliner Barrikadenkämpfe, hieß es: »Der Deutsche Volkskongreß ehrt die ruhmreichen Kämpfer der Revolution von 1848, indem er sich verpflichtet, für die Vollstreckung des Volkswillens zu wirken, den unsere Väter mit ihrem Blut auf den Barrikaden besiegelten.«

## Der »Deutsche Volkskongreß für Einheit und gerechten Frieden«

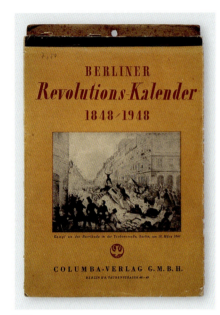

7/6

### 7/6 »Berliner Revolutions-Kalender 1848/1949«
Wochenkalender zum 100. Jahrestag der Revolution von 1848 in Deutschland
Berlin, Januar 1948
Gestaltung: Günter Liedtke; Columba-Verlag
Druck: Ernst Steiniger; 23,6 × 16 cm;
Berlin, Deutsches Historisches Museum:
DG 87/82

Die SED und parteinahe Organisationen wie die Ausschüsse des Volkskongresses gaben zum 100. Jahrestag der Märzrevolution eine Vielzahl von Flugschriften und Broschüren heraus. In ihnen wurden die revolutionären Ereignisse von 1848/49 aus der Sicht der marxistischen Geschichtsschreibung dargestellt, um die eigene Politik historisch zu legitimieren. Der *Berliner Revolutions-Kalender* greift die Form der revolutionären Kalender von 1848/49 auf. Er enthält neben historischen Dokumenten und Ereignisschilderungen auch politische Lyrik von Ferdinand Freiligrath, Heinrich Heine und August Heinrich Hoffmann von Fallersleben.

### 7/7 »Entwurf einer Verfassung für die Deutsche Demokratische Republik«
Verfassungsentwurf des Parteivorstandes der SED für eine demokratische deutsche Republik mit einleitenden Erklärungen von Otto Grotewohl
Berlin, 14.11.1946
Dietz Verlag Berlin
Druck: Neues Deutschland
Druck auf Papier; 21 × 14,7 cm
Berlin, Deutsches Historisches Museum:
DG 66/464

Gefördert und abhängig von der sowjetischen Besatzungsmacht, übernahm die im April 1946 aus dem Zusammenschluss von KPD und SPD gebildete Sozialistische Einheitspartei Deutschlands (SED) die Initiative in der Verfassungsfrage. Bereits im Sommer 1946 lag ein fertiger Verfassungsentwurf vor, der sich weitgehend an die Weimarer Reichsverfassung anlehnte, Deutschland als zentralen Einheitsstaat vorsah, »antifaschistisch-demokratische Errungenschaften« festschrieb und auf dem Prinzip der Volkssouveränität ohne Gewaltenteilung basierte. Im November 1946 wurde der maßgeblich von dem Staatsrechtler Karl Polak ausgearbeitete Verfassungsentwurf von der Sowjetischen Militäradministration (SMAD) zur Veröffentlichung freigegeben. Die bevorstehende Verfassunggebung auf Länderebene sollte mit Grundsatzdokumenten beeinflusst und die SED als erste deutsche Partei mit gesamtnationalem Gestaltungswillen positioniert werden.
(Abb. S. 88)

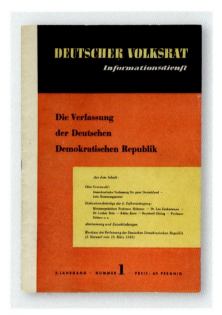

7/8

### 7/8 »Die Verfassung der Deutschen Demokratischen Republik«
Informationsbroschüre des Deutschen Volksrats zum Entwurf der Verfassung vom 19.3.1949
Berlin, März 1949
Verantwortlich: Sekretariat des Deutschen Volksrats
Berliner Verlag GmbH
Druck auf Papier; 28,8 × 20,6 cm
Berlin, Deutsches Historisches Museum:
DG 65/374

Das eigentliche verfassunggebende Organ der Sowjetischen Besatzungszone, der »Deutsche Volkskongreß für Einheit und gerechten Frieden«, wählte einen 400-köpfigen Deutschen Volksrat, der als beratendes und beschließendes Organ die Arbeit zwischen den Kongressen fortsetzen sollte. Der in zahlreichen Kommissionen arbeitende Volksrat berief einen Verfassungsausschuss unter Leitung Otto Grotewohls ein. Am 19. März 1949 nahm der Deutsche Volksrat den Entwurf einer *Verfassung der Deutschen De-*

mokratischen Republik einstimmig an. In Vorbereitung des Dritten Deutschen Volkskongresses, der den Verfassungsentwurf per Volksentscheid legitimieren sollte, druckte der Volksrat zahlreiche Informationsbroschüren. Diese Ausgabe enthält neben dem Verfassungstext noch Diskussionsbeiträge der sechsten Volksratstagung vom 19. März 1949 sowie eine einleitende Rede Grotewohls mit dem Titel *Demokratische Verfassung für ganz Deutschland – kein Besatzungsstatut*. Mit seinen abschließenden Worten schwor er die Bevölkerung auf die Verfassung ein: »Unser Verfassungsentwurf [...] – er wird der Appell an unser Volk sein, sich um diese Verfassung zu scharen als um eine Fahne, für die es sich zu kämpfen lohnt, weil sie uns alle in ein glückliches Leben führt, in ein Leben der Freiheit, des Friedens und der Demokratie.«

**7/9** »Verfassung der deutschen demokratischen Republik / Durch das Volk / Mit dem Volk / Für das Volk«
Plakat des Deutschen Volkskongresses zur Abstimmung über den Verfassungsentwurf
März 1949
Verantwortlich: Deutscher Volkskongreß, Landesausschuss Sachsen-Anhalt
Druck: Hallesche Papierwaren-Fabrik, Halle an der Saale
Lithografie; 86 × 60,8 cm
Berlin, Deutsches Historisches Museum: P 90/818

Das *Grundgesetz für die Bundesrepublik Deutschland* wurde ohne Volksentscheid in Kraft gesetzt. Dem stellte in der innerdeutschen Konkurrenz die SED eine Abstimmung über die *Verfassung der Deutschen Demokratischen Republik* entgegen. Sie verband diesen Entscheid mit den Wahlen zum Dritten Deutschen Volkskongreß am 15./16. Mai 1949, der die Verfassung verabschieden sollte. Trotz Einheitslistenwahl und Wahlfälschung

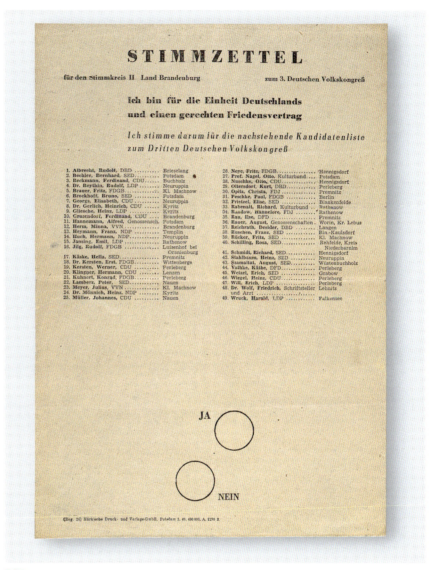

**7/10**

– unbeschriebene Stimmzettel und Zettel mit Hinzufügungen, Streichungen oder Bemerkungen wurden als gültige »Ja«-Stimmen gezählt – erreichte die SED nicht das gewünschte Ergebnis: 66,1 % hatten mit »Ja«, 33,9 % mit »Nein« gestimmt. Dieses Resultat bestärkte SED und Sowjetische Besatzungsmacht darin, künftig keine freien Wahlen mehr zuzulassen. (Abb. S. 91)

**7/10** Stimmzettel des Landes Brandenburg zur Wahl der Delegierten zum Dritten Deutschen Volkskongreß
Mai 1949
Märkische Druck- und Verlags-GmbH
Druck auf Papier; 29,6 × 20,9 cm
Berlin, Deutsches Historisches Museum: DG 76/269

## 290 VOLKSDEMOKRATIE IN DEUTSCHLAND?

7/11

7/13

Die jeweils rund 2000 Delegierten des Ersten und Zweiten Volkskongresses waren über einen undurchsichtigen Auswahl-Modus aus Parteien, Massenorganisationen, Institutionen und Großbetrieben aus den Ost- und Westzonen rekrutiert worden. Jeweils rund 60% der Vertreter gehörten der SED an. Für die Tagung des Dritten Volkskongresses sollten nach den Vorstellungen der SED und im Einverständnis mit der SMAD Wahlen über Einheitslisten erfolgen. Die CDU und die LDP stimmten diesem Modus zu, nachdem ihnen die SED versichert hatte, dass dies lediglich eine Ausnahmeregelung aufgrund des »nationalen Notstands« angesichts der bevorstehenden Gründung des Weststaats sei. Die Stimmzettel wiesen neben dem Namen und dem Wohnort der Kandidaten ihre Zugehörigkeit zu einer Partei oder Massenorganisation aus. Darunter stand groß und deutlich: »Ich bin für die Einheit Deutschlands und einen gerechten Friedensvertrag. Ich stimme darum für die nachstehende Kandidatenliste zum Dritten Deutschen Volkskongreß«. Die Wähler konnten nur mit »Ja« oder »Nein« votieren.

**7/11 Tagung des Dritten Deutschen Volkskongresses in der Deutschen Staatsoper**
Berlin, 29.5.1949
Jacobsen-Sonnenfeld
Fotografie (Neuabzug)
Berlin, Deutsches Historisches Museum:
F 57/1655

Die drei Tagungen des Volkskongresses in den Jahren 1947, 1948 und 1949 fanden in der Deutschen Staatsoper statt, dem früheren und heute wieder so benannten »Admiralspalast« an der Berliner Friedrichstraße. Die Volkskongresse gingen auf eine Initiative der SED zurück: Am 26. November 1947 beschloss der SED-Parteivorstand einen »Aufruf zu einem deutschen Volkskongress für Einheit und gerechten Frieden«. Der Volkskongreß sollte eine aus den Mitgliedern von Parteien, Gewerkschaften, kulturellen Vereinigungen, Betriebsbelegschaften und Einzelpersonen zusammengesetzte, jedoch von der SED kontrollierte, gesamtdeutsche Massenbewegung werden. Jeweils rund ein Viertel der Delegierten stammten aus den Westzonen.

**7/12 Bahnhof Friedrichstraße**
Sichtwerbung für den Zweiten Deutschen Volkskongreß für Einheit und gerechten Frieden am 17./18. März 1948
Berlin, 1948
Agentur Puck
Fotografie (Neuabzug)
Berlin, Deutsches Historisches Museum:
Puck 29800

Mit der Parole »1848. Berlin gab das Signal. 1948. Der Volkskongress muss das Werk vollenden« nutzte die SED bewusst die Symbolkraft der Jahrhundertfeier der Märzrevolution von 1848. Damals in der Frankfurter Paulskirche wie heute in Berlin sei man zusammengekommen, um für einen einheitlichen deutschen Nationalstaat, für die Wahl eines Parlaments und für die Erarbeitung einer deutschen Verfassung einzutreten. (Abb. S. 89)

## Die Verfassung von 1949: Antifaschismus als Staatsziel

**7/13 Maidemonstration in Berlin**
Berlin, 1.5.1949
Gerhard Gronefeld (1911–2000)
Fotografie (Neuabzug)
Berlin, Deutsches Historisches Museum:
BA009200

Im Demonstrationszug zum 1. Mai 1949 im Berliner Lustgarten wurde zur Teilnahme an den Wahlen zum Dritten Volkskongreß aufgerufen.

**7/14 Wilhelm Pieck verliest das Manifest der Nationalen Front zur Gründung der DDR**
Berlin, 7.10.1949
Foto-Thiele
Fotografie (Neuabzug)
Berlin, Deutsches Historisches Museum:
F 68/1703

Ende Mai 1949 konstituierte sich der Dritte Deutsche Volkskongreß, der den vorgelegten Verfassungsentwurf mit 2087 Ja-Stimmen gegen eine Nein-Stimme bestätigte. Am 30. Mai wählten die Abgeordneten den neuen Volksrat, der sich aus 220 ostdeutschen und Berliner Mitgliedern sowie aus 100 namentlich nicht genannten westdeutschen Mitgliedern zusammensetzte. Am 7. Oktober 1949 erklärte sich dieser Zweite Deutsche Volksrat zur »Provisorischen Volkskammer« und setzte die *Verfassung der Deutschen Demokratischen Republik* in Kraft. Die Volkskongressbewegung ging danach in der »Nationalen Front des Demokratischen Deutschland« auf. Das von Wilhelm Pieck, dem ersten Präsidenten der DDR, verlesene *Manifest der Nationalen Front* betonte die – im Gegensatz zur Bundesrepublik – antifaschistischen Grundlagen der DDR. (Abb. S. 28)

**Präambel**
Von dem Willen erfüllt, die Freiheit und die Rechte des Menschen zu verbürgen, das Gemeinschafts- und Wirtschaftsleben in sozialer Gerechtigkeit zu gestalten, dem gesellschaftlichen Fortschritt zu dienen, die Freundschaft mit anderen Völkern zu fördern und den Frieden zu sichern, hat sich das deutsche Volk diese Verfassung gegeben.

*Verfassung der Deutschen Demokratischen Republik* vom 7. Oktober 1949

**7/15 »Die Verfassung der Deutschen Demokratischen Republik«**
Mit einer Einführung von Otto Grotewohl
Berlin, 1949
Kongreß-Verlag GmbH
Druck: Greif Graphischer Großbetrieb
Druck auf Papier; 20,4 × 14,8 cm
Berlin, Deutsches Historisches Museum:
DG 90/5622

Die am 7. Oktober 1949 vom Zweiten Deutschen Volksrat in Kraft gesetzte *Verfassung der Deutschen Demokratischen Republik* sah als Staatsform ein parlamentarisch-demokratisches System vor, allerdings ohne Gewaltenteilung und ohne eigenständiges Verfassungsgericht. Die Verfassung verstand sich als gesamtdeutsch. In der Präambel heißt es ausdrücklich: »das deutsche Volk« habe sich diese Verfassung gegeben – ein Vorbehalt wie in der Präambel des Grundgesetzes, wonach der Verfassungsgeber auch für jene spreche, »denen die Mitwirkung versagt ist«, wurde nicht genannt. An den schwarz-rot-goldenen Farben von 1848 und der Weimarer Republik wurde bewusst festgehalten, das Wappen der DDR mit Hammer und Zirkel im Ährenkranz erst ab 1959 mittig auf die Flagge gesetzt.

7/15

**Art. 24**
(3) Die Betriebe der Kriegsverbrecher und aktiven Nationalsozialisten sind enteignet und gehen in Volkseigentum über. Das gleiche gilt für private Unternehmungen, die sich in den Dienst einer Kriegspolitik stellen.

*Verfassung der Deutschen Demokratischen Republik* vom 7. Oktober 1949

**7/16 »Volksentscheid gegen Kriegsverbrecher / Stimmt mit Ja!«**
Sowjetische Besatzungszone, 1946
Entwurf: Kurt Fiedler (1894–1950)
Offsetdruck; 86,6 × 62 cm
Berlin, Deutsches Historisches Museum:
P 94/64

Am 26. Juni 1946 fand in Sachsen ein Volksentscheid über die Enteignung der Betriebe von »Kriegsverbrechern und Naziaktivisten« statt. Gemäß Art. 24 der Verfassung – »Die Betriebe der Kriegsverbrecher und aktiven Nationalsozialisten sind enteignet und gehen in Volkseigentum über« – erhielten die Enteignungen Verfassungsrang. Mit der Verfassung und dem *Manifest der Nationalen Front* von 1949 erklärte sich die DDR zum antifaschistischen Staat. So sehr dieses Staatsziel auch auf die Zustimmung vieler Menschen stieß: Das Argument des »Antifaschismus« konnte auch gegen alle innerparteiliche wie innerstaatliche Opposition zum Einsatz kommen – und zwar nach dem simplen Umkehrschluss, dass wer gegen die DDR opponierte, sich auch dem Staatsziel des Antifaschismus verweigerte und daher zumindest im Verdacht stand, selbst ein »Faschist« zu sein. Zum anderen fand das Argument des Antifaschismus auch außenpolitisch schnell seine Anwendung, insbesondere als Mittel der Abgrenzung gegenüber dem Grundgesetz und der darauf basierenden Verfassungswirklichkeit. Der durchaus berechtigte Vorwurf der mangelnden Aufarbeitung der nationalsozialistischen Vergangenheit und der allenfalls halbherzigen juristischen Aufklärung der Verbrechen in der Bundesrepublik bekam durch den als Staatsziel verordneten »Antifaschismus« noch mehr Gewicht. Zugleich entzog sich die DDR ihrer historischen Mitverantwortung für die Verbrechen des Nationalsozialismus. Offiziell wurde dies unter anderem damit begründet, dass sich die DDR – anders als die Bundesrepublik – nicht als Rechtsnachfolger des Deutschen Reichs verstand. (Abb. S. 87)

**Art. 15**
**(1) Die Arbeitskraft wird vom Staat geschützt.**
**(2) Das Recht auf Arbeit wird verbürgt. Der Staat sichert durch Wirtschaftslenkung jedem Bürger Arbeit und Lebensunterhalt. Soweit dem Bürger angemessene Arbeitsgelegenheit nicht nachgewiesen werden kann, wird für seinen notwendigen Unterhalt gesorgt.**

*Verfassung der Deutschen Demokratischen Republik* vom 7. Oktober 1949

### 7/17 »Nie wieder arbeitslos«
Plakat aus einer Serie des Deutschen Volksrats zum Verfassungsentwurf vom 19. März 1949
Entwurf: Kongreß-Verlag GmbH
Verantwortlich: Sekretariat des Deutschen Volksrats, Berlin;
Berliner Druckhaus GmbH
Offsetdruck; 59 × 42 cm;
Berlin, Deutsches Historisches Museum:
P 94/975

Das in Art. 15 verbürgte »Recht auf Arbeit« gehört zu den Neuerungen der DDR-Verfassung; die Weimarer Reichsverfassung schützte mit Art. 157 zwar die Arbeitskraft, damit war aber kein Recht auf Arbeit verbunden. Tatsächlich gab es in der DDR keine statistisch signifikante Arbeitslosigkeit. Die zentral verwaltete Wirtschaft bot den organisationspolitischen Hintergrund für eine Beschäftigungsgarantie im Wirtschaftsbereich, das Verwaltungs- und Sicherheitssystem eine unermessliche Zahl an »unproduktiven« Tätigkeitsfeldern. Hinzu kam, dass bis zum Bau der Mauer 1961 rund 2,7 Millionen Menschen, vorwiegend im arbeitsfähigen Alter, in die Bundesrepublik auswanderten, sodass eher Arbeitskräftemangel als Arbeitslosigkeit herrschte. (Abb. S. 92)

### 7/18 »Mitbestimmungsrecht«
Plakat aus einer Serie des Deutschen Volksrats zum Verfassungsentwurf vom 19. März 1949
1949
Entwurf: Kongreß-Verlag GmbH
Verantwortlich: Sekretariat des Deutschen Volksrats, Berlin
Berliner Druckhaus GmbH
Offsetdruck; 59,5 × 42 cm
Berlin, Deutsches Historisches Museum:
P 94/976

Art. 17 der Verfassung von 1949 besagte: »Die Regelung der Produktion sowie der Lohn- und Arbeitsbedingungen in den Betrieben erfolgt unter maßgeblicher Mitbestimmung der Arbeiter und Angestellten. Die Arbeiter und Angestellten nehmen diese Rechte durch Gewerkschaften und Betriebsräte wahr.« Als die Verfassung im Herbst 1949 in Kraft trat, entsprach dieser Artikel schon nicht mehr der Realität: Die Betriebsräte waren aufgelöst und deren Räumlichkeiten von »Betriebsgewerkschaftsleitungen« oder auch den SED-Betriebsleitungen übernommen worden. Die als »Schulen der Demokratie und des Sozialismus« propagierten Gewerkschaften verwalteten ab 1950 nur noch die Sozialversicherung, bauten einen eigenen Feriendienst auf und organisierten die Feiern zum 1. Mai.

7/18

7/19 »Mann und Frau gleichberechtigt«
Plakat aus einer Serie des Deutschen
Volksrats zum Verfassungsentwurf
vom 19. März 1949
1949
Entwurf: Kongreß-Verlag GmbH
Verantwortlich: Sekretariat des Deutschen
Volksrats, Berlin
Berliner Druckhaus GmbH
Offsetdruck; 59,5 × 42 cm
Berlin, Deutsches Historisches Museum:
P 94/974

Die »volle Gleichberechtigung« der Frauen bedeutete in der DDR auch ihre volle Teilnahme am Produktionsprozess. Um dies zu ermöglichen, baute der Staat ein dichtes Netz institutionalisierter Kinderbetreuung auf. Hatte 1955 noch nicht einmal jedes zehnte der ein- bis dreijährigen Kinder eine Krippe besucht, so waren es Mitte der 1980er Jahre rund 80 %. Der so verwirklichten Gleichberechtigung der Frau stand allerdings ihre Unterrepräsentation in Führungspositionen gegenüber. (o. Abb.)

Art. 7
(1) Mann und Frau sind gleichberechtigt.
(2) Alle Gesetze und Bestimmungen, die der Gleichberechtigung der Frau entgegenstehen, sind aufgehoben.

*Verfassung der Deutschen Demokratischen Republik* vom 7. Oktober 1949

# VOLKSDEMOKRATIE IN DEUTSCHLAND?

7/20

**7/20 »Gross-Demonstration der Arbeiter Ostberlins! / Russische Panzer in der Leipziger Straße«**
Berlin, 17.6.1953
Wolfgang Albrecht
Bildagentur Schirner
Fotografie (Neuabzug)
Berlin, Deutsches Historisches Museum: Schirn33247/2

**7/21 Bekanntmachung über die Verhängung des Ausnahmezustandes**
Dresden, 17.6.1953
Herausgeber: Chef der Garnison Dresden
Druck auf Papier; 30,8 × 24,4 cm
Berlin, Deutsches Historisches Museum: DG 62/652.2

**7/22 »5 Tage im Juni«**
München, 1974
Stefan Heym (1913 – 2001)
Bertelsmann Verlag
Druck auf Papier; 21 × 13,4 cm
Privatbesitz

### Der 17. Juni 1953

Der im Juli 1952 von der SED beschlossene »Aufbau des Sozialismus« erwies sich als ausgesprochen schwierig. Im Frühjahr 1953 verstärkte sich der Unmut über die stagnierenden Lebensbedingungen. Die von der Regierung verfügten Maßnahmen zur Steigerung der Produktion, die mit der Streichung von Vergünstigungen und der willkürlichen Anhebung von Arbeitsnormen einhergingen, ließen ein Absinken des Lebensniveaus befürchten. Am Nachmittag des 16. Juni 1953 löste ein Artikel in der Gewerkschaftszeitung *Tribüne*, der die Erhöhung der Arbeitsnormen rechtfertigte, eine spontane Demonstration Berliner Bauarbeiter in der Stalinallee aus. Der anfängliche Ruf nach der Zurücknahme der Normerhöhungen wurde zunehmend durch politische Forderungen wie etwa jenen nach einem Rücktritt der Regierung, freien Wahlen und einem Generalstreik verdrängt. Die Aktionen setzten sich am Morgen des 17. Juni 1953 fort und griffen auf nahezu alle größeren Städte und Betriebe der DDR über. Insgesamt beteiligten sich rund 350.000 Menschen, die meisten davon Arbeiter, an Streiks, Kundgebungen und Demonstrationen. Als die sowjetische Besatzungsmacht das Ausmaß der Proteste erkannte, verhängte sie in Berlin und anderen Zentren des Aufstands den Ausnahmezustand. Der Verfassungsartikel 14 zum Streikrecht wurde ebenso außer Kraft gesetzt wie Art. 9 zur Meinungs- und Versammlungsfreiheit. Unter massivem Einsatz gepanzerter Fahrzeuge wurden Kundgebungen und Demonstrationen aufgelöst, Versammlungen verboten und zahlreiche Beteiligte festgenommen.

**7/23 »Die Drahtharfe. Balladen. Gedichte. Lieder«**
Berlin, 1965
Wolf Biermann (geb. 1936)
Verlag Klaus Wagenbach
Druck auf Papier; 21,5 × 12,5 cm
Berlin, Deutsches Historisches Museum: R 97/1508

Beim XI. Plenum des ZK der SED, das vom 16. bis 18. Dezember 1965 in Berlin stattfand, holte die SED mit ihrem Wortführer Erich Honecker zu einem Rundumschlag gegen »feindliche Tendenzen« im Kulturbetrieb aus. Die Teilnehmer des Plenums erhielten eine »Lesemappe« mit verschiedenen Texten, Gutachten und Analysen zu kulturellen Entwicklungen. Neben einer »Einschätzung« über die im Westen erschienene Gedichtsamm-

**7/21**

lung *Die Drahtharfe* von Wolf Biermann enthielt sie auch Berichte »über die Stimmung unter der künstlerischen Intelligenz« und über »Rowdygruppen«. Die Texte sollten eine Bedrohung der Ordnung in der DDR suggerieren und gaben so die Richtung des Plenums vor, das eine einschneidende Wirkung auf alle Bereiche der Kultur hatte: Zahlreiche Filme – darunter *Das Kaninchen bin ich* von Kurt Maetzig oder *Spur der Steine* von Frank Beyer –, Theaterstücke, Bücher und Musikgruppen wurden verboten. Wolf Biermann, der noch 1953 aus Hamburg in die DDR übergesiedelt war, bekam Auftritts- und Publikationsverbot und wurde 1976 schließlich ausgewiesen. Zu den auf dem Plenum heftig kritisierten Autoren gehörte auch Stefan Heym. Die Veröffentlichung seiner Romanvorlage *Der Tag X* zu den Ereignissen des 17. Juni 1953 war trotz Entstalinisierung schon 1956 abgelehnt worden. Das Buch erschien fast 20 Jahre später unter dem Titel *5 Tage im Juni* im Westen. (o. Abb.)

**Art. 50**
**Höchstes Organ der Republik ist die Volkskammer.**

**Art. 81**
**Die Gesetze werden von der Volkskammer oder unmittelbar vom Volke durch Volksentscheid beschlossen.**

*Verfassung der Deutschen Demokratischen Republik* vom 7. Oktober 1949

**7/24 Wandzeitung »Zeitgeschehen im Bild gesehen« zur ersten Regierung der DDR**
Berlin, 15.11.1949
Druckerei Erich Thieme
Offsetdruck; 59 × 81,5 cm
Berlin, Deutsches Historisches Museum:
P 90/4708

Am 7. Oktober 1949 erklärte sich der Zweite Deutsche Volksrat zur »Provisorischen Volkskammer« und setzte die *Verfassung der Deutschen Demokratischen Republik* in Kraft. Am 11. Oktober wählte die Volkskammer einstimmig den SED-Vorsitzenden Wilhelm Pieck zum Präsidenten und am 12. Oktober den ehemaligen Sozialdemokraten Otto Grotewohl zum Ministerpräsidenten. Die Wandzeitung stellt zudem die provisorische Regierung der DDR vor, die aus Vertretern der Blockparteien SED (Sozialistische Einheitspartei Deutschlands), LDP (Liberal-Demokratische Partei), CDU (Christlich Demokratische Union), NDPD (National-Demokratische Partei Deutschlands) und DBD (Demokratische Bauernpartei Deutschlands) bestand. Die Darstellung und der Begleittext der Wandzeitung suggerieren, dass das Prinzip der Volkssouveränität in der DDR verwirklicht sei. Die eigentliche Macht aber hatte nicht die Volkskammer oder die Regierung, sondern die SED inne, die seit 1950 von Walter Ulbricht als Generalsekretär gelenkt wurde.

Ulbricht, der auf dem Wandzeitungsschema noch als Stellvertreter des Ministerrats ausgewiesen ist, hatte ein absolutes Weisungs- und Kontrollrecht gegenüber allen Organen und Institutionen und war dadurch der eigentliche Machthaber. Er prägte das politische und kulturelle Leben der DDR in den 1950er und 1960er Jahren. (Abb. S. 94)

**7/25 »Am 15. Oktober / Deine Stimme / Den Kandidaten des Volkes«**
Plakat zu den Volkskammerwahlen vom 15.10.1950
Mühlhausen (Thüringen), 1950
Druckerei Fortschritt
Lithografie; 55,6 × 40 cm
Berlin, Deutsches Historisches Museum:
P 90/1945

Unter dem massiven Druck der von der Sowjetunion unterstützten SED, die überdies die faktisch bestehende Zwangslage nach der Weststaatsgründung ausnutzte, wurden CDU und LDPD Anfang Oktober 1949 auf die Staats- und Regierungsbildung eingeschworen und zur Verschiebung des Termins der Volkskammerwahlen auf den 15. Oktober 1950 gezwungen. Die SED hatte intern zu diesem Zeitpunkt bereits beschlossen, die Volkskammerwahlen 1950 nur nach Einheitslisten abzuhalten. Auf den Wahlplakaten fanden sich daher keine Parteien mehr, sondern vielmehr »Die Kandidaten des Volkes«. (Abb. S. 95)

7/26

Art. 6
(2) Boykotthetze gegen demokratische Einrichtungen und Organisationen, Mordhetze gegen demokratische Politiker, Bekundung von Glaubens-, Rassen-, Völkerhaß, militaristische Propaganda sowie Kriegshetze und alle sonstigen Handlungen, die sich gegen die Gleichberechtigung richten, sind Verbrechen im Sinne des Strafgesetzbuches. Ausübung demokratischer Rechte im Sinne der Verfassung ist keine Boykotthetze.

*Verfassung der Deutschen Demokratischen Republik* vom 7. Oktober 1949

**7/26 Prozess unter Vorsitz von Hilde Benjamin gegen Mitglieder der »Zeugen Jehovas«**
Im Hintergrund eine Schautafel mit den weltweiten Verbindungen der Zeugen Jehovas
Berlin, Oktober 1950
Foto-Donath; Fotografie (Neuabzug)
Berlin, Deutsches Historisches Museum:
F 60/2178

Im Prozess gegen die Zeugen Jehovas – in der DDR ab August 1950 als staatsfeindliche Untergrundorganisation gebrandmarkt –, den die spätere Justizministerin Hilde Benjamin leitete, las man aus dem Boykotthetze-Artikel 6 einen Tatbestand heraus, den er gar nicht enthielt: Die Angeklagten wurden als Spione verurteilt, weil sie für die Glaubensgemeinschaft der Zeugen Jehovas tätig waren. In der Urteilsbegründung heißt es: »Zu den Organisationen, deren sich die ausländischen Reaktionäre zum Zwecke der Spionage und Wühlarbeit gegen die Deutsche Demokratische Republik bedienen, gehört nach der Anklage die *Watch Tower and Tract Society*, auch ›Wachtturmgesellschaft‹ genannt, mit dem Sitz in Brooklyn (USA) und deutschen Zweigbüros in Wiesbaden, Westberlin und Magdeburg.«

**7/27 Prozess gegen Leonhard Moog und andere in Erfurt**
Erfurt, 4.12.1950
Fotografie (Neuabzug)
Berlin, Deutsches Historisches Museum:
F 60/1559

Am 4. Dezember 1950 begann im Kultursaal der Erfurter Maschinenfabrik »Pels« vor dem ersten Strafsenat des Obersten Gerichts der DDR der Prozess gegen den ehemaligen LDPD-Vorsitzenden und thüringischen Finanzminister Leonhard Moog und sieben weitere »Wirtschaftsverbrecher«. Über dem Saal prangte ein großes Plakat mit der Losung: »Die Urteile unserer demokratischen Justiz, sind Urteile des friedliebenden deutschen Volkes«. Moog wurde am 8. Dezember 1950 in Abwesenheit wegen Sabotage (nach SMAD-Befehl Nr. 160) in einem Schauprozess zu einer hohen Haftstrafe verurteilt.
(Abb. S. 93)

**7/28 »Strafsache gegen Burianek u. 6 Andere«**
Aktendeckel zu einem Prozess am Obersten Gericht der DDR
Berlin, 1952
Karton, gestempelt, handgeschrieben;
32,4 × 25,8 cm
Berlin, Deutsches Historisches Museum:
DG 73/385

Vom 23. bis 25. Mai 1952 führte das Oberste Gericht der DDR unter Vorsitz von Hilde Benjamin gegen sieben Angeklagte einen Schauprozess, bei dem erstmalig in der Ge-

# DIE VERFASSUNGEN DER DEUTSCHEN DEMOKRATISCHEN REPUBLIK

**7/28**

schichte der DDR-Justiz ein Todesurteil verhängt und wenig später auch vollstreckt wurde. Der Vorwurf gegen den Hauptangeklagten Johann Burianek, Mitglied der antikommunistischen »Kampfgruppe gegen Unmenschlichkeit« bestand darin, Flugblätter verteilt, Wirtschafts- und Militärspionage betrieben, Posten der Volkspolizei überfallen, Sabotageakte in Betrieben vorbereitet und anlässlich der Weltjugendfestspiele Störaktionen unternommen zu haben. Grundlage des Urteils bildete der Boykotthetze-Artikel 6 der Verfassung der DDR von 1949. Der Aktendeckel wurde im Februar 1973 dem 1952 gegründeten Museum für Deutsche Geschichte in Ost-Berlin vom Obersten Gericht für Ausstellungszwecke überlassen.

**Art. 8**
(1) Persönliche Freiheit, Unverletzlichkeit der Wohnung, Postgeheimnis und das Recht, sich an einem beliebigen Ort niederzulassen, sind gewährleistet. Die Staatsgewalt kann diese Freiheiten nur auf Grund der für alle Bürger geltenden Gesetze einschränken oder entziehen.

*Verfassung der Deutschen Demokratischen Republik* vom 7. Oktober 1949

**7/29 Tonbandgerät »Tl 612« zum Mitschneiden von Telefongesprächen**
Tschechoslowakei, um 1970/1978
Metall, Kunststoff, gegossen, genietet, montiert; 18 × 26 × 22 cm
Berlin, Deutsches Historisches Museum: SI 90/383

Die Verfassungen der DDR schützten das Post- und Fernmeldegeheimnis als »unverletzbar«. Einschränkungen sollten nur auf gesetzlicher Grundlage erfolgen, wenn es »die Sicherheit des sozialistischen Staates oder eine strafrechtliche Verfolgung erfordern« (Art. 31 der Verfassung von 1968). Tatsächlich agierte das Ministerium für Staatssicherheit bei seiner umfassenden Kontrolle des Post- und Fernmeldewesens im rechtsfreien Raum und gegen die Verfassung. Die für die Telefonüberwachung zuständige Abteilung 26 des MfS unterhielt Abhörstudios in der ganzen DDR, 25 gab es allein in Ost-Berlin. Opfer der Abhöraktionen waren vor allem vermeintliche und tatsächliche Regimegegner oder Ausreisewillige, aber auch in Hotels, Betrieben und staatlichen Einrichtungen konnte das MfS seine »operativ-technischen Mittel und Methoden« einsetzen, also mithören. CJ

**7/29**

**Art. 10**
Jeder Bürger ist berechtigt, auszuwandern. Dieses Recht kann nur durch Gesetz der Republik beschränkt werden.

*Verfassung der Deutschen Demokratischen Republik* vom 7. Oktober 1949

**7/30 Grenzsäule der DDR von der Grenze zur Bundesrepublik Deutschland**
Deutsche Demokratische Republik, 1967/90
Beton, Aluminium; H 218 × 21 × 21 cm
Berlin, Deutsches Historisches Museum: MK 86/85

Vom 1. bis zum 18. August 1967 ließ die DDR Grenzsäulen an der Grenze zur Bundesrepublik aufstellen. Insgesamt 2622 Säulen markierten bis zur Wiedervereinigung 1990 die Grenze. Die schwarz-rot-goldene Grenzsäule trägt ein großes Aluminiumschild mit dem Staatswappen der DDR sowie mit dem Schriftzug DEUTSCHE/DEMOKRATISCHE/REPUBLIK. Seit 1949 waren 2,7 Millionen Menschen aus der DDR geflohen, und Walter Ulbricht drängte die sowjetische Führung zu wirksamen Maßnahmen, um den stetig anschwellenden Flüchtlingsstrom auszutrocknen. Am 13. August 1961 begannen bewaffnete Einheiten, die Grenze des sowjetischen Sektors in Berlin mit Stacheldraht und Barrikaden abzuriegeln. Die eingesetzten Grenztruppen hatten mit Waffengewalt jeden Grenzübertritt zu verhindern. Allein an der Berliner Mauer starben bis 1989 bei Fluchtversuchen 254 Menschen. (o. Abb.)

## Die Verfassungen von 1968 und 1974: »Sozialistischer Staat deutscher Nation«

**7/31 »Sozialistische Verfassung der DDR – die deutsche Charta der Freiheit und der Menschlichkeit«**
Rede Walter Ulbrichts auf der 7. Tagung der Volkskammer zur neuen Verfassung der DDR
1968
Walter Ulbricht (1893 – 1973)
Druck auf Papier; 20 × 14,4 cm
Berlin, Deutsches Historisches Museum: Do2 97/1560

In seiner Rede auf der 7. Tagung der Volkskammer am 31. Januar 1968 führte der Staatsratsvorsitzende Walter Ulbricht über den vorliegenden Entwurf der neuen Verfassung der DDR unter anderem aus: »Unsere sozialistische Verfassung erklärt das gemeinsame Wirken von Gesellschaft, Staat und Bürger zum Grundgebot aller. Sie wird die Verfassung einer sozialistischen Gesellschaft sein, wie sie Marx und Engels bereits vorausgedacht haben, als sie im *Kommunistischen Manifest* von einer Assoziation sprachen, worin die freie Entwicklung eines jeden die Bedingung für die freie Entwicklung aller ist.‹ Somit ist die sozialistische Verfassung der Deutschen Demokratischen Republik die deutsche Charta der Freiheit und der Menschlichkeit.«

**7/32 Ehrengabe der Stadt Weimar anlässlich der Tagung der Vertreterkonferenz zum Entwurf der Verfassung der DDR in Weimar am 29. Februar 1968**
Berlin, 1968
Medailleur: Ernst Weiss (1898 – 1974)
Hersteller: VEB Münze Berlin
Bronze, Prägung, vergoldet; D 6,3 cm
Berlin, Deutsches Historisches Museum: N 79/288

Am 29. Februar 1968 fand in Weimar eine Vertreterkonferenz zum Entwurf der neuen Verfassung der DDR statt. Anwesend war der höchste Repräsentant von Partei (SED) und Regierung, der Staatsratsvorsitzende Walter Ulbricht. Ihm überreichten die Stadtväter als Ehrengabe die von Ernst Weiss geschaffene Medaille, auf deren Vorderseite stellvertretend für das klassische Weimar die Porträts von Goethe und Schiller abgebildet sind, während rückseitig der staatsdoktrinär genutzte Antifaschismus durch den Glockenturm des KZ Buchenwald auf dem Ettersberg bei Weimar symbolisiert wird.

**Walter Ulbricht**
(SPD, KPD, SED)
geb. 30. Juni 1893 in Leipzig
gest. 1. August 1973 in Berlin

**1907 – 1911** Tischlerlehre **1912** Eintritt in die SPD **1919** Mitbegründer der KPD in Leipzig **1926 – 1929** Mitglied des Sächsischen Landtags für die KPD **1928 – 1933** Mitglied des Deutschen Reichstags für die KPD **ab 1929** Vorstandsmitglied der KPD **1933–1945** Emigration nach Paris, Prag und Moskau; leitende Tätigkeit in den Exilorganisationen der KPD **1945** Rückkehr nach Deutschland; Leiter der »Gruppe Ulbricht«, die den Wiederaufbau der KPD im Raum Berlin organisiert **1946** Mitbegründer der SED **1949** Stellvertretender Vorsitzender des Ministerrates **1953 – 1971** Parteivorsitzender der SED **1960 – 1971** als Vorsitzender des Staatsrats Staatsoberhaupt der DDR **1967** Initiator der neuen Sozialistischen Verfassung der DDR

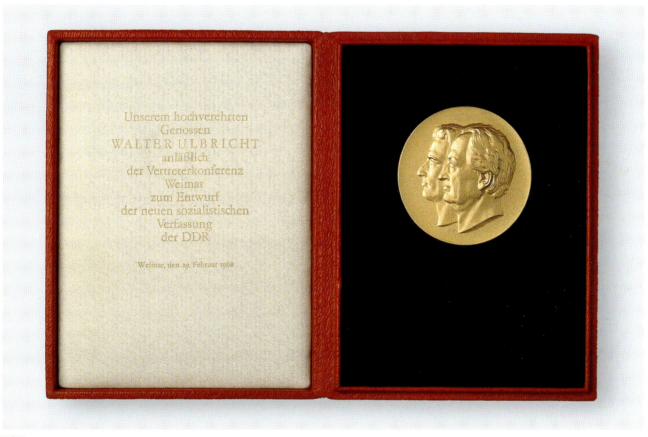

7/32

### 7/33 »Die Verfassung des Sozialistischen Staates Deutscher Nation«

Broschüre mit dem Entwurf der neuen Verfassung der DDR und dem Bericht Walter Ulbrichts vor der Volkskammer über dessen Ausarbeitung
Berlin, 1968
Herausgeber: Volkskammer der Deutschen Demokratischen Republik, Nationalrat der Nationalen Front des demokratischen Deutschlands
Druck auf Papier; 24 x 16,9 cm
Berlin, Deutsches Historisches Museum: Do2 97/321

Mitte der 1960er Jahre war die Macht des SED-Regimes so gefestigt, dass die alte Verfassung, die noch einen demokratischen, parlamentarischen und föderalen Rechtsstaat suggerierte, durch eine neue, sozialistische ersetzt werden konnte. Die von der Volkskammer eingesetzte Verfassungskommission legte bereits am 31. Januar 1968 einen Verfassungsentwurf vor. Nach einer mehrwöchigen »Volksaussprache« wurde er durch »Volksentscheid« am 6. April angenommen und trat am 9. April 1968 in Kraft. Nach Art. 1 Abs. 1 der Verfassung von 1968 war die DDR als »sozialistischer Staat deutscher Nation« die »politische Organisation der Werktätigen in Stadt und Land, die gemeinsam unter Führung der Arbeiterklasse und ihrer marxistisch-leninistischen Partei den Sozialismus verwirklichen«. Damit war innenpolitisch der Führungsanspruch der SED und in der Deutschlandpolitik – vor dem Hintergrund des 1961 erfolgten Mauerbaus – die »Zweistaatentheorie« verfassungsrechtlich verankert. Trotzdem sah die Verfassung auch die »Überwindung der vom Imperialismus der deutschen Nation aufgezwungenen Spaltung« und eine »Vereinigung auf der Grundlage der Demokratie und des Sozialismus« vor. (Abb. S. 96)

# VOLKSDEMOKRATIE IN DEUTSCHLAND?

7/34

7/34 **Schüler der 5. Oberschule in Berlin-Mitte malen Demonstrationsschilder zum Volksentscheid**
Berlin, 1968
Fotografie (Neuabzug)
Berlin, Deutsches Historisches Museum:
F 69/417

7/35 **Kundgebung auf dem August-Bebel-Platz am 5. April 1968**
Berlin, 5.4.1968
Fotografie (Neuabzug)
Berlin, Deutsches Historisches Museum:
F 70/769

Am 6. April 1968 fand über den Entwurf zur Verfassung des »Sozialistischen Staates Deutscher Nation« die erste und einzige Volksabstimmung der DDR statt. Zuvor waren die Bürger in einer mehrwöchigen »Volksaussprache« aufgefordert worden, sich zum Verfassungsentwurf zu äußern. Trotz der Teilnahme von 98,05 % der Wahlberechtigten wurden wesentlich mehr Enthaltungen und Gegenstimmen bekannt gegeben als bei den Volkskammerwahlen: Nur 94,49 % hatten mit »Ja« gestimmt. (Abb. S. 97)

7/36 **»Hinter den sieben Bergen«**
1973
Wolfgang Mattheuer (1927–2004)
Öl auf Hartfaser; 170 × 130 cm
Leipzig, Museum der bildenden
Künste Leipzig: 2305

Das ironisch-spielerisch anmutende Gemälde des Leipziger Malers Wolfgang Mattheuer wirft in kritischer Absicht die Frage auf, was in der DDR der frühen 1970er Jahre der Weg in die Freiheit, was Freiheit als Ziel bedeutete. Am Horizont schwebt eine große weibliche Gestalt, unverkennbar ein Spiel des Malers mit Delacroix' *Die Freiheit führt das Volk*. Gewehr und Trikolore hat sie gegen bunte Luftballons und einen Blumenstrauß eingetauscht. Der schöne Schein und die Vergänglichkeit dieser Dinge sowie der märchenhafte Titel lassen an der Ernsthaftigkeit oder der Realisierbarkeit ihres Freiheitsversprechens zweifeln. Sie wirkt wie eine Fata Morgana, auf ewig unerreichbar am Horizont, oder wie ein schöner Tagtraum, der an der Realität ebenso scheitert wie die bunten Luftballons platzen können.

# Die Bürgerrechtsbewegung der DDR

**7/37 »Verfassung der Deutschen Demokratischen Republik«**
Berlin, 1974
Staatsverlag der Deutschen Demokratischen Republik
Druck auf Papier; 21 × 13,8 cm
Berlin, Deutsches Historisches Museum: Do2 96/3343

Mit dem *Gesetz zur Ergänzung und Änderung der Verfassung der Deutschen Demokratischen Republik* vom 7. Oktober 1974 wurde der Text der 1968er Verfassung ohne jede öffentliche Diskussion zum Teil revidiert. Die Verfassung von 1974 erklärte die Herrschaft der SED, das sozialistische Eigentum an Produktionsmitteln sowie die Leitung und Planung der gesellschaftlichen Entwicklung zu unantastbaren Grundlagen der sozialistischen Gesellschaftsordnung, bestätigte die Gewalteneinheit und legte als Strukturprinzip des Staatsaufbaus den »demokratischen Zentralismus« fest. In der Präambel wurde der Begriff »deutsche Nation« getilgt und der Verfassungsauftrag des Art. 8 Abs. 2 gestrichen, wonach normale Beziehungen zwischen beiden deutschen Staaten bis zur Vereinigung auf der Grundlage der Demokratie und des Sozialismus herzustellen und zu pflegen waren. Im Gegenzug wurde die »Unwiderruflichkeit des Bündnisses der DDR mit der UdSSR« im Verfassungstext (Art. 6 Abs. 2) fixiert. (Abb. S. 98)

**Art. 27**
(1) Jeder Bürger der Deutschen Demokratischen Republik hat das Recht, den Grundsätzen dieser Verfassung gemäß seine Meinung frei und öffentlich zu äußern. Dieses Recht wird durch kein Dienst- oder Arbeitsverhältnis beschränkt. Niemand darf benachteiligt werden, wenn er von diesem Recht Gebrauch macht.

*Verfassung der Deutschen Demokratischen Republik* vom 6. April 1968 in der Fassung vom 7. Oktober 1974

**7/38 Satire auf Art. 27 der Verfassung der DDR**
Um 1985
Christina Kaiser
Collage; Karton, Kunstdruck, koloriert; 41,8 × 29,6 cm
Berlin, Deutsches Historisches Museum: Gr 98/15

Die Collage zeigt fünf ausgeschnittene und aufgeklebte Kunstdrucke alter Meister zu einem Kreuz zusammengesetzt. Den darauf dargestellten Personen fehlen die Münder beziehungsweise Lippen – sie sind mit einem Schnitt gewissermaßen durchgestrichen. Die Arbeit bezieht sich auf Art. 27 der Verfassung von 1974. Die darin verbriefte Meinungs- und Pressefreiheit geriet in der DDR zur Farce. Die Collage stammt aus dem Kreis um die Architektin Stephanie Lindner und den Schmuckgestalter Rolf Lindner. Das Erfurter Ehepaar war Zentrum einer bürgerlichen Alternativkultur. Die Gruppe bestand seit Mitte der 1970er Jahre und wurde von der örtlichen Stasi geheimnisvoll »Collierkreis« genannt. Seit 1978 fand im Hause Lindner jährlich ein »Fest der Collage« statt.

**7/39 »Öffentliche Erklärung«**
Erklärung verschiedener Menschenrechts- und Kirchengruppen zur Durchsuchung der Umweltbibliothek
Herausgeber: Initiative Frieden und Menschenrechte Berlin, Kirche von Unten, Frauen für den Frieden, Umweltbibliothek, Friedens- und Umweltkreis Zionskirchgemeinde
Berlin, 25.11.1987
Papier, maschinegeschrieben, hektografiert; 29,7 × 21 cm
Berlin, Deutsches Historisches Museum: Do2 2000/224

Die am 2. September 1986 im Keller des Gemeindehauses der Ost-Berliner Zionskirche eröffnete Umweltbibliothek bot Fachliteratur zu Umweltthemen an und wurde durch die bibliothekseigene unabhängige Druckerei zu einem Zentrum oppositioneller Gruppen in der DDR. Mit der Durchsuchungs- und Beschlagnahmeaktion in der Nacht vom 24. auf den 25. November 1987 wollte das Ministerium für Staatssicherheit vor allem die Herstellung oppositioneller Zeitschriften stoppen. Fünf Mitarbeiter wurden verhaftet. Mit einer landesweiten Solidaritätskampagne, begleitet von einem internationalen Medienecho, gelang deren Freilassung. (Abb. S. 304)

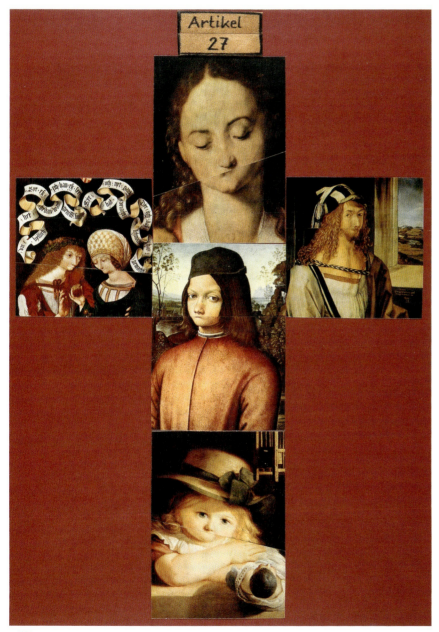

7/38

**7/40 »Gerechtigkeit erhöht ein Volk«**
Einladung zur Eröffnung einer Ausstellung des »Grün-ökologischen Netzwerks arche« in der Bekenntniskirche Berlin-Treptow
Berlin, 10.12.1988
Herausgeber: Bekenntniskirche Berlin Treptow
Papier, computergeschrieben, hektografiert; 20,8 × 14,8 cm
Berlin, Deutsches Historisches Museum: Do2 2000/191

Am 10. Januar 1988 gründeten Umweltaktivisten die »arche – grün-ökologisches Netzwerk in der Evangelischen Kirche«. Ziel war der Aufbau eines Informationsnetzwerkes, das über die DDR hinaus auch nach Osteuropa reichen sollte. Um andere Umweltgruppen für das »Grüne Netzwerk arche«, so die Kurzform, zu gewinnen, reisten dessen Mitglieder durch die gesamte DDR und machten durch Filme und Ausstellungen auf sich aufmerksam. Seit Juli 1988 wurde vom »Grünen Netzwerk arche« die Zeitschrift *Arche Nova* herausgegeben, in der auf hohem fachlichen Niveau über Umweltschäden in der DDR und über die Umweltbewegung berichtet wurde. Während der friedlichen Revolution im Herbst 1989 bildete das »Grüne Netzwerk arche« den Kern der »Grünen Partei« in der DDR.
(Abb. S. 305)

**7/41 »Wenn du den Wehrdienst verweigern willst …«**
Kirchliches Informationsblatt zur Wehrdienstverweigerung
Berlin, 1989
Papier, computergeschrieben, hektografiert; 29,7 × 21 cm
Berlin, Deutsches Historisches Museum: Do2 2000/135

Das für den »innerkirchlichen Gebrauch« erstellte Flugblatt gibt ausführliche Hinweise, wie, wo und wann eine Wehrdienstverweige-

# Öffentliche Erklärung

In der Nacht vom 24. zum 25. November wurde zwischen 0.00 und 2.30 Uhr die Umweltbibliothek des Friedens- und Umweltkreises der Zionskirch-Gemeinde von etwa 20 Mitarbeitern der Generalstaatsanwaltschaft und des Ministeriums für Staatssicherheit durchsucht. Unter Berufung auf eine anonyme Anzeige gegen die Umweltbibliothek, deren Inhalt nicht benannt wurde und unter Auslassung der konkreten Rechtsgrundlagen drangen Einsatzkräfte in die Dienstwohnung des geschäftsführenden Pfarrers Herrn Simon ein. Es wurden fünf Personen festgenommen, Vervielfältigungsgeräte, Matrizen und Schriftmaterial beschlagnahmt. Inzwischen wurde einer der Festgenommenen, der 14-jährige Tim, wieder entlassen. Die Räume der Umweltbibliothek gehören zur Dienstwohnung des geschäftsführenden Pfarrers. Das Beschlagnahmeprotokoll wurde vom beauftragten Staatsanwalt nicht unterschrieben.

Diese Vorgänge stellen einen eklatanten Rechtsbruch dar.

Wir sehen in dieser Aktion gegen die Umweltbibliothek einen Angriff auf alle Gruppen der unabhängigen Friedensbewegung, auf die Ökologie- und Menschenrechtsgruppen.

In der Zionskirche begann am 5. September diesen Jahres die erste unabhängige Demonstration von Basisgruppen, anläßlich des Olof-Palme-Friedensmarsches. Diese anscheinend hoffnungsvolle Entwicklung, die der DDR auch international gut zu Gesicht stand, wurde durch die jüngsten Vorgänge in Frage gestellt. Während sich gestern in Genf die Außenminister der UdSSR und der USA auf ein wichtiges Abrüstungsabkommen einigten, bereiteten in der DDR die Vertreter des harten Kurses nach altem Muster einen Angriff auf die Friedensbewegung vor. Dies war der vorläufige Höhepunkt eines zunehmenden Druckes auf politisch Engagierte nach dem Honeckerbesuch in der BRD.

Wir fordern:
1. die unverzügliche Freilassung der Festgenommenen;
2. die Offenlegung der Verdachtsgründe;
3. die sofortige vollständige Wiederherstellung der Arbeitsfähigkeit der Umweltbibliothek;
4. die Einstellung jeglicher Repressionen gegen politisch Engagierte.

Berlin, den 25. November 1987

Umweltbibliothek
Kirche von Unten
Initiative Frieden und Menschenrechte
Friedenskreis Friedrichsfelde
Frauen für den Frieden
Gegenstimmen
Glieder der Zionsgemeinde

- - - Nur zur innerkirchlichen Information - - -

rungserklärung einzureichen ist und welche Konsequenzen drohen können. Für den Fall einer Verhaftung wird angemahnt: »Mach Dir bewusst, dass von Deinem Verhalten und Deiner Standhaftigkeit andere mitbetroffen sind. Etwaige Angebote seitens des Staates, das Land zu verlassen, solltest Du ausschlagen, auch wenn Du Antragsteller bist. Friedensgruppen werden explizit die Haftentlassung in die DDR fordern.« (o. Abb.)

**7/42** »**Zur Wahrnehmung der staatsbürgerlichen Rolle hinsichtlich der Kommunalwahl 1989**«
Informationsblatt aus dem Weißenseer Friedenskreis mit Hinweisen
zum Verhalten bei der Kommunalwahl
in der DDR 1989
Berlin-Weißensee, Mai 1989
Herausgeber: Weißenseer Friedenskreis,
Papier, maschinegeschrieben,
hektografiert; 29,6 × 20,8 cm
Berlin, Deutsches Historisches Museum:
Do2 95/1259

Für den 7. Mai 1989 waren in der DDR Kommunalwahlen angesetzt. Bei SED und Staatssicherheit liefen aus der ganzen Republik Berichte ein, dass die Bürger diesmal offenbar gewillt waren, die »Volksaussprachen« in Vorbereitung der Wahlen zu offenen Disputen umzufunktionieren und die Wahlen zu kontrollieren. Das Informationsblatt *Zur Wahrnehmung der staatsbürgerlichen Rolle hinsichtlich der Kommunalwahl 1989* enthält Hinweise, wie man den Wahlablauf und die Auszählung der Stimmen unter Einhaltung der Gesetze der DDR wirksam kontrollieren kann. Tatsächlich fanden in zahlreichen Wahllokalen solche »Bürgerkontrollen« statt. Die Ergebnisse der Überprüfung waren eindeutig. In nahezu allen Fällen konnte den Behörden Wahlfälschung nachgewiesen werden. Die Differenz zu den offiziellen Angaben betrug in einigen Orten bis zu 10 %. (o. Abb.)

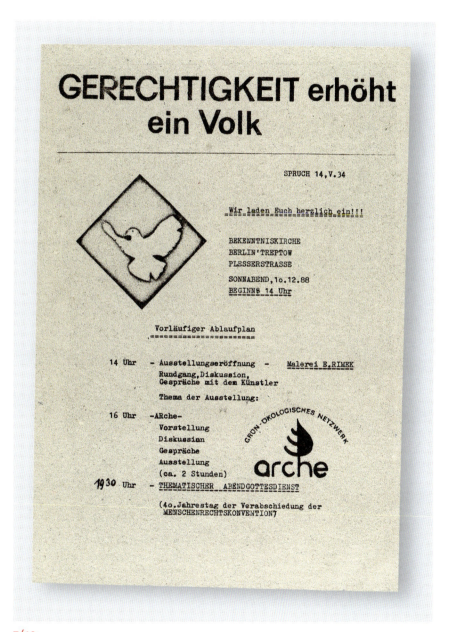

7/40

7/39

# DAS VOLK

»Wir sind das Volk« / »Wir sind ein Volk« –
Friedliche Revolution und Deutsche Einheit

8

# FRIEDLICHE REVOLUTION UND DEUTSCHE EINHEIT

Mit der Einbindung in das Vertragssystem der Vereinten Nationen im Jahr 1973 und der Unterzeichnung der KSZE-Schlussakte in Helsinki zwei Jahre später musste die DDR nun auch völkerrechtlich festgelegte Normen anerkennen. Deren Einhaltung wurde in der Folgezeit von der westlichen Welt und der Opposition im eigenen Land immer stärker angemahnt. Die sich formierenden oppositionellen Gruppen wollten eine Mitsprache bei Menschenrechts-, Friedens- und Umweltfragen erreichen. Eine Mehrheit von ihnen war eng mit der evangelischen Kirche verbunden, die Raum und Räume für gesellschaftliche Auseinandersetzungen zur Verfügung stellte. In der zweiten Hälfte der 1980er Jahre richteten zahlreiche DDR-Bürger ihren Blick erwartungsvoll auf die Reformen in der Sowjetunion. Glasnost und Perestroika, personifiziert im Staats- und Parteichef Michail Gorbatschow, wurden zu Schlagworten, mit denen sich Hoffnungen auf weitreichende Reformen des erstarrten Systems verbanden, und die zum Widerstand gegen die Politik der Partei- und Staatsführung ermutigten.

In Ungarn hatte man am 2. Mai 1989 mit dem Abbau der Grenzbefestigungen zu Österreich begonnen. Schon im darauffolgenden Sommer nutzten Zehntausende DDR-Bürger diese Fluchtmöglichkeit. Auch in der Tschechoslowakei spitzte sich die Lage zu. Es bestand die nicht unberechtigte Befürchtung, dass die DDR die Grenze zum Nachbarland – die ČSSR war zu diesem Zeitpunkt das einzige Land des Ostblocks, in das DDR-Bürger ohne Visum einreisen durften – angesichts der bevorstehenden Feiern zum 40. Jahrestag der DDR schließen würde. Ab Mitte August 1989 nahm daher die Zahl der Einreisenden stetig zu. Viele von ihnen flüchteten sich auf das Gelände der westdeutschen Botschaft, von wo aus schließlich rund 6000 Menschen in die Bundesrepublik ausreisen konnten.

Das westliche Fernsehen übertrug die euphorischen Fluchtbilder auch in ostdeutsche Wohnzimmer. Zugleich wuchs bei vielen kritischen DDR-Bürgern die Hoffnung auf Veränderungen innerhalb ihres Staates. So entschlossen sich verschiedene Oppositionsgruppen nach dem Vorbild der seit März 1986 bestehenden »Initiative Frieden und Menschenrechte« (IFM) zur Gründung von Parteien oder parteiähnlichen Zusammenschlüssen. Neues Forum (NF), Demokratie Jetzt (DJ), Demokratischer Aufbruch (DA), Sozialdemokratische Partei in der DDR (SDP), Vereinigte Linke (VL), Unabhängiger Frauenverband (UFV) und Grüne Partei (GP): All diese Gruppierungen entstanden im Herbst 1989 und waren später am »Zentralen Runden Tisch« vertreten.

Während am 7. Oktober 1989 die offizielle DDR mit einer pompösen Militärparade den 40. Jahrestag ihrer Gründung feierte, demonstrierten Tausende für mehr Demokratie. Zentrum der Demonstrationsbewegung war Leipzig. Im Anschluss an die jeweils am Montag abgehaltenen Friedensgebete, insbesondere in der Leipziger Nikolaikirche, versammelten sich am 9. Oktober etwa 70.000 Menschen zu einer friedlichen Demonstration. Erstmals ertönte hier – in Reaktion auf den von der SED-Bezirksleitung vorgebrachten Vorwurf des »Rowdytums« – die Parole »Wir sind das Volk!«, die bald, wie es der Historiker Hartmut Zwahr formulierte, »in wortwörtlicher Übereinstimmung mit 1848 zum Postulat der Volkssouveränität wurde«.

Unmittelbar darauf beantragten Künstler und Kulturschaffende unter der Organisationshoheit der »Initiativgruppe 4.11.89« bei den staatlichen Institutionen der DDR eine Demonstration, mit der die Verwirklichung der Art. 27 und 28 der DDR-Verfassung zur Meinungs-, Presse- und Versammlungsfreiheit eingefordert werden sollte. Was kurz darauf auf dem Berliner Alexanderplatz folgte, war die erste beantragte und auch genehmigte nichtstaatliche Massendemonstration in der DDR. Eine Premiere in der Geschichte der DDR erlebte überdies die Volkspolizei, die während der Demonstration zum ersten Mal die Rolle einer wahrhaften Polizei des Volkes spielte und in einer Sicherheitspartnerschaft mit den Organisatoren den friedlichen Verlauf der Demonstration gewährleistete. Der 4. November 1989 legte in seinem Verlauf von der Sehnsucht nach einer gründlichen Demokratisierung der sozialistischen Gesellschaft ebenso Zeugnis ab wie von der Vielfalt der Motive, Forderungen und Wünsche der DDR-Bürger, die sie im Hinblick auf eine freie politische Kultur und eine Erleichterung des »sozialistischen Alltags« hegten.

Dann überschlugen sich die Ereignisse: Am 9. November 1989 kündigte der Berliner SED-Bezirkschef Günter Schabowski ein neues Reisegesetz an: Allen DDR-Bürgern sollte Reisefreiheit ohne Visumzwang ermöglicht werden. Daraufhin bildeten sich vor den Grenzübergängen nach West-Berlin große Menschenmengen. Noch am selben Abend öffneten verunsicherte Grenzbeamte am Übergang Bornholmer Straße die Schlagbäume. Tausende von Ost-Berlinern strömten in den Westteil der Stadt und wurden jubelnd empfangen. Am 13. November 1989 wählte die Volkskammer Hans Modrow (SED) zum Nachfolger des zurückgetretenen Ministerpräsidenten Willi Stoph. Modrow kündigte umfassende Reformen an, die Verfassungsänderungen einschlossen. Jeweils mit Zweidrittelmehrheit der Volkskammer wurde unter anderem am 1. Dezember 1989 die Führungsrolle »der Arbeiterklasse und ihrer marxistisch-leninistischen Partei« aus der Verfassung gestrichen. Am 11. Januar 1990 folgte ein Reisegesetz, die Meinungs-, Informations- und Medienfreiheit wurde im demokratischen Sinne ab 5. Februar durchgesetzt und am 20. Februar kam es in Vorbereitung der Volkskammerwahlen zu einem neuen Wahlgesetz, mit dem die bis dahin gültige »Einheitsliste« der von der SED beherrschten Nationalen Front der Vergangenheit angehörte.

Nach dem Vorbild von Polen und Ungarn konstituierte sich der Runde Tisch als Forum der demokratischen Kräfte. Hier wurden die Durchführung freier Wahlen, die Ausarbeitung einer neuen Verfassung und die Auflösung des Staatssicherheitsdienstes vereinbart. In seiner ersten Sitzung am 7. Dezember 1989 beauftragte der »Zentrale Runde Tisch« eine paritätisch besetzte Arbeitsgruppe mit der Ausarbeitung einer neuen Verfassung. Der am 6. April 1990 veröffentlichte Entwurf lehnte sich vom Grundaufbau her an das Grundgesetz der Bundesrepublik Deutschland an. Abweichungen traten vor allem im Bereich der Menschen- und Bürgerrechte deutlich hervor; sie verdankten sich den spezifischen Erfahrungen mit den Methoden staatlicher Repressionen, denen auch die Bürgerrechtler ausgesetzt gewesen waren. In den insgesamt 40 Grundrechtsartikeln wurden – ähnlich der Weimarer und der DDR-Verfassung – soziale Rechte fest verankert. Dazu zählten etwa das Recht auf Arbeit und Arbeitsförderung sowie der Anspruch auf gleichen Lohn und gleiche Arbeit (Art. 27). Neu hinzu kamen der Schutz von nichtehelichen Lebensgemeinschaften (Art. 22), die Achtung vor dem Alter (Art. 23) sowie das Recht auf Bildung inklusive der Festschreibung einer »mindestens 10-jährigen allgemeinen Schulpflicht« (Art. 24). Auch im Hinblick auf das Abtreibungsrecht der Frauen nahm der Verfassungsentwurf eine gänzlich andere Haltung ein als das Grundgesetz und formuliert in Art. 4 Abs. 3: »Frauen haben das Recht auf selbstbestimmte Schwangerschaft. Der Staat schützt das ungeborene Leben durch das Angebot sozialer Hilfen«. Auch dies basierte auf den unterschiedlichen Erfahrungen in beiden deutschen Staaten: In der DDR lag seit 1972 während der ersten drei Schwangerschaftsmonate die Entscheidung über einen Abbruch ausschließlich bei den Frauen selbst.

Der Verfassungsentwurf, der als Nationalflagge die Farben Schwarz-Rot-Gold und als Staatswappen das bisher in der Friedensbewegung der DDR als Leitwort dienende Bibelzitat »Schwerter zu Pflugscharen« vorsah (Art. 43), betonte die pazifistische Linie auch im Verfassungstext. So enthält Art. 41 das Bekenntnis »zur Schaffung einer gesamteuropäischen Friedensordnung« und Art. 45 die Verpflichtung zum Verzicht auf Angriffskrieg und Waffenhandel. Ein wesentliches Element war auch die Möglichkeit der direkten Demokratie, die im Grundgesetz gänzlich fehlt: »Die Gesetze werden durch die Volkskammer oder durch Volksentscheid beschlossen« (Art. 89).

Während der »Zentrale Runde Tisch« noch am Verfassungsentwurf arbeitete, konzentrierten sich die öffentlichen Diskussionen im Vorfeld der ersten freien Wahlen in der Geschichte der DDR vor allem auf eine Frage: Wie kann eine rasche Wiedervereinigung verwirklicht werden? Das Grundgesetz der Bundesrepublik Deutschland hielt zwei Möglichkeiten bereit. Erstens den Beitritt der DDR zum Geltungsbereich des Grundgesetzes nach Art. 23, der zunächst die Bundesländer als Geltungsgebiete aufzählt und hinzufügt: »In anderen Teilen Deutschlands ist es nach deren Beitritt in Kraft zu setzen.« Zweitens die Schaffung einer durch Volksabstimmung legitimierten neuen, gemeinsamen Verfassung von Bundesrepublik und DDR nach Art. 146: »Dieses Grundgesetz verliert seine Gültigkeit an dem Tage, an dem eine Verfassung in Kraft tritt, die von dem deutschen Volke in freier Entscheidung beschlossen worden ist.«

Aus den am 18. März 1990 stattfindenden vorgezogenen Wahlen zur Volkskammer ging die CDU mit 40,8 % als stärkste Partei hervor. Die von Beobachtern im Vorfeld favorisierte SPD erhielt nur 21,9 %, gefolgt von der PDS mit 16,4 %. Lothar de Maizière (CDU) bildete eine Regierung der Großen Koalition, der neben der CDU die Deutsche Soziale Union (DSU) und der »Demokratische Aufbruch« (DA) wie auch Sozialdemokraten und Liberale angehörten. DSU und DA waren bereits gemeinsam mit der CDU als »Allianz für Deutschland« in den Wahlkampf gegangen und hatten für einen schnellen Anschluss – über Art. 23 des Grundgesetzes – an die Bundesrepublik geworben. Die Volkskammer behielt die reformierte und in Teilen geänderte Verfassung der DDR als Übergangslösung bei. Ihre wichtigsten Aufgaben

# FRIEDLICHE REVOLUTION UND DEUTSCHE EINHEIT

sah sie in der Aufarbeitung der DDR-Vergangenheit und den Beitrittsverhandlungen mit der Bundesrepublik beziehungsweise mit den vier Siegermächten.

Am 18. Mai 1990 unterzeichneten die Finanzminister beider deutscher Staaten den *Staatsvertrag über die Wirtschafts-, Währungs- und Sozialunion* und erklärten die Endgültigkeit der polnischen Westgrenze. Am 23. August 1990 beschloss die Volkskammer mit 294 zu 62 Stimmen und sieben Enthaltungen nach Art. 23 GG den Beitritt der DDR zur Bundesrepublik am 3. Oktober 1990. Nachdem die Außenminister der vier Siegermächte sowie Vertreter der Bundesrepublik und der DDR am 12. September 1990 den *Vertrag über die abschließende Regelung in bezug auf Deutschland*, den so genannten Zwei-Plus-Vier-Vertrag, mit dem das vereinte Deutschland 45 Jahre nach Kriegsende seine volle Souveränität zurückerhielt, unterzeichnet hatten, ratifizierte die Volkskammer am 20. September 1990 den Einigungsvertrag. Am 3. Oktober traten die DDR-Länder dem Geltungsbereich des Grundgesetzes bei, am 4. Oktober 1990 fand die konstituierende Sitzung des gesamtdeutschen Bundestages im Berliner Reichstagsgebäude statt.

Der Leitsatz der *Verfassung der Deutschen Demokratischen Republik* vom 7. Oktober 1949, »Durch das Volk / Mit dem Volk / Für das Volk« wurde mit 40-jähriger Verspätung umgesetzt – freilich nicht im Sinne der damaligen Verfassungsväter, die ein sozialistisches Konzept der Volkssouveränität im Auge hatten, und auch nicht im Sinne jener Deutschen, die 1989/90 eine eigene, neue Verfassung wollten oder doch auf eine gesamtdeutsche Neukonstituierung nach der Vereinigung gehofft hatten. Diese letztlich nicht mehrheitsfähige Hoffnung bleibt im Art. 146 des Grundgesetzes eingefroren; der per Gesetz am 31. August 1990 hinzugefügte Halbsatz »Dieses Grundgesetz, das nach Vollendung der Einheit und Freiheit Deutschlands für das gesamte deutsche Volk gilt [...]« gibt, so Dieter Grimm, noch »eine Ahnung von dem damaligen Ringen. Einerseits bringt er zum Ausdruck, dass das Grundgesetz jetzt für das gesamte deutsche Volk gilt. Andererseits hält er aber die Möglichkeit einer Neukonstituierung weiter offen. Dass es dazu noch kommt, ist freilich höchst unwahrscheinlich«.

Dennoch, es bleibt festzuhalten: Die Forderungen der Demonstranten im Herbst 1989 bewegten sich im Rahmen der Verfassung, auch der sozialistischen von 1968 und 1974. Wohl auch deshalb wurde sie die einzige erfolgreiche und die einzige friedliche Revolution der deutschen Geschichte – der SED-Staat konnte am 4. November 1989 nicht eine Demonstration verbieten, die für die von ihm selbst geschaffenen Verfassungsartikel eintrat. Die Parole »Wir sind das Volk« wurde im Herbst 1989 in die Tat umgesetzt – und zwar von Bürgern, die für ihre Freiheitsrechte auf die Straße gegangen waren.

## Opposition und Demonstrationen

### 8/1 Demo Leipzig '89
Leipzig, 1991
Gerhard Schröter (geb. 1928)
Öl auf Hartfaser; 84,6 × 112 cm
Berlin, Deutsches Historisches Museum: Gm 95/66

Am Abend des 25. September 1989 fand in Leipzig die erste »Montagsdemonstration« statt. Ausgangspunkt war die Nikolaikirche, seit langem ein Treffpunkt der oppositionell Gesinnten. An den nun wöchentlich stattfindenden Kundgebungen beteiligten sich immer mehr Menschen, am 9. Oktober 1989 erstmals unter der Parole »Wir sind das Volk«. Sie forderten Reisefreiheit, freie Wahlen, schließlich umfassende politische und persönliche Freiheitsrechte. Einen Höhepunkt der Leipziger Protestbewegung bildete die Montagsdemonstration am 6. November, an der 450.000 Menschen teilnahmen. Der sich als Freizeitmaler bezeichnende Leipziger Architekt Gerhard Schröter gestaltete das Bild ein Jahr später aus der Erinnerung. Dabei übernimmt er in seinem Bild jene Perspektive, die seinerzeit auch seinen Blick von einer Fußgängerbrücke aus auf den Demonstrationszug geprägt hatte. So kann Schröter die Größe der Demonstration verdeutlichen, die sich über die ganze Breite und Länge der Straße bis hin zum Hauptbahnhof erstreckt. Links im Bild ist die in der Nacht erleuchtete Nikolaikirche zu sehen. Das grellweiße Licht der Straßenbeleuchtung, das aus den Häusern kommende, teils etwas schrille Gelb und die blauen und schwarzen geometrischen Flächen des Nachthimmels tauchen das Bild in ein Zwielicht. Der Ausgang des Geschehens bleibt im Ungewissen. Die Mauer wurde erst drei Tage später geöffnet.
(Abb. S. 101)

# »WIR SIND DAS VOLK« / »WIR SIND EIN VOLK«

8/3

### 8/2 »DEMO/kratie«
Transparent der Demonstrationen
im Herbst 1989
Berlin, Oktober/Dezember 1989
Entwurf: W. Leo
Solidaritätsdruck Wolfgang Mau
Offsetdruck auf Hartfaserplatte; 82 × 57,5 cm
Berlin, Deutsches Historisches Museum:
Do2 94/3238.38

Das Hauptziel der Demonstrationen im Herbst 1989 bestand darin, die Deutsche Demokratische Republik in eine wirklich demokratische Republik zu verwandeln. Slogans wie »Demokratie – jetzt oder nie«, »Mehr Demokratie« oder einfach nur das grafisch gestaltete Wort »DEMOkratie« gehörten zu den häufigsten Parolen auf den Transparenten, die zahlreiche Demonstranten mit sich führten. (Abb. S. 102)

#### Art. 89
**Die Gesetze werden durch die Volkskammer oder durch Volksentscheid beschlossen.**

Verfassungsentwurf für die Deutsche Demokratische Republik der Arbeitsgruppe »Neue Verfassung der DDR« des Runden Tisches, 6. April 1990

### 8/3 »Freiheit für Meinung, Presse, Menschen!«
Transparent der Demonstrationen
im Herbst 1989
Berlin, Oktober/Dezember 1989
Hartfaserplatte, geschrieben, gemalt;
40 × 95,5 cm
Berlin, Deutsches Historisches Museum:
Do2 94/3238.327

Die zentralen Forderungen des Herbstes 1989 waren neben der Reisefreiheit die Meinungs-, Presse- und Versammlungsfreiheit. Damit kämpften die Bürgerrechtler der DDR für eben jene klassischen Freiheitsrechte, für die schon die Revolutionäre 1848 auf die Barrikaden gegangen waren. Zwar gewährte die Verfassung von 1974 die Ausübung dieser Freiheiten. Doch waren der Umsetzung dieser Freiheitsrechte in der Realität Grenzen gesetzt, da die Staats- und Parteiführung darüber befand, was mit den Grundsätzen der Verfassung übereinstimmte und wie diese auszulegen seien. So wurde auch das im September 1989 gegründete »Neue Forum« verboten, das zuvor seine Zulassung gemäß dem in Art. 29 der Verfassung formulierten »Recht auf Vereinigung« beim Innenministerium beantragt hatte.

### 8/4 »Verfassungsänderung durch Volksentscheid!«
Transparent der Leipziger Montagsdemonstrationen
Leipzig, Oktober 1989/Februar 1990
Stoff (Kunstfaser), Metall; 91 × 135 cm
Bonn, Haus der Geschichte: 1990/7/468

Die Verfassung von 1949 sah nach Art. 87 Abs. 2 die Möglichkeit von Volksentscheiden vor, »wenn ein Zehntel der Stimmberechtigten oder wenn anerkannte Parteien oder Massenorganisationen, die glaubhaft machen, daß sie ein Fünftel der Stimmberechtigten vertreten, es beantragen (Volksbegehren).« Nach der per Volksentscheid legitimierten Verfassung von 1968 konnte von Bürgerseite aus kein Volksentscheid mehr herbeigeführt werden. Art. 53 gab vor, dass nur noch »Die Volkskammer [...] die Durchführung von Volksabstimmungen beschließen« kann. Nach dem Mauerfall am 9. November 1989 wurde die Verfassung zwar nach und nach reformiert, aber nicht per Volksentscheid, sondern per Zweidrittelmehrheit der Volkskammer.

8/4

## Berlin-Alexanderplatz: 4. November 1989

**8/5 »In guter Verfassung«**
Transparent zur Demonstration auf
dem Berliner Alexanderplatz
Berlin, 4.11.1989
Papier-Collage; 57,4 × 40,7 cm
Berlin, Deutsches Historisches Museum:
Do2 94/3238.7

Die »Initiativgruppe 4.11.89«, von der die Demonstration auf dem Berliner Alexanderplatz beantragt worden war, rief zu einer friedlichen Demonstration auf, mit der die Verwirklichung der Art. 27 und 28 der *Verfassung der Deutschen Demokratischen Republik* vom 6. April 1968 in der Fassung vom 7. Oktober 1974 eingefordert werden sollte. Nach diesen Artikeln hatte »Jeder Bürger [...] das Recht, den Grundsätzen dieser Verfassung gemäß seine Meinung frei und öffentlich zu äußern« und »sich im Rahmen der Grundsätze und Ziele der Verfassung friedlich zu versammeln.« Die Demonstration auf dem Alexanderplatz war die erste genehmigte nichtstaatliche Massendemonstration in der DDR. (Abb. S. 103)

**8/6 »Meinungsfreiheit! Pressefreiheit! Nie wieder Schnitzler!«**
Transparent zur Demonstration auf
dem Berliner Alexanderplatz
Berlin, 4.11.1989
Baumwolle, handgeschrieben;
83 × 121 cm
Berlin, Deutsches Historisches Museum:
KT 94/119

Schätzungsweise eine Million Menschen nahmen auf dem Alexanderplatz an der Abschlusskundgebung teil, auf der auch die Schriftstellerin Christa Wolf, der Schriftsteller Stefan Heym, der Wissenschaftler und Bürgerrechtler Jens Reich, der Schauspieler Ulrich Mühe, der Theologe Friedrich Schorlemmer und der Rechtsanwalt Gregor Gysi

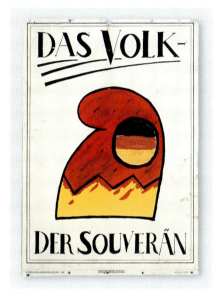

8/7

das Wort ergriffen. Das Motto des Transparents gilt der Fernsehsendung *Der Schwarze Kanal* von und mit Karl-Eduard von Schnitzler. Als überzeugter Kommunist und Chefkommentator des DDR-Fernsehens versuchte von Schnitzler anhand ausgewählter Passagen aus Berichten des Westfernsehens die Widersprüche des Kapitalismus – oder was er dafür hielt – zu verdeutlichen. Vor diesem Hintergrund sollte der vermeintlich »verwirklichte Sozialismus« in der DDR in umso hellerem Licht erstrahlen. Vom 21. März 1960 bis zum 30. Oktober 1989 brachte das DDR-Fernsehen 1519 Folgen der 20-minütigen Sendung. Zumeist stieß die politische Agitation von Schnitzlers bei den Zuschauern auf Ablehnung, doch hatte er auch echte »Fans« in der DDR und in West-Berlin, wo die Sendung empfangen werden konnte. Angesichts seiner weithin unbeliebten Rolle als Chefpropagandist eines Unrechtsstaates fehlte es nicht an Spitznamen für ihn. »Sudel-Ede« war der bekannteste, der allerdings nach von Schnitzlers eigenen Angaben vom RIAS in Umlauf gebracht worden war. Großer Beliebtheit erfreuten sich auch »Karl-Ed«, »Karl-Eduard von Schni« oder »Karl-Eduard von Schnitz«, je nachdem, so die Pointe, wie schnell es den Zuschauern gelang, bei Beginn der Sendung aus- oder umzuschalten. RF (Abb. S. 102)

**8/7 »Das Volk – Der Souverän«**
Transparent zur Demonstration auf
dem Berliner Alexanderplatz
Berlin, 4.11.1989
Papier, gemalt, ausgeschnitten,
geklebt; 81,5 × 58 cm
Berlin, Deutsches Historisches Museum:
Do2 94/3238.89

Bei diesem Transparent handelt es sich eigentlich um ein Plakat, das der Staatliche Kunsthandel der DDR zum 200. Jahrestag der Französischen Revolution herausgegeben hatte. Die phrygische Mütze – in der Antike Kopfbedeckung freigelassener phrygischer Sklaven – war das symbolische Kleidungsstück der militanten Sansculotten in der Französischen Revolution. Dieses Symbol wurde auch außerhalb Frankreichs genutzt, um Sympathie mit der Revolution zu dokumentieren oder eine republikanische Gesinnung auszudrücken. Das Feld, in dem sich normalerweise die französische Kokarde in den Farben Blau-Weiß-Rot befindet, ist hier mit den deutschen Farben Schwarz-Rot-Gold geschmückt. Mit der Symbolik der großen Französischen Revolution fordern die Demonstranten im Herbst 1989 eine wirkliche Umsetzung der Volkssouveränität.

**Art. 1**
(1) Die Würde des Menschen ist unantastbar. Sie zu achten und zu schützen ist die oberste Pflicht des Staates.
(2) Jeder schuldet jedem die Anerkennung als Gleicher. Niemand darf wegen seiner Rasse, Abstammung, Nationalität, Sprache, seines Geschlechts, seiner sexuellen Orientierung, seiner sozialen Stellung, seines Alters, seiner Behinderung, seiner religiösen, weltanschaulichen oder politischen Überzeugung benachteiligt werden.

Verfassungsentwurf für die Deutsche Demokratische Republik der Arbeitsgruppe »Neue Verfassung der DDR« des Runden Tisches, 6. April 1990

8/8

**8/8 »Bürgerrechte-Verfassung – Artikel 19+54/ nicht nur auf dem Papier!«**
Transparent zur Demonstration auf dem Berliner Alexanderplatz
Berlin, 4.11.1989
Papier, Wellpappe, geschrieben, gemalt; 60 × 42 cm
Berlin, Deutsches Historisches Museum: Do2 94/3238.63

Immer wieder forderten die Demonstranten im Herbst 1989 ausdrücklich Freiheitsrechte ein, die in der Verfassung festgeschrieben waren. So gewährte Art. 19 der Verfassung von 1974 Rechtsgleichheit sowie »Schutz der Würde und Freiheit der Persönlichkeit«, Art. 54 legte freie, allgemeine, gleiche und geheime Volkskammerwahlen fest. Mit der Forderung nach freien Wahlen reagierten die Demonstranten auf die von Bürgerrechtsgruppen aufgedeckten Wahlfälschungen bei den Kommunalwahlen am 7. Mai 1989.

**Art. 15**
(1) Jeder hat das Recht, Informationen und Meinungen in jeder Form frei zu bekunden und zu verbreiten und sich aus allgemein zugänglichen und anderen, rechtmäßig erschließbaren Quellen zu unterrichten. Die Geltung dieser Rechte in Dienst- und Arbeitsverhältnissen darf nur durch Gesetz oder aufgrund eines Gesetzes eingeschränkt werden.

Verfassungsentwurf für die Deutsche Demokratische Republik der Arbeitsgruppe »Neue Verfassung der DDR« des Runden Tisches, 6. April 1990

**8/9 »Meinungsfreiheit für alle Lehrer + Schüler«**
Transparent zur Demonstration auf dem Berliner Alexanderplatz
Berlin, 4.11.1989
Papier, Karton, geschrieben, gemalt, ausgeschnitten, geklebt; 42 × 70,5 cm
Berlin, Deutsches Historisches Museum: Do2 94/3238.34

Auch Jugendliche und Schüler beteiligten sich an den Demonstrationen, meist in Begleitung ihrer Eltern. Anders als zuvor bei offiziellen Feiern der DDR, durften sie am 4. November 1989 ihrer Fantasie freien Lauf lassen und forderten wie hier auf einem mit einem bunten Schmetterling als Symbol der Freiheit versehenen Transparent, die »Meinungsfreiheit für alle – Lehrer + Schüler«.

**8/10 »Ich möchte meinen Freund in West-Berlin besuchen!«**
Transparent zur Demonstration auf dem Berliner Alexanderplatz
Berlin, 4.11.1989
Karton, bemalt; 26,4 × 45 cm
Berlin, Deutsches Historisches Museum: Do2 94/3238.28

Bis zum Mauerbau 1961 bestand in der DDR eine strikt eingeschränkte Reisefreiheit, obgleich im Verfassungstext von 1949 sogar das »Recht auszuwandern« verbürgt war. Nach dem Mauerbau bestand nur noch die Möglichkeit, einen Antrag auf »Entlassung aus der Staatsbürgerschaft« zu stellen. Die Bearbeitung eines solchen Antrags zog sich bis zur eventuellen Bewilligung über Jahre hin, während sich der Antragsteller schon unmittelbar nach Abgabe des Antrags der verschärften Überwachung und diverser Repressionen durch die Polizei und das Ministerium für Staatssicherheit ausgesetzt sah. Rund 550.000 DDR-Bürgern wurde im Zeitraum von

FRIEDLICHE REVOLUTION UND DEUTSCHE EINHEIT

8/9

8/10

8/11 »Gegen Zensur«
Transparent zur Demonstration
auf dem Berliner Alexanderplatz
Berlin, 4.11.1989
Tapete, geschrieben, gemalt;
54 × 135 cm
Berlin, Deutsches Historisches
Museum: D02 94/3238.122

In der Verfassung von 1949 fand sich in Art. 9 Abs. 2 noch die ausdrückliche Bestimmung: »Eine Pressezensur findet nicht statt«. In den Verfassungen von 1968 und 1974 kam nicht einmal mehr der Begriff »Pressezensur« vor. Offiziell gab es keine einheitliche und klar definierte Zensurpolitik – ein Umstand, der es den Betroffenen enorm erschwerte, sich auf die Willkür staatlicher Organe und der Parteiführung einzustellen und mit ihr umzugehen. (o. Abb.)

8/12 »NEU«
Transparent zur Demonstration
auf dem Berliner Alexanderplatz
Berlin, 4.11.1989
Hartmut Henning (geb. 1940)
Karton, gezeichnet, schabloniert;
59,2 × 101 cm
Berlin, Deutsches Historisches
Museum: D02 94/3238.94

Das in der Art der »Konkreten Poesie« gestaltete Transparent setzt die Devise »Aus alt mach neu« visuell um. So wird mit einfachen Mitteln und Begriffen verdeutlicht, worum es den Demonstranten ging.
(Abb. S. 105)

1961 bis 1989 ein solcher Ausreiseantrag genehmigt. Mit dem am 20. Dezember 1971 unterzeichneten Abkommen zwischen dem Senat von West-Berlin und der DDR verbesserten sich die Reise- und Besuchsmöglichkeiten für West-Berliner. Sie durften sich nun pro Jahr insgesamt 30 Tage im Ostteil der Stadt oder in der DDR aufhalten, ohne dies zu begründen. Ein Gegenbesuch, wie von diesem Kind gewünscht, war nicht möglich. Lediglich Rentner und privilegierte Personen durften zu Besuchszwecken aus- und wieder einreisen.

## Erneute Verfassungsdiskussionen

**8/14 Einer der Sitzungstische des »Zentralen Runden Tisches«**
1989
Holz; 73,2 × 100,2 × 60,5 cm
Bonn, Haus der Geschichte:
1996/02/0302

Die Modrow-Regierung versuchte, mit den bis dahin kriminalisierten Oppositionsgruppen ins Gespräch zu kommen und richtete am 7. Dezember 1989 nach dem Vorbild Polens und Ungarns in Ost-Berlin den »Zentralen Runden Tisch« ein. Der Runde Tisch hatte zunächst 30 Teilnehmer und war paritätisch besetzt mit den »Neuen Kräften aus dem Widerstand«, namentlich mit Vertretern des Demokratischen Aufbruchs (DA), der Demokratie Jetzt (DJ), der Grünen Partei (GP), der Initiative Frieden und Menschenrechte (IFM), des Neuen Forums (NF), der Sozialdemokratischen Partei (SDP) und der Vereinigten Linken (VL). Hinzu kamen Teilnehmer aus den Reihen der »Alten Kräfte der Nationalen Front«: Christlich-Demokratische Union Deutschlands (CDU), Demokratische Bauernpartei Deutschlands (DBD), Liberal-Demokratische Partei Deutschlands (LDPD), National-Demokratische Partei Deutschlands (NDPD) und Sozialistische Einheitspartei Deutschlands (SED). Ab dem 18. Dezember 1989 wurden die »Neuen Kräfte« noch durch Vertreter der Grünen Liga (GL) und des Unabhängigen Frauenverbands (UFV), die »Alten Kräfte« durch solche des Freien Deutschen Gewerkschaftsbundes (FDGB) und der Vereinigung der gegenseitigen Bauernhilfe (VdgB) ergänzt. »Dieser Runde Tisch«, so erklärte der Bürgerrechtler Wolfgang Ullmann die fehlende demokratische Legitimation, »ist kein Repräsentativgremium und er besitzt keine andere Legitimität als die, dass er etwas zustande bringt für unser Land«. Versammlungsort war zunächst das Dietrich-Bonhoeffer-Haus der evangelischen Kirche in Berlin. Wegen des Medienechos wurde als Versammlungsort dann das Schloss Niederschönhausen gewählt. Der Runde Tisch war allerdings nicht im wörtlichen Sinne rund: Er bildete ein aus einfachen Tischen zusammengeschobenes Rechteck.

8/13

**8/13 »Es heißt eben nicht Deinung/Seinung/Ihrung/Unserung oder Euerung sondern Meinung«**
Transparent zur Demonstration auf dem Berliner Alexanderplatz
Berlin, 4.11.1989
Karton, schabloniert, fotokopiert;
70 × 35 cm
Berlin, Deutsches Historisches Museum:
Do2 94/3238.158

Mit einfachen sprachlichen Mitteln wird hier das Recht auf freie Meinungsäußerung begründet. Meinungs-, Presse- und Versammlungsfreiheit gehörten zu den Hauptforderungen der Demonstration des Herbstes 1989.

8/14

# FRIEDLICHE REVOLUTION UND DEUTSCHE EINHEIT

**8/15 »Verfassungsentwurf für die DDR«**
Berlin, 6.4.1990
Herausgeber: Arbeitsgruppe »Neue Verfassung der DDR« des Runden Tisches
Druck auf Papier; 17,7 × 11,9 cm
Berlin, Deutsches Historisches Museum:
ZD005828

Schon während der konstituierenden Sitzung des Zentralen Runden Tisches am 7. Dezember 1989 stimmten die Anwesenden überein, »sofort mit der Erarbeitung des Entwurfs einer neuen Verfassung zu beginnen«, und beriefen dazu eine paritätisch besetzte Arbeitsgruppe ein. Das ursprüngliche Ziel, den kompletten Entwurf noch vor den Volkskammerwahlen fertigzustellen und zu beraten, konnte durch die Vorverlegung des Wahltermins vom 6. Mai 1990 auf den 18. März 1990 nicht mehr realisiert werden. Überdies konnte das eigentliche Ziel, den Entwurf in der neugewählten Volkskammer zu diskutieren und in die Debatte »um eine neue deutsche Verfassung, gemäß Präambel und Artikel 146 des Grundgesetzes der BRD« einzubeziehen, nicht umgesetzt werden. Die Schriftstellerin Christa Wolf schrieb die Präambel, in der die politische Richtung des Verfassungsentwurfs zusammengefasst wurde. Das Deckblatt des Verfassungsentwurfs zieren die nach Art. 43 vorgesehenen Nationalfarben Schwarz-Rot-Gold und das Staatswappen mit dem Motto »Schwerter zu Pflugscharen«. (Abb. S. 106)

**8/16 »Grundrechte des Deutschen Volkes / Entwurf zur Diskussion«**
Berlin, 1990
Entwurf: Manfred Butzmann (geb. 1942)
Papier, Druckgrafik; 61,2 × 50,5 cm
Berlin, Deutsches Historisches Museum:
P 94/3088

Der Berliner Grafiker Manfred Butzmann, der seit 1970 in der DDR als freischaffender Grafiker arbeitete und »Plakate zu gesellschaftlichen Themen im eigenen Auftrag« gestaltete, versteht sein Plakat als Kommentar zur Debatte um eine neue Verfassung für die DDR. Butzmann griff auf die Grundrechtserklärung von 1848 zurück (Vgl. Abb. S. 41), die ihm als Grundlage für die Neugestaltung der Verfassung beachtenswert erschien. Die Kinderzeichnungen aus Bilderbüchern des 19. und 20. Jahrhunderts am Rande des Blattes will der Grafiker als ironischen Kommentar zur schnell zerstörten Hoffnung auf eine neue Verfassung gedeutet wissen.
(Abb. S. 31)

**8/17 »18. März: Allianz für Deutschland«**
Sonderdruck der »Allianz für Deutschland« zur Volkskammerwahl in der DDR
am 18. März 1990
Herausgeber: Allianz für Deutschland
Druck auf Papier; 41,8 × 29,6 cm
Berlin, Deutsches Historisches Museum:
1990/822

Die aus der Bürgerrechtsbewegung entstandenen Parteien Deutsche Soziale Union (DSU) und Demokratischer Aufbruch (DA) waren gemeinsam mit der CDU als »Allianz für Deutschland« in den Wahlkampf gegangen. Sie warben für einen schnellen Anschluss an die Bundesrepublik über Art. 23 des Grundgesetzes. Das in der rechten Mitte des Parteienspektrums angesiedelte Wahlbündnis gewann überraschend die Wahlen. Die CDU mit 40,9 % der abgegebenen Stimmen stellte mit Lothar de Maizière den Ministerpräsidenten der letzten DDR-Regierung, die am 12. April 1990 ihre Arbeit begann. Aus der DSU, die 6,3 % Stimmenanteil erzielte, kam mit Peter-Michael Diestel der stellvertretende Ministerpräsidenten und Innenminister. Der Demokratische Aufbruch besetzte mit 0,9 % der Stimmen das Ministerium für Abrüstung

### Wolfgang Ullmann

(Demokratie Jetzt, Bündnis 90/Die Grünen)
geb. 18. August 1929 in Bad Gottleuba
gest. 30. Juli 2004 in Adorf/Vogtland

**1948–1954** Studium der evangelischen Theologie und Philosophie **1954** Pfarrer in Colmnitz bei Freiberg (Sachsen) **ab 1963** Dozent für Kirchengeschichte am Katechetischen Oberseminar in Naumburg **ab 1978** Dozent für Kirchengeschichte, Welt- und Rechtsgeschichte am Sprachenkonvikt in Ost-Berlin; Engagement in verschiedenen Oppositionsbewegungen **1989** Mitbegründer der Bürgerbewegung »Demokratie Jetzt« **1989–1990** als Vertreter von »Demokratie Jetzt« am »Zentralen Runden Tisch«, Mitglied der Arbeitsgruppe »Neue Verfassung der DDR« **1990** Minister ohne Geschäftsbereich in der DDR-Übergangsregierung Modrow; Abgeordneter und Vertreter der Fraktion Bündnis 90/Die Grünen; Vizepräsident der Volkskammer der DDR **1990–1994** Mitglied des Deutschen Bundestags für Bündnis 90/Die Grünen **1991–1993** Mitglied der Gemeinsamen Verfassungskommission des Bundes und der Länder **1994–1998** Abgeordneter des Europaparlaments für die Fraktion der Grünen

### Richard Schröder

(SPD)
geb. 26. Dezember 1943 in Frohburg (Sachsen)

**1962–1968** Studium der Theologie und Philosophie **1973–1977** Pfarrer in Wiederstedt bei Hettstedt (Harz) **1977** Promotion **1977–1990** Dozent für Philosophie an den Kirchlichen Hochschulen in Naumburg und Berlin **1989** Eintritt in die Sozialdemokratische Partei der DDR; beim Zentralen Runden Tisch in Berlin Mitglied der Arbeitsgruppe »Neue Verfassung der DDR« **1990** Mitglied der Volkskammer der DDR; Fraktionsvorsitzender der SPD; Mitglied des Deutschen Bundestags **1991** Habilitation an der Kirchlichen Hochschule Leipzig **1993** Übernahme des Lehrstuhls für Philosophie an der Theologischen Fakultät der Humboldt-Universität zu Berlin; Verfassungsrichter im Land Brandenburg **1998–2000** Erster Vizepräsident der Humboldt-Universität zu Berlin **seit 2001** Mitglied des Nationalen Ethikrats

und Verteidigung, das der Parteivorsitzende Rainer Eppelmann übernahm. Angela Merkel wurde stellvertretende Regierungssprecherin. Da im neu geschaffenen Wahlgesetz keine Sperrklausel vorgesehen war, reichten die erzielten 48,15 % der Stimmen nicht für eine absolute Mehrheit aus. So bildete die »Allianz für Deutschland« eine Große Koalition mit dem liberalen Wahlbündnis »Bund Freier Demokraten« und mit der SPD. Doch bereits am 24. Juli 1990 trat das liberale Wahlbündnis aufgrund von Meinungsunterschieden über die am 2. Dezember 1990 anstehende erste gesamtdeutsche Wahl aus der Koalition aus. Bald darauf – am 15. August – kam es zu ersten Kabinettsumbildungen. Als Ministerpräsident Lothar de Maizière auch den SPD-Finanzminister Romberg entließ, den er für die wirtschaftlich schlechte Lage der DDR mitverantwortlich machte, beendete am 20. August die SPD durch den Abzug ihrer Minister und Parlamentarischen Staatssekretäre die Koalition. Die Regierung de Maizière blieb kommissarisch im Amt; mit dem Beitritt der Gebiete der ehemaligen DDR (und Ost-Berlins) zur Bundesrepublik Deutschland am 3. Oktober 1990 endete ihre Regierungszeit. (Abb. S. 104)

**8/18 »Art. 23 ist Verrat«**
Demonstration vor der Volkskammer gegen den Anschluss an die Bundesrepublik
Berlin, 16.5.1990
Rolf Zöllner (geb. 1953)
Fotopapier, S/W Print; 23,8 × 29,8 cm
Berlin, Deutsches Historisches Museum: BA 94/89

Die neugewählte Volkskammer und die letzte Regierung der DDR sahen ihre vorrangige Aufgabe in den Beitrittsverhandlungen mit der Bundesrepublik und den vier Siegermächten. Alles lief auf den Beitritt der DDR zum Geltungsbereich des Grundgesetzes nach Art. 23 hinaus. Zahlreiche Bürger sahen dies als »Verrat« an dem im Grundgesetz eigentlich für eine Wiedervereinigung der beiden deutschen Staaten vorgesehenen Art. 146 an, der in seiner Fassung von 1949 besagte: »Dieses Grundgesetz verliert seine Gültigkeit an dem Tage, an dem eine Verfassung in Kraft tritt, die von dem deutschen Volke in freier Entscheidung beschlossen worden ist.«

**Präambel**
**Ausgehend von den humanistischen Traditionen, zu welchen die besten Frauen und Männer aller Schichten unseres Volkes beigetragen haben, eingedenk der Verantwortung aller Deutschen für ihre Geschichte und deren Folgen, gewillt, als friedliche, gleichberechtigte Partner in der Gemeinschaft der Völker zu leben, am Einigungsprozess Europas beteiligt, in dessen Verlauf auch das deutsche Volk seine staatliche Einheit schaffen wird, überzeugt, dass die Möglichkeit zu selbstbestimmtem verantwortlichem Handeln höchste Freiheit ist, gründend auf der revolutionären Erneuerung, entschlossen, ein demokratisches und solidarisches Gemeinwesen zu entwickeln, das Würde und Freiheit des einzelnen sichert, gleiches Recht für alle gewährleistet, die Gleichstellung der Geschlechter verbürgt und unsere natürliche Umwelt schützt, geben sich die Bürgerinnen und Bürger der Deutschen Demokratischen Republik diese Verfassung.**

Verfassungsentwurf für die Deutsche Demokratische Republik der Arbeitsgruppe »Neue Verfassung der DDR« des Runden Tisches, 6. April 1990

# FRIEDLICHE REVOLUTION UND DEUTSCHE EINHEIT

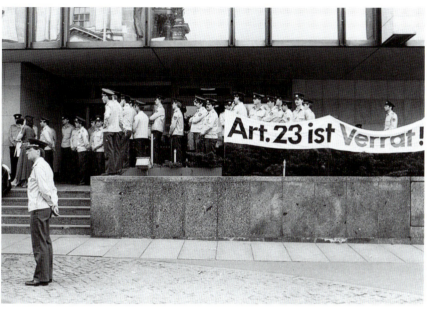

8/18

**Gerd Poppe**

(IFM, Bündnis 90/Die Grünen)
geb. 25. März 1941 in Rostock

**1959–1964** Studium der Physik
**1965–1976** Physiker im Halbleiterwerk Stahnsdorf **seit 1968** Engagement in oppositionellen Kreisen, Protest gegen die gewaltsame Niederschlagung des Prager Frühlings **1980–1989** Reiseverbot aufgrund von Kontakten zu den Unterzeichnern der »Charta 77« in der Tschechoslowakei, kurzzeitige Haft **1985** Gründer der Oppositionsgruppe »Initiative Frieden und Menschenrechte« (IFM) **1989/90** Sprecher der IFM am »Zentralen Runden Tisch«, Mitglied der Arbeitsgruppe »Neue Verfassung der DDR« **1990** Minister ohne Geschäftsbereich; Abgeordneter für Bündnis 90/Die Grünen in der frei gewählten Volkskammer; Mitbegründer des »Kuratoriums für einen demokratisch verfassten Bund deutscher Länder« **1990–1998** Bundestagsabgeordneter für Bündnis 90/Die Grünen **1998–2003** Beauftragter der Bundesregierung für Menschenrechtspolitik und Humanitäre Hilfe im Auswärtigen Amt **2003–2005** Berater der Heinrich-Böll-Stiftung für Demokratieprojekte in Russland und im südlichen Kaukasus

9/15

**8/19 »Verfassung mit Volksentscheid«**
Flugblatt mit Vordruck einer Einzeichnungsliste für einen Volksentscheid über eine neue gesamtdeutsche Verfassung gemäß Art. 146 GG
Berlin, 1990
Herausgeber: Kuratorium für einen demokratisch verfassten Bund deutscher Länder
Druck auf Papier; 29,8 × 21 cm
Berlin, Deutsches Historisches Museum: 1990/5156

Nach dem Scheitern des vom Runden Tisch initiierten Verfassungsentwurfs der Arbeitsgruppe »Neue Verfassung der DDR« schlossen sich am Vorabend des 17. Juni 1990 Mitautoren des Verfassungsentwurfs mit anderen prominenten Juristen, Wissenschaftlern, Regisseuren, Schriftstellern und Politikern zu einem »Kuratorium für einen demokratisch verfassten Bund deutscher Länder« zusammen. Ziel der Vereinigung war es, »auf der Basis des Grundgesetzes für die Bundesrepublik Deutschland, unter Wahrung der in ihm enthaltenen Grundrechte und unter Berücksichtigung des Verfassungsentwurfs des Runden Tisches für die DDR« eine neue gesamtdeutsche Verfassung auszuarbeiten und somit die Wiedervereinigung nach Art. 146 GG per Volksentscheid über eine neue gemeinsame Verfassung zu vollziehen. »Um diesen Forderungen Nachdruck zu verleihen«, riefen sie zu einer Unterschriftensammlung auf. Die auf dem Flugblatt namentlich genannten Kuratoriumsmitglieder stammten aus Ost und West. (Abb. S. 318)

# »WIR SIND DAS VOLK« / »WIR SIND EIN VOLK«

Art. 146 GG. „Dieses Grundgesetz verliert seine Gültigkeit an dem Tage, an dem eine Verfassung in Kraft tritt, die vom deutschen Volke in freier Entscheidung beschlossen worden ist."

**Liebe Bürgerin, lieber Bürger,**

Am Vorabend des 17. Juni 1990 hat sich im Berliner Reichstag unter Beteiligung vieler Persönlichkeiten aus Politik, Kultur und Wissenschaft beider deutscher Staaten ein **KURATORIUM FÜR EINEN DEMOKRATISCH VERFASSTEN BUND DEUTSCHER LÄNDER** konstituiert und folgenden Gründungsaufruf verabschiedet:

„Das KURATORIUM FÜR EINEN DEMOKRATISCH VERFASSTEN BUND DEUTSCHER LÄNDER hat sich gebildet, um eine breite öffentliche Verfassungsdiskussion zu fördern, deren Ergebnisse in eine Verfassunggebende Versammlung einmünden sollen. Auf der Basis des Grundgesetzes für die Bundesrepublik Deutschland, unter Wahrung der in ihm enthaltenen Grundrechte und unter Berücksichtigung des Verfassungsentwurfes des Runden Tisches für die DDR, soll eine neue gesamtdeutsche Verfassung ausgearbeitet werden. Wir setzen uns dafür ein, daß die Einberufung einer Verfassunggebenden Versammlung zwischen der Bundesrepublik und der Deutschen Demokratischen Republik verbindlich festgeschrieben und die neue gesamtdeutsche Verfassung von den Bürgerinnen und Bürgern durch Volksentscheid angenommen wird."

Um diesen Forderungen Nachdruck zu verleihen, führen wir eine Unterschriftensammlung durch und rufen auf, sich daran aktiv zu beteiligen.
Bitte unterstützen Sie unsere Forderungen durch Ihre Unterschrift auf der umseitigen Liste und sammeln Sie weitere Unterschriften. Für diesen Zweck können Sie diese Liste kopieren oder weitere Listen mit Hilfe des Coupons bei uns bestellen.

Mit freundlichen Grüßen,

Tatjana Böhm, Lea Rosh, Dr. Wolfgang Ullmann, Ulrich Vultejus
(SprecherInnen des Kuratoriums)

Mitglieder des Kuratoriums sind u.a.: Inge Aicher-Scholl, Heinrich Albertz, Franz Alt, Angelika Barbe, Lukas Beckmann, Wolf Biermann, Marianne Birthler, Tatjana Böhm, Victor Böll, Martin Böttger, Bärbel Bohley, Karl Bonhoeffer, Hilde v. Braunmühl, Herta Däubler-Gmelin, Marianne v. Dolgow, Karl-Heinz Ducke, Feimut Duve, Erich Fischer, Günter Grass, Jürgen Habermas, Gerald Häfner, Detlef Hensche, Heide Hering, Stephan Hermlin, Peter Härtling, Walter Jens, Ingrid und Yaak Karsunke, Petra K. Kelly, Freya Klier, Ernst Käsemann, Erich Küchenhoff, Ludwig Mehlhorn, Dietrich Meltzer, Margarete Mitscherlich-Nielsen, Heiner Müller, Till Müller-Heidelberg, Leonie Ossowski, Claus Offe, Gerd und Ulrike Poppe, Ulrich K. Preuß, Lutz Rathenow, Jens Reich, Horst-Eberhard Richter, Romani Rose, Lea Rosh, Otto Schily, Hans-Peter Schneider, Friedrich Schorlemmer, Werner Schulz, Jürgen Seifert, Helmut Simon, Klaus Staeck, Michael Succow, Dorothee Sölle, Wolfgang Templin, Wolfgang Ullmann, Klaus Vack, Antje Vollmer, Ulrich Vultejus, Manfred Weckwerth, Christine Weiske, Gert Weisskirchen, Christine v. Weizsäcker, Konrad Weiß, Rosemarie Will, Christa Wolf

Johanna, 8 Jahre, Ost-Berlin, November 1989

8/19

**8/20 Musterkoffer mit Dienststempeln des neugeschaffenen Ministeriums für Abrüstung und Verteidigung der DDR**
1990
Kunstleder, Holz, Stahl;
40,5 × 82 × 43,5 cm
Dresden, Militärhistorisches Museum der Bundeswehr: BAAK9710

**8/21 Krawatte Rainer Eppelmanns, Minister für Abrüstung und Verteidigung der DDR**
Um 1989
Polyester; B 7,5 × L 139,50 cm
Dresden, Militärhistorisches Museum der Bundeswehr: BAAT8099

Der Theologe und Politiker des Demokratischen Aufbruchs Rainer Eppelmann übernahm vom 12. April bis zum 3. Oktober 1990 in der letzten Regierung der DDR das Verteidigungsministerium. Auf seinen Wunsch hin erhielt das Ministerium die programmverheißende Bezeichnung »Ministerium für Abrüstung und Verteidigung« (MfAV). Eppelmann hatte bereits in seiner Jugend den Dienst an der Waffe abgelehnt und diente in der Nationalen Volksarmee der DDR daher als Bausoldat. Die Möglichkeit der Kriegsdienstverweigerung war in der DDR-Verfassung nicht vorgesehen. In seine Amtszeit fiel die Unterzeichnung des Protokolls über das Ausscheiden der Nationalen Volksarmee (NVA) aus dem Warschauer Pakt im September 1990. Auf fast allen Fotografien aus seiner Amtszeit ist der überzeugte Pazifist mit einer dunkelblauen Krawatte mit eingewebten Schrägstreifen in den Nationalfarben Schwarz-Rot-Gold zu sehen, zwischen denen zu Pflugscharen umgeschmiedete Schwerter eingewebt sind. »Schwerter zu Pflugscharen« war das Motto der DDR-Friedensbewegung, der Eppelmann angehörte.

# FRIEDLICHE REVOLUTION UND DEUTSCHE EINHEIT

## Der Einigungsvertrag: Einheit in Freiheit?

8/20

8/21

8/22

**8/22 Stauffenberg-Orden, Muster**
Das Revers trägt die erhabene Aufschrift
»FÜR/MILITÄRISCHE/VERDIENSTE«
und darunter von zwei Lorbeerzweigen
eingefasst die Bezeichnung »NVA«
1990
Buntmetall; 4,8 × 4,2 cm
Dresden, Militärhistorisches Museum
der Bundeswehr: BAAI1594

Auf einer Kommandeurstagung im Mai 1990 ging der Minister für Abrüstung und Verteidigung Rainer Eppelmann noch davon aus, dass es »auch nach der Vereinigung auf DDR-Territorium eine zweite deutsche Armee geben [wird], die in kein Militärbündnis integriert, hier eigene territoriale Sicherungsfunktionen ausüben wird und dementsprechend strukturiert, ausgerüstet und ausgebildet werden muss.« So war es nicht abwegig, dass Eppelmann den Entwurf eines neuen militärischen Verdienstordens in Auftrag gab, den sogenannten Stauffenberg-Orden. Den »Für Militärische Verdienste« vorgesehenen Orden zierte das Portrait Claus Schenk Graf von Stauffenbergs, der nach seinem gescheiterten Attentat auf Adolf Hitler am 20. Juli 1944 hingerichtet worden war. Da im August 1990 entschieden wurde, nach der Wiedervereinigung Deutschlands die NVA aufzulösen und ihre Soldaten vorläufig der Bundeswehr zu unterstellen, fand der Orden keine Verwendung mehr.

**8/23 »...und alles wird wieder gut. Der 3. Oktober '90 vor der Neuen Wache«**
1991
Matthias Koeppel (geb. 1937)
Öl auf Leinwand; 120 × 160 cm
Berlin, Deutsches Historisches Museum:
1991/2637

Am 31. August unterschrieben der Innenminister der Bundesrepublik Deutschland, Wolfgang Schäuble, und der Parlamentarische Staatssekretär beim Ministerpräsidenten der DDR, Günther Krause, den Einigungsvertrag zum Beitritt der DDR nach Art. 23 des Grundgesetzes. Am 20. September wurde der Vertrag mit der erforderlichen Zweidrittelmehrheit von der Volkskammer und vom Bundestag verabschiedet. Tags darauf stimmte auch der Bundesrat zu. Am 3. Oktober 1990 wurde schließlich 45 Jahre nach Kriegsende und 41 Jahre nach der staatlichen Teilung die Vereinigung der beiden deutschen Staaten vollzogen und in ganz Deutschland gefeiert. Mit ironischer Distanz gibt der Maler Matthias Koeppel, Mitbegründer der »Schule der neuen Prächtigkeit«, die Menschenmenge auf der Berliner Straße »Unter den Linden« am Tag der Deutschen Einheit wieder. Die noble klassizistische Fassade von Schinkels Neuer Wache erweckt Assoziationen an das alte Preußen, aber auch an die Nationale Volksarmee der DDR, die hier bis zum Vorjahr im Stechschritt zur Wachparade anrückte. Jetzt ist das Gebäude durch eine gigantische Pepsi-Flasche halb verdeckt, eine Pop-Art-Ikone, die für Amerikanisierung, Freizeit und Massenkonsum steht. Die Szene mit Punks, Bratwurstessern, Bierständen und kitschig gewandetem Männergesangsverein spiegelt die Volksfestatmosphäre wider, die zwar eher vulgär als erhaben wirkte, aber zur Erleichterung vieler kritischer Beobachter keinerlei nationalistische Untertöne aufkommen ließ. (Abb. S. 108)

Zukunft der Verfassung –
Verfassung der Zukunft

Artikel 3.1 Grundgesetz

Auch wer sich keinen Star-Anwalt leisten kann, soll nicht auf sein Recht verzichten müssen.

9

# VERFASSUNG DER ZUKUNFT

Die Forderung nach Würde und Freiheit eines jeden Menschen hat sich verfassungsrechtlich zuerst in den Menschenrechtserklärungen der *Virginia Bill of Rights* (1776) und der *Déclaration des Droits de l'Homme et du Citoyen* (1789) niedergeschlagen. Von hier führte ein direkter Weg zu den vor allem nach 1815 entstehenden Verfassungen der europäischen, nach wie vor monarchisch-konstitutionell geprägten Staaten.

Die Vorbildfunktion der nordamerikanischen und französischen Verfassungen für die folgenden deutschen »Constitutionen« sind ebenso unbestreitbar wie die kühle Berechnung der bestehenden, monarchischen Staatsgewalten: Sie waren im anstehenden Umbau der feudalen Gesellschaft zur bürgerlichen Erwerbsgesellschaft bemüht, durch die zugestandenen Verfassungen ihre eigene Herrschaft zu sichern. Und doch: Hinter all dem standen immer auch die Hoffnungen, Ziele und Ängste realer Menschen. Dabei ist es geblieben – bis heute. Teils bewusst, teils unbewusst haben Traditionen fortgewirkt und zu Übernahmen, Erweiterungen und Abgrenzungen geführt.

Das war ein Prozess, der vorrangig die Arbeit der Verfassungsväter und -mütter betraf. Im Grundgesetz etwa ist der Bezug auf die Paulskirchenverfassung allenthalben anzutreffen. Aber ebenso auch die strikte, eindeutige Antwort auf das Unrechtsregime des Nationalsozialismus. Heute weitgehend vergessen, lautete einer der ursprünglich vorgesehenen Einleitungssätze zur Präambel des Grundgesetzes: »Nationalsozialistische Zwingherrschaft hat das deutsche Volk seiner Freiheit beraubt.« Zwar wurde diese Formulierung nicht übernommen, doch sind viele Artikel des Grundgesetzes nur aus der dezidierten Abwendung von dieser »Zwingherrschaft« erklärbar.

In gleichem Maße gilt die Arbeit an der Verfassung auch für das Volk. Die Bundesbürger haben nie auf die Auslegungskompetenz des Bundesverfassungsgerichts allein vertraut, sondern in einer Reihe von Verfassungskämpfen von den Auseinandersetzungen um die Wiederbewaffnung in den 1950er Jahren bis zu den Debatten um den verfassungsgemäßen Weg zur Wiedervereinigung versucht, ihren Einfluss geltend zu machen. Immer wieder zeigte sich, wie der Historiker Reinhart Koselleck bemerkt hat, dass »die Bundesrepublik gerade in ihren kritischen Lagen zur Selbstverständlichkeit« für die Bundesbürger wurde. Eine Entwicklung, die sich auch dem Grundgesetz in seiner Funktion als gleichermaßen auslegbare Instanz und immerwährender Bezugspunkt für den Bürger verdankt.

Jeder demokratisch verfasste Staat ist auf die Mitarbeit seiner Bürger angewiesen. Denn, wie es der Staatsrechtler und einstige Bundesverfassungsrichter Dieter Grimm formuliert hat, die Bürger sind »Quelle aller öffentlichen Gewalt«. Daher gelte auch für Verfassungen, »daß sie vom Volk oder im Auftrag des Volkes beschlossen oder dem Volk zumindest zugeschrieben werden. Es ist der Souverän.« Der Souverän aber muss sich einmischen! Und er muss es vor allem deshalb, weil es von ihm abhängt, ob die Bundesrepublik eine rechtsstaatliche Demokratie bleibt.

Umso beklagenswerter will uns heute die »Verfassung« einer großen Idee erscheinen: die Einigung Europas. Was nationalstaatlich gelang, scheiterte bisher auf europäischer Ebene auf ganzer Linie – die Schaffung einer Verfassung. Damit aber fehlt nach wie vor eine *raison d'être*, eine gemeinsame Zielvorgabe für das politische Europa. Allein der freie Handel und eine stabile Währung können den europäischen Fortschritt jedenfalls nicht garantieren.

Das alles hat natürlich seine Gründe. »Bei uns«, so der Philosoph und engagierte Verfechter der europäischen Sache, Jürgen Habermas, »umarmen sich in den Talkshows Großväter und Enkel in der Rührung über den neuen Wohlfühlpatriotismus«, während zugleich diese neue Hinwendung zum Nationalstaat das »Europa-Thema entwertet«. So wurden und werden die Referenden über eine Europäische Verfassung regelmäßig mit nationalen Problemen aufgeladen, die eine mögliche Zustimmung zur gemeinsamen Verfassung überschatten und schließlich scheitern lassen. Hinzu kommt die mehr oder weniger diffuse Angst vor einem europäischen Megastaat, der die Freiheit beschneidet und alle nationalen Unterschiede im Einheitsbrei einer »Euro-Kultur« nivelliert. Genährt werden solche Befürchtungen durch undurchschaubare Entscheidungsprozesse in Brüssel, vor allem aber durch eine fehlende europäische Öffentlichkeit. Erst eine solche gemeinsame Öffentlichkeit würde ermöglichen, was eine Verfassung für Europa ausmachte: ihre Legitimierung durch die europäischen Völker als eigentlichem Souverän.

## »Parlament« der Verfassungsväter- und mütter

**9/1** Heinrich von Gagern
(1799–1880)
1848/1849, bez. u. l.: Nach Vogels
Lichtbild
Stecher: Johann Georg Nordheim
(1804–1853)
Verlag: Bibliographisches Institut
Stahlstich; 10,7 × 9,2 cm
Berlin, Deutsches Historisches
Museum: Gr 2005/28 (Abb. S. 38)

**9/2** Friedrich Christoph
Dahlmann (1785–1860)
Frankfurt am Main, 1848/49
Philipp Winterwerb (1827–1873)
Verlag: Carl Jügel, Frankfurt am Main
Druck: J. Lehnhardt, Mainz
Lithografie; 22,5 × 16,5 cm
Frankfurt am Main, Historisches
Museum: C 40603 (Abb. S. 188)

**9/3** Carl Theodor Welcker
(1790–1869)
Karlsruhe, 1846
Valentin Schertle (1809–1885)
Druck: H. Straub, Karlsruhe
Lithografie; 48 × 34 cm
Frankfurt am Main, Historisches
Museum: C 18863 (Abb. S. 189)

**9/4** Hugo Preuß (1860–1925)
Um 1919
Fotografie (Neuabzug)
Berlin, Deutsches Historisches
Museum: F 69/1847 (Abb. S. 56)

**9/5** Friedrich Naumann
(1860–1919)
1913
Fotografie (Neuabzug)
Berlin, Deutsches Historisches
Museum: F 75/829 (Abb. S. 64)

**9/6** Paul Löbe (1875–1967)
1927
Willy Römer (1887–1979)
Fotografie (Neuabzug)
Berlin, Bildarchiv Preußischer
Kulturbesitz: 10006471 (Abb. S. 231)

**9/7** Konrad Adenauer (1876–1967)
Hamburg, 1946/47
Ursula Litzmann (geb. 1916)
Fotografie (Neuabzug)
Berlin, Deutsches Historisches
Museum (Abb. S. 84)

**9/8** Theodor Heuss (1884–1963)
Bonn, 1950
Theo Schafgans (1892–1976)
Fotografie (Neuabzug)
Berlin, Deutsches Historisches
Museum: Ph 2005/183 (Abb. S. 261)

**9/9** Carlo Schmid (1896–1979)
1948
Erna Wagner-Hehmke (1905–1992)
Fotografie (Neuabzug)
Bonn, Haus der Geschichte der
Bundesrepublik Deutschland:
C0003029 (Abb. S. 257)

**9/10** Elisabeth Selbert (1896–1986)
1948/49
Erna Wagner-Hehmke (1905–1992)
Fotografie (Neuabzug)
Bonn, Haus der Geschichte der
Bundesrepublik Deutschland:
1987/1/32.0147 (Abb. S. 259)

**9/11** Helene Weber (1881–1962)
1952
Tita Binz (1903–1970)
Fotografie (Neuabzug)
Berlin, ullstein bild: 00108275v
(Abb. S. 260)

**9/12** Karl Polak (1905–1963)
10.2.1958
Fotografie (Neuabzug)
Berlin, Deutsches Historisches
Museum: 94/192 (Abb. S. 88)

**9/13** Otto Grotewohl (1894–1964)
Um 1949
Fotografie (Neuabzug)
Berlin, Deutsches Historisches
Museum: 04/424 (Abb. S. 90)

**9/14** Walter Ulbricht (1893–1973)
1951
Fotografie (Neuabzug)
Berlin, Deutsches Historisches
Museum: 04/425 (Abb. S. 298)

**9/15** Gerd Poppe (geb. 1941)
29.1.1997
Fotografie (Neuabzug)
Berlin, Deutscher Bundestag/
Foto- und Bildstelle (Abb. S. 317)

**9/16** Richard Schröder (geb. 1943)
April 1990
E. Fiegel
Fotografie (Neuabzug)
München, Süddeutsche Zeitung
Photo: 00158122
(Abb. S. 316)

**9/17** Wolfgang Ullmann
(1929–2004)
Berlin, 1.1.1990
Fotografie (Neuabzug)
Berlin, Deutscher Bundestag/Foto-
und Bildstelle: 2070341 (Abb. S. 315)

## Einmischung erwünscht!
## Die Aktualität der Grundrechte

9/20

**Plakatserie der Aktion Gemeinsinn e.V. »Es ist Dein Grundgesetz. Nimm's beim Wort und misch Dich ein.«**
Die Aktion Gemeinsinn e.V. ist »eine Vereinigung unabhängiger Bürger in Deutschland«. Sie wurde 1957 mit dem Ziel gegründet, die Bevölkerung auf aktuelle gesellschaftsrelevante Themen aufmerksam zu machen und sie zu mehr eigenem Engagement aufzurufen. Eine der bekanntesten Aktionen des Vereins bildete anlässlich des 50-jährigen Grundgesetz-Jubiläums im Mai 1999 die Kampagne »Es ist Dein Grundgesetz. Nimm's beim Wort und misch Dich ein.« Vor allem jungen Menschen, so die Idee, müssten die deutsche Verfassung und die damit verbundenen Rechte und Pflichten nähergebracht werden. Die Frankfurter Werbeagentur Saatchi & Saatchi erklärte sich bereit, ein Medienkonzept zu erstellen und verzichtete dabei auf ihr Honorar. Für ihre Plakatserie übersetzte die Agentur ausgewählte Grundrechte-Artikel in prägnante Szenarien, die anhand von beispielhaften alltäglichen Situationen und in einer klaren Sprache den Inhalt der Artikel veranschaulichen und deren Bedeutung herausstellen sollten. Anzeigen und Spots wurden über mehrere Monate hinweg unentgeltlich in den deutschen Medien geschaltet. Die Aktion Gemeinsinn e.V. stellte zudem kostenlose Exemplare des Grundgesetzes zur Verfügung. AO

**9/18 »Artikel 1 Grundgesetz: Niemand soll sein Essen aus Mülltonnen sammeln müssen.«**
Frankfurt am Main, 1999
Entwurf: Saatchi und Saatchi
Offsetdruck; 33,5 × 26,5 cm
Berlin, Deutsches Historisches Museum: P 99/32

Plakat zu Art. 1 des Grundgesetzes: »Die Würde des Menschen ist unantastbar. Sie zu achten und zu schützen ist Verpflichtung aller staatlichen Gewalt.« (Abb. S. 150)

**9/19 »Artikel 3.1 Grundgesetz: Auch wer sich keinen Star-Anwalt leisten kann, soll nicht auf sein Recht verzichten müssen.«**
Frankfurt am Main, 1999
Entwurf: Saatchi und Saatchi
Offsetdruck; 33,5 × 26,5 cm
Berlin, Deutsches Historisches Museum: P 99/33

Plakat zu Art. 3 Abs. 1 des Grundgesetzes: »Alle Menschen sind vor dem Gesetz gleich.« (Abb. S. 151)

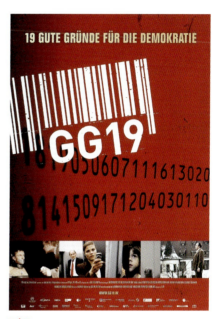

9/22

**9/20 »Artikel 7.4 Grundgesetz: Auch ein Kind von armen Eltern muß die Chance haben, auf eine Eliteschule zu gehen.«**
Frankfurt am Main, 1999
Entwurf: Saatchi und Saatchi
Offsetdruck; 33,5 × 26,5 cm
Berlin, Deutsches Historisches Museum: wP 99/34

Plakat zu Art. 7 Abs. 4 des Grundgesetzes: »Das Recht zur Errichtung von privaten Schulen wird gewährleistet. [...]«

**9/21 9 Rollen »stumme-Null-Kopie« des Films »GG19 – 19 gute Gründe für die Demokratie«**
Berlin, 2007
Harald Siebler (geb. 1960)
Metall, Zelluloid, Pappe; 35 × 35 × 3,5 cm
Berlin, movie members filmproduktion GmbH. Produzent und Supervising Director: Harald Siebler (o. Abb.)

**9/22** »GG19 – 19 gute Gründe
für die Demokratie«
Plakat zum gleichnamigen Film
Münster, 2007
Entwurf: Nieschlag + Wentrup, Büro
für Gestaltung
Offsetdruck; 84,1 × 59,4 cm
Berlin, Deutsches Historisches
Museum: ZD006581

Im Jahr 2004 entwickelte der Berliner Regisseur und Produzent Harald Siebler die Idee, alle 19 Grundrechte des Grundgesetzes zu verfilmen. Nach einer bundesweiten Ausschreibung in Kooperation mit der »Master School Drehbuch Berlin« kam schließlich im Mai 2007 der Film *GG19 – 19 gute Gründe für die Demokratie* in die Kinos. Der Film vereint bei einer Laufzeit von 149 Minuten in 19 Filmkapiteln die Beiträge von 25 Drehbuchautoren und 19 Regisseuren, gedreht an 19 verschiedenen Orten der 16 Bundesländer. Unterstützung fand Siebler sowohl bei Politikern und Bundesinstitutionen als auch bei namhaften Schauspielern, darunter Justus von Dohnányi, Karoline Eichhorn, Anna Loos, Jürgen Schornagel, Anna Thalbach und Katharina Wackernagel. In konkreten, teils absonderlichen, teils satirischen Alltagssituationen werden die der Verfassung vorangestellten Grundrechte mit der Wirklichkeit konfrontiert. (Abb. S. 323)

9/23

**9/23** »Du bist das Volk!«
Werbeplakat des Neuen Tendenz Theater
für ein kabarettistisches Theaterstück
zum Grundgesetz
Düsseldorf, 2002
Entwurf: Dagmar Hagen
Druck: Tiamat Düsseldorf
Offsetdruck; 41,9 × 59,3 cm
Berlin, Deutsches Historisches
Museum: ZD006484

In dem politischen Kabarett *Du bist das Volk!* bekommen zwei Schauspieler den Auftrag, den anwesenden Zuschauern das Grundgesetz näherzubringen. Sie bemühen sich dabei, die trockenen Paragrafen vor allem für Jugendliche anschaulich und zeitgemäß zu vermitteln: »Das Grundgesetz als Bravo-Foto-Lovestory, die Bundestagswahl als Casting-Show oder Improvisationstheater als Zeichen für demokratische Mitwirkungsrechte der Zuschauer. Das Volk sitzt schließlich im Publikum, doch es soll nicht mehr zum Zuhören verdammt sein«. So umschreibt das Neue Tendenz Theater die Konzeption dieses Programms. »Ziel des Stückes ist es«, fassen die Autoren und Darsteller Claudia Brasse und Jens Spörckmann zusammen, »einen lockeren Zugang zu Politik und Demokratie herzustellen. Für Jugendliche kann es als Ausgangspunkt für Diskussionen und Beschäftigung mit diesem Thema dienen, für Erwachsene kann es ein kleines Mittel gegen allzu große Politikverdrossenheit sein.«

## Europa – allein zu Haus?
## Zur Gegenwart
## einer großen Idee

**9/24** »Aufbruch ins Euro-Land
Die neue Weltmacht?«
Titelblatt der Zeitschrift *Der Spiegel*,
53. Jg., Nr. 1
Hamburg, 4.1.1999
Titelillustration: Nancy Stahl
Spiegel-Verlag Rudolf Augstein GmbH
und Co. KG
Druck auf Papier; 28 × 21,2 cm
Berlin, Deutsches Historisches
Museum: Do2 2000/1453

Zum Auftakt des Jahres 1999 brachte das Wochenmagazin *Der Spiegel* einen Ausschnitt von Eugène Delacroix' berühmter, 1830 entstandener Freiheitsikone *Die Freiheit führt das Volk* auf die Titelseite. Mit einer Europa-Fahne in der Hand sollte die personifizierte *liberté* den Aufbruch in ein neues Währungszeitalter symbolisieren. Am 1. Januar 1999 wurde der Euro zur offiziellen Währung von elf Ländern der Europäischen Gemeinschaft; gleichzeitig übernahmen die Deutschen mit dem damaligen Bundeskanzler Gerhard Schröder die EU-Ratspräsidentschaft. Das Datum markierte aber zunächst lediglich den Start des Euro als gesetzliche Buchungswährung, das heißt, Devisen und Wertpapiere an den internationalen Börsen wurden in Euro angegeben, Konten und Sparbücher durften von nun an entweder in der jeweiligen alten Landeswährung oder in Euro ausgeschrieben sein. Die allgemeine Geldausgabe von Euromünzen und -scheinen durch Banken und Sparkassen begann in Deutschland zwei Jahre später, am 1. Januar 2002. Erst jetzt war der Euro auch im Bargeldverkehr offizielles Zahlungsmittel. Die Einführung des Euro wurde weltweit mit Spannung erwartet und »als neue Größe im globalen Spiel ernst genommen«, wie der *Spiegel* in seiner ersten Nummer des Jahres 1999 feststellte: »Die Vollendung der europäischen Einheit kann für den alten Kontinent zum Beginn einer

9/24

neuen Epoche werden. Ein Jahr vor dem dritten Jahrtausend meldet sich Europa wieder als Weltmacht an.« In diesem Zusammenhang stellte sich vor allem die Frage, ob der Euro mit dem US-Dollar, der bisher die Weltmärkte beherrscht hatte, konkurrieren oder gar das »Erbe des Dollar« antreten würde. Seine neue Machtposition habe Europa auf anderem Wege als die Supermächte und die früheren Imperien erreicht, meinte *Der Spiegel*: Ganz ohne großen Gestus, quasi auf dem Verwaltungsweg, fand Europa zur Einheit, die es über Jahrhunderte nicht schaffen konnte. Nicht als politisch-militärische Supermacht, nicht mehr als Kolonialherrschaft tritt dieses Neo-Europa nun auf, sondern als stille, stärkste ökonomische Potenz einer globalen Wirtschaft – ohne politischen Führungsanspruch über den Rest der Welt.«

**9/25** »Handys, Hightech und
Reformen: Guten Morgen, Europa!
Wie der alte Kontinent die
Wirtschaftsmacht USA attackiert«
Titelblatt der Zeitschrift *Der Spiegel*,
54. Jg., Nr. 22
Hamburg, 29.5.2000
Titelillustration: Stefan Kiefer
Fotografie: Jeff Manzetti
Spiegel-Verlag Rudolf Augstein GmbH
und Co. KG
Druck auf Papier; 28 × 21,2 cm
Berlin, Deutsches Historisches
Museum: Do2 2002/375

Bereits im Frühsommer des Jahres 2000 war das »Experiment Euro« in ein schwieriges Fahrwasser geraten: Die neue Gemeinschaftswährung der EU-Länder hatte – im Vergleich zum Ausgangskurs von Anfang 1999 – bereits ein Viertel ihres Wertes eingebüßt. Andererseits befand sich der alte Kontinent in einer verheißungsvollen wirtschaftlichen Auf- und Umbruchphase. Die digitale Revolution mit ihren neuen Technologien, namentlich auf dem Kommunikationssektor, hatte einen rasant fortschreitenden Strukturwandel der Wirtschaft hervorgerufen. Auf einem EU-Gipfel im März 2000 in Lissabon, der als »Beschäftigungsgipfel« in die Geschichte einging, verkündeten die Staats- und Regierungschefs der EU-Länder den ehrgeizigen Plan, Europa mit seinen 376 Millionen Einwohnern binnen zehn Jahren zum machtvollsten Wirtschaftsraum der Welt zu machen. Um dies zu erreichen, wurden die Förderung von Innovation und Wirtschaftsreformen und die Modernisierung der Sozialschutz- und Bildungssysteme vereinbart. Die geläufigste sinnbildliche Darstellung des geografischen Raumes Europa ist eine Frauengestalt, die auf einem wilden Stier reitet. Sie geht auf die griechische Mythologie zurück, nach der Europa, die schöne Tochter des phönizischen Königs Agenor, von der obersten Gottheit Zeus in Stiergestalt nach Kreta entführt wurde. Auf dem *Spiegel*-Titel sitzt Laetitia Casta, Schauspielerin und Model aus Korsika, auf einem Stier und schwingt die Europa-Fahne. Casta war im Jahre 2000 im Rahmen einer alljährlich in Frankreich landesweit veranstalteten Wahl zur »Marianne 2000« gekürt worden. (o. Abb.)

### 9/26 »Ansturm der Migranten: Europa macht dicht«
Titelblatt der Zeitschrift *Der Spiegel*,
56. Jg., Nr. 25
Hamburg, 17.6.2002
Spiegel-Verlag Rudolf Augstein GmbH und Co. KG
Druck auf Papier; 28 × 21,2 cm
Berlin, Deutsches Historisches Museum: Do2 2004/1271

»Der Treck nach Europa ist unaufhaltsam«, schrieb der Journalist Erich Wiedemann im Juni 2002 in der Titelgeschichte des Wochenmagazins *Spiegel*. Nach Schätzungen des Polizeiamtes Europol in Den Haag reisten damals jährlich etwa 500.000 Illegale in die Europäische Union ein; das waren fast 13-mal so viele wie im Jahre 1993. Hinzu kamen noch mindestens 400.000 Asylbewerber pro Jahr. Die illegalen Einwanderer wurden oft von organisierten Schlepperbanden auf dem Seeweg mit völlig überladenen Booten ins vermeintlich »gelobte Land« geschafft; Tausende von Migranten erreichten ihr Ziel nicht lebend. Bilder von gestrandeten *boat people* avancierten zum Symbol der verzweifelten Suche von Millionen Menschen nach einer besseren Zukunft. Zugleich kursierten Slogans wie »Das Boot ist voll« und dienten Migrationsgegnern überall in Europa als propagandistische Schlagzeilen. Asyl und Einwanderung waren die zentralen Themen eines EU-Gipfeltreffens im Juni 2002 in Sevilla.

Dort ging es um eine gemeinsame Politik zur Abwehr der illegalen Einwanderer, vom *Spiegel* kritisch unter das Motto »Europa macht dicht« gestellt und mit einem Foto des rostigen Frachters »Monika« illustriert. Das Schiff war im März 2002 von der libanesischen Küste kommend mit 909 Flüchtlingen an Bord vor Sizilien gestoppt worden; der Fall hatte weltweit für Aufsehen gesorgt. Beim EU-Gipfel wurden eine massive Polizeipräsenz an den EU-Außengrenzen, die Politik der Abschreckung mittels Rückführung der Flüchtlinge und verschärfte Kontrollen durch den Einsatz von Datenbanken beschlossen.

### 9/27 Rednerpult
Anfertigung zum Festakt der Europäischen Union anlässlich des 50. Jahrestages der Unterzeichnung der Römischen Verträge am 25. März 2007 im Berliner Zeughaus
Berlin, 2007
ideea Messe- und Dekorationsbau GmbH
Holz, Acryl; 110 × 70 × 50 cm
Berlin, Deutsches Historisches Museum: Pol 2007/4

Am 25. März 1957 unterzeichneten die sechs Gründungsmitglieder der Europäischen Gemeinschaft, Belgien, die Bundesrepublik Deutschland, Frankreich, Italien, Luxemburg und die Niederlande, in Rom Verträge zur Gründung der Europäischen Wirtschaftsgemeinschaft (EWG) und der Europäischen Atomgemeinschaft (Euratom). 50 Jahre später trafen sich am 24. und 25. März 2007 die Staats- und Regierungschefs der – inzwischen 27 Mitgliedstaaten umfassenden – Europäischen Union in Berlin. Das Jubiläum der Römischen Verträge wurde im Schlüterhof des Deutschen Historischen Museums gefeiert. In ihrer Eigenschaft als EU-Ratspräsidentin verlas Bundeskanzlerin Angela Merkel die sogenannte Berliner Erklärung, die von den Teilnehmern unterzeichnet wurde.

9/26

In diesem von der Bundesregierung erarbeiteten Dokument wurden – mit Blick auf die geplante europäische Verfassung – bisherige Errungenschaften bilanziert sowie künftige Aufgaben des Staatenbundes formuliert und dabei vor allem die Bedeutung einer europäischen Wertegemeinschaft unterstrichen. Die Erklärung vermied aber den Begriff »Verfassung« – in Frankreich und den Niederlanden waren zu diesem Zeitpunkt bereits Verfassungsreferenden gescheitert –, sondern sprach von dem Ziel, »die Europäische Union bis zu den Wahlen zum Europäischen Parlament 2009 auf eine erneuerte gemeinsame Grundlage zu stellen«. Gemeinsam bekämpft werden sollten Terrorismus, organisierte Kriminalität und – auf Wunsch Spaniens kurz vor der Unterzeichnung in den Text aufgenommen – illegale Einwanderung. (o. Abb.)

**9/28 Edition »Meine Grundrechte in der Europäischen Union«**
Mini-Bücher in den 23 Sprachen
der Mitgliedstaaten
Paris, April 2007
Herausgeber: Europäische Kommission
Verlag: Éditions Biotop
Druck: Imprimerie Nationale
Druck auf Papier; je 3,2 × 2,5 cm
Berlin, Vertretung der Europäischen
Kommission in der Bundesrepublik
Deutschland

Zu den aktuellen Herausforderungen der Europäischen Gemeinschaft zählt – neben der Verabschiedung einer europäischen Verfassung – die Frage nach den Grenzen eines vereinten Europas. Nach dem Beitritt von Rumänien und Bulgarien am 1. Januar 2007 gehören mittlerweile 27 Mitgliedstaaten zur Europäischen Union. Weitere Bewerber sind die Türkei und Kroatien sowie einige ehemals zu Jugoslawien gehörende Länder des westlichen Balkans. Bei der Suche nach einer europäischen Identität spielt die Verpflichtung aller EU-Staaten auf gemeinsame Menschen- und Bürgerrechte eine zentrale Rolle. Am 7. Dezember 2000 wurde in Nizza die Charta der Grundrechte der Europäischen Union feierlich proklamiert. Ein Konvent, dem Mitglieder der nationalen Parlamente und des Europäischen Parlaments, Vertreter der nationalen Regierungen und ein Mitglied der Europäischen Kommission angehörten, hat die Charta erarbeitet. Unter den sechs Oberbegriffen Würde, Freiheit, Gleichheit, Solidarität, Bürgerrechte und Gerechtigkeit werden in 54 Artikeln die Grundrechte der Europäischen Union sowie die bürgerlichen, politischen, wirtschaftlichen und sozialen Rechte der EU-Bürger niedergelegt. Die ersten Artikel befassen sich mit der Menschenwürde, dem Recht auf Leben, dem Recht auf Unverletzlichkeit der Persönlichkeit sowie der Meinungs- und Gewissensfreiheit. Neben sozialen und wirtschaftlichen Rechten, etwa dem Streikrecht oder dem Recht auf Gesundheitsversorgung, soziale Sicherheit und Unterstützung in der gesamten Europäischen Union, wird auch die Gleichbehandlung von Mann und Frau deklariert. Überdies sind das Recht auf Datenschutz, ein Verbot eugenischer Praktiken und des Klonens von Menschen zu Fortpflanzungszwecken, das Recht auf Umweltschutz sowie die Rechte von Kindern und älteren Menschen aufgenommen. Die Minibücher mit dem vollständigen Text der Grundrechte-Charta werden in allen derzeit gängigen 23 EU-Sprachen gedruckt und sind kostenlos erhältlich.

9/28

# Anhang

# AUTOREN

**Essayautoren**

Dr. Simone Derix
Wissenschaftliche Mitarbeiterin am
Historischen Institut der Universität
Duisburg-Essen

Prof. Dr. Dr. h.c. Dieter Grimm
Universitätsprofessor für Öffentliches
Recht an der Humboldt-Universität zu Berlin;
von 1987–1999 Richter des Bundesverfassungsgerichts sowie von 2001–2007 Rektor
des Wissenschaftskollegs zu Berlin

Prof. Dr. Werner Heun
Direktor des Instituts für Allgemeine Staatslehre und Politische Wissenschaften der Juristischen Fakultät an der Universität Göttingen

Dr. Andreas Kaernbach
Kurator der Kunstsammlung und Sekretär
des Kunstbeirates des Deutschen Bundestages

Prof. i.R. Dr. jur. Jörg-Detlef Kühne
Universitätsprofessor für Öffentliches Recht
und Verfassungsgeschichte an der Leibniz
Universität Hannover

Prof. Dr. Klaus Marxen
Universitätsprofessor für Strafrecht,
Strafprozessrecht und Rechtsphilosophie
an der Humboldt-Universität zu Berlin

Gunnar Peters M.A.
Doktorand am Historischen Institut
der Universität Rostock

Dr. jur. Heribert Prantl
Leiter des Ressorts Innenpolitik
der *Süddeutschen Zeitung*

Prof. em. Dr. Reinhard Rürup
Universitätsprofessor für Neuere Geschichte
an der Technischen Universität Berlin

Prof. Dr. Martin Sabrow
Universitätsprofessor für Neueste Geschichte
und Zeitgeschichte an der Universität Potsdam
sowie Direktor des Zentrums für Zeithistorische Forschung, Potsdam

Apl. Prof. Dr. Arthur Schlegelmilch
Professor für Neuere Deutsche und Europäische Geschichte an der FernUniversität
in Hagen sowie Geschäftsführender Direktor
des Instituts für Geschichte und Biographie,
Lüdenscheid

Prof. Dr. Wolfgang Schmale
Universitätsprofessor für Neuere Geschichte
an der Universität Wien

Prof. Dr. Bernd Sösemann
Universitätsprofessor für Kommunikationsgeschichte und interkulturelle Publizistik an
der Freien Universität Berlin

Dr. Heinrich Wefing
Redakteur im Politischen Ressort der *Zeit*
in Hamburg

**Kuratoren, Autoren
der Einführungs- und Objekttexte**

Dorlis Blume M.A.
Historikerin, Wissenschaftliche Mitarbeiterin
des Deutschen Historischen Museums

Ursula Breymayer M.A.
Literatur- und Kulturwissenschaftlerin

Dr. Bernd Ulrich
Historiker und Publizist (www.berndulrich.com)

Vom Deutschen Historischen Museum
Dr. Regine Falkenberg, Carola Jüllig M.A.,
Dr. Leonore Koschnick, Dr. Sven Lüken,
Ariane Oppitz B.A.

# ABKÜRZUNGEN

| | |
|---|---|
| Abs. | Absatz |
| Art. | Artikel |
| B | Breite |
| bez. | bezeichnet |
| D | Durchmesser |
| ders. | derselbe |
| GG | Grundgesetz |
| H | Höhe |
| Hg. | Herausgeber |
| hg. | herausgegeben |
| Jg. | Jahrgang |
| KSZE | Konferenz über Sicherheit und Zusammenarbeit in Europa |
| L | Länge |
| l. | links |
| M. | Mitte |
| Nr. | Nummer |
| o. | oben |
| o. Abb. | ohne Abbildung |
| r. | rechts |
| Rs. | Rückseite |
| u. | unten |
| Vs. | Vorderseite |

Alle Abbildungen ohne Katalog-Nr. sind nicht in der Ausstellung vertreten

Maßangaben im Katalog, wenn nicht anders angegeben, in der Reihenfolge Höhe × Breite × Tiefe

Nach Nennung des Leihgebers: Inventarnummer bzw. Signatur

## Parteien und politische Gruppierungen

| | |
|---|---|
| BFD | Bund Freier Demokraten |
| CDU | Christlich Demokratische Union Deutschlands |
| DA | Demokratischer Aufbruch |
| DBD | Demokratische Bauernpartei Deutschlands |
| DDP | Deutsche Demokratische Partei |
| DJ | Demokratie Jetzt |
| DNVP | Deutschnationale Volkspartei |
| DP | Deutsche Partei |
| DRP | Deutsche Reichspartei |
| DStP | Deutsche Staatspartei |
| DSU | Deutsche Soziale Union |
| DVFP | Deutschvölkische Freiheitspartei |
| DVP | Deutsche Vaterlandspartei |
| DVP | Deutsche Volkspartei / ab 1945 – Demokratische Volkspartei |
| FDP | Freie Demokratische Partei |
| FVP | Fortschrittliche Volkspartei |
| GL | Grüne Liga |
| GP | Grüne Partei |
| IFM | Initiative Frieden und Menschenrechte |
| KPD | Kommunistische Partei Deutschlands |
| LDP / LDPD | Liberal-Demokratische Partei / Deutschlands |
| MSPD | Mehrheitssozialdemokratische Partei Deutschlands |
| NDPD | National-Demokratische Partei Deutschlands |
| NF | Neues Forum |
| NLP | Nationalliberale Partei |
| NSDAP | Nationalsozialistische Deutsche Arbeiterpartei |
| PDS | Partei des Demokratischen Sozialismus |
| RAF | Rote Armee Fraktion |
| SA | Sturmabteilung |
| SAP | Sozialistische Arbeiterpartei Deutschlands |
| SDP | Sozialdemokratische Partei in der DDR |
| SED | Sozialistische Einheitspartei Deutschlands |
| SPD | Sozialdemokratische Partei Deutschlands |
| SRP | Sozialistische Reichspartei |
| SS | Schutzstaffel |
| UFV | Unabhängiger Frauenverband |
| USPD | Unabhängige Sozialdemokratische Partei Deutschlands |
| VdgB | Vereinigung der gegenseitigen Bauernhilfe |
| VL | Vereinigte Linke |
| Zentrum | Deutsche Zentrumspartei |
| ZK | Zentralkomitee |

# PERSONENREGISTER

Seiten mit Abbildungen beziehungsweise Biografien der genannten Personen sind hervorgehoben.

### A

Adenauer, Konrad (1876–1967) · S. **77**, 80, **81**, **84**, 128, 258, 261, 262, **263**, 264, 268, 271, 322
Agnes, Lore (1876–1953) · S. **217**
Albrecht, Wilhelm Eduard (1800–1876) S. 49, 173
Amann, Max (1891–1957) · S. 71
Andrian-Werburg, Victor Franz Freiherr von (1813–1858) · S. 185
Aristoteles (384–322 v. Chr.) · S. 149
Arendt, Hannah (1906–1975) · S. 13
Arndt, Adolf (1904–1974) · S. 124, 274
Arndt, Ernst Moritz (1769–1860) · S. 185
Arnold, Karl (1901–1958) · S. 134

### B

Barbe, Angelika (geb. 1951) · S. 106
Baselitz, Georg (geb. 1938) · S. 118
Bassermann, Friedrich Daniel (1811–1855) S. 178, 185
Bauer, Anton (1826–1910) · S. 177
Baumann, Barbara (geb. 1951) · S. 113
Baumann, Gerd (geb. 1950) · S. 113
Baumgarten, Paul (1900–1984) · S. 126, 127, 265
Bebel, August (1840–1913) · S. 38
Becher, Johannes R. (Robert, 1891–1958) S. 283
Beck, Ludwig (1880–1944) · S. 72
Becker, Hermann Heinrich (1820–1885) S. **51**, 205
Becker, Roland (geb. 1940) · S. 109
Beerfelde, Julius Wilhelm von (gest. 1882) S. **51**, 205
Begas, Reinhold (1831–1911) · S. 47, 204
Behn, Fritz (1878–1970) · S. 81, 264
Behnisch, Günter (geb. 1922) · S. 113, 114, 127, 128, 131
Behrens, Peter (1868–1940) · S. 24, 220
Below-Hohendorf, Alexander Ewald von (1801–1882) · S. **51**, 205
Benda, Ernst (geb. 1925) · S. **82**, 276
Benjamin, Hilde (1902–1982) · S. 296

Bennigsen, Rudolf von (1824–1902) · S. 50, **51**, 205
Benz, Wolfgang (geb. 1941) · S. 251
Bernhard, Lucian (1883–1972) · S. 213
Beseler, Georg (1809–1888) · S. 36, **37**, 192
Bessel, Bernhard Abraham (1814–1868) · S. **51**, 205
Best, Werner (1903–1989) · S. 69
Bethmann-Hollweg, Theodor von (1821–1886) S. **51**, 205
Beyer, Frank (1932–2006) · S. 295
Biedermann, Karl (1812–1901) · S. 178
Biermann, Wolf (geb. 1936) · S. 294, 295
Binz, Tita (1903–1970) · S. 322
Bismarck, Otto Eduard Leopold von (1815–1898) S. 22, 23, 32, 37, 38, 45, 46, **47**, 48, **50**, 51, 52, **53**, 151, 203, 204, 205, 206, 220, 245
Blank, Theodor (1905–1972) · S. 271, 272
Blanke, Hermann-Josef (geb. 1957) · S. 176
Blomberg, Werner von (1878–1946) · S. 71, 73, 245
Blum, Robert (1807–1848) · S. **37**, 178, 180, 185, 190, 192, 193
Böckenförde, Ernst-Wolfgang (geb. 1930) S. 47, 73
Boddien, Alfons von (1802–1857) · S. 37, 192
Bodin, Jean (1529/30–1596) · S. 159
Boltanski, Christian (geb. 1944) · S. 119, 121
Born, Stephan (1824–1898) · S. 151
Bose, Friedrich Julius Wilhelm Graf von (1809–1894) · S. 207
Brandenburg, Friedrich Wilhelm Graf von (1792–1850) · S. 196
Brandt, Willy (1913–1992) · S. 134
Brasse, Claudia (geb. 1971) · S. 324
Braun, Alfred (1888–1978) · S. 247
Braun, Otto (1872–1955) · S. 68
Brecht, Bertolt (1898–1956) · S. 283, 286, **287**
Brüning, Heinrich (1885–1970) · S. 67, 68
Bulloch, Angela (geb. 1966) · S. 118
Bülow, Bernhard von (1849–1929) · S. 52
Bürde, Paul (1819–1874) · S. 39, 189, 190
Burianek, Johann (1913–1952) · S. 296, 297
Butzmann, Manfred (geb. 1942) · S. 30, 315

### C

Camphausen, Ludolf (1803–1890) · S. 180
Canaris, Wilhelm (1887–1945) · S. 72, 73
Carlowitz, Albert von (1802–1874) · S. 178
Carstens, Karl (1914–1992) · S. 134, 137
Cohnfeld, Adalbert (1809–1868) · S. 191
Conradi, Peter (geb. 1932) · S. 129
Cornelius, Peter (1783–1867) · S. 172
Coudenhove-Kalergi, Richard Nikolaus Graf von (1894–1972) · S. 162
Craig, Gordon A. (1913–2005) · S. 151
Cremer, Fritz (1906–1993) · S. 286

### D

Dahlmann, Friedrich Christoph (1785–1860) S. 36, **37**, 42, 173, 185, **188**, 192, 322
Dante Alighieri (1265–1321) · S. 161
Dech, Jula (geb. 1941) · S. 277
Dehler, Thomas (1897–1967) · S. 257
Delacroix, Eugène (1798–1863) · S. 214, 300, 325
Detmold, Johann Hermann (1807–1856) · S. 185
Diestel, Peter-Michael (geb. 1952) · S. 315
Dimitrow Michajlow, Georgi (1882–1949) · S. 249
Dix, Otto (1891–1969) · S. 227
Dohnányi, Justus von (geb. 1960) · S. 324
Dorls, Fritz (1910–1995) · S. 267
Drath, Martin (1902–1976) · S. 96, 99
Droysen, Johann Gustav Bernhard (1808–1884) S. 36
Dubois, Pierre (ca. 1250/55–1320) · S. 160, 161
Duesterberg, Theodor (1875–1950) · S. 241
Durm, Josef (1837–1919) · S. 265

### E

Eberhard, Fritz (1896–1982) · S. 73
Ebert, Friedrich (1871–1925) · S. 10, 35, 62, **63**, 65, 209, 216, 218, 219, 220, **230**, **231**
Ebert, Friedrich jun. (1894–1979) · S. **67**, 247
Eggebrecht, Axel (1899–1991) · S. 273
Ehmke, Horst (geb. 1927) · S. 129
Eichhorn, Karoline (geb. 1965) · S. 324
Eiermann, Egon (1904–1970) · S. 113, 126
Eisler, Gerhart (1897–1968) · S. 94
Elisabeth Ludovika von Bayern, Königin von Preußen (1801–1873) · S. **196**
Ellmer, Peter (1785–1873) · S. 172
Engels, Friedrich (1820–1895) · S. 284, 298

# PERSONENREGISTER

Engholm, Björn (geb. 1939) · S. 279
Eppelmann, Rainer (geb. 1943) · S. 316, 318, 319
Erasmus von Rotterdam (1466–1536) · S. 161
Erhard, Ludwig (1897–1977) · S. 264
Ernst August I., König von Hannover (1771–1851) S. 173
Ewald, Heinrich Georg August (1803–1875) · S. 173
Ewert, Erika (1901–1974) · S. 267

### F

Falckenstein, Johann Paul Freiherr von (1801–1882) · S. **43**, 180
Ferdinand I., Kaiser von Österreich (1793–1875) S. 173
Feuchtwanger, Lion (1884–1958) · S. 87
Fiedler, Kurt (1894–1950) · S. 291
Flesch, Hans (1896–verschollen 1945) · S. 247
Foster, Lord Norman (geb. 1935) · S. 130, 131
France, Anatole (1844–1924) · S. 154
Francis, Sam (1923–1994) · S. 114
Frank, Alfred (1884–1945) · S. 228
Frank, Hans (1900–1946) · S. 69
Franz Joseph I., Kaiser von Österreich (1830–1916) · S. 192
Freiligrath, Ferdinand (1810–1876) · S. 180, 288
Freisler, Roland (1893–1945) · S. 69
Frick, Wilhelm (1877–1946) · S. 245
Friedrich I., König von Württemberg (1754–1816) S. 171, 173
Friedrich Wilhelm I., Kurfürst von Hessen-Kassel (1802–1875) · S. 178
Friedrich Wilhelm IV., König von Preußen (1795–1861) · S. 20, 173, 176, 194, **196**
Friedrich, Carl Joachim (1901–1984) · S. 95
Friedrich, Caspar David (1774–1840) · S. 118
Fröbel, Carl Ferdinand Julius (1805–1893) · S. 185
Funk, Walther (1890–1960) · S. 245

### G

Gäfgen, Magnus (geb. 1975) · S. 144
Gagern, Heinrich von (1799–1880) · S. 34, 37, **38**, 185, 190, 192, 193, 255, 322
Geißler, Wilhelm (1895–1977) · S. 222
Genzmer, Harald (1909–2007) · S. 256
Georg von Podiebrad, König von Böhmen (1420–1471) · S. 161
Gereke, Günther (1893–1970) · S. 245

Gervinus, Georg Gottfried (1805–1871) · S. **37**, 173, 192
Gies, Ludwig (1887–1966) · S. 263
Gimpel, Bruno (1886–1943) · S. 213
Glass, Franz Paul (1886–1964) · S. 240
Glöckner, Hermann (1889–1987) · S. 114
Goebbels, Joseph (1897–1945) · S. 71, 241, 243, 245, 248
Goerdeler, Carl Friedrich (1884–1945) · S. 72, 231
Goethe, Johann Wolfgang von (1749–1832) S. 209, 218, 219, 298
Gorbatschow, Michail (geb. 1931) · S. 307
Göring, Hermann (1893–1946) · S. 68, 231, 243–245, 247, 248
Görtemaker, Manfred (geb. 1951) · S. 251
Grieshaber, HAP (1909–1981) · S. 114
Grimm, Dieter (geb. 1937) · S. 13, 309, 321
Grimm, Jacob Ludwig Carl (1785–1863) S. 173, 188,
Grimm, Wilhelm (1786–1859) · S. 173
Gronefeld, Gerhard (1911–2000) · S. 291
Grosz, George (1893–1959) · S. 219
Grotemeyer, Fritz (1864–1947) · S. 206, 207
Grotewohl, Otto (1894–1964) · S. 89, 93, 96, 288, 289, 291, 295, 322
Grünberg, Karl (1891–1972) · S. 222
Grützke, Johannes (geb. 1937) · S. 270, 279, 280
Gysi, Gregor (geb. 1948) · S. 311

### H

Haacke, Hans (geb. 1936) · S. 121
Haas, Leo (1901–1983) · S. 268
Habermas, Jürgen (geb. 1929) · S. 321
Haffner, Sebastian (1907–1999) · S. 229
Harlan, Veit (1899–1964) · S. 85, 273, 274
Hartley, Leslie Poles (1895–1972) · S. 149
Hasselhorst, Heinrich (1825–1904) · S. 182, 185, 188, 189
Hassell, Ulrich von (1881–1944) · S. 72
Haubach, Theodor (1896–1945) · S. 72
Haußmann, Conrad (1857–1922) · S. 59, 220
Hayek, Friedrich August von (1899–1992) · S. 149
Heartfield, John (1891–1968) · S. 210, 219, 239
Heckel, Johannes (1889–1963) · S. 69
Hecker, Friedrich (1811–1881) · S. 178
Heilmann, Ernst (1881–1940) · S. 247
Heine, Heinrich (1797–1856) · S. 114, 288

Heine, Thomas Theodor (1867–1948) · S. 219
Heinemann, Gustav (1899–1976) · S. 134
Heinrich IV., König von Frankreich (1553–1610) S. 162
Heister, Franz (1813–1873) · S. 183
Heller, Dietrich (geb. 1965) · S. 155, 281
Henning, Hartmut (geb. 1940) · S. 313
Hennis, Wilhelm (geb. 1923) · S. 274
Herzfelde, Wieland (1896–1988) · S. 219
Herzog, Roman (geb. 1934) · S. 266
Heuer, Uwe-Jens (geb. 1927) · S. 105, 106
Heuss, Theodor (1884–1963) · S. 68, 77, 85, 127, 152, 222, 252, 253, 256, 260, **261**, 262, **263**, 264, 266, 322
Heym, Stefan (1913–2001) · S. 294, 295, 311
Himmler, Heinrich (1900–1945) · S. 71
Hindenburg, Paul von (1847–1934) · S. 10, **27**, 63, 67, 69, **231**, 232, 236, 240, 241, 243, 245, 249
Hitler, Adolf (1889–1945) · S. 10, 26, **27**, **67**–71, 73, 125, 162, 209, 229, **230**, 241, 243–249, 251, 264, 272, 273, 283, 319
Hoffmann von Fallersleben, August Heinrich (1798–1874) · S. 288
Hoffmann, Heinrich (1809–1894) · S. 193, 288
Höhn, Reinhard (1904–2000) · S. 69, 70
Hölderlin, Friedrich (1770–1843) · S. 253
Holzer, Jenny (geb. 1950) · S. 118
Honecker, Erich (1912–1994) · S. 98, 99, 294
Horn, Rebecca (geb. 1944) · S. 114
Hörsing, Otto (1874–1937) · S. 237
Huber, Ernst Rudolf (1903–1990) · S. 52, 69, 70, 73
Hübler, Anna (1876–1923) · S. **217**
Hugenberg, Alfred (1865–1951) · S. 67, 68, 245, 246
Hugo, Victor (1802–1885) · S. 162
Hus, Jan (um 1369–1415) · S. 161

### I

Itzstein, Johann Adam von (1775–1855) S. 178, 188

# PERSONENREGISTER

## J

Jaekel, Joseph (1907–1985) · S. 262
Jahn, Friedrich Ludwig (1778–1852) · S. 190
Jefferson, Thomas (1743–1826) · S. 168, 170
Jérôme, König von Westphalen (1784–1860) S. 17, 167
Johann, Erzherzog von Österreich (1782–1859) S. 37, 190
Juchacz, Marie (1879–1956) · S. 218
Jucho, Friedrich Siegmund (1805–1884) · S. 194

## K

Kaas, Ludwig (1881–1952) · S. 68
Kaiser, Jakob (1888–1961) · S. 72
Kant, Immanuel (1724–1804) · S. 162
Kapp, Wolfgang (1858–1922) · S. 209, 222
Karavan, Dani (geb. 1930) · S. 115–118, 121
Karl I. der Große, König der Franken, römischer Kaiser (747–814) · S. 118
Karl Ludwig Friedrich, Großherzog von Baden (1786–1818) · S. 171
Kennan, George F. (1904–2005) · S. 251
Kessler, Harry Graf (1868–1937) · S. 10
Ketteler, Wilhelm Emmanuel von (1811–1877) S. 151
Kielmansegg, Peter Graf (geb. 1937) · S. 137
Killinger, Manfred Freiherr von (1886–1944) S. 247
Kirchheimer, Otto (1905–1965) · S. 64
Klein, César (1876–1954) · S. 57, 212
Klemperer, Otto (1885–1973) · S. 247
Klenze, Leo von (1784–1864) · S. 171
Klose, Hans-Ulrich (geb. 1937) · S. 279
Koch-Gotha, Fritz (1877–1956) · S. 218
Koenig, Fritz (geb. 1924) · S. 114
Koeppel, Matthias (geb. 1937) · S. 108, 280, 319
Kohl, Helmut (geb. 1930) · S. 78, 137, 279
Kolb, Eberhard (geb. 1933) · S. 63
Kolb, Walter (1902–1956) · S. 255
Kolbe, Georg (1877–1947) · S. 230, 231
Kollwitz, Käthe (1867–1945) · S. 226, 227
Kolping, Adolf (1813–1865) · S. 151
Könneritz, Julius Traugott von (1792–1866) S. **43**, 178, 180
Koselleck, Reinhart (1923–2006) · S. 137, 321
Krain, Willibald (1886–1945) · S. 235
Krause, Günther (geb. 1953) · S. 319

Kretschmer, Robert (1818–1872) · S. 44, 181
Kricke, Norbert (1922–1984) · S. 114
Krosigk, Johann Ludwig Graf Schwerin von (1887–1977) · S. 245
Krüger, Gerhard (1908–1994) · S. 267
Kühn, Gustav (1794–1868) · S. 19, 177
Kurowski, Walter (geb. 1939) · S. 269

## L

Lafayette, Marie-Joseph Motier, Marquis de (1757–1834) · S. 170
Lammers, Hans Heinrich (1879–1962) · S. 245
Landsberg, Otto (1869–1957) · S. **63**, 216
Langewiesche, Dieter (geb. 1943) · S. 176
Langgässer, Elisabeth (1899–1950) · S. 256
Lassalle, Ferdinand (1825–1864) · S. 55, 87
Leo XIII., Papst (1810–1903) · S. 151
Leopold I., König von Belgien (1790–1865) · S. 173
Leopold, Großherzog von Baden (1790–1852) S. 171
Lessing, Carl Friedrich (1808–1880) · S. 180
Leuschner, Wilhelm (1890–1944) · S. 72
Lichnowsky, Felix Maria Vincenz Andreas Fürst von (1814–1848) · S. 188
Liebknecht, Karl (1871–1919) · S. 209, 220, 226, 227
Limbach, Jutta (geb. 1934) · S. 266
Lincoln, Abraham (1809–1865) · S. 101, 109
Lippmann, Walter (1889–1974) · S. 251
Litfaß, Ernst Theodor Amandus (1816–1874) S. 180
Litzmann, Ursula (geb. 1916) · S. 322
Löbe, Paul (1875–1967) · S. 118, 222, **231**, 322
Locher, Thomas (geb. 1956) · S. 117, 118
Loos, Anna (geb. 1970) · S. 324
Lorenzetti, Ambrogio (um 1290–um 1348) · S. 118
Lubbe, Marinus van der (1909–1934) · S. 245, 246, 248
Ludendorff, Erich (1865–1937) · S. 209
Ludwig I., Großherzog von Baden (1763–1830) S. 171
Ludwig I., König von Bayern (1786–1868) · S. 171, 172
Ludwig II., König von Bayern (1845–1886) S. 172, 177, 257
Ludwig XI., König von Frankreich (1423–1483) S. 161

Lüth, Erich (1902–1989) · S. 83, 85, 273, 274
Lüttwitz, Walther Freiherr von (1859–1942) S. 209, 222
Luxemburg, Rosa (1871–1919) · S. 209, 220, 226, 326

## M

Maetzig, Kurt (geb. 1911) · S. 295
Magnus, Kurt (1887–1962) · S. 247
Maier, Reinhold (1889–1971) · S. 68, 252
Maizière, Lothar de (geb. 1940) · S. 104, 107, 109, 308, 315, 316
Mampel, Siegfried (geb. 1913) · S. 109
Mann, Heinrich (1871–1950) · S. 87, 99, 283, **287**
Marcks, Gerhard (1889–1981) · S. 155, 281
Maria, Nicola de (geb. 1954) · S. 114
Marshall, George C. (1880–1959) · S. 251, 254, 255
Marx, Karl (1818–1883) · S. 151, 284, 288, 298
Mathy, Karl (1807–1868) · S. 188
Mattheuer, Wolfgang (1927–2004) · S. 300
Maunz, Theodor (1901–1993) · S. 69
Max, Prinz von Baden (1867–1929) · S. 209, 219, 265
Maximilian I. Joseph, König von Bayern (1756–1825) · S. **18**, 171, 172
Mazzini, Giuseppe (1805–1872) · S. 162
Mehring, Franz (1846–1919) · S. 47
Meistermann, Georg (1911–1990) · S. 113, 114
Merkel, Angela (geb. 1954) · S. 316, 326
Metternich, Clemens Wenzel Lothar, Fürst von (1773–1859) · S. 167
Metzel, Olaf (geb. 1952) · S. 114
Meuron, Elisabeth de (1882–1980) · S. 155
Meyer, Joseph (1796–1856) · S. 207
Michel, Robert (1897–1983) · S. 221
Mierendorff, Carlo (1897–1943) · S. 72
Mieroslawski, Ludwik (1814–1878) · S. 201
Mies van der Rohe, Ludwig (1886–1969) · S. 126
Miller, Arthur (1915–2005) · S. 13
Mittermaier, Karl (1787–1867) · S. 183, 188
Möbus, Christiane (geb. 1947) · S. 121
Modrow, Hans (geb. 1928) · S. 307, 314, 315
Möller, Carl Heinrich (1802–1882) · S. 196
Moltke, Helmuth James Graf von (1907–1945) S. 72
Mommsen, Theodor (1817–1903) · S. 45
Mommsen, Wolfgang (1930–2004) · S. 47
Monten, Dietrich (1799–1843) · S. 18, 172

# PERSONENREGISTER

Montesquieu, Charles de Secondat, Baron de (1689–1755) · S. 78, 79, 170
Montez, Lola (1821–1861) · S. 177
Montgelas, Maximilian Joseph Graf von (1759–1838) · S. 167, 172
Moog, Leonhard (1882–1962) · S. 93, 296
Mühe, Ulrich (1953–2007) · S. 311
Münzenberg, Willi (1889–1940) · S. 248
Mussolini, Benito (1883–1945) · S. 264

## N

Nadig, Frieda (1897–1970) · S. 252, **258,** 259, 260
Nadler, Karl Gottfried (1809–1849) · S. 178
Nannucci, Maurizio (geb. 1939) · S. 118, 119
Napoleon I., Kaiser der Franzosen (1769–1821) S. 17, 157, 167
Naumann, Friedrich (1860–1919) · S. 63, **64,** 213, 222, 322
Nell-Breuning, Oswald von (1890–1991) · S. 151
Nietzsche, Friedrich (1844–1900) · S. 149
Nordheim, Johann Georg (1804–1853) · S. 322
Noske, Gustav (1868–1946) · S. **63,** 216, 219, 220
Nowottny, Friedrich (geb. 1929) · S. 153, 263

## O

Ortleb, Rainer (geb. 1944) · S. 106
Orwell, George (1903–1950) · S. 141
Otto, Louise (1819–1895) · S. 180

## P

Pabst, Waldemar (1880–1970) · S. 220
Palloy, Pierre-François (1754–1835) · S. 169
Papen, Franz von (1879–1969) · S. 67, 68, 72, 245–247
Papier, Hans-Jürgen (geb. 1943) · S. 127
Paul, Hugo (1905–1962) · S. 267
Pechstein, Hermann Max (1881–1955) · S. 212
Penn, William (1644–1718) · S. 162
Petrarca, Francesco (1304–1374) · S. 281
Peucker, Eduard von (1816–1876) · S. 201
Pfuhl, Johannes (1846–1914) · S. 118
Pieck, Wilhelm (1876–1960) · S. **28,** 90, 94, 291, 295
Pilartz, Theodor Caspar (1890–1955) · S. 210, 237
Pillersdorf, Franz Freiherr von (1786–1862) · S. 173
Pius II., Enea Silvio de' Piccolomini, Papst (1405–1464) · S. 161

Polak, Karl (1905–1963) · S. **88,** 96, 283, 288, 322
Polk, James K. (1795–1849) · S. 38
Popitz, Johannes (1884–1945) · S. 72
Poppe, Gerd (geb. 1941) · S. **317,** 322
Preuß, Hugo (1860–1925) · S. 55, **56,** 57, 59, 63, 322

## R

Radowitz, Joseph von (1797–1853) · S. 201
Rathenau, Walther (1867–1922) · S. 209
Redslob, Edwin (1884–1973) · S. 10, 236
Reh, Jacob Ludwig Theodor (1801–1868) S. 188, 193
Reich, Jens (geb. 1939) · S. 311
Reimann, Max (1898–1977) · S. 267
Remer, Otto Ernst (1912–1997) · S. 267
Richter, Hans (1888–1976) · S. 211
Ritter, Henry (1816–1853) · S. 193
Römer, Willy (1887–1979) · S. 217, 322
Rönne, Ludwig von (1804–1891) · S. 207
Rosenberg, Arthur (1889–1943) · S. 47
Roth, Joseph (1894–1939) · S. 210
Rotteck, Karl von (1775–1840) · S. 189
Rousseau, Jean-Jaques (1712–1778) · S. 89
Ruf, Sep (1908–1982) · S. 126

## S

Sabrow, Martin (geb. 1954) · S. 283
Saint-Pierre (Abbé), Charles Irénée Castel de (1658–1743) · S. 162
Saint-Simon, Henri de (1760–1825) · S. 162
Schabowski, Günter (geb. 1929) · S. 307
Schaffrath, Wilhelm Michael (1814–1893) · S. 193
Schafgans, Theo (1892–1976) · S. 322
Schäuble, Wolfgang (geb. 1942) · S. 279, 319
Scheel, Walter (geb. 1919) · S. 135, 137
Scheffler, Erna, geb. Friedenthal (1893–1983) S. 266
Scheidemann, Philipp (1865–1935) · S. 62, **63,** 209, 216, 218, 230
Schertle, Valentin (1809–1885) · S. 322
Schiller, Friedrich (1759–1805) · S. 209, 219, 298
Schleicher, Kurt von (1882–1934) · S. 67
Schleyer, Hanns Martin (1915–1977) · S. 134
Schmerling, Anton Ritter von (1805–1893) S. 188, 192

Schmid, Carlo (1896–1979) · S. 13, 152, 253, **257,** 258, 322
Schmidt-Rottluff, Karl (1884–1976) · S. 236
Schmitt, Carl (1888–1985) · S. 47, 69, 73
Schnitzler, Karl-Eduard von (1918–2001) · S. 311
Scholz, Erich (1911–2000) · S. 247
Schönborn-Wiesentheid, Franz Erwein Graf von (1776–1840) · S. 171
Schöneburg, Karl-Heinz (geb. 1928) · S. 99
Schorlemmer, Friedrich (geb. 1944) · S. 311
Schornagel, Jürgen (geb. 1939) · S. 324
Schröder, Gerhard (geb. 1944) · S. 155, 325
Schröder, Richard (geb. 1943) · S. 105, 107, **316,** 322
Schröder, Rudolf Alexander (1878–1962) · S. 256
Schrödter, Adolf (1805–1875) · S. 20, 117, 194
Schröter, Gerhard (geb. 1928) · S. 101, 309
Schumacher, Emil (1912–1999) · S. 114
Schweitzer, Hans Herbert (1901–1980) · S. 241
Schwippert, Hans (1899–1973) · S. 123–128, 263
Seib, Jacob (1812–1883) · S. 185
Seiters, Rudolf (geb. 1937) · S. 279
Seitz, Gustav (1906–1969) · S. 287
Selbert, Elisabeth (1896–1986) · S. 252, **258, 259,** 260, 322
Seldte, Franz (1882–1947) · S. 68, 245, 246
Sennecke, Robert (1885–1938) · S. 216
Severing, Carl (1875–1952) · S. 236
Siebler, Harald (geb. 1960) · S. 323, 324
Simon, August Heinrich (1805–1860) · S. 188
Simon, Ludwig Gerhard Gustav (1810–1872) S. 188
Simson, Eduard Martin von (1810–1899) S. 45, 176, 189, 206
Smend, Rudolf (1892–1975) · S. 133, 137
Soetbeer, Adolf (1814–1892) · S. 207
Soiron, Johann Georg Alexander Freiherr von (1806–1855) · S. 189
Spörckmann, Jens (geb. 1967) · S. 324
Staeck, Klaus (geb. 1938) · S. 145, 277, 279
Stalin, Josef W. (1879–1953) · S. 87, 89, 90, 283
Stauffenberg, Claus Schenk Graf von (1907–1944) · S. 72, 319
Sternberger, Dolf (1907–1989) · S. 63, 85, 137
Stiller, Alfred (1879–1954) · S. 286
Stolleis, Michael (geb. 1941) · S. 73
Stoph, Willi (1914–1999) · S. 307
Suhr, Otto (1894–1957) · S. 256

## PERSONENREGISTER

Sully, Maximilien de Béthune, Herzog von (1560–1641) · S. 162
Süssmuth, Rita (geb. 1937) · S. 127
Suvero, Mark di (geb. 1933) · S. 114
Sybel, Heinrich von (1817–1895) · S. 47

### T
Tatlin, Wladimir Jewgrafowitsch (1885–1953) S. 114
Thalbach, Anna (geb. 1973) · S. 324
Thälmann, Ernst (1886–1944) · S. 241, 243
Todt, Karl Gotthelf (1803–1852) · S. 198
Traube, Klaus (geb. 1928) · S. 271
Treitschke, Heinrich von (1834–1896) · S. 47
Truman, Harry S. (1884–1972) · S. 251, 254
Tucholsky, Kurt (1890–1935) · S. 210
Tzschirner, Samuel Erdmann (1812–1870) S. 198

### U
Uecker, Günther (geb. 1930) · S. 114
Uhland, Ludwig (1787–1862) · S. 189
Ulbricht, Walter (1893–1973) · S. 87, 88, 93, **96**–99, 189, 284, 285, 295, 297, **298**, 299, 322
Ullmann, Wolfgang (1929–2004) · S. 255, 314, **315**, 322
Unruh, Fritz von (1885–1970) · S. 255
Urbach, Peter (geb. 1941) · S. 270

### V
Vack, Klaus (geb. 1935) · S. 272
Valentin, Karl (1892–1948) · S. 150
Veit, Philipp (1793–1877) · S. 183
Venedey, Jacob (1805–1871) · S. 189
Volland, Ernst (geb. 1946) · S. 268

### W
Wackernagel, Katharina (geb. 1978) · S. 324
Wagner-Hehmke, Erna (1905–1992) · S. 258, 259, 322
Waigel, Theodor (geb. 1939) · S. 279
Waitz, Georg (1813–1886) · S. 36
Wallot, Paul (1841–1912) · S. 131
Walz, Gustav Adolf (1897–1948) · S. 69
Wauer, William (1866–1962) · S. 231, 232
Weber, Helene (1881–1962) · S. 252, **258**, 252, 259, **260**, 261, 322,

Weber, Max (1864–1920) · S. 57
Weber, Wilhelm Eduard (1804–1891) · S. 173
Wehler, Hans-Ulrich (geb. 1931) · S. 47
Weinbrenner, Friedrich (1766–1826) · S. 171
Weiss, Ernst (1898–1974) · S. 298
Welcker, Carl Theodor (1790–1869) · S. 178, 185, **189**, 322
Wels, Otto (1873–1939) · S. 68, 244
Werner, Anton Alexander von (1843–1915) S. 206, 207
Wessel, Helene (1898–1969) · S. 252, **258**, 259–261
Wietersheim, Eduard von (1787–1865) · S. **43**, 180
Wilhelm I., Deutscher Kaiser, preußischer König (1797–1888) · S. 49, 50, 118, 201, 204, 206
Wilhelm I., König von Württemberg (1781–1864) S. 171
Wilhelm II. (1859–1941), Deutscher Kaiser S. 49, 51, 207
Winkler, Heinrich August (geb. 1938) · S. 209
Winterer, Anne (1894–1938) · S. 243, 259
Winterwerb, Philipp (1827–1873) · S. 185, 188, 189, 322
Wissell, Rudolf (1869–1962) · S. **63**, 216
Witte, Frido (1881–1965) · S. 213, 214
Wolf, Christa (geb. 1929) · S. 311, 315
Wolff, Theodor (1868–1943) · S. 237
Woschek, Bernard (1952–1994) · S. 278
Wünsche, Kurt (geb. 1929) · S. 107

### Y
Yorck von Wartenburg, Peter Graf (1904–1944) · S. 72

### Z
Zietz, Louise (1865–1922) · S. **217**
Zöllner, Rolf (geb. 1953) · S. 316
Zwahr, Hartmut (geb. 1941) · S. 109, 307

## Überblicksdarstellungen

Artinger, Kai (Hg.) · Die Grundrechte im Spiegel des Plakats 1919–1999, Berlin 2000.

Blanke, Hermann-Josef (Hg.) · Deutsche Verfassungen. Dokumente zu Vergangenheit und Gegenwart, Paderborn 2003.

Böckenförde, Ernst-Wolfgang (Hg.) · Moderne deutsche Verfassungsgeschichte (1815–1914), Königstein/Ts. 1981².

Brandt, Peter/Schlegelmilch, Arthur (Hg.) Handbuch der europäischen Verfassungsgeschichte, Bd. 1: Um 1800, Bonn 2006.

Brandt, Peter/Schlegelmilch, Arthur/Wendt, Reinhard (Hg.) · Symbolische Macht und inszenierte Staatlichkeit. »Verfassungskultur« als Element der Verfassungsgeschichte, Bonn 2005.

Einigkeit und Recht und Freiheit: Erinnerungsstätte für die Freiheitsbewegungen in der deutschen Geschichte. Katalog der ständigen Ausstellung, hg. vom Bundesarchiv, Außenstelle Rastatt, Bönen/Westf. 2002.

Freiheit – Gleichheit – Brüderlichkeit. 200 Jahre Französische Revolution in Deutschland, Ausstellung im Germanischen Nationalmuseum Nürnberg vom 24. Juni bis 1. Oktober 1989, hg. von Rainer Schoch/Gerhard Bott, Nürnberg 1989.

Grimm, Dieter · Deutsche Verfassungsgeschichte 1776–1866, Frankfurt am Main 1988.

Grimm, Dieter · Die Zukunft der Verfassung, Frankfurt am Main 1994².

Heun, Werner · Die Struktur des deutschen Konstitutionalismus des 19. Jh. im verfassungsgeschichtlichen Vergleich, in: Der Staat 45 (2006), S. 365–382.

Hucko, Elmar Matthias · Von der Paulskirche zum Museum König. Vier deutsche Verfassungen, Köln 1984.

Isensee, Josef · Vom Stil der Verfassung. Eine typologische Studie zu Sprache, Thematik und Sinn des Verfassungsgesetzes, Opladen u. a. 1999.

Jarausch, Konrad H./Geyer, Michael Zerbrochener Spiegel. Deutsche Geschichten im 20. Jahrhundert, aus dem Englischen von Friedrich Griese, München 2005.

Klemm, Claudia · Erinnert – umstritten – gefeiert. Die Revolution von 1848/49 in der deutschen Gedenkkultur, Gießen 2007.

Langewiesche, Dieter · Europa zwischen Restauration und Revolution: 1815–1849, München 2007⁵.

Limbach, Jutta/Herzog, Roman/Grimm, Dieter (Hg.) · Die deutschen Verfassungen. Reproduktionen der Verfassungsoriginale von 1849, 1871, 1919 sowie des Grundgesetzes von 1949, München 1999.

Mohnhaupt, Heinz/Grimm, Dieter · Verfassung. Zur Geschichte des Begriffs von der Antike bis zur Gegenwart, Berlin 1995.

Nolte, Paul · Die Ordnung der deutschen Gesellschaft. Selbstentwurf und Selbstbeschreibung im 20. Jahrhundert, München 2000.

Reinhard, Wolfgang · Geschichte der Staatsgewalt. Eine vergleichende Verfassungsgeschichte Europas von den Anfängen bis zur Gegenwart, München 1999.

Schmale, Wolfgang · Geschichte Europas, Wien [u. a.] 2000.

Schulz, Peter · Ursprünge der Freiheit. Von der Amerikanischen Revolution zum Bonner Grundgesetz, Hamburg 1989.

Vorländer, Hans · Die Verfassung. Idee und Geschichte, München 2004².

Weber-Fas, Rudolf · Deutschlands Verfassung. Vom Wiener Kongreß bis zur Gegenwart, Bonn 1997.

Wefing, Heinrich · Parlamentsarchitektur: Zur Selbstdarstellung der Demokratie in ihren Bauwerken. Eine Untersuchung am Beispiel des Bonner Bundeshauses, Berlin 1995.

Wege – Irrwege – Umwege. Die Entwicklung der parlamentarischen Demokratie in Deutschland, Historische Ausstellung im Deutschen Dom in Berlin, hg. vom Deutschen Bundestag, Berlin 2002.

Wehler, Hans-Ulrich · Deutsche Gesellschaftsgeschichte, Bd. 3: Von der »Deutschen Doppelrevolution« bis zum Beginn des Ersten Weltkrieges 1849–1914, München 1995; Bd. 4: Vom Beginn des Ersten Weltkrieges bis zur Gründung der beiden deutschen Staaten 1914–1949, München 2003.

Wesel, Uwe (Hg.) · Geschichte des Rechts. Von den Frühformen bis zum Vertrag von Maastricht, München 1997.

Wesel, Uwe (Hg.) · Recht, Unrecht und Gerechtigkeit. Von der Weimarer Republik bis heute, München 2003.

Willoweit, Dietmar · Deutsche Verfassungsgeschichte. Vom Frankenreich bis zur Wiedervereinigung Deutschlands, München 2005⁵.

Winkler, Heinrich August · Der lange Weg nach Westen, 2 Bde., Bd. 1: Deutsche Geschichte vom Ende des Alten Reiches bis zum Untergang der Weimarer Republik; Bd. 2: Deutsche Geschichte vom »Dritten Reich« bis zur Wiedervereinigung, München 2005⁶.

# AUSGEWÄHLTE LITERATUR

**Paulskirchenverfassung**

Badisches Landesmuseum Karlsruhe (Hg.) 1848/49. Revolution der deutschen Demokraten in Baden, Landesausstellung im Karlsruher Schloß vom 28. Februar 1998 bis 2. August 1998, Baden-Baden 1998.

Best, Heinrich/Weege, Wilhelm · Biographisches Handbuch der Abgeordneten der Frankfurter Nationalversammlung 1848/49, Düsseldorf 1998².

Botzenhart, Manfred · Deutscher Parlamentarismus in der Revolutionszeit 1848–1850, Düsseldorf 1977.

Die Frankfurter Reichsverfassung. Reproduktion des Kasseler Originals, ergänzt um die Unterschriften der Abgeordneten im Berliner Original und die Namen aus dem Reichs-Gesetz-Blatt vom 28. April 1849, [Hg. v. Präsidenten der Gesamthochschule Kassel, in Zusammenarbeit mit dem Museum für Deutsche Geschichte, Berlin, DDR], hg. und eingeleitet von Franz Neumann. Mit Beiträgen zur Dokumentengeschichte von Hartmut Broszinski und Judith Uhlig, Wiesbaden 1989.

Dowe, Dieter/Haupt, Heinz-Gerhard/Langewiesche, Dieter (Hg.) · Europa 1848. Revolution und Reform, Bonn 1998.

Eyck, Frank · Deutschlands große Hoffnung: die Frankfurter Nationalversammlung 1848/49, München 1973.

Freitag, Sabine (Hg.) · Die Achtundvierziger. Lebensbilder aus der deutschen Revolution 1848/49, München 1998.

Gall, Lothar (Hg.) · 1848 – Aufbruch zur Freiheit. Eine Ausstellung des Deutschen Historischen Museums und der Schirn Kunsthalle Frankfurt zum 150jährigen Jubiläum der Revolution von 1848/49, 18. Mai bis 18. September 1998 in der Schirn Kunsthalle Frankfurt, Berlin 1998².

Germanisches Nationalmuseum Nürnberg (Hg.) · 1848: Das Europa der Bilder, Bd. 2: Michels März, Katalog zur gleichnamigen Ausstellung im Germanischen Nationalmuseum, 8. Oktober 1998 bis 10. Januar 1999, Nürnberg 1998.

Huber, Ernst Rudolf · Deutsche Verfassungsgeschichte seit 1789, Bd. 2: Der Kampf um Einheit und Freiheit, Stuttgart 1988³.

Kühne, Jörg-Detlef · Die Reichsverfassung der Paulskirche. Vorbild und Verwirklichung im späteren deutschen Rechtsleben, Neuwied 1998².

Langewiesche, Dieter · 1848 und 1918 – zwei deutsche Revolutionen, Bonn 1998 (Gesprächskreis Geschichte, 20). Volltext: http://www.fes.de/fulltext/historiker/00255.htm

Mick, Günter · Die Paulskirche. Streiten für Einigkeit und Recht und Freiheit, Darmstadt 1998².

Mommsen, Wolfgang J. · 1848 – Die ungewollte Revolution. Die revolutionären Bewegungen in Europa 1830–1849, Frankfurt am Main 2000.

Probst, Hansjörg/Welck, Karin v. (Hg.) · Mit Zorn und Eifer. Karikaturen aus der Revolution 1848/49. Der Bestand des Reiss-Museums Mannheim, bearb. von Grit Arnscheidt, mit Beiträgen von Peter Blastenbrei u. a., München/Berlin 1998.

Reiter, Annette · Die Sammlung A.W. Heil. Politische Druckgraphik des Vormärz und der Revolution 1848/49, Stuttgart 1994.

Schimpf, Rainer u.a. · Freiheit oder Tod. Die Reutlinger Pfingstversammlung und die Revolution von 1848/49, Begleitbuch zur Ausstellung in Reutlingen vom 20. September 1998 bis 24. Januar 1999, hg. v. Haus der Geschichte Baden Württemberg, Stuttgart 1998.

Scholler, Heinrich (Hg.) · Die Grundrechtsdiskussion in der Paulskirche. Eine Dokumentation, Darmstadt 1982².

Valentin, Veit · Geschichte der deutschen Revolution von 1848–1849, 2 Bde., Bd. 1: Bis zum Zusammentritt des Frankfurter Parlaments; Bd. 2.: Bis zum Ende der Volksbewegung von 1849, Weinheim u. a. 1998 (Nachdruck der Ausgabe von 1930/31).

Wollstein, Günter · Das »Großdeutschland« der Paulskirche. Nationale Ziele in der bürgerlichen Revolution 1848/49, Düsseldorf 1977.

**Reichsverfassung 1871**

Huber, Ernst Rudolf · Deutsche Verfassungsgeschichte seit 1789, Bd. 3: Bismarck und das Reich, Stuttgart 1988³.

Mommsen, Wolfgang J. · Der autoritäre Nationalstaat. Verfassung, Gesellschaft und Kultur des deutschen Kaiserreiches, Frankfurt am Main 1990.

Nipperdey, Thomas · Deutsche Geschichte 1866–1918, Bd. 2: Machtstaat vor der Demokratie, München 1998.

Schlegelmilch, Arthur · Die Alternative des monarchischen Konstitutionalismus. Eine Neuinterpretation der deutschen und österreichischen Verfassungsgeschichte des 19. Jahrhunderts, Hagen 2001.

Schönberger, Christoph · Das Parlament im Anstaltsstaat. Zur Theorie parlamentarischer Repräsentation in der Staatsrechtslehre des Kaiserreichs (1871–1918). (Ius Commune. Studien zur Europäischen Rechtsgeschichte, Bd. 102), Frankfurt am Main 1997.

Ullrich, Volker · Die nervöse Großmacht: Aufstieg und Untergang des deutschen Kaiserreichs 1871–1918, Frankfurt am Main 2007.

Ulrich, Bernd/Vogel, Jakob/Ziemann, Benjamin (Hg.) · Untertan in Uniform. Militär und Militarismus im Kaiserreich 1871–1914. Quellen und Dokumente, Frankfurt am Main 2001.

## Weimarer Verfassung

Asmuss, Burkhard · Republik ohne Chance? Akzeptanz und Legitimation der Weimarer Republik in der deutschen Tagespresse zwischen 1918 und 1923, Berlin/New York 1994.

Böckenförde, Ernst-Wolfgang · Der Zusammenbruch der Monarchie und die Entstehung der Weimarer Republik, in: ders., Recht, Staat, Freiheit. Studien zur Rechtsphilosophie, Staatstheorie und Verfassungsgeschichte, Frankfurt am Main 2006, S. 306–343.

Eichenhofer, Eberhard (Hg.) · 80 Jahre Weimarer Reichsverfassung – Was ist geblieben? Tübingen 1999.

Fromme, Friedrich Karl · Von der Weimarer Verfassung zum Bonner Grundgesetz, Berlin 1999[3].

Grimm, Dieter · Die Bedeutung der Weimarer Verfassung in der deutschen Verfassungsgeschichte. Vortrag am 10. Oktober 1989 in der Reichspräsident-Friedrich-Ebert-Gedenkstätte, Heidelberg 1992.

Grimm, Dieter [Hg. von der Juristenfakultät der Universität Leipzig und der Stadt Leipzig] Das Reichsgericht in Wendezeiten, Leipzig 1997.

Gusy, Christoph · Die Weimarer Reichsverfassung, Tübingen 1997.

Gusy, Christoph (Hg.) · Weimars lange Schatten – »Weimar« als Argument nach 1945, Baden-Baden 2003.

Hessisches Landesmuseum Darmstadt (Hg.) Politische Plakate der Weimarer Republik 1918–1933, Darmstadt 1980.

Huber, Ernst Rudolf · Deutsche Verfassungsgeschichte seit 1789, Bd. 5: Weltkrieg, Revolution und Reichserneuerung, Stuttgart 1992 (rev. Nachdruck der 1. Auflage 1978).

Immel, Jan · Hugo Preuß und die Weimarer Reichsverfassung, Berlin 2002.

Kolb, Eberhard · Die Weimarer Republik, München 2002[6].

Kruse, Wolfgang (Hg.) · Eine Welt von Feinden. Der Große Krieg 1914–1918, Frankfurt am Main 1997.

Lehnert, Detlef · Verfassungsdemokratie als Bürgergenossenschaft: Politisches Denken, Öffentliches Recht und Geschichtsdeutungen bei Hugo Preuß, Baden-Baden 1998.

Mergel, Thomas · Parlamentarische Kultur in der Weimarer Republik. Politische Kommunikation, symbolische Politik und Öffentlichkeit im Reichstag, Düsseldorf 2002.

Mommsen, Hans · Die verspielte Freiheit. Der Weg der Republik von Weimar in den Untergang 1918 bis 1933, Frankfurt am Main, Berlin 1990.

Redslob, Edwin · Von Weimar nach Europa. Erlebtes und Durchdachtes, hg. von Paul Raabe unter Mitarbeit von Martin Stiebert, Jena 1998.

Reichardt, Sven · Faschistische Kampfbünde. Gewalt und Gemeinschaft im italienischen Squadrismus und in der deutschen SA, Köln/Weimar/Wien 2002.

Rürup, Reinhard · Entstehung und Grundlagen der Weimarer Verfassung, in: Eberhard Kolb (Hg.), Vom Kaiserreich zur Weimarer Republik, Köln 1972, S. 218–243.

Schulz, Gerhard · Zwischen Demokratie und Diktatur. Verfassungspolitik und Reichsreform in der Weimarer Republik, Bd. 1, Berlin 1963.

Schumann, Dirk · Politische Gewalt in der Weimarer Republik 1918–1933: Kampf um die Straße und Furcht vor dem Bürgerkrieg, Essen 2001.

Thüringer Landtag (Hg.) · 80 Jahre Weimarer Reichsverfassung (1919–1999), Weimar 1998.

Ulrich, Bernd/Ziemann, Benjamin (Hg.) · Krieg im Frieden – Die umkämpfte Erinnerung an den Ersten Weltkrieg. Quellen und Dokumente, Frankfurt am Main 1997.

Welzbacher, Christian · Die Staatsarchitektur der Weimarer Republik, Berlin 2006.

Wilderotter, Hans/Dorrmann, Michael (Hg.) Wege nach Weimar. Auf der Suche nach der Einheit von Kunst und Politik. Ausstellung des Freistaats Thüringen in Zusammenarbeit mit dem Deutschen Historischen Museum im Thüringer Landesverwaltungsamt Weimar, 6. Februar bis 30. April 1999, Berlin 1999.

Winkler, Heinrich August · Weimar 1918–1933 Die Geschichte der ersten deutschen Demokratie, München, 2005[4].

Wolff, Theodor · Tagebücher 1914–1919, hg. von Bernd Sösemann, Boppard 1984.

## Nationalsozialismus

Bracher, Karl Dietrich/Sauer, Wolfgang/Schulz, Gerhard · Die nationalsozialistische Machtergreifung. Studien zur Errichtung des totalitären Herrschaftssystems in Deutschland 1933/34, Köln/Opladen 1962[2].

Broszat, Martin · Der Staat Hitlers. Grundlegung und Entwicklung seiner inneren Verfassung, Wiesbaden 2007.

Haffner, Sebastian · Geschichte eines Deutschen. Die Erinnerungen 1914–1933, Stuttgart/München 2006.

Kershaw, Ian · Der Hitler-Mythos. Führerkult und Volksmeinung, München 2002.

# AUSGEWÄHLTE LITERATUR

Lepsius, Oliver · Die gegensatzaufhebende Begriffsbildung. Methodenentwicklungen in der Weimarer Republik und ihr Verhältnis zur Ideologisierung der Rechtswissenschaft unter dem Nationalsozialismus, München 1994.

Mommsen, Hans · Verfassungs- und Verwaltungsreformpläne der Widerstandsgruppen des 20. Juli 1944, in: Jürgen Schmädeke/Peter Steinbach (Hg.), Der Widerstand gegen den Nationalsozialismus, München 1994, S. 570–597.

Morsey, Rudolf (Hg.) · Das »Ermächtigungsgesetz« vom 24. März 1934. Quellen zur Geschichte und Interpretation des »Gesetzes zur Behebung der Not von Volk und Reich«, Düsseldorf 1992.

Preuß, Ulrich K. · Carl Schmitt – Die Bändigung oder die Entfesselung des Politischen? In: Voigt, Rüdiger (Hg.), Mythos Staat. Carl Schmitts Staatsverständnis, Baden-Baden 2001, S. 141–167.

Rüthers, Bernd · Entartetes Recht. Rechtslehren und Kronjuristen im Dritten Reich, München 1988.

Sösemann, Bernd (Hg.) · Der Nationalsozialismus und die deutsche Gesellschaft, München 2002.

Stolleis, Michael · Gemeinschaft und Volksgemeinschaft. Zur juristischen Terminologie im Nationalsozialismus, in: Vierteljahreshefte für Zeitgeschichte 20 (1972), S. 16–38.

Stolleis, Michael · Geschichte des öffentlichen Rechts in Deutschland, Bd. 3: Staats- und Verwaltungsrechtswissenschaft in Republik und Diktatur 1914–1945, München 1999.

Thamer, Hans-Ulrich · Verführung und Gewalt. Deutschland 1933–1945, München 2004.

Wildt, Michael · Volksgemeinschaft und Selbstermächtigung. Gewalt gegen Juden in der deutschen Provinz 1919 bis 1939, Hamburg 2007.

Winkler, Heinrich August · Auf ewig in Hitlers Schatten? Über die Deutschen und ihre Geschichte, München 2007.

## Grundgesetz

Auf dem Weg zum Grundgesetz. Verfassungskonvent Herrenchiemsee (Hefte zur Bayerischen Geschichte und Kultur, Bd. 21), hg. vom Haus der Bayerischen Geschichte, Augsburg 1998.

Badura, Peter/Dreier, Horst (Hg.) · Festschrift 50 Jahre Bundesverfassungsgericht, 2 Bde., Bd. 1: Verfassungsgerichtsbarkeit, Verfassungsprozess; Bd. 2: Klärung und Fortbildung des Verfassungsrechts, Tübingen 2001.

Bauer, Hartmut · Die Verfassungsentwicklung des wiedervereinten Deutschland, in: Josef Isensee/Paul Kirchhof (Hg.), Handbuch des Staatsrechts, Bd. I, Heidelberg 2003³, § 14, S. 699–789.

Benz, Wolfgang · Die Gründung der Bundesrepublik. Von der Bizone zum souveränen Staat, München 1999⁵.

Benz, Wolfgang/Moos, Detlev (Hg.) · Das Grundgesetz und die Bundesrepublik Deutschland 1949 bis 1989. Bilder und Texte zum Jubiläum, München 1989.

Bewährung und Herausforderung. Dokumentation zum Verfassungskongress »50 Jahre Grundgesetz/50 Jahre Bundesrepublik Deutschland« vom 6. bis 8. Mai 1999 in Bonn, hg. vom Bundesministerium des Innern, Opladen 1999.

Birke, Adolf M. · Die Bundesrepublik Deutschland. Verfassung, Parlament und Parteien, München 1997.

Detjen, Stephan (Hg.) · In bester Verfassung?! 50 Jahre Grundgesetz. Begleitband zur Wanderausstellung der Bundeszentrale für politische Bildung und der Bundesrechtsanwaltskammer, Köln 1999.

Diestelkamp, Bernhard · Verfassunggebung unter Besatzungsherrschaft in Westdeutschland 1945–1949. Die Länderverfassungen und das Grundgesetz, in: Mohnhaupt, Heinz (Hg.), Rechtsgeschichte in den beiden deutschen Staaten (1988–1990). Beispiele, Parallelen, Positionen, Frankfurt am Main 1991, S. 650–674.

Dreier, Horst · Grundlagen und Grundzüge staatlichen Verfassungsrechts: Deutschland, in: Armin von Bogdandy/Pedro Cruz Villalón/Peter M. Huber (Hg.), Handbuch Ius Publicum Europaeum, Heidelberg 2007, § 1, S. 3–85.

Feldkamp, Michael F. · Der Parlamentarische Rat 1948–1949. Die Entstehung des Grundgesetzes, Göttingen 2008.

Frei, Norbert · Vergangenheitspolitik. Die Anfänge der Bundesrepublik und die NS-Vergangenheit, München 1996.

Fromme, Friedrich Karl · Von der Weimarer Verfassung zum Bonner Grundgesetz, Berlin 1999³.

Görtemaker, Manfred · Geschichte der Bundesrepublik Deutschland. Von der Gründung bis zur Gegenwart, Frankfurt am Main 2004.

Grimm, Dieter · Das Grundgesetz nach vierzig Jahren (1989), in: ders., Die Zukunft der Verfassung, Frankfurt am Main 1991, S. 327–393.

Hofmann, Hasso, Die Entwicklung des Grundgesetzes von 1949 bis 1990, in: Josef Isensee/Paul Kirchhof (Hg.), Handbuch des Staatsrechts, Bd. I, Heidelberg 2003³, § 9, S. 355–421.

März, Peter/Oberreuter, Heinrich (Hg.) Weichenstellung für Deutschland. Der Verfassungskonvent von Herrenchiemsee, München 1999.

Niclauß, Karlheinz · Der Weg zum Grundgesetz, Paderborn 1998.

Ritter, Gerhard A. · Über Deutschland. Die Bundesrepublik in der deutschen Geschichte, München 1998.

Stolleis, Michael (Hg.) · Das Bonner Grundgesetz: altes Recht und neue Verfassung in den ersten Jahrzehnten der Bundesrepublik Deutschland (1949–1969), Berlin 2006.

Theodor Heuss. Publizist – Politiker – Präsident. Begleitband zur ständigen Ausstellung im Theodor-Heuss-Haus, hg. von Thomas Hertfelder/Christiane Ketterle im Auftrag der Stiftung Bundespräsident-Theodor-Heuss-Haus, Stuttgart 2003.

Wehner, Gerd · Die Westalliierten und das Grundgesetz 1948–1949. Die Londoner Sechsmächtekonferenz, Freiburg im Breisgau 1994.

Wesel, Uwe · Der Gang nach Karlsruhe. Das Bundesverfassungsgericht in der Geschichte der Bundesrepublik, München 2004.

**DDR-Verfassungen**

Amos, Heike · Die Entstehung der Verfassung in der Sowjetischen Besatzungszone/DDR 1946–1949. Darstellung und Dokumentation, Münster 2006.

Beckert, Rudi · Die erste und letzte Instanz. Schau- und Geheimprozesse vor dem Obersten Gericht der DDR, Goldbach 1995.

Bender, Klaus · Deutschland, einig Vaterland? Die Volkskongreßbewegung für deutsche Einheit und gerechten Frieden in der Deutschlandpolitik der Sozialistischen Einheitspartei Deutschlands, Frankfurt am Main u. a. 1992.

Dilcher, Gerhard (Hg.) · Rechtserfahrung der DDR. Sozialistische Modernisierung oder Entrechtlichung der DDR, Berlin 1997.

Drath, Martin · Verfassungsrecht und Verfassungswirklichkeit in der Sowjetischen Besatzungszone. Untersuchungen über Legalität, Loyalität und Legitimität, Bonn 1956[4].

Friedrich, Paul/Geisler, Holger · Die Verfassung der DDR vom 7. Oktober 1949 im Spiegel des politischen und rechtlichen Willensbildungsprozesses, in: Mohnhaupt, Heinz (Hg.), Rechtsgeschichte in den beiden deutschen Staaten (1988–1990). Beispiele, Parallelen, Positionen, Frankfurt am Main 1991, S. 650–674.

Gibas, Monika/Gries, Rainer/Jakoby, Barbara/Müller, Doris (Hg.) · Wiedergeburten. Zur Geschichte der runden Jahrestage der DDR, Leipzig 1999.

Laufer, Jochen · Die Verfassungsgebung in der SBZ 1946–1949, in: Aus Parlament und Zeitgeschichte (APuZ), B 32–33, 1998, S. 29–41.

Mampel, Siegfried · Die Entwicklung der Verfassungsordnung in der sowjetisch besetzten Zone Deutschlands von 1945 bis 1963, Tübingen 1964.

Mampel, Siegfried · Die sozialistische Verfassung der Deutschen Demokratischen Republik, Goldbach bei Aschaffenburg 1997.

Marxen, Klaus/Weinke, Annette (Hg.) Inszenierungen des Rechts: Schauprozesse, Medienprozesse und Prozessfilme in der DDR, Berlin 2006.

Neubert, Erhart · Geschichte der Opposition in der DDR 1949–1989, Bonn 1997.

Parteiauftrag: Ein neues Deutschland. Bilder, Rituale und Symbole der frühen DDR. Buch zur Ausstellung des Deutschen Historischen Museums vom 13. Dezember 1996 bis 11. März 1997, hg. von Dieter Vorsteher, Berlin 1996.

Parteidiktatur und Alltag in der DDR. Aus den Sammlungen des Deutschen Historischen Museums, Katalog zur Ausstellung im Deutschen Historischen Museum vom 30. März bis 29. Juli 2007, hg. von Regine Falkenberg/Carola Jüllig/Jörn Schütrumpf, Berlin 2007.

Roggemann, Herwig · Die DDR-Verfassungen. Einführung in das Verfassungsrecht der DDR. Grundlagen und neuere Entwicklung, Berlin 1989[4].

Schmid, Karin · Die Änderung der Verfassung der Deutschen Demokratischen Republik durch das Verfassungsänderungsgesetz vom 7. Oktober 1974, Köln 1975.

Zieger, Andrea/Zieger, Gottfried · Die Verfassungsentwicklung in der sowjetischen Besatzungszone Deutschlands/DDR von 1945 bis zum Sommer 1952, Köln u. a. 1990.

**Friedliche Revolution 1989/90**

Geyer, Michael (Hg.) · The Power of Intellectuals in contemporary Germany, Chicago/London 2001.

Guggenberger, Bernd/Preuß, Ulrich K./Ullmann, Wolfgang (Hg.) · Eine Verfassung für Deutschland. Manifest – Text – Plädoyers, München/Wien 1991.

Hahn, André · Der Runde Tisch. Das Volk und die Macht – Politische Kultur im letzten Jahr der DDR, Berlin 1998.

Herles, Helmut/Rose, Ewald (Hg.) · Vom Runden Tisch zum Parlament, Bonn 1990.

In guter Verfassung, 4. November 1989, (Mitteilungen des Deutschen Historischen Museums 4. Jg. Heft 11), Berlin 1994.

Jesse, Eckhard/Mitter, Armin (Hg.) · Die Gestaltung der deutschen Einheit. Geschichte – Politik – Gesellschaft, Bonn 1992.

## Ausgewählte Literatur

Mampel, Siegfried · Das Ende der sozialistischen Verfassung der DDR, in: Deutschland Archiv 23 (1990), H. 9, S. 1377–1396.

Marxen, Klaus/Werle, Gerhard · Die strafrechtliche Aufarbeitung von DDR-Unrecht. Fakten und Zahlen, Berlin 2007.

Peters, Gunnar · Verfassungsfragen in der 10. Volkskammer der DDR (1990), in: Deutschland Archiv 37 (2004), H. 5, S. 828–839.

Peters, Gunnar · Der »Wünsche-Entwurf« – ein vorläufiges Grundgesetz der DDR. Zur Verfassungspolitik der Regierung de Maizière 1990, in: Anke John (Hg.), Reformen in der Geschichte. Festgabe für Wolf D. Gruner zum 60. Geburtstag (Rostocker Beiträge zur Deutschen und Europäischen Geschichte, Bd. 14), Rostock 2005, S. 143–161.

Rogner, Klaus Michael · Der Verfassungsentwurf des Zentralen Runden Tisches der DDR (Beiträge zur Politischen Wissenschaft, Bd. 66), Berlin 1993.

Thaysen, Uwe (Hg.) · Der Zentrale Runde Tisch der DDR. Wortprotokoll und Dokumente, 4 Bde., Wiesbaden 2000.

Thaysen, Uwe · Gab es 1989/90 eine Stunde Null der deutschen Verfassungsgeschichte? Eine Dokumentation zur Verfassungsunfähigkeit der DDR, in: Marie-Luise Recker (Hg.), Parlamentarismus in Europa. Deutschland, England und Frankreich im Vergleich (Schriften des Historischen Kollegs: Kolloquien, Bd. 60), München 2004, S. 195–228.

Würtenberger, Thomas · Die Verfassung der DDR zwischen Revolution und Beitritt, in: Josef Isensee/Paul Kirchhof (Hg.), Handbuch des Staatsrechts der Bundesrepublik Deutschland, Bd. VIII: Die Einheit Deutschlands – Entwicklungen und Grundlagen, Heidelberg 1995, S. 101–130.

Zwahr, Hartmut · Ende einer Selbstzerstörung. Leipzig und die Revolution in der DDR, Göttingen 1993.

### Die Zukunft der Verfassung

Blaschke, Ulrich/Förster, Achim/Lumpp, Stephanie u. a. (Hg.) · Sicherheit statt Freiheit? Staatliche Handlungsspielräume in extremen Gefährdungslagen, Berlin 2005.

Brodocz, André · Die symbolische Dimension der Verfassung, Wiesbaden 2003.

Denninger, Erhard · Freiheit durch Sicherheit – Anmerkungen zum Terrorismusbekämpfungsgesetz, in: Aus Politik und Zeitgeschichte, Bd. 10/11 (2002), S. 22–38.

Fabio, Udo di · Die Kultur der Freiheit, München 2005.

Frankenberg, Günter · Die Verfassung der Republik. Autorität und Solidarität in der Zivilgesellschaft, Baden-Baden 1996.

GG 19: 19 Grundrechte, 19 gute Gründe für die Demokratie. Das Buch zum Film, hg. von Harald Siebler mit Kommentaren von Uwe Wesel, Hildesheim 2007.

Glaeßner, Gert-Joachim · Sicherheit und Freiheit, in: Aus Politik und Zeitgeschichte, Bd. 10/11 (2002), S. 3–13.

Glaeßner, Gert-Joachim · Sicherheit und Freiheit. Die Schutzfunktion des demokratischen Staates und die Freiheit der Bürger, Opladen 2003.

Grimm, Dieter · Braucht Europa eine Verfassung? München 1995.

Habermas, Jürgen · Ach, Europa. Kleine Politische Schriften XI, Frankfurt am Main 2008.

Hempel-Soos, Karin (Hg.) · Unser Grundgesetz – meine Verfassung. Ansichten von Schriftstellern, Köln 2003.

Hettling, Manfred/Ulrich, Bernd (Hg.) · Bürgertum nach 1945, Hamburg 2005.

Kutscha, Martin · Innere Sicherheit und Verfassung, in: Roggan, Fredrik/Kutscha, Martin (Hg.), Handbuch zum Recht der Inneren Sicherheit, Berlin 2006², S. 24–104.

Prantl, Heribert · Der Terrorist als Gesetzgeber. Wie man mit Angst Politik macht, München 2008.

Prantl, Heribert · Kein schöner Land. Die Zerstörung der sozialen Gerechtigkeit, München 2005.

Prantl, Heribert/von Hardenberg, Nina (Hg.) Schwarz Rot Grau. Altern in Deutschland, München 2008.

Schaar, Peter · Das Ende der Privatsphäre. Der Weg in die Überwachungsgesellschaft, München 2007.

Schmale, Wolfgang · Geschichte und Zukunft der Europäischen Identität, Stuttgart 2008.

# GRUNDRISS DER AUSSTELLUNG

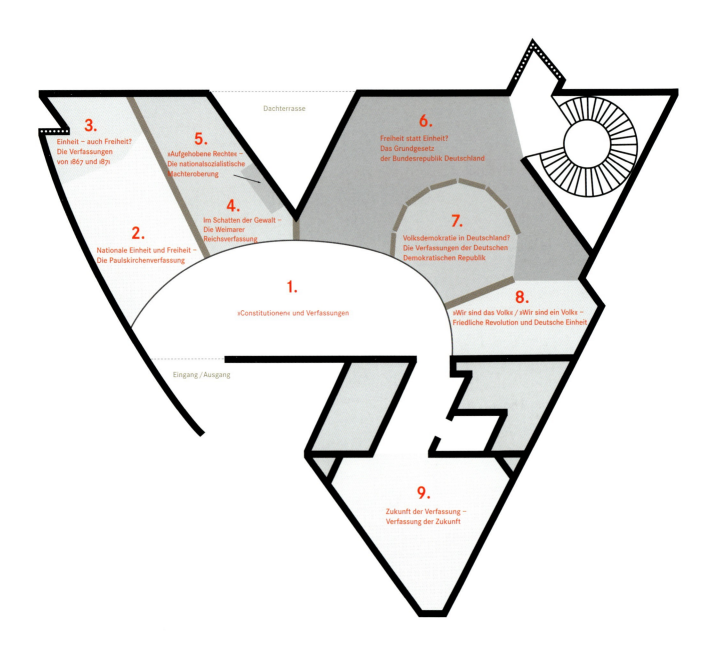

# BILDNACHWEIS

Abbildungen Umschlag
Vorderseite innen:
»Das erste deutsche Parlament in der Paulskirche zu Frankfurt«, 1848, Berlin, Deutsches Historisches Museum.

Rückseite innen:
Blick in den Plenarsaal des Berliner Reichstagsgebäudes während der ersten Bundestagssitzung am 19. April 1999, Berlin, DBT/Presse-Service Steponaitis.

Abbildungen Innenseiten
Alle Abbildungen, wenn nicht anders vermerkt: Deutsches Historisches Museum.

Alsfeld, Geschichts- und Museumsverein Alsfeld · S. 193

Berlin, Bildarchiv Preußischer Kulturbesitz S. 231 (oben rechts)

Berlin, Bundesarchiv, Foto DHM · S. 234

Berlin, Deutscher Bundestag · S. 113, 133; DBT/Foto- und Bildstelle · S. 127, 128, 315, 317 (oben rechts);
Foto DHM · S. 153;
Foto Stephan Erfurt · S. 115, 116, 118, 119 (oben) und © VG Bild-Kunst, Bonn 2008 · S. 120, 121;
Foto Stefan Müller und © VG Bild-Kunst, Bonn 2008 · S. 117;
Foto Friedrich Rosenstiel und © VG Bild-Kunst, Bonn 2008 · S. 114, 119 (unten)

Berlin, Georg-Kolbe-Museum und © VG Bild-Kunst, Bonn 2008 · S. 231 (oben links)

Berlin, Privatsammlung Peter Dussmann · S. 205

Berlin, ullstein bild · S. 260 (oben links)

Bern, Bernisches Historisches Museum · S. 169

Bonn, Haus der Geschichte, Bonn/Axel Thünker · S. 124, 256 (unten), 257 (oben rechts), 265, 266, 310 (unten), 314 (unten);
Erna Wagner-Hehmke/Hehmke-Winterer, Düsseldorf · S. 77 (oben und unten), 257 (oben links), 258, 259

Bonn, © VG Bild-Kunst 2008 · S. 24, 31, 57, 62, 81, 108, 130 (Foto Stefanie Bürkle), S. 213, 219 (links und rechts), 145, 226, 227, 231 (unten), 236, 268 (oben), 277 (oben und unten), 278, 287 (oben links) und © The Heartfield Community of Heirs · S. 239

Bremen, Dietrich Heller · S. 155

Dresden, Militärhistorisches Museum der Bundeswehr, Foto Meier/MHM · S. 272, 319 (alle drei)

Dresden, SLUB Dresden/Deutsche Fotothek S. 172, 181

Frankfurt am Main, Historisches Museum Frankfurt am Main,
Foto Horst Ziegenfusz · S. 21, 182–183

Frankfurt am Main, Institut für Stadtgeschichte S. 255 (oben)

Frankfurt am Main, MMK – Museum für Moderne Kunst, Foto Axel Schneider S. 280–281

Hamburg © 2008 Pechstein Hamburg/Tökendorf · S. 212

Hamburg, Staatsarchiv Hamburg S. 85, 273–274

Karlsruhe, Generallandesarchiv Karlsruhe/Landesarchiv Baden-Württemberg · S. 170

Kiel, Kieler Stadt- und Schiffahrtsmuseum, Foto DHM · S. 233 (oben)

Köln, Bundesamt für Verfassungsschutz S. 269 (unten), 270, 271

Leipzig, Museum der bildenden Künste Leipzig, Foto bpk und © VG Bild-Kunst, Bonn 2008 S. 301

Leutkirch im Allgäu, Museum im Bock · S. 36

München, Bayerisches Hauptstaatsarchiv S. 232 (oben und unten)

München, Staatliche Graphische Sammlung München · S. 171

München, Süddeutsche Zeitung Photo · S. 316

Reutlingen, Heimatmuseum Reutlingen S. 184, 198

Stuttgart, Stiftung Bundespräsident Theodor-Heuss-Haus, Stuttgart/Familienarchiv Heuss, Basel · S. 260 (oben rechts), 261 (oben rechts)

Wilhelmshaven, Deutsches Marinemuseum, Foto DHM · S. 233 (unten)

Die Abbildungen auf den Seiten 50, 53, 58 (oben links), 123 (oben u. unten), 125, 129, 131, 141, 160 und 230 stammen aus den Beständen des Deutschen Historischen Museums.

Das Deutsche Historische Museum hat sich intensiv darum bemüht, alle Rechteinhaber ausfindig zu machen und zu kontaktieren. Sollte uns das im einen oder anderen Fall nicht möglich gewesen sein, bitten wir etwaige Rechteinhaber, sich mit uns in Verbindung zu setzen.